Instituto Cervantes
塞万提斯学院
1991 - 2021

EMBAJADA DE ESPAÑA EN CHINA
Cooperación Española

Historia del Caballero Encantado

魔侠传

汉西版

〔西〕西万提司 著
林 纾 陈家麟 译
雷林克 (Alicia Relinque) 西译

创于1897 商務印書館 The Commercial Press

图书在版编目（CIP）数据

魔侠传：汉、西 /（西）西万提司著；林纾，陈家麟译，雷林克西译．— 北京：商务印书馆，2021
ISBN 978-7-100-18691-9

Ⅰ.①魔… Ⅱ.①西… ②林… ③陈… ④雷… Ⅲ.①长篇小说—西班牙—中世纪—汉、西 Ⅳ.①I551.43

中国版本图书馆 CIP 数据核字（2020）第 108182 号

NIPO: 110-20-037-x

Historia del Caballero Encantado

魔侠传

汉西版

〔西〕西万提司　著

林　纾　陈家麟　译

雷林克（Alicia Relinque）　西译

商　务　印　书　馆　出　版
（北京王府井大街 36 号　邮政编码 100710）
商　务　印　书　馆　发　行
北京虎彩文化传播有限公司印刷
ISBN　978-7-100-18691-9

2021 年 3 月第 1 版　　　开本 880×1230　1/32
2021 年 3 月北京第 1 次印刷　　印张 23 1/4

定价：169.00 元

A la memoria de Juan Carlos Rodríguez

献给胡安·卡洛斯·罗德里格斯

目　录

ÍNDICE

一部精彩的作品

黄逸轩（Juan Carlos Marín Ros）译

上世纪 20 年代的中国，林纾君坐在书房里，手捧一本书。这本书用一门他不懂的欧洲语言写就，而这门语言还并非作者创作时所用的语言。这都无关紧要。他已决心翻译此书，将其译成中文。他认为中国人应该了解这部作品，不能像那个年代的好多书那样，本该被知晓，最后却鲜为人知。

在此几年前，一场革命宣告延续千年的帝制结束，这场革命使中国不得不直面现代世界和活跃在这个舞台上各方的新要求。其实不论林纾，甚或整个国家对现代世界都不大了解。这也不足为奇。毕竟中国傲然孤立五千年了，一直自视为世界中心，始终称外国人为“蛮夷”，哪怕这些“蛮夷”如今已变得强大。

林纾知道他有个使命，即帮助中国“开眼看世界”，接受新思想，接受来自别国文化的知识，这些文化属于或许不曾是世界中心，但实力和财富却已超过中国的国家。通过了解这些新思想与新知识，他的国家能更清楚地认识到自身成功和衰落的原因。

有人告诉林纾《堂吉诃德》是一部欧洲文学和世界文学的巨著。他已决定要译它，可如何才能完成这项任务？毕竟他不懂西班牙语。

这正是《魔侠传》奇幻之旅的起点，我所读过的最出色的作品之一。1922年该书出版的最初动因，存在的实际困难以及林纾战胜困难的强大决心，这三个因素促成了一部优秀故事的诞生。事实上《魔侠传》并非是《堂吉诃德》的简单翻译，而是林纾对《堂吉诃德》英译版的个人诠释。在好友陈家麟口述翻译的帮助下，林纾创作了自己的中文版。

如果“译者，叛徒也。”的谚语是正确的，我们可以想象林纾多少“背叛”了原文。首先，他没接触过西语原文，只接触过英译文。其次，他并非直接阅读英译文，而是好友念给他的。最后，他没有逐字逐句地转写，而是按照自己的理解重写。也就是说他三次“背叛”原文，是叛徒中的叛徒。林纾将自己对20年代中国紧张而失衡状况的思考缓慢融入文本。他的国家与16世纪的卡斯蒂利亚王国大不相同。然而，凭借《堂吉诃德》和他自身的伟大，在彼时屈辱的岁月里，林纾找到了堂吉诃德的梦想和自己强国梦想之间的契合点和可鉴之处。虽然不曾读过西班牙思想家奥尔特加的书，林纾仿佛听从了他在《堂吉诃德沉思录》中所说的话：“对环境的再吸收决定人的具体命运。”

实际上，我不赞同译者是叛徒的说法。分毫不差地将文本从一种语言转化成另一种是不可能的，因为语言反映着说话者的经历、情绪以及对世界的见解，这些在各个语言社群中都各有不同。语言还如同生物不断进化，而且不同语言进化的方式会因使用这门语言人群所在地区、文化、氛围、习俗、饮食或爱的方式而有所不同。因此，每种语言不仅使用不同的单词来描述同样的感受和经历，还使用不同的图像、比喻或语言结构。好的译者应该拣选正确的表达将作者的原意翻译到目标语言。尽管这样一来译文在许多方面难免与原语言不同，但应包含作者原语言中想要表达的经历和感受。

因此，优秀的译者并非“叛徒”。优秀的译者本质上是忠于原文的，这并不是说忠于所有的词语，但的确忠于原意。 因此译者是作品的再创作者，几乎是被委以重任的第二个作者，承担着使世界上语言不同、文化不同、参照点不同的人了解一部作品的美丽任务。 起点虽不同，终点却相同。

对吉诃德的神奇再创作，造就了“魔侠”，也在一定程度上增进了中国对西班牙的了解。林纾的工作毫无疑问帮助了彼时西班牙驻华大使拉近两国之间的距离。其实，大使也是译者，但大使翻译的不是语言，而是国家。他们传达国家的世界观和利益。传达的方式应该是双向的，不仅得在驻在国阐明派遣国的观点，而且得提升在派遣国对驻在国的了解。

因此，作为林纾谦虚的同行，我很荣幸受邀作序。我对塞万提斯学院，尤其对推动此翻译项目的易玛·孔萨雷斯·布依和伊莎贝尔·塞尔维拉两位院长，表示热烈的祝贺。同时，对刘瑞明提供完成翻译不可或缺的《魔侠传》副本表示谢意，诚挚感谢他慷慨同意该副本在塞万提斯学院安东尼奥·马查多图书馆永久展出。

我尤其为雷林克对《魔侠传》的精彩翻译表示衷心祝贺，她是西班牙最重要的汉学学校之一——格拉纳达大学汉学专业——的创始人。在她的努力下，奇情异想的绅士堂吉诃德·德·拉曼恰冒险故事最美丽的一环——从西班牙文到英文，从英文到中文，最后从中文回到西班牙文的中国之章——才能够圆满结束 。我建议有时间和好奇心的读者可以将雷林克老师的翻译与《堂吉诃德》的西语

原文进行对比 。通过对比，你们也可以将一个世纪前林纾边在书房里拿着陌生的书边逐步开启的那段旅程画上一个圆满的圆。

西班牙驻华大使

拉斐尔·德斯卡亚

UN LIBRO EXTRAORDINARIO

China, años veinte del pasado siglo. Lin Shu, un caballero chino – un mandarín – sentado en su estudio, con un libro en las manos. Está escrito en un idioma europeo que no comprende, y que ni siquiera es la lengua original en la que el libro se escribió. Pero no importa. Nada importa. Él está decidido a traducirlo, va a traducirlo. Siente que ese libro tiene que conocerse en China, como deben conocerse tantos otros libros que hasta entonces habían sido desdeñosamente ignorados.

Hace pocos años que su país ha puesto fin a su imperio milenario, en una revolución que le ha llevado de manera inevitable a tener que hacer frente a las exigencias del mundo moderno, y a las demandas de sus principales actores. Un mundo moderno que ni él ni la propia China entienden bien. ¿Cómo iban a hacerlo, después de 5.000 años de altivo aislamiento, de sentirse el centro del mundo, de seguir hasta el final calificando de bárbaros a esos extranjeros que ahora se habían vuelto tan poderosos?

Lin Shu sabe que tiene una misión. Ayudar a la apertura de China al exterior, a la llegada de nuevas ideas, al conocimiento de otras culturas que quizá nunca fueron el centro del mundo, pero que han logrado un nivel de poder y de riqueza muy superiores a los de China en aquel momento. Conociéndolas, su país podrá entender mejor las claves de su éxito, y también las de su propia decadencia.

Le han explicado que Don Quijote de la Mancha es una de las grandes obras de la literatura europea y de la literatura universal. Está decidido a traducirlo. Ahora bien, ¿cómo acometer esa tarea? Él no habla español.

Así comienza la aventura de este Caballero Encantado, que es uno de los libros más extraordinarios con los que yo me he encontrado nunca. El impulso inicial que está detrás de su edición en 1922, las dificultades prácticas de la misma, y la determinación con que Lin Shu logró superarlas dan forma a una historia verdaderamente excepcional. *Historia del Caballero Encantado* no es realmente una traducción al chino del Quijote, sino la interpretación de Lin Shu de una versión en inglés del Quijote que otro mandarín amigo suyo, Chen Jialin, le iba traduciendo al chino, y que él recogía por escrito.

Si todo traduttore inevitablemente es un tradittore, podemos imaginar la medida en que Liu Shu pudo haberlo sido. En primer lugar no tuvo acceso a la versión original en castellano, sino al texto traducido al inglés. Además, ese acceso no fue directo, no lo leyó él, sino que se lo leyeron. Finalmente, no transcribió textualmente lo que le leían, sino que lo recogió tal como él lo entendía. Es decir, él no habría sido un tradittore normal y corriente, sino que lo fue tres veces, por partida triple. Liu Shu fue incorporando al texto reflexiones propias derivadas de la realidad que él vivía, la China de los años veinte del siglo pasado, desgarrada por tensiones y desequilibrios de todo tipo. Muy diferente desde luego a la Castilla del siglo XVI. Pero la grandeza del libro que manejaba, y la suya propia, le hacían encontrar lecciones y puntos de encuentro entre los ideales y los sueños que Don Quijote perseguía, y los que él albergaba para la regeneración de China en aquellos años de humillación. Aunque no leyera nunca a Ortega, parecía estar siguiendo las palabras de sus *Meditaciones del Quijote*: “La reabsorción de la circunstancia es el destino concreto del hombre”.

En realidad yo no estoy de acuerdo con que un traductor sea un traidor a la obra que traduce. La traslación exacta de un texto de una lengua a otra es imposible, porque las lenguas son seres vivos en los que se plasman las visiones del mundo, las vivencias y las emociones de quienes las hablan, que son diferentes a las de otras comunidades lingüísticas, y que además no dejan de transformarse. Y lo hacen cada una de ellas de diferente manera, adaptada al lugar y a la cultura en la que se utilizan, a su clima, a sus costumbres, a su manera de comer o de amar. Por eso los mismos sentimientos, las mismas experiencias se describen en diferentes lenguas no solo con diferentes palabras, sino con diferentes imágenes, metáforas, o estructuras lingüísticas. Y lo que debe hacer un buen traductor es trasladar a otra lengua lo que el autor quiere expresar, encontrando la manera correcta de recogerlo en la lengua a la que le está traduciendo. Esa expresión será inevitablemente distinta en muchos sentidos a la de la lengua original, pero contendrá experiencias y sentimientos equivalentes a los que el autor quiso transmitir en su propio idioma.

Por eso un buen traductor es todo lo contrario de un traidor. Es alguien que debe ser esencialmente leal al texto original. No a todas sus palabras, pero sí a todos sus significados. Es por eso un recreador de la obra, casi un segundo escritor a quien se le encomienda la hermosa tarea de que la obra original puedan entenderla quienes hablan otra lengua, viven en otra cultura, y tienen puntos de referencia distintos en este planeta. Distintos, pero que pueden conducir al mismo destino.

Esta fabulosa reescritura del Quijote, transformado en *Historia del Caballero Encantado*, contribuyó también a que en China se conociera algo más España. Nuestro país tenía entonces en China un embajador, y sin duda el trabajo de Liu Shu le ayudó en su tarea de acercamiento mutuo. En realidad, los embajadores son también traductores. No traducen lenguas, sino países. Trasladan su visión del mundo, sus intereses. Y conviene que lo hagan bien. Eso significa que deben actuar en ambas direcciones. No solo han de explicar con claridad los puntos de vista de su propio país allí donde están destinados, sino también ayudar a aclarar la manera en que éste último ve las cosas para que lo puedan comprender mejor en su país de origen.

Por todo ello, y en calidad de modestísimo colega de Liu Shu, para mí ha constituido un verdadero placer recibir la invitación a escribir este prólogo. Felicito al Instituto Cervantes de Beijing por haber tomado la iniciativa de llevar a cabo esta traducción, y especialmente a las dos Directoras del mismo que han impulsado este proyecto, Inma González Puy e Isabel Cervera. Agradezco muy especialmente a Lui Ruiming, dueño de una copia del Caballero Encantado que ha resultado esencial para poder realizar este trabajo, y que además permitió generosamente que estuviera expuesta durante un largo período en la biblioteca Antonio Machado del propio Instituto.

Y felicito sobre todo a Alicia Relinque, creadora de una de las principales escuelas españolas de Sinología en la Universidad de Granada, por el magnífico texto de su traducción de *Historia del Caballero Encantado*. Gracias a ella, las Aventuras del Ingenioso Hidalgo Don Quijote de la Mancha han podido cerrar el círculo de uno de sus más hermosos capítulos chinos, en el que pasó del texto original al inglés, de éste al chino, y del chino de nuevo al español. Invito a quienes tengan el tiempo y la curiosidad para ello a que comparen la traducción de la profesora Relinque con el texto original en español del Quijote. Así podrán ellos también cerrar ese círculo abierto hace un siglo por Liu Shu, mientras sostenía en su estudio un extraño libro entre sus manos.

Rafael Dezcallar
Embajador de España en la R. P. China

福州堂吉诃德

辛丹 译

伟大的文学作品最终是脱离作者存在的，经过公众的自我解读而成为共有财富的一部分。小说家会死去，但他们笔下的人物不会。玛格丽特·阿特伍德说过类似的话，她提到："对于约翰逊博士这样18世纪的读者来说，这个年老落魄的骑士不只是无比逗趣的，他还是理解人类天性的密码；对于浪漫主义者来说，堂吉诃德是徒劳追寻梦想的浪漫英雄；对于现实主义者来说，塞万提斯是最早的现实主义者；对于现代派来说，他是第一个现代派；对于超现实主义者来说，他是超现实主义的，而对于后现代派来说他是最早的后现代派。看来，堂吉诃德变成了每一个阅读这本书的人。"

因此，堂吉诃德最终成为中国人也是命中注定的，为此，仅仅需要找到一位中国读者。文学从传统到现代的传承与解读从未间断。给林纾的魔侠骑士历险贴上什么标签毫不重要：这是一部译著吗？作为一部译著，它的演绎未免过于自由了些，特别是在这个格外重视翻译理论和实践的年代。是原创吗？我们知道没有任何作品是完全的原创，哪怕是天才的莎士比亚。《魔侠传》在堂吉诃德的背景语境中自由发挥，现实与虚幻交织在一起，使一个更加现实另一个更加虚幻。堂吉诃德来到中国，交由林纾将他的忧愁娓娓道来，这与乌纳穆诺在那个年代的做法无大迥异，更别说还有更加复杂的人物变形，如桑切斯·费洛西奥笔下的阿尔方维，极具堂吉诃德式的个人风格。

林纾的朋友陈家麟在读完英文版的《堂吉诃德》后将内容讲给他听，随后，林纾将故事用中文写出来。这个过程本质上与那些古老轶事逸闻的传播没有太大不同。《魔侠传》的存在和取得的成就说明了许多事情。例如：好的文学作品不仅仅是由语言文字成就的，否则，这本魔侠骑士的佳作就不可能存在，毕竟它距离塞万提斯的卡斯蒂利亚语如此遥远。此外，举世闻名的这些作品人物之所以被世人熟知，不是因为他们缺乏人物特性，而是因为他们使每一个读者感同身受，体现了人性本质与灵魂闪光之处的不同。感谢雷林克的出色工作和上海米盖尔·德·塞万提斯图书馆负责人易玛·孔萨雷斯·布依的努力，现在这本书被译回西班牙语，为这场不可思议的旅程画上了句号，而向内探索我们内心最深处秘密的旅程还将继续。

那么最后的问题是：这位魔侠骑士是堂吉诃德吗？我只能回答你，审慎的读者：难道你问我吗？你就是堂吉诃德。

塞万提斯学院总院长
路易斯·加西亚·蒙特罗

DON QUIJOTE DE FUZHOU

El destino de las grandes obras de la literatura es acabar desvinculándose de su autor, pasando a formar parte de un acervo popular que las adopta como propias. Los novelistas mueren, pero sus personajes no. Algo así viene a decirnos Margaret Atwood cuando nos recuerda que "para lectores del siglo XVIII como el doctor Johnson, el ajado caballero no solo era infinitamente divertido sino, también, una clave para comprender la naturaleza humana; para los románticos, don Quijote era un héroe romántico que corría en vano tras un ideal de belleza; para los realistas, Cervantes fue el primer realista; para los modernistas, fue el primer moderno; para los surrealistas era surrealista y para los posmodernos fue el primer posmoderno. Al parecer, don Quijote se convierte en quienquiera que lo lee".

De este modo, acabar siendo chino era también un destino natural de Don Quijote; solo era necesario, para ello, que encontrase un lector de esa nacionalidad. La literatura es un continuo verter agua de la jarra de la tradición en el vaso recién moldeado de nuestro tiempo. Importa poco qué etiqueta pongamos a estas andanzas del caballero encantado en la versión de Lin Shu: ¿es una traducción? Quizás se tome demasiadas libertades como para considerarla como tal, sobre todo en nuestra época, que tanta atención ha prestado ya a la teoría y a la práctica de la traducción. ¿Es una obra original? Sabemos bien que ninguna lo es completamente; nadie menos original que el genial Shakespeare. *Historia del Caballero Encantado* habita con soltura esa misma región que habitaba Don Quijote, en la que la realidad y la fantasía se mezclan para ser mejor realidad la una y más alta fantasía la otra. Don Quijote baja a las tierras de China, dejando que Lin Shu hable por su boca de sus propias preocupaciones; algo no tan distinto a lo que hizo Unamuno en su día, por ejemplo, por no hablar de transfiguraciones más complejas como el Alfanhuí de Sánchez Ferlosio, tan quijotesco a su manera.

A Lin Shu su amigo Chen Jialin, que lo había leído en inglés, le contó el Quijote, y luego él lo escribió en chino. En lo esencial no es un proceso de transmisión tan distinto al de los viejos romances o la ancestral lírica popular. Su existencia y su éxito demuestran muchas cosas. Por ejemplo: que la mejor literatura no se hace solo con palabras, o de lo contrario, este prodigio del caballero encantado hubiera sido imposible quedando tan lejos el vocabulario castellano de Cervantes. O que los personajes que alcanzan el rango de universales lo son no porque carezcan de rasgos personales, sino porque se adaptan a todos ellos, porque han dado con la diferencia entre lo esencial del carácter humano y lo anecdótico de los abalorios del alma. Que ahora vuelva al español, gracias al excelente trabajo de Alicia Relinque y a la iniciativa de la directora de la Biblioteca de Miguel de Cervantes de Shanghai, Inma González Puy, cierra el círculo de un viaje increíble que nos sigue desvelando los secretos más hondos de nuestro propio viaje interior.

Al final, la pregunta que queda es: pero este caballero encantado, ¿es don Quijote? Y solo puedo responderte, discreto lector: ¿Y tú me lo preguntas? Don Quijote eres tú.

Luis García Montero
Director del Instituto Cervantes

中国堂吉诃德

辛丹 译

与镜子不同，从译本看书籍，看起来总是不一样。就像一面镜子面对另一面镜子，影像被无限反射延伸。

这种情况恰好发生在林纾的《堂吉诃德》译本上，雷林克又将这个译本译回西班牙语，并增加了大量精彩的注解，更好地诠释了林纾的译文，深化了对塞万提斯作品的理解。

塞万提斯毫无疑问会喜欢这个游戏。作为玩笑，他在下卷的致辞中对雷莫斯伯爵说："日前将已印出但尚未上演之喜剧寄阁下之时，记得在下说过，堂吉诃德正在套上马刺，准备前去恭吻阁下双手。此时则可奉告阁下，马刺已然套好，并已上路。如能到达尊处，窃以为算是对阁下尽了一份心意。前者，一伪造之《堂吉诃德》（下卷）流传甚广，令人生厌，苦恼不堪。各方朋友催促在下将真品速送阁下，已除此害。然最为情切者乃为中国之大皇帝。一个月之前，该皇帝派专人送来以中文写就之书信一封，要求——应说是"恳求"——在下将《堂吉诃德》一册送至中国，盖因意欲建立一卡斯蒂亚语书院，拟以堂吉诃德之故事作为课本使用，并聘在下为该院院长。在下问信使是否带有皇帝陛下资助之路费，来使答说并未想及此事。"

塞万提斯通过这段话告诉我们，大多数情况下艺术是无利可图的。起码他没有在有生之年谋得福利。他故去了（众所周知死于贫穷），却使其他人从这部作品中受益，他的《堂吉诃德》使一些穷人得以温饱不愁，更重要的是，《堂吉诃德》让我们认识到了勇气的价值，重拾被遗忘的崇高精神。

堂吉诃德的一切，所有借助这个人物所做的一切，对人们来说都极有价值，不会对这个人物造成损害，比如一场芭蕾，白兰地酒瓶上的标签，或罐头的名字（“杜西内娅牌木瓜罐头”）。相反，这些事不仅使我们想起那个游侠骑士的美德，更重要的是忆起故事创作者的美德，那个人、那个塞万提斯的美德，他一劳永逸地教我们用他的方式看待现实，审慎、愉快而又毫无怨恨。

以我之拙见，将《堂吉诃德》译成现代西班牙语，比将其译成中文的风险要大很多。众所周知，中文之难对西班牙人来说犹如高山之巅（“你想让我用中文告诉你吗？”，这是生气的母亲对拒不理会或不听话的儿子脱口而出的话）。当塞万提斯在致辞中暗示他的《堂吉诃德》可以作为教授西班牙语的中国学校的课本时，他在告诉我们他的语言很简练，适合年轻人学习。《堂吉诃德》的语言非常简练，是的，这是它的吸引力之一。事实上，正如反复提及的那样，这是一部口口相传的成功之作，它应该被翻译成说的语言，而不是读的语言。

当我们试图说服反对者，将一本17世纪语言写成的书翻译到完全不同的21世纪语言时，论据是毋庸置疑的：如果桑丘识字，他就能读《堂吉诃德》的上部了，就像学士卡拉斯科一样，并且能够完全理解它；而如果堂吉诃德生活在我们的时代，他将无法完整读懂《堂吉诃德》，或者说理解它，除非他读的版本收录了五千五百个注解，就像任何值得赞颂的严谨学者所做的那样。

当读到翻译成西班牙文的中国诗时（例如令人敬佩的马塞拉·德·胡安所译的诗文），我从来没有对内容是否忠实原文产生过疑问或怀疑，因为我知道这两种语言的天壤之别。我们能做的只有阅读，在读中寻找诗意，而诗意是不变的、原始的、对所有语言都通用的、世界性的。

诗人埃洛伊·桑切斯·罗西洛在故乡穆尔西亚的大学里教了四十年西班牙文学，在课上他讲解了众多经典作品，其中包括《伊利亚特》。当有人质疑他的理论基础时，他回答说："它就是西班牙语的诗，因为我和绝大多数西班牙读者一样，只能读西班牙语的版本，而写这本书的语言在几百年前已经消失了。"他是对的。书籍属于创作它们时使用的语言，然后从这种语言开始不断自我发展。

事实证明，堂吉诃德的路要比他在短短的骑士生涯中所走的路长得多。今天，堂吉诃德走遍了全世界，甚至抵达了世界最边远的角落，包括他以嘲讽的口吻在致雷莫斯伯爵致辞中提到的中国。

首先是林纾，然后是雷林克，他们都是堂吉诃德的追随者。他们翻译并讲述了堂吉诃德。讲述堂吉诃德在可能的范围内是可行的，而对其进行缩写是不可能的。雷林克翻译林纾中文版本所用的语言非常漂亮（与19世纪后期风行一时的、遵循固定格式使用生僻拗口的词句不同），有说服力且令人信服，使译文更加吸引人。最终呈现给读者的就是这本引人入胜的书，在书中，堂吉诃德和塞万提斯的爱好者仿佛在围桌谈论，就像我们给彼此讲述小说、电影或亲身经历的故事一样，不断相互补充可能会错过或遗忘的繁枝细节，帮助另一个人记住或加深对它的理解。

林纾对《堂吉诃德》进行了讲述形式的初次尝试，这需要一位中国读者，还需要一位中国文学教授将其完成，而雷林克将其融入了悠久的故事传统中，故事不断重复上演无休无止，就像那位骑士向雷莫斯宣告的那样，他在四个世纪前开始向中国走去，而此时刚刚抵达。

安德烈斯·特拉彼略

DON QUIJOTE CHINO

A diferencia de los espejos, los libros, cuando se miran a sí mismos en una traducción, se ven siempre distintos. Como un espejo que enfrenta a otro espejo, verá reflejada su imagen, sin embargo, hasta el infinito.

Esto le ocurre a la versión que hace Lin Shu de nuestro *Quijote*, traducida a su vez al castellano por Alicia Relinque, quien a su vez le ha añadido un mar de notas fascinantes que multiplican las palabras de Lin Shu, que amplifican las palabras de Cervantes.

A Cervantes le habría hecho gracia este juego, sin duda. Por broma le dijo al conde de Lemos en la dedicatoria de la segunda parte esto: «Enviando a Vuestra Excelencia los días pasados mis comedias, más impresas que representadas, le dije, si mal no me acuerdo, que don Quijote quedaba calzadas las espuelas para ir a besar las manos a Vuestra Excelencia; y ahora digo que se las ha calzado y se ha puesto en camino, y si él llega allá, me parece que habré hecho algún servicio a Vuestra Excelencia, porque es mucha la prisa que de infinitas partes me dan a que lo envíe para quitar el mal sabor y la náusea que ha causado otro don Quijote que con el título de Segunda parte se ha disfrazado y corrido por el orbe. Y el que más ha mostrado desearlo ha sido el gran emperador de la China, pues hará un mes que me escribió en lengua chinesca una carta con un propio, pidiéndome, o mejor dicho suplicándome, se lo enviase, porque quería fundar un colegio donde se enseñase la lengua castellana, y quería que el libro que se enseñase fuese el de la historia de don Quijote. Juntamente con esto me decía que fuese yo a ser el rector de ese colegio. Le pregunté al portador si Su Majestad le había dado para mí algún viático para el camino. Me respondió que ni por pensamiento».

Nos estaba diciendo con todo ello Cervantes que del arte las más de las veces no se saca nada de provecho. O él no se lo sacó en vida. Pero fue morirse (pobre, como sabemos), y el provecho nos lo ha dado a todos los demás, pues a cuenta de su *Quijote* hemos podido llegar a fin de mes algunos pobretes, y más importante aún, gracias a don Quijote hemos descubierto el valor del arrojo y la nobleza de algunas causas perdidas.

Todo cuanto se haga con don Quijote, todo cuanto se ha hecho con él, a uno le parece de perlas, porque ninguna de esas cosas puede perjudicarle ya, se trate de un *ballet*, de la etiqueta en una botella de aguardiente o el nombre de una lata («Carne de membrillo Dulcinea»). Al contrario, sirven para recordarnos no solo las virtudes de aquel caballero andante, sino también, y acaso más importante, las de su creador, las de aquel hombre, aquel Miguel de Cervantes, que nos enseñó de una vez por todas a mirar cervantinamente la realidad, esto es, de una manera discreta, jovial y sin resentimiento.

La decisión de traducir el *Quijote* al castellano actual fue mucho más arriesgada, en mi modesta opinión, que traducirlo al chino. La lengua chinesa para un español resulta el colmo de la dificultad, como es de sobra sabido («¿quieres que te lo diga en chino?», le suelta iracunda una madre al hijo que se niega a entender algo o se empeña en desobedecer sus órdenes). Cuando Cervantes alude en su dedicatoria a que su *Quijote* podría servir como catón para los colegiales chinos que desearan conocer el castellano, nos está diciendo que su lengua es sencilla e idónea para el aprendizaje de los muchachos. El *Quijote* está escrito en una lengua sencilla, sí, ese es uno de sus atractivos. En realidad es, como se ha repetido hasta la saciedad, una novela hablada, el triunfo de la oralidad y se debe traducir siempre a un idioma hablado, no a una lengua leída.

Cuando trataba de convencer a los reticentes sobre la necesidad de traducir un libro escrito en un idioma del siglo XVII a otro muy diferente del siglo XXI, recurría a un argumento inapelable: de haber sabido leer, Sancho Panza habría podido leer la primera parte del *Quijote*, tal y como hizo el bachiller Sansón Carrasco, y lo habría comprendido de arriba abajo; de vivir en nuestros días don Quijote no habría podido leer el *Quijote* cabalmente, o sea, entendiéndolo, a menos que lo hubiera hecho en una edición de cinco mil quinientas notas a pie de página como la de cualquier estudioso concienzudo, digno de todos los bombos académicos.

Cuando alguna vez ha leído uno algún poema chino traducido al español (por la admirable Marcela de Juan, por ejemplo), jamás me ha asaltado la duda o la sospecha de la fidelidad, sabiendo que la lejanía formal de una lengua a otra es tan grande. Se limita uno a leer y buscar en lo que lee la poesía, y esta es la misma, original, común a todas las lenguas, universal.

El poeta Eloy Sánchez Rosillo impartió durante cuarenta años en la universidad de su ciudad natal, Murcia, clase de literatura española, y en ella explicaba, entre otros clásicos, la *Ilíada*. Cuando alguien le objetaba el fundamento de su criterio, respondía: «Y poesía española es, puesto que yo, como la inmensa mayoría de los lectores españoles, solo podemos leer ese libro en español, toda vez que la lengua en la que se escribió desapareció hace cientos de años». Y llevaba razón. Los libros pertenecen a la lengua a la que se vierten, y comienzan en ella un camino propio.

El camino de don Quijote ha mostrado ser mucho más largo que el que realizó a lo largo de su corta vida como caballero andante. Hoy don Quijote ha recorrido todos los caminos del mundo, y ha llegado hasta los últimos rincones, incluida la China a la que de forma irónica aludía en su dedicatoria al conde de Lemos.

Lin Shu, primero, y Alicia Relinque después, le han servido de escuderos. Han traducido a don Quijote y lo han contado. Contar el *Quijote* es, dentro de lo que cabe, hacedero, resumirlo en cambio es imposible. Relinque le ha devuelto al chino de Lin Shu un deje muy bonito (nada que ver con el casticismo que se puso de moda a finales del XIX, consistente en imitar los giros y palabras añejas como quien les pusiera a todas y cada una gola o cuello de encarujados), que lo perfuma de una manera persuasiva, convincente. El resultado es este fascinante trabajo, en el que parece que estuviéramos unos cuantos devotos del *Quijote* y de Cervantes hablando de uno y otro alrededor de la mesa, tal y como hacemos al contarnos unos a otros una novela o una película o una historia vivida a la que se van añadiendo detalles, pormenores, matices que a uno le hubieran pasado inadvertido o hubiera olvidado, dando pie a otro a recordarlo o a amplificar su sentido.

Lin Shu ha devuelto el *Quijote* a su oralidad primera, a la que necesitan un lector chino, al que necesita un profesor de literatura china para incluirlo en el programa y Relinque lo ha incorporado a la larga tradición de las historias que reviven contadas una y otra vez en una historia interminable, como lo es la de ese caballero que empezó a caminar hacia China hace cuatro siglos, como le anunció a Lemos, y acaba ahora de llegar.

Andrés Trapiello

导读

在弗兰德斯挂毯与中式锦绮之间

汪天艾 译

致我亲爱的读者，感谢你从忙碌的生活中抽出几刻（现今实属不易）阅读这篇文字。也许你期待从中找到用以启明阅读的隐匿宝藏，也许仅是想将它作为茶余酒后的消遣。我想不出其他更好的开篇方式（塞万提斯对撰写序言之难的慨叹着实在理！），只得假托堂吉诃德的两位朋友之口来完成——

神甫问道："我的朋友，你是说你们手里的这本书是从中国话[1]译成卡斯蒂利亚语的？"

理发师答曰："其实，这本书最开始诞生的时候就是用我们的卡斯蒂利亚语写成，被翻译成了英国话以后，有个中国人读到了，把故事情节讲给另一个中国人听。这个人决定用古代中国的语言把它写出来。而现在的这一本，是从古代中

[1] 此处作者特地采用了《堂吉诃德》第二部"致雷莫斯伯爵的献词"中提到"中文"时的表达法"la lengua chinesca"来达成戏仿的效果。——译注

国话的版本译回了我们的语言。”

神甫不解：“来来回回转了这么多道，这本书最开始诞生时的本质价值肯定都磨完了吧。真是胡闹！明知最后会落败而归还非要出走，这有什么意思？”

《奇思异想的绅士堂吉诃德·德·拉曼却》[1] 从17世纪的西班牙出走，又以《魔侠传》的面貌自中国归返，形同第二次出走后归来的堂吉诃德，“面黄肌瘦”[2]。我不确定塞万提斯本人是否会对如此往复的旅途满意，毕竟他对翻译始终有点将信将疑。我听他说过：

我对翻译还是有些看法的。我觉得除了希腊、拉丁两种古典雅言，其他任何两种语言之间的互译，都好比是反面观赏弗兰德斯挂毯，图案倒是都能看见，可是被乱七八糟的线头弄得模糊不清，不像正面那么平整光滑。

（《堂吉诃德》第二部，第62章）

而在遥远的中国大地上，在佛教方面做过些翻译的学家赞宁（919—1001）显得没有这么悲观。在《宋高僧传》中，赞宁写道：“翻也者如翻锦绮，背面俱花，但其花有左右不同耳。”

我想这两人说的都有其道理，还是留给读者你来判断吧。不

[1] 后文将沿用简名《堂吉诃德》指代西语版原书。——原注

[2] 经与本文作者的商榷，中文版导读中如无特别说明，《堂吉诃德》引文均录自董燕生译本，将与本文西语版保持一致仅标出所出部章，不一一注明页码。——译注

过，在你从背面端赏这块《堂吉诃德》的锦绮之前，我的朋友，请容许我为你抄录以下这篇标题优美实则冗长到恐令人生烦的导读文章（文风极似本科生）。文中会讲述《魔侠传》诞生于何时，林纾和陈家麟何许人也，译文有何特点，这部书又是经由怎样的机缘人事回到了卡斯蒂利亚语当中。是耽搁于此或径直开始阅读小说正文，就交由读者你来判定了。

“去年的窝还在，可今年鸟不来”[1]

1922 年，《堂吉诃德》在第一部出版三百多年后首次被翻译成“中国话”，化身《魔侠传》问世，由恐能跻身世界文学翻译史上最多产译家之列的林纾（1852—1924）在陈家麟（1880—？）的协同合作之下完成。彼时，塞万提斯的作品已经在其他语言中被大量译介，中国译者得以借由转译英语版本将《堂吉诃德》引入汉语语境。不知是由于时间紧张、出版方面的限制还是仅仅出于倦怠，两位译者决定只译出如今被界定为“第一部”的内容，把讲述拉曼却骑士头两次出走的前 55 章（与塞万提斯同时代的西班牙读者当初也等了十年才等到后面的部分）整合为四段[2]。

林纾生长于一个前所未有的动荡年代。1842 年，中国在英国发动的鸦片战争中落败。没过几年，在从 1850 年延续到 1864 年的太平天国运动中有三千万人死去。1860 年至 1900 年，英国、日本、

[1] 出自《堂吉诃德》第二部第 74 章。——译注

[2] 第一段包括 8 章，第二段 6 章，第三段 13 章，第四段 25 章，每段章节均重起编号。——原注

法国、德国和其他列强瓜分中国的领土，使之变成了一个半殖民地国家。1900 年至 1901 年间，义和团运动爆发，该运动得到了清政府的扶持，最终却以又一次失败告终，巨额赔款更是令国库告竭。1905 年，科举制度被废除。1912 年，中华民国的成立终结了中国 2200 年的封建王朝。仅四年之后，军阀混战再度让中国四分五裂，割据的局面从 1916 年一直持续到 1926 年。

1912 年中华民国成立之后，此前一个多世纪的政治和经济危机造成的种种后果暴露无遗。中国在世界版图上的地位从 1919 年初《凡尔赛和约》的签署中即可见一斑——巴黎和会无视了中国对德国归还领土的诉求而是直接将这些领土转交日本。曾经在 19 世纪最后三十年里萌芽的对西方国家和日本的崇尚此刻遭到重大挫败，在中国作家群体之中，民族主义情绪兴起。也是在 1919 年这一年，五四运动爆发，全国各地的学生走上街头游行，重要的政治变革一触即发。

从文化和文学的角度而言，又名新文化运动的“五四”运动意味着从 1915 年开始的“外反帝，内反封”的浪潮抵达顶峰，人们将中国外忧内患的局面归咎于儒家传统。与此同时，西方的诸多文学传统如浪漫主义、现实主义、自然主义、象征主义等也随着无差别的西方和日本文学作品引进而进入中国学人的视野，激发了他们寻找一条属于自己的道路的需求。文学团体的创立以及这些团体的文学刊物的出版成为决定 20 世纪前二三十年中国文化生态的标志。许多知识分子聚集在这些文学团体当中，开始宣传自己最为先进、最具革命性的主张。《新月》《新青年》《现代文学》《批评》等刊物成为这些全新文学理念的载体。这其中最激烈的论战围绕用白话文取代文言文进行文学创作的倡议展开。对此，被誉为“中国现代文学之父”的鲁迅直言道：

> 文明人和野蛮人的分别，其一，是文明人有文字，能够把他们的思想，感情，借此传给大众，传给将来。中国虽然有文字，现在却已经和大家不相干，用的是难懂的古文，讲的是陈旧的古意思，所有的声音，都是过去的，都就是只等于零的。所以，大家不能互相了解，正像一大盘散沙。将文章当作古董，以不能使人认识，使人懂得为好，也许是有趣的事吧。但是，结果怎样呢？是我们已经不能将我们想说的话说出来。

改革派的主张占据了上风，1920 年，中小学进行教育改革，开始推行白话文，文言文被打入冷宫，这让林纾无比扼腕，心痛不已。

崇古之人林纾

如上所述，《堂吉诃德》的第一位中文译者正是生长于这样动荡不定的年代。1852 年，林纾出生在福建省一个贫寒的小商贩家庭，家族里与中国台湾有贸易上的往来。尽管并非出生书香门第，林纾自幼跟随几位先生学习古文经典，后以自学的方式完成了教育，并如饥似渴地阅读任何他能接触到的作品，这一点在他将来所译文本的多样性和把握各类文本的流利程度中均有明显体现。在中国台湾打理了两年家族生意之后，林纾于 1869 年回到家乡与刘琼姿成婚，又过了三年，他开始在一所当地的学校任教，并在 1882

年中了举人。1884年至1895年间，林纾和其他几位文人一起参与了各种政治活动，其中包括拦下钦差大臣左宗棠的官轿，状告当地官员对福建水师在马尾港遭法国舰队袭击全军覆灭一事谎报朝廷。

1897年，林纾出版了自己的第一本诗选，用白话文写成，名为《闽中新乐府》。也是在这一年，妻子的亡故成为他一生中最重要的转折点：据说是为了让他排遣心中的巨大苦痛，他的朋友、曾经在巴黎大学学习国际法的王寿昌说服林纾和自己一起合作翻译小仲马的作品《茶花女》。这部名为《巴黎茶花女遗事》的译作初尝全书用文言文写成，首次付梓时两位译者使用了笔名，学者戴毓芬推测原因可能有二：其一，在当时的文人圈中小说是不登大雅之堂的文体；其二，外国文学作品可能被视为比中国文学低劣的文类。不过，《巴黎茶花女遗事》一经问世即大获成功，在普通读者和知识分子群体内都收获了出乎意料的声名，迅速再版，随即售罄。如戴毓芬所言："《巴黎茶花女遗事》的出现俨然带来了一场革命。"

从此以往，直到过世，林纾再未停止翻译外国文学作品，由于他不懂任何外语，总是采用与人合作的形式。在《孝女耐儿传》（1907年）的译序中，林纾如此描述自己的翻译方式：

> 予不审西文，其勉强厕身于译界者，恃二三君子，为余口述其词，余耳受而手追之，声已笔止，日区四小时，得文字六千言。其间疵谬百出，乃蒙海内名公，不鄙秽其径率而收之，此予之大幸也。

声名鹊起之后，林纾先是迁居杭州，后至北京，1903年为京师同文馆（该馆合入京师大学堂后成为北京大学的前身）所聘。他在自己担任过的数个教职上都始终维护古典文学和文言文的教学，并与自身的译者工作相辅相成。其后，随着清朝的覆灭和中华民国的成立，1912 年，林纾与新政权之间发生了一些冲突，因而辞去职位，很快另有几位像他一样拥护文言文教育的同事也效仿之。20 世纪的最初十年里，林纾因其译者的工作备受尊重和赞誉。但是到了 20 年代，他开始与拥护新文化运动的改革派之间发生越来越激烈的论战与对峙。林纾继续着翻译的工作，同时也开始做一些创新的项目，例如从 1916 年至 1918 年模仿已被熟知的西方模式开设的函授文学课程。1922 年，林译《魔侠传》在出版几个月内即遭到周作人的猛烈批评，但是他继续着翻译和出版的工作，直到 1924 年 10 月 9 日在北京与世长辞。

毫无疑问，由于新文化运动一直被视为进步和现代性的代表，是对陈旧过时的文化糟粕的终结，林纾与新文化运动诸位代表人物的对峙让他自己的形象和译著大大受损。然而，平心而论，我们应该认可林纾的重要性恰恰在于他为新文化运动提供了思想和文化资源，毕竟，“五四运动中没有任何一位作家不是通过林纾的翻译首次接触到西方文学的”。鲁迅本人就曾表示他购买和阅读过林纾的所有译著。经由林纾的翻译和推广，外国文学在中国知识分子眼中的地位得到了彻底的提升，他不仅推动了文学翻译的发展，还让小说文体一改往日被视为“小道”、饱受蔑视的境况。此外，林译外国文学的广为传播也意味着他给汉语语言带来了深刻的革新，为改革派奔走呼求的全新写作形式的诞生打下了基础。正如张俊才在《林纾评传》中所言：

林译小说的译文出自一个古文家之手，它在正统的文言文的总的格局中不仅杂以白话，而且杂以外国语及其语法，这就雄辩地说明了这样一个事实：传统的文言文已经不能满足时代、现实和文学事业发展的需要了，它的正宗的统治地位已经受到了冲击，而白话口语、外来语及其语法在文学语言——更具体地说是小说语言——中出现，已透露出“五四”时代文学语言实现“现代”化的消息。正因为这样，我们有理由说：林纾的翻译事业也曾推动过中国文学语言的变革。

在林纾生活的时代，很难找出第二个有如此广阔眼界和开放心态的人物，他全心拥护自己本国的文学和古代汉语，同时又愿意认可当时并不受重视的外国小说的优长之处，并用文言文迻译之，想在保持传统的同时让传统焕发新生。他以极为罕有的热情投入翻译工作，一生中完成的译著多达一百八十余种。

忠实伙伴陈家麟

关于在翻译工作中与林纾合作最为频繁的陈家麟，现存资料甚少，只知他1880年出生于直隶静海（今天津附近），自北洋水师学堂毕业后留学英国，回国后供职外务部，后前往康奈尔大学和牛津大学学习文学专业。除了与林纾的合作翻译，陈家麟还独译出版了多部译著，如契诃夫的作品选（1916年）和史蒂文森的《化身博士》（1917年）。

陈家麟与林纾的合作始于1909年，一直延续至后者1924年去世。十五年里两人合作翻译了五十余种作品，除了塞万提斯，还有莎士比亚、托尔斯泰和巴尔扎克。托尔斯泰的作品和《堂吉诃德》我们几乎可以确定是转译自英译本，至于几位法国作家（巴尔扎克、大仲马和凡尔纳），钱锺书等人合著的《林纾的翻译》一书也倾向于认为译自英译本，虽然陈家麟也有通法语的可能。

韩嵩文（Michael G. Hill）指出陈家麟的文言水平尚可，因而认为可能是由陈家麟首先准备一版译稿草稿，林纾再在此基础上进行修改编辑。虽然这种可能性也存在，但是在《魔侠传》的个案中，我认为两位译者采用的是更为紧密的合作模式：由陈家麟将故事情节口述给林纾进行翻译。原因主要有二：其一，整本译稿中出现许多对事实的重复描写，有的源自英译底本，但更多是中文版独有的。这种重复很可能是陈家麟口头讲述过程中的“解释性”话语，林纾误以为是原作的一部分因而纳入译文。其二，第一段第6章中，神甫和理发师翻拣阿隆索·吉哈达的藏书以决定哪些需要判处火刑，其中《骑士明镜》的书名在《魔侠传》中被译作《侠客之宝剑》，“镜”和“剑”在中文中发音相近，这很可能是“听写”之误。当然上述两个原因都非铁证，不过我认为也足以支撑我的论点。

先行——途径英吉利

前文已提到林纾并非直接从卡斯蒂利亚语原版小说翻译，而是使用了一个英语译本。《林纾的翻译》一书认为林、陈二人参考的是1700年出版、1703年修订再版的皮耶尔·莫妥（Pierre Motteux）译本。支持这一观点的最重要依据是《魔侠传》的四段划分依照的是《堂吉诃德》第一部的章节——1615年原著第二部出版之后，原先的划分就失去了意义——且每一段内部的章节编号都从头重计。《林纾的翻译》指出在所有其他英译本中，虽然也保留了四段划分，但是章节编号是连续的。

在着手处理林、陈译文之前，验证上述分析是否属实必不可少。在1612年至1910年间，英美共有12个不同的《堂吉诃德》译本可能流入中国——塞万提斯学院虚拟图书馆和古腾堡翻译计划的网站上显示出的翻译版本有132个之多，有的标明了译者姓名，大多数没有。在这12个译本中，除了莫妥的版本，还有查尔斯·热瓦斯（Charles Jervas[1]，1675—1739）的译本也在保留四段分法的同时，每一段内的章节另起编号。

另一个可能帮助我们厘清林纾究竟参考的是哪一个英译本的线索出自全书的开篇句。在著名的“在拉曼却地区的某个村庄，地名我就不提了……”（“在拉曼叉中有一个村庄庄名可勿叙矣”）之上，《魔侠传》填补了“其地半据亚拉更半据卡司提落”，为不熟悉西班牙地理的读者指明了拉曼却位于阿拉贡和卡斯蒂利亚之间。这样的地理信息添补仅在上文提及的莫妥译本和热瓦斯译本（以及没有标明译者的达力出版社版本）中出现。

最终让我们得以确认林、陈二人参考的究竟是哪个英译底本的是阿隆索·吉哈诺的别名。《魔侠传》在罗列主人公的诸多别名时写道：“人言起姓曰奎沙达或云姓奎克沙达今吾书但称之曰奎沙达然以音义度之必称奎克山纳为正。”莫妥的版本中并没有收录最后

[1] 由于初印本的印刷错误，译者姓氏被错印成Jarvis，他的译本被学界成为“Jarvis版本”。——译注

这个别名，而热瓦斯以及达力出版社的版本中都对此有所体现。由此可以推断出林纾和陈家麟在翻译的过程中参考借助了不止一个底本。需要指出的是，上述三个英译底本都是根据 1605 年出版的《堂吉诃德》翻译而成，第三段第 9 章和第四段第 3 章之间关于桑丘的驴失而复得的情节疏漏存在叙事不连贯的情况。林纾和陈家麟对此的处理方式我们将在下一节与“增补”相关的段落中提及。

在对翻译文本进行比对分析之后，可以得出两个结论：其一，林、陈二人主要使用的底本来源确实是莫妥的译本；其二，他们一定至少参考了热瓦斯的版本，因为有不少额外信息的增添都出自热瓦斯的译注，同时也可能使用了达力出版社的版本以及某些其他我们无法定位的译本。

那么，既然林纾主要使用的底本是莫妥所译，在此有必要提供一些莫妥译本的基本信息。据昆琦尤斯（Cunchillos）的研究，莫妥译本的主要特点是“并不遵循字对字的翻译形式，对原文本有多处删除或增补”。在细致分析了该译本的风格修改、语词句法更改和多处文本增补与省略之后，昆琦尤斯总结认为莫妥“消弭了卡斯蒂利亚语原文中特有的语言和惯用语特点”，在很多情况下删除了“上帝”一词，“最终的成品相比原作有相当程度的游离（……）另一个重要的问题是他通过使用一些英语中特有的语词和表达法将《堂吉诃德》过分归化至英国维度中”。

最后，昆琦尤斯对莫妥译本做了如下的扼要评价：

> 莫妥的翻译中有一些地方不完全是对原作最为忠实的处理，但是却让这一版成为英国读者第二最爱的《堂吉诃德》译

本（第一是斯莫莱特 1782 年翻译出版的），单是 18 世纪就出版了 14 版之多。（……）莫妥懂得怎样让《堂吉诃德》变得流行，他为英国读者大众提供了一个用他们最为熟悉的语言写成的版本，将书中人物塑造得令读者倍感亲切，同时也不失异域风情，（……）把读者带去到遥远的土地上，任何冒险与神奇都可能在那里发生。

由此可知，《魔侠传》最常被诟病的缺陷之一——失去了西班牙文化相关的细节——在林、陈二人所使用的英译底本中已有体现。要想公正地评价眼前这部第一版《堂吉诃德》中译本，必须考虑到莫妥的先行工作，才能更好地看见两位中文译者在《魔侠传》中留下的他们自身对翻译的理解。

《魔侠传》——当《堂吉诃德》抵岸中国

很可惜，林纾没有像自己的其他一些译著那样为《魔侠传》撰写译序、解释他在翻译过程中采用的策略和标准。在其他译著收录的类似文章中，我们可以知道林纾在翻译理论方面的立场始于最大限度地尊重原著，后逐渐转向更多有理由的干预。不过，从他最初的翻译作品中已经可以看出明显的增补、删除和转变原文之处，始终将译著的受众——即当时的中国读者——考虑在内。此外，如前所述，林、陈二人主要参考的译本是因为译者过度干预而被广为批评的莫妥版英译。在这两个先决条件之下，下文将尝试对《魔侠传》作为译本的突出特点进行阐述和分析。

删节：微处的沉默

林纾的翻译作品遭到的最常见的批评就是他会自作主张地将中国读者可能不太感兴趣的部分删去。《魔侠传》当然也存在这样的情况。最为著名也是激起最多批评的删节是塞万提斯的序言，还有全书所有提到塞万提斯杜撰出的手稿《拉曼却的堂吉诃德的故事》及其真正的作者哈梅特·贝内恩赫利的部分。塞万提斯为《堂吉诃德》所写的序言披露了自我虚构的创作过程和小说中"自我"的构成，将现实与虚构之间的关系逼入死胡同。有关哈梅特·贝内恩赫利的部分则体现了在塞万提斯所生活的商业化的新世界里，作家被视为自由主体，文学开始转而成为被消费的对象——当时有人认为仅凭这一点，塞万提斯的作品就完全失去了价值，不值得被留意。

除了上述两处重要的删节，对语句的缩减贯穿《魔侠传》全书，尤其是当情节内容过于复杂的时候，译者会将复杂的情况或细节的描述简单化，比如第三段第二章里市场上的骚乱。此外，还有不少专有名词消失了，包括历史或文学人物的名字以及一些地名。

关于专有名词的删节，由于中文是使用方块字的表意文字，每个汉字对应一个音节，虽然现代汉语中词语可以由两个或更多个汉字组成，林纾在翻译中使用的文言文是通常以单音节字成词为主的。一般翻译外国人名的策略是音译，即原文的一个音节对应一个汉字，那么如果原文中出现一长串人名，到了中文里就会呈现出一长串无尽的音节，这与古代汉语的凝练之风是背道而驰的。因此，林纾在处理人名时常见的翻译策略之一就是不把所有的音节都对应翻译出来。比如第四段第十二章出现的胡安·安萃亚·德·奥利亚就被简化成了"安萃亚"，让中国读者不会陷入一长串汉字堆中。

可能林纾和陈家麟认为简化这些对中国读者而言完全陌生的人名并不会对故事情节造成影响和削弱。

另一种看起来是有意的删节很可能是出于想要避免难堪。比如第三段第四章里堂吉诃德吐在桑丘身上、桑丘也反过来吐在堂吉诃德身上的部分。林纾只保留了前者，删去了后者。第三段第三章中，桑丘尝了费也拉布拉斯神水之后开始“上下两头双管齐下、忙不迭地往外喷水”[1]的部分也被删去。此外还有第四段第十三章里穿刺之刑的部分被删去可能也是出于避免难堪的考虑。

至于原书中的诗歌，《魔侠传》做了大幅度的删节，这主要是因为莫妥的英译本中就没有收录原著中的任何一首书前诗，书后诗也仅保留了给堂吉诃德和杜尔西内娅的墓志铭，而且莫妥对塞万提斯的诗歌采取的经常是一种更为恣意的翻译方式，内容也时有削减。在这一点上，林纾和陈家麟也采取了比较自由的态度，他们删去了全部的书前和书后诗，章节内部的一些诗也没有出现在译文里。而且几乎在所有被翻译的诗歌中，诗行也都被删减了，甚至和莫妥的译本相比也删得更短，有的诗只剩下四行。内容方面，林纾与莫妥的理念相通，《魔侠传》在莫妥译本的基础上又做了发挥，最终的诗歌成品几如原创。不过，需要指出的是，尽管遭到了不少批评，林纾在自己翻译的诗歌片段中加入的一些中国传统元素实现了极高程度的抒情性，尤其是第二段第六章开篇的“格利索斯托莫之歌”被认为是他最高的成就之一。

[1] 《堂吉诃德》第一部第17章。——译注

两个人物：师尊骑士与医生神甫

在《堂吉诃德》诸多语言的译本中，对两个主要人物——堂吉诃德和他的朋友、藏书刽子手神甫——的处理仅为《魔侠传》所有，而这些处理某种程度上都是源自对英译本的理解错误。

纵观整本书，林纾对主角最常见的称呼方式是用他的别号“奎沙达”，而非“当瑰克苏替”（堂吉诃德），后者仅在屈指可数的几处别人提到他的地方才使用。

从现有资料中，我们无从得知书名选择采用“魔侠传”而没有沿用主人公的名字是林纾本人的决定还是出版商方面的主意。唯一能确定的是，1922 年这本书出版的时候，汉语语境里塞万提斯的小说已经在周作人撰写的《欧洲文学史》（1918 年出版）中出现过，周作人对这部作品颇为赞赏，不过提到书名的时候却是混在一系列不同欧洲传统（包括希腊和拉丁语世界）的诸多文学作品之名录里。因此，或许堂吉诃德的形象在当时还没有进入中国人的文化想象当中。《魔侠传》和随后关于这部书的评论与讨论让堂吉诃德深入人心，很快，在 30 年代，堂吉诃德的名字明显已经被中国接纳，所以后来这部书再在中国被数次译介出版时都用回了原名[1]。

我不想在此详述林纾如何勾勒堂吉诃德的形象，读者可以在阅读本书的过程中比较这位“魔侠”与塞万提斯笔下的骑士有何异

[1] 林纾在译本中将主人公名字中表示敬称的“Don”直接音译为“当”，作为主人公名字的一部分。周作人在《欧洲文学史》中提到《堂吉诃德》时是将“Don”译成“先生”，与“吉诃德”区分开。上世纪四十年代出版的几个译本也都沿用周作人的处理方式。但是从五十年代往后的中译本都和林纾的处理方式一样，将“Don”的翻译纳入名字当中，为“堂吉诃德”。——原注

同。我只想特别提请注意一个在最初几章里逐渐浮现、但直到桑丘出现之后才得到确定的特点：《魔侠传》不仅反复强调"奎沙达"（即堂吉诃德）是"锄强扶弱"的侠义化身，还将他塑造成博学之人，阅读广泛，是"守旧之故家"（第一段第一章），对美的事物极为敏感，对他人抱有共情之心，他对桑丘或许严厉，但也是心怀教化对方之意。这完全是一个文人的形象，当他遇见可教之人就摇身一变，自然而然成为师长。桑丘初次登场时，林纾对他的描述恰是从与"至圣先师"孔夫子联系最为紧密的文本《论语》中摘得，形容堂吉诃德的这位持盾随从为"木讷"（第一段第七章），这是儒家鉴人最为称颂的四种品格之一（子曰："刚、毅、木、讷近仁"）。从一开始，桑丘就被定位为"奎沙达之弟子"，而其他的随从则被称为"骑奴"。《魔侠传》中堂吉诃德与桑丘之间的师徒关系在第一段第八章"如吾师之命果违训诫则当屏出门墙"一句中彰显无遗。整本书里，"奎沙达"和"山差邦"之间的关系始终是"师弟"。

中译本将堂吉诃德塑造为师尊十分自然，毕竟恐怕没有哪个国家像中国这样尊师重教，虽然这不完全是林纾和陈家麟的独创，在英译本中桑丘也经常用"master"一词称呼堂吉诃德，但是在英语中"master"包括"老师"和"主人"两重含义，所以英译本并没有通过使用"master"这个词加深堂吉诃德和桑丘之间的关系层次和维度，这一点是由林纾和陈家麟的中文版来实现的。

另一个在《堂吉诃德》的首次洲际之旅中发生了变化的人物设定是"神甫"。在第一章出现的时候，塞万提斯将他描述为主人公的好朋友之一，他们会一同讨论谁是历史上最优秀的骑士。但是到了第四、第五章，神甫的道德优越感跃然纸上，他开始翻拣堂吉诃德的藏书，并将其中的大部分都扔进火堆。从那时起，神甫不断用自己代表圣言、备受尊重的地位干涉堂吉诃德，以侍奉上帝之名做决定或下论断。“神甫”这个词在热瓦斯的英译本中被译成“priest”（牧师），而在莫妥的版本中被译成“curate”（助理牧师），并加注解释“神甫”一职负责救治整个教区的灵魂。《魔侠传》中神甫首次出现（第一章）时，林纾将其翻译为“牧师”，这个词通常是用来指代新教教会的神职人员。由于中国传统对基督教较为陌生，可能对林纾而言新教和天主教的称谓分别并不十分重要。不过，从第五章起，所有英译本出现“curate”的地方都被翻译成了“医生”，可能是因为在英文中“curate”的拼写与“cure”（治疗）一词极为接近。所以此后无论是焚书、设计欺骗堂吉诃德还是关于尊严廉耻的争论等情节都不再是由神甫所做，而是因为翻译错误变成“医生”的行为。这个职业上的变化造成了一些荒谬奇怪的场景，比如桑丘建议堂吉诃德与猕蛇猕蚣娜公主成亲，并提议说“医生”可以主持婚礼。抛开塞万提斯的反路德宗教改革立场不提，《魔侠传》中天主教元素的消失毫无疑问抹去了原著小说中所描写的西班牙社会的基本底色。

增补与干预：“我希望她是什么样，就在心里把她想成什么样”[1]

对林译外国文学的另一个常见批评是他会有意识地沿着原书的叙事模式在译文中添加自己的内容，甚至会加入表达自己观点的评

[1] 出自《堂吉诃德》第一部第25章。——译注

述段落。

《魔侠传》中存在三种不同类型的增补：其一，解释性的信息；其二，表达译者个人主张的内容堂而皇之地与原文本交织；其三，逻辑性的补充。

解释性的增补主要出自英译本的解读，有的直接取自英译本的译注，有的是英译本中已经融入原文的部分，目的都是补充一些读者可能不知道的知识点。比如前文提到的全书著名的开头就加入了拉曼却位于阿拉贡和卡斯蒂利亚之间的地理信息解释。有时候这种增补会出现在括号中，类似于今天的译者注。

第二种增补是最为批评界诟病的。林纾可能在文本中看见了一些适用于中国当时状况的部分，因而忍不住加入了自己的世界观。第一段第七章就有一个清晰无比的例子。堂吉诃德向桑丘解释自己作为骑士会取得怎样的成就又将怎样奖赏自己的随从，林纾在此处平白无故地加了一句“譬如革命一事至伟至大然以吾观之亦常事耳”，这显然是想放话给当时正在以新革命之名攻击他的人。书中另有几处均体现出林纾的传统价值观，例如提到子女的几个地方明确指向了儒家奉行的孝道孝心。

最后一种逻辑性的补充是对原书中一些不连贯的地方做了填补，或是修正了一些错误。众所周知塞万提斯原著在桑丘丢驴情节上的前后不一致，这头被盗的驴，转场桑丘又骑了上去。林纾于是增补了一个小桥段，讲述这头驴挣脱窃贼回到主人身边。还有一处，在第三段第十一章，堂吉诃德在山峦之间发愁该用什么写信寄给心上人杜尔西内亚，是写在树叶上还是蜡版上。最后他想起来自己有一本记事本可以写。林纾觉得这样的表述不够清楚，于是增加了从记事本上撕了一张纸来写的动作，并说到这本记事本还自带了一支铅笔供写字，这是原著中绝对没有提到的细节。

成语："来自长年生活经验的至理名言"[1]

林纾大量使用的成语是汉语中一种极为独有的四字词语形式，通常可以溯源回到某个先行存在的文本或典故。成语的组成结构多样，可以是完整的句法搭配，可以是两个相同词性（名词、形容词等等）的双音节词语的叠加，也可能是"动宾一动宾"这样的组合。据某些词典的统计，汉语中现存有超过五万个成语，熟练地使用成语可以令所作文章"中国味"十足，而且几乎所有的情况都能找到对应的成语来表达，几乎所有的成语背后都有典故，也有专门的词典可供查阅。不过对大部分人而言，他们使用成语的时候并不对其来源有格外的意识，正如西班牙人常用"绿袖子时间"来表达什么东西已经没用了才送上来，但是许多人并不清楚它的出处是通常总是姗姗来迟的修会成员的典型服饰是绿袖子的衣服。

林纾对成语有着熟练的掌握，用典甚广而且格外精确，这为他的译文带来了两个立竿见影的效果：一方面，对当时的中国读者而言，《魔侠传》几乎变成了他们自身传统里的作品，每一页都能让他们联想起本国更加为人熟知的文学经典；另一方面，成语的使用能有助于读者更好地理解书中发生的场景。细致地分析《魔侠传》中成语的使用无疑将帮助我们理解林纾的世界，并以全新的视角审视他所翻译的作品。

[1] 出自《堂吉诃德》第一部第39章。——译注

受罚的魔侠归来，面黄肌瘦

时任北京塞万提斯学院院长的易玛向我提议将林纾版的《堂吉诃德》“回译”成西班牙语的时候，我们的初衷是想知道林纾在何种程度上转变了主人公的原始形象，以求借此窥见堂吉诃德的形象在当时的中国是如何被接受的。怀着这样的愿望，我开始了工作：首先确定并找到林纾使用的英语底本，然后开始翻译。

底本

本书使用的《魔侠传》版本是1933年商务印书馆出版的终订两卷本，繁体，竖排印刷，无分段或标点。该版本存在两种印刷错误：其一，有三处的汉字“句”印刷字号小于其他文字，其功能等同于现成汉语中的省略号，这三处我都在译者脚注中进行了说明；其二，收录全书第四段的“下卷”中，第十二章之后直接跳到了第十四章，但是第十三章的情节并未缺少，而是收进了第十二章里。此处我也在译注中说明。

我参考的莫妥版和热瓦斯版英译本分别是出版于1892年和1828年的插图版。由于这两个译本都不停再版重印，无法确定这是否为林、陈二人使用的底本，不过内容应该相差无几。

我参阅的西班牙语原版《堂吉诃德》是由弗朗西斯科·里科（Francisco Rico）校订编撰的两个版本：1998年塞万提斯学院版的第一部和2015年出版的电子版。

回译的标尺

确定了参考的底本之后，我在翻译的整个过程中都会比较核对这四个版本：塞万提斯的原著，莫妥版和热瓦斯版的英译，以及林、陈二人的中译本。

回译伊始首先需要解决的难题是考虑应该使用怎样的语体。文言文是一种复杂的书面语言，和口头语的结构不同，且没有标点，因此存在极大的模糊性。也就是说，这是一种唯有拥有扎实教育素养的人才能够理解的语言，哪怕林纾的翻译风格已经对文言文进行了一定程度的“白话化”。但是，如果在译回西班牙语的时候完全模仿塞万提斯的风格又显得不合时宜，所以我选择采用一种中庸的语体风格，并在其中加入一定量的古语表达法，使用类似于“vuestra merced”或现代西班牙语不再使用的动词加人称代词合写形式。至于对书中称谓的处理，塞万提斯在原著中对称谓的使用极为复杂，根据不同的场景和人物混用“你”和“您”，甚至在同一句话中，也会使用“你”和“您”来指称同一个人。莫妥在英译本中的处理并不令人信服——他仅在堂吉诃德对桑丘说话的时候用“您”(thee)，和其他人说话都用“你”(you)。《魔侠传》中，林纾用以称呼男性的敬语是“先生”或“君”，可以翻译成“señor”；其他情况使用的都是古代汉语中的第二人称代词：尔，汝（包括该词的多种写法），有的情况下会用“若”。在翻译这几个词的时候，我们基本上是根据塞万提斯的原文来判断使用“你”还是“您”的。需要指出的是，古代汉语中几乎不区分单复数人称代词，而动词也不存在人称变位可以指示主语的单复数，所以有些地方不能确定主语是“我”还是“我们”、是“你”还是“你们”。

为了看出林纾是怎样处理塞万提斯的文本的，我们必须让回译本尽可能贴近林纾的原意。有时候在这种热忱追求极度忠实的驱使之下，古代汉语的节奏韵律也被转移到西班牙语译本当中。值得留意的是，在这场翻译的旅途之中，我意外地遇见了一些林纾译文可以完全字对字还原回《堂吉诃德》原文的情况。遇见这些情况，我都直接采用了里科编撰的版本，因为很容易识别和对照，便没有再标明出处。

至于书中的专有名词，前文也提到《魔侠传》为了避免一连串的怪音组合而对大部分的人名进行了缩减。在西班牙语的译文中我将能够辨识出的人物都还原回成了全名。

翻译中的另外一个难点是如何处理中文里原本没有的词语。比如“持盾随从”（escudero）一词就与中国传统相距甚远，包括对于这部小说至关重要的“骑士”一词。中文小说中有一种与之类似的人物叫做“游侠”，武艺高强的侠客翻山越岭帮助弱者打击不公。但是这和西班牙语里“骑士”的概念还不完全吻合。骑士是由某个有权授勋的人提名的、出身贵族门第的一员。而且很多“游侠”都是步行而非像“骑士”（cabellero）一词的词源指称的那样骑马（caballo）而行。林纾有的时候也用到“武侠”一词，在中文中指的是武功高明、行侠义之事的人。这个概念后来也被用于一种被称为“武侠”的小说文体（以及电影类型）。林纾在谈及《堂吉诃德》这本书的侠义精神时经常使用“武侠小说”的说法。据此，我觉得最好直接使用西班牙语里对应的名词，毕竟“骑士”这个词随着时间的推移使用范畴也有扩展。总体而言，我在与“骑士”相关的术语出现时都做了类似的化用。唯一的例外，是西班牙语原书是“城堡”（castillo）一词的地方，《魔侠传》中都按照具体情况一一改为具体的地点，所以我直接翻译了中文版中的地点，在注释中标明了其来历。

在回译后的西班牙语版中，我始终尊重林纾在译文中纳入的那些当时刚刚在汉语语言中出现的外来新词（大多数来自日语），比如“自由”“革命”“社会”等等。这些词语有时自然而然地融入原文浑然天成，而在另一些地方就显得突兀，不合时宜。由于在中文文本中的效果也是如此，所以我在西班牙语版中也想要保留。

书中的诗歌，我采取了和莫妥、林纾相似的处理方法，做了一些自由发挥，但始终保持了原文的行数和基本内容，发挥的成分主要在寻找音乐性和韵律效果上。

关于译者注

书中译者加注的标准有三：其一，指明内容或词汇上林译与塞万提斯原文的区别；其二，提供与加注处相关的中国历史文学知识；其三，对成语的解释。

关于第一点，显然词对词罗列林纾译本与塞万提斯、莫妥乃至热瓦斯的版本有何区别是不现实的。我相信这篇导读已经解释了《魔侠传》中主要的删节之处（出于人名太长或情节过于复杂等原因），有兴趣的读者可以将这本书与原版《堂吉诃德》对照阅读，所以我决定仅仅注明一些共性的地方，或者某些我觉得格外有揭示性的地方（如为了避免尴尬而进行删节）。

在译注中加入与中国历史文化相关的信息则是因为这是一个给今天的西班牙读者提供一些知识点的机会，因为彼此的相似或不同，他们可能对这些知识点感到着迷、惊讶或者至少有一点好奇。

至于对成语的解释，首先必须说明因为汉字的可塑性之强，原文和注释中的中文字形可能因为动词形式、数量等出现细微的区别。对于书中数不胜数的成语，我的处理可以归为两类：

其一，简单地指出此处中文使用了一个成语并点明这个成语的出处（《诗经》《红楼梦》等等）。这是在任何成语词典里都可以查到的信息。

其二，在某些情况下，我会加入更多与成语典故相关的信息，并给出简短的解释。

其实，对林纾使用的所有成语，我都不仅核对了“原句”，还查找了典故，探寻让林纾当时选择使用某个特定成语来加强所描写的时刻、人物或场景的原因。例如，在第一段第4章，林纾使用了一个典出《荀子》的成语“横行天下”。这个成语可以用于任何开始长途旅行的场景，但是林纾使用它的时候却抱有更为浓烈的情感。因为这个成语最早的出处是《荀子·修身》中这样一句：“体恭敬而心忠信，术礼义而情爱人，横行天下，虽困四夷，人莫不贵。”通过特意选择这样一个成语来形容堂吉诃德，林纾传达出了他认为踏上周游列国旅途的人是“恭敬”“忠信”的义人。我们恐怕很难找到比这个成语及其典出的句子更好的描述去形容盼望着周游世界的堂吉诃德。

也许第一种对成语的译注亦可省略，不过我觉得从语言史的角度说，提供林纾广泛的阅读光谱以及中文句子的建构方式是很有意思的事情。

当然所有这些原则都只是一种选择，还有其他处理和研究林、陈译本的方式。事实上，这项把《堂吉诃德》从中文翻译回西班牙语的“胡闹”不仅没有像它原本可能的那样毫无成果，反而成为颇有启发、卓有成效的实践，完全可以作为翻译“手册”来进行分析，体现出不少翻译过程中有意或无意的运作机制，让人感觉如果将来再有其他此类尝试，还能提供更多启明的可能。

后　言

我的朋友，当你读完这本《魔侠传》，你会发现，正如索莱达的美丽被旅途的周折损害，这本书也是一样。但是，在这里，堂吉诃德依旧钟情于他的心上人杜尔西内亚，玛尔塞拉对自由的渴望依旧强烈，桑丘也依旧惹人发笑不止，蛮横的安塞勒莫和他的朋友罗塔里奥的故事，露丝辛达、卡尔德尼奥、多洛苔亚和费尔南多的爱情纠缠，以及伟大的塞万提斯想讲给我们听的许多其他故事，都还在这里。

行至尾声，我想要借用一位也被尊称为“大师”的博学之人的话来点亮这篇导读。胡安·卡洛斯·罗德里格斯（Juan Carlos Rodríguez）[1] 曾这样写道：

> 阅读经典的时候，一定会读坏它的方式是直接代入我们自己，不自觉地想用它来解释我们自己，经典作品会因此变得僵硬，毫无锐气。如果我们把一部经典作品扔到所谓的“人文精神”（永恒而不变）当中，只会使其沉沦，它出乎意料的

[1] 格拉纳达大学最为著名的文学教授之一，文学理论家，作家，2016 年过世，是本文作者的老师和朋友。——译注

沉默让我们无聊；它会变成一堵石膏墙，我们撞上去只会头破血流，甚至更糟糕的结果，它会变成坐以待毙的鬼魂，任何人都能随心所欲地摆布它——我们会剥削它，迫使它说出我们想要它谈论的话题。

我不断自问是否任何翻译都意味着企图将文本变成鬼魂。但是就算是鬼魂有时也能教会我们别样的观看之道。我们的“大师”胡安·卡洛斯·罗德里格斯说过：“在黑暗的走廊，在转角处磕绊，我继续自问是否只有为我所知付出所有才算合宜。”

结束这篇导读之前，我要感谢一路上陪伴和帮助我的几位朋友：一切缘起于易玛·孔萨雷斯·布依的设想；伊莎贝尔·塞尔维拉、曼努埃尔·巴列、吕文娜和托马斯·埃斯皮诺始终鼓励我并为我解惑。尤其要感谢安赫拉·奥拉亚耐心的陪伴和对每词每句的阅读，这本书因此才得以诞生于“奇思异想”而葆有“魔侠”之力。匆匆至此，收笔为安。

雷林克

2020年6月26日，写于西班牙格拉纳达

参考文献

《堂吉诃德》的版本和译本

西班牙语原版：

- *Don Quijote de la Mancha*, ed. F. Rico, Instituto Cervantes. Crítica, Barcelona, 1998
- *Don Quijote de la Mancha*, ed. F. Rico, Alfaguara, Penguin Random House, Barcelona 2015, ebook,
- *El ingenioso hidalgo don Quijote de la Mancha*, ed. A. Amorós, SM, Madrid, 2005

中译本：

-《魔侠传》，林纾、陈家麟译，商务印书馆，1933 年
-《堂吉诃德》（两卷本），杨绛译，人民文学出版社，1978 年初版，2018 年重版
-《堂吉诃德》，董燕生译，长江文艺出版社，2018 年

英译本：

- *The History of The Ingenious Gentleman Don Quixote of La Mancha* (4 vols), trans. P. A. Motteux, William Paterson, Londres, 1892
- *The Visionary Gentleman Don Quijote de la Mancha* (2 vols), trad. Robinson Smith, The Trustees, New York, 1932
- *Life and Exploits of Don Quixote de la Mancha*, trad. Charles Jarvis (4 vols), J & B Williams, Exeter, 1828
- *Don Quixote de la Mancha*, Charles Daly, Londres, 1842
- *Don Quixote*, trad. J. Ormsby, Grosset & Dunlap, New York, 1900

其他参考文献：

Antolín Encinas, J. Alberto *et al*: *El caballero de papel. Catálogo ilustrado de las traducciones de* Don Quijote *al chino*, Instituto Cervantes de Pekín, Pekín, 2016.

Chen Guoen, Zhao Hongying: "The Spread and Reception of *Don Quixote* in China" , en *Advances in Literary Study*, 2014, 2, pp. 66-73

Cunchillos Jaime, Carmelo: "Traducciones inglesas del *Quijote*: la traducción de Motteux" , *Cuadernos de Investigación Filológica*, vol 10 (fasc. 1y 2), 1984, pp. 111-128

Fernández Gómez, Carlos: *Vocabulario de Cervantes*, Real Academia Española, Madrid, 1962

Foster, Paul B.: *Lu Xun, Ah Q, "The True Story of Ah Q" and the National Character Discourse in Modern China*, PhD. diss. Ohio State University, Ohio, 1996

Guarde-Paz, César: "Correspondencia entre Lin Shu y Cai Yuanpei relativa al Movimiento de la Nueva Cultura (marzo-abril, 1919)" en *Estudios de Asia y África*, vol. 50. 2, (157) (mayo-agosto, 2015a), pp. 425-466

Guarde-Paz, César: "Lin Shu's Unidentified Translations of Western Literature" en *Asian Culture*, vol. 39, (agosto, 2015b), pp. 18-36

Guarde-Paz, César: *Modern Chinese Literature, Lin Shu and the Reformist Movement: Between Classical and Vernacular Language*, Palgrave Macmillan, Singapur 2017

H.C. Hagerdorn coord.: *Don Quijote en los cinco continentes. Acerca de la recepción internacional de la novela cervantina*, Ediciones de la Universidad de Castilla-La Mancha, Cuenca, 2016

Hanan, Patrick: "A Study in Acculturation-The First Novels Translated into Chinese" , *Chinese Literature: Essays, Articles, Reviews (CLEAR)*, Vol. 23 (Dec., 2001), pp. 55-80

Hill, Michael G.: "National Classicism: Lin Shu as Textbook Writer and Anthologist, 1908-1924" , en *Twentieth-Century China*, nov. 2007, vol. 33.1, pp. 27-52

Hill, Michael G.: *Lin Shu, Inc. Translation and the Making of Modern Chinese Culture*, Oxford Universtity Press, Oxford New York, 2013

Huters, Theodore: "A New Way of Writing. The Possibilities for Literature in Late Qing China, 1895-1908" , en *Modern China*, vol. 14, 3 (jul. 1988), pp. 243-276

Huters, Theodore: "New Theories of the Novel" , en *Bringing the World Home. Appropriating the West in Late Qing and Early Republican China*, University of Hawai' i Press, Honolulu, 2005 pp. 100-120

Kwan, Uganda Sze Pui: "Westernization, Modernization, and the Concept of Basing on the Source Text: A Study of the Transformation of Norm in Literary Translation from Late Qing to May Fourth with Lin Shu as a Case Study" en *Journal of Chinese Studies*, no. 48, 2008, pp. 343-371.

Lin Shu, Cai Yuanpei: "Correspondencia entre Lin Shu y Cai Yuanpei relativa al Movimiento de la Nueva Cultura (marzo-abril, 1919)" en *Estudios de Asia y África*, vol. 50. 2, (157) (mayo-agosto, 2015), pp. 425-466

Lin Shu, Cai Yuanpei, Guarde Paz, César: "Correspondencia entre Lin Shu y Cai Yuanpei relativa al Movimiento de la Nueva Cultura (marzo-abril, 1919)", *Estudios de Asia y África*, vol. 50, nº 2 (157) (mayo-agosto, 2015), pp. 425-466

林纾《孝女耐兒傳序》，1907 年，https://zh.m.wikisource.org/zh-hant/孝女耐兒傳序

鲁迅《无声的中国》，《鲁迅全集》，人民文学出版社，2005 年，第四卷，第 6 至 10 页

Prado Fonts, Carles: *Regresar a China*, Trotta, Madrid, 2019

钱锺书等《林纾的翻译》，商务印书馆，1981 年

Rodríguez, Juan Carlos, *El hombre que compró su propio libro. Para leer el Quijote*, Comares, de Guante Blanco, Granada, 2003

Tai, Yufen: *La influencia literaria y el impacto cultural de las traducciones de Lin Shu (1852-1924) en la China de finales del siglo XIX y principios del XX*, Tesis doctoral, Barcelona, 2003

Tai, Yu-fen: *La influencia literaria y el impacto cultural de las traducciones de Lin Shu. En la China de finales del siglo XIX principios del XX*, Verlag Dr. Müller, 2010

Venuti, Lawrence: "Local Contingencies: Translation and National Identities", en S. Bermann y M. Wood eds. *Nation, Language, and the Ethics of Translation*, Princeton University Press, 2005, pp. 177-202

Venuti, Lawrence: "Lin Shu: Traducir para el Emperador" en *Trans*, 2, 1997, pp. 143-150

Zhao Zhenjiang y Teng Wei: "La traducción y difusión de *Don Quijote* en China", en H.C. Hagerdorn coord. *Don Quijote en los cinco continentes. Acerca de la recepción internacional de la novela cervantina*, Ediciones de la Universidad de Castilla-La Mancha, Cuenca, 2016 pp. 171-186

Zhao Zhenjiang: "La literatura española en China" Centro Virtual Cervantes, 2009, Online:
https://cvc.cervantes.es/obref/china/zhenjiang.htm (consulta: 13/06/2020)

周作人《魔侠传》，《小说月报》，1925 年 1 月刊

工具书：

Corominas, J, y Pascual, J. A.: *Diccionario crítico etimológico castellano e hispánico* (6 vols), Gredos, Madrid, 2000

Grand dictionnaire Ricci de la langue chinoise (8 vols), Instituts Ricci, Paris – Taipei, 2001

“汉典”网站 https://www.zdic.net

《汉语成语词典》，上海教育出版社，1981 年

《汉语大字典》，四川辞书出版社，1986 年

何乐士等《古代汉语虚词通释》，北京出版社，1985 年

《成语典故文选》（两卷本），李毓芙编，山东教育出版社，1984 年

Real Academia Española: *Diccionario de la lengua española*, https://dle.rae.es

Real Academia Española: *Diccionario de autoridades*, http://web.frl.es/DA.html

《新华成语词典》，商务印书馆辞书研究中心编，商务印书馆，2015 年

《辞源》，商务印书馆编辑部，商务印书馆，1987 年

《四角号码新词典》，商务印书馆，1982 年

INTRODUCCIÓN

ENTRE TAPICES FLAMENCOS Y BROCADOS CHINOS

Ocupado y caro lector que arrancas unos momentos al ajetreo de tu vida para invertirlos -en estos días todo cuesta- en estas páginas, no puedo sino agradecerte que lo hagas. Quizá te has dejado llevar por la esperanza de encontrar en ellas un tesoro escondido que sirva para iluminar tu entendimiento, o sencillamente confías en pasar un rato distraído después de un té o tras una copa de vino. No se me ocurre otra presentación -¡qué razón tenía Cervantes lamentándose de lo que costaba escribir un prólogo!-, que poner en boca de los dos amigos de don Quijote lo que aquí vas a encontrar:

-¿Decís, amigo -dijo el cura-, que este libro que traéis en las manos ha sido vuelto de la lengua chinesca a la castellana?

- En realidad -respondió el barbero-, este libro nació en nuestra lengua castellana y algunos lo tradujeron a la de Ingalaterra; en ella lo leyó un chino que se lo contó a un compatriota que decidió escribirlo en su lengua antigua; y desde esa lengua antigua regresa ahora a la nuestra.

- En tantas idas y venidas seguro le habrán quitado el natural valor de su primer nacimiento. Es disparatado, ¿qué sentido tiene salir para regresar vapuleado al fin?

Regresa desde China esta *Historia del Caballero Encantado* que salió de la

España del siglo XVII siendo *El Ingenioso hidalgo don Quijote de la Mancha* [1] ; y regresa como lo hizo don Quijote tras su segunda salida: flaco y amarillo. No sé bien si estaría Cervantes satisfecho de tanto viaje pues algo desconfiaba de las traducciones, que yo le oí decir:

> "Me parece que el traducir de una lengua en otra, como no sea de las reinas de las lenguas, griega y latina, es como quien mira los tapices flamencos por el revés, que, aunque se ven las figuras, son llenas de hilos que las escurecen, y no se ven con la lisura y tez de la haz." (*Don Quijote*, 2ª parte, cap. 62).

Pero un sabio de aquellas lejanas tierras menos receloso, llamado Zanning (919-1001) -uno que había traducido cosas de su religión- dijo también:

> "La traducción es como un brocado que lleva flores en el anverso y en el reverso, solo que unas están al revés de las otras." (*Biografías de monjes eminentes de la dinastía Song*)

Creo yo que ambos tienen algo de razón, mas dejaré que seas tú quien lo juzgue. Pero antes de que contemples el brocado de *Don Quijote* del revés, permíteme, amigo, que copie para ti un documento de hermoso título pero largo en exceso y algo tedioso -al estilo del que usan los licenciados- que encontré metido entre sus páginas. En él se da alguna noticia sobre cuándo pasó, quiénes fueron Lin Shu y Chen Jialin, cómo fue su trabajo y el de quien lo trajo a la lengua castellana. A tu criterio dejo que te entretengas leyéndolo o que pases directamente a esta *Historia del Caballero Encantado*.

---

[1] En adelante, para referirnos a la obra original utilizaremos la forma abreviada *Don Quijote*.

EN LOS NIDOS DE ANTAÑO NO HAY PÁJAROS HOGAÑO

Fue en 1922, más de trescientos años después de que la primera parte de *Don Quijote* se publicara, cuando vio la luz su primera traducción en "lengua chinesca", esta *Historia del Caballero Encantado* (*Moxia zhuan*) realizada por uno de los traductores probablemente más prolíficos del mundo, Lin Shu (1852-1924), en colaboración con Chen Jialin (1880-¿). Para entonces, la obra de Cervantes ya había sido traducida extensamente a otros idiomas y aprovecharon los traductores chinos la ventaja de tener acceso a las versiones inglesas para darlo a conocer en su lengua. No está claro si fue por falta de tiempo, política editorial o, sencillamente, cansancio, por lo que decidieron traducir solo la que hoy se denomina la "primera parte": cincuenta y dos primeros capítulos que recogen las dos primeras salidas del hidalgo manchego -que fue la única conocida por sus contemporáneos durante una década-, organizada en cuatro partes. [1]

Es difícil imaginar un periodo tan convulso como el que vivieron Lin Shu y sus contemporáneos. Apenas había sido derrotado el imperio ante los británicos en las guerras del opio en 1843, cuando en el centro del país se desató la rebelión Taiping, que se prolongó desde 1850 a 1864 en la que murieron treinta millones de personas; de 1860 a 1900, Gran Bretaña, Japón, Francia, Alemania y otras potencias van arrancándole territorios a China, convirtiéndola en un país colonizado. Entre 1900 y 1901 se desata la rebelión de los boxers, alentada desde la corte, que acabaría con una nueva derrota esquilmando las arcas del estado por las ingentes sumas en indemnizaciones. En 1905 es abolido el sistema de exámenes del funcionariado y en 1912 se proclama la República que daba fin a un imperio de veintidós siglos. Solo cuatro años después, el territorio del país vuelve a romperse de manos de diferentes líderes militares que desatan un periodo de guerras civiles que se

---

[1] La primera contiene ocho capítulos; seis la segunda; trece la tercera; y veinticinco la cuarta. En cada parte se inicia la enumeración de los capítulos.

prolongaría desde 1916 hasta 1926.

Tras la caída del sistema imperial y la instauración de la República de China en 1912, se habían puesto de manifiesto las consecuencias de más de una centuria de crisis económica y política. La posición de China en el contexto internacional quedó en evidencia con la firma del Tratado de Versalles, a principios de 1919, en el que se ignoraron las solicitudes de restitución de las antiguas posesiones alemanas a China, otorgándoselas a Japón. La admiración que había nacido en el último tercio del XIX por los países occidentales y Japón, sufre un serio revés y hace florecer en los escritores chinos un sentimiento nacionalista. El movimiento que se desata el cuatro de mayo de ese mismo año, con los estudiantes manifestándose por toda China, provocará importantes cambios en el gobierno.

Desde el punto de vista cultural y literario, este Movimiento del Cuatro de Mayo de 1919 -también llamado Movimiento de la Nueva Cultura-, representa la culminación de una tendencia iniciada en 1915, con una serie de actos de rechazo al imperialismo exterior y a la debilidad interior que se consideraba consecuencia directa de la tradición confuciana. Irrumpen al mismo tiempo corrientes literarias occidentales como el romanticismo, el realismo, el naturalismo o el simbolismo de la mano de una llegada indiscriminada de literatura occidental (también japonesa), que provoca la necesidad de encontrar un camino propio. La creación de asociaciones y las revistas que dichas asociaciones publican van a marcar las primeras décadas del siglo. En ellas se agrupan muchos intelectuales y comienzan a exponer sus teorías más renovadoras: la Asociación Luna Nueva (*Xinyue shehui*), Nueva Juventud (*Xin qingnian*), Literatura Contemporánea (*Xiandai wenxue*) o Crítica (*Piping*) serán receptoras de toda una nueva visión de la literatura. Se desata una agria polémica en torno al uso de la lengua hablada (*baihua*, literalmente "lengua blanca") como herramienta de la literatura, frente a la lengua clásica (*wenyan*), [1] utilizada hasta entonces, que define así Lu Xun (1881-1936), considerado el padre de la literatura moderna:

> "Una de las diferencias entre los pueblos civilizados y los bárbaros es que los primeros poseen la escritura, con la que se pueden comunicar pensamientos y sentimientos a las masas, transmitirlos a la posteridad. Aunque China posee escritura, esta ya no tiene que ver con nadie, es una escritura antigua de difícil comprensión que solo registra un pensamiento arcaico, obsoleto; todas sus voces pertenecen al pasado y solo equivalen a cero. Por eso nadie logra entenderse, es como arena suelta sobre una enorme bandeja. Quizá sea divertido convertir los textos en objetos de anticuario, en algo que la gente no puede conocer, que no puede entender. ¿Cuál será entonces el resultado? Que no seamos ya capaces de expresar lo que deseamos." (pp. 6-7)

Las tendencias de los reformadores fueron ganando terreno y, en 1920, se impuso una reforma de la enseñanza para utilizar en las escuelas la lengua hablada, y el abandono la lengua clásica que tanto le dolería a Lin Shu.

LIN SHU (1852-1924), EL HOMBRE QUE VENERABA EL PASADO [2]

Fue en esos tiempos revueltos en los que se desarrolló la vida del primer traductor de *Don Quijote*. Lin Shu nació en 1852 en el seno de una modesta familia de comerciantes en la provincia de Fujian, con vínculos comerciales

[1] En realidad, el término "lengua clásica" es excesivamente genérico y, como tal, inadecuado, pues con él se hace referencia al lenguaje de toda la literatura escrita desde sus orígenes, hacia el XI a.C, hasta el siglo XX. De hecho, incluye también la lengua hablada de periodos anteriores que se reflejaba en géneros como el teatro y la literatura de ficción.

[2] La información contenida en el presente apartado se ha elaborado a partir de Hill (2015) y Tai (2003).

y familiares en Taiwán. A pesar de no proceder de la tradicional familia de letrados, entre 1856 y 1866 se dedica al estudio de los clásicos con algunos profesores, completando su educación de forma autodidacta y leyendo con avidez todo lo que caía en sus manos -algo que queda patente en la diversidad de textos y referencias que maneja con soltura-. En 1869, después de una estancia en Taiwán de dos años trabajando en el negocio familiar, regresa y contrae matrimonio con Liu Qiongzi, y tres años después comienza a trabajar como profesor en una escuela local. En 1882 obtiene el título de "graduado provincial" (*juren*) tras pasar el primer nivel de los exámenes imperiales, un logro que no muchos alcanzaban. Entre 1884 y 1895 se une a otros letrados para realizar diversas actividades políticas; entre ellas, se une a un grupo que detuvo los caballos de los hombres del general Zuo Zongtang (1812-1885), en protesta por falsear los informes a la corte por el bombardeo francés de la armada china en el puerto Mawei (Hill, p. 3).

En 1897 publica su primera antología de poemas, escrita en lengua hablada (*baihua*), titulada *Nuevos yuefu* [1] *del distrito de Min*. Ese mismo año fallece su esposa, lo que determina un giro fundamental en su vida: se cuenta que para arrancarlo de la tristeza en que estaba sumido, su amigo Wang Shouchang (1862?-1925), que había estudiado Derecho Internacional en la Universidad de París, lo convence para que juntos realicen la traducción de *La dama de las Camelias*, de Alejandro Dumas hijo (1824-1895). Esta primera traducción, realizada en lengua clásica (*wenyan*), la firman ambos con pseudónimo, según Tai (p. 114), por dos motivos principales: debido a la baja estima que tenía entonces el género novelístico entre los letrados; y porque además era literatura extranjera, considerada inferior a la china. Sin embargo,

---

[1] El *yuefu* (literalmente, Oficina de la Música) es un género poético que surge en la dinastía Han (202 aC -220 dC), cuyo nombre deriva del organismo establecido por la corte encargado de recopilar y componer poesía. Son un tipo de composiciones que utilizan un lenguaje sencillo, una métrica adaptada a determinados modelos musicales, y cuya temática abarca desde asuntos cotidianos hasta críticas a los malos gobernantes.

la publicación tuvo un éxito inesperado tanto entre el público como entre los círculos intelectuales; se reeditó rápidamente y sus ventas se dispararon. Como afirma Tai (p. 116), "la aparición de *La dama de las camelias* [1] significó toda una revolución."

Desde entonces y hasta su muerte, Lin Shu no dejaría ya de traducir desde otras lenguas y, dado que él no conocía ninguna, siempre lo hacía en colaboración con otros. Así describe Lin Shu su forma de traducir:

> "No conozco lenguas occidentales, ello me obliga a tener junto a mí a dos o tres caballeros del ámbito de la traducción que me cuentan con la boca las palabras [escritas]. Mis oídos las reciben y mi mano los sigue. Cuando cesan sus voces, el pincel se detiene. En un día, con cuatro horas de trabajo consigo escribir seis mil caracteres. Es una gran fortuna para mí que mis traducciones, plagadas de errores que no se tienen en cuenta, sean aceptadas por los hombres ilustres de nuestro país." (1907)

Comenzará ya su fama y se trasladará primero a Hangzhou y después a Pekín, donde en 1903 será contratado por el Instituto de Traducción de la Academia Imperial -la que habría de convertirse en la Universidad de Pekín-. Ocupará distintos cargos académicos, siempre defendiendo la enseñanza de los clásicos y la lengua clásica, compaginándolos con su tarea de traductor, mientras el imperio se viene abajo y se proclama la República.

En 1912, tras algunos conflictos con la nueva administración, renuncia a su cargo, algo que imitarían otros colegas partidarios como él de la enseñanza en lengua clásica. Respetado y elogiado durante la primera década del siglo XX por su tarea como traductor, en la segunda comenzarán los debates y algunos enfrentamientos cada vez más encar-

---

[1] El título literal de la traducción de Lin Shu y Wang Shouchang es *El legado de la dama de las camelias parisina* (*Bali chahua nü yishi*).

nizados con los partidarios del Movimiento del Cuatro de Mayo. [1] Él continuará con su labor de traducción pero emprendiendo también proyectos innovadores, como el Curso de Literatura por correspondencia que, de 1916 a 1918, organiza a imitación de modelos occidentales conocidos ya en China. En 1922 publicará *Historia del Caballero Encantado* que, en pocos meses, recibirá una crítica feroz por parte de Zhou Zuoren (1885-1967), aunque él seguirá traduciendo y publicando hasta que el 9 de octubre de 1924 fallezca en Pekín.

No cabe duda de que el enfrentamiento de Lin Shu con los partidarios del Movimiento de la Nueva Cultura, siempre considerados como representantes del progreso, la modernidad, y el fin de los viejos vicios de una cultura ya obsoleta, dañaron profundamente la imagen y la obra del traductor. En justicia, sin embargo, se le debe reconocer el papel fundamental que jugó, precisamente, al proporcionarle herramientas precisas a dicho movimiento y, como afirma Lee (Brendan, p. 45), "no hubo un escritor del Movimiento del Cuatro de Mayo que no entrara en contacto por primera vez con la literatura occidental a través de las traducciones de Lin". El propio Lu Xun afirmó que compró y leyó todas y cada una de sus traducciones (Brendan, p. 78). Sirvan como ejemplo las consideraciones de Guo Yanli (Tai, p. 117) en torno a su traducción de *La dama de las camelias*: 1) cambió para siempre la consideración de la literatura extranjera, elevándola a los ojos de los intelectuales chinos; 2) estimuló el desarrollo de la traducción literaria; 3) elevó la categoría del género de la novela, despreciada hasta entonces. A esto, habría que añadirle la profunda renovación del lenguaje que supusieron sus traducciones -debido, entre otras cosas, a la enorme difusión que alcanzaban-, que llevaría a la creación de la nueva forma de escritura por la que tanto clamaban los reformadores:

[1] Sobre estos enfrentamientos, cfr. Hill, 2015 y los trabajos de Guarde-Paz 2015a y 2017.

"El lenguaje de las traducciones de Lin Shu no se atiene al rigor del *wenyan* legítimo y está mezclado con el *baihua*, con barbarismos y estructuras gramaticales de otros idiomas. Tal circunstancia refleja una realidad: el *wenyan* tradicional ya no puede satisfacer las necesidades del momento ni las de la evolución de la literatura. La posición dominante y la legitimidad del *wenyan* están amenazadas y chocan con la realidad. La aparición del *baihua* y de los extranjerismos y sus estructuras -en concreto, el lenguaje novelístico- reflejan la ideología impulsora del Movimiento del 4 de Mayo de 1919: la lengua de la literatura es la herramienta de la modernización. La dedicación de Lin Shu a la traducción ha beneficiado a la revolución de la lengua en la literatura china". [1]

Es difícil imaginar un personaje con una visión más amplia y una mentalidad tan abierta como la de Lin Shu en su tiempo: absolutamente partidario de su propia literatura y del lenguaje clásico, era capaz de reconocer los méritos en el género menospreciado hasta entonces, y hacerlo en un lenguaje clásico con la idea de revitalizarlo al tiempo que lo conservaba. Se lanzó a la traducción con un inusitado entusiasmo hasta llegar a traducir más de ciento ochenta obras.

CHEN JIALIN (1880-¿?), EL FIEL COMPAÑERO

De Chen Jialin, el más prolífico de los colaboradores de Lin Shu, se conservan muy pocos datos. [2] Nacido en 1880 en Zhili, cerca de la actual Tianjin, se licenció en la Academia Naval de Beiyang y partió para Gran Bretaña a continuar sus estudios. Tras su regreso, trabajó en el Ministerio de Asuntos Exteriores. Más tarde, estudiaría Literatura en

---

[1] Zhang Juncai: *Lin Shu pingzhuan* [Comentarios en torno a Lin Shu], citado en Yu-fen Tai, p. 104.

[2] La información biográfica de Chen Jialin procede fundamentalmente de Hill (2013, pp. 243-244) y la de su colaboración con Lin Shu, de Qian (pp. 60-98).

las universidades de Cornell y Oxford. Aparte de su colaboración con Lin Shu, publicó sus propias traducciones entre las que destacan una antología de obras de Anton Chekhov (1916), y una versión de *Dr. Jekyll y Mr, Hyde*, de Robert Louis Stevenson (1917).

Su colaboración con Lin Shu comenzó ya en 1909 y se prolongaría hasta el fallecimiento de este, en 1924, quince años a lo largo de los cuales traducirían más de 50 obras. Entre los autores más destacados en cuya traducción colaboraron están, además de Cervantes, Shakespeare, Tolstoi o Balzac. Es casi seguro que las traducciones de Tolstoi procedían de versiones del inglés, como había sido el caso de *Don Quijote*, pero también aparecen una serie de obras de autores franceses -Balzac, Alejandro Dumas padre y Verne [1] - sobre las que Qian sugiere que podrían ser también de versiones inglesas, aunque cabe la posibilidad de que Chen hablara francés.

Según apunta Hill (p. 44) el chino clásico de Chen era bastante aceptable, por lo que el autor plantea la posibilidad de que fuera este quien primero preparase un borrador que más tarde sería editado por Lin Shu. Aunque es una posibilidad, nos parece que, en el caso de *Historia del Caballero Encantado*, se trataría de una forma de colaboración más estrecha entre ambos, trabajando mano a mano sobre el texto, Chen relatándole a Lin el contenido de la obra. Y ello principalmente por dos razones: en primer lugar, a lo largo de toda la traducción se producen numerosas repeticiones en las descripciones de los hechos, algunas de las cuales proceden del original, pero, en muchos otros casos, son propias de la versión china; esta repetición podría ser fruto de una transmisión de la información "aclaratoria" que, en su momento, Lin Shu interpretase como existente en el texto original y de ahí su plasmación en chino. En segundo, cuando en el capítulo I.VI, el cura y el barbero están revisando los libros de Alonso Quijano para ver cuáles merecen el fuego

[1] Sobre el "reconocimiento" de Verne como autor traducido, *vid* Guarde-Paz (2015-2 p. 23). Qian menciona otro autor francés, no reconocido hasta el momento, trasliterado como Luo Shazi que pudiera referirse a la autora George Sand, aunque la pérdida de la obra traducida hace difícil corroborar esta hipótesis.

como castigo, el titulado *Precioso espejo de la caballería* es traducido como *Preciosa espada de la caballería*, debido a la homofonía de los caracteres de "espada" y "espejo". Es cierto que ninguna de ambas razones es definitiva, pero nos parecen indicios suficientes para apoyar nuestro argumento. [1]

ANTECEDENTES. LA TRAVESÍA POR INGALATERRA

Como hemos visto, Lin Shu no partió del original en castellano de la novela, sino de una versión en inglés. Qian (p. 95) apuesta por la versión coordinada por Pierre Motteux (1660-1718), publicada por primera vez en 1700, y reeditada en 1703. [2] La razón fundamental que argumenta el crítico es que *Historia del Caballero Encantado* mantiene la división en cuatro partes del primer *Quijote* -que más tarde, con la publicación de la segunda parte en 1615 perdería todo sentido-, además de que la secuencia de los números de los capítulos se inicia en cada una de las partes. Qian afirma que "en las otras versiones consultadas, aunque mantienen las cuatro partes, sin embargo, los números de capítulos son consecutivos." (p. 95). [3]

Antes de abordar el texto de Lin Shu y Chen Jialin, resultaba imprescindible comprobar que efectivamente era así. De las doce versiones diferentes que desde 1612 y hasta 1910 se habían realizado en inglés, publicadas en Gran Bretaña o en Estados Unidos y que hubiesen podido estar en circulación en China, en las páginas web de la Biblioteca Virtual Cervantes y Project Gutenberg aparecen hasta 132 ediciones diferentes. En algunas de ellas se menciona el nombre del traductor, aunque la mayoría no lo hace.

[1] Guarde-Paz (*op. cit.* p. 19) considera que se debe reevaluar la posición y las aportaciones de los colaboradores de Lin Shu con algunos ejemplos. Sin duda es una línea de investigación interesantísima que podría dar frutos muy relevantes para la comprensión de sus traducciones.

[2] Sobre esta traducción cfr. el artículo de Cunchillos Jaime (1988), donde se realiza un detallado análisis sobre sus fuentes, características, modificaciones estilísticas, etc.

[3] Es lo que hacen todas las ediciones consultadas en castellano y, concretamente, las utilizadas como referencia de Rico y Amorós.

De entre todas ellas, además de la de Motteux, la de Charles Jarvis (o Jarvas) también mantiene la misma estructura, con la separación en partes y el inicio de la enumeración de los capítulos en cada una de ellas.

Otro factor que resultó muy clarificador a la hora de saber cuál había sido la versión consultada por Lin Shu fue el mismo inicio del texto. El celebérrimo: "En un lugar de la Mancha, de cuyo nombre ..." añade la versión en chino "[...] a medias situado entre Aragón y Castilla". Esta información clarificadora para quien desconozca la geografía española, solo aparece como tal en las dos versiones mencionadas, además de la editada por Daly, que no menciona al traductor.

Para llegar a la última confirmación sobre cuál fue la edición consultada, resultó determinante, por fin, el sobrenombre de Alonso Quijano: De las diferentes menciones que hace el texto de Cervantes, hablando del sobrenombre del protagonista, dice: "tenía el sobrenombre de Quijada, o Quesada [...], aunque se deja entender que se llamaba Quejana [...]". La versión de Motteux no recoge la última posibilidad, Quejana, que, sin embargo, sí aparece tanto en la versión de Jarvis como en la de Daly.

De ello se desprende que Lin Shu y Chen Jialin acudieron a la hora de realizar su trabajo a más de una versión.

Hay que señalar que las versiones inglesas de Motteux, Jarvis y Daly se basan en la edición aumentada y corregida de 1605, que recoge las interpolaciones referentes a la pérdida y recuperación del asno de Sancho de los capítulos III.IX y IV.III. [1]

Tras el trabajo de análisis de las traducciones, se ponen en evidencia dos hechos: 1) la fuente principal de la que partieron los traductores chinos fue, efectivamente, la de Motteux; y 2) es seguro que consultaron con frecuencia al menos la versión de Jarvis -pues muchas veces la información adicional incorporada procede de las notas de esta última-, quizá también la de Daly y

[1] Sobre la pérdida y recuperación del asno, *vid* en el apartado siguiente "Las intervenciones añadidas".

puede que alguna otra que no hayamos podido localizar. [1]

Dado que la fuente fundamental de la traducción de Lin Shu fue la de Motteux, conviene realizar un breve acercamiento a esta. Según Cunchillos [2] son características de la versión de Motteux su "abandono de la forma literal de traducir, así como las frecuentes supresiones o añadidos al texto original" (p. 120). Tras un detenido análisis de sus modificaciones estilísticas, cambios léxicos y sintácticos, y sus frecuentes adiciones y omisiones textuales, resume diciendo que Motteux "hace desaparecer el peculiar carácter idiomático que existía en el texto en castellano"; elimina en muchos casos la palabra Dios y "[e]l producto final se aleja considerablemente de la obra inicial [...]. Otra grave imputación es haber querido aclimatar excesivamente el *Quijote* a latitudes británicas, mediante la adopción de expresiones idiomáticas peculiarmente inglesas" (p. 126).

Para terminar, Cunchillos hace el siguiente juicio sumario sobre la versión de Motteux:

> "Hay algo en la traducción de Motteux, que no es precisamente su buen trato y fidelidad al original, que la convirtió en la segunda gran favorita del público inglés -la primera sería la de Smollet- [3] y que le hizo alcanzar catorce ediciones tan solo en el siglo XVIII [...]. Supo popularizar el *Quijote*; dar a la gran mayoría de los ingleses una versión escrita en la lengua que les era familiar; presentarles a unos personajes que les resultaban próximos, sin perder su naturaleza exótica, [...] al mismo tiempo que lo distante de su origen les transportaba a tierras lejanas donde todo tipo de aventuras y maravillas eran posibles." (pp. 127-28)

[1] A lo largo de la traducción se han ido incorporando en nota las "huellas" que se pueden rastrear de una u otra en la versión de Lin Shu y Chen Jialin.

[2] *Vid* Bibliografía seleccionada.

[3] Publicada en 1782.

La pérdida de algunos referentes culturales españoles -una de las acusaciones habituales contra *Historia del Caballero Encantado*-, se había producido ya en el "origen" inglés de *DonQuijote*. Por lo tanto, no es posible hacer un juicio sobre el que sería el primer Quijote chino sin tener presente el trabajo previo de Motteux, [1] al que Lin Shu y Chen Jialin imprimirían también su forma particular de entender la traducción.

EL DESEMBARCO DE *DON QUIJOTE* EN CHINA: *HISTORIA DEL CABALLERO ENCANTADO* (*MOXIA ZHUAN*)

A diferencia de otras traducciones realizadas por Lin Shu, lamentablemente en *Historia del Caballero Encantado* no aparece ninguna introducción explicativa sobre cuáles fueron los criterios aplicados a la hora de traducir. De los comentarios incluidos en otros de sus trabajos, sabemos que su posición teórica como traductor osciló desde el máximo respeto al original en un principio, hasta justificar, más adelante, su intervención en él. [2] Sin embargo, desde sus primeras traducciones la evidencia es que añadía, eliminaba o transformaba el texto original teniendo presente siempre al público al que iba dirigido, los lectores chinos del momento.

Partiendo de esta premisa, debemos también recordar la edición de la que parte, es decir, la versión, ya ampliamente criticada por su intervencionismo, publicada por Motteux. Con estos dos presupuestos, vamos a intentar esbozar algunas de las principales particularidades de *Historia del Caballero Encantado*.

Eliminaciones. O de cómo pasar las menudencias en silencio

Una crítica habitual hacia las traducciones de Lin Shu fue la de que

[1] En su crítica, Zhou Zuoren no tuvo en cuenta este factor absolutamente decisivo (*vid* cap. III.II) y comparó la traducción de Lin Shu y Chen Jialin no con el original de Cervantes, ni con la versión de Motteux, sino con otra inglesa, la de Robinson Smith, publicada en 1914.

[2] Sobre su postura con respecto a la traducción, vid Tai, pp. 127-168.

eliminaba aquellas partes que resultaban de menor interés para el lector chino. Por supuesto, en *Historia del Caballero Encantado* nos encontramos con esta situación. Las dos eliminaciones más reconocidas y que más críticas han suscitado son la del prólogo de Cervantes y la expurgación a lo largo de toda la novela de cualquier referencia al verdadero autor ficticio de *Historia de don Quijote de la Mancha*, Cide Hamete Benengeli. [1] Si en el primero se desvela el proceso de creación del propio prólogo y, en el fondo, de la propia composición de la novela poniendo en jaque las relaciones entre realidad y ficción, el segundo tiene mucho más que ver con la concepción del escritor como sujeto libre, en ese nuevo mundo mercantilizado en el que vive Cervantes, y la transformación de la literatura en un bien de consumo. [2]

Hay quien considera que solo con esto, la obra de Cervantes queda completamente desvirtuada y que, por ello, no ha de ser tenida en cuenta.

Por si fuera poco, aparte de estas dos fundamentales eliminaciones, a lo largo del todo el texto nos encontramos con abreviaciones de discursos -sobre todo cuando contienen argumentos muy complejos-, simplificación de situaciones complicadas o de detalladas descripciones, como la del alboroto producido en la venta al final del capítulo III.II, [3] y, por último, con la desaparición de nombres propios, sean estos personajes -históricos o literarios- o nombres de lugares.

---

[1] Sobre la importancia de la creación de Cide Hamete Benengeli como autor de la obra, y la presencia del propio Cervantes como mero "comprador", vid. J. C. Rodríguez, *El escritor que compró su propio libro*, pp. 153-170.

[2] Es interesante señalar que al mismo tiempo que en la España de Cervantes la literatura se convertía en un bien de consumo, ocurría algo semejante en la China de la dinastía Ming (1378-1644): el florecimiento de la industria editorial había convertido la literatura en una posible fuente de ingresos y, de hecho, el desarrollo en China de la novela -entendido este término en sentido amplio- sin duda tendrá que ver con esta nueva realidad.

[3] Uno de los ejemplos utilizados por Zhou Zuoren para criticar la traducción. Ver el detalle en las notas del capítulo.

Conviene detenerse en el problema de los nombres propios. Como se sabe, el chino (sea literario o hablado) no es un lenguaje alfabético, sino que utiliza "caracteres" [1] para expresar las ideas; caracteres que son monosílabos. Aunque en la lengua moderna en chino la mayor parte de las palabras están compuestas por dos o más caracteres, en chino clásico -la lengua que utiliza Lin Shu para sus traducciones- lo general es la identificación de un carácter con una palabra; y cada palabra es igual a una sílaba. La estrategia más habitual para trasladar nombres propios es utilizar dichos caracteres de forma fonética. Por ello, cuando en el original aparece una larga lista de nombres, en chino se lee como una secuencia interminable de sonidos que contrasta con la concisión de la lengua clásica. Una de las estrategias de los traductores fue no trasladar todos los sonidos; así, por ejemplo, el nombre de Juan Andrea de Oria (cap. IV.XII) queda reducido a *An-cui-ya*, en lugar de decir *Hu-an-an-cui-ya-de-ao-li-ya*, aligerando el fárrago que suponía esa lista de caracteres para un lector chino. Es más que probable que Lin Shu y Chen Jialin consideraran que incorporar personajes completamente ignorados para el lector chino -y seguro que para muchos lectores actuales- no mermaba el argumento de la obra.

Otro tipo de eliminación que aparece de forma consciente, es la que se produce en ciertos momentos debido a, lo que suponemos, un cierto sentido del pudor. Por ejemplo, en el cap. III.IV, en un momento dado don Quijote vomita sobre Sancho que, a su vez, vomita sobre el caballero. Lin Shu mantiene la primera parte, pero elimina la segunda; o como cuando, tras probar el bálsamo de Fierabrás, Sancho comienza a "desaguarse por entrambas canales" (III.III); y también parece producto del pudor la eliminación de la

---

[1] Con "carácter" nos referimos a una unidad gráfica que contiene información semántica y puede contener o no información fonética (aproximada) para expresar una idea. Sobre la escritura china y los caracteres, *crf.* los estudios de Rovira Esteva *Lengua y escritura chinas*, Bellaterra, Bellaterra, 2017; o Martínez Robles, *La lengua china: historia, signo y contexto*, Ed. UOC, Barcelona 2007; o el trabajo más divulgativo de P. Ceinos, *Manual de escritura de los caracteres chinos*, Miraguano, Madrid, 1988.

referencia a la tortura por empalamiento mencionada en el cap. IV.XIII.

Con respecto a los poemas que contiene el libro, también se produce una gran merma en la versión china aunque, en parte, debido a la versión de Motteux: en esta no aparecen ninguno de los poemas iniciales que acompañan a la novela, y de los finales traduce tan solo los epitafios a don Quijote y Dulcinea; [1] por otra parte, Motteux suele hacer una versión muy libre de los poemas de Cervantes y, con frecuencia, reduce su contenido. Por su parte, Lin Shu y Chen Jialin también se toman libertades en este punto: se eliminan del todo los iniciales y los finales, además de algunos que aparecen en los capítulos; prácticamente en todos los casos, los versos se han reducido -incluso con relación a la versión de Motteux-, y en alguna ocasión apenas se quedan en una cuarteta. En términos de contenido, lo mismo que había hecho Motteux con los versos de Cervantes, Lin Shu se inspira en la versión inglesa para realizar una obra casi original. Sin embargo, conviene apuntar que, a pesar de las críticas hacia la traducción, algunas de las composiciones poéticas de Lin Shu, que introduce elementos propios de la tradición china, alcanzan un gran lirismo; especialmente la "Canción de Crisóstomo" (II.VI) es considerada uno de sus mayores logros.

Dos personajes. O del caballero maestro y del cura médico y pastor

Algo propio de la traducción de Lin Shu es el tratamiento que hace de dos de los personajes principales: el propio Quijote y su amigo -y verdugo de sus libros-, el cura; tratamiento que nace, en cierta medida, derivado de un error de comprensión del inglés.

Antes que nada, hay que decir que, a lo largo de la novela, la forma más habitual de referirse al protagonista es utilizando uno de sus sobrenombres,

[1] La versión de Jarvis, la otra fuente segura de inspiración para Lin Shu y Chen Jialin, elimina también los poemas iniciales, pero traduce todos los epitafios y sonetos finales.

Quisada, en vez de como don Quijote, [1] apelativo este que solo en contadas ocasiones utilizan los demás para referirse a él. [2]

No hay información sobre si el título de la traducción -que no recoge el nombre del protagonista- fue escogido por el propio Lin Shu o si fue un criterio editorial. Es cierto que en la China de 1922, la novela de Cervantes había sido mencionada en *Historia de la literatura europea* (1918) escrita por Zhou Zuoren de forma muy elogiosa; pero esta mención se realizaba entre un gran número de otras obras de la tradición europea, incluidos el mundo griego y latino. Por ello es más que probable que el personaje del Quijote no hubiera entrado todavía en el imaginario cultural del periodo. La publicación de *Historia del Caballero Encantado*, con las posteriores críticas, lo convirtieron en referencia y, rápidamente, en la década de los 30, es evidente que el nombre de Quijote había adquirido ya carta de naturaleza y la suficiente difusión para que las traducciones posteriores lo pusieran en el título con el que después se volvería a publicar una y otra vez. [3]

No vamos a describir en detalle cómo Lin Shu dibuja a don Quijote, e invitamos al lector a que compare hasta qué punto puede encontrar en este Caballero Encantado los rasgos que le dio Cervantes. Solo nos detendremos en una peculiaridad que va apareciendo desde los primeros capítulos pero

[1] Hay que recordar que el nombre completo de don Quijote, Alonso Quijano, no aparece hasta la segunda parte publicada en 2015, en el capítulo LXXIV .

[2] En la traducción hemos respetado en cada ocasión la forma de referirse al personaje, o bien como Quisada, o bien como don Quijote y en su caso, cuando aparece, como el Caballero de la Triste Figura.

[3] En la traducción de Lin Shu el "don" que acompaña al nombre del personaje, cuando aparece, se traslitera, considerándolo parte del nombre propio en vez de un tratamiento. Las referencias de Zhou Zuoren al Quijote, sí lo distinguían, llamándolo "Señor Quijote" , y así lo harían las siguientes traducciones que se publicaron hasta la década de los 40. A partir de la década de los 50, y hasta las últimas traducciones publicadas ya en el siglo XXI, incluyen "don" como lo había hecho Lin Shu, como parte del nombre propio: Tangjihede.

que quedará confirmada con la aparición de Sancho. Quisada -nombre con el que acabamos identificando a don Quijote-, es ese caballero que doblega a los poderosos y auxilia a los débiles, como continuamente se nos repite; pero, además, es un hombre docto, que ha leído extensamente y está "apegado a las antiguas tradiciones" (I.I), es sensible a la belleza y compasivo con los demás; puede ser duro con Sancho pero siempre con la intención de corregirlo. Es la pura imagen de un letrado que, cuando encuentra a quién enseñar, se convierte, con toda naturalidad, en maestro. La forma en que Lin Shu nos describe a Sancho la toma, precisamente, del texto que más estrechamente se ha vinculado con Confucio (551 – 479 aC) -el Maestro por excelencia-, las *Analectas*. El escudero aparece como un hombre "simple y torpe en el habla" (I.VII) pero depositario de la más alta de las virtudes según el confucianismo, la que define al ser humano, la benevolencia. Sancho, el "escudero", es nombrado desde el principio como "discípulo", [1] mientras que al resto de escuderos que van apareciendo los denomina *qinu* (literalmente, "el criado que va montado"). La relación maestro-discípulo entre Quijote y Sancho se confirma cuando este le asegura "Haré como vuestra merced me ordene" y "[...] como contiene el aliento el mejor discípulo ante su maestro" (I.VIII), a partir de dos citas tomadas directamente del mismo texto. A lo largo de la novela, Quisada y Sancho serán siempre "maestro y discípulo" (*shi di*).

Esta consideración de don Quijote como maestro, aunque seguro que muy apreciada por los traductores chinos -probablemente, ninguna otra tra-

[1] En la traducción se alternan dos caracteres para referirse a esta idea: al comienzo se utiliza más el carácter *tu*, que significa "aprendiz" -lo que nos acercaría a la idea de "escudero" -, pero con más frecuencia este mismo carácter lo encontramos para señalar al "seguidor, discípulo" de algún maestro. Conforme avanza el texto, el carácter más utilizado es *zi*, cuyo sentido original es "hermano menor" , pero que asociado con la palabra "maestro" significa "discípulo" . Hay que tener en cuenta que en China no existió nunca la tradición de los caballeros y, por tanto, la figura del escudero tampoco, ni una palabra específica para ella.

dición ha tenido al "maestro" en tal alta estima como la china-, sin embargo, no es creación total de estos. En las traducciones inglesas, la forma que tiene Sancho de referirse a don Quijote es usando la palabra *master*. Entre otros, *master* en inglés puede tener dos significados: tanto el de "maestro" como el de "amo". No podemos decir que las versiones inglesas profundizaran en esa relación; esa profundización de la que la versión china saca un gran partido, se debe sin duda a Lin Shu y a Chen Jialin.

El otro personaje de la obra transformado por este primer viaje intercontinental de *Don Quijote* es "el cura". En su aparición en el capítulo I, Cervantes lo describe como uno de los amigos con quien el protagonista discute sobre cuál de los caballeros del pasado había sido el mejor; pero es en los capítulos IV y V donde irrumpe ya investido de su superioridad moral, realizando el escrutinio de los libros de don Quijote y sentenciando a la mayoría a la hoguera. A partir de entonces aparecerá recurrentemente interviniendo, con la autoridad de quien es poseedor de la Palabra Divina y a quien todos respetan, para tomar decisiones o emitir juicios en función, claro está, de ser un servidor de Dios. La palabra "cura" en la versión de Jarvis es traducida como "priest", pero Motteux lo hace como "curate", añadiendo una nota en la que explica que el cura es el responsable de una parroquia, a cargo de la cura de las almas. Los traductores chinos, en la primera aparición (cap. I), traducen la palabra como "pastor" *mushi*, [1] uno de los términos habituales para referirse a los responsables de las iglesias cristianas (siendo el cristianismo ajeno a la tradición china, es probable que para Lin Shu la distinción entre protestantes y católicos no fuera de gran relevancia). Sin embargo, a partir del capítulo V, la palabra "curate" será ya siempre traducida como "médico", probablemente por su proximidad con la palabra "cure" (en inglés, "curar"); la quema de libros, la estrategia para engañar a don Quijote, los debates con los diferentes personajes sobre el decoro, por ese error de

[1] En alguna ocasión, se utiliza también la palabra "sacerdote" (*jiaoshi*), pero la más utilizada es "pastor" .

traducción ya no son expresados por "el cura" sino por "el médico". Este cambio de oficio provoca situaciones extrañas, como, por ejemplo, cuando Sancho le sugiere a don Quijote que se despose con la princesa Micomicona y que el propio médico "que también es pastor", puede realizar la ceremonia. Sin entrar en la posición de Cervantes con respecto a la contrarreforma, esta eliminación del componente católico en la historia, sin duda, distorsiona un elemento subyacente fundamental de la sociedad española descrita en la novela.

Las intervenciones añadidas. "[…] píntola en mi imaginación como la deseo."

Otra de las críticas frecuentes a la traducción de Lin Shu fueron sus añadidos en el texto introduciéndose en la propia narración de forma consciente, llegando incluso a incorporar pequeños discursos propios.

En *Historia del Caballero Encantado* nos encontramos con tres tipos de añadidos sobre el texto: 1) los que podríamos definir como "aclaratorios"; 2) el propio discurso ideologizado entremezclado, sin demasiada sutileza, dentro del texto; y 3) los que vamos a categorizar como añadidos "lógicos".

Entre los primeros se encuentran aquellas incorporaciones que, en su mayoría, son explicaciones traídas desde las versiones inglesas -a veces en nota, a veces también inscritas en el texto- aclarando cierta información que el lector podría desconocer. Como hemos visto, el famoso inicio de "En un lugar de la Mancha" viene acompañado de "a medias situado entre Aragón y Castilla". En ocasiones estas aclaraciones se introducen en el texto entre paréntesis, que vendría a ser una forma alternativa a lo que hoy sería una "nota del traductor".

El segundo tipo de añadidos es el más condenado por la crítica. Se produce cuando Lin Shu, probablemente identificando el contenido del texto con algunos de los acontecimientos que se vivían en China, no puede evitar introducir su visión del mundo. Un clarísimo ejemplo lo encontramos en el capítulo I.VII: cuando don Quijote está explicándole a Sancho lo que logrará como caballero y cómo premiará al escudero, introduce, sin que venga a cuento, una frase: "Tomemos el ejemplo de la revolución [...] según yo lo veo, es algo que siempre ha sucedido", sin duda, un mensaje dirigido a quienes lo atacaban en nombre de la "nueva" revolución literaria que se estaba desarrollando en ese momento. En otras ocasiones entra en juego su mirada tradicional de valores, y por ejemplo, en varias ocasiones menciona a hijos e hijas en una clara alusión a la idea de la piedad filial tan apegada a la tradición confuciana.

Por último, lo que hemos llamado los "añadidos lógicos", son pequeñas anotaciones con las que completa cierta falta de información del original, o enmienda alguno de sus errores. Es bien conocida la incoherencia que se produce en el original de Cervantes por el robo del asno de Sancho, en un episodio en el que tras dicho robo volvemos a ver al escudero montado sobre él. Lin Shu introduce entonces una pequeña y conmovedora escena en la que se nos relata cómo el asno se escapa de su raptor para volver con su querido amo. En otra ocasión don Quijote, en medio de la sierra, se pregunta dónde podrá escribir para enviarle una carta a su amada Dulcinea, si en la cera o en la corteza de los árboles (cap. III.XI). Por fin recuerda que ha encontrado un "librillo de memorias" y podrá escribir en él. A Lin Shu no le parece suficiente la información y aclara que arrancará una de sus hojas, pero, además, nos cuenta que ese librillo de memorias contenía un lápiz con el que poder escribir, algo que no se menciona en absoluto en el original.

Los chengyu. "Sentencias breves sacadas de la luengua y discreta experiencia"

Para terminar, querríamos mencionar una herramienta muy propia de la lengua china y que utiliza extensamente Lin Shu, los llamados *chengyu*. Estos *chengyu* son un tipo de expresión fijada en la lengua, de cuatro caracteres (es decir, cuatro sílabas), procedentes de algún texto anterior. Estas "citas intertextuales" adoptan diferentes formas sintácticas: pueden ser frases completas, o la yuxtaposición de dos elementos similares (sustantivos, adjetivos, etc...), o una sucesión de verbo-objeto, verbo-objeto, etc. El buen manejo de estas expresiones, de las que existen según algunos diccionarios más de 50.000, dota al discurso de un marcado tono "chino", y prácticamente podemos encontrar uno para cada situación. Aunque de todos ellos es posible rastrear su origen, para lo que existen un buen número de diccionarios especializados, la mayor parte de la gente los utiliza sin ser muy conscientes de dónde proceden, de igual manera que, por ejemplo, los españoles utilizamos expresiones como "a buenas horas mangas verdes" sin tener muy claro que se remite a la vestimenta de los cuadrilleros de la Santa Hermandad, de verdes mangas, y que solían llegar cuando ya no eran necesarios.

El perfecto dominio de Lin Shu de estos *chengyu*, la amplitud de fuentes de las que los toma, la precisión en su aplicación, tiene dos efectos inmediatos: por una parte, a los ojos del lector chino de su tiempo, esta *Historia del Caballero Encantado* se convertiría casi en una obra partícipe de su propia tradición que le haría evocar, página tras página, sus referentes literarios más familiares; por otra, incrementa en cualquier lector los niveles de interpretación de las situaciones en las que se hallan. Un cuidadoso estudio de los *chengyu* utilizados por el traductor, sin duda, nos ayudarían a comprender su universo y a poder aplicar nuevas perspectivas a los textos con los que trabajaba, como veremos en el siguiente apartado.

EL RETORNO DEL CASTIGADO CABALLERO ENCANTADO, FLACO Y AMARILLO

Cuando la entonces directora del Instituto Cervantes de Pekín, Inma González Puy, propuso hacer una "retraducción" [1] del *Don Quijote* de Lin

[1] En el ámbito de los estudios traductológicos, el término de "retraducción" no se utiliza para lo que aquí se presenta: traducir de chino a español lo que se había traducido del español a chino -pasando por el inglés-. Técnicamente se refiere a aquellas obras que ya han sido traducidas de una "lengua origen" a otra "lengua meta" , y que vuelven a ser traducidas en esa misma dirección; es decir, supone tratar segundas, terceras o cuartas versiones de alguna obra ya traducida.

Shu a español, la idea era intentar comprender hasta qué punto el traductor había transformado la imagen original del personaje, y así vislumbrar cómo pudo haber sido recibida en su momento la figura de don Quijote en el mundo chino. Con esta intención en mente, se inició la tarea: primero localizar las fuentes inglesas utilizadas, y luego comenzar con la traducción.

Las fuentes [1]

La edición china de *Historia del Caballero Encantado* utilizada para la traducción ha sido la última publicada por la Commercial Press (Shanghai, 1933) en dos volúmenes. [2] El estilo era el propio del chino clásico: el texto está escrito en vertical, de izquierda a derecha; sin distinción de párrafos ni puntuación.

En esta edición se han detectado dos problemas de impresión: 1) La aparición en tres ocasiones del carácter *ju* ("frase") en una tipografía de tamaño inferior al resto de los caracteres -señaladas en cada caso en nota a pie de página en la traducción-, como una forma de siñalar el actual sentido de los modernos signos suspensivos; y 2) En el segundo volumen, correspondiente a la cuarta parte de la novela, del capítulo XII se pasa directamente al capítulo XIV. A pesar de ello, no se ha perdido la narración del capítulo XIII pues su contenido está incluido en el capítulo XII -también señalado en nota-. [3]

Las ediciones utilizadas de Motteux y Jarvis -las dos ilustradas- fueron publicadas, respectivamente, en 1892 y 1828. Debido a la continua reedición de ambas, no hay modo de saber si fueron estas mismas a las que accedieron

[1] Sobre los datos completos de las publicaciones que se van a mencionar, *vid* Bibliografía seleccionada.

[2] El primero contiene las tres primeras partes -veintisiete capítulos-, y el segundo la última -veinticinco-.

[3] Dado que no hemos tenido acceso a la edición original de 1922 ni a la reedición de 1930, no podemos cotejar si los errores habían aparecido en alguna de las anteriores, o si son producto de esta última.

Lin Shu y Chen Jialin, aunque el contenido no debió variar mucho.

Para la versión de *Don Quijote* en español, nos hemos remitido como referencia a las dos versiones de Francisco Rico, el primer volumen de la publicada por ediciones Crítica del Instituto Cervantes de 1998, y la edición para *ebook* de 2015.

Criterios de nuestra traducción

Una vez determinadas las fuentes, emprendimos la traducción cotejando a cada paso las cuatro versiones mencionadas: la original de Cervantes, las dos inglesas de Motteux y Jarvis, y la de Lin Shu y Chen Jialin.

Una de las dificultades que surgió a la hora de abordar la tarea era pensar qué registro utilizar. La lengua clásica (*guwen*) era un lenguaje complejo, pensado para ser leído, con unas estructuras diferentes a las de la lengua coloquial, sin signos de puntuación, y con un grado enorme de ambigüedad. En resumen, una lengua asequible solo a gente con una sólida formación, incluso si el estilo de Lin Shu ya había adoptado formas más "vulgarizadas". Sin embargo, llevarlo a una imitación del estilo cervantino parecía fuera de lugar, así que optamos por un estilo literario neutro, con la incorporación de algunos elementos que hoy podríamos considerar arcaizantes, como la utilización de fórmulas como "vuestra merced", o de formas verbo + pronombre actualmente en desuso ("pasose", "concedióselo", "parecíale", etc.). Con respecto a las formas de tratamiento, la complejidad del texto de Cervantes, en la que se alterna el tuteo con el voseo según la situación y los personajes -hasta el punto de que en un solo parlamento, se utilizan ambas fórmulas para referirse a la misma persona-, no se aprecia en la versión de Motteux que suele utilizar la fórmula "thee" solo en boca de don Quijote para dirigirse a Sancho, mientras que para dirigirse al resto utiliza "you". En chino, formas corteses de dirigirse al interlocutor (varón) que utiliza Lin Shu son *xiansheng* o *jun*, traducibles como "señor"; si no, en otros casos se utilizan el pronombre personal de segunda persona de la lengua clásica: *er*, *ru* (con sus diferentes grafías), y en alguna ocasión *ruo*. Para traducirlas, hemos seguido básicamente el original de Cervantes. En este punto, conviene señalar que en el chino clásico no se suele utilizar ninguna marca de plural para los pronombres, y dado que los verbos tampoco muestran si el sujeto es singular o plural, en algunos casos, no está claro quién es el sujeto, si "yo" o "nosotros" o bien "tú" o "vosotros".

Con el presupuesto de ver cómo Lin Shu se acercó al texto de Cervantes, era de rigor hacer una traducción lo más próxima al original de Lin Shu. A veces, en ese afán de fidelidad extrema, el ritmo cadencioso del chino clásico se ha trasladado al español. Sin embargo, conviene advertir que, sorprendentemente tras el periplo que ha recorrido, en el texto chino en algunas ocasiones hemos podido traducir palabra por palabra frases que aparecen en el *Don Quijote* original. En estos casos, nos hemos remitido a la versión de Rico, sin señalarlo como cita literal puesto que es fácilmente distinguible y localizable.

Con respecto a los nombres propios, como hemos visto, se trata de una sucesión de sonidos extraños, que, en la mayoría de los casos, los traductores chinos optaron por abreviar para ahorrar el fárrago que suponía en la lectura. En la traducción se ponen los nombres completos que identifican a los personajes.

Una de las dificultades era la traslación del vocabulario que no existía en chino. Hemos visto cómo el término "escudero" es ajeno a la tradición china, y lo mismo ocurre con el concepto de "caballero andante", absolutamente vital en la novela. Existe un tipo de personaje en la literatura china novelesca que se podría asimilar: el *youxia*, literalmente, "guerrero errante". Estos *youxia* son prodigiosos guerreros que vagan por el mundo ayudando a los más débiles y luchando contra las injusticias. Sin embargo, no se corresponde con la idea del "caballero", alguien de alto linaje que ha recibido su nombramiento por quien está autorizado para otorgárselo; por otra parte, muchos de estos "guerreros errantes" se desplazan a pie, en lugar de a caballo, lo que etimológicamente los aleja de los caballeros también. Lin Shu utiliza en ocasiones *wuxia*, que se refiere a un guerrero que domina las artes marciales y tiene una conducta "caballeresca". Este término servirá para acuñar un tipo de literatura -y más tarde un género cinematográfico-, las *wuxia xiaoshuo*, novelas de guerreros, que será el término con el que muchas veces Lin Shu se refiera, precisamente, a las novelas de caballerías que aparecen en *Don Quijote*. En este caso, nos ha parecido conveniente, adaptar el lenguaje a la terminología de la "caballería andante" en español, puesto que también con el tiempo, el término "caballero" acabaría ampliando su significado. En general, en la terminología que tenía que ver con la caballería, hemos realizado esa función de adaptación, con una excepción: la palabra "castillo" nunca se utiliza en la versión china, sino que es designada con diferentes términos; en cada caso, hemos traducido directamente el utilizado, explicando en nota el porqué de su transformación.

En el sentido contrario, en la versión en español hemos respetado siempre la inclusión que hace Lin Shu a lo largo de su texto de las palabras de nuevo cuño que acababan de incorporarse al vocabulario chino en su época -y que, mayoritariamente, procedían del japonés-. Ejemplos de ellas son "libertad" (*ziyou*), "revolución" (*geming*) y, sobre todo "sociedad" (*shehui*), que a veces se integran con naturalidad en el texto, pero que en otras chocan y resultan anacrónicas. El efecto era similar en chino, y por ello hemos querido mantenerlas.

Con respecto a los poemas, como hicieran Motteux y Lin Shu, nos hemos permitido alguna libertad, aunque respetando siempre el número de versos y el contenido fundamental, buscando un efecto rítmico en el resultado

Las notas de la traductora

Es de rigor explicar cuál ha sido el criterio a la hora de redactar las numerosas notas que acompañan al texto. Básicamente, son de tres tipos: 1) las que señalan las diferencias con el texto original, en términos de contenido o de vocabulario; 2) las que introducen información sobre algún aspecto de la historia o la literatura de China que nos parece que venían al caso por lo dicho en el texto; y 3) las explicativas de los *chengyu*. [1]

Con respecto a la primera, desde el comienzo se hizo patente que resultaba casi imposible ir enumerando palabra por palabra qué es lo que distinguía la versión de Lin Shu de sus antecesoras -la de Cervantes, la de Motteux e, incluso, la de Jarvis-. Confiando a esta introducción explicar cuál fue el principio general de las eliminaciones sufridas en la versión china -por largas enumeraciones, argumentos complejos, etc.-, y teniendo en cuenta que quien tenga interés puede cotejarla con el *Don Quijote* original, decidí señalarlas de forma genérica en algunos puntos, o en aquellos lugares cuya eliminación consciente me pareció relevante (*vid supra*, por ejemplo, las eliminaciones por un cierto sentido del pudor). [2]

El objetivo de las notas que introducen información sobre la historia o la literatura chinas era una oportunidad para ofrecerle al lector español de hoy en día una visión sobre algunos aspectos que, por contraste o por similitud, podrían resultar atractivos, sorprendentes o, por lo menos, curiosos.

Por último, las explicativas de los *chengyu*. Antes que nada, se ha de señalar que, debido a la singular ductilidad de los caracteres, la expresión que en un texto aparece de una determinada forma, al ser trasladada a otra puede cambiar sintácticamente, por ello puede producirse alguna leve modificación entre formas verbales, número, etc. tal y como aparecen en el texto y como luego es reproducida en la nota. Con respecto a los numerosísimos *chengyu*, el tratamiento no es uniforme y se pueden apreciar dos casos:

1. Aquellas notas más sencillas en las que se menciona que existe un *chengyu* y de dónde procede (del *Libro de la Poesía*, *Sueño en el Pabellón Rojo*, etc...). Esta es una información que se puede consultar en cualquier diccionario

[1] En cualquiera de los tres tipos a veces se pueden encontrar explicaciones de carácter filológico.

[2] Cuando la pérdida o transformación de la información proporcionada en el original se produce en las versiones de Motteux o Jarvis, se señala así. Cuando estas últimas contienen dicha información, en ocasiones no se las menciona y se señala solamente lo que la versión china deja de decir con respecto al original en español.

específico.

2. En otros casos, a ello se añaden datos y más elementos del contexto, con una breve explicación.

En realidad, de todos los *chengyu* utilizados por Lin Shu, hemos cotejado no ya la "frase original", sino todo el contexto del que procede y que le sirve al traductor para intensificar el momento, el personaje o la situación descrita. Por ejemplo, en el cap. I.IV, aparece un *chengyu* procedente de *Xunzi* (s. III aC) que significa "recorrer el mundo". Esta expresión podría utilizarla cualquiera que fuera a emprender un largo viaje. Pero en esta ocasión, el significado que le imprime Lin Shu es mucho más intenso, y lo comprendemos al abrir los ojos sobre el contexto en el que está inscrito: "Si tus maneras son respetuosas y reverentes, si tu corazón es leal y sincero; si te esmeras en los ritos y la justicia, y tus sentimientos se entregan al amor y a los demás, cuando recorras el mundo, incluso si te encuentras entre las cuatro tribus bárbaras, nadie dejará de tenerte en alta consideración". Al elegir específicamente este *chengyu*, Lin Shu transmite la idea de que, quien viaja, es alguien digno, respetuoso con la justicia, etc. Nos parece difícil describir con más precisión lo que don Quijote esperaba de sus viajes por el mundo.

Quizá se podrían haber evitado las primeras, pero consideramos que resultaba interesante, desde el punto de vista de la historia de la lengua, ofrecer una visión del amplísimo espectro de lecturas del traductor y de la construcción del discurso en chino.

Está claro que todos los criterios adoptados son una elección y que habría otras alternativas para acercarse al trabajo de Lin Shu y Chen Jialin. De hecho, a pesar de lo estéril que pudiera parecer - ¡cómo se va a traducir *Don Quijote* de chino a español!, ¡qué disparate!-, se ha mostrado una práctica inmensamente sugerente y fecunda, que puede ser analizada, precisamente como un "manual" de traducción, donde se desvelan muchos de los mecanismos, a veces inconscientes, que se ponen en marcha en el proceso de traducir. Y nos quedamos con la sensación de que si el trabajo se repitiera, se podrían ofrecer muchísimas otras alternativas aún más esclarecedoras.

DESPEDIDA

Cuando termines de leer esta *Historia del Caballero Encantado*, amigo, descubrirás que, como en la hermosa Zoraida, las vicisitudes del viaje han hecho mella en su belleza, es seguro. Sin embargo, siguen ahí la pasión de don Quijote -hecho Quisada- por su amada Dulcinea, el deseo de libertad de Marcela, los divertidos lances de Sancho, la increíble historia del impertinente Anselmo y su amigo Lotario, el enredo amoroso de Luscinda, Cardenio, Dorotea y Fernando, y muchas de las cosas que el gran Cervantes nos quiso relatar.

Pero aun quisiera añadir, para adornar esta despedida, una cita erudita de otro sabio al que llamaron "Maestro". Juan Carlos Rodríguez decía:

> "La manera más segura de leer mal a los clásicos es identificarlos directamente con nosotros. Aplicar nuestras categorías inconscientes a las suyas: así los clásicos quedan yertos e inermes. Los remitimos a un supuesto "Espíritu Humano" (eterno e inmutable) y los hundimos. Su mudez inesperada nos aburre. Se convierten en un muro de yeso contra el que nos estrellamos, o peor aún, los convertimos en fantasmas indefensos a los que cualquiera puede manejar a su antojo: los expoliamos y les hacemos hablar como nosotros quisiéramos que hubieran hablado."
>
> (p. 72)

Y no dejo de preguntarme si cada traducción es siempre un intento de convertir los textos en fantasmas. Pero incluso los fantasmas nos ayudan a veces a mirar de otra manera, y, como también dijo el Maestro Juan Carlos: "En medio del pasillo a oscuras, y tropezando con cualquier esquina, sigo preguntándome si no resultaría apropiado no dar tanto por sabido lo sabido."

Antes de irme, quisiera dar las gracias a unos amigos que me han acompañado en algún tramo de este viaje: Inma González Puy, quien lo inició; Isabel Cervera, Manuel Valle, Lü Wenna y Tomás Espino, que me estimularon o resolvieron más de una duda. Y sobre todo a Ángela Olalla, paciente compañera y escrutadora de todas las palabras del que nació como ingenioso y se quedó en encantado. Vale.

En Granada, a 26 de junio de 2020
Alicia Relinque Eleta

BIBLIOGRAFÍA SELECCIONADA

Ediciones de *Don Quijote*

En español:

- *Don Quijote de la Mancha*, ed. F. Rico, Instituto Cervantes. Crítica, Barcelona, 1998
- *Don Quijote de la Mancha*, ed. F. Rico, Alfaguara, Penguin Random House, Barcelona 2015, ebook
- *El ingenioso hidalgo don Quijote de la Mancha*, ed. A. Amorós, SM, Madrid, 2005

En chino:

- *Moxia zhuan* [Historia del Caballero Encantado], trad. Lin Shu, Chen Jialin trads., The Commercial Press, Shanghai, 1933
- *Tangjikede* [Don Quijote] (2 vol), trad. Yang Jiang, Renmin wenxue, Pekín, 1978, reed. 2018
- *Tangjikede* [Don Quijote], trad. Dong Yansheng trad., Changjiang wenyi, Wuhan, 2018

En inglés:

- *The History of The Ingenious Gentleman Don Quixote of La Mancha* (4 vols), trans. P. A. Motteux, William Paterson, Londres, 1892
- *The Visionary Gentleman Don Quijote de la Mancha* (2 vols), trad. Robinson Smith, The Trustees, New York, 1932
- *Life and Exploits of Don Quixote de la Mancha*, trad. Charles Jarvis (4 vols), J & B Williams, Exeter, 1828
- *Don Quixote de la Mancha*, Charles Daly, Londres, 1842
- *Don Quixote*, trad. J. Ormsby, Grosset & Dunlap, New York, 1900

Bibliografía complementaria:

Antolín Encinas, J. Alberto *et al*: *El caballero de papel. Catálogo ilustrado de las traducciones de* Don Quijote *al chino*, Instituto Cervantes de Pekín, Pekín, 2016

Chen Guoen, Zhao Hongying: "The Spread and Reception of *Don Quixote* in China", en *Advances in Literary Study*, 2014, 2, pp. 66-73

Cunchillos Jaime, Carmelo: "Traducciones inglesas del *Quijote*: la traducción de Motteux", *Cuadernos de Investigación Filológica*, vol 10 (fasc. 1y 2), 1984, pp. 111-128

Fernández Gómez, Carlos: *Vocabulario de Cervantes*, Real Academia Española, Madrid, 1962

Foster, Paul B.: *Lu Xun, Ah Q, "The True Story of Ah Q" and the National Character Discourse in Modern China*, PhD. diss. Ohio State University, Ohio, 1996

Guarde-Paz, César: "Correspondencia entre Lin Shu y Cai Yuanpei relativa al Movimiento de la Nueva Cultura (marzo-abril, 1919)" en *Estudios de Asia y África*, vol. 50. 2, (157) (mayo-agosto, 2015a), pp. 425-466

Guarde-Paz, César: "Lin Shu's Unidentified Translations of Western Literature" en *Asian Culture*, vol. 39, (agosto, 2015b), pp. 18-36

Guarde-Paz, César: *Modern Chinese Literature, Lin Shu and the Reformist Movement: Between Classical and Vernacular Language*, Palgrave Macmillan, Singapur 2017

H.C. Hagerdorn coord.: *Don Quijote en los cinco continentes. Acerca de la recepción internacional de la novela cervantina*, Ediciones de la Universidad de Castilla-La Mancha, Cuenca, 2016

Hanan, Patrick: "A Study in Acculturation-The First Novels Translated into Chinese", *Chinese Literature: Essays, Articles, Reviews (CLEAR)*, Vol. 23 (Dec., 2001), pp. 55-80

Hill, Michael G.: "National Classicism: Lin Shu as Textbook Writer and Anthologist, 1908-1924", en *Twentieth-Century China*, nov. 2007, vol. 33.1, pp. 27-52

Hill, Michael G.: *Lin Shu, Inc. Translation and the Making of Modern Chinese Culture*, Oxford Universtity Press, Oxford New York, 2013

Huters, Theodore: "A New Way of Writing. The Possibilities for Literature in Late Qing China, 1895-1908", en *Modern China*, vol. 14, 3 (jul. 1988), pp. 243-276

Huters, Theodore: "New Theories of the Novel", en *Bringing the World Home. Appropriating the West in Late Qing and Early Republican China*, University of Hawai'i Press, Honolulu, 2005 pp. 100-120

Kwan, Uganda Sze Pui: "Westernization, Modernization, and the Concept of Basing on the Source Text: A Study of the Transformation of Norm in Literary Translation from Late Qing to May Fourth with Lin Shu as a Case Study" en *Journal of Chinese Studies*, no. 48, 2008, pp. 343-371

Lin Shu, Cai Yuanpei: "Correspondencia entre Lin Shu y Cai Yuanpei relativa al Movimiento de la Nueva Cultura (marzo-abril, 1919)" en *Estudios de Asia y África*, vol. 50. 2, (157) (mayo-agosto, 2015), pp. 425-466

Lin Shu, Cai Yuanpei, Guarde Paz, César: "Correspondencia entre Lin Shu y Cai Yuanpei relativa al Movimiento de la Nueva Cultura (marzo-abril, 1919)", *Estudios de Asia y África*, vol. 50, nº 2 (157) (mayo-agosto, 2015), pp. 425-466

Lin Shu: *Xiaonü naier zhuan xu* [Prólogo a Historia de la buena hija Nell], 1907, https://zh.m.wikisource.org/zh-hant/孝女耐兒傳序

Lu Xun: "Wusheng de Zhongguo" [China muda], en *Lu Xun quanji* [Antología completa de Lu Xun], Pekín, Renmin wenxue, 2005, vol 4, pp. 6-10

Prado Fonts, Carles: *Regresar a China*, Trotta, Madrid, 2019

Qian Zhongshu et al., *Linshu de fanyi* [Las traducciones de Lin Shu], Shangwu yinshuguan, Pekín, 1981

Rodríguez, Juan Carlos, *El hombre que compró su propio libro. Para leer el Quijote*, Comares, de Guante Blanco, Granada, 2003

Tai, Yufen: *La influencia literaria y el impacto cultural de las traducciones de Lin Shu (1852-1924) en la China de finales del siglo XIX y principios del XX*, Tesis doctoral, Barcelona, 2003

Tai, Yu-fen: *La influencia literaria y el impacto cultural de las traducciones de Lin Shu. En la China de finales del siglo XIX principios del XX*, Verlag Dr. Müller, 2010

Venuti, Lawrence: "Local Contingencies: Translation and National Identities", en S. Bermann y M. Wood eds. *Nation, Language, and the Ethics of Translation*, Princeton University Press, 2005, pp. 177-202

Venuti, Lawrence: "Lin Shu: Traducir para el Emperador" en *Trans*, 2, 1997, pp. 143-150

Zhao Zhenjiang y Teng Wei: "La traducción y difusión de *Don Quijote* en China", en H.C. Hagerdorn coord. *Don Quijote en los cinco continentes. Acerca de la recepción internacional de la novela cervantina*, Ediciones de la Universidad de Castilla-La Mancha, Cuenca, 2016 pp. 171-186

Zhao Zhenjiang: "La literatura española en China" Centro Virtual Cervantes, 2009, Online: https://cvc.cervantes.es/obref/china/zhenjiang.htm (consulta: 13/06/2020)

Zhou Zuoren: "*Moxia zhuan*" [Historia del Caballero Encantado] en *Xiaoshuo yuebao*, nº 16.1, enero 1925

Diccionarios:

Corominas, J, y Pascual, J. A.: *Diccionario crítico etimológico castellano e hispánico* (6 vols), Gredos, Madrid, 2000

Grand dictionnaire Ricci de la langue chinoise (8 vols), Instituts Ricci, Paris - Taipei, 2001

Handian https://www.zdic.net

Hanyu chengyu cidian [Diccionario de chengyu en lengua china], Shanghai jiaoyu chubanshe, Shanghai, 1981

Hanyu da zidian bianji weiyuanhui: *Hanyu da zidian* (8 vols) [Gran diccionario de los caracteres chinos], Sichuan cishu chubanshe, Hubei cishu chubanshe, Chengdu1986

He Leshi *et al*: *Gudai hanyu xuci tongshi* [Explicación general de las palabras vacías del chino clásico], Beijing chubanshe, Pekín, 1985

Li Yufu ed.: *Chengyu diangu wenxuan* [Selección de *chengyu* y *diangu*] (2 vols), Shandong jiaoyu, Jinan, 1984

Real Academia Española: *Diccionario de la lengua española*, https://dle.rae.es

Real Academia Española: *Diccionario de autoridades*, http://web.frl.es/DA.html

Shangwu yinshuguan cishu yanjiu zhongxin ed.: *Xinhua chengyu cidian* [Diccionario Xinhua de *chengyu*], Shangwu yinshuguan, Pekín

Shangwu yinshuguan bianji bu: *Ciyuan* [Origen de las palabras], Shangwu yinshuguan, Hongkong, 1987

Sijiao haoma xin cidian [Nuevo diccionario de búsqueda por el sistema de numeración de las cuatro esquinas], Shangwu yinshuguan, Pekín, 1982

Diccionarios

Corominas, J. y Pascual, J. A.: [illegible] (6 vols.), Gredos, Madrid, 2000.

[illegible]

[illegible] Shanghai [illegible]

[illegible]

[illegible] 1988.

[illegible] 1994.

Real Academia [illegible]

[illegible]

[illegible] 1982.

[illegible]

第一段

第一章

在拉曼叉中。有一村庄。庄名可勿叙矣。其地半据亚拉更。半据卡司提落。庄中有守旧之故家。其人好用矛及盾。与骏马猎犬。二者皆旧时之兵械。其人尚古。故用之不去手。食多用牛而屏羊。且其食品。排日而定。不相淆混。岁入非少。然已划其四分之三。耗之食品。余其一。则用以制衣。衣恒用绒。下裳及履。无一不绒。家居则用自织之布。其人未娶。用一看家之妇。可四十以外矣。有一侄女。年未二十。佣一男仆。行田饲马。及奔走趋事。且司灌园之役。其人年垂五十。虽瘦损。而多力喜猎。人言其姓。曰奎沙达。或云姓奎克沙达。今吾书但称之曰奎沙达。然以音义度之。必称奎克山纳为正。奎沙达长年无事。恒读书。其书多叙古侠客锄强扶弱之事。书味既酞。亦不行猎。且不理家政。而心醉古人。至货其田产。纯买此书。资以度日。而书中尤悦者。为斐利纳所著者。叙事既清。且有奇趣。语语如珠圆也。书叙侠客。出生入死。为人报仇。并男女相悦之情态。恒栩栩如生。书中有云。尔辈思想。与我之思想异。竟误会吾意以行事。致吾言转为尔累。今当劝尔。勿误用吾言。又云宇宙之大。星辰之高。尔以世之伟人。居于高天厚地之中。宜思所以享受天地之大。奎沙达竟不能悟澈其言。旦夕思其所以。然语本出哲学家亚雷司透托。今其人已死。即起之于窀穸中。

或仍未必能启发奎沙达之悟性。至于比利尼司之书。则深不之悦。谓战时恒被创且苦。而奎沙达则恶闻其言。奎沙达盖深鄙医生之无术。以为决不能起创人而生之也。然有时谓比利尼司之书。词义未完。恒欲觅人。为补其缺。即已亦欲执笔而书。识者以为。奎沙达有隽才。吐属必有可观。已而以他事中辍其业。庄有牧师。好学而博。奎则恒与辩驳。牧师毕业于西古栅。亦一时名流。奎则与论英人怕莫英。及高庐亚马底二勇士之高下。间有一剃发匠。兼善疡医。名尼叩拉司。则谓此二士。均莫及珊武士。其足以与珊相颉颃。则惟加拉。即亚马底之兄。其能与珊抗手者。盖珊之生平。质器甚美。宏量容人。不如亚马底之褊狭。若论其勇。则高于其弟也。奎沙达亦不与辩。仍沉溺于小说中。无昼无夜。遂肇脑病。以思虑过深所致。且惑于生死恩怨之故。上下辘轳。不知所归。于是言语至于无节。至于先知之预言。遂信以为诚。大加求索。而脑力乃益疲。常言路地支之为人勇极矣。若举以较伯宁索大将。则远不之及。盖伯宁索所用之长刀。可一奋而断两长人之头。尤有卡斐由者。亦一世之雄。卡斐由在郎瓦路。殴死阿兰斗。阿兰斗有妖术。卡斐由直举其身。摔之于地立死。其勇大类希腊浩口里之死安邱。安邱自名为后土之儿。亦以魔术眩世者也。奎沙达平日。尤服毛甘替。谓毛甘替虽为蛮种。然行事落落。有丈夫气。尤有一人名威那斗。奎沙达则谓其能以单骑行劫。无畏强御。竟能直至亚剌伯。夺取穆罕默德之金象。而奎沙达所尤恨者。则为奸人加拉连。加拉连心怀反侧。竟覆兰瓦路之法师。凡所爱所憎。必历历告之家人。以为得品题之当。一日忽思得一事。以自立名。乃行侠于乡党之间。且欲周游天下。披甲持矛。为人仇复不平之事。一一效书中侠客行为。冒险弗辞。必以得名为止。乃狂笑以为得计。遂料量铁盔铁甲。为其亡祖所遗者。磨去铁锈而着之。然铁盔中已落一铁片。乃用厚楮以代铁。涂以黑漆。远瞭亦不能辨其为楮为铁。摒挡可一礼拜。则试出刀斫其盔。刀至而楮破矣。于是以薄铁衬之以楮。尚以为可用。乃不再试。以为足卫其面。盔甲既备。宜配以骏马。乃入厩相马。马瘦而骨立。奎沙达谓此马虽瘦。胜于亚力山大马也。亚力山大之马。名曰布花拉司。其调良亦莫之及。于是为马选名。凝思可四日之久。自谓以有名之武士。乘此骏马。亦宜加以美名。以肖马之德。盖未为武士之先。马可无名。今主人既得勇名。而马亦当与同贵。四日之中。累易者数。乃定名曰鲁林安替。鲁林常马也。安替者前日也。言前日之常马。至今日异矣。犹骤贵之谓。因亦自立其勇号。凝思者又八日。始定曰当瑰克苏替。其上则加拉曼叉三字。盖学古勇士高庐亚马底也。名氏之上。加以地名。则愈足为其乡土争光。此时盔甲及马既备。且有勇名。此外宜得美妻。为之内助。以天下武士。必有美人为之配。苟不得配。即树之无枝叶。人之失魂灵也。乃自言曰。吾后此运途。正不可知。果遇一高硕之英雄。吾能力劈其身。洞其腹者。固善。否亦大败。则我既得名。安可无美人。为我酬庸之地。果此大败之巨人。长跽于美人之前。自陈其羞辱不堪之状。且告美人曰。身为马瓜尼亚岛中之名王。今与当瑰克苏替比武。为彼所败。乃令我长跪美人之前。听其发遣。试问吾闻此言时。其得意当何如。想此女必属心于我矣。然奎沙达西邻。本有一女。颇为奎所爱。而女意殊落落不属于奎。女名老龙周。颇有姿色。奎颇欲致其爱忱。且为此女易一新名。其名甚贵。闻者将疑为公主及命妇者。名曰打鲁西尼亚。其上加三字。曰土薄苏。土薄苏者。地名也。

第二章

此时百凡皆备。宜出而行侠矣。谓世道沦胥。公理沉溺。非得义士。不足以振拔此困穷无告之人。乃思所以着手之法。一日侵晨。天尚未明。时为初秋之候。奎沙达蓄其所怀。亦不商酌之人。遂擐甲蒙盾执矛。跨鲁林安替。启后户而出。出时气概凛然。以为行必成功。乃行未及远。忽思得一事。心复馁却。谓天下之武士。勇爵也。必得人称许始成。今许我者何人。若以侠士之通例言之。既无所授受。义不能与校武。且初出为武士。甲宜白色。盾亦不饰。惟能胜人者。盾上始列徽章。非是。则不名为武士。奎沙达思及于此。仍始却而终奋。以为先出与人从事。后再觅一称许之人。至于白甲一节。则磨擦将愈明亮。于是置而不思。信马所向。自信可以得一发名成业之地。马上复思。后此或有人。以我轶事。编成生传。必发轫于此时。书中必曰。某日天色甫明。马眠未醒。当瑰克苏替。不为渴睡之人。持矛纵马。出而行侠。自其家至曼铁庐。与人斗力。必有人勒石纪我英杰。为后进法程。且此时光明媚。正可立功。即谓其马曰。鲁林安替。汝事得其主。后当助我成功。复又思及打鲁西尼亚。曰。公主。汝为我心中之人。且我出而冒险。正复为汝。我非尔之奴厮耶。且思且行。咸念书中之事。已而日上暑盛。将销融其脑。热不可堪。然行可一日。初不遇一事。心为爽然。初意本欲遇一同业之人。与之较力。顾乃不可得见。或云当瑰克苏替第一日。即行事于拉披司。又或曰。当瑰克苏替第一次见风磨。即以为骑士。以矛剸之。然著书者所闻。则当瑰克苏替独行至晚。人马皆瘏。当瑰克苏替。则立马四盼。欲得一贵家之别业。及行牧之团焦。止而求食。已乃见一小逆旅。则大悦。力趣其门。则天色适晚。时门外二女伎骈立。将与御者。同至西咪路。是夕亦居逆旅之中。当瑰克苏替。既见逆旅。乃不以为逆旅。乃思及必为王公之邸第。举眼中所见者。悉幻为高楼尖塔等事。一一如书中所见。垂近逆旅时。忽停骑思及书中所言。凡王公邸第。必有宿卫之士。一见武士。必且伐鼓吹角出迎。及不逢人。心乃大疑。而马不由人。直奔就秣。当瑰克苏替。以为此决府中侍儿。出而纳凉于外者。此时逆旅旁舍。有牧猪之奴。薄暮鸣角以收牧。武士一闻。立时以为卫士来迎。即慨然乘马入店。二伎见状。慄然反奔。武士一见。即自引其盔。露其面。语二女曰。尔弗惊讶。吾为侠士。万不能凌及巾帼之人。且尔身为闺秀，尤吾武人所宜当意者。二伎反顾。见但露其半面。又呼已为闺秀。则皆失声而笑。武士大怒曰。告尔辈。凡上等之闺秀。义宜崇礼而尚谦。今迎面笑客。又何为者。今吾不汝罪。实相告语。吾此来正欲为尔之奴厮耳。二伎闻言不解。则又大笑。武士益怒。此时非肆主人出者。此武士几将用武矣。肆主人者胖人也。日惟静坐。不欲劳扰。及见此武士。所着衣甲。皆敝陋不入时。见二女匿笑。不几亦忍笑。谓此武士曰。武士果欲居吾肆者。请下马。吾肆他可供应。所短者卧榻耳。武士此时。不以为肆主。则为王邸之舍人。即曰。长官。吾为武士。所贵者兵刃。战场即我卧榻。何用他求。肆主闻呼已为长官。则又欲笑。即曰。武士既不厌猥鄙。安不承应。趣下马释甲。而就休沐。于是为之执辔。武士长日不食。饥疲几不能下骑。即谓肆主曰。长官善饲吾马。吾马之调良。甲天下也。肆主人相马。羸瘦欲僵。即引入草厩。回视二伎。则方为武士释甲。方脱盔时。盔为革带严束于额际。不能下。割始下之。武士不可。即带盔而睡。见二伎为之解甲。则大喜自负。以为得美人侍左右。此亦武士应有之享。即吟诗自遣。盖视此二女。为府邸之侍儿也。谓二伎曰。吾马名鲁林安替。吾名拉曼叉当瑰克苏替。在理本不宜自示其名。宜在战场中。使人传述。然为时不同。异日尔二人命我。我即出其武技。备尔呼咤而东西之。二伎仍不解。亦不答。但曰。武士饥乎。欲食乎。武士曰。欲之。趣将以来。是日为礼拜五日。厨中无物供应。但有一鱼。名亚巴素鱼。武士曰。佐以他物即足。吾不吝赀。且此鱼味似牛肉。然以速为妙。以吾长日御马且擐甲。而竟日不食。罢甚矣。二伎即为张席于店门之次。以受晚凉。侍者进鱼。鱼既受腌且腐。而面包色黑。亦如武士之擐甲。坚不可食。食时尚加盔。而下颏为盔所梗。不适于食。则伎为之进食。纳其口。然终不良于饮。于是肆主人。为取竹管。灌酒于其口。以头盔全盖其面。且以绳缚其下颏。饮食咸不之便。此时适有牧猪奴。方吹觱篥。徐行入其肆。武士闻声。又思及书中事。觱篥者。乐官侑食也。二伎者。侍儿也。肆主者。舍人也。酒美鱼佳。则大喜过望。此时快快者。以不得先辈。授以勇名。出而行侠。于义例微悖也。

第三章

饭时思及此着。不期忧从中来。既罢饭。即呼肆主人入室。室即马厩也。武士长跪曰。先辈听之。君非允我一事。吾决不起。且允我者。君得荣名。社会亦蒙嘉锡。肆主人大惊。即扶之起。而武士终不起。必欲得主人之允已为武士。即曰。吾无他求。敢质直言之。乞先辈明日。赐我武士之名。今日即在此间。严守吾之盔甲。明日先辈。将以我为守礼之人。肇锡嘉名。于愿斯足。则我亦可以四出。为人雪其冤抑之事。肆主人颇聪明。知此人必有脑病。即笑许之。曰。吾亦愿授尔以嘉名。且尔亦勇健可取。方吾年少时。亦为侠客。出而冒险。波柏老司。亦经涉足。即雷安之岛。亦曾一游。如格兰那达者。亦我旧游之地。此外若拖里突。及他名胜。吾均一一本其侠义之行为。闻诸父老。凡纸醉金迷之地。罔不经行。今西班牙中。无人不知吾姓氏者。今潦倒不能横飞。故退居林下耳。虽清贫如故。然海内游侠之士。时来助予。故衣食得以无缺。所恨吾家无小教堂。不足以授武士之业。以教堂为风雨所败。新盖未成。所以不足为尔成礼。今当于他处。觅得一净室。以代教堂。今吾家之旁。有空旷之地。尔于夜中。至彼坐守甲胄。待吾晨兴。再行授受武士之礼。尔明日即咄嗟成为武士矣。因复问曰。尔行囊中。亦挟得金钱乎。当瑰克苏替曰。未也。吾读侠客列传。见武士出行。恒不挟一钱。肆主人曰。误矣。列传中固不言钱。然著书者。以为无庸叙及。须知武士之出。必挈洁净之汗衫及钱。此二事不能缺其一。缺一即不成为武士。且尔不观侠义书中所言。一为汗衫。一为金钱。一为药膏。金钱济人。药膏已创。尔竟忘之耶。盖侠士野战之时。受创安能即医。故必以药膏自疗之。果不挟此二物者。则须素习魔术。一经被创。则禹步持咒。云端立降仙姝。敷以丹药。创即不害。非是。则未有不挟药膏者。或挟一弟子。令挟此物以待需。果无有。则须自囊此二物以备用。且囊须极小者。置诸鞍下。勿令观者。识其储药以救死。今吾以质言命汝之后。此出门必挟二物。无怠无怠。当瑰克苏替即再拜言曰。永佩吾师之言。无敢废怠。于是肆主。引武士至一空场之中。令武士置甲于水槽之次。植矛蒙盾。矗立以守甲。厥状甚诚。肆主人则匿笑不可止。此时遍告店中人。以为今夕寓一风人。乃欲令我。许彼为武士。店人大笑。争遥集而观之。见此武士。凝神正色。徘徊于水槽之次。有时拄槊于地。目视其甲。盖是夜月明异常。店人观之了了。此时住店有一骡夫。引骡饮于井上。注水于槽。见武士之甲。置诸槽上。则取而置之地。武士即大呼曰。尔为谁。敢动吾甲。汝知此甲为谁所着。吾非天下之武士耶。汝当留意。勿污吾甲。动即废尔性命。而骡夫蠢蠢。仍不之听。力掷其甲于槽下。当瑰克苏替大怒。以面仰天。祈祷神女打鲁西尼亚曰。夫人须助我。此吾第一次遇敌。幸来相助。即举其槊。向骡夫脑中直刺。骡夫中槊而晕。幸未死。果更进以槊者。命案定谳矣。武士复取甲置诸水槽。仍执槊往来。以守其甲。少须一骡夫复至饮骡。而受刺之骡夫。方仰翻于地。后至者不之省。于于而来。而武士复进其槊。此骡夫不备。头颅亦立破。大呼乞命。店人大集。肆主人亦奔至武士之次。当瑰克苏替立时。拔刀蒙盾。仍向天私祝曰。美人中之尤美者打鲁西尼亚。汝力能鼓我之勇气。我为尔奴。听尔号令。此为吾第一次行冒险之事。尔当极力相我。祝后兴致勃然。即使全球之骡夫。集而与搏。而武士亦凛然无复恼惧。此时肆中诸骡夫。见二人为彼所扑。又见其握刀蒙盾。无敢进扑。则争礫石以投之。武士以盾自蒙。仍立守其甲。肆主人即挥骡夫曰。诸人速避。彼即杀汝。律亦不偿。彼盖风人耳。汝乌知者。而武士亦大声骂詈曰。汝邸中主人。乃不执礼。而轻蔑武士。须知舍人之罪。罪属府主也。果吾既受武士之职者。则视尔辈如粪土。恣尔礫石以投。敢一人冒进者。无不立死。武士一呼。而骡夫亦中慑。且受肆主人之忠告。乃不再投以石。肆主人命人舁创人以行。而武士仍拄槊坚守其甲。肆主人初意。以其人为戏。已而防其搅祸。则自圆其谎。仍矫为武师。授此风人以武士之职。此时徐至武士之前谢曰。吾舍人不省礼贤之意。吾已痛斥其人矣。今行礼之期已至。其最重者。则以刀按尔首及肩。授尔武士之职。此礼则不择地而行。尔今已坚守尔甲。礼意已虔。可以止矣。当瑰克苏替曰。敬谢吾师。趣为吾行礼。果吾已受职者。则此投石之人。当不令一生。今吾已幸恕之矣。肆主人防其更杀人。即取一账本。以为圣经。呼取二伎。并一童子。取一蜡烛。令当瑰克苏替长跽。肆主人即翻账簿。以代圣经。即拔刀磨其顶。又微击其背。口中喃喃作数语。如祈祷状。礼成后。命一伎以刀击其腰际。而观者皆欲失声而笑。伎乃忍笑而祝曰。愿上天相此勇士。无往不胜也。武士闻言。即叩此伎之姓名。将别图所报。谓吾之勇名一显。即尔亦与有光荣。伎答曰。吾名拖鲁莎。吾父为补履之匠。列肆于拖里突。勇士果有所命。匪不如教。武士曰。尔后此姓名。宜加尊号。曰拖鲁莎夫人。尚有一伎。为加履后之钉。武士亦叩其名。女曰。吾名美拉。吾父为碾坊之主人。居安韃奎拉。武士曰。尔亦称为美拉夫人。果有事见属。吾匪不尽死。匆匆中礼毕。武士即出肆门。上马而行。未行时。尚与肆主人殷殷为礼。称曰恩师。肆主人亦报以佳语。且不与较值。以为风人一行。则肆中宁谧矣。

第四章

武士出肆时。天甫迟明。自庆以为既受武士之职。可以横行天下。而瘦马亦似传染风病。腾踔异于平时。武士忽忆及其师之言。必多挈汗衫及钱囊。则思回家摒挡其事。并觅得一弟子随行。忽忆及乡间。有一贫士。生子数人。缺于衣食。果得其稍长者从行。亦足自豪。于是回马。而瘦马亦似解主人之意。极力奋迅而行。行未及远。忽闻林间。有人作呼吁声。武士曰。吾甫受职。竟遇不平之事。此天所使也。想此呼吁之声。必为强暴所掊。不然。胡以呼声如是之哀。即转马循声而至。入诸林间。有马系诸林间。一童子年可十五。赤身缚诸树上。呼吁之声。即此童子。其旁有一村人。执马缰代鞭。鞭此童子。且言曰。汝勿再呼。须张其目。童子曰。主人赦我。我不复为此。且小心奉职。无敢戏渝。武士见此。即大呼曰。伧荒无理。汝以力凌此小弱。非夫也。汝果为武士者。趣上马执槊。与我一较其才武。村人不解所谓。惊以为怪。即答曰。武士勿见罪。此童子为吾奴。吾令之牧羊。此奴怠惰。每日必亡二羊。吾责之以不留意。而彼反谓我负其工值。吾敢以灵魂矢誓。证其妄谬。愿武士勿听其言。武士曰。汝骄恣之伧荒。敢于青天白日之下。肆言以欺我。今非以矛锋剸汝不可也。汝今速予童子工值。否则立死。今且趣释其缚。勿怠勿怠。村人恐死。即解此童子之缚。武士问童子曰。尔主人负尔值几许。童子曰。彼短吾九阅月。每月得七雷卢。武士曰。然则六十三雷卢耳。即向村人立索。不然。将贯吾槊锋而死。村人震齿。即向武士曰。武士勿怒。小人实未负如此之巨。彼得吾三革履。初未予值。今欲归吾履值。于此九阅月工值内取偿。且彼曾病。吾延医为之放血二次。费一雷卢。武士曰。三革履及医值固宜还。然尔以马辔鞭之。于何取偿。彼之受履牛皮也。今彼以肉皮受鞭。固足相抵。以人皮贵于牛也。彼病尔为放血。今无病而鞭之见血。此血尤贵。以数度之。汝负逋不少矣。村人曰。吾出时不曾挟钱。果令此安沮。同小人回家。可一一奉偿不误。安沮哭曰。归即莫得。果吾一归。而武士不为吾卫。吾皮肉且立脱。当瑰克苏替曰。吾有命令。彼乌敢食言。吾以侠客之信义。令彼誓天。彼决不背吾言。汝可随之归。彼当无敢负汝。童子曰。先生。吾主人非武士。尤非侠客。盖伧人也。名曰。哈图突。为坤他那中之富农。武士曰。哈图突固非武士。彼家中人。固有人行侠者。必能守信而遵誓。童子曰。吾主人安有此志。彼尚吞蚀其奴厮之工值。又焉知信义为何物。哈图突曰。吾必践言。决如武士所命。一钱不汝负也。武士曰。善。汝果背誓。不践其言。吾归时必且索汝。汝虽伏匿。亦当剸吾刃。汝当知吾名为当瑰克苏替。拉曼叉人。不令天下有冤穷无告者。尔当知我。语后纵马而行。村人见武士行远。即谓安沮曰。汝随吾行。彼侠客以勇力抑我。我安敢不还。安沮曰。吾愿侠客万岁。果主人负我。侠客且循迹而来。则主人休矣。村人曰。善。少须即当加增吾值。于是复缚之树上。以革鞭之。几令其咽气而死。且曰。汝更呼侠客来前救汝也。且问汝。我之所为。亦侠客所能为否。汝曾对彼言。欲剥尔皮。岂惟剥皮。直取尔命始止。

语后释其缚曰。汝往寻侠客。再至复仇也。童子负痛。尚思寻此侠客。更以所苦告之。于是且哭且行。数步辄仆。而主人立视。笑不可仰。安沮后此之受鞭。盖得当瑰克苏替侠客之大力也。方当瑰克苏替代安沮不平。詈此村人。令彼骇伏。自以为仁至而义尽。据鞍笑悦而归。因思及美人打鲁西尼亚。此时见我行此侠义之事。为天下知名之人。昨日新受武士之职。今日即代人报仇。英风凛然弥宇宙矣。且将欺人之人痛斥。使之知罪。亦盛德事也。思时信马而前。至于坌路之上。停鞭四顾。此为侠客之常态。书中所应有者。当瑰克苏替忆及书中所言。亦停骑四顾。以应书中所叙者。然后信马而前。马固识途。即取道归庄。行未二咪。忽见有数骑。迎面而至。则拖里突之商人。赴莫西亚贩锦段者。凡六骑。执伞以蔽阳光。后随四仆。亦各骑行。有圉人三辈从其后。此武士见状。以为敌至矣。又忆及书中所言。侠客不以寡畏众者。即蒙盾挺槊。立于道上。以待来攻己。而六骑徐至。当瑰克苏替大声咤止曰。不听尔前。非称吾所爱之美人。名曰打鲁西尼亚。为天下无双者。不能越我而过也。众闻言骇然。停骑注视。争知其为风人。然亦欲细辨其言中之意。打鲁西尼亚。果为何人。六骑中有一人。善于雅谑。即骤马前进曰。武士所称之美人。必为天下之至美。能容我辈。一觇玉容乎。果此女美甲天下。必同心倾服。无待武士之命令。武士曰。尔辈果见是人。必惊讶吾言。以为确切得未曾有。惟吾意欲尔辈深信吾言。不必见其人。而始行倾服。否则当试吾槊。以警尔辈之骄蹇。而轻我美人。今尔辈中。果不服者。当按侠义之行为。以一抵一。或混战亦可。凡我所言。均书中之所有者。此商人即曰。君既明于侠义。当察下情。既云此女。美过仙人。贵如皇后。在理当出一相片见示。

以慰饥渴。且相片即小无碍。因小固可以见大也。果见玉容。众必赞美。即使片中眇一目也。或仰翻其眼皮。作粉红色。而下泪不止。吾之称美。亦如天仙矣。武士大怒曰。汝辈敢云眇目而流泪耶。吾之所爱者。万美俱臻。尔敢无礼至是。是非痛责不可。语后挺槊直刺。苟非瘦马双蹄并踠者。则此商人死矣。马蹶而武士仰。鞍翻至丈许以外。颠顿不能起。盖甲重盔沉。左手为盾所压。几不能起。然尚骂詈不止。曰尔辈胆怯而愚。须知吾之颠跌。非我之罪。马所使也。六商之圉人。亦暴烈之徒。大怒。力夺其槊而折之。即以槊柄力笞其股。痛不可忍。六商则大声止之令去。圉人复痛笞之。力疲。始掷其槊柄。武士受责虽痛。然仍大骂不屈。此商人力挽其圉人。匆匆上道而去。武士周身被创。力欲振作。乃不能起。且头盔亦破。然尚得意。思及书中纪载。凡为侠客遇险。乃属恒事。矧过不在己而在马。然痛彻骨髓。极力自振。尚不能起。

第五章

武士自省。委顿至此。则又思书中。曾纪包老武因。与曼他侯爵之故事。包老武因。亦曾被重创于山上者。此故事。凡妇孺咸知之。然近于附会其说。而武士则深信其然。遂辗转于地。负痛忍怒。背诵书中之诗。曰。思美人兮何方。吾被祸兮。尔或感涕而彷徨。我之茹痛兮谁语。尔岂忘我兮。优游而安处。正吟哦此诗时。忽来一农夫。归自碾坊。负面囊于背。骑驴而来。一见武士僵卧。且作吟哦之声。即停趾而问。武士正于昏迷之间。误以农夫为曼他侯爵。即自视为包老武因。亦不之视。尚自述不幸之事。及夫人与太子。一一皆包老武因传中事也。农夫不审故事。一无所知。则揭其盔檐视之。满面皆土秽。拭而去之。方辨为当瑰克苏替也。即曰。汝非奎沙达先生耶。何为颠顿至是。武士不答。仍一一背诵其所熟小说之文字。自命为包老武因也。农夫亦不与语。立解其甲。验其创。乃青肿而不见血。即力扶而起。坐诸所乘之小驴。并裹其盔甲。及断折之槊杆。与己之面囊。加诸瘦马之背。驱马引驴。归诸村舍。低首图维。此为何故。而武士尚据驴鞍。背诵小说之文。然亦颇悲怆。几不能自支于驴背。时时太息。农夫引驴。则细询所苦。而武士复思及小说中纪载。有一二事与己同者。因忆及野比雷支之传。野比雷支。为路粹钩所擒。送归府邸者。沉思既深。而农夫有问。亦不即答。偶有答词。皆按野比雷支。答路粹钩者之言。农夫仍茫然。以为狂易发矣。则深悯其病。计送归其家足矣。武士忽谓农夫曰。路粹钩。汝当知吾有惬心之美人。宜对尔言之。美人者打鲁西尼亚也。吾为彼始出行侠。后此决为义侠之举。以振动天下。农夫曰。我不识字。既非路粹钩。亦非曼他侯爵。吾名亚雷周。为尔之乡人。尔非野比雷支。亦非包老武因。特一读书人奎沙达耳。胡乃自忘其名。当瑰克苏替曰。吾不惟慕此二人。然较之法国十二义士。殆有过之。盖前此一切伟人。皆出吾之下矣。二人且行且语。抵暮始及村外。农夫拟待天黑。始驱驴入庄。以掩武士之羞。迨至时。而奎沙达家中方大乱。盖奎沙达有友二人。一为剃发匠。一为医生。方与奎理家之妇辩论。妇呼医生曰。辟雷支医生。君意吾家主如何。今日不知安往。盔甲槊马同渺。计去家数日矣。吾敢以性命为誓。恨此侠义之小说。引吾主人入诸魔道。且常闻彼言。愿为武士。以周行天下。然则吾主人。固为小说所误不浅也。而奎氏之侄女。则谓剃发匠曰。尼叩拉司先生。当知吾季父。好观演义。周满此四十八点之间。无或间断。即不观书。即拔刀面墙而刺。如对严敌。必极疲而止。呼曰。吾杀死四长人。其高乃过于尖塔。汗出如濯。乃不曰汗而曰血。则猛饮凉水。水入略静。少须即曰。此水名曰圣水。可以却病而延年。如此状态。吾应早言。且托先生告诫。或尽焚其书也。今亦不知群书。孰为正邪。医生曰。吾意亦正与尔同。吾拟明日。检其书名。宜焚者焚之。不应焚者留之。正于此时。而当瑰克苏替已至。不审所言。而农夫则听之了了。即大呼开门。今包老武因大将。被创归矣。四人闻言争出。侄女见其叔父。理家妇见其主人。咸大呼。然奎沙达已不能下驴。众争抱而下之。奎沙达曰。吾被创重。非我之罪。马蹶也。汝辈立迎武干打女士来。以符咒已吾病。此亦小说中人物。故奎沙达欲迎致之也。理家妇曰。此决为风病。即扶入卧室。言曰。此至易治。毋烦武干打也。吾已语之至再矣。小说足以致人迷惘。吾意焚之可也。奎沙达既解其衣。顾乃无甚创。奎沙达曰。非属重创。吾适颠自马上耳。盖与十长人斗。此十长人者。为世界之所无。医生曰。止而勿言可也。天下书痴。无如汝者。明日吾当尽焚尔书。勿留祸水。此下问之以状。均不答。但索食物。农夫遂一一述其状。以告医生。医生知旨。知为人所挞。必以憨状。取罪于人。殆自取病。决计必焚其书。明日。医生与剃发匠。复至奎沙达家。

第六章

二人至时。奎沙达尚未起。二人即觅女取书室之钥匙。既得匙。四人乃同入藏书之室。书可百余套。皆巨帙。装池极佳。尚有无数小帙。理家妇立出。取圣水一瓶。佐以小帚。谓医生曰。请先生以圣水洒彼四隅。防书中有妖。出而迷人。防吾不利于彼。与吾迸命。则吾殆矣。医生闻言微笑。即令匠取书签观之。以验去取。侄女曰。付之一炬可也。不必再为省择。宜猛掷此书于院中。加以火油。可以立炽。家中人恨之甚烈。而医生尚详视书目。尼叩拉司取第一套。则为高庐亚马底。医生曰。此书为西班牙侠客传之鼻祖。余书皆胚胎于此书。吾意此书绝害事。可以付之焚如。剃发匠曰。吾闻人言。此书叙侠义事。最有情致。赦之可也。医生曰。恕之。今且检他书。匠忽检得一卷。曰。此为伊司兰治行侠记。医生曰。书中叙父子事。甚悖彝伦。谓理家妇曰。掷此书于院外。令其为前导。同赴火坑。妇如言。谓书曰。吾不知为侠耶义耶。请待死于外。于是此书。木然无言。卧于日中。以待焚身矣。发匠复检一卷。曰。此为希腊之野马知司全传。亦侠客也。此插架琳琅者。皆属此类。以我之意。不如尽付一炬。则祸胎泯矣。医生曰。善。此亦省我精神。今无论何书。凡名为游侠者悉焚之。于是侄女亦以为然。决计烬之。理家妇曰。悉以授我。乃陆续掷之窗外。掷者已大半矣。忽得一卷。装池至佳。医生曰。此何书耶。匠曰。是为阿里蛮忒遗著。医生曰。是人有书。名曰花园。其中叙述。吾亦不辨其真伪。吾意随窗外诸君同行。亦大佳事。匠又检得一卷。曰。此为佛娄马忒大著。医生曰。佛娄马忒。喜为冒险之言。究何益于社会。掷之可也。匠曰。是又一篇。为佛拉忒所著。医生曰。此书旧矣。仍非纪实之言。去之。已而得十字军记。医生曰。是中有宗教之言。既而读其序。曰。书后有纪载魔鬼事。医生怒曰。是安可留。亦掷诸窗外。匠复得一篇。叙侠客之宝剑。医生曰。是书吾已读一过。中有侠客雷那突。及其知己行侠事。光怪陆离。不衷于正。亦不足留。匠曰。此书本出意大利。译为西文者。医生曰。意耶西耶。吾不之问。此书文字良佳。然以外国文义。翻为本国之文。语气终别。于是复检架上所积。种种不一。凡近侠而仗义者。一无所留。医生见书多。而眼亦倦。即下令曰。一起焚之可也。匠复自乱书中。取出一帙视之。书名安琪卡之眼泪。医生略为披阅。即曰。此书所有之诗。真令人下泪。不惟西班牙。直可冠全球。而称为第一。书中叙阿尔德之寓言。确而近理也。

第七章

正焚书时。而奎沙达醒。惺忪中忽自言曰。诸武士。今适当其时。汝曹咸当戮力以从事。汝不观比武之标。已为势家所夺。厥声甚巨。众闻声。侄女及理家妇。尚监焚书。而医生及剃发匠已集视。则奎沙达已起。左手扼吭而大呼。右手尚执刀而舞。二人进抱其身。夺其刀。按之令卧。少须略靖。谓医生曰。大主教刁并听之。吾辈武士之标。乃为宫中恩幸。强夺而去。此大辱也。医生曰。尔勿焦悚。今日失标。明日尚可复得。今日自卫其身。勿致羸悴。奎沙达曰。身何必卫。吾固有微伤。盖为苟贱无耻之武士阿兰豆。以树枝笞我。盖妒我之英名。因而狙害。然吾一日起立。必痛楚之。今兹急取饭饭。我既饱即出复仇。二人闻言。即命饭。饭后奎沙达复睡。医生及剃发匠。心惊其病。不知所为。然家中人。已焚其书都尽矣。实则书堆中固有佳者。家人则悉付诸顽焰。然则谚语所谓。佳者随劣者而烬。信哉。医生及剃发匠。遂商定一计。防其醒时。见所宝书尽焚。将愈增其病。则堵塞其藏书之室。不令见之。且不告以故。但云有一弄魔术之人。披发仗剑。尽挟其书以去。此亦造小说之言。使崇信小说者。不生其疑惑。逾二日。奎沙达起。第一事即往观书。然已不得其门以入。四周觅其书室。均不可得。有时似觅其门。然已叠墼加垩。其平如墙垣。则迟疑不解其故。已而大悟。问其理家之妇曰。吾之书室安在。妇曰。今不可得见矣。昨日来见一大厉。挟书并吾室。飞越空中而去。侄女曰。非鬼也。盖通于魔术之人。自吾叔去后。此人散发骑龙。在黑云冷雾之中。现形于吾家。直至书室之中。吾不敢入。忽见飞上云端。而书中烟焰漫空。其人去后。而藏书及书室俱渺。临行时尚曰。吾挟尔书而行。则尔主人之痴迷于书者愈矣。且自云为妙尼登也。奎沙达曰。非妙尼登。决为佛里司登。侄女曰。吾不之解。但闻一登字而已。奎沙达曰。决为其人。能以魔术迷人。此吾敌也。吾后此非与之力战不可。彼助一武士。此武士亦吾宿仇。故佐彼为虐。虽然。彼固有神通。乃不能使东流之水。反而为西。此区区者。又何惧焉。侄女曰。此事诚然。惟叔父与人何仇。必欲致其死力。胡不安居无扰。乃仆仆于外。以取苦恼。衣食均不周备。得无苦乎。奎沙达曰。吾儿乃不之知。吾安能使人挫我一毫。侄女及女仆不能答。此时奎沙达已怒形于色。于是寂处者可数月。数月中医生及剃发匠常来。倾谈颇乐。奎沙达仍言天下最重者在行侠。吾当一行。医生或从或违。有时讽刺以冷语。使之觉悟。已而奎沙达觅得一人。颇忠诚足倚。然其人不惟家贫。即脑力亦贫也。质言之。此人木讷。而奎风狂。彼此商酌。遂允为奎沙达之弟子。出而周游宇内。行其侠义。奎既以甘言诱之。其最甘者。则云师弟出门。果夺得一岛。即敕尔为岛中之总督。其人名山差邦。农夫也。闻为总督。则大喜过望。乃舍其妻子。从奎沙达行。奎沙达遂售去二房产。得巨金。挟之以出。复从朋友家。假得巨盾。理其已破之盔。又买得长槊。乃示其徒山差邦以行期。其最需者。则马背之皮篋。山差邦如言。得皮篋。且请以驴从为代步。奎沙达沉思久之。追索所读之书。弟子从行。曾有骑驴与否。然终不可得。则姑许其以驴从。意能战胜一武士。则夺取其马。俾山差邦乘之亦佳。乃多挟汗衫。盖从肆主人言也。师徒既治装。山差邦不告其妻子。窃从奎沙达。即奎沙达亦不使其家人知也。夜午即行。迟明已在十余咪以外。家人追逐。已不之及。山差邦骑驴载箧。且佩皮壶。计其师允已为海岛之总督。则喜不可耐。奎沙达所趣官道。即漫铁尼阿。计前为独客。今则挟伴。已变其凉踽之态矣。时天甫迟明。阳光弗热。一马一驴。迤逦而前。山差邦曰。吾师当未忘允我为岛督之言。吾之才力虽钝。然受吾师造就之恩。必尽力而为。无敢惰慢以从事。奎沙达曰。山差邦。当知从来武士。无论国也岛也。经其人之克复。必授之以督师之任。今亦不必泥古而循分。尔果有功。吾必加以厚赉。盖我之性质。远过于古之武士。薄待其弟子。不与以勇号。必待其宣力有年。始锡以五等之爵。然其人老矣。今尔与我。幸能力战不死者。六日之内必能克复一地。为国家增一版图。吾必令汝长其国。不愁不富贵也。且此事甚易。尔勿惊悸。天下事安能遽定。譬如革命一事。至伟至大。然以吾观之。亦常事耳。想吾后此。赏赉尔功。或较我所前许者为胜。山差邦曰。吾师果能克复一国。吾师必令我为王。则吾妻固替雷支。必为王后。即吾子亦亲王矣。奎沙达曰。此何待言。山差邦曰。吾心尚有所疑者。譬如上天雨国于地球中。以吾妻即得一国。已不类矣。若再雨王后之冕。续续不已。专注于吾妻之顶上。以吾观亦似未称。奈何。盖吾妻一钝物。万无王后之资格。若予以伯爵夫人者。或能当之。今愿上帝。默佑其身。或有加冕之望。奎沙达曰。王也伯也。悉归天命。以汝身所称者而加恩。唯尔切勿自馁为重。夫王固莫当。总督似可当也。汝胡㧑谦而不甘受。山差邦曰。得此足矣。且吾师待我恩重。请无不与。胡能不感于心。

第八章

二人且行。且作痴语。忽见前路。有风磨十数。风吹其片。叶叶皆动。奎沙达大悦。曰。此吾之佳运。乃出意料之外。山差邦。汝不见远远有高大之野人十数耶。吾心正欲觅取是人。果能败其身。可尽夺其辎重。此为法律中之所应得。矧灭此丑类。亦帝心之所许。山差邦曰。野人安在。奎沙达曰。汝不见远立者。其臂甚长。最长者可至数里。汝尚未之见也。山差邦曰。吾师误矣。此非野人。乃风磨也。所谓长臂乃非臂。乃器之受风而转磨者也。奎沙达曰。尔言乃未阅历者之言也。古之侠士。未尝屈服于长人。尔今怕死。且立而祈祷。吾必与此长人决战。万不之怯。语后。跃马直前。往取风磨。山差邦大呼。奎沙达奋勇不之省。但期立功。虽已近风磨。尚不细辨。大呼曰。无胆之长人。勿累伸尔臂。何一见武士。即颤而思逃。怯哉怯哉。奎沙达语时。而风吹磨动。而奎沙达愈怒。即曰。尔即如不雷阿司之多臂。吾亦不怯。此时复思及美人打鲁西尼亚。乃默祝其助力。于是纵马挺槊而前。直取风磨之叶。然叶经风转。槊入其中。人马乃随磨叶而转。逆风忽来。叶复右转。而武士人马。已辟易数丈以外。山差邦驱驴来援。而奎沙达已僵卧如死人。马亦仰卧不能起。山差邦下驴呼曰。吾师。吾不言此为风磨。非长人也。此风磨吾师或未之见。故误以为人耳。奎沙达曰。胜败常耳。

谁能臆决。此必为妖人。既能摄取吾书。及我书室。入云而去。焉能不化长人为风磨耶。彼果非以妖术愚我者。我焉得败。终竟邪不敌正。吾刀至利。非尽歼之不为功。山差邦曰。但愿吾师能胜。于是扶奎沙达起。再起其马。然马背已创。奎沙达仍骑之行。此时取道拉皮司。盖奎沙达以为。此路必遇同业之人。虽槊经磨折。而心尚自如。谓山差邦曰。前此有勇士。名治尔勾披雷支。与一人战剧而刀折。则拔其道旁之橡树。用代兵器。死木尔无数。后此名满天下。今吾手中无枪。苟遇前道有橡树。即力拔之。或取得一干。果能拔树。则可以死敌人。即以尔为证。用以取信于后人。山差邦曰。想上帝佑吾师。成此巨绩。今请吾师。少振作其躯干。勿作委顿之状。想马蹶被创。故成此状。然非吾辈之仪表矣。奎沙达曰。然。天下名为武士。不能言痛。即使脏腑俱出。亦但忍之而已。山差邦曰。勇哉。然吾心惟有天知。果吾师负创。乞即相告。当为师疗之。若以吾谕。苟受微创。即当呻吟不已。奎沙达闻言微笑曰。听尔呻吟。吾不汝责。以尔不见侠客之书。腹枵而寡验。吾焉督责于尔躬。山差邦曰。此时似宜饭矣。奎沙达曰。馁即进食。吾尚素饱。未尝饥也。山差邦即启箧出糗。且行且食。复引皮壶之酒。吸之不已。心中则时时念总督也。大喜在望。心亦不惮其险。行及天晚。坐树下。奎沙达拔刀斫枯枝。用为槊柄以应敌。是夜不睡。思打鲁西尼亚不已。盖古书中侠客。每旅居独夜。必念美人。奎沙达亦仿而行之。山差邦既饱且醉。沉酣直至天明。虽阳光射面。鸟声聒耳。皆不之醒。及奎沙达拳其面始苏。山差邦四顾。知为时非夙。即取皮壶饮之。酒去其大半矣。奎沙达仍不食。盖彻夜思其美人。实无暇睡。匆匆遂以马向拉皮司而行。三句钟后。及拉皮司。拉皮司者。山道之口也。奎沙达曰。弟子听之。吾将于此间行事。然吾尚有言奉白。少须余与人战。尔不必助。以武士敌武士。初不恃助力之人。山差邦曰。吾安敢背师言。吾平日镇静。不愿与人争斗。恐伤吾身也。至于他人殴我。我亦无却。果武士先行抶我者。我即不能守吾师之训迪。听之僇辱而不校。天下无论何等法律。然不能不许人以自卫其身。奎沙达曰。汝言良然。惟武士抶汝者。听尔自卫。至于我身。则尔坐视可也。山差邦曰。如吾师之命。果违训诫。则当屏出门墙。二人且行且语。忽见有二教士。骑驴而来。二士各加风镜于眼眶。以蔽尘土。手执伞以蔽阳光。其后随车一辆。数骑从之。其后有圉人二辈步随。车中坐一女子。来自比司克。将赴西庇鲁。往面其夫后。同以舟赴印度。奎沙达遥见二教士。乃同一妇人同行。实此妇车辆。无心及教士驴后。非教士导此妇人也。奎沙达一见即怒。谓山差邦曰。弟子听之。或吾所见误耶。或吾之行侠。将于此间。大显其名。以吾观之。骑驴二僧。必通魔术。不知于何处。夺得国王之公主。适为吾所见耳。此为侠客应为之事。必中遏其淫威。不令横加于无辜之女子。山差邦曰。吾师所见。或较风磨为误。骑驴二教徒。为本尼的格汀流派之人。随后之车。必别属。不属于此人。幸吾师审慎。勿为魔鬼所惑。奎沙达曰。山差邦。尔未知侠客之行为。故退缩不进。吾读书多。宁不知其奸耶。语后趣马当道而立。时二教士之驴已近。奎沙达亢声大呼曰。妖髡无行。敢行此剽劫之事。尔胡敢强取公主。载之后车。今急宜释放。不然。且死我槊锋之下。二教士见状大惊。不知所谓。即同声曰。武士谓我剽劫公主。万非其人。我为本尼的格汀信徒。无敢作奸犯科。幸武士谅之。何者为公主。吾实未解。奎沙达曰。我聪明识道理。万不受愚于妖髡。未及二士答言。即挺槊而刺。一士立时坠驴。幸不见刺。不然者。非伤亦死矣。一士力鞭其驴而逃。坠驴之士。方将强起。而山差邦即鞭驴而前。剥取教士之衣。此时驱驴之圉人。同至山差邦之前问曰。尔何为剥取教士之衣。山差邦曰。此人按律。宜取其衣。此人为吾师力攻而下马。按律为败将。物应归我。圉人不知侠士之法律。且见武士已立马车前。与女人语。乘其不备。立按山差邦于地。拔其须鬣。拳脚交下。而山差邦遂罢不能起。伏地如僵。而坠驴之教士。匆匆遽起上驴背。力追其徒侣而去。而奎沙达此时。语车中女子曰。女士今当自由。不必惧此妖髡。吾已惩创之使去。不再苦汝矣。彼二髡将夺汝而去。为彼奴媪。今幸为吾所败。吾名当瑰克苏替。为拉曼叉人。实当世之侠客。匪人不知者。盖吾心所眷眷者。为打鲁西尼亚。为土薄苏人。其美盖天下无双也。今日为公主效劳。不敢图报。愿公主至土薄苏时。见打鲁西尼亚。告以吾今日相救之事。使美人知吾行侠。足矣。此即公主之所以报我也。奎沙达方大言自表时。而骑上一人。为女子之骑奴。闻言大怒。以手夺取奎沙达之槊。叱曰。趣行。不行将得奇辱。且尔呶呶者。果何语耶。奎沙达则徐徐答曰。尔似非上等之人。果尔为上等人者。则吾将以理责汝。今汝非人。吾又何责。骑奴曰。吾乃非上等人耶。请尔去槊拔刀。吾二人以白刃相见。不可耶。试观我之杀尔。乃同猫之杀鼠。庶知我之果为下等人否耶。奎沙达曰。善。于是去槊。拔刀蒙盾。攻此骑奴。骑奴本欲下骡。以骡不任战。意将地斗。然奎沙达之刀已至。骑奴夺取车上之茵为盾。即以刀相抵。彼此格斗甚烈。于是余三骑。均力劝止。咸不之听。骑奴立誓曰。即使主人劝我者。我亦杀之。乃迸力死斗。而车中女子。即令御者引车他避。坐而观战。骑奴一刀。力斫奎沙达之肩。非甲厚者。则半身辟矣。而奎沙达中刀竦然。即大呼曰。打鲁西尼亚。尔为美女中之名花。急助我胜此贼。语后亦举刀斫骑奴。而骑奴蹺捷。力避其锋。彼此再接再厉。然骡之笨。不及马捷。而奎沙达之刀复至。骑奴几劈为两。时车中尚有一女同坐。则争祷祈上帝为助。

第二段

第一章

此时奎沙达刀下。而骑奴以车茵自承其颅。然刀锋已下。奴觉如山石之压顶。一时口鼻眼耳之血皆出。遂摇荡于骡背。此时非力握骡鬃。则立时坠骑。骡此时大奔。且跃起数尺。力掀此骑奴于地上。此时奎沙达从容下马。直至骑奴之前。以刀加其颈曰。尔服我乎。不服。吾刃且下。骑奴怖死。结舌不能答。奎沙达大悦。车中女子。则姗姗而下。乞恩于奎沙达。求逭此奴之命。奎沙达正色曰。公主所请。匪不如令。然尚有求者。必令此奴至土薄苏。以吾名告打鲁西尼亚。请其命令。车中女子。惊悸亡魂。不审打鲁西尼亚为何人。即曰。敬如约。奎沙达曰。吾今以公主之命。赦之勿杀。

第二章

方奎沙达与女子作絮语时。而山差邦已苏。乃痛不可忍。然尚见其师。与骑奴斗。则向空默祷。冀其师得胜。则已可以获岛中之总督矣。已而见其师大胜。且上马矣。即长跽马前。力亲其手。曰。吾师已胜。必得一岛。请于此时。命我为总督。吾力固不胜。然总督一岛。尚不至于辱命。奎沙达曰。山差邦误矣。此特小胜。然吾已失其一耳。毫无所得。尔须少安勿躁。必有得岛之时酬汝也。山差邦复亲其手。且亲其甲。匆匆上驴。而奎沙达亦不与女子为别。纵马直入森林。然马迅而驴缓。山差邦则大呼其师。少待同行。勿俾落后。于是奎沙达按辔徐行。以待山差邦。山差邦至时。言曰。今吾二人。最宜得一教堂少避。或且此骑奴。觅得保商队。前来击我。我将如何。果使保商队一至。则吾二人殆矣。奎沙达曰。汝特訾言。汝未读书。古来书中。实未闻侠客。为保商队所得者。山差邦曰。吾不解师言。惟闻人言。无故于野外杀人。为王法所必诛。奎沙达曰。勿惧。无论官军。吾以单骑。亦足拔尔于难。惟尔当质言。天下尚有武士。足以胜我者乎。尔曾否读史。史中人物。亦有如我之勇敢多力。而又趫捷而镇定者乎。山差邦曰。想史中必无是人。盖吾不识字。胡能读史。意史中人物。亦决不如吾师。且吾一生为佣。所遇主人。勇力皆不如师之健。愿上帝佑吾师弟。毋令为官军所得。足矣。师今亡其左耳。流血被甲。趣以药敷之。幸吾皮箧中。有药膏及裹布。当出之为吾师裹疮。奎沙达曰。吾不觉痛。今但得止痛之药油。一滴患处。当立愈。省包裹之功。反废时而失事。山差邦曰。药油何名。奎沙达曰。药名巴鲁山姆。吾省制药之法。但得此药。即无死法。后此当制成是药。纳尔箧中。设吾腰为人所断。此亦武士之所习见。尔勿戚戚。急拾马下之上半身。合吾下体。倾油少许涂之。两体即合为一。无异完人。山差邦大惊曰。果药力如神。则弟子不愿更为总督。即仗此药活人。得金当不鲜。今但问欲成此药。须金当几许。奎沙达曰。若成三夸忒之药。但费三雷卢之金。山差邦惊咤曰。天乎。吾师既得此方。胡不授我。奎沙达曰。勿急急。吾尚须授尔以秘术。所得当不止此。今先医我半耳。吾痛不可忍。趣敷以药。山差邦即出药膏及裹布于皮箧。奎沙达自视其盔。遮面者已碎。则大怒。握刀仰天而嘻曰。吾今日对天发誓。敌敢毁吾遮面之盔。此仇必复。昔人曼筹亚侯爵。为其从子复仇。其立誓亦正如我。今日不近声色。饮冰茹蘗。以苦自励。用待时至。山差邦大惊曰。吾师宜再思。果彼武士。径到打鲁西尼亚女士家服罪。则两仇俱释。吾师乃欲更报之耶。果彼更欲寻仇者。则报之方不为酷。奎沙达曰。彼果如是者。则誓犹不誓矣。虽然。吾后此作战。亦必破人遮面之盔。方雪吾耻。且如我之事。古人亦曾有之。侠客马不令那。面盔亦曾破诸人手。山差邦曰。既为古人所有。已足自慰。校之何为。唯此去果不遇戴盔之人。师亦何从破之。若必应誓言。则辛苦且万状。曼筹亚之立誓。吾师亦果践之耶。吾亦不知。此去曾否一遇同业之人。果不遇者。亦万不以平人血吾刃。况十人之中。有九人不知行侠为何事。师胡苦苦自觅烦恼。奎沙达曰。汝又误矣。吾辈行可二句钟。即遇其人。山差邦曰。但愿吾运佳。即逢武士。即可得岛。吾之总督。在个中矣。奎沙达曰。今且勿言岛。天下大国尚多。何言岛为。今大国如丹麦也。首不拉沙也。势皆可取。区区一岛。岂吾所屑。今且出糗食之。再觅一公侯之邸第容身。然后制彼药油。山差邦曰。箧中挈得数葱。及饼与面包少许。吾师贵人。其甘此菲食耶。奎沙达曰。否。天下为侠客者。或经月不食。此为至荣之事。即使遇食。亦不再择。尔若精博如我者。即知侠客之行藏。盖吾所读书。非侠义者不寓目。岂有身为侠客。而嗜美饮食者。然亦非不食。但不能美食。故不之择。以身处行间。安能挈行厨自随。尔今可勿以菲食自愧。尔果私携佳饵饲我。转非侠客之行为。山差邦曰。吾不知书。不审侠客之戒律。后此为师备食。先储干果。吾非侠客。则当食鸡鹜。可以自饱者。奎沙达笑曰。吾非谓侠客。人人辟谷也。惟生死呼吸之间。安能择食。有时且食草根木实。久而久之。百草之名。一一洞彻。有毒无毒。辨之了了。山差邦曰。吾师明于植物之学。是亦一种学问也。语后即启箧出食物。师弟乃据地同餐。为时既晚。匆匆食毕。即上马觅安睡之地。初意欲得府邸。终不可得。已得一牧羊之团焦。二人乃商定入宿。山差邦不悦。而奎沙达则谓侠客宜野宿。勇名乃愈著闻。

第三章

师弟既入团焦。牧羊人起而迎迓。此时已闻煮羊之香。入时果见一小鼎。方蒸腾而煮肉。山差邦苦饥。欲启鼎而尝。而牧者即铺羊皮于地。置鼎其上。延客同食。主人以奎沙达为贵人。延之上坐。即覆筒于地。以底上仰。为坐榻。坐奎沙达。屋中牧者凡六人。尚有村酿。以羊角为杯传饮。奎沙达谓山差邦曰。汝当知为侠客者。必有弟子。弟子宜立侍其师。今予脱略无拘。汝且坐此同饭。在侠客中。亦固有平等之一说。今当采用其言。山差邦曰。吾意欲独食。以葱佐面包。较与吾师同席为自由。奎沙达曰。勿以礼自律。而山差邦尚不可。奎沙达以手按之。遂坐其旁。牧者不知侠为何物。然见二客食肉。大嚼不让。亦私以为异。羊肉既罄。继至者为橡子及干牛油。酒尚数行。牧者不醉。武士食饱。以手执橡子。言曰。上古咸称盛世。厥名曰金。非贱金也。以古人无人己之分。物皆均平。彼此同有。其相资以生者。橡子也。清泉也。余暇于穴居中。立一共和政体。力田自活。渐知以木构宇。用蔽风雨。道在博爱。所以雍熙。而地亦肥沃。不浇自植。人皆行牧。牧童牧女。散发不簪。有衣足蔽下体而已。既无锦绣。但有素朴。以木叶为帔。野花为饰。即男女之爱情。亦不如今之荡。盖今日非诓诱谗构为才。故朝廷以法律治之。至法律所不及者。则资重侠客。侠客者。锄强扶弱之伟人。得其人。可以济法律之穷。亦可以全纤弱之命。我今即古之侠客。以天然法律论。宜礼重吾辈。今诸君萍水之中。以盛筵款我。足称为仗义之行为。令人感谢无已。此等演说。腐败已极。本无待言。奎沙达因触此橡子。而有所思。故成此洒洒洋洋之文字。而牧人相顾。瞠然一不之解。即山差邦亦然。口食橡子。目视酒瓶。口渴未之止也。奎沙达大显其才藻。较之饮食为甘。语止后。牧人乃言曰。武士此来。为言道理。心至感激。顾吾辈目不知书。不能演说。幸有一能歌之少年。多情而雅。转瞬请作山歌以报贶。或且足供武士之听。盖其人亦曾读书。且能操弦琴。其音韵至美。牧人语后。闻门外有弦声。一少年入。年可二十。众问曰。饭乎。少年曰。饭矣。众呼曰。安吞尼阿。试发声以娱武士。武士须知。深山穷谷之中。乃有雅人。殊非易也。即谓少年曰。吾已对武士。称尔之能。尔今夕可曼声而歌。令吾辈闻而醉心。亦一快事。少年曰。可。即坐于枯树朽根之上。按弦而歌曰。嗟彼区利亚兮。情愫未宣诸眼眉。尔实为余之爵秩兮。吾不得尔将寻谁。尔虽不我即兮。我将呼天而诉之。嗟吾命之奚值兮。舍尔宁足释吾之相思。前路茫茫而洞黑兮。若有晨光之熹微。热恼蒸腾而莫遏兮。试问敌我者之为谁。吾心之挚如殉道兮。虽视死而如归。吾将盛服而奏艺兮。胡嫉我者之能追。夜深而万物皆息兮。余乃无寐而待乎晨曦。永赞美于无穷兮。博青眼之幸垂。敢疑议尔之芳姿兮。吾有长剑之陆离。尔胡为不吾盼兮。乃木木若无知。愿皇天之垂眷兮。幸遂我之结褵。苟参商之不相侔兮。吾之微命若属丝。愿尔勿再峻拒兮。庶足慰我之数奇。安吞尼阿歌罢。奎沙达请其再歌。而山差邦昏昏欲睡。则请主人罢唱。且谓奎沙达曰。夜深矣。宜息。况主人劳苦。亦宜偃息之时。吾辈不宜重扰主人也。奎沙达曰。想尔结纳酒瓶先生久矣。故往即睡乡。而不欲聆兹雅奏。山差邦曰。今日得酒。主客皆醺。岂我一人。此尤宜感谢主人之礼意。奎沙达曰。汝且偃卧。吾则无酣寝之时。尔今且更裹吾耳。觉患处时时作痛也。山差邦果以布裹之。牧人曰。无须更裹。吾自有法愈此创。舍旁有玫瑰花之叶。取而捣之。和之以盐。敷之患处。裹之以布。当立止其痛。奎沙达如言。果效。

第四章

时群牧中有一少年。每日夕。必自庄中赍饭而至者。此时排门而入。呼曰。诸君亦喜闻新事乎。牧人问曰。何也。少年曰。汝知吾辈中。有聪明识字之克雷汤姆。今晨死乎。病由于相思。所思之女。名马西拉。为威廉之女。美而富。亦日行牧于外者。牧人曰。此人乃为马西拉死耶。少年曰。然。而吾尚闻此人死时遗嘱。自择葬地。于稀生木之山下。其旁有泉淙淙然。以彼第一次与马西拉晤面之所。此外尚有他嘱。多离奇。竟为乡中父老所不许。盖死者所言。近于邪教。非基督教之正轨。此外有通人安不鲁司。为死者之友。平日亦行牧。重违其友之遗言。必欲行之不忤。于是父老不悦而争。然而安不鲁司之言。重于乡里。而父老恐不能胜。闻明日侵晨出殡。吾辈当往一观其异。他人不敢知。吾必独行。牧人中有彼得者。言曰。众当同往。当以阄卜之。得一人居守已足。牧中有人言曰。不必拈阄。吾留守可也。且我足指伤棘。痛不能行。彼得曰。然则重苦汝矣。奎沙达即请彼得。述马西拉之梗概。彼得曰。吾所知者。克雷汤姆。亦富家儿。去此未甚远。在沙拉曼卡大学校毕业。为众所推。长于看星。凡日月之蚀。及彗孛飞流之状。罔不了了。且能观乾象。而卜年事之丰歉。父母兄弟亲戚。无不尊为先知。名噪一时。且可以立时致富。每教人种植。咸能豫知其盛衰。譬如言宜豆而不宜麦者。则种豆者丰。而种麦者歉。每有所言。无一弗验也。奎沙达曰。此名天文之学。彼得曰。吾不审学问之名词。但知其善于看星。简言之。彼自毕业后。一日清晨。吾见其衣牧者之衣。驱羊一群出牧。同时安不鲁司。亦出行牧。吾见大讶其变服。乃以文人。而操贱役。且闻其人能诗。而长于法曲。曲谱一出。而歌者咸能上口。已而其父死。遗产至富。克雷汤姆。乃独支门户。然尚井井有法。其待贫薄之人。咸有恩意。往来多诚朴之人。仪观亦美。其所以行牧者。欲追随马西拉之后。将与之求婚。盖此事为天下之最奇者。即长寿如沙那。亦不能见此异事。奎沙达曰。寿者非沙那。盖沙拉也。彼得曰。但知其为寿人。实不能辨其姓。奎沙达曰。沙那之寿。不如沙拉。盖二人。非一人也。尔今趣言。吾不再辩驳矣。彼得曰。先生当知。去此未远。有人名威廉。方为优猛。（小官名。）较诸克雷汤姆之父尤富。但有一女。名马西拉。其母诞女时立死。然其人亦善类。吾今尚能忆之。既善理家。尤能恤贫。以理卜之。其往居天堂必矣。威廉既悼亡。不久亦抑抑死。遗产遂归之马西拉。马西拉幼。其叔父牧师。为之保护。及女长时。明媚如画。年十四五。然尚无问名之人。及稍长。则人人注目。牧师家教甚严。不令外出。然艳名已四溢。而少年群集。乞婚于牧师。乃指不胜屈。牧师固欲嫁此女。然必私问女之当否。盖牧师忠笃。不欲专断而行。于是求者。逐日在门。均不之应。然亦未有议牧师之拘执者。而马西拉之意。则谓年事未多。不遽应人之聘。而牧师亦坐听之不问。恒语人曰。身为人父。乌能逼迫其爱女。使之远离。后此马西拉。忽欲行牧。而牧师亦不能止。同村女伴。咸敬爱之。与之同牧。自有此举。而村中富硕之少年。立时矫装。咸为牧童。群趣其后。而死者之爱此女乃尤酷。几几礼若神明。盖女貌如仙。其庄严乃同神圣。虽少年注意。无一敢进以佻词。亦无一人。可自鸣其有望者。每见牧童。亦不羞涩。落落有大家风。自有此女。而吾乡之人。乃倾靡如染瘟病。虽欣慕其人。而终不得逞。但怨马西拉之严冷无情而已。果先生居此久者。则知周山之前后。无一少年。不怨诽此女者。去此未远。有椎木数十株。其上咸镌刻马西拉之名。中有一树。镌一王冕。其下则署马西拉之名。谓马西拉者。女中之王也。夫以一女之身。使怨者伤心。怒者擦掌。斯亦奇矣。至有卧而哭泣者。哀鸣彻宵。足见人心之如狂。吾亦莫测其所至。至有一人。卧于黄沙。仰视日光。躬自怨慕。不得马西拉为偶。而马西拉过之。如不属意。吾不知此女。将来宜嫁何人。而天下又何人有福。能偶此女者。彼克雷汤姆者。不因此女而亡乎。而死者之同学复多。匪一不来临穴。故丧仪极一时之盛。奎沙达曰。吾明日亦往会葬。幸足下告我以奇事。足以广我闻见。彼得曰。武士先生。尚未闻此女种孽之深。或明日会葬时。必有人知彼轶事者。或能相告。今可以安眠矣。先生不宜露宿。恐于战创不利。山差邦倦极。则立劝奎沙达归寝。奎如言归寝。亦相思打鲁西尼亚不置。则终夜开眼也。山差邦卧于驴马之间。鼾声大作矣。

第五章

明日阳光未上。牧人咸起。谓奎沙达曰。武士欲观丧仪。胡不遄行。奎沙达曰。可。即起呼山差邦。辔马及驴。随牧人行。行未一咪以外。歧路中忽出六牧人。衣黑衣。加花环。手中执杖。有二人乘马。随三小奚。既至。与彼得诸人为礼。争相问讯。知皆会葬之人。乃合群而行。此二骑士中。一骑谓其同行者曰。魏瓦斗先生。吾辈此行甚适。葬礼大异于常道。闻死者之轶事。乃大足耐人寻味。魏瓦斗曰。吾意亦正如尔。毋论尽一日之工。即以一礼拜之延。吾亦忍之。奎沙达即问此骑士曰。请足下为仆。述此情死者之轶事。骑士曰。鄙人今日。遇此素服之人。而六人中。有一人语仆曰。美人马西拉。以貌致人于死。而岸然不顾。人人皆议其忍。即克雷汤姆之死。亦正为是人。故倾村来送其殡。遂一一条述其事。与彼得所述者同。魏瓦斗忽问奎沙达曰。此间无战事。武士何为擐甲而行。奎沙达曰。此吾职也。长日不能舍此而他服。彼乘坚策肥食甘毳者。均有位者之所为。若名为武士。则甘澹泊。而冒危险。吾即其人也。且吾勇虽不及众。然亦武士中之一。奎沙达语时。众皆知其人之有脑病。魏瓦斗故问曰。何谓武士。奎沙达曰。足下乃不读英史。及稗官耶。其最著为英王阿塞之史。史言阿塞王不死。化为乌鸦。必有一日。更为人形。而即王位。因是之故。不列颠人。恒不敢猎取乌鸦。防鸦群中有王在也。唯阿塞临朝时。尚武而尊侠。养剑客无数。出必甲胄。备极工致。又钟情于美人。于是流风余韵。煽及天下。是后有高庐亚马底。著书满家。皆言侠义之事。而希里马忒者。亦以侠烈淋漓于史册中。果吾生略早者。尚可及畀里尼司。接席而谈兵。诸君听之。凡吾所言。均侠客之已事。然任侠固有成例。后辈恒兢兢守之。吾生平嗜侠如命。故以单骑出游。为冒险救人之事。且立志不恤其身。为人复仇。所恃二膊之力。不使天下有冤抑之夫。读吾书者。当知奎沙达语后。听者之嗢噱。将如何也。顾虽如是。而魏瓦斗尚和平而识趣。即与并马而谈。冀得其病痫之言。为同行一粲。即曰。武士。吾观足下所操之业。实天下至难之事。法严而命轻。可畏也。吾观卡修省一派之教徒。其苦行乃与武士同也。奎沙达曰。卡修省一派。固为苦行。然实不如吾辈之有益于社会。譬如挂名兵籍之人。唯长官之命是听。而教徒则百无所事。则但为社会祈祷。未曾以身为殉。今吾为侠客。状亦如兵。百死以卫社会。方称武士之职。第一先不惜命。唯不能长处于家。盖以天为幕。以地为榻。夏不苦暑。而冬不苦寒也。日日以天为主。为上帝行政之大臣。为世界秉公道之机器。西搏东鏖。一无所怯。较诸教徒。但凭祈祷之虚词。又胡济焉。吾将宣告大众。吾道固万万优于教门。且溯吾所经历者。舍刻苦艰难外。别无他事。间亦有以武力。得王一国者。人见其坐享富贵。又乌知其得从汗马而来耶。虽然别有一种之人。借眩人以助力。亦可得志。顾一失其辅。即懊丧欲死。是人吾无取焉。魏瓦斗曰。吾亦云然。惟尚有疑者。武士犯险。何以不托命于上帝。乃呼其所爱之美人。此又何耶。似敦笃之心。竟尊美人为上帝。以正法眼观之。此着似近外道。奎沙达曰。是何能改。此法留诸古昔。非是即为离经而叛道。故身为武士者。必如此眼中见美。心中怀美。则勇力即因之而加奋。果无人观战。则喁喁私祷。不欲纵声。使众闻之。是亦先辈所遗留之矩矱。吾辈安敢背之而驰。其不祷上帝者。盖以英雄恋儿女。使当世挹其风流之概。益仪其神勇之无伦。实千秋佳话也。子又何疑。魏瓦斗曰。先生伟论。敢不服膺。然仍须一质吾疑。吾平日亦曾读史。见武士相见。先必通名。然后拨马相距。始蒙盾纵槊而斗。各大声呼其情人。已而一人坠骑。敌即剚之以槊。在理见杀之人。临死宜呼上帝。顾乃仍呼其情人。讵情人能援引其灵魂。至于帝旁耶。以吾思之。人人安得均有情人耶。奎沙达曰。君言微误。武士之必有情人。犹天之必有星辰。且史中未云武士无情人者。名为武士。不解爱情。胡得名为武士。即称武士。亦盗剽耳。武士之门。乌能听之阑入。魏瓦斗曰。此事或吾舛误。然吾曾读史。有名嘉洛者。即亚马底之弟。尚武而无情人。亦一时为众所尊礼。此足引为吾证。奎沙达曰。此为畸零之人。不能引以为喻。然吾窃闻其人。好与妇人作款语。先生又安知其无爱情。闻嘉洛亦有得意之人。则私自祈祷。实未尝表示于众。魏瓦斗曰。然则先生亦决有情人矣。果不如嘉洛之背人者。则请示情人之为谁。德性何若。姿色何若。胡不示我陌路之人。且天下之美。使天下知之。于足下之勇名。亦必有助。奎沙达太息曰。吾不敢必此女之心。能否欲人称颂其美。惟其名曰打鲁西尼亚。居在拉曼叉。及土薄苏之间。若以姿色论。举天下之皇后公主。咸当望而却步。其美盖古今无两。虽有文人极笔。亦莫之肖。发长而蜷。作淡金色。额高而平。眉曲而长。二目耿耿如朗星。颊之粉红。胜玫瑰也。唇绛如珊瑚。齿白如明珠。颈为玉制。胸亦如之。指润如象牙。极言其白。霜雪均莫之及。美乃无艺。非吾口舌之所能述。但有中心爱之而已。魏瓦斗曰。请述女之先代。及其门伐。奎沙达曰。其先不出于克替。亦不出于加司门。系出土薄苏。虽非旧阀。然亦弗弱。魏瓦斗曰。吾之先世。传自拉雷斗。初不敢引土薄苏为比。然实未闻有此一姓之人。奎沙达曰。彼门地非弱。足下胡再不闻。此时同行者。咸倾听其议论。亦人人知其有狂易之病。惟山差邦则深信其师言之非妄。然平日初未闻有打鲁西尼亚其人者。心中亦颇用以为疑。此时已行入山道。而山之左次。复来牧羊者二十余人。均素服而戴花环。六人舁棺。棺上加以名花。与奎沙达同行者。争呼曰。是即克雷汤姆之榇也。将入窆矣。奎沙达及魏瓦斗。争催马而前。及于山下。众方举锹锸启冢。众皆为礼。而奎沙达争集而观。棺盖未阖。尸年可三十岁。仍衣牧羊之衣。而面目如生。棺中置书数卷。并文稿数叠。众皆为之雪涕。久久无言。忽有一人呼曰。安不鲁司。此即克雷汤姆所卜之地乎。得无误否。安不鲁司曰。然。吾亡友示我屡矣。此为第一次面吾仇于此。仇即马西拉也。马西拉拒婚。即在此地。乃茹痛而捐弃其身。即谓诸人曰。诸君固见是人之死矣。死者行能高而不幸。今下窆矣。生前聪明而㧑谦。高雅而能济以忠厚。处朋友间。矢信义而尚慷侠。细行必谨。而又不流于足恭。可谓之纯笃之君子。惟其多情。乃反见恶于不情之枭女。因是怏怏而亡。滋可伤也。其死既出于马西拉之忍心害理。此恨绵绵。将何穷期。彼绝命时。尚有遗诗。坚嘱葬时。立焚其稿。魏瓦斗曰。不如勿焚。焚转非理。焚稿固属遗言。然安知非其人之乱命。吾意则瘞棺而留稿。所谓焚稿。或属积愤之言。不足遵也。果此稿幸留。亦可知其情愫。尤足以揭马西拉枭很之心肠。俾后此少年。勿为此女所蛊。且君之良友。不惟足下知之。即会葬之人。靡不周知。人人争恨马西拉无情。乃竟致人于死。且昨日吾闻葬期。既恤少年之多情。尤动好奇之心绪。无心会葬。亦正为情感而来。无人不服死者之高才。请足下留其稿本。其余丧仪。不复与焉。遂不及安不鲁司之见许。即引手入棺。取其遗稿一束。安不鲁司曰。吾既允君。亦不再索。余稿则当如死者之言立焚之。魏瓦斗不复再言。即取其稿。则诗稿也。题为绝望之情人。安不鲁司曰。命题亦吾友临终之绝笔。不妨对众宣之。请足下高声朗诵。以代挽歌。魏瓦斗曰。可。吾即亢声读之。于是众皆环立听之。

第六章

诗曰。愿彼忍心人兮听吾歌。吾实颠倒于尔身兮成沉疴。吾本茹痛而不言兮。无如之何。既抑郁而莫语兮。胡能再咽此泪波。孰能秉笔而细描兮。描尔意之坚牢。想无妙笔兮。状兹怨海之滔滔。定有情恨之神兮。佐达吾意之牢骚。凭鸦鹗狐狼之叫胥兮。望九閶而怒号。取罡风凄雷而助劲兮。方能达于帝座之高。海若亦为见灵兮。唱送殡之薤歌。使四裔咸审吾冤兮。争肆口以谴诃。留余声于悲风兮。听者当为之滂沱。恨填满于四裔兮。隙莫留其一毫。最难忍者唯相思兮。吾无首之可搔。嗟情愫之难遂兮。将舍死其焉逃。愿既绝而影息兮。谁慰我之忉忉。但有悲而无乐兮。惟否运之相遭。吾死其又奚悔兮。愿余人之鉴我。果彼美能察吾心兮。吾虽逝而亦可。恶我者其果出于公道兮。吾尚何口之敢哆。汝惟不我怜兮。事无异于杀我。我乌敢望尔之汍澜兮。含涕而临吾墓左。痴心尚望以同穴兮。挹丰姿之婀娜。留吾诗于人间兮。宁期尔之来和。尽九幽之地狱兮。其哀痛乃不吾过。诵此诗后。众皆称美不置。魏瓦斗曰。此怨诗也。然马西拉之落落寡情。乃初不一表。安不鲁司者。素悉死者之性情。即曰。死者之意。深痛美人之摈绝。不如图死。以省终身之杌陧。故不斥彼姝。而但自艾。不斥马西拉者。忠厚之至也。复检其余稿。将发声读之。遽尔昂头。忽见一人。大众如逢魔鬼。其人非他。则马西拉也。已临山半。下视挖土。其美乃同仙人。众方以死者之故。争致恨于其身。今兹一见。乃皆丧失其魂魄。其中有曾见其人者。相逢亦若初见。而安不鲁司。则怒形于色。咤曰。尔凶很无人心。如毒虺怒蛇。甘人如饴。今日来此何为者。汝不观是人。为尔而死。今尚来瞩其尸。用以自鸣得意耶。或如罗马皇尼罗。纵火焚人。尚谈笑立观。而无动耶。又如塔奎不孝之女。见其父之死。尚引足以践父尸耶。汝趣言其所以至此之故示我。我知吾友生时。欲奔走事尔。自居于奴隶。我历历知之。今日遍告会葬诸人。将来遇尔。必鞠躬尽瘁。以自取死。足矣。马西拉曰。安不鲁司。吾今日之来。与尔言正大相反。其来盖诉我之罪。使人人知我之隐衷。揭而示之于众。请诸君静听吾言。且吾言亦简。可以一闻而了然于心。众不言天造吾貌。必使吾身事人乎。然众既爱我。似乎吾心亦宜爱众。夫美原可爱。而吾意殊不谓然。脱见爱即宜报之以爱。此事实荒唐而可笑。男子之爱女固也。然男媒而女妍。爱又胡生。天下安有丑人而必令人爱者。今设二人于此。各极其美。然性情互别。而又不能吻合。盖爱不由美而生。人固羡吾美。又安能遽招吾爱。且求者争集吾前。而审择之心。或转从而紊。盖自知其美。则因美而责望者亦奢。惟须出其本心之诚。不能以强力立干其爱。果此语出。诸君深以为。然则断无苛责吾身之理。然尚有请者。设上帝造我之时。奇丑之状。乃与吾状为反比例。吾强干诸君之貌美者爱我。君亦笑悦而允我乎。众须为我原谅。须知吾之美丽。非我自造。天实造之。犹之毒蛇含毒。尔亦不能责此蛇之螫人。是亦上帝之所造成者也。然则谓我美丽之害人。持论毋乃近苛。须知美而能贞者。正如猛火及快刀之类。其道足以杀人。一近其身。非焦即断。盖抱贞守节之女。贞节二字。即其魂灵之城郭。非是则亦何美之足贵。夫其人既具此美。复抱此贞。而为男子则百计千方。必夺其贞操然后已。此亦谓之公道耶。况我生非奴隶。身可自由。故以行牧为乐。以嘉树美木为良伴。以清漪甘泉为明镜。我之美丽。足与天然之水木相配合。自视此身。如猛火也。快刀也。近我者死。何为必即而近之。脱不察吾意。以为我曾属意于人。故矫其意。使其人摧挫以死。然自问吾心。实未尝有是。盖吾与克雷汤姆。未尝加以颜色。落落如路人也。何情愫之有。既路人矣。何由责我。诸君当责死者之痴。不当责我之矫。诸君若谓死者用情甚正。义宜俯从。吾亦不敢谓然。死者固于此间见我。一见属意。吾当时即告以终不字人。生既影只。死亦尸单。言犹在耳。惜诸君未之前闻。尤告死者曰。吾之艳色。将来惟黄土亲我之身。人不能近也。吾既峻却如是。而彼尚痴迷。宁非逆风张帆。何能遽达。覆舟海上。死由自取。能罪逆风之覆舟耶。果使吾当日有勾引之言。欲擒故纵。致人于死。此罪尚有攸归。若曲从其请。则又背吾平日之矢言。今请诸君明断。一生一死。罪状奚归。自有公道。我又何嚣辩之为。今试问吾前此。曾有属意一人否。如果有之。则吾言为不践。于死者为辜负。罪亦奚辞。今人人皆怨我无情。则我之不曾钟情。又可知矣。如有勾人之意。何妨实指吾罪状。吾又乌敢不承。盖残忍杀人之狱。万万不能遽加吾身。夫上帝予我以美色。非用为迷人之具。凡以私心责我。大致皆近于妄想。今当此立誓。后此有人近我萌求婚。请立泯其念头。则彼此均益。至于后此。尤有以相思死者。再勿怨及藐躬。吾平日从未爱一人。亦未尝伪施其爱。此心可表之天日。吾嗜自由。胡以狷傲见责。总言之。诸君呼我为虎者可。为蛇者可。惟近即生祸。胡不望望而去。盖无情者吾之本性。既知无情。胡又溷我以私。纵使近我。吾亦不亲。即使远我。我亦弗揽。此后彼此落落无交。俾我享受清闲之福。此混混浊世。吾以清自励。非一日矣。若云日用之资。吾足自给。与世无恩。与人无仇。不爱不憎。亦一畸零之人耳。旦夕有牧羊之女伴。同度时光。既不受妄男子之笼络。亦不致怨我杀人。不其适乎。且我心所寄。全在山林。余则游心于造化。悟彻无始无终之道。庶几洁我清净之灵魂。归于帝居。语后。不及送葬者之答言。即隐入密林之内。众闻其玄言。匪不惊讶。顾其天然之丽质。已印入诸人之脑中。仍思追逐而与语。奎沙达见此慕色之徒。心忽大怒。立生其侠义之心。即大呼曰。今勿论何人。吾万不许其追逐马西拉。敢如是者。吾决不之许。此女已自明其心迹。词达理举。言无剩义。克雷汤姆之死。安能怨及其身。况此女自明宗旨。永不俪人。胡能强干以私。在义宜完取其贞。为天下第一人。语后。人声寂然。果无尾逐之人。或且震慑侠客之威。或且为安不鲁司之劝止。直至焚稿加窆之后。始为之流涕为礼。葬事既毕。为之立碑作铭。铭即安不鲁司手笔。铭曰。是为情死。死于无情之女子。惊艳于此。拒婚于此。埋骨亦于此。是曰祸水。近则危矣。夫以克雷汤姆。且为马西拉之所鄙。余人其可以已。立碑既讫。众皆加以花环。覆以绿叶。同与安不鲁司为礼。且慰其勿伤于怀。礼毕各归。魏瓦斗及其伙伴亦行。奎沙达遂与牧人申谢。二骑士将要其同至西威罗。且言彼间人心不平。足下无在不可行侠也。奎沙达曰。吾不欲往。盖此山之左右多盗剽。吾必尽诛之然后行。二骑闻言。即马上为别而去。此时奎沙达之意。思以侠烈之心。力护马西拉。俾不为人所凌践。既而遭变故。遂至不竟其志。

第三段

第一章

奎沙达别诸人后。及其弟子。同入林间觅马西拉。竟不可得。逡巡至一草碛之上。绿草芊绵如铺毡。有清泉一道。瀰瀰而流。时阳光甚烁。师弟乃下马。择荫少息。并饮其驴马。山差邦启箧。出糗分食。当食糗时。不系其马。听其行就刍。且马甚驯善。其旁虽有牝马。山差邦以为不至逐牝而狂逸。顾乃不尔。竟有牝马数匹。自远而行牧于是间。而奎沙达马方自啮草。斗见群牝。即跳跃而起。舍其主人。直趣群牝之中。群牝方饥而就刍。见公马至。争踊之。公马跳跃奋迅。不期靷断而鞍落。而牧牝之人。则争以鞭鞭奎沙达之马。马不受鞭。立蹶于地。奎沙达见已马为人所踣。合山差邦力趋。而护其马。至时喘息不止。谓山差邦曰。此等人似非善类。尔当助我与敌。为吾马复仇。山差邦曰。彼众可二十。吾仅二人。然二人之中。吾但居其半。胡足以当大敌。奎沙达曰。吾一可敌百。即拔刀奔入群牧之中。山差邦见其师猛气咆勃。亦拔刀继进。奎沙达刀下。伤一牧人之肩井。血出如瀵。群牧见状。争举械而进。鞭杖交下。山差邦先仆。奎沙达力战亦仆。正仆其所乘鲁林安替之次。顾虽勇健。然梃如雨下。已不能起。群牧防其立死。即引马而去。此卧地之两先生。已呻吟不能自起。晕者数次矣。已而山差邦徐苏。微呼奎沙达使醒。奎沙达亦负痛而答。山差邦曰。吾师不言。

能制药耶。乞以数滴见赐。夫断体可以复合。则肤肉之创当更易愈。奎沙达曰。此药但有其方。未配合也。果有。则尔我尚何患。果此二日。吾身不死者。则当为尔制此起死回生之药。山差邦曰。创重不知何日可愈。期以二日。毋乃过促。奎沙达曰。以吾自度。不知何日当愈。然今日之祸。本由自取。此等人非武士。吾何为以武士待之。今必侠义之神责我。以我犯侠义之规律。故神不吾佑也。山差邦汝当留意。此事关我二人乃非浅。后此果见我与流氓格斗。则当极力止我勿前。即尔亦勿拔刀遽进。如所遇为真侠客者。则不妨肆力而前。今丧败至此。然吾勇固非弱。弊在寡不胜众。且以文明敌野蛮。宜其败也。奎沙达以前此与骑奴敌而幸胜。自以为天下莫敌。今败而丧气。故用此规责其徒。而山差邦不悦。则思所以答其师者。久乃曰。吾师听之。吾性温纯不好斗。以家有山妻及子。须待我而食。不能轻身而亡命。后此每遇侠客及流氓。决不拔吾刀而与迸命。且性好容人。不欲以锱铢之事。与人相校。奎沙达曰。山差邦误矣。吾果有余力者。即可备答尔之言。且胁骨痛不可忍。命如属丝。万不能作气。而为亢健之词。天下之运。有同风信。风有顺逆。即吾之胜败。果遇顺风者。即可得一岛国。以汝为总督。尔时汝既得富贵。且须以勇力保其疆土。若事事让人。此岛亦将不为汝有。人贵能思。勿论夺取一国一岛。必当以威力折服其人。始不至与吾反抗。由此观之。汝思为总督。即当鼓励其勇气。以保疆索。胡能恹恹如无气之人。山差邦曰。吾甚愿得吾师之学问。及其勇敢。顾为力不胜也。今但愿得一疡医。为我医其创痕。不至负痛以死。足矣。今吾师能自力同扶鲁林安替起立耶。今日苟非此马有求牝之心。吾师弟胡至于此。且鲁林安替。平日尚调良。未尝狂骧而自恣。

然则事有变更。何止相马耶。夫以吾师之勇。曾中骑奴以刀。至于落马乞命。不图今日。我乃见笞于人。至此田地。独非天耶。奎沙达曰。以汝自爱。或不受笞。然我为侠客。则不能计及胜败。果以败为辱者。则宜自图死矣。何能再接而再厉。山差邦曰。夫受笞果侠客之所有。然为侠客者。宜常以皮骨授人鞭扑乎。果更如是者。吾将终身不能侠矣。奎沙达曰。否。侠客之命运。时时遇险也。然一遇佳运。立时为帝。或立时为王。古来侠客。载之书中。吾读之屡矣。果吾痛略苏者。则可立举古来侠客之遗事相告。须知侠客之行为。与险巇之事相终始。始以险得。而终亦不能无险也。当日高庐亚马底。为其仇亚差老司所得。以马缰鞭之二百。缚之柱上。其后有武士名太易者。为朱邸所得。下之狱中。械其手足。用凉水杂沙饮之。太阳且死。适遇一术士脱之。余今日之创。尚不甚于二侠。其又何吝。且尔须知吾身之创。不过木梃及马棰而已。非复刀槊之凶。为辱亦未甚重。余且深明决斗之法律。譬如甲乙二人互殴。甲以木棒殴乙。乙既受伤。必讳言其为木棒。且以为铁棒。用示其受创之剧。益形其勇概。今吾亦木棒所伤。非用刀槊。吾亢直之夫。亦不必讳木而言铁。但自知其创之弗剧足矣。山差邦曰。吾但觉痛。不知来者之为何物。吾方拔刀时。而脊上已中一创。立晕于地。至今始醒。亦不知创我之为何物。其痛已彻心矣。奎沙达曰。勇士安知痛楚。死且不惧。何痛之足言。山差邦曰。天下之至坏者。舍死之外。尚有何事。今当先愈吾创。且作后图。虽然。纵有神药。似亦不能支吾两股。使之起立。奎沙达曰。且勿言此。须自作其气。吾志终始不移矣。想吾马之被创。亦正如我二人。今如何者。山差邦曰。人马亦何所分。唯未知吾驴安在。奎沙达曰。吾曹遇险。

天终不绝吾生。马创而驴必不创。今当以驴代步。觅得一公侯邸第。医吾创马。及吾创人也。夫以侠客骑驴。亦不为辱。当日有武士塞里那司。进城之时。亦乘蹇驴。山差邦曰。吾师果能如塞里那司者固佳。正恐吾师不能骑驴。但使驴驮吾师耳。奎沙达曰。侠客愈受创。则名誉愈彰。汝今强起。驮吾于驴背而行。不然。天且沉黑矣。山差邦曰。吾师不言。侠客恒野宿以为乐耶。奎沙达曰。此惟不得逆旅。方行野宿亦书中所习见。古固有侠客。自习其苦。匿迹于空山绝漠之中者比比也。当日亚马底居空山。或八年耶。八月耶。吾健忘已不之记。综言之。侠客之习苦。亦犹教士之忏悔。闻其情人阿雷野纳。与有违言。故奔入青山。效教士之忏悔。今且勿迟迟。趣觅尔驴。驴或不创也。山差邦曰。吾驴不创。则为事更坏。于是太息久之。始匍匐强起。而腰痛欲斩。竟不能立。咬齿往觅其驴。幸皮箧尚存。则引而近其师之侧。复强力掖起创马。此时马果能言者。亦将自诉其苦。此时奎沙达面目尽肿。呻吟不胜。伏于驴鞍。山差邦引马导驴。向官道而行。行可二三咪。得一小逆旅。奎沙达则不言为逆旅。但曰。此勋爵之邸也。山差邦力辨其非。且立誓自明。然奎沙达终以为朱邸。此时师生抗辩至烈。不期至于店门之外。山差邦先行。引驴马及创人。同至广厅之外。

第二章

肆主人见奎沙达。伏于驴上。殆非骑也。即问曰。甲士何病。山差邦曰。吾师过高山。跌于马下。被创甚剧。肆人有妻。好善而爱人。见状恻然。即为之扶将。并呼其女。为之疗治创痕。此外尚有一老妪。广额而丰颐。眇其一目。然颇跷捷。盖自顶及踵。不过三尺。肩博而厚。似有肉疾自累其身。平日力助主妇供客。于是肆人之女。为之治床席。颇草草。屋隅曾似居牧人者。敝席尚留地上。床上积稻草以代茵褥。有单被二。色黯黯然如牛皮。不辨其为布也。奎沙达即卧其上。少须主妇及女。为之擦油。老妪名马累托。将烛以侍。主妇擦油时。甚怪其创痕之多。主人曰。此创似经人鞭扑。非跌伤也。山差邦曰。非也。山峰之下。乱石嵯岈。触之体无完肤。今请主人。亦为吾少擦以油。吾背上似浮肿难耐也。主人曰。尔亦下跌矣。山差邦曰。吾见吾师下蹶。震撼亦如坠崖。女儿曰。尔言良然。吾平日恒梦坠自高塔。幸不到地而醒。醒时身亦觉痛。正与客同。山差邦曰。吾实非梦。惟蹇运使然。吾师名当瑰克苏替。吾事之久矣。师弟同心。精神所感。故亦分痛焉。马累托曰。适云主人何名。山差邦曰。名当瑰克苏替。为拉曼叉人。为当世武士。天下无双者。马累托曰。武士何物。山差邦笑曰。妪乃不知有人间事。武士为世俊物。譬如今日为人所殴。而明日即登九五之尊。竟出乎人人之所不料。盖隔日之间。云泥易位。初若颠顿欲死。而明日即能分茅列土以封人。盖人世之至不可测者也。主妇惊曰。君为此武士之徒。何以不列茅土。山差邦曰。时未至也。吾师徒出觅疆索。尚未周一月。亦未逢险阻之事。本欲出行大事。乃所遇历历。均毫末一无可纪。果吾师创愈。不流残废。则西班牙中之五等爵。唾手可得。而吾意尚不之欲。山差邦与主妇倾谈。奎沙达闻而强起。引主妇之手。与之鸣谢。且曰。女士将来。必且大引为幸事。以我居女士之邸中。此邸得延壮士。非大幸而何。天下真英雄。万不能自夸。吾徒已传我之威名。女士当已深悉。然英雄受恩行必图报。唯吾此时心绪。甚愿前此不遇情人之迷惘。此语突来。主妇及其女儿与马累托。咸愕然不知所谓。已而谓其作感谢语耳。遂珍重挈其女儿自出。留马累托为山差邦擦其背创。马累托本与一驴夫私约作幽会。待诸人咸息后。始蹑足而至。守信甚坚。无言不践。于是驴夫咸重其不欺。奎沙达所居屋。本有四榻。高者为奎所踞。次即山差邦之榻。一被厚加帆布。此二榻外。即为驴夫之榻。用驴背之茵为褥。此驴夫畜十二驴。均健而能行。在驴夫中为小康。每夕必居是间。饮驴以后。则饱食就榻。待此马累托来就。而女仆擦油以后自行。山差邦负痛就枕。竟不能寐。奎沙达亦张目待旦。痛不自支。此时人声尽息。灯烛全灭。但有甬道一灯。惨惨欲灭。奎沙达因辗转不眠。遂生幻想。自谓身在公侯朱邸之间。而肆人之女。大似勋爵之女公子。心颇属之。且信此女。已属身与已。静待其二亲睡后。姗姗而来。忽尔大悦。心绪顿辟。思欲冒险以前。而又防有败名坠行之举。且无以对美人打鲁西尼亚也。正于此时。而马累托已应约潜至。赤足着睡衣。扪索而前。然女仆甫临门外。而武士之耳力。

已预闻之。即起坐于榻上。引其两臂以待。时女仆亦伸手扪索。彼此互握。坐之榻上。马累托默不能声。然奎沙达之心。则以为此必邸中勋爵之女公子。心慕英雄。故来相就。既而摩其寝衣。则粗布所为。奎沙达以为锦缎。再抚其钏。则累累为玻璃之珠。奎沙达以为夜光之宝。更摩其发如马鬃。而奎则以为黄金之丝也。马累托嘘气。臭秽不可闻。奎则以为兰麝也。盖武士在幻想中。一一证以侠义传中所载之美人。谓在百忙中。怜惜武士之被创而至者。古书所有。而奎沙达即以此丑妇代之。一股风魔之气。中于脑筋。竟以绝丑之妇。为盖世之丽姝。读吾书者。当捧腹不可自止矣。此时奎沙达微语曰。美人见觊。吾当百死而不忘。几欲割一国度封尔为王后。其他更非所惜。唯今日适在病中。为仇人所掊。不能慰尔之深情。吾抱歉衷。至于恨恨不止。且此外尚有所梗。吾意本属打鲁西尼亚。舍其人外。吾未尝别有钟情。非是之故。吾乌敢辜尔盛意。马累托震恐已极。知为武士所得。且武士所言。咬文嚼字。一无所知。亦不作答。匆匆奔就驴夫榻上。而驴夫方待马累托之来。已乃闻其喁喁与武士语。疑其大有异志。则潜起听武士所言。均不之解。知非马累托夙心。殆误为武士所得者。驴夫则大怒。握拳击奎沙达之鼻。乃血出如涌。且不惟一拳而已。立登其榻。以足蹴之。榻立时下陷。二人同坐于地。大声暴发。肆主人立醒。以为马累托与驴夫争殴也。大声疾呼。马累托乃不应。主人秉烛出视。马累托闻声。潜身伏于山差邦榻上。而山差邦鼾声如沸。马累托则潜伏其足下。以被自盖。肆主大呼而入。骂詈马累托不止。山差邦闻声微醒。忽觉股上有物。以为魔魇也。即以拳击之。马累托痛绝。亦以拳反击。山差邦立醒。于是力擒马累托。痛殴其背。马亦多力。彼此初不相下。而肆主人方以灯至。驴夫见其情人为山差邦所殴。则舍奎沙达。奔助马累托。奎沙达见驴夫击其弟子。亦欲力疾相助。顾不能起。肆主人见状。知衅由马累托。则力蹴马累托。而驴夫则殴山差邦。而山差邦亦助殴马累托。四人纷纠。声至乱杂。而肆主人烛亦立断。屋中洞黑。殴乃益烈。是时肆中。适住一捕盗之官长。闻声亦醒。即手短棒。更执一小合。扪索入室。大声呼曰。汝辈勿争。吾为捕盗营之官长。引手已扪得奎沙达之手。顾已负痛而晕。官再摩其髯。趣之起曰。尔起而助我。而奎已默然不能声。按之无息。官以为殴死矣。即大呼曰。此间有死人。趣闭店门。勿令凶手逃逸。四人闻声。皆震震而止。肆主人逃出门外。驴夫归榻而卧。马累托亦出。此时山差邦。则恹恹如死人。而室中仍洞黑如漆。官即出取烛。而肆主早吹灭甬道之灯。潜伏内室弗出。官四向不得烛。即至厨次。力吹残煤。始得火然烛而出。

第三章

奎沙达此时忽醒。呼山差邦。而山差邦已恹恹作死人声矣。盖再负创。遂不能自任其躯。竟不能答。奎沙达曰。山差邦。汝酣睡耶。胡不答我。山差邦强力答曰。乱拳交下。吾能睡耶。奎沙达曰。吾亦不知所以然。或且此朱邸中。有妖兴焉。故无因遭其痛殴。尔今当发誓。吾有一言。必坚守之。不以告人。吾果死者。尔方宣布吾语。山差邦曰。试言之。奎沙达曰。吾所慎重如是者。正防瘰余之名誉。山差邦曰。但吾师能生者。吾自慎秘其事。正恐未及迟明。吾已有权力。足宣布师言。奎沙达曰。吾待尔不薄。何以盼望吾死之速。山差邦曰。非也。吾之性命。已在俄顷。犹置物于阴湿。不待其生霉。而物已化矣。奎沙达曰。听汝所为。吾今恣发吾言。想尔必不泄我之秘。今夕有奇异之事。斗至吾前。此朱邸中。伯爵之女公子。夤夜觅我。其貌为人间所无。美丽极矣。面目躯干之佳。与其性情之和婉。几非吾言所罄。此外尚有佳处。尚不能言。言之正恐于我打鲁西尼亚之深情。有所沮梗。彼美之美。实为天赐我。匪我意之所料。然正有所不料者。似此朱邸之中。有黑眚为灾。正吾与美人言情时。忽有鬼手。不知所从来。直捣吾鼻。血乃溢出不止。乃乘我痛中。立跃吾榻。以脚蹴我。较昨日之创为酷。吾思其故。此美人必有魔术之人。隐中为之拥护。状如禁脔之难近。其人似非属我者。山差邦曰。此人既不属吾师。而亦不属我。方我酥睡时。忽有物压我。得毋即此美人。忽而万拳交下。痛不可忍。觉昨日之受楚。如羽毛加身。今则岩石压顶。无足当之者。师尚谓此事为乐乎。惟吾师之运。较弟子为佳。尚能与美人握手。其痛楚尚有艳情相抵。今弟子胡得者。但有以肌肤受人拳殴。于我何利。夫弟子身非武士。而否运之来。强半加诸吾身。命途之蹇。可云处于极地。奎沙达曰。汝亦饱彼老拳耶。山差邦曰。适所言者。正以诉吾之痛楚。奎沙达曰。今且勿谈。少须吾即制药。药入即愈。正于此时。官亦自厨中得火。来验殴死之人。山差邦见官入时。着汗衫。以白布裹头。手一灯入。状至丑俗。即呼奎沙达曰。吾师。试观此人。即弄魔术者。今又来寻仇矣。奎沙达曰。否。此非魔术之人。凡左道恒善隐形。不令人见。山差邦曰。隐形固难见。今明明见形。亦莫决其为邪正耶。奎沙达曰。吾意终不谓然。彼此方辩论间。官见死人已能言。然周身皆血。且处处加以膏药。然仍僵卧不能起。官曰。尔为谁。何人苦汝。至于如是。奎沙达曰。果尔为吾辈者。决当知礼。汝奈何对一侠义之武士。竟坦率如是。官大怒。即以手中之烛掷之。烛灭。室中复黑。官亦自出。山差邦曰。吾师试观。此非善魔术者之回教人耶。若以弟子观之。彼之行术。尚未出其剧烈者。不致人于死。但拳脚交下而已。然则此贼。雏耳。奎沙达曰。汝言良然。夫以魔术之人。忽隐忽现。不可方物。吾虽欲复仇。正恐不可得遂。汝今强起。往觅邸中舍人。向之取盐油及酒。并玫瑰花。我将制药。适更受烛奴一掷。适中吾额。血复涌出。吾殊不能支也。山差邦负痛而起。蛇行以出。觅肆主人。而官尚伏门外。潜听屋中动作。山差邦出时。适与官触。乃立僵于地。洞黑中不知何人。即呼曰。先生。可代我觅盐酒。及玫瑰花等物制药。医我天下无双之武士。适为回教眩人。以烛奴掷伤其脑者。官闻言。知此二人。均病狂易无可救。然天已微明。官即趣肆主人处。索二人所需物。肆主人如言。为备诸物。山差邦将盐酒匍匐入室。见奎沙达以手自抱其颅。呻吟欲绝。实则未剧。盖汗出如濯。与血杂流。奎沙达见之。则大痛不可自止。盐油及酒与玫瑰既至。奎沙达命煮之烂熟。命取小玻璃瓶乘之。顾不可得瓶。肆主人易以瓦罐。奎沙达念咒。画十字于瓶口。官及肆主人。集视其侧。咸以为怪。而驴夫亦起视驴。匿笑而过。奎沙达念咒既竟。少试其药。甫饮而立吐。呕吐之烈。几欲尽出其五脏者。汗乃大出。即令取被盖之。言一睡当少愈。众如言出。奎沙达睡可三小时。既醒。自谓略愈。乃益信其药力。自谓可以冒天下之险。但恃此药。即可自壮其胆力。山差邦见主人愈。则乞其剩药服之。奎沙达允之。山差邦抱瓦罐。以为得灵丹。而尽吸之。乃胃力至健不能吐。然似有无数小豚。奔窜其中。不可自聊。冷汗周被其身。知死期已至。不名仙丹。盖毒药也。奎沙达见状。即曰。尔之颠顿。似尔未受武士之爵。故不能任。此药盖专医武士。不验于余人者也。山差邦曰。既不应验。何为任我服之。初不见告。此时山差邦状如发狂。肆主人以为山差邦且死。则大惊失措。于是者可两小时。乃僵卧无声。厥状如瞑。奎沙达既愈。即欲上道。行侠义之事。心念山差邦荏弱不耐创。濡我时日。不知此时社会中被苦之人。待救于己者凡几矣。然自信药力之美。胆力益张。乃自辔其马。擐其甲。扶山差邦于驴鞍之上。见墙角有长槊一枝。肆主人用以备盗者。即取之以行。此时肆中可二十余人。见奎沙达风狂之状。咸忍笑而聚观。而肆主人之女。亦在群中。奎沙达目注此女太息。以为当世之佳人。似一别不可再得者。此时肆主人。颇疑昨日受创。恹恹欲死。胡以今日。即纠纠如是。此时奎沙达将行。谓肆主人曰。伯爵待我之厚。终身铭戢不忘。行当报答。敢问伯爵。曾为何人所辱。或与何人有吝。吾必代复仇。至死不悔。须知吾人行侠之本分。即以锄强扶弱为事。翦除非类。不使平民含冤。用尽吾之天职。伯爵不妨对我言之。肆主人曰。侠客高义。吾乃与人无仇。亦未尝为人所辱。今之所愿者。欲得侠客食宿及刍秣仆御之值。奎沙达惊曰。汝非朱邸。乃逆旅耶。然则足下亦非伯爵矣。肆主人曰。然吾肆驰名久矣。奎沙达曰。吾以为此为伯爵之邸。故再三致其谦词。今既非邸。则吾言不既误乎。今既如是。汝亦不能索值于我。我盖不能破侠客之成例。强与尔值。吾博览群书。凡侠客所至。无予值者。夫以天下侠客。下顾尔肆。已足为尔肆之荣。且侠客不避风雨。不辞跋涉。苦辛至矣。汝以一宿酬之。在礼本宜如是。何絮絮为。肆主人曰。尔言吾不了了。趣出值予我。勿咬文嚼字以困人。吾乌以食宿之费。供不相识之武士。奎沙达怒曰。尔言既谬。勿罪吾狂。即立舞其槊。驰马出门而去。亦不反顾山差邦。有无追随其后也。此时山差邦。为肆主人所留。山差邦曰。按侠客法律。师既不予一钱。为之弟子。胡敢自僭。肆主人大怒。以言震撼之。曰。若不予钱。即缚之柱上不听行。山差邦曰。即索吾命。钱亦弗出。吾若违法。而后世之行侠者。必将以我为口实。此时住店之人咸不平。自驴鞍上擒取山差邦而下。即有一人。用毡包裹山差邦。置诸后院。彼此互掷互接。以困苦之。山差邦大呼。奎沙达隐隐闻山差邦呼声。初不以为山差邦也。以为有人为强者所搏。则义侠之心大动。则回马而归。稍近。知为山差邦也。

即纵马入肆。肆门已掩。则绕墙而行。直至后院短墙之外。自马上内窥。见山差邦为毡所裹。上下腾掷。苟知裹者为山差邦也。亦将失声而笑。此时欲越墙而入。顾身有余痛。不能下马。乃极口骂詈。备诸丑诋。几为吾书所不能述。顾奎沙达骂声愈烈。而院中抛裹乃益急。且笑声腾沸以乱之。而山差邦此时。亦骂詈不止。然终不能止其抛掷。后此抛者力倦。始释之于地。复置之驴上。而马累托心颇怜之。则饮之以水。山差邦方欲作牛饮。而奎沙达在墙外立止之曰。此水一入。汝且立死。吾自有药。使尔无苦。山差邦回首外盼。曰。吾师乃忘记吾非武士耶。何敢饮武士之药以增困。且昨日饮药。但余微息。今更饮之。不并此微息俱尽耶。此药留备吾师不时之需。吾乃不敢分此余甘。山差邦嗅水。盖井水也。因就马累托乞少酒。马累托果买酒一杯授山差邦。盖马累托虽淫丑。然尚有教门风概。山差邦既得酒。尚健王。骑驴而出。自念得酒不曾出钱。亦不破武士之故例。因之颇形得意。实则肆主人已留其皮箧。得钱甚伙。而山差邦在迷离惝恍中。亦不之计矣。肆主人自二人去后。立闭其扉。然住店之人咸无畏。以为此武士。特伪示其勇。不足惧也。

第四章

山差邦既逐及其主人。颜色之灰败。体干之羸困。几不能胜驴且蹶矣。奎沙达曰。山差邦。吾今始悟。适来所居之朱邸。其中必有妖人。苟非妖人。胡以毡裹尔身。上下抛掷。此万万非人。必魔鬼也。且吾隔墙。见尔受困。欲下马越墙以救汝。乃百方莫动其躯。意已为妖人所禁勒。果吾此时。能入彼间。必为尔复仇。使彼终身不忘此耻。且吾不尝言乎。武士不能助其弟子。以弟子未受武士之爵。故武士格于成例。不能相助。非在性命呼吸之交。保厥躬兼保弟子者。未尝一出其手。山差邦曰。吾亦愿以身与搏。不待吾师之助。今吾力实不能自胜。又将奈何。且彼辱我之人。万非仗其妖术。亦恒人耳。方彼抛掷吾身时。彼此呼名。皆属教中之名。一为马铁尼。一为何那底。其为首者。名左手怕老咪克。均历历记之。适师言不能下马。即为人所禁勒。吾思必无其事。矧事至浅显而易明。无待疑惑。惟吾有所疑者。自随吾师出而冒险。随地以皮革受创。无一息获全之地。讵武士不易为耶。抑吾运蹇耶。以弟子思之。师弟速归。读书耕田。尚足自活。若必如此者。初时尚在沸鼎之中。少须将烬于烈火之内矣。奎沙达曰。山差邦。汝安知侠义之事。凡百当容忍。方克有济。终有一日。服我之得荣名。今且问汝。天下之事。有过于力败仇敌。使之无地存身。人人咸服吾之神勇者耶。

山差邦曰。此亦或然。然敢抗辩一语。计自吾师。身为武士以来。所遇之敌。无一获胜。惟曾战胜骑奴。然师之左耳已失。而遮面之盔栅。亦为骑奴所破。胜负适足相抵。受拳既饱。负疮累累。至使吾身。为人以毡裹体。上下翻掷。楚辱毕至。无可复仇。虽吾心亦欲与之迸命。力终不济。师尚言败敌。用以为乐耶。奎沙达曰。吾师弟各怀宿疾。今当得一宝刀。无论妖人。用禁勒之术。吾刀光一至。且立破矣。或天相吾身。得亚马底之刀。则吾亦可称为快刀武士。与亚马底齐名。盖亚马底之刀。快利如风。刀锋之薄。利于剃发者。虽坚甲触之。立时中裂。山差邦曰。此刀或惟吾师能用。犹之武士之药。惟武士饮之。于弟子又胡涉。奎沙达曰。否。上帝佑尔。则一往皆坦途。汝又奚忧。二人且行且语。忽见前途。尘土蔽天。奎沙达曰。山差邦。大敌至矣。此殆吾交佳运。得快心之时。今日当建立大勋。使后人啧啧称美。汝试观尘土飞处。决为军队。惟不能预计其人数。山差邦曰。左方亦有尘土。似两军相见之状何也。奎沙达一见大悦。以为必两军对敌于此。遂思及小说中。斗怪走奇之迹。一一潮上其心。方凝伫间。乃不知来者。实为两群之羊。至此合队而趋。而奎沙达思入非非。初不之觉。方群羊之未至。而山差邦亦以为军队鏖扑。即问奎沙达曰。果逢战事。我将如何。奎沙达曰。吾当助弱而锄强。山差邦。汝不见第一军为亚利伐所领耶。亚利伐为他把纳岛中之名王。（此小说中人。）其一军则为加马生所部。为加马西亚国王。王外号曰赤臂朋他璘。所谓赤臂者。右臂不着甲而战。山差邦曰。二王胡为构衅。奎沙达曰。亚利伐为异教人。与朋他璘之女。雅有情愫。美而崇奉基督之教。而赤臂王屏邪教。不欲下嫁其人。意欲令其改教。山差邦曰。赤臂王理直。吾决助之。奎沙达曰。尔宗旨甚正。不愧吾徒。似此等战事。无庸吾槊马之力。尔以一刀陷阵足矣。山差邦曰。吾亦如此。唯骑驴不宜临战。果战罢失驴。吾不几丧其代步耶。奎沙达曰。吾意不如舍驴。苟胜大敌。宁患无马。即吾亦欲易马久矣。语后。二人同登小山以望阵。苟非尘土飞扬者。则羊群当立见。而奎沙达尚谓山差邦曰。汝不观前敌耶。彼冠金胄擐金甲。盾上画卧狮。加王冕。卧于美人脚下。此人名老可。其对敌之大将。则甲胄均镂金花。盾上画三乌鸦。此人名美叩包。在美叩包之右有长人。即不拉巴。神勇无匹。不拉巴为亚拉比亚之国王。以蛇皮为甲。手执巨扉。此扉为力人山木森临死时。力取庙扉。扑死多人。今此扉已落不拉巴之手。至老可阵中。尚有一人。名长胜将军提摩。为纽比司克王。甲作杂色。盾上画一巨猫。尚作数字。曰。遗阿利纳。遗阿利纳者。美人名也。为亚鲁魁之女。亚鲁魁者。亚鲁加洼之公爵。而马上尚有一人。其白如雪。盾上无徽章。名曰巴披。法国由剌克之伯爵。又有一人。驰马而至者。为傲比亚之公爵。盾作蔚蓝之色。上作杂花。于是一一指目。皆小说中之名将。滔滔不已。少须复曰。迎面之军队。其中大将。非一国之人。大半多出于赞沙司。或马西利亚。或亚拉比亚。或西茂登之河岸人。而彼阵中有波斯人。善射为一时之冠。咪利亚亚剌伯人。亦间出其间。阵后为西西亚人。面虽如人。心则禽兽。而敌军则多卑提司人。即产橄榄树之国。他加司人。则处河上者。齐查人亦善战。尤有北极苦寒之种人。由此观之。全欧之人皆至矣。奎沙达读书既博。此时不惟详述国度而无遗。即其出产之物。亦了了于心。山差邦瞠不能答。但随其师之指挥而四顾。然实无一人。即曰。吾师所见之人。而吾乃无见。何也。奎沙达曰。即不见人。独不闻马蹄之声。与战鼓耶。山差邦曰。一不之闻。但闻羊声。读吾书者。当知山差邦之言是也。此时二群之羊。已迸而为一。奎沙达曰。汝望大敌而怯。吾不汝怪。且少退于平安之地。吾一槊一马。直趣彼军。非得胜不归也。语后。挺槊纵马。直趋平原。山差邦大呼曰。吾师挺槊。乃与羊战耶。趣归趣归。不然。又将取辱。凡师所言。一无其事。胡孟浪至此。直一风汉。何名武士。直吾之否运。乃追随至此。今尚何言。然奎沙达之马槊。直趋万羊之中。逞其神勇。山差邦千呼万唤。不之闻也。及至羊群。即大喊曰。诸君当鼓勇随我。扑此邪教之兵。且呼且舞其槊。直捣群羊。羊群大乱。四散奔越。连杀数羊。而牧者见其羊。为武士所杀。则大呼止其勿杀。而奎沙达勇气益张。左右攒刺。羊不能当。牧者大怒。礫石以投。其大如拳。奎沙达不之顾。仍鼓勇杀羊。此时面目。已亡失矣。槊锋所至。羊匪不死。奎沙达尚东西驰突。觅取元帅。计元帅一擒。而大功即告蒇者。即大呼曰。亚利伐安在。须知我单人独马。来取尔头颅。汝自恃多力。与朋他璘为难。吾不汝许。故来助阵。汝试观吾之勇力。较尔如何者。正大呼间。而飞石已至。中其左胁。奎沙达觉痛。忽忆及其药。即仰而吸之。药甫入口。飞石复至。碎其药罐。并伤其腕。且落其门牙。奎沙达立时坠马。血被其唇吻之间。瞑然如死。牧者防其死且得罪。即合其羊群。各肩死羊。驱生羊而遁。山差邦立于小山之上。见其师落马。则顿足悔恨其愚妄。已见牧人尽去。知已无患。即下视奎沙达。则晕而非死。即呼曰。吾师此次。不听吾言。遂至于此。羊群之中。安有所谓亚利伐与朋他璘者。奎沙达醒曰。山差邦。汝当知妖术之人。变化无穷。以人化羊可也。即以羊化人亦无不可。此必吾之仇雠。见吾将奏凯歌矣。忽行其幻术。化人为羊。汝果不吾信者。以驴逐此羊群之后。不过数里。即复为人。甲胄兵器。一一均如吾之所见。今尔且来助我。我觉齿痛。似落数门牙矣。语后即力张其口。山差邦俯而视之。而奎沙达受药于膈。膈不能容。奔突而出。津沫及痰药并喷。溅山差邦之面。淋漓凶臭。至不可耐。大呼而起。以为喷血。命在俄顷矣。已而视之。则痰沫及残药。非血也。遂奔至驴次。启皮箧。取汗衫。为其师拭秽恶。然皮箧已不见矣。大惊欲哭。不知所为。计惟回家。顾一归则总督之望绝。而又不能割弃。进退维谷。默然无言。而面目尚淋漓作臭味也。而奎沙达强起。右手掩口。左手把缰。幸马尚驯善未行。徐徐行及山差邦立处。山差邦方彷徨欲哭。奎沙达曰。山差邦。何思之深。天下人不经万苦。何能博取千秋之名。吾辈所受之风波。正上天之造就。成功当不远矣。须知人生运途。盛衰间出。胡能尽泰而不否。且否运必不能久。转瞬立届阳春。矧吾之所遭。均出千艰万苦。此岂上帝爱人之心。吾度富贵之期。必在弹指。今尔戚戚胡为者。且尔殊未经人间之苦趣。山差邦曰。师何言。晨来吾为店人裹之以毡。抛掷上下。眩晕欲死。独非苦耶。吾师弟生命。全系此皮箧之中。今皮箧已失。且奈何。奎沙达曰。皮箧失耶。山差邦曰。吾亦不知失于何时。奎沙达曰。今日粮糗何出。山差邦曰。师曾言野地之中。树根草梢。有毒与否。师皆辨认。一一可取以疗饥。今兹亦但有恃此自活。奎沙达曰。吾颇思肉食。不欲茹草。汝今且以驴随行。勿喋喋自苦。人得上帝之佑。汝又何忧。汝当知万物之生。天一为备。飞也潜也走也。各食其食。无生而槁死之物。此均帝力所及。矧上天有眼。善恶攸分。吾果行善。又奚患其无食。山差邦曰。吾师似传教之人。其技实长于武士。奎沙达曰。名为武士。何一不知。古者武士。临阵宣言。一一皆动人之听。足以生其勇气。由此观之。凡能用槊者。必能用笔。文武兼贤。方成义侠。山差邦曰。但愿如是。惟为今日计。急须去此不祥之地。再勿遇见贼肆。以毡裹我。果如是者。吾不得生矣。奎沙达曰。百事付之上天。万勿忐忑于心。尔今导行。吾以马随尔所向。尔且以手探吾口落牙几许也。山差邦如言探后。问曰。吾师口中牙齿凡几。奎沙达曰。门牙凡四。山差邦曰。师当审记其为几。奎沙达曰。吾牙不摇不蛀。山差邦曰。吾扪之得其二。尚有其一。残矣。奎沙达曰。然则落其一牙矣。吾意愿断其臂。不愿去牙。去牙犹碾坊之无石。粟麦安能去皮。须知人生之门牙。贵于金刚石也。虽然。身为侠客。此祸在所不免。山差邦先行。吾缓辔随尔矣。山差邦上驴徐行向山道。知此路可通官道。不久即得人家。可觅逆旅主人。奎沙达牙胁交痛。按辔不驰。山差邦心有所思。据鞍作闲语。至其所论。吾于下章表之。

第五章

山差邦曰。吾师。吾思所遇不幸之事。或吾师身犯戒律。故为侠祖侠宗所阴谴。在义师已立誓。饭时不进面包。遇女子不作情话。必俟大胜以后。始进食御女。奎沙达曰。然然。非尔提撕。吾几忘之矣。然则尔身为人抛掷。亦正上天之示罚。罚尔知而不告。今吾师弟。当修省其身。用赎前罪。盖侠客之道。固以改过为先。山差邦曰。吾固未尝立誓知而必告。何为示罚如是之酷。奎沙达曰。否。此不关誓言与否。山差邦曰。师适言赎罪。当力践此言。否将立交否运。此时傍晚。不得人家。彼此饥疲。不能自振。正信马夜行。忽远远见有无数明灯。如繁星之飞流。山差邦积惊之后。不觉失色。即奎沙达亦微股栗。山差邦及奎沙达。各停其骑。而灯光已渐渐而近。愈近愈明。山差邦颤不可止。而奎沙达亦昏惘莫知所为。顾虽如是。奎沙达力壮其胆。言曰。山差邦。此遭危险极矣。吾当验其胆力。山差邦曰。若再逢不幸之事。吾颓败之后。胡以克当。奎沙达曰。此次吾当力战。不令尔有毫发之损。今日店人之辱汝。吾不能救者。为一墙之隔。今野旷天空。正可逞吾神勇。汝又何患。山差邦曰。吾师固勇。脱更遇邪术之人。亦决无不败。奎沙达曰。力鼓尔气。来观吾勇。山差邦曰。但得上天保佑。吾亦不惜吾力。已而灯近。见无数之人均白衣。山差邦齿牙震震作声。周身苦寒。如中疟疾。迨人至时。颤乃加甚。既而观之。可二十人均乘马。马亦白色。手各秉炬。后随一榇。上加黑幕。后随六人。则黑衣黑骡。前行之二十人。诵经于马上。其声甚微细不可辨。当此深夜之间。遇此景物。其望而生畏者。宁止一山差邦耶。奎沙达此时。忽思及书中所言。榇车之上。必为受创之武士。在义宜为死者复仇。于是不言。秉槊当道而立。待此榇车。见白马之人已至。奎沙达大呼曰。汝辈何来。今且安往。榇车中何物。当一一告我。以我观之。汝辈或且伤毙一人。或此创人。为人所毙。果汝毙创人者。吾不恕汝。汝若为人所败。则我必代尔复仇。而马上一人曰。吾辈甚匆匆。去逆旅且远。不能作答。即驱马前行。而奎沙达前挽其辔不听行。且曰。尔辈太骄蹇。安能称为武士。果不明言。即当决斗。来马为人所惊。竟作人立。前蹄高拱。而马上之人。已仰翻于地。即有侍者。大骂奎沙达。而奎沙达大怒。即纵马向前。适遇丧人。奎沙达挺槊刺之。丧人立时坠马。于是二十余骑大乱。而奎沙达恃有槊马。四向奔突。而送丧之人皆四散。盖来人虽多。乃无兵刃。畏其狂谬。咸自逃死。即亦不知其所为。而丧人方在哀戚之中。尤不能敌。亦纵马而遁。以为夜遇恶鬼。争弃榇而逃。山差邦既惊其师之卤莽。又羡其师之勇敢。此时真以奎先生。为天下无双之侠客矣。先是中槊坠骡之一人。幸尚未死。而火炬亦尚未灭。奎沙达即以槊近其喉。曰。尔尚不乞命耶。而吾槊且下矣。卧人曰。平生无仇。胡索我命。且吾左股中创。已不能行。何苦苦相逼。且先生果为基督教人者。幸乞留其残喘。吾本为博士。亦为传教之人。即取吾命。毋乃悖及教律。奎沙达曰。既为教士。胡深夜至此。卧人曰。唯吾不交佳运。所以至此。奎沙达曰。汝言运命不佳。恐尚有不佳者。踵诸其后。卧人曰。敢问何求。今容吾先吐其隐。吾以博士兼牧师。未尝开罪于天人。名曰洛皮支。为雅路达司人。来自贝加。与同道者十一人。其秉火炬者。皆是也。今已尽逃。此行本赴西勾咪亚送葬。其人死于贝加。灵车中所置之槥是也。奎沙达曰。孰杀其人。洛皮支曰。天以瘟病杀之。奎沙达曰。果如是者。吾焉能复仇。即天杀我。我亦无术自逃。今且告尔。我为拉曼叉之武士。名当瑰克苏替。本游历天下。抑强扶弱。遇残虐之人。必不置之地上。洛皮支曰。吾亦荏弱之人。先生奈何剚我以槊。此亦扶弱者耶。吾股本直。今则蹩矣。未知后此生全。能否成为废疾。足下本恶残虐之人。今则自行残虐矣。吾何不幸。乃竟遇先生之行侠。奎沙达曰。天下事安能全美。汝胡不安居勿出。乃衣白衣执炬。厥状如妖人。吾胡能不施其武力。且吾本侠义之人。遇妖必伏。其初不审尔为善类。今乃知之。洛皮支曰。请侠客扶我。且骡压吾身。为我引骡起立。吾即自脱。奎沙达曰。尔胡不早言。于是呼山差邦。山差邦方就丧家骡鞍上。取其糗糒而食。即自脱其外衣。收取食物束之。加之驴背。后始同奎沙达扶起教士。助之跨骡。奎沙达曰。尔逐大队而行。吾一时冒昧。悔已无及。然无如何也。山差邦谓洛皮支曰。尔归告伴侣。此为拉曼叉当瑰克苏替也。神勇无伦。号曰惨形大将。洛皮支唯唯而去。奎沙达曰。山差邦。吾安有惨形之号。山差邦曰。适从火炬中。望见吾师。颜色惨栗已极。不期成此外号。或且战疲以后。羸困见诸颜色。或以牙落负痛而失容。故悉改平日之仪表。成为惨形。奎沙达曰。否否。吾运佳。遇此牧师。将来青史。纪我苦战之勋。亦千载一时之遇。虽然。夷考古来侠客。均有外号。前此有名快刀侠客。或麒麟侠客。或凤凰侠客。不一而足。有是外号。当驰名于天下。将来此博士。载之笔记。则惨形侠客。正可与快刀齐名。尔之贶我厚矣。后此吾盾之上。当绘一痛哭之人形。以证吾惨形之实。山差邦曰。吾师之形已惨。何须画为。既脱门牙。又带饥色。即有善画者。亦不能曲肖尊容。山差邦语后。奎沙达不期失笑。已而忽思及一事。言曰。山差邦。吾败矣。此次槊刺教士。教皇闻知。驱出教外。又将奈何。幸不以手批。但用槊刺。罪尚可逭。且初不知其为教士。竟以魔鬼相待。此误出之无心。吾尚记书中。有人名西得。当教皇之前。斫国王所遣之使者坐榻。教皇大怒。驱之教外。顾虽如此。而西得仍不失其勇往之气。仍为侠义之事于国中。语后往视所遗之榇。欲观其尸。而山差邦坚执。以为不可。且曰。先生既逐送葬之人。苟挟兵器。归而仇我。我将何以抵御其锋。不如趣行。去此未远。有小阜可止。且吾腹雷鸣矣。趣行为上计。语后即跨驴前行。奎沙达亦纵马从之。行可数咪。入山谷中。山差邦出驴背之裹。食物累累。铺之草上。二人方馁。则纵情掬啖。合早午晚三餐。进为一饱。而其中多干肉之类。尤为适口。顾乃不得水。奇渴较盛饥为苦。山差邦曰。此间草绿如毡也。其下何言。当于次章表之。

第六章

山差邦续前言曰。此间草绿。其地脉必润。润必有泉。吾敢以性命为赌。得水在吾意中也。于是二人。敛其余食。师引马而弟引驴。往觅水源。时四向洞黑。行可二百步。即闻怒瀑之声。二人闻有水声。则倾耳测水源之所在。已而又闻异声。而山差邦则悚然而惧。盖入耳似闻镣械之声。杂水声而动。闻者皆惊。而奎沙达独不为动。然夜静无人。不知声之所出。风声撼树。铁声又复琅琅。二人深以为异。时镣械之声。愈闻愈急。风力如吼。去天明之期又远。二人之渴。殊不可支。奎沙达遂上马。蒙盾舞槊。示其威武无惧。谓山差邦曰。汝当知吾生此时代。将化铁而为金。天生我身。即使之冒险。举古时侠客所为之事。吾一一踵之。且与之竞爽。惟今夕身万险之中。怪声环作。即使马司神显灵此地。亦将动色而失声。然吾在此时。乃益增其勇气。胆力既壮。静镇如山。必当往试其险。尔今且留此勿前。果吾此去。三日不归者。汝即回家。先赴土薄苏。告我情人打鲁西尼亚。言吾爱彼切。故不惜性命。以贾吾勇。正欲取荣名。以重其人耳。山差邦闻言哭曰。先生何为不惜其身。天既沉黑。阒不见人。不如避去此间。忍渴而行。再觅山泉而饮。今即鼓勇直前。不惜性命。恐亦无人知先生之壮往不惧也。弟子曾闻牧师演说。言人犯险不恤。将来必死于危险之中。在理不宜以平安之身触险。况先生随地获安。不如我为人以毡裹掷。亦云幸矣。今先生凛然无惧。固不失为侠客行藏。然遗我一身。能不战栗以死。且此外尚有请者。吾抛其妻子。侍先生远行。本有所图。非轻掷其生命。盖所图者总督也。若总督不得。置诸洞黑无人之境。在先生既负宿诺。我尤自伤失计。此何可者。嗟夫先生。愿留伴我。纵使恝然舍我而去。亦须待诸迟明。此时又安可行。想近水之处。必有人熊。吾仿佛中似见其喙。奎沙达曰。上无星光。胡从瞩及熊吻。山差邦曰。人在震恐之中。目光愈利。隐处无不能烛。奎沙达曰。天明与否。吾不之计。然万不使后来史册纪载。谓我经人一哭。即灰其壮士之心。山差邦汝勿再言。此殆天佑吾身。成此大功。顾人既蒙天佑。决不死于非命。汝且少待。立时将见我之死生。山差邦再三哭。均不见听。则思以计沮之。待天明再听其行。即伪束马鞫。乃密解驴缰。缚马之后股。奎沙达谓马已辔。即跨之欲行。乃马经数鞭。坚不能动。山差邦曰。此上帝不听君行也。行即逆天。奎沙达大怒。痛鞭其马。马终不行。即曰。马既不行。坐待天明可也。惟此一停顿。正恐贻误我动地惊天之事业矣。山差邦曰。先生勿忧。吾为谑谈。为先生排闷。俾先生少睡。完其精神。天明往为冒险之事未晚也。奎沙达曰。何为下马少睡。吾岂巽懦之夫。奇险当前。乃以睡自误耶。今万不睡。汝嗜睡成癖。听尔自便。且勿溷我。山差邦曰。吾非谓吾师惮险。语时以手按马股而立。奎沙达曰。汝不云能作雅谑。且贡其技。以悦吾听。山差邦曰。吾震恐已极。本不能言。今忽觅得一故事。必为吾师所未曾闻者。请为述之。古时好事必应善人。而祸事恒由自召。古时有一人名克讨。尝谓人曰。尔自觅祸。祸害乌能不加尔身。此语正与吾师相应。以理言之。

吾师若深居不出者。祸或不至。且并无人。逼吾师以冒险之事。胡必自陷于险。奎沙达曰。勿絮絮。但作趣语。山差邦曰。昔伊马拉之国。村中有牧羊者。名洛皮。及一牧女汤拉娃有情爱。父亦素封。奎沙达曰。如是亘久之谈。经二日当不完。若不作简语者。尔可闭口。勿谈故事。山差邦曰。凡叙事必有头绪。不能凌躐而无次。奎沙达曰。吾既不能趣行。只能忍性。听尔掩沓之论说。山差邦曰。适言二人情爱至笃。而女貌尤庄。类男子唇有微髭。今仿佛尚如见其人。奎沙达曰。然则汝素识其人矣。山差邦曰。吾未之见。特告我之人。极言其真。故吾印之脑中。似与其人相识。须知天长地久之缘。亦终有魔鬼。从中窥扰。后此洛皮与汤拉娃。居然反目。盖传语者为之构陷。彼此互揭其短。男则疑女为不贞。女亦疑男有外遇。洛皮遂决然舍去其村。女既不与男相见。避面而行。则转关心而无已。奎沙达曰。然则女子之心。乃迥异于人。即之转疏。疏之复即。山差邦曰。洛皮驱羊至葡萄牙。而汤拉娃知其意。则尾而追之。赤足持棒。负皮箧于背。箧中藏小镜及木梳。与脂粉之盒。时洛皮驱羊至加拿打河次。河流适涨。乃无舟可渡。洛皮遥见汤拉娃且至。防其作娇啼以乞怜。己心转为之动。则焦悚不可耐。已见小舟。出自苇际。其小仅容一人一羊。乃与舟人商酌。陆续渡其三百羊。舟人许之。于是续续而渡。尽三百羊而止。吾师为吾记之。此时洛皮。渡几羊矣。果短一羊者。则吾之谈锋中断矣。既而曰。吾记得羊数矣。此时隔岸多沮洳之场。不生青草。登岸绝难。而舟人如约。仍不厌其烦。期尽此羊。使之毕渡。奎沙达曰。汝综言三百羊尽渡可也。若如是絮絮者。终年当不能已。山差邦曰。师为我数几羊矣。奎沙达曰。吾安能如是琐琐。山差邦曰。吾不预言。请师数吾羊乎。师不为记。吾安能续。奎沙达曰。尔言即如是止乎。山差邦曰。师忘羊数。吾亦忘其后文。奎沙达曰。尔果不省记乎。山差邦曰。然。奎沙达曰。兹时绝异。或水声洪壮。乱尔脑筋。故善忘至此。山差邦曰。此事或然。语即止于是可也。奎沙达曰。吾亦厌闻尔言。今且试吾马。语后以靴钉刺马腹。马一腾跃。仍不能前。此时夜凉气爽。山差邦畏慑之意略解。然仍欲以闲语止其师勿行。即以手解裈。裈落。复倒卷其汗衫。而两腋狐臭立发。骚不可近。复立而遗矢。两臭方并发。而大声忽发于数十码之外。山差邦曰。或更遇险也。天下之祸。匪有单行。言次屎溺并下。而奎沙达初不之闻。忽尔臭味腾起。触鼻欲唠。则以手自掩其鼻。言曰。山差邦。尔太欠胆力。山差邦曰。然。唯吾师何由知吾怯也。奎沙达曰。尔之气味太劣。或五脏坏。而腐浊外泄耳。山差邦曰。此事或然。然则孰使我至于如是。吾师何为纳我于险巇之地。且此地为我生平之所弗经。奎沙达曰。尔且去我略远。吾鼻观初不能耐。山差邦曰。师谓我遗矢乎。吾且少避。奎沙达曰。尔一行动。臭乃愈凶。二人之闲谈。本以消此长夜。而山差邦见天已辨色。立系其裈。下其汗衫。并解马股之系。而奎沙达浑然无觉也。马既解系。即四足腾踔。轻快无伦。奎沙达以为佳兆。马忽自动。而天亦迟明。仰视则立马于栎树之下。其高参天。然镣械之声。仍不知发自何所。奎沙达仍欲冒险。复与山差邦述三日不见。作永诀语。并云。已书遗嘱。藏之于家。脱得胜而归。则尔总督之愿。亦将立偿于俄顷。山差邦自念。既相从而冒险矣。何必舍之而独行。不如尽此一举。后再言别。亦未为晚。乃决计随行。奎沙达挺槊纵马。向怒瀑而行。山差邦缓缓以驴随之。穿树而行。前为草碛。其旁为高山。山瀑下冲。厥势甚猛。山下有破屋数楹。已坍圮矣。而镣械之声。即发自破屋之间。二人寻声而前。而马力亦怯。奎沙达以手拊其项慰勉之。马始徐前。奎沙达口中祷其情人来助。山差邦则伏于驴背。自马腹之下。低窥此破屋中。果作何声者。迨近视。则精铁所铸砑布之机六。为水力激动。故大声发于山下。奎沙达大惊。且大惭其作壮语之无谓。几欲仰身坠骑。山差邦见状。知其师之失望。则大笑不止。奎沙达虽羞愤。亦不能不相从而笑。山差邦见其师笑。则尤捧腹。于是大噱者四。奎沙达以为放纵无检。而山差邦尤絮絮无已。且曰。吾师不言今为铁时代。师能转之为金。且上帝授吾师。以冒险之胆力。非欤。奎沙达大怒。即举其槊杆。力击山差邦之肩。果移而近脑者殆矣。山差邦见奎沙达盛怒。即曰。乞恕吾命。吾意无他。但笑谑耳。奎沙达曰。汝善诙谐。我乃不屑。果此声为危险之事者。汝试观吾有怯弱之状耶。吾身为侠客。安能洞晓机器之声。且吾目中。未见砑布之机。讵尔身操贱役。为人行佣。见之烂熟者。果此砑布之六机。化为六巨人。吾亦力与之敌。必尽敌始已。果不见胜。则恣尔调诙。吾亦不复尔责。山差邦曰。吾已知罪矣。夫不见而疑。见而立解。此亦人情所乐。不能禁也。奎沙达曰。尔笑可也。慎勿告人。人言可畏。可以颠倒是非。吾甚恶之。山差邦曰。前事可以勿提。惟前人有言曰。甲乙相爱。宜若同心。然有时乙或因甲而哭。故天下有善主人。虽以严待下。至气平心静。转有赏赉之加。至于侠客。责其弟子。虽极严厉。后此大胜之下。或授以茅土之封。亦属应有之事。奎沙达曰。吾果交佳运。或亦如尔所言。尔幸勿以适来笞尔之恨。介介于心。须知恒人怒发于心。往往至于不能自制。尔后此当敬谨事我。勿太纵恣。忘其尊卑之分。吾读书多。从未见身为弟子。敢放肆无等。如尔适间之待我者。实相告。师弟均过。汝太狂妄。我太褊狭。前此亚马底。有弟子名贾打林。为伯爵之尊。然对其师。则拘谨如奴厮。由此观之。古人殊足为尔标的。非敬长不足以进于道。自此以后。师弟各循礼法。庶不至于冰炭之不能相容。且于尔亦无利焉。至于总督一岛。虽不践言。然吾别有奖励。山差邦曰。吾师言然。惟不得岛。而得劳金。于愿亦足。惟古来书中所纪。弟子之得赐于师者。月与薪耶。抑按日予之。奎沙达曰。古人未尝以日月计。但视其师之恩惠。多少不能预计。且我出时。我有遗嘱。尔之月薪。亦在遗嘱之中。以我此出。生死正不敢知。防我死无以酬汝。故预为书之。勿令尔生怏怏之思。天下为侠客者。与死为邻。且死期不审何日。山差邦曰。夜来闻研机之声。能乱吾师之心曲。吾偶一提及。师即加责。后此当恭谨如奴之事主。奎沙达曰。如是。则尔或不至于丛过。天下舍父母外。即属师尊。师尊犹父母也。

第七章

此时盛雨及之。山差邦欲至砑布机之土屋避雨。而奎沙达不欲。即引马右行。已得官道。而前路有骑士。冠上闪闪作金光。奎沙达曰。来者必为真侠客。以书中之义决之。所谓彼门阖。而此门开也。夜中闻机器之声。吾以为敌至。既而非是。今兹则真敌当前。安可交臂而失。来骑决为侠客。吾果不胜者。则不能再言吾误。试观来者。决冠金盔。决为马不利那所戴。吾曾立誓。非夺此盔。不为男子。（马不利那者。则沙拉生种人中至勇之人。出必冠金盔。后为雷那斗所夺。此游侠小说之所载者。）山差邦曰。吾师当慎言。勿孟浪。吾今不敢饶舌。防触师之怒。今但请吾师。明辨来者。再勿误会。奎沙达曰。天下岂有金盔明于白昼。与机器鸣于夜中。独无分别耶。山差邦曰。二物分别如何。吾不敢知。果吾师容吾进言者。则师之所见。又似舛误。奎沙达曰。吾安得误。前面武士。戴金盔。骑灰色马。冲余而来。汝瞶瞶若无闻见耶。山差邦曰。灰色驴。非马也。顶上似戴一发光之物。奎沙达曰。发光之物。即马不利那之盔。汝且旁立。吾自与之对敌。片晌之间。当立取其盔。山差邦曰。观敌甚易。想此误甚于闻砑布机也。奎沙达曰。吾不尝命汝勿及是事耶。再如是也。吾将……山差邦曰。将如何。奎沙达曰。将以汝为醢。山差邦嘿然。策蹇而旁立。盖此间有两村庄。一大一小。小村中穷。至无剃发之肆。大者则颇有廛肆。故小村之人。恒至大村中剃发。或为放血。否则大村之剃发匠。挟铜盆至小村售艺。有时骑驴而行。道上值两匠。爱惜其冠。故以铜盆加诸冠上。铜光闪铄动目。山差邦已一一见之。而奎沙达脑病已深。见铜盆忽思及马不利那之故事。竟以铜盆为金盔。见剃发匠既近。即挺槊催马而前。呼曰。山贼。汝果惜死者。趣降勿迟。匠不及防。见迎面至一怪物。挺槊而刺。疾行下驴。飞越而去。其速如风。遗铜盆于道。并弃其驴。奎沙达以为得胜。即拾取其盆。大呼曰。此贼遗盔而去。尚为识机。犹之兽遇猎人而逸。自全其生。此尚可许。即令山差邦检取金盔。山差邦曰。此铜盆也。非盔且非金。所值无几。奎沙达则立加之顶上。四循其冠檐不可得。即曰。此盔初制之时必绝巨。今此盔不及古盔之半。何也。山差邦不禁欲笑。则强力忍之。奎沙达怒曰。汝何笑。山差邦曰。吾笑此侠士。胡为竟戴此盔。盔盖肖剃发匠之铜盆耳。奎沙达曰。盔固金制。必落人手。利其金而毁之。余半搀之以铜。制又弗精。故成为铜盆之式。盖似铜盆。而实盔也。然吾读书多。知古制。行当至城市中。教匠人更制。加之于顶。即天上战神所戴。当亦不能过此。今且加吾盔上。少须与人更战。或逢礫石投我。我足自护其脑。不愁伤也。山差邦曰。能不如英雄化羊之队长。以巨石落师之门牙者。则此盔尚可抵敌。奎沙达曰。不宁落吾牙。且碎吾药罐。顾吾不之惜者。尚能更制以备用。山差邦曰。弟子亦不甚爱此药。得亦不饮。或亦不至再饮此药。盖弟子之意。既不伤人。亦不使人伤我。虽更有人以毡裹我而抛掷者。则但有闭目缩颈。听其所为足矣。奎沙达曰。尔为此言。万非基督教人之言。天下为武士。安能不伤。实相告。小创正为侠客之光荣。尔今曾腰坏而胁痛乎。胡省省防其疻痏。今吾抱定宗旨。别有良图。故不能归肆。代尔复仇。汝屡屡言此。深非吾意。山差邦曰。吾本不介介。今但问吾师。此侠客所遗之马。吾观甚似驴也。今侠客大败而逃。必不来此觅马矣。奎沙达曰。吾历来不取败将之马。今且纵之使行。果吾马不行者。然后始易敌马。吾思彼主人。必归而觅马。山差邦曰。吾意以吾驴易彼马。且彼马亦正似驴。但未知侠客戒律。亦许人易马乎。果不为罪者。不取其马。但取其衔勒。当无大梗。奎沙达曰。可。山差邦曰。吾驴之衔辔。均敝不可用。苟易其新。于心滋惬。于是果进易其辔鞍。觉已驴灿然一新矣。二人复启幞。食昨夜所夺之余粮。食后见道旁有水。水源即通诸砑布之机旁。奎沙达羞其昨夜所为。闭目不之视。俱掬水饱饮而已。饮后上马。沿山道而行。山差邦以驴随后。已而复合官道。山差邦曰。吾师能否容我一言。自师戒勿多言。然心有所蓄。不能不白。奎沙达曰。简语为佳。勿过喋喋。山差邦曰。果在树林之间徘徊。殊无所得。且冒险初无人见。即行侠仗义。亦不见知于人。以吾之见。不如往面国王。为之宣力。可以标名于青史。而吾师之勇概。亦足使国人钦瞩。果大败敌军。亦必获上赏。且有文人纪师之战功。垂诸史乘。亦大佳事。若以弟子之身。凡百悉不如师。然幸附末光。亦足分师余润。奎沙达曰。尔言大有理。然侠客试手。必先冒险。始能得名于宇宙。既有名誉。则国王必将侧席以待。以大名已久震之。一至则空城来迎。此始为男子伸眉之地。譬如一进国都。则父老子弟。及国中美人。必争出聚观。谓此武士。曾经力敌某将。力杀某侠。勇锐无能当。今乃惠然肯来。殊吾邦国之光矣。众望既敷。而国王闻名。亦必临轩而下盼。一见槊盾。必太息谓其文武大臣曰。诸卿必出迎侠客。加以殊礼。诸臣既出迎。王亦迎于门外。彼此引手亲吻。王直引至王后之寝宫。而王后者天人也。公主亦为国色。一见武士。彼此立时钟情。而王立馆武士于宫中。去其衣甲。易以锦绣之段。夫武士擐甲。既形雄武。一加锦衣。尤形妩媚。公主爱之尤深。夜中赐宴。既与王后公主接席。履舄既错。异香扑人。武士于此。仙人不与易矣。此时武士平视公主。饱其眼福。而公主亦以媚眼细瞩武士。相其仪宇。揣其情性。盖欲托以终身者也。罢酒后。乃有奇事。出诸意外者。宫外忽来一侏儒。后随一玉人。有两长人夹侍之。此亦前此有邪术之人。安排此局者。果能销释此局。则勇名当被于天下。国王遂大集群臣及大将。令其从两长人手中。夺出此女。顾乃不能得。始令侠客取之。唾手即得。而公主大悦。极慕此侠客为神勇。是时国王。方用兵于邻国。邻亦富强。多兵而能战。国王乃告侠客。以将大出兵。侠客允尽死力。王乃大悦。侠客即引国王之手为谢。是夕侠客。别公主于琼窗之下。窗临花园。谈心于月下花间。久之。中有宫娥。为之传语。侠客临别时。太息不止。而公主恋别。眩晕者再。凄咽无声。而宫娥以冷水喷其额。公主醒。而天已垂白。公主防为人觉。愈形悲梗。即是窗中引手。侠客捧而屡亲。泪落如绠。公主玉腕。尽为沾湿。于是二人各吐衷曲。公主嘱其珍重。且订后期。以奏捷相见为准。侠客则矢誓自明。永不相负。匆匆复亲公主之手。似吐其灵魂。蟠抱公主玉腕之上。固结不散者。公主不得已趣行。侠客归寝。辗转不再成寐。天明日出。侠客起辞国王并王后上道。尚请与公主为别。宫娥言。公主卧病。侠客亦为恻然。几欲下泪。幸强力忍之。不为王后所知。宫娥回报公主。述武士恋别之状。公主愈悲。即问宫娥曰。此侠士为贵族耶。为平民耶。宫娥曰。此人决为贵族之后。仪表既已不凡。而尤工内媚。苟非贵族。乌能兼此两美。公主闻之心慰。然尚自支厉。不为恋别之色。令两宫知之。卧病数日。即起朝。及后复其恒状。已而侠客大战。杀敌无算。下名城无数。奏凯归朝。公主大悦。而侠客仍以宫娥道意。订约成婚。彼此互奏。侠客告王。公主告后也。王以侠客。为国宣劳。尚主分也。而王未即答。乃未审侠客之门伐。尚有贵族平民之辨。然公主乃以术智动王后。而国王亦不得不诺之。盖此侠客。或亦国王之裔。唯其国土。未尝见诸沿革之地图。已而老王薨。传位公主。而侠客遂王此一国。因而念其弟子。思有以宠赉之。即以弟子。娶此传语之宫娥。宫娥初非微贱。特公爵之爱女。被选入宫者。（以上均幻想之言。）山差邦大悦曰。但愿吾师。得此良缘。则我之幸福。亦自不薄。奎沙达曰。幸勿以我为幻想。凡为武士。终陟九五之尊。今最要者。须得一有势力之国王。勿论正教异教。必须有战争之事。而王又有美丽之公主。则我方从而着手。今当先从他处。购得勇名。然后国王知之。方加延纳。然犹有足以顾虑者。果立奇勋。果遇公主。而王苟问我以门第者。而我非贵族。将胡以对。此则我所戚戚于衷怀者。盖国王贵门伐。我果功高震主。而地出寒细。而王亦将峻却吾请。行且奈何。设吾之统系不明。即功盖天下。亦无尚主之日。虽吾家不弱。每年进款。可一百二十克朗。将来史家。纪我列传。必推源祖德。溯及吾前五世之远祖。亦王孙也。须知天下有两种人。一为皇裔。乃积渐式微。沦于齐民。其一种起家微贱。乃多贤子孙。由将相而履宝位者。往往有之。故有由贵而贱。亦有由贱而贵者。互相消长。正不可以道里计。今吾之先世。亦本皇孙。而吾亦为侠客。设王考吾谱系。自亦不愧粉侯也。纵使国王。固执不通。而公主自由。必能下降。情之所钟。又慕吾神勇。即为担水之儿。亦将下嫁矣。即使公主。仍恇吝不前。吾仍以武力劫之远去。（此尤奇想。）山差邦曰。适吾师所述。大肖吾师之生平。彼国王何物敢尔。吾意非劫之而行。万不为功。惟一加强劫。则吾师得妻。而宫娥决不出。吾又何从与美人相见。奎沙达曰。此亦近理。山差邦曰。然亦趁运而行耳。奎沙达曰。果得天佑。必获两全。山差邦曰。吾亦奉教之人家。果为伯爵。自问亦称。奎沙达曰。即非贵族。亦不妨事。吾力可以赐尔爵位。此事属我。可勿介介于怀。山差邦曰。吾师赐爵。固属天恩。第未知吾之资格。果能称兹五等否。奎沙达曰。胡能不称。山差邦曰。吾前此曾为引导之员。既着衣冠。人人以为称体。今果易以伯爵之命服。或公爵者。吾师以为何如。果衣公爵之衣。想人之眼光。已从百余咪外射我矣。奎沙达曰。果着公爵之冠服。则隔日必一剃其髭须。方发异采。山差邦曰。然则吾邸第中。须养一剃发匠。偶一出行。必令侍从。如圉人之从而刷马焉。奎沙达曰。汝为寒人。何知公侯。出必以圉人随侍。山差邦曰。前数年。吾入宫操工作。见一伟人骑马。而马后亦随一骑士。伟人行。而从骑亦行。伟人止。而从骑亦止。似系伟人之马尾。息息相追逐者。吾疑而问诸旁人。人言此为圉人。公侯每出。圉人必随。此吾得诸宫中者。至今未尝去怀。奎沙达曰。然。公侯有圉人。汝以剃发匠代之。亦佳。天下习惯。必有所自始。然后人人习之始惯。尔今以名伯爵。从一剃发匠。安知天下人。不从风而靡。自尔开此风气。则人人必称尔为新法。山差邦曰。剃髯之事。我自料理。所望吾师。能登大宝。我为伯爵。则剃发匠从我。方称贵家行为。若大位不属。则五等无望。日剃吾须。亦何用者。奎沙达曰。此事属我。汝胡足忧。

第八章

此时昂头。忽见有一群之人。鱼贯而来。为数可十二。状如串珠。颈上皆加铁索。加以镣械。十二人外。有两骑士。执火枪卫之。尤有二人。步从执长刀。山差邦曰。吾师不观来者均罪人。有人监护。趣为苦工者耶。奎沙达曰。国王能用强力逼人为苦力乎。山差邦曰。此中多匪类。为法律所不恕。定罪使以力自赎者。奎沙达曰。彼固有罪。然执役非所愿。必有敦逼之者。山差邦曰。此焉能甘。奎沙达曰。吾职本以救拔困苦者。今机会至矣。山差邦曰。此等匪类。罪所应戮。吾师万不能施侠义于是人之身。时囚人已至前。奎沙达自马上为礼。问二骑士。以囚人致罪之由。二骑士中。一人答曰。凡此皆罪人。律定为苦力者。先生勿过问可也。奎沙达曰。再容一问。何以令为苦工。果蒙见答。无任感佩。骑士曰。我有公文。不能相示。先生果欲问者。可自问罪人。罪人不讳。必自吐实。奎沙达闻言。即勒马至一罪人之前。问其致罪受罪之故。罪人曰。吾为爱情。致罹罪罟。奎沙达大惊曰。天下有爱情者。皆罹缧绁。然则吾亦钟情之人。宜久得罪矣。罪人曰。吾之爱情。与先生异。吾所爱者非美人。爱一筐之布。搂抱诸怀。非为官中所得者。吾之爱情。不遽舍也。得罪之由。即根于此。谳定。令我为三年打水之役。奎沙达曰。何名打水。罪人曰。划小艭耳。罪人年可二十五。为披拉西他人。遂问第二囚。而此囚默然不答。而第一囚代答曰。此人度曲过度。故捉将官里。奎沙达曰。度曲乃有罪而见囚耶。第一囚曰。彼度曲于困苦中。故成为罪案。奎沙达曰。尔言乃大沉晦。度曲足以解忧。正足以苏困苦。胡乃见罪。第一囚曰。为道不同。彼在祸患中度曲。不惟不能解忧。而忧从中来。不可断绝。奎沙达曰。尔言似谜。吾深不解。骑士曰。此为囚中之谐语。所谓唱者。盖身被笞刑。痛不可忍。因而呼号耳。此人被罪受笞。自承盗人牛牲。负痛之声甚巨。同罪者以彼为能歌。今已定以六年苦力。定罪之前。复受鞭背之刑一百。彼之怏怏。不惟为此。且受其同罪者之嗤鄙。以为初无定力。受刑而号。且即自承非男子也。实则坚忍不承。亦可免罪。所以同囚者。咸不齿其人。奎沙达闻言。亦颇然骑士之说。于是复问第三囚。囚从容答曰。吾役剃草五年。苟得达喀尔忒十枚者。吾罪即免。奎沙达曰。吾甚愿予尔二十达卡忒。脱尔于罪。囚曰。先生之言。盖雨后送伞之人。犹之大洋遇风而乏食。纵得钱。亦何从购取面包者。吾庭讯时。果得二十达卡忒。赇请承审之书记。则爰书无名。可以居拖里突经商。不至如今日。以绠系颈。逐队如狗也。此或天意使然。吾何咎命宫之蹇。奎沙达乃问第四囚。则苍髯及腹之叟也。问以得罪之故。叟哽咽无声。至不能发吻作一语。而第五囚代之答曰。此人为苦力四年。且已游衢示众一次矣。奎沙达曰。我观其人。似有冤曲。囚曰。然。此人为勾栏之首领。以皮肉为生涯。且能以巫术迷人。奎沙达曰。苟无巫术之嫌。即为勾栏之主人。亦不至括发而关械。须知勾栏生计。大属非易。非有术智。亦不足借之以生。盖有学问德行者。万万不能辨此。要非专门之学。亦决无利。惟有专门之学。始不遽即于险。但论用人一节。勿论男女之仆。苟非其人。亦立足以取戾。今恨无时候详论。足以任此之人才。想此人年鬓既高。身罹罪罟。正坐此罪。而罪状尤以巫术为重。实则巫术一道。不过使男女改其性质而已。果有定力。亦何从为巫术所蛊。譬如女子。不愿为娼。苟弄之以术。即翻然从人。此说亦近于渺冥。吾滋弗信也。老人曰。先生言然。吾身并无巫术。至开设娼寮。自问不曾犯法。我意谓天下男女。可于萍水中。寄其爱情。不必有父母之命。媒妁之言。始成好合。而亦无孤阴孤阳之怨旷。此亦吾为善之心。不图官中乃以我为罪。戍之远方。以我风烛之年。万无生归之理。况有隐疾在身。遗时痛彻心腑。悠悠长道。何以自全。老人语后复哭。而山差邦尚有数钱。出而饷此老囚。奎沙达以次问第五囚。囚曰。吾亦苦力中之一。我盖以好色败。定罪六年。幸尚少年。过此六年尚未老。足以自活。君果爱我。能解囊而助者。吾每饭必祷君子长寿而富贵。此少年衣服。颇似学生。骑士曰。此人能腊丁文。亦囚中之有才艺者。第五囚之后。则为眼病之人。右眼不正。而貌尚温雅。年可三十以外。然镣械较他囚为重。股际铁索。直围至腰间。颈上又加二铁索。其一联诸他囚之颈。其一则自颈直锁其腕。腕重至不能举。奎沙达问骑士曰。此人铁锁。何为特重。骑士曰。此人罪重于余人。罪恶滔天。至无狱足以坐陷其人。虽重械在身。吾辈息息尚虞其逸。奎沙达曰。彼究何罪。罪大宜死。胡但作苦力也。骑士曰。彼罪十年。当严酷以待。必至死始已。吾今亦能叙其罪状。但为极恶之匪徒。名曰载因司。伪名曰载尼罗。囚忽曰。先生宜慎言。吾不名载尼罗。吾名载因司。吾姓为怕莫斐。未尝有载尼罗之称。苟不慎言。恐无佳兆。骑士曰。汝应恣肆不检。吾将修理尔之喉舌。囚曰。吾惟在法网之中。故尔辈得以自如。必有一日。方知吾名果为载因司耶。或如尔言。为载尼罗。一骑士作色曰。尔不尝称载尼罗耶。此名岂吾二人所臆造。载因司曰。辈中固呼我以此。吾已告诫其人。若再如是。则非剥皮擢筋不可。即谓奎沙达曰。尔为何许人。乃喋喋如是。果能见助。即发善心。彼此东西可也。吾安能久立。与尔作闲话。吾为载尼司。言之亦不隐讳。若我之历史。则一一书为生传。骑士曰。然。彼自述生平。列为一稿。留之监中。质得二百雷罗。（亦钱名。）载因司曰。将来吾将赎归。勿论雷罗。即达卡忒。亦所不惜。奎沙达曰。想尔文字。必有可观。载因司曰。吾文高于古人。盖传中事均纪实。不由小说中之虚构。奎沙达曰。尊文何名。载因司曰。即名载因司传。奎沙达曰。竟乎。曰。是安得竟。以吾尚生。其下尚有无穷之事。且未死何由竟也。且吾传中。述吾坠地时事。直至于末次之谴所。奎沙达曰。然则尔固已受谴矣。对曰。然。前四年曾为苦力。今日旧地重经。可以补成吾传。且至彼间时。未知尚何奇事之足纪。奎沙达曰。然则尔固自负能文章矣。曰否。足下应曰文士多穷足矣。试观古今有学问之人。辄数奇不偶。骑士曰。如尔所言。舍己罪状。委之于命乎。载因司曰。先生尤宜慎口。我固有罪。未尝令尔詈我。尔特奉公之人。赉我至于谴所。尔责已尽。今呶呶又何为者。吾一面官府。即时告发。骑士大怒。即举棒且下。奎沙达止之曰。罪人之言。不为无见。先生不宜孟浪从事。即谓诸囚曰。兄弟听之。尔固有罪。然察诸君之意。恒不自甘。有受刑而诬伏者。有无金不得赎者。咎在问官。今上天命我救拔尔辈。按侠义之律。吾应为尔保护之人。今当与公人熟商。即谓二骑士曰。请君释此十囚。夫以平人为奴。非法。且以酷刑驱之。于天理未合。况此十囚。未尝开罪于君。何为逼之上道。彼固有罪。胡不待上帝责问。彰瘴自有公道。君何劳焉。且此外尚有一说。基督教律。不能以酷刑虐众。众即受虐。二君亦何所利。吾盖与君婉商。君可曲从吾言。立释此囚。果不从吾言。则吾之刀槊。即与二君从事。吾二膊无往不胜。当使二君。一试吾艺。两骑士大笑曰。奇哉。汝敢抗国王之令。令我释囚。然则汝亦国王矣。趣行勿缓。将尔顶上铜盆。稍扶而正之。勿令落于马下。此为闲事。何多管为。夫人好与猫戏。将来必为其爪所伤。无益也。奎沙达大怒曰。尔非猫实鼠。且为无胆之夫。语后一槊直刺。骑士不备。直翻下马。其人即持鸟枪者。枪遂不鸣。其一骑大惊。举刀奋击。苟非囚人四散飞越者。此骑士之刀。且断奎沙达为两矣。骑士见囚已逃。遂舍奎沙达不战。极力追囚。顾以一人之力。不能擒诸囚。而奎沙达纵马。挺槊力追。骑士应敌。而又防囚。遂不能胜。而山差邦为载因司释其铁锁。夺刀杀二骑士。并步兵一人。而囚亦拾石击此未死之步兵。而兵已飞奔而去。此时但剩奎沙达及数囚。山差邦尚明了。知步兵一去。巡警且来。战事未已也。即立劝奎沙达。速逃入山。以避追兵。奎沙达曰。汝言良然。然我自有定见。立呼诸囚。囚方剥取骑士之衣。争集马前听命。奎沙达曰。吾不惜死。为尔脱囚。尔若忘恩。即为负我。我今所求者。尔每人当立赴土薄苏。求面女士打鲁西尼亚。言当瑰克苏替。命汝至止。告捷于美人。且述吾行侠之事。语后自散。吾不汝箠矣。载因司曰。先生救我。固属深恩。然驰告美人。此吾力所万不能至。以我万死余生。安能白昼游行于市上。且须分散潜伏。不为逻者所得。今先生欲令我往面打鲁西尼亚女士。方命之罪。谨拜谢于马前。此事盖同榆树之不能生苹果也。奎沙达怒曰。汝忘恩负义。直娼妇之儿。敢抗乃翁之命令。我今非使尔枷锁以前。面我情人。则万不汝恕。载因司者凶人也。闻言以目四视。于是十人分为左右行。各拾小石。飞掷如雨雹。众知奎沙达首戴铜盆。知为风病。故礫石以投。奎沙达以盾自蒙。亦被重创。面目皆肿。此时驱马趣奔。马已植立不动。山差邦即伏于驴腹。石亦弗及。奎沙达斗中一石。自马仰身而下。囚中少年。即取其铜盆。力击其肩井。后复以巨石。碎其铜盆。且力卸其甲。并脱其裈。使之赤身。幸有两股之甲严束。裈乃不即落。此时但余汗衫。呼啸而去。师弟卧地。相对者一马一驴而已。驴耳则双耸双落。似防飞石复来之状。奎沙达人马。均为石创。卧地不起。而山差邦外衣。亦为囚夺。复防官军之至。奎沙达则中悔救人生命。反为人之所残。愧愤不可自止。

第九章

奎沙达曰。山差邦。我闻人言。待强盗以恩。犹之添水于海。徒费其力。彼焉知恩。吾果听尔之言。或不至是。今悔已莫及。此事适足以警我之将来。不致孟浪以从事。山差邦曰。吾师言然。前此不听弟子之言。故事变丛生。今果听者。或免于祸患。适官兵非畏吾师之侠义而逃也。今吾闻有鸣镝声。官军俄顷且至。不如趣避为是。奎沙达曰。尔盖天生胆歉之人。原不足听。今兹前言已出。不能不听尔之言。趣避官军。然吾生命一日存者。万不可语人。以吾之畏葸。尔但云至再乞哀。吾师始听。切勿云吾闻众而中馁也。尔果敢揭吾之短。则尔为背师。尔命亦将尽于吾手。此言勿辩。且不必疑。果如是者。吾决不行。不惟不畏却官军。即名盖天下之侠客。吾亦与抗而不避。山差邦曰。退非怯也。谋也。盖救既无人。死亦不值。又何取焉。凡有勇有谋者。必留余地。以待得志之日。此英雄伸屈之道也。我固伧人。然深知变故。所贵随机应变。不能坐而待毙。然尚有请者。吾言幸中。非敢以智术震吾师也。为彼此自全之计。今吾先行。吾师力随吾后。可以同脱于难。奎沙达不答。立时上马。山差邦以驴随之。入诸山道。山近沙漠。名曰莫雷那。颇深沉险阻。不可迹觅。山差邦计跨山绝漠。入诸瓦尔索。瓦尔索者乱山也。涂径尤险。官军所万不能及者。幸衣衫甲胄。虽尽亡失。而驴背食物。尚足支一二日。于是胆力复壮。行山道未半。天已沉黑。山差邦请下骑小住。进食以充饥为度。不必多食。时忽得山洞。四周皆大树。乃伏蛰其中。乃载因司不期亦绩至此洞。见二人已酣睡。天下小人。无天良之足语。见有驴在。则窃跨而行。然其舍马取驴者。以马之为物巨。不能猝卖。则但窃其驴。匆匆跨之而去。天甫迟明。山差邦醒。见驴不在。则代步已失。不期纵声而哭。而奎沙达闻声亦醒。山差邦哭曰。此驴为吾子之友。亦吾之性命。人人见之。匪不爱慕。方吾未从吾师时。此驴为人驮载物事。得马拉威底二十六枚。足敷吾一家之用也。奎沙达知山差邦失驴。且将怨已。即以温言慰之。谓人生命运。本有消长。而山差邦终不听。已而奎沙达允以重利。而山差邦乃止哭。奎沙达曰。吾家有五驴。请卖其三。用以偿尔之失驴。山差邦闻言泪止。力谢奎沙达不已。于是二人立起。奔越于乱山之中。时树木槎枒。峰峦出没。奎沙达心念古侠客。往往在深山之中。遇异事。得勇名。而吾之佳运。其在此乎。奎沙达方幻想淋漓。忽见已失之驴。远远奔归。盖载因司倦而假寐。而驴恋故主。故来归耳。山差邦一见狂喜。复跨其驴。此时奎沙达则沉思古事。不计道之远近。而山差邦则既喜得驴。复幸逃出官军之手。则微微觉饥。而驴上之衣物。亦幸同归。山差邦且食干糒。且鞭驴。而齿牙咀嚼之速。乃较驴行为快。行次忽见其师。用槊锋挑起一物。即立奔马后。助拾其物。则一皮箧。及一马鞍。马鞍已为风雨所腐。但留其半。而皮箧乃至沉重。奎沙达命山差邦。下驴取箧。箧有铁锁。然自裂缝中探取。则得新汗衫数袭。及外衣。并裹金钱一囊。山差邦大呼曰。此天赐也。再探之。得日记本一卷。装池极佳。奎沙达曰。日记授我。金钱则尔藏之。山差邦大悦。力亲主人之手。则尽取其衣服。与干糒同裹为一束。奎沙达曰。据此以观。必行人遇盗杀之矣。山差邦曰。吾师又误。盗既杀人。胡为留箧。奎沙达曰。汝言良然。惟吾不解其故。今当从日记中考其为何人也。立时启视。则题诗一首。奎沙达则诵而示山差邦。其诗曰。爱情之神不知苦。以情迷人将人侮。果知吾生欲断肠。何至令予生怨怒。神果有灵当执中。一不之中即罪罟。苦哉苦哉谁所诒。多半胎自希力司。嗟哉希力司。吾今非死将何为。诵后。山差邦曰。吾仍不知言中之意。且希里果何人者。奎沙达曰。吾不云希里。盖云希力司也。以我思希力司。决为女身。为此诗人所爱。且此诗言颇非劣。山差邦曰。吾师习武。何由知诗。奎沙达曰。汝谓不通文字。吾盖文武兼资者也。予将来必以诗代柬。寓吾情人打鲁西尼亚。山差邦听之。古之侠客。不惟能诗。且长音乐。天下诗与乐通。而侠客尤重爱情。故不能忘此两事。夫侠客之才。原不及文士之专门。情至文或不至也。山差邦曰。请师更观其次。奎沙达曰。此下尚有情书之稿本。山差邦曰。更请吾师读之。吾亦心醉于言情之篇也。奎沙达即诵其书曰。尔允我而不践其言。使我失望。但此二事。已阕万道情关矣。汝不久即将闻我死耗。较闻我怨望之声为尤迅。汝决然弃我。舍旧而怜新。彼虽拥多金。而情愫安能如我。果女子贵德性而不贵金钱者。则余安有怏怏之状。挟其娼嫉之心。而俱发者。尔貌固属超轶凡近。然蓄枭险之心。则艳色亦将不为天下所重。吾前此以尔为仙姝。今则以汝为凡猥之人。而无足纪。今者吾心郁郁。不可自聊。想尔必嬉笑如恒。无所介介。但愿上天。俾尔所欢。勿施其寡情于尔之身。庶尔无复后悔。是即吾之所以望尔也。须知尔一中悔。即吾复仇之期。然而吾终重尔。而不愿复此仇。行且相见。先此告绝。其下不署姓名。奎沙达曰。吾终不知其为何人手笔。令人生无尽之懊憹。然以情度之。作此书必为伤心人之语。复翻弄其本。或书也诗也。其字画略清者。尚可识。余则涂乙。不辨行墨。然皆怨抑之词。奎沙达方读日记。而山差邦则探手箧中。四索不止。以先得金钱。可一百达卡忒。于是贪心大煽。匪处不扪。已而无有。然终以得金为乐。回念前此。为店人抛掷。至此一概弗思。喜溢颜色。而奎沙达之意。则欲觅其主人。还其皮箧金钱之属。且知其人能文。决不为凡下之士。又其人为薄情者所负。幽忧抑郁。见诸篇什。尤多情之足感。既而思之。此广漠之中。初无人迹。而箧又垂破。日月已久。则其人亦必不在此。于是信马而行。而马蹄则择平坦者下趣。奎沙达据鞍自念。此深山之中。或能遇险。出吾所蕴蓄。行其侠烈之事。正于此时。忽见山峰之上。有人左右跳越。其捷乃类猿猱。上半赤身。须发蓬蓬。不冠不履。敝裈仅蔽其下体。尚零星不完。股肉尽露。即趣马近其人。意必为遗箧之主人。则力追之。顾马力羸不能前。乃追逐不之及。然奎沙达非得遗箧之主人不可也。饬山差邦分路追之。山差邦曰。吾师幸勿罪。吾不敢轻去吾师。即少别咫尺之遥。吾亦破胆。奎沙达曰。汝言亦善。想尔深恃吾勇。足为尔护。吾心亦深谓然。然吾终当护尔。不使尔有几微之苦。今且随我而前。惟当四瞩。勿放此赤身之人。此人决为遗箧之主人。吾辈任侠。义当还金。山差邦曰。吾意不愿见其人。其人遇我。必索金钱。吾将何以为生。不如避之为愈。即后日遇见其人。则我金钱已空。彼将何从索负。奎沙达曰。误矣。我意必欲得主人还金。始为义举。苟匿而不告。则问我天良。宁不负负。尔且勿贪。必还此金。吾之魂梦。始形安帖。于是引马前趣。

而山差邦自念。即还此金。而尚允我以他物。听之可也。此行马至山溪之次。有一死骡。而鞍辔皆具。惟半体已为狐狼及山鸟所食。奎沙达见骡。益信此骡及败箧。必此赤身人之所遗无疑。正踌躇间。忽闻有噫气声。如牧人之驱羊。俄而果见有羊群。沿小溪而至。其后从一老牧。尚在半山。奎沙达招手呼之使下。老牧曰。足下胡为至此深山之中。此间初无人迹也。奎沙达曰。叟且下山。吾为叟言其至此之故。老牧徐下。见二人观此死骡。即曰。骡死可六阅月矣。足下曾否遇此死骡之主人。奎沙达曰。初不见人。但遇一遗箧。及鞍下之腐毡。老牧曰。吾亦见之。顾不敢近。防为人所见。以我为窃。故未之近。且此箧似魔鬼下饵以钓人。一近即婴奇祸。山差邦曰。吾亦如是。噤不敢前。此箧尚在彼间未发也。想一取其物。必有知者。犹纸之不能包火。奎沙达曰。叟亦知遗箧与死骡之主人翁乎。老牧曰。微知之。前此六阅月。有一少年。厥状甚美。衣服亦甚都。坐乘一骡。即此死者。并一小箧。匆匆至此。问吾辈曰。此山固寂静。然更有寂静于此者否。吾曰。是间久无人踪。然告彼少年时。尚距此地可十数咪。指示其处。即此地也。然山石荦确。不得涂径。足下何能至彼。少年不答。匆匆骑骡向此而来。吾心至以为异。然亦听之。不复留意。逾数日后。有同牧者一人。竟遇此少年于此。即擒此牧童痛殴之。且夺此牧童所赍之食物。匆匆竟去。时吾村人合议。非取此少年。驱之山外不可。顾觅之二日。在深林中。果得其人。卧于老树腔中。见众即出为礼。厥状至和蔼。无恶意。肌瘦而面垢。且所着之衣已敝烂。使人几不相识。然尚能为礼。且慰吾辈勿讶。盖吾之来此。欲自忏其罪。众曰。尔为谁。胡不示我姓名。而此人终不言。众曰。吾后此当续续馈君以食物。似此荒山中。不可得食。得毋馁耶。且曰。果不去此者。则当常馈食物至此。幸勿再殴牧童。夺取其食。众语后。此少年亦再三鸣谢。自承其殴人之过举。后此果不得食。当陈乞于诸君。至于吾之居止无恒。随地均可坐卧。语后嘿然。众闻言皆为之悯叹。盖半岁之间。而美丽之风仪。一变而憔悴至此。似出诸人之意外。吾辈虽属伧父。亦颇惜此文人之坠落。此人语次。忽又瞠目视地。如有所思。久之闭目。闭而复张。嚼齿攒眉。握拳扑取吾辈一人。拳脚交下。非吾辈人众。力夺而出。则此人毙彼拳锋之下矣。口中大呼曰。忽地南得。汝敢背我而行诈。今非剜尔之心肝不可也。且呼且殴。吾既力擘而出之。而其人已捷如飞鸟。穿林分草而去。追之咸莫能及。众知此人。决为风汉。且忽地南得。决为佥壬。逼之使至于此。后此亦时时遇见。常乞食于吾辈。迨风病一发。往往殴人。昨日吾合四五人。将擒取其人。赉往雅路斗越。去此尚二十余咪。俾此风人。入诸医院止其病。纵使未愈。亦足于安常之时。询以姓氏闾里。或能归诸其家。奎沙达曰。吾适见一人。赤身跳越于岩石之上。捷过猿猱。即其人乎。奎沙达还金之心益切。必欲见其人。始遂其好奇之心。正与老人语次。而风人已自峰巅而下。口中喁喁作语。初不辨析。迨其人稍近。而所衣之半臂。则羚羊皮也。睇视其残敝之服饰。似果为上等之人物。既至则恂恂为礼。唯已失音。奎沙达即下马与风人相抱为礼。状如深交。风人力擘而却。退可数步。以手拊奎沙达之肩。及其甲胄。颇以为异。而奎沙达亦睇视不已。于是风人始发言。

第十章

风人曰。我初不识先生为谁。然来意甚殷。吾至感激。至恨无笔。纪吾生平。或作诗示意。深不愿以言词自达其隐。惟吾已处于困蹇之中。一腔抑郁。恨不得人而诉。奎沙达曰。我至有心觅君。聆君绪言。探取为何冤抑。至此田地。果尔吾必拔君于危困之中。且代君复仇。抑别有隐衷。不能再归人境。吾可以伴君。为君释其烦忧。此意果能见纳。吾极意愿左右足下。敢问足下氏族门第。胡以盛年自弃如是之酷。吾尤敢用武士之名为誓。赴义若渴。百死不辞。即不遇君仇。吾亦愿长处此山。与君同遁。风人闻言。睇视久之。始曰。先生曾否挟持食物。俾充饥肠。方能吐其款曲。山差邦即出少食物。而行牧之老人。亦微有所授。风人掬瞰。直谓之吞。不谓之食也。此时三人皆无言。立视风人食后。即招奎沙达师弟及老人。同至一草地之上。风人仰卧而言曰。诸君欲听吾言。幸勿杂问。一问吾即不能答。而脑力紊。风病亦立发。奎沙达因忆山差邦曾言。数羊三百过河。一问即不能省记。事适与此正同。风人曰。吾之宿诫。盖欲急述吾隐。盖乘吾脑力清时。尽情倾吐。万不至于遗漏。三人皆曰。决不中断君言。风人曰。吾名卡治诺。生于亚打西亚。为贵族裔胄。二亲咸丰于财。然吾运之否。亦不能救以多金。此殆天使之然。吾之同乡。有女名鲁西达。美乃无度。门第产业。正与吾同。独恨其无恒久之心。吾一见已倾心于彼。且两少无猜。直至于长大。彼亦待我良厚。吾二亲知吾二人之意。听吾所为。即女之父母亦然。咸知后此二氏。必成亲串。而门第亦称。已而年长。而爱亦日深。女父以礼自防。即不令吾常至其家。顾虽如是。而吾与鲁西达。或不自禁。口舌既不能宣。则用笔墨以达其情愫。事有不能当面发吻者。而笔谈则又无禁。已而缄札日多。且媵以诗歌。而报章亦复不鲜。两心相印。直造深邃之境。已而决计求婚于女父。老人亦不峻却。即曰。尔尚有翁在。可禀白二老。更与吾言。吾心感老人一诺。亦知告之二亲。亦决无斥驳之训词。既归告之吾父。吾父方启一函读之。既而见我。即以来函授余。令余读之。曰。卡治诺。汝试观此书。书至自雷卡斗公爵邸。公爵命尔往面。公爵者。为西班牙中最有权势之人。所有田庄。均在亚打西亚。吾读来书。似属意于吾。吾父安能。峻却其命。书意盖命吾父。送予至邸。侍其公子读书。且有重赉。此书出诸意外。则惊讶不可止。而吾父曰。尔当僦装。在此两日中。即当趣邸面公爵。尔当感谢上苍。为尔开富贵之涂轨。复至再申嘱。匆匆即出。乃不及言求婚之事。然临行之前一夕。尚至鲁西达家。与之叙别。且面女父。告以奉命趣邸侍读之事。且乞老人践其前诺。少待移时。而老人亦慨然见允。余复与女立重誓誓婚嫁。别时情态。乃悲不自胜。既至朱邸。而公爵恩礼备至。于是舍人。人人侧目。然其与余最亲稔者。为忽地南得。即公爵之第二子。年少美丽。好色成性。见余则大声过望。结为知交。然而伯兄待我亦笃。余左右皆得其欢心。愿既称为知己。往往诉其衷曲。不复敛藏。忽地南得。既引余为其死友。即以隐衷示余。中有一女。为富农之弱息。而又隶于公爵之奴籍。虽有倾城。乃非公子之偶。然此女既美而贤。且洞明世故。善肆应。见者匪不倾心。而忽地南得。尤为之迷惘。思欲与通。而女守贞不许。于是忽地南得。即思图娶其人。公子既诉腹心。余亦以直道相告。言贵贱非偶。恐不见许于公爵。言婉而辩。曲有情理。而公子不可。且令余面告其父。余雅不欲。而公子不之觉。仍强余一行。已而知余不悦。即禁余勿言。且曰。彼此情愫既笃。不如吾远行少避为佳。且欲同至吾家小住。市得骏马。以吾乡产名马。闻于国中。故公子托言以此。余适欲宁家。且视吾鲁西达。此盖天与之缘。乃喜出望外。且余尤知忽地南得。心悦此女。但防为父所闻。特坐待机宜以进。盖少年人言爱情。情款殊不可恃。一见美人。即动情欲。欲遂情亦渐疏。此轻薄子之恒性然也。若真爱情者。则历久愈坚诚。颠扑所不破。余微闻忽地南得。此时已与女通。而富贵之等夷。又横亘于心。故思避之。非避其父。盖避女也。苟合既遂。结婚之言。已置之度外。遂决计行。既至吾家。吾父尤加意礼待。余既为公子安置行李。即至鲁西达家。而鲁西达待余亦加亲。余自念与公子既为密友。余胡能不告以秘事。然吾事自此败矣。一日余举鲁西达之美而贤。而忽地南得心动。乃请一面其人。余以知交。慨然领诺。余引公子至鲁西达家相见。忽地南得。一见女美。较农女为胜。直印入忽地南得之脑筋。以为人间第一。凡百美人。无再出其右者。见后默然。状如中恶。而乱其心曲。则时时索女之书及诗。余平日珍藏。不肯示彼。一日鲁西达书至。竟落其手。书盖趣余禀白二亲。趣行婚礼者。公子读书。见文词娇婉缠绵。则失声而呼。遂专意于鲁西达。对余夸鲁西达之美。余妒念立为之生。意颇怏怏。但觉公子。无语不称鲁西达。余益厌闻。虽鲁西达未尝屏予。

而每日面余。必述其爱情。而余终省省加以防备。患其中变。一日鲁西达向余借高庐亚马底本传。奎沙达一闻亚马底之名。心即大动。言曰。尔谓鲁西达能读是书。则已决其大非常女矣。即不必盛传其美贤。然已矫矫为人间所罕有。凡女子能读是书。则才貌决臻高顶。吾今甚愿足下。假以是书。并假以鲁格罗之传。嗟夫。果此女愿读侠义之书者。吾家无虑千卷。以吾沉酣于侠义之传有年矣。今则一卷皆无。前有魔术之眩人。一夕尽挈吾书而去。盖吾一闻侠义之书。直嗜之如日光月影。尔幸勿怪中断其言。祈再着意言之。自奎沙达语后。而卡治诺竟垂首不言。少须张目言曰。吾甚信此事。真而无伪。人果言马打西麻与伊里沙巴无情愫。其人乃真颟顸。（二人盖亚马底传中之事。）伊里沙巴者。良医也。能治危病。马打西麻。为加他西司之夫人。马打西麻。在亚马底传中。为重要之人物。而伊里沙巴。与此女在树林中。同行同宿。乃无苟且之事。此书中之所云。故风人斥其无理。奎沙达大怒曰。上有皇天。奈何敢诋毁此二贤。在法当死。马打西麻。为抱贞守节之贞女。况身为公主。乃能与医生苟合耶。凡人敢诋毁此女。直为妄言之人。吾敢与其人立约。步也。骑也。刀也。槊也。必作一决斗。以明公主之无他。卡治诺闻言。怒张其目。视奎沙达。似马打西麻。为奎沙达之亲串者。即亦大怒。风病立发。即检取大石。立击奎沙达。奎沙达中石而仰翻。山差邦立时趋救。扑此风人。然风人力巨。扑山差邦于地上。以脚蹴之。牧羊老人趋救。亦为风人所扑。饱试老拳。疾奔入林而去。山差邦既起。太息不止。则怨牧叟之不言。故不为宿备。叟曰。吾不言此人。既馈之食。且面目忘失而用武耶。何为怨我。山差邦尚哓哓而辩。于是山差邦捋叟之髯。而叟亦引山差邦之发。彼比同蹶于地。奎沙达遂强起力解之。山差邦尚贾其余勇。言曰。彼非武士。盖平民也。吾非落其门牙不可。奎沙达曰。叟无过。不宜殴。即以温言慰叟曰。汝尚能招取卡治诺。竟其后文否。叟曰。否。彼踪迹无恒。何能觅取。果知其处。何惜一言。然彼无食。间日必出而求我。或可见也。

第十一章

奎沙达此时。辞牧叟上马而行。山差邦以驴随之。山石荦确。至不易行。师弟均无言。而山差邦意待其师发言。久之无声。山差邦不能忍。即曰。吾师幸勿罪我。我意恨不至家。面吾妻子。可以恣意放言。不似从师之拘谨。今吾从师于艰难险阻中。为苦至矣。而又禁我勿言。苦殆甚于生瘗也。夫长日为冒险之事。无复他事。但饱受老拳。又听人蹴我。此尚可忍。唯禁我勿言。苦尤难堪。奎沙达曰。汝欲发言。炫其词藻可也。惟发言当在山中。一出此山。即宜缄默。山差邦曰。此间区区之地。不伸吾意。必随地皆可言者。吾心始畅。今尚有请者。适风人言马达沙者。或马达西。与师胡涉。何为以性命相博。果师不斥其误。则风人或竟其说。惟师发怒。故受此祸。然则师亦多言。受人一石。吾虽无言。而腹上亦受风人践踏。师尚何咎我之多言。奎沙达曰。恨尔不知书中之意。彼马打西麻者。千古之贞女也。彼敢妄言。在义吾宜急击其唇吻以断之。况彼身为皇后。乃下盼医生。此诚污蔑之言。吾身为侠客。胡能甘受。彼伊里沙巴者。虽为医生。诚聪明而忠悫。为皇后侍医。且为顾问之官。为后划策。若云皇后与之苟合。则为言过亵。宜处之以重罚。卡治诺信口肆詈。或亦不解书中之意。或风病发。故言之无端。山差邦曰。风人安有思虑。然大石幸中师腹。若以盖顶。又将奈何。

果石及脑开。则取偿亦将无术。以法律不罪风人也。奎沙达曰。山差邦。汝焉知侠客之行为。首当保护美人之节操。勿论风人也。抑常人也。终不许其有犯美人之清誉。马打西麻之贤且美。尤吾生平所倾服。盖此人在美人中。落落光明。为千古闺秀之模楷。当其遇难之时。医生为之划策。脱马打西麻于难。而无知之俗子。乃妄发议论。污蔑清操。余敢百口力辨其妄。纯为捕风捉影之谈。山差邦曰。吾无识。不敢辨其是非。亦不察旁人之议论。盖悠悠千年之死人。非我面包牛奶。吾何为刻刻为之当心。天下人多半为己。惟上帝始有公心博爱天下之人。吾其敢比并上帝耶。夫上帝有大力。始足管人闲事。而闲事于我又胡涉。奎沙达曰。尔言固不为无理。然甚悖吾意。后此但默默据驴背而行。吾事汝不应与。前事可不必言。而后之所为。吾当一一守吾侠客之戒律。汝何知者。山差邦曰。夫侠义之戒律。必令人穿林渡水。登高陟险。肤革供人鞭扑。以此为侠义乎。奎沙达曰。此何与汝事。汝可勿言。吾之陟险登高。意别有属。岂必觅此风人。盖欲在是间。为惊天动地之事。使万方咸震。吾名且垂之史册。为侠客中出类拔萃之人。于愿始足。山差邦曰。据是以行。不冒险耶。奎沙达曰。是安得险。所恃者志。即有不惬心之事。亦不足遽夺吾志。山差邦曰。何谓志。又何谓夺。奎沙达曰。志即恒心也。譬如吾遣汝干事。汝必遵守而行。终始如一。则吾心悦。即尔立志干功之时。而荣名亦随之而得。汝当知身为吾之弟子。故不能不与尔谈立志之事。汝尤当知。亚马底当日。在侠客中为完人。亦为先达。果有人欲抑而下之。则直谓之妄想。譬诸画家。欲得名于时。必得佳谱而临之。始能得名。然后神而明之。始成大家。即学侠客。亦何莫如是。然须从谨慎坚贞入手。步武尤利昔司之为人。尤利昔司之传。为侯莫尔手笔。描绘其为人。匪微不至。此外尚有大文家侮支鲁所为书。则全叙忠孝之武士。然终不及亚马底。亚马底实侠客中空前之人。吾不之师法。又将焉取师之。法之匪一不肖。则可以传名于后世。山差邦汝尚未知亚马底之谨慎坚忍。及其爱情。直令人五体投地。其尤可取者。在别其夫人阿雷亚纳时。夫人不直其人。而亚马底遂避遁入山。吁天自悔。此一节吾甚慕之。盖学此一节。较其他为异。亚马底杀妖怪。诛野人。为事颇难。惟此一节。颇惬吾心。吾故学之。今此深林寂壑之间。即我修身之地。故恋恋不忍舍之而去。山差邦曰。此山寂寞。岂吾师干功立业之地。奎沙达曰。吾不言学亚马底。与其妻反目之故。中怀悲怆。故避遁山中。用自忏悔耶。余此时不惟学亚马底。且欲学阿兰斗。阿兰斗之妻安琪利卡。与外夫利豆娄。幽会于水际。为阿兰斗所见。则狂病立发。拔树断水。杀牧童。驱其羊群。焚其团焦。且自焚其室。散去其马。种种风病。悉纪于书中。吾则深慕其有趣。亦欲学之。盖狂病不必学。而孤愤自废。良可味也。然特一时兴到之言。实则吾心专属亚马底。亚马底之悲号自废。初无杀人焚屋之事。吾但学其猖狂。则后来之荣誉。当与之方驾而齐驱矣。山差邦曰。吾虽不学。敢谓世之武士。果学此二子者。皆愚悖也。夫以聪明之人。胡乃学人之狂病。且先生未有家室。而女士打鲁西尼亚。亦未尝开罪于先生。为不贞之行。先生愤无可愤。何为颠倒覆乱其所为。奎沙达曰。我别有怀抱。尔不之知。凡为侠客。多与风病为邻。今打鲁西尼亚。固不吾弃。然吾不先示以狂易之状。则彼无所畏慑。或且失检。则吾悔已晚。不如伪风以警之。且吾宗旨已定。学亚马底。甚洽吾意。汝勿言可也。须知吾近日实有风病。或且遣汝赉书一行。苟得报书。则吾病当立愈。果报书适如吾意。则吾可以匆匆立归。否则有几微之违言。则吾将不避痛楚而冒进。风否悬此一笺之内矣。今且问汝。吾所得之金盔。为贼所破。其余屑尚有存乎。山差邦大呼曰。吾师所言。吾不忍闻。此等语使人闻之。未有不嗤为狂易者。师前云。伐国取岛。命我为总督。此直梦呓之言。夫以剃发匠之铜盆。名为金盔。则伐国取岛之言。宁复可信。盖非风狂。亦必有脑病者。此破铜盆尚存吾裹。意归家时。命匠人修之。为山妻盥器。奎沙达曰。吾性喜光明之盔甲。吾敢立誓。以尔为至愚之人。实从来武士弟子所未有者。尔从我久。冒险亦久。乃尚不谙弟子之行为。且不明侠客之心迹。何也。须知吾所行之事。均光明而磊落。汝宜倾服之不暇。乃疑虑环生。此中不无疑案。是必善于妖术者。隐中愚弄尔心。故蔽聪塞明。至此田地。明明一夺目之金盔。汝则谓之铜盆。则眼瞇矣。若更问第三人。安知不别有所谓。虽然。尔既谓之为铜盆。则吾心略安。若发明其为金盔者。则不知将生何许之狙劫。备不胜备。又将奈何。且戴此金盔之人。亦或不知为古人所遗。果知为希世之宝。则必舍命自卫此盔。何至竟落吾手。今吾方学阿兰斗之毁甲裂裳。亦无须此盔若见而碎之。弥复可惜。不若汝善藏之为佳。且行且语。不期行至危石之下。拔地峭立。流水环之。旁有草地一区。芊绵可爱。且野花送馨。清寂无人。奎沙达即欲留此。行其忏悔。忏悔者。忏爱情也。奎沙达四顾山容。即呼曰。天乎天乎。此地适为伤心人呼吁之地。盖吾之眼泪如泉。将与此水争流。而噫气成风。能一一动此林叶。此间清凉寂寞。千古伤心之人。为美人所拒。必于此间。恣哭以呼天。今勿论山灵山鬼。悉来听我。诉其伤心之语。嗟夫。打鲁西尼亚。汝身无异初阳。前此光明。今乃为翳翳将入之景矣。吾为汝翕受千艰万苦。悉为汝之不吾爱。今愿上天。佑汝平安无恙。林木果知吾心者。当动其枝叶。以代点首。示其领解吾言。则吾心庶几略慰矣。山差邦听之。吾愿汝长随吾身。试观吾舍其安乐之境。至此饱受艰虞。此正侠客无聊之排遣。语后下马。去其鞍辔。言曰。鲁林安替。汝今自由矣。恣尔所行。不必随我。古人野司拖鲁夫之马斐波。当不及汝。即佛兰提诺为巴打麻所乘。方其得时。为价甚巨。而皆不汝及也。山差邦曰。吾师放马。吾且喂之。与其置此山中。不如授我。为师赍书与打鲁西尼亚女士。且师既佯狂。无须此马。吾得马而行。可以代步。奎沙达曰。可。今兹不能遽行。当更留三日。汝今为我证人。视吾行为。然后拾而告我美人。或能见信。山差邦曰。吾见师行事久矣。何待更观其余。奎沙达曰。前此犹不改常度。今当去吾盔。裂吾甲。褫吾汗衫。以石自叩其颅。俾之作奇响。此始为佯狂之真际。山差邦曰。吾师与石块宣战。宜慎。果头颅一破。即欲佯狂。亦不可得。此事弟子决不谓然。夫以头抵棉花及马鞯。不愈于触石头耶。夫仿效亚马底。效其似不必效其真。吾一一归白打鲁西尼亚。言师狂病。彼自倾听。何必流血被面。始为真狂。奎沙达曰。尔言殊善。惟吾佯狂之事。初非儿戏。须慎重以出。使人信以为真。果为人所觉。即非侠义行为。凡行侠之人。初不行伪。伪即非侠。譬如将以首触石。乃故触棉花。以免其痛楚。其罪乃与妄言同科。吾不为也。故以石触脑。必使听之有声。方不成伪。所以命尔随带膏药。及裹创之布。此二物之所以必需者。以吾圣药之罐。为石所碎。疗治无方。故降而需此。山差邦曰。吾不幸代步之驴已死。于未死之前。药膏及布。已尽失无遗。且吾师所制之圣药。吾思之尚突突欲哕。今无他法。请师速速作书。吾立时以马行矣。苟得报书。即飞驰而归。免吾师于困厄。奎沙达曰。尔对美人语时。且述吾在地狱中足矣。山差邦曰。吾安能陷师于地狱。吾宿闻牧师言。地狱中万无赎罪之例。奎沙达曰。何名赎罪。山差邦曰。凡人一入地狱。永不翻身。今吾师但佯狂而已。非复地狱。吾苟以书上打鲁西尼亚。一得报章。则吾师立时出险。宁有地狱之可言。吾今一面美人。必痛哭流涕。述师之苦。使美人恻隐之心一动。则吾师立出沉沦。奎沙达曰。善。唯此书如何着手者。山差邦曰。吾师作书时。尚须作三驴之卖券偿我。奎沙达曰。吾既允汝。那复能忘。今此间无纸。以树叶书之可也。古人亦有以蜡代纸者。今既无纸。而又无蜡。吾将奈何。虽然。吾得一法矣。彼卡治诺不有日记本乎。其中有铅笔。吾即掣其纸作稿。汝路过村庄时。托学校校长誊之。若无学校。则托教堂之书记亦可。唯勿索遗嘱之书手。此等人书法。多模糊。使人不可辨认。山差邦曰。书后无吾师签字。则读者将斥为伪书。奎沙达曰。亚马底寓人书。向不签字。山差邦曰。书不签字。可也。而三驴之券。安可勿签。若匆匆作数字而不签。则师之家人。见字亦将不承。奎沙达曰。即于日记上签字授尔。可也。尔以吾书示吾侄女。当即予驴。唯吾与美人书。宜托人誊正。尔当为我。书当瑰克苏替之名。又书别号。曰惨形。汝为我了之。足矣。彼打鲁西尼亚。初不识字。亦未尝得吾书札。此书为吾寓彼之第一笺。盖吾二人之爱情。非色欲之爱。以礼自防。动中规矩。虽相处十二年。吾实奉为至宝。顾但相见四次而已。且此四次中。彼亦未知吾之爱彼。盖彼之二亲。阃教极严。不许轶出礼法之外。彼父名老龙周。母名亚路丹乍。山差邦忽曰。打鲁西尼亚。乃老龙周女耶。此女又名亚路乍老龙周。奎沙达曰。然。此女之情及貌。盖天下无第二人。山差邦曰。此女吾知之甚详。猥贱极矣。貌不逾中人。然健硕如男子。且声如洪钟。不类闺秀。尚忆得一日。彼立于高塔之上。呼田作之农夫。高处发声。而咪许以外。皆闻其语。此女亦颇自由。好谈诙。其遇男子。如侮小儿。匪所不言。百无顾忌。吾师既欲佯狂。听师自便。即使有人知之。亦不过谓师眷恋一美人而已。今当趣行。为师致书。以离家久。亦欲归面一视吾妻子。惟此归一见打鲁西尼亚。或至于觌面。不复相识。盖此女久在田间。经风日所晒掠。面目黔黑。正自难料也。然私心所窃怪者。以为吾师爱公主。及大家之闺秀。今乃爱此伧荒之女。似不值吾师之佯狂。师前此曾使败卒。匍匐打鲁西尼亚之前。乞其怜恕。果败卒径如师言。往面此村女。吾实不知打鲁西尼亚。将如何发遣是人。思之令人捧腹。果使吾师。战胜武士。使其赴女家乞哀。非遇此女于碾坊。即遇此女于田次。相顾愕眙。结舌不知所对。宁非自败吾师之英名。夫武士之伏罪。固已怀惭。乃伏罪于伧荒之女。则惭且加甚。奎沙达曰。山差邦。吾已累累诫尔勿言。尔必饶舌。尔之尖薄。可诛甚矣。虽颟顸不省大体。然偶出一语。直同快剪之刺吾喉。吾今再申告诫。引据故典。令尔听之。尔方能悟而知悔。前此有艳孀。爱一男子。此男子为学校之僮厮。一日主人。闻其奴有外遇。即自至艳孀之家。导以训辞。曰。女士。道人有一事。至以为怪。夫以女士之美而有才。且拥厚资。胡为不择人而事。乃渝于下贱。宁非自贬。须知吾校之中。有博士学士。品望皆高于此奴。女士胡不慎选。如就果园选果。取其甘芳者。奈何取及下劣之品。孀曰。先生误矣。先生谓我眷此僮为无目。实则尔之思想实腐。汝谓我无目。然吾之礼重其人学问。乃过于亚雷司透士也。山差邦听之。汝谓打鲁西尼亚劣。吾则谓大国之公主。弥复不如。汝今试思。古今诗家。盛道美人之美。试问世有真美人。如彼诗家所言耶。古时固有美女。如亚马雷加拉他斐里司者。往往见之诗歌纪载之中。至于剧场之上。皆盛饰其态度。实则果空诸一切耶。汝今幸勿拘拘。吾敢质言。诗歌中所述之美人。皆彼自逞其才藻。以炫人之视听。使后人读之。心醉其艳情。以为实有其事。今吾之打鲁西尼亚。人既美丽。行又坚贞。至于出身猥贱。吾所不计。弗类男子立朝。须讲门第。今打鲁西尼亚。入我目中。实无人能跨其上。须知天下但有二物。足以动人。一则女美。一则女之令名。今二物全备于打鲁西尼亚之一身。以吾思之。适为吾心中之第一人。不可增亦不能减。即古之蟹蓬。及柳不西亚。皆不如吾打鲁西尼亚之美。即如罗马希腊。列女传中之人。一一皆莫望其后尘。矧在寻常之女子。今吾已属意是人。即有啧啧之人言。吾决不为之动。山差邦曰。先生听之。吾蠢蠢如驴。不审吾师之谈吐。今但问椷札成乎。一成吾即上道。奎沙达即出日记之本。书于空页之上。即朗诵以示山差邦曰。此为吾之稿本。防尔中道遗失。故朗诵一周。令尔记之。口述吾意。以告玉人。山差邦曰。吾师宜多作数笺。果遗其一。尚有其二。以吾脑力至钝。有时并吾姓均忘之。胡能记师言情之佳作。虽然。亦愿闻之。奎沙达曰。善。然汝当注意以听。即曰。打鲁西尼亚女士见此。吾自别汝上道。如刀剜吾心。今故作书问尔。眠食平安。果女士斥我。不使我有冀望之心。则我亦甘心自安命舛。不敢怨咨。直容忍至于盖棺而止。今吾忠信之弟子山差邦。传述吾言。并吾所以恋尔之故。果女士怜我在困苦之中。则我命或得而偷生。不遽凶折。脱一决绝。则我尚何言。亦忍死伏尔刑威之下。不敢匍匐以求生。惨形武士启。山差邦闻言。即曰。吾自有生以来。初未闻此妙语。情文委婉。入人心脾。然则吾师文武兼长。实为当今之豪杰。奎沙达曰。苟为侠客。胡可不通文字。山差邦曰。今更请吾师为赐驴之券。语贵坚实而简明。俾一见即知为师之手笔。奎沙达曰。可。书既。复读示山差邦曰。侄女见此。汝一见吾书。即将家下之五驴。分其三驴。与吾徒山差邦。此书即为吾之手书。本年八月廿二日。山差邦曰。宜签字于其后。奎沙达曰。可勿签。但书首之字母两字。即为凭准。勿论三驴。即三百驴。得此亦可得也。山差邦曰。敬辞吾师。今上马行矣。吾急欲赍书远去。不欲面吾师佯狂之状。吾见打鲁西尼亚时。必以师怨慕之情愫奉白。奎沙达曰。尔且少待。观吾佯狂之状。为变相以示汝。盖半句钟中。吾已能备诸狂态。后此与美人相见。可以滔滔为无穷之言。惟勿过火足矣。山差邦曰。吾师爱我。幸勿示我以赤身。吾不解师之佯狂。以为风病果发。必大痛不可自止。吾为痛其死驴。脑力已疲。不堪再哭。佯狂可也。赤身不可也。一瞥而过。吾即上道。以行速归亦必速。且能详致打鲁西尼亚之词。果打鲁西尼亚。抵拒吾师之盛意。吾将以武力劫取之。夫以吾师之文武兼资。乃为此婢子。备尝艰苦。而仍愦愦如不闻知。则非劫以武力。彼焉能悟。奎沙达曰。山差邦。幸勿如是。果如是者。亦可名为风狂。山差邦曰。吾实非狂。但暴烈之性。不能堪人之枭险。今亦不必言此。但问吾行后。吾师饮食何恃。今忍饥已二日矣。师将学阿兰斗。杀牧人而夺食耶。奎沙达曰。此事无关。尔即有美食。吾亦弗进。但食山果。及野蔬与纤草而已。以我身方极力忏悔。冀美人之怜我。山差邦曰。吾不识路。而此地又极幽僻。果迷途不至。又将何以报命。奎沙达曰。汝去时处处识之。吾长守此间以待尔。且度尔垂归之时。则卓立于高峰之上。如雕鹗。为尔竖表。而识其道里。此外尚有一法。汝行时沿道以刀斫树而过。直出于官道。迨归辨其所斫之树以进。则不至于迷道矣。山差邦曰。此法至善。遂如言拜别。彼此咸哭。山差邦始上马。奎沙达则坚嘱其慎饲此马。山差邦且行且斫道旁之树。忽闻奎沙达大呼其止。令观佯狂之状。山差邦不顾。然数步之后。复回马言曰。请师出其狂态。吾将举示打鲁西尼亚。然但演一出可也。奎沙达曰可。汝姑待之。语后。立去其裈。左右狂跳。复举左足自加其顶。山差邦不忍更视。回马立行。复沿途斫树为识而去。

第十二章

山差邦去后。奎沙达独留山中。然心绪起落无定。思效阿兰斗之杀人夺食耶。抑学亚马底之自怨自艾。既而曰。阿兰斗固勇猛。然为人邪术所蛊。针入其足心。竟不能死。盖阿兰斗已宿备。以铁为履衬。故针不能入。后此与布尔那斗叩斐有战。而布尔那斗叩斐有亦多力。力扼阿兰斗。几闭气而死于郎洼里。已而阿兰斗果风。盖其妻安琪利卡。与外夫利豆娄作幽会。阿兰斗见之大怒。因而成狂。利豆娄为木尔人。发蜷而曲。曾侍阿佳曼替为奴者也。虽然。妻既不贞。而竟至于狂易。此大误也。盖我之所遇。与阿兰斗异。奈何学之。至于打鲁西尼亚。少小均未见木尔人。今尚守贞。吾奈何疑其有外遇。即佯狂亦不能使其人谅我。此阿兰斗万万不可学者。至于亚马底。初无佯狂之事。但有伤心。因见其妻。礼貌不恭。抑抑逃至深山。幸有隐士。与为伴侣。而亚马底即痛哭诉其反目之由。已而上帝垂怜。竟拔之出困。此为真际。在义宜学其人。不宜学阿兰斗之拔树断水。不近于人道。于是决学亚马底。既而又思。亚马底为妻所轻耳。若吾之打鲁西尼亚。特意中之人。未成婚礼。亦无见轻之事。何为学之。惟彼此暌离。亦可谓之轻我。今非祷告于山灵不可。所恨未逢隐士。何从诉我苦衷。于是徘徊于山间。偶尔得诗。即划沙为字。或以刀镌之树皮。为诗既多。其大略可辨者如下。

诗曰。高树叶青青。风雨难飘零。小树亦婀娜。吾恨何由形。关怀尔盛衰。落泪光晶莹。迹遥心则亲。执迷何时醒。佯狂山水中。山水悲伶俜。我心对山水。焉知愁冥冥。热恼火始然。居此如圄囹。永永不更悔。那复言零丁。其不为诗时。则上下狂奔。语风咒月。至饥疲之时。则觅野蔌而食。虽不即饱。然亦渐渐失形。独居可三礼拜。面目全非。偃儴如丐矣。此时山差邦已行。觅得大道。向土薄苏道行一日。明日至一肆。即当日以毡裹掷之地。甫见肆墙。而中心已动。则思越过其门。不复思啖。乃饥极复近肆门。徘徊不敢遽进。忽自门中出二人。似曾相识。即曰。此非山差邦耶。随其主人。行侠于外。其人曰。然。其马即当瑰克苏替所乘者。此二人即奎沙达之友。一医生。一剃发匠也。二人既见山差邦。即曰。山差邦胡来。尔主人安在。山差邦亦正相识。乃不言主人所在。言有要事。必趣为之。不能遽告以主人所在。剃发匠曰。汝何匆匆为此不经之语。汝谓我不复寻究其事耶。脱尔不言。即属谋害。强夺其马。今试问尔。能否见告。不然。将告警察。捉尔论抵。山差邦曰。彼此同乡。何有此问。人不杀我。我不杀人。亦无行劫之事。何至畏汝。吾师即在迎面之遥山中。佯狂忏悔。此事何关于我。亦不待二人细诘。则一一述其行踪。言将以书告打鲁西尼亚。即老龙周之女。吾师思慕此女。至忘寝食矣。医生及匠。闻言大惊。亦宿知奎沙达为风。然尚不如是之甚。于是索书观之。山差邦曰。此特书稿。尚须托人誊写。医生曰。吾为代书可也。山差邦即出其日记之本。顾已坠落。再三扪索。亦不能得。盖来时不曾挈此日记。于是大惊。颜色惨变如死人。因四觅其衣囊。因忆及不曾挈取而行。乃跳跃自咒。批颊捋须。匪所不至。医生见状。即曰。胡为如是。山差邦曰。

吾太愦愦。不惟失其书稿。且失驴券。匠曰。何谓驴券。山差邦曰。日记本上。书稿在内。又有一券。令其侄女。赐我三驴。遂述其驴死之故。犹不胜其欷歔。医曰。主人既有是言。须另书一券。方能得驴。券稿不足恃也。山差邦意解。言曰。然则券无效者。书亦无效。唯书中之言。吾尚能记忆。匠曰。胡不述诵。请医生书之。山差邦则沉吟熟思。以手搔首。复仰首视天。俯而视地。再咬其指。仍不能言。听者均焦悚莫耐。山差邦曰。二君听之。吾心似为魔鬼所凭。竟一字不能记忆。但忆得第一句。少须曰。吾得之矣。吾伤心一如刀剜。夜不能寐。因述其亲爱之言。吾都不省记。书末则曰惨形武士白。医生及匠。咸曰。汝更述其大意。乃山差邦并所忆之第一句。亦错落颠倒。不复成文。此外尤一一述其师零星之轶事。惟在此肆中。为人裹毡相掷。乃不一言。但曰。打鲁西尼亚。果不与吾师抵抗。则师必安心行其侠义。大则为帝。小亦为王。盖师曾许我。师如为王。我即为总督。且此事至易。师武略既高。战无不胜。为王岂难事哉。师且言。既尚公主。必以宫嫔之美者妻我。并赠厚奁。山差邦且言。且撚其须。而医生与匠闻言。知奎沙达之风病。传染及此钝奴矣。然亦不言。知受病尚浅。即谓山差邦曰。为帝为王。但得身健无病。谋自可至。且不止为此。并可作大主教也。山差邦曰。先生听之。果吾师舍帝王不为。为大主教。先生亦教会中人。试问吾当得何职者。医生曰。易哉。师为主教。弟子必得厚禄。且有腴田。足以自活。然必属之未娶之人。且须诵经识字。山差邦曰。吾则已娶。且不知书。果吾师为主教。吾将何利。唯帝王始称吾师。即吾亦获沾余光。剃发匠曰。山差邦。万勿远虑。吾必力劝其为帝。与侠客之分际始合。主教不易为也。山差邦曰。吾意正与君同。虽吾师多才。百凡皆宜。然主教之职。与吾师大不相称。今吾唯力祷上天。勿令其误趋入道。非帝王到手。则吾辈胡能依吾师以自活。医生曰。尔言至明白。今吾二人。当见尔主人。请其勿太自苦。今兹适当饭时。可入餐堂矣。山差邦曰。吾不入此肆。后当告二君以故。二君果能以熟食饷我。及生刍一束秣吾马者。足矣。二人遂入肆。少须剃发匠。将肉食饷之。且秣其马。遂入与医生。谋取归奎沙达。医生遂决策。以为适中奎沙达之意旨。医生矫装为女士。剃发匠则矫装为男仆。同至奎沙达隐处。吾伪为哀乞求助之状。则彼为侠客。决无不援之理。吾言为武士所侮。请代复仇。必仇复以后。始告以家世。此盖以饵得鱼之法。引其归家后。更以术止其风病。

第十三章

剃发匠深以为然。趣立行之。即与肆主人商酌。假取衣裙。主妇不可。医生脱衣为质。始允。而剃发匠则加伪髯。蓬蓬绕颊。肆主妇问状。医生略述其故。肆主之夫妇。即知为狂病之武士。在此制药。并山差邦为肆人裹毡抛掷事。于是大笑。即为医生扮饰。医生年可三十。髯亦弗长。剃之颇光润。如中年之妇。衣布衣。加黑绒之缘。然皆古式。不同时世之装。略挽一髻。戴宽檐之帽。上加鸟羽。几掩其额。横坐驴背。剃发匠亦随跨一驴。与肆主别。而肆中女仆。亦祷祝其成功。二人尚未出门。医生忽自念。身亦传教之人。奈何以巾帼自污。颇踌躇不能遽出。即谓剃发匠曰。吾意汝易装为女。我易为男仆。试不至得罪于上帝。果不改装者。我决不行。正商酌间。为山差邦所见。则大笑不可止。于是剃发匠允医生所请。复入易装。医生则教以女子之态度语音。俾奎沙达见而信之。匠曰。吾了了于心。尔勿絮絮。必一见奎沙达后。吾自有术以致之。乃复骑驴而出。山差邦已受二人指授计划。亦愿为之导。行次。山差邦言在山中。曾遇一风人。并不言及金钱事。防一言则金钱弗落其手。故秘而不发。明日至山中。已见所斫之树皮。遂彼此检约作晤面干请之言。乃谓山差邦曰。此间荒僻。非觅帝王之所。故吾二人拔而出之。俾图大业。不惟为尔主人。亦为尔计也。且嘱山差邦。

至时若不相识。至问打鲁西尼亚之书。汝则云已致之矣。以女不识字。且不能作书。但寄声报言。当速归相见。勿太自苦如是。且告山差邦。吾之诱彼出山。正为图王张本。此间非其地也。且不令尔师。有大主教之思想。山差邦大悦。甚感二人之恩意力劝其师为帝。不为主教。则己之总督在个中矣。即曰。吾先至主人之前。述打鲁西尼亚言。而吾师当立时出山。无庸二君之跋涉。二人闻言。深以为然。且言吾二人待诸山外。于是山差邦骑马入山寻主人。而医生与剃发匠。则坐于小溪之上。林阴之下。静候报章。此时炎暑未退。时正午后。酷热中人。二人坐谈。以待山差邦。忽闻有作歌之声。虽不和以琴。而音韵至清婉动听。二人既讶。且叹其美。时歌声且行且近。歌词高雅。不类牧竖之曲。歌曰。世间何物乱我心兮。惟彼美之轻予。世间何事使我戚戚兮。夺我掌上之明珠。予将何术以自医兮。但有毕命于须臾。讵舍死独无他法兮。能生我片晌之欢娱。已而已而。非死即狂兮。天之厄我胡为乎。此时但闻其声。不见其人。二人尚引耳以听。待其再歌。已而无声。二人方欲起寻其人。而歌声又作。歌曰。苍苍其助我兮。当知人心之不同兮。人人乘险而抵巇兮。宜斩刈之若蒿蓬。歌已太息悲叹。如吐深哀。二人即欲起觅其人而问之。遂沿声而行。见石上危坐一人。正如山差邦之所云。果风人也。卡治诺见二人至。亦不之避。但垂其首。不视此二人。医生即进前为礼曰。先生胡郁郁至是。胡不舍此而去。图功立业。正未可量。何为寂处此山。至于槁死。卡治诺此时。脑气甚清。且见二人服饰不同。即引目视二人后。始言曰。二君勿论为何等之人。似上帝所遣。拔我于幽邃之间。归入人境。顾乃不知。吾为落魄之人。深愁万种。初无能解之时。君意似以我为狂易且殆。然吾亦不怪其轻我。我固有狂病。灵明全失。不知所为。迨神宇稍清。亦颇悔狂时之举动。则一一举吾不幸之事告之。人既谅我。则狂病发时。或亦不以为罪。顾亦不能助予。但博太息数声而已。今二君果为劝我出山者。愿勿费其唇舌。诸君即极力劝我。顾我仇莫报。我心又乌能消释。二人同声曰。君胡不自述前事以告我。卡治诺即述其前此告奎沙达及牧叟之言。以奎沙达中断其语。遂不竟述。此时则补述其终了之事。曰鲁西达之书。所以落忽地南得之手者。以情书适夹于亚马底本传之中。书曰。儿逐日细观君子行为。大惬吾心。故一心属于君子。夫两心既已相契。则须急图成礼。吾父深器君子。其待我尤有慈爱。初不忍拂吾之意。果事事合理。翁亦佳许而无言。今则专候君子报章。吾但有恭候结褵而已。此书至后。吾已立决求婚于彼父。而忽地南得。亦大慕其人。即以计败吾姻事。吾一不之知。即以鲁西达之父所言者。告此佥壬。且曰。吾不愿面告吾父。防以年事未届为辞。尤述鲁西达之才貌贞节。实为西班牙中最高之女德。但防吾父不答。趣吾至公府取进止。吾既一一述其心绪。而忽地南得曰。吾为尔请诸阿翁。俾允此婚事。孰知此贼。包藏祸心。为世界中最上无等之凶蠹。匪恶不备其躬。遂出诡谋。夺吾约婚之女。而吾竟无力抵此祸事。夫以忽地南得之才具家世。及其交情。无不足恃为朋友。乃媒谋斗出。使吾猝不及防。此贼当日。即购得六马。即命余引此六马。与其兄索值。吾不之疑。即驱马归邸。且告鲁西达以暂别之故。鲁西达且嘱我遄归。请命于吾父。语后。鲁西达泪落不止。似有所言。乃不能出口。吾见状甚疑。时行期促。亦不再问。遂行。行时心颇戚戚。如防奇祸。迨行时。忽地南得以书予其兄。而大公子乃不令予归。留余一礼拜之久。

大公子盖假资于别邸。不告诸公爵。防公爵见予。问及忽地南得也。实则均忽地南得之诡谋羁予。不然。其兄必以马值授我。匆匆归矣。此时吾颇不适意。盖欲归。且念鲁西达临别之状。防有他故。顾大公子留余。余不敢抗。四日之后。有人寓书于我。视之。则鲁西达手笔也。余手颤。知有变故。非是万不贻书。即问邮者。此书何人所授。邮者曰。吾在村中行。遇见一至美之人。泪流被面。招吾至于隐处。谓我曰。吾友果有仁心。为基督教门中人。当仰视上帝之面。以此交吾情人之手。斯知此事关于阴骘。亦不空行。此间有小裹。足下可取而藏之。语已以素巾付我。裹一百雷罗。并金戒指一枚。并书一函。吾受书竟。见女士泪如泉涌。吾感其意。故以十六点钟之晷刻。奔驰至十八利格之远。邮者言后。吾知大事败矣。心动手颤。然尚自支厉。读其书。书词盖可知矣。卡治诺吾友。见此。忽地南得。不言代尔向若翁为尔乞婚乎。顾乃自为之。夺尔之所爱。彼见吾父。再三陈请。吾父蓄势利之见。慨然允矣。即此二日中。匆匆行礼。并不令外人知之。尔思吾得此噩耗。乌能不悲。即尔亦必同情。见书务早归。至吾家一面。盖吾之爱尔甚挚。当趣归救我。我万万不落此背信食言者之手。吾读书后。亦不辞大公子。即飞驰而归。知此贼支我于外。就中遂其私图。明日至家。适当日暮。遂舍骡于送信者之家。而女已迟我于窗下。（西班牙之俗。家家有小窗。男子之求婚者。恒隔窗而语。婚遂始许入女室。）彼乃落落与我弗亲。即衣服亦已变易。由此观之。男子安能推测女子之隐。而使之终始不夺者。鲁西达曰。忽地南得。以势力劫我。吾父以势利卖我。今诸人已在大厅中。待吾行礼。匆匆此面。即永诀矣。彼辈固待我结婚。少须即当见吾入殓。尔今且勿戚戚。当吾自尽时。

魇侠传

尔当临吊哭我。我于行礼时。吾必与之力辩。辩或不胜。即出小刃自殊。示钟于尔身。不夺吾志。吾见状不知所答。但曰。汝能践言。则吾慰矣。破彼新约。完我旧盟。果吾腰间之刀。不能自保其情人。则宁死不甘此辱。方吾言此时。未知鲁西达曾否一闻。乃闻有人谆趣行礼。即匆匆而入。而吾之魂灵。亦随之而去。似白昼昭昭。立成为长夜之漫漫。知觉俱泯。几于不辨门宇。凝立如站岗之人。已而为爱情所感觉。潜入女家。竟无人见。藏于夹幕之后。微窥外间所为。而心之起落。自亦不能描其状态。少须。见忽地南得常服入内。不加礼服。少须。鲁西达随其母。并两女侍同入。盛服耀眼。足以助其玉容。余此时亦不辨其为何等之衣服。但纷红骇绿。杂以珠钻之光芒而已。然珠钻之光。又安及玉人之貌。语至此。言曰。此脑筋直我之仇雠。何以百事不忆。但忆得鲁西达之容光。历历不差毫发。二君勿罪我。我不幸之事。非细述无遗不可也。医生曰。恣言之。吾心恻然。不敢生厌。卡治诺曰。少须人集如蚁。牧师后入。引二人之手。问鲁西达曰。尔愿嫁忽地南得乎。牧师问时。吾即倾耳听女之言。盖吾之生命如悬丝。即悬诸鲁西达之一言。然吾甚悔不露其面。使鲁西达见之。或为吾地。在义宣告鲁西达以践言。曰。汝一践彼言。即杀我矣。上有皇天。宜自扪心一问。如此。则鲁西达或不至遽诺也。尤宜语忽地南得以背义隐奸。劫取朋友聘妻。坏我一生之乐趣。吾即允尔平安无事耶。顾乃木强不能言。及吾宝为彼所劫。乃悔之已晚。今亦不能与之决斗。是诚无胆之夫。故愤悔交迸。遂独奔至此。成为野人。追死而止。此时牧师待女发言。吾心甚望鲁西达出刀拼命。乃鲁西达者。竟徐徐答曰。愿之。而忽地南得亦曰。愿之。即以戒指付鲁西达。戒指既换。则生死不再分矣。而奸狡之忽地南得。进抱鲁西达。而鲁西达不自胜。竟晕其母之怀中。余见状。苦不可忍。知鲁西达所言均伪。而吾之愿望亦隳。此时全无生理。似皇天弃我。悲极亦不能哭。如烈火焚心。此时众见鲁西达晕于母怀。咸大惊怖。其母启其胸衣。忽自怀中。检出纸裹。忽地南得就灯读此裹中之字。读后归座。以手支颐。如有所思。亦不视鲁西达之晕状。吾乘此纷乱之际。潜逃而出。果为人所见者。即自众中。责忽地南得之奸黠卖友。力与之斗。乃此时竟不为人所见。得乘间而出。遂决计忏悔其目不知人。亦不与忽地南得为仇。既归。即至送信者之家。自乘其骡。向外而行。时已中夜。万声俱寂。路中怨恨忽地南得之负义。鲁西达之无情。贪财慕势。嫁我仇雠。背其信誓。无天理人情之足语。既而又思。少年之女子。屈于父母之严威。既有父母之命。安能力与抗挠。是亦不足深怪。惟以公理言。宜以情告。惟生人既有贪心。则不期至于背信而爽约。余骑行一夜。无心入此山中。遇牧者数人。余问以山中何处为深邃巉峭之地。牧者告余。余遂犯险直入。冀入清凉寂寞之境。避此全无人心之社会。时骡子疲极。立死于溪上。吾身亦倦不自支。立僵于地。不知其为何时。迨醒亦不觉饥。见有牧者数人。乞我以食。余模糊中咽之。牧者一一语余以僵仆之状。争以为风病发也。久之。余亦觉脑力时昏时明。言语无度。啼笑不恒。时时咒诅鲁西达。吾意一呼鲁西达。即甘死如饴。迨脑气略清。则又困不自振。若云宿住之地。恒在古树腔中。食物恃诸牧者。少延残喘。故得不死。即在风病发时。亦未尝当食而屏。有时牧者责我。言馈食而仍用武。余则诉以心不自主。不能以常理见责。往来山中。至久坐以待死。其或不死者。则在吾脑中。能铲刈鲁西达之名。则病或可愈。果能于未死之前。脑病能愈。则必将吾生平之事。作为小说以行世。今则并无其时。一切付之上帝。盖鲁西达之事。已镌入脑中。湔涤不能遽净。二君听之。此吾不幸之事。已一一告君。安能舒泰吾心。以度此山中之历日。二君即有仙方。亦将不已吾病。盖非鲁西达。吾病终不可医。以彼中道弃我。我心如梼。非死不能了吾一生之局。今已立意求死。以示吾之不二其心。自此以下。续续甘此冻馁。实无术足以自救。语至此。医生方欲以言慰之。忽闻有凄厉悲惨之声。发于林樾之间。二人咸为愕然。

第四段

第一章

奎沙达之为人。事事摹古。于任侠一事。尤拘牵迹象。泥古可笑。乃不知方今之时。无所谓侠义者。行之适足骇人听闻。然奎沙达读古书多。且博览小说。凡古人所为之事。一一践迹而行。无一出于杜撰。然不通极矣。上章言医生及剃发匠。方欲以言劝慰卡治诺。忽闻有异声猝发。幽咽可怜。顾未见其人。已闻其言曰。嗟夫。苍苍者天。吾今竟至此地耶。此地即我埋幽之所耶。然吾身实不愿生矣。此间地幽而气清。暴骨亦无人见。吾虽死。吾心转以为乐。乐岂真乐。亦有人逼我。至此宽闲寂寞之区。今尚何言之足诉。虽然。既至此间。旦夕可以呼天而告。而吾终不告之人者。人皆枭险。不足述吾苦也。且事既至此。万无可回。吾何必苦苦求人。转自寻其烦恼。医生及剃发匠。了了咸闻其言。争起而往觅之。乃二十步以外。见一少年。衣村人之衣。坐于槐树之后。卧石之上。乃不见其面。以此少年。方纳足于一泓清水之中。自濯其足。伏身面水。故不之见。二人徐进。绕出其背。少年初未之知。二人见此少年之股。洁白如雪。且脂腻作玉色。玉之美者。不能过也。二人大惊。想此娇柔之少年。万非山居者。即衣村人之衣。亦万非躬荷锄犁。力耕陇上之比。此时卡治诺亦正随二人之后。寻声而至。医生摇手示二人。隐身于石后。二人如言敛避。然自石上纵目。仍了了可见。此少年着灰色之短衣。腰束白布。裈亦灰色。冠猎人之冠。裈卷至膝上。胫肉之腻白照眼也。少年濯后。自冠中出素巾拭其足。始昂头仰望。于是三人咸见。卡治诺谓剃发匠曰。此少年之美。乃类鲁西达。世间舍鲁西达。无是佳丽也。复见此少年。去其冠。而秀发四披其背。发长且多。几欲周被其身。不惟背也。于是三人。咸知其为女子。且极人间之至美。卡治诺曰。人间舍鲁西达外。真无与此女为匹者。女引手分其发。手亦纤白如玉。臂亦半出。玉色辉映。三人均惊骇无艺。争出与女为礼。女闻有人声大骇。以手分披其发。挈取其身旁之包裹。跳跃而逃。竟不及取其履。然六步以外。足心已为棘刺。伏于地上。三人争集其前。医生曰。女士勿惊。我非噬人之人。初无他意。特来助女士。并问所苦。医生以手挽起其人。而女尚苍黄无主。喑不能言。医生以语慰止之。曰。女士矫装为男。今已露其真相。当知吾非强暴者。苟需吾力。匪不尽死。请女士述其所苦。吾必为力。且女士情状。以绝代之仙姿。为农奴之装。入此深山。断非无故。苟诉所苦。或有解免之方。请一一告我。须知世间不尽佥壬。矧吾辈非一问即已。虽不能少效微劳。然亦足以菲言。解释女士之忧。女子闻言起立。视此三人。如醉梦之乍醒者。且似村居人入城市。睹繁夥之区。匪处不属目者。医生则任其愕顾。久之。女始太息言曰。今此地亦不能隐吾真相。吾发已不期而告人。显吾之为女身。吾亦何避之有。诸君必欲闻吾不幸之事。并允见助。吾胡深匿而不言。诸君果听吾言。必为怏怏。盖吾身之祸。实无术足以起死而回生。事关秘密。不可告人。本拟挈入窀穸之间。与吾骨同朽足矣。今此地四向无人。亦无他人旁听。不如诉苦于诸君。以伸吾之积愤。语时红潮被颊。而医生则心怜之。

趣言其状。于是让女下其裈。着其履袜。以便坐谈。女如言。振衣着履袜后。女呜咽久久。始吐其悲音。而三人则坐于纤草之上。倾耳以听。女曰。吾生于安达路夏。彼中有公爵。即安达路夏。公爵有大声于西班牙中。公爵有二子。大公子忠愿。保家之主也。二公子名忽地南得。阴险异常。吾父为公爵之佃人。职同于厮皂。然极富而贱。果不贱者。则吾之被祸。亦不至是之酷。唯血脉不出贵族。虽具绝代丽姿。亦不足自拔其身。实则吾父之门第。亦非下贱。惟累世农夫。未尝舍耕而他事。世称善人。特不官于朝。故不见贵于俗。然积累厚。享用亦丰。不知者亦推吾家为上等人。家无男丁。但吾一人。爱如拱璧。二老见我而乐。其视家资之富。似转轻于我。亲意既重我。乃悉以家资付我一人司之。吾独肩家事。部署周至。未尝使二亲有晷刻之劳。余暇则治女红。或织或绣。或读书弹琴。琴之为用至神。足以苏人之因。以上均吾家居之常轨。此即为吾得祸之张本。非以失德贬操。自招其祸也。吾长日家居。初不面人。偶出但至教堂而已。然每至教堂。必以晨出。出必随母。且厚加面幂。至于不辨道径。顾虽如是自掩其美。然吾之美丽。人人已尽知之。乃有人踵门而求婚。使我不得宁晷。而忽地南得者。即公爵之次子。一日猝然见我……此时卡治诺立变其色。医生防其风病复发。乃卡治诺竟如故。不露暴烈之状。但目视此女。似知其根柢矣。女不察。亦未睹卡治诺之容。仍自言其事。曰。忽地南得既见我。即于窗下谓我曰。吾一见神魂丧失。不知所为。已而一一示我以性情。其中琐琐者。吾不具述。彼且赇属吾之奴仆。面吾二亲。用其侧媚之术。使老人欢悦。于是每日必至。与吾倾谈。且作无数情书。颠倒靡所不至。而吾心终不为动。恒以峻词决之。深知其人。用心非正。力欲玷我贞操。然得富贵者求蓬门之女为妻。自问亦略高其声价。至屡经恳请。亦不能猛制其爱情。所恨门第相悬。亦渐渐无攀高之想。惟求之既切。不能不允。吾父一日对我。言忽地南得求婚事。曰。我思其人难恃。不如趣避其锋。尔果欲离其人。当自择配。汝果有惬于心。吾二人匪不汝从。吾曰。刻无嫁人之思。然自当以术遣却其人。后此遂却之而不面。顾乃愈却而愈速其前。质言之。忽地南得。或且闻吾将嫁。即思得一术。一夕吾独居绣闼之间。严扃其扉。一女仆随侍。忽见忽地南得。自复室出。立吾之前。吾大惊而晕。然即非晕。而亦不能逸。彼力抱吾身。作情爱语。迨醒。但闻其悲泣之声。至哀且挚。吾方以为非出伪托。且年少不更事。竟为伪情所中。即使广有阅历者。亦莫之觉。此时颇怜其痴情。惟万不甘为苟贱之行。自污清节。即凛然挺立。自壮其胆。言曰。公子求婚于我。作此亲爱之言。吾意不如兼挟毒药而来。吾服毒甘于许婚也。吾一生贞操。较性命为重。万不能仓卒为苟且之举。质言之。吾初无自败之思想。尔苟不速去此间。吾当有术自全。汝幸勿以败柳残花见目。汝果有人心。万万不至劫人于闺闼。我家固为尔佃。然非奴也。汝幸勿恃贵凌人。且不能逾本分以取偿于我家。我虽农家女。亦矜名节。胡能以公侯之贵。下凌平民。天下富贵而无礼。万不足以屈抱节之贞女。我亦非寻常之女。振撼于尔之门第。遽尔失身。矧尔悲伤涕泣。似皆伪为。自有识见之。亦未必即为尔动。实告汝。我终以父母之命为听。不能匆匆中遽允人以终身之事。汝今勿伪哀诈泣以胁我。我宁甘澹泊。以待吾命运之来。须知吾所以有家庭之乐者。以孝节自完。故见重于父母。若不知自爱。为父母所轻贱。则我又何乐之足言。尔之为人。不足妻我。亦不能钩我之爱情。我之爱情。亦胡能轻易属尔。语至此。忽地南得泣曰。吾至美之道鲁西亚。汝何忍心拒我。果尔一诺。何人能阻格我之婚姻。我之乐方且浩无纪极。今我之身心性命。悉悬尔手。不宁是。即死后之灵魂。亦尽属于尔。皇天在上。鉴我真诚。吾安敢昧其天良以愚尔。语至此。卡治诺闻女自述其名。即思吾早知其为是人矣。果乃如我之所料。即亦不梗其言。听之毕述。但问曰。尔名为道鲁西亚耶。我久已闻名。吾不幸之事。乃与女士同也。今请更毕其辞。俟女士言后。吾更述其与女士同名之人之不幸。女闻言。即停睇视卡治诺。言曰。君若知吾事者。胡不明言以示我。盖我不幸之事。不愿自言。君若知之。胡不代述。所云同名。决非同名。事必属我。天下再有不幸之人。如我者耶。卡治诺曰。女士听之。果吾猜度能幸中者。何妨一言。正恐传闻异词。不能一致。故不敢臆断。今请女士毕其后来之事。然后吾再以言印证。则大家了了矣。女于是复言曰。忽地南得。颜色诚恳。再以手予我。矢誓如山。吾尚劝勉之曰。门第高卑。既不可强同。苟一许婚。则尔后来之身世。正自难问。幸勿醉我姿色。坠其门伐。盖此婚约一成。若翁必不之允。以公爵之尊。胡能与田夫结为亲串。卤莽为之。必滋后悔。即我亦终身无复欢意。岂不成为怨耦。尔亦何乐为之。于是再三解释。而忽地南得。终长跽不起。必欲得我一诺。吾百端劝导。皆如聋聩。且陈乞之词。皆不类贵家口吻。吾既无术以遣其人。则自筹处置之方。因思自古及今。亦有寒贱之女。上偶贵人。今忽地南得。既如是之肫诚。或且天心佑我。俾我佳运。何必峻拒其请。且斥去其人。则衔恨于心。势必仇及老父。亦非家门之福。矧彼为男子。安知不行强逼之事。吾无力撑拒。则贞节全隳。亦不足立于人世。丑声一播。如何湔涤。于是心亦摇动。此时忽地南得。已成泪人。似出至诚爱我。于是毅力立消。而否运即乘此时加我矣。立呼女仆入内为证。而忽地南得。复长跽申誓。其词甚挚。誓后复哭。余心大动。此时女仆遽出。而忽地南得之愿遂矣。天甫迟明。忽地南得始与吾别。去后渺然。婚事立寝。然临行叙别。已不类前此之真诚。徐徐出戒指加我指上。而女仆亦自承隐为之助。复潜引之而出。吾细思宵来之事。亦不知其为乐为悲。竟昏昏然如醉人。思欲责问女仆。然实不测后来之凶吉。乃无敢遽定。然临别时。尚坚嘱之曰。吾身已属汝。后此尚可以来。商议婚期。乃明日复至。自此以后。音尘遂绝。即至教堂。亦不之见。四侦初无踪迹。欲潜出寻觅。亦不知所向。旋闻人言。忽地南得。初不他适。但居邸中。时出行猎而已。诸君试思。吾闻是言。如何能处。信誓已付之逝水。纯不可信。先已虞有是事。今乃果然。因严斥女仆之行诈。痛哭不止。然亦不能露其忧色。为父母所知。长日敛避。已知终不能秘。遂一一述其心绪。告之二亲。盖闻忽地南得。已别赘于贵人之家。女名鲁西达。既富且美。而忽地南得之伤心害理。舍旧怜新。令人发指。吾无可申诉。几欲诉之于父母。卡治诺闻鲁西达之名。狂疾几作。幸能自止。乃耸肩落泪。凄咽无言。然道鲁西亚尚续言曰。吾自得此噩耗。乃不能悲。而但盛怒。思欲奔出广衢之上。一一揭举忽地南得之阴贼险狠事。告之路人。既而又思得一法。较胜于此。乃阴嘱吾父之仆人。随我变服而行。入城往觅忽地南得。吾仆以为不可。力止不行。既见吾意甚坚。始允我为助。吾即衣其衣。此外包裹金钱宝石。及衣服数袭。以夕出。临行时。并不示我女仆以所向。盖此出亦不知其所以然。且忽地南得已娶。吾尚何术以止。但能咒诅其无良而已。于吾身何济。吾行可二日有半。至矣。首问鲁西达之家安在。乃不期竟得无数之异闻。所问之人。一一告余以鲁西达之婚事。

此时城中人罔不知者。谓当结婚之夕。鲁西达经牧师一问愿否。鲁西达立晕于母怀。牧师及诸人启其襟。襟间忽落一书。书言吾不能为忽地南得之妻。盖已应许一人。名卡治诺也。今与忽地南得结婚。特为父母所命。非宿心也。书外尚有小刀一柄。意行礼后。以刀自殊。忽地南得大怒。几欲夺刀。杀鲁西达。苟非有人劝止者。此晕女且立尽于刀下。于是忽地南得立行。而女于明日疾愈。且告父母。此身已属卡治诺。定约实在忽地南得之先。此约万不可背。又闻卡治诺亦隐于幕次。眼见其事。临去遗一书与其友。言将深入无人之境。与世长辞矣。此皆一一闻诸城人者。遂出。已闻鲁西达亦不知所适。其父母一闻鲁西达失踪。悲不自胜。吾闻二人。未能成礼。此心略慰。方自庆上帝之佑我。彼婚不成。我之幸也。此时尚城居。不知所适。然而忽地南得。亦不可觅取。忽闻有人。喊于市上。言我之状貌及衣服。与其年岁。且呼吾名。谓有人觅得者。必酬以多金。似吾父母。疑吾逐其仆人私奔者。吾闻而大戚。知一晌贞操。至此扫地矣。即潜行出城。临出时。见吾仆似有异志。遂匆匆奔至此间。冀不为人所见。顾大祸复旋踵而来。而此仆人。忽萌奸欺之心。乘四顾无人。放胆乞婚于我。我此时若与之抗。必不能敌。幸上天佑我。彼方求逞所欲。立于涧上语我。吾乘其不备力推之。直颠诸深涧之间。吾亦不计其生死。奔至林间。其速乃逾猿猱。自亦莫知其所以。明日于山中。遇见山居之人。引吾至其家。为之行牧。然彼尚不知吾为女身也。虽长日慎密。不为人觉。而一日竟为所知。则求婚于余。余复逃出。本冀即山中得一教堂。告诉生平。即行自尽。瘗骨于此中。则吾事了矣。

第二章

诸君听之。以上均吾之遭际。无复虚词。请诸君为我审判。吾怨尤之言。果近理否。今乞诸君引我于平安之地。活我余生。勿令吾父母见之。怒我不贞。纵父母容我。我又何颜以对父母。且不甘以词自辩其诬。语后羞愤不可自聊。三人闻之。咸为感动。医生方欲发言。卡治诺忽至引女之手。曰。君即道鲁西亚。若翁非克里那兜耶。女闻此人识其父。则大惊。见其衣服破烂。惊乃愈甚。即曰。君为何人。乃识吾翁。卡治诺曰。吾即不幸之卡治诺。鲁西达之聘夫也。为背义之人。置之极地。即女士亦颠沛至此。均属是人之过。试观吾羸惫之状。祸皆自忽地南得肇之。吾自至是间。狂病发时。尚不知楚。惟有时而明。则苦恼之状。至于非人所堪。方忽地南得行礼之时。吾果隐诸幕后。观其所为。而鲁西达实面许身为其妻矣。吾当时愿望全隳。匆匆奔出其门。然亦见鲁西达之晕。至于怀出片纸。但不识其何言。吾已出矣。自问别无余望。但留书于友人之手。嘱其面致鲁西达。谢绝人事。奔集此间。与社会长辞。甘抛其残骨于此。固所愿也。乃上天佑我。而鲁西达尚有心于藐躬。或后此尚有回春之日。可以再见鲁西达。即女士亦可圆其破镜。此则吾意料之所不及者。惟吾之关系。不属于女士。然恻隐之心。何人无之。不期竟有休戚相关之意。吾今已立意。无论百死不悔。必使女士。与忽地南得。再续前欢。且敢立誓。期其必践。道鲁西亚。感激欲行跽谢。而卡治诺力阻。以为不可。医生闻此二人。大加奖励。卡治诺复以温言慰勉道鲁西亚。且请二人。同至己家易衣服。商定往寻忽地南得。并送道鲁西亚面其二亲。二人皆慨允其义举。而剃发匠伪为女装。默然无言。此时亦曰。二君果有需于我者。愿为尽死。即言吾二人至此之故。一一述奎沙达狂易之状。故来救之。今之淹留于是间。欲待奎沙达弟子报章也。卡治诺亦似忆及。曾与奎沙达格斗。投之以石。此时思及。竟仿佛如温旧梦。即曰。曾面其人。但不言格斗之事。正于此时。忽闻喊声。医生及剃发匠。知为山差邦之声。盖山差邦来时。已见奎沙达。故沿路呼喊。觅此同来之二人。医生呼曰。山差邦见若师乎。山差邦曰。吾与师别时。已少觉其异。今到山中相见。则清瘦益不可堪。但大声呼打鲁西尼亚不已。吾言书已面递。而打鲁西尼亚。请师速归土薄苏勿延。顾虽如是。师仍不行。谓吾曰。吾今殊无面目。往面打鲁西尼亚。非宣我武力。大显其名声于当世。决不敢提面而前。失我声价。嗟夫两先生。苟不遄归。恐不能得帝。且并主教亦不能得。今请二君趣引之归。不然。且死。医生曰。汝勿戚戚。吾必以术。脱尔师于是间。医生即告卡治诺以矫装之故。并言剃发匠之女装伪也。盖欲以术脱奎沙达于死地耳。道鲁西亚曰。我为真女。较伪装者为良。且吾亦读侠义之书。知被难女子。见侠客应作何等哀痛之语。可以使之立动。医生大悦曰。智哉女士。果欲行此策。趣为之。想女士一至。必能成功。语后。女即启襆。取裙及衣。加以颈饰明珠宝石之属。少少梳掠。美乃无度。众皆称羡。争斥忽地南得之无目。而并无良。

乃弃此而别有所恋。四人中最属意者。即为山差邦。彼伧人。深讶为目中所未曾睹。即私问医生曰。此女为谁。又趁何风信。吹而至此。医生曰。此女为密考咪堪国之公主。闻尔主人。武勇超群。天下闻名。故冒险来此。求尔师助力。公主有冤曲。为高大一野人。凌践弗堪。欲乞尔师。为之复仇。山差邦曰。此机会安可失。果吾师杀此高大之野人。厥功伟矣。吾为弟子。与有荣施。想吾师必杀其人。果此人非通邪术者。则吾师必可胜矣。唯吾有一事干先生。必使吾师。不可萌大主教之思想。师一践主教之席。则吾之生计穷矣。今果杀此野人。则吾师可以尚主。既为驸马。则决无主教之思。吾沾其余荣不少矣。吾虽蠢蠢。思虑周彻。终谓帝王愈于主教。且教务吾不了了。初无着手之地。吾之大愿。必使吾师尚此公主。至公主何名。吾不之识。医生曰。公主名咪堪纳。以国名密考咪堪。故公主徽号。曰咪堪纳。山差邦曰。吾亦闻公侯之裔。多以所生之地为其名。医生曰。汝言亦通。吾必以计。使尔师尚主。山差邦大悦。而医生心念此奴。为主人沾染。已渐渐狂易矣。顾亦无如之何。此时道鲁西亚。骑医生之驴。而匠亦去衣裙。取医生之伪髯。加之颊上为男装。即以山差邦为导。医生曰。汝可勿言识我。果为尔师所知。则帝位不可图。汝之总督亦不可得。卡治诺曰。吾不宜往。恐为奎沙达所识。医生亦留。与卡治诺坐待其归。女骑驴入山。而卡治诺与医生。远远潜尾其后。行可二咪。在乱石中。已见奎沙达。不加甲胄。但常服。女见状。即鞭驴而前。匠为侍者。扶女下驴。徐徐向奎沙达长跽。奎沙达大惊止之。女仍长跽曰。侠客有万夫之勇。吾此跽万不能起。非侠客允我一事者。吾无起立之时。此事与侠客之声名。大有系属。当极力救一冤穷之女子。果侠客勇力与大名符者。必能伸雪人间一负屈之公主。公主闻名。自远而近。竟逢侠客于深山之中。仰仗神力。或能救我。奎沙达曰。美人不起。我决不能如命。女曰。武士勿罪。吾二膝如着根于地矣。非武士允助吾事。吾决不起。奎沙达曰。可。但能为吾国之光荣者。匪不如约。女曰。此事无关于国交。山差邦忽附耳言曰。主人但去杀一长人而已。为事至易。尽可慨然一诺。且此女为咪堪纳公主。为密考咪堪国王之女。奎沙达曰。勿论何人。吾按吾侠客之法律行之。即谓女曰。吾已许诺。公主且起。女曰。侠客听之。吾意欲得侠客即行。他事勿顾。专了吾事。果能杀我仇人。或不至篡吾王之宝位。于愿已足。奎沙达曰。尔且放怀。此事属我。我必有以报命。上帝必附吾千筋之膊。力斩敌人。保公主先王之国度。且必速行。迟恐生变。女乃俯亲奎沙达之腕。而奎沙达敬谢不受。鞠躬与女引手。即命山差邦取甲胄。山差邦往树间。取其所悬之甲胄。并槊盾之属。上诸其师。奎沙达曰。趣行为公主复仇。剃发匠已笑不可忍。伏于地上不起。且防失声而笑。落其伪髯。方奎沙达擐甲之时。匠始起扶女上驴。奎沙达亦上马。剃发匠亦以驴行。唯山差邦徒步以从。颇太息思念其驴。顾见其师。立时将尚主为国王。则中心喜悦。亦不觉苦。但思此公主。旦晚为吾师之妻。艳福无量矣。惟师既王密考咪堪。国在斐洲。子民均黑人。此皆闻诸医生者。然师既为王。身为总督。所治之民均黑人。于心亦不为适。既而又思。民虽黑也。可以舟载至西班牙卖之。立可致富。即以此金。买五等之爵。亦立成为贵族。卖奴之法。吾亦了了。但多得钱。于愿斯足。此时且行。且思富贵。竟亦自忘其疲。而医生及卡治诺。自林间望见。则思与之合群同行。又防其知觉。医生聪明。忽思得一法。即自衣囊中。出小金剪。剪去卡治诺之乱髯。并脱外衣。加卡治诺之身。医生但衣短衣。卡治诺既改其风狂之面目。果得镜自照者。亦将不辨其为己身。二人既改装。同立于官道。待其出山。已而奎沙达出。医生则以目视奎沙达。辨其能识与否。既而伸手言曰。侠义之同乡人。为武士中第一人。为社会扶弱锄强之善士。今日为吾所得矣。趋进抱其左股。奎沙达闻此谀辞。大悦。细审其为何人。似曾议为医生。即欲下马叙旧。已而又疑。胡以奔越至此。则又非是。医生亦止之。勿令下马。奎沙达曰。吾兄素蓄道德。今日道左相逢。安有据鞍与故人作语者。医生曰。万勿下马。君长日以槊马为冒险事。当此时代。殊不多见。果容我庸俗之人。随君马后。则荣幸已多。较诸逐贵游肥马之尘。相去殆天壤矣。奎沙达曰。此公主素谦恭。或且令其仆人下驴。以驴让君。或二人共坐一驴。亦匪不可。女曰。可。即吾之侍者亦解事。万不能听此文人徒步。剃发匠曰。吾即下驴。乃以驴授医生。医生慨然受之。唯驴为赁得。不任二人。则跳踉者再。剃发匠立时颠越于地。伪髯亦立时掉落。以手自按其唇吻大呼曰。吾齿折矣。奎沙达见剃发匠一堆之髯。散落满地。初无一星之血。亦颇怪咤。即曰。怪哉。此髯散落。大类为刀所剃。医生防为奎沙达所觉。亦下驴。而匠尚掩口呼号不已。医生即抱剃发匠于怀中。口中作诵咒状。复以伪髯加诸剃发匠之颊。依旧髭髭接鬓矣。其精巧敏捷之处。了无罅隙之可寻。匠已起立。奎沙达以为神奇。即乞医生教以诵咒栽髯之法。盖见髯落无血。栽之完好如常。此中大有玄妙。必欲乞得其幻术。储为他日之用。医生允之。订以他日授受。于是医生与剃发匠。轮流而乘。行两利格之远。已得小逆旅。公主及奎沙达与医生已前至。而卡治诺剃发匠山差邦。步随而前。奎沙达谓公主曰。公主请示我遵何道以往。为公主复仇。医生不待女答言。即先问女曰。公主欲引我辈何往。非欲我辈至密考咪堪耶。女闻言立悟。曰然。医生曰。若往彼间。为路适经吾村。既至吾村。即沿官道至卡沙几纳。自卡沙几纳。可以舟行至密考咪堪。果舟行遇顺风者。不过九年。即至咪欧那大湖。此湖去贵国。尚有一百日之程途。女曰。先生之言误矣。吾自敝国至此。未及二年。即来尚未遇顺风。而行程已如是之迅。可知为路未远也。虽二年奔波。尚不为苦。以得见当瑰克苏替为幸。以甫经登西班牙之岸。即闻父兄子弟。喧传武士当瑰克苏替之勇。名震一国。故吾以平日之积仇。求伸雪于侠客。奎沙达曰。公主勿过奖借。吾生恶闻谀美之词。公主之言固甘。而吾耳殊不乐闻。盖生平务实际。不尚虚辞。至于能济与否。当尽吾心力为之。即肝脑涂地。亦非所恤。今且勿论吾事。吾所疑此医生亦为牧师。胡以亦能至是。既无侍者。又着单衣。吾心颇戚戚于医生之来此。医生曰。鄙人之来。一言立白。汝知吾友尼叩拉司。即剃发之匠人。与吾同至西威罗索债。此债系吾姻亲。自印度邮付还我者。吾戚在印度有年矣。数可七万元以外。携归半道中。为四盗所劫而去。不惟夺钱。且夺尼叩拉司之髯。故尼叩拉司。不得已加其伪髯于颊上。即指卡治诺曰。此君同行。亦为盗劫。但余汗衫而已。即颊上之髯。亦为贼得。故成此异形。今此间人。咸云劫我之人。本为丑类。固已定罪。罚为苦力者。后此为一侠客。救此囚人。此侠客勇力过人。虽有官军拥护。悉为战败而逃。悉释此囚。吾思此救人之侠客。苟非风狂。亦为贼之同类。果有脑力之人。安能解释群狼。俾入羊群吞噬。放纵黄蜂。俾入蜜蜂之房。使乱其群。想此先生。直为阻格公道之人。破坏法律。使此强盗出而行劫。为害非细。不宁惟是。即此侠客之性命。已息息系诸官中。死后魂灵。亦将不直于上帝。医生之言此。盖山差邦道中所述者。医生特用此以探之。俾奎沙达萌其悔心。则风病或可救药。奎沙达颜色亦立变。然不敢自承其事。医生曰。劫吾者即为群盗。但愿上帝。恕彼侠客勿下地狱。

第三章

医生语甫竟。而山差邦曰。先生所云。救彼囚犯之人。即吾师也。吾已苦口力谏。而师终不听。吾又谓此等人。罪大恶极。万不宜释。无如师意难回。故铸此大错。奎沙达大怒。斥山差邦曰。妄哉蠢物。吾为武士。但怜受苦之人。安辨事之曲直。侠之救人分也。奚善恶之云。吾前数日。固见羁囚。彼此以铁索牵引。如牟尼之珠串。遂动恻隐之心。按侠客行为。胡能不加援手。勿论物议之如何。吾均不听。惟舍此医生兼牧师。为有道德之人不校外。余人敢声言吾之不是者。请尝试我板刀馄饨之味。语后盛怒。即下其面具。而破碎之。铜盆尚悬诸鞍次。引槊几欲刺人。而道鲁西亚。深悯其愚。进曰。先生幸勿忘为吾报仇之事。今愿释雷霆之怒。牧师果知此囚人。为神勇之侠客所救。则宁甘嚼舌杜口。亦不敢为是言。医生曰。然。吾果知为侠客所为。又胡敢置喙。奎沙达曰。公主一言。吾之怒气立释。吾事业正多。然必为公主勾当复仇之事。后再行别图。亦未为晚。今请公主。以不幸之事见告。仇为何人。其旅如何。众寡如何。庶吾易于着手。与之迸命。女曰。吾之事迹。均在千忧百窘之中。防义士闻之心恻。奎沙达曰。恣言之。不必更为吾虑。女曰。幸先生赐听。此时卡治诺及剃发匠。咸倾耳以听。而山差邦者。蠢蠢一动物。梼昧如其师。以为真公主遇难。亦专意听述其事。女微欬数声。从容言曰。诸君当留心听我述略。第一当知吾姓名之为谁。盖牧师所代取之咪堪纳。已忘之矣。医生即曰。此亦不足为奇。想祸患婴心。忘其生平。故格格不吐。凡人一经忧患。往往昏其脑力。至于脱口不能举其姓氏。此为恒情之所有。咪堪纳公主。为密考咪堪国承祧之女主。今以忧愁之故。至于昏昧。是何足异。今愿公主静念生平。庶几不至于舛误。女曰。先生言然。吾心已了。诸君当知吾王。为忒那克雷。本长于巫术。能号召风雨。驱使鬼神。且先知吾母查拉尼拉当前卒。又知母逝之后。身亦继逝。遗我为无告之孤儿。然生时常言。死不足恤。正防吾身。必被祸患。见窘于巨人。此巨人岛居。去吾国未远。名曰怕打兰斗。外号曰愁貌。所以谓之愁貌。其视人多斜睨。使人怖栗。吾父预知此物。一闻大丧。必以兵来。驱吾于国外。至不留片土以存吾。又知欲免此患。惟以身嫁愁貌。则国祚延矣。既而又加布算。知吾决不忍事此虏。质言之。吾初无意嫁此长人。故吾父复言。不如让彼以国。防一构兵端。则国将煨烬。不如逊位为佳。遗嘱中云。果遇祸后。必至西班牙。访一天下知名之侠客。且预告侠客之名曰当苏替那。或当勾替。今则忘之矣。山差邦曰。非此两名。当曰当瑰克苏替。又外号曰惨形也。女曰。然然。果为当瑰克苏替。父言侠客长瘦。左臂之下。有一黑痣。或作黄色。其上有毛作马鬃色。正语时。奎沙达曰。山差邦。趣来为我解衣。视有痣与否。以符先知国王之言。女曰。先生何为解衣。奎沙达曰。吾自观有无黑痣。山差邦曰。吾师可不必观。吾知师果有黑痣。在师之背。此非大有力者。无此痣也。女曰。然。可以勿观。但问有痣与否。有之亦何观。然则吾父之预言。良有大验。故远道来求。而武士之声音笑貌。又同吾父临终之所言。良堪取信。且名誉四驰。不惟西班牙一国。至于山乡僻壤。亦匪不知。吾自敝国。以舟来此。在欧素那登陆时。而镇中已喧传武士之勇概义声。吾一闻此言。知心中所欲得之人。果为吾得矣。奎沙达曰。女士何为在欧素那登岸。彼间非海口也。医生进曰。公主所言。盖在马拉加登岸后。在欧素那闻名耳。女曰。吾匆匆不知按次而言。故成舛误。医生曰。更言之。女曰。下此亦无可说。上托天佑。竟获与武士相见于山间。吾自信王冕可以复归。盖此武士仗义。吾失国后。必复得国矣。今之所应为。即乞武士。扑杀怕打兰斗。收归吾之故物。吾父固有遗言。作希腊文读之。不甚了了。书意盖谓武士能杀长人之头者。向尔求婚。尔不宜峻拒。并吾国土。让与武士。奎沙达大悦。谓山差邦曰。汝闻公主之言乎。吾不曾告尔以有今日耶。试问吾能王此一国否。尔之总督。又安得逃。山差邦曰。吾为吾师预贺。此怕打兰斗一遇。即斩其头颅。直探囊取物。吾师之得美妇。几于睡不贴席。山差邦言后。即进公主之缰。长跽驴前。乞亲公主之手。预庆其早加王冕。于是观者皆咬唇而笑。主人风而奴子钝。真天生蠢物。无独而必有偶也。女见此蠢奴憨状。则忍笑告之曰。吾果得国。必重赉尔躬。不愁无美仕也。山差邦叩头而起。乐不自禁。诸人几欲失声而笑。女语后四顾曰。以上均吾惨史。尚有不幸之事。犹未及言。吾逊荒时。随从无数。然沿道死亡都尽。剩者唯此髯奴。以吾垂及海岸时。风涛大作。舟覆而歼吾众。吾独与此奴。攀得木板而渡。性命之幸存。直在呼吸。诸君试思。吾之殷忧。至于开口自忘其名。足知吾脑筋之紊乱矣。奎沙达曰。患难已过。后此吾为公主尽其死力。虽百险无惮。必竭吾智。能与长人角胜。今再申言。吾必为公主复仇。非杀此长人。万不更立于人世。想此长人之头颅。非落吾手不可。杀长人即用此刀。吾前有宝刀。竟为死囚戴因司所夺。至今惜之。即自语曰。吾得其头颅后。力劈而为两。既夺归宝座。则择婿一节。听公主意向。吾固有心绪。不能断彼之爱情。而别有所钟。奎沙达语曰。山差邦大惊曰。师误矣。奈何拘其成见。倾城在侧。尚不乞婚。此等良缘。再求宁可得耶。师之情人打鲁西尼亚。能知公主美耶。质言之。虽半犹不能及。何论其全。夫以打鲁西尼亚之貌。为公主结袜。尚不之称。谓能取彼舍此耶。师果不允此婚。我无进身之路。试思师一为王。我即为侯。但得富贵。国事又奚必问。奎沙达大怒。即以槊柄击山差邦。此时非道鲁西亚婉劝者。山差邦且立死。少须奎沙达言曰。尔屡妄言。斥我情人。乌能累次恕尔。尔叛其主妇。口不择言。较畜生为下。吾本无勇力。其能奋不顾身。所向披靡者。均我打鲁西尼亚之所赐。夫以天上飞来之公主。及长人手中。夺归宝座。与尔所封之侯爵。试问伊谁之力。此力均我打鲁西尼亚也。尔今悖其天良。妄肆丑诋。受恩不报。乃反噬其主妇。此尚何理。山差邦受击。幸无大伤。即奔至道鲁西亚之后。大声呼曰。吾师听之。师果无心娶此公主。则国度万不能及师。师不为王。我安得侯。今请诸君判决。吾言岂无理者。乞吾师必尚公主。既娶公主。尚可以打鲁西尼亚为王后。以吾师之能为王。必不止一国。一国一后。于义何梗。至于公主及打鲁西尼亚之色。吾不敢轩轾。然打鲁西尼亚。吾生实未晤面。奎沙达大惊曰。汝不将吾书上打鲁西尼亚耶。何言未见。山差邦曰。吾师勿怒。吾于打鲁西尼亚。实未尝平视。如面此公主。前此固曾一瞥而过。此心未敢加以褒贬。奎沙达曰。今日恕尔一次。想一击或不至殆。须知吾一生暴烈。自不能制。尔不当怪我之狂。山差邦曰。师不能制其怒。吾亦不能禁其言。奎沙达曰。汝当时然后言。言时尤必再思。方不至触我之怒。山差邦曰。言者过耶。抑怒者过耶。或且有人能定其是非。道鲁西亚曰。山差邦往谢主人。求赦尔罪可也。后此褒贬之言。尤宜慎重。土薄苏女士。万勿加以贬词。吾虽未与女士接谈。然亦知之有素。至于尔之禄位。果皇天相尔者。侯伯正不难致。山差邦耸肩。俯亲主人之手。奎沙达凛然如帝王。饬山差邦曰。尔来前。吾有言诏尔。山差邦即至马前。奎沙达曰。吾饬尔赉书。尚未问及吾之美人安否。即报书亦未及展。今且透彻为我一言。山差邦曰。吾师有问必答。唯乞师勿急急以自困。奎沙达曰。何也。山差邦曰。吾师怒发即掊我。我尤不敢贡其直言。奎沙达曰。尔口终须慎秘。吾极恶此言。前者怜尔无知。故不汝责。后再如是。则性命滋危。此时远远有人乘驴而至。既近视之。则吉拍叟人也。山差邦见人骑驴。往往自伤其死驴。于是以目注视此人。细审之。则逃犯戴因司也。改装为吉拍叟人。山差邦大呼曰。贼非戴因司耶。汝夺吾驴及物。胡不下骑。引还吾驴。此外尚有何语。（盖山差邦驴死。欲得戴因司驴也。）载因司闻言。舍驴而奔。瞬息不见。山差邦直引其驴。则大悦。亲驴额。似与故人为礼者。驴亦驯善近人。众见山差邦得驴。争为之贺。奎沙达曰。汝虽得驴。而吾仍予尔以三驴。不食吾言。于是众复前行。医生称道鲁西亚不绝口。谓善于词令。足知常读侠义之书。故言之成理。道鲁西亚曰。吾虽多读书。然不长于舆地之学。故成谬误。医生曰。知之。故吾急进。补女士之所不及。然天下事奇谬如此君者。真见所未见。书之误人。至于是耶。卡治诺曰。天下小说。安有诚语。此君为书所误。遂成狂病。可悲也。医生曰。此人聪明。

良不可及。今虽有狂病。若与谈名理。咸了了可听。唯一涉侠义之事。则脑筋乱矣。而奎沙达骑马先行。山差邦以驴随后。奎沙达曰。山差邦尔我师弟之义。本无宿恨。吾即有过举。尔可勿介介于心。果能以精切之言答我。我心滋慰。但问尔于何处见我玉人。尔见彼时彼何作。且尔以何辞问彼。彼之所答为何语。都能记忆之否。且彼读吾书时。作何容色。而吾书孰为吾誊真。但质言之。不必加以赞美之词。亦不可遗失。务详言之。山差邦曰。吾师果欲作诚语者。吾即以诚对。吾并未托人誊真。亦未将书上打鲁西尼亚。奎沙达曰。此言似实。尔之日记。初未将去。吾心忐忑不可耐。想尔不得吾书。将何以见打鲁西尼亚。此时度尔。必归取日记之本。山差邦曰。凡吾脑中所能记者。一一述示教堂之书记。为吾书之。颇清婉可听。书记曰。吾作无尽之书。初未如此书之圆美而婉曲。奎沙达曰。今尚忆之否。山差邦曰。吾已上书于打鲁西尼亚。则吾心已释。胡能再忆其词。惟书之首尾。颇能道其一二。中间尤增入数语。较原书为完足。

第四章

奎沙达曰。汝至打鲁西尼亚家时。吾之意中人作么生。若以吾意推之。非刺绣者即织锦。其长日七襄即用以赠我。山差邦曰。否否。吾见打鲁西尼亚。方赤足露肘。簸扬糠秕。奎沙达曰。非糠也。麦也。麦穗经此美人一簸。则颗颗皆成明珠。且尔曾见美人手中之麦。非佳麦耶。山差邦曰。即使为麦。亦必非佳。奎沙达曰。麦经打鲁西尼亚簸扬。将来为屑。必成绝好之面包。且尔授书时。打鲁西尼亚。曾与吾书亲吻否。想必帖诸酥胸之上。不宁惟是。尤必以礼受吾书。当一一述之。山差邦曰。吾授书时。打鲁西尼亚。方从事于簸糠。谓吾曰。尔将来书。暂置吾糠囊之中。待吾工竣。更倩人读此书。奎沙达曰。此最谨慎之举动。在百忙中。焉能披阅来书。汝为赍书之使。与彼何言。彼曾问我起居。汝亦一一述吾近状。以慰彼怀远之思乎。幸勿遗失一字。山差邦曰。彼之所问。颇易记忆。彼实无一言。吾则述师之困苦悲凉。赤身不衣。其饮食同于野兽。尤言师将觅死。以剃发刀向其咽喉。如剃须髯。长日悲号。仰天咒誓。自恨时运之蹇。奎沙达曰。汝又误矣。吾非悲伤。实自得意。为此高贵之美人青眼。山差邦曰。吾师言然。打鲁西尼亚之身。实高吾一尺有半。此诚可谓高贵矣。奎沙达曰。汝讵有测美之尺。山差邦曰。打鲁西尼亚。恒呼助举其麦囊。加之驴背。彼此同立。相形自见其高。奎沙达曰。美哉。汝当知美人本贵颀硕。外貌既高。即其魂灵。亦未尝不高。山差邦汝近其前。曾闻有一股芗泽。扑人鼻观。其芬芳之气。实为吾所不能道。汝亦曾闻其馨乎。山差邦曰。然。吾近其前。似有汗臭。以簸扬糠秕。大出其力。渍汗在腋。久久成臭。触之几几欲呕。奎沙达曰。美人安得有此。必尔渍汗在身。以薰为莸。不能析别。又或尔鼻长恶疮。流脓内向。故成此奇臭。不涉吾之玉人也。尔果闻玫瑰及莲花。破晓开时之清芬。则打鲁西尼亚之芗泽。实并此二花而同美。山差邦曰。吾师言然。吾固有臭疾。彼此互闻。不复析别。不知此臭为我。为打鲁西尼亚耶。奎沙达曰。彼美簸麦既竟。必读吾书。读书后又如何。务仔细述之。山差邦曰。吾师之书。彼不寓目。对我言曰。吾不识字。亦不能书。亦不倩人观之。即团而碎之。付之一炬。且谓吾曰。吾以口代书。言吾爱恋足矣。甚愿与师晤面。不欲以鱼雁传言。又言师果真爱彼身。速离此间。归土薄苏。必有心腹之言奉白。师号惨形。打鲁西尼亚闻之。捧腹大噱。其声磔磔如老鸱也。谓师前此。曾败一骑奴。此奴果来面打鲁西尼亚。其人为庇司克人。不悖宿诺。惟未闻诸囚至彼申谢也。奎沙达曰。尔临行时。美人曾以物赉尔否。若照古书中规则。凡侠客遣其弟子。赉书上其情人。必得厚赐。如宝石明珠也。不一而足。山差邦曰。吾师之言。古时之俗也。然吾之所得者。非明珠宝石。特自短墙之上。递出面包及饼干而已。饼干为羊乳所制。亦至可口。奎沙达曰。其人好施而礼下。胡以靳此区区者。其不赐宝石者。或宝石不在其旁。想后此正位中宫。必加尔以厚赉。不愁薄也。山差邦。汝亦知吾有所不惬于心者乎。汝何以匆匆遽归。计程必不能至彼。土薄苏距此。可三十利格。

合计六十利格之程途。汝轻迅如此。得毋御风而行。是中必有精于仙术之人。助我成事。故隐中扇其灵风。助尔往反。汝愦愦乌知中有神助。古书常言其事。武士每宿于仙术之家。一夜沉酣。迨醒已过数千利格以外。此书中数见之事。吾亦不以为异。须知古之武士。常托神灵之力也。今使我在深山之中。与妖魔及野蛮斗。垂败之时。心祷神灵。即见有彩云一片。中有四轮车。烈焰崩腾。直来助竞。则野蛮及妖魔。遁藏无迹矣。然此神灵。或在英国。一指顾间。已在吾前。神通安可遽测。吾既得神助。神又立归洞天。享其玉食。此惟至诚感神。方能有应。我思尔今日之事。冥冥中正有因果。汝必不知其详。山差邦曰。此非仙术。决为邪术。吾跨师之马。未尝加鞭。行乃如风。奎沙达曰。非也。马得神助。何用加鞭。今且勿言此。且问打鲁西尼亚宣我往朝。汝为我决其从违。打鲁西尼亚固有权力。足以驱我如奴厮。然吾已允公主复仇。不能遽朝打鲁西尼亚。又将奈何。左右为难。吾心焦悚。至不可耐。虽然。吾计定矣。先趱程至公主国度。杀巨人取其颅。然后匆匆归家。面我太阳。打鲁西尼亚。即吾之阳光。非彼。则我将舍昭昭而入于冥冥矣。至于逗遛数日。彼亦不能罪我。须知我驰名于外国。即为打鲁西尼亚之光荣。或亦不加吾罪。盖合吾前后之功勋。均为彼一人。我能驰名于四裔。一似美人之奴隶。扬誉于宇宙之间。则为之主者。乐更可知矣。山差邦曰。惜哉惜哉。吾谓主人谋左也。夫以长征荒裔。成功而归。试思公主之版图。有二万利格之远。合并葡萄牙。及卡司提落较之。尚不之及。奈何舍之而去。往就打鲁西尼亚。为吾师计。苟道逢牧师。即与公主结婚为上着。且彼医生。非兼牧师者耶。用为婚证。以成佳礼。亦何不可。师当知吾年非少。愚者千虑必有一得。为师决策。犹履之称足。断无长短之差。俗谚有云。一鸟在握。较之两鸟在林。为值较多。今物归我有。乃立辞之。即欲更觅。已不可得。奎沙达曰。汝之苦口劝我者。为一身图总督计耳。须知我即不尚公主。必得疆土。此时非授尔。且将与谁。山差邦曰。吾师躬受采地时。切须濒海。果水土不服。吾则满载黑奴。归而售卖。得钱赡我妻子。虽抛弃总督不为。于事亦无所梗。今劝吾师。先为公主复仇。则大事立定。即吾亦受益匪浅。奎沙达曰。吾必如尔意。惟尔我密谋。勿令外人知之。以打鲁西尼亚。一生谨慎。吾今亦当遵守其懿训。庶不至偾事而败图。山差邦曰。吾师既守秘密。何以每战胜一人。必曰尔当往朝吾情人。告我胜状。是大暴其事于天下。尚何秘密之云。奎沙达曰。妄哉孺子。吾不敢自以为勇。其勇均出之打鲁西尼亚。夫以侠义之法律。凡美人之有名于时。即属其奴隶。为之宣力。其宣力非为求赏之故。盖欲所爱之美人。为人钦慕。则奴隶之宣力。方不蹈虚。今我即打鲁西尼亚之奴隶。安能不归美于主人。山差邦曰。吾恒闻牧师言。博爱之道。应敬礼上帝。不为福祸而言。若以我言。吾之爱敬上帝。为有人生之幸福。奎沙达曰。尔有时言而幸中。似有阅历之人。山差邦曰。吾安敢言阅历。特有见必言。至于言之当否。未敢决也。于是且行且语。而随行之剃发匠。见其师弟深谈甚欢。亦不知其作何语。已而道旁见泉眼。即止其师弟勿行。且饮泉进饵。奎沙达亦止。此时山差邦作妄语且穷。防其败露。适得剃发匠一呼亦立止。虽知打鲁西尼亚住土薄苏。实则闻名而未晤面。所描丑态。皆臆造之词。卡治诺此时。取道鲁西亚农奴之衣着之。然较诸破烂之半臂。已觉改观。于是争趋泉眼。仰医生所挈之干糗。人多物少。则分啖之。略止其饥。此时忽至一童子。见诸人方聚食。径至奎沙达之前。长跽呼曰。先生乃不识我耶。吾名安沮。当日为主人缚于树间。蒙先生救我。尚忆之否。奎沙达力扶而起之。语诸人曰。诸君当知代人伸枉理殢。使公道少存于天壤者。此侠客应为之事。前此余路过树林间。闻有痛哭之声。吾闻音而悲。而义侠之心立动。寻声而至。见此童子。为人缚于树间。诸君果不信者。此童子可以为证。赤身严缚。急如束湿。有农夫执马缰。就而鞭其背。痛乃彻心。吾见状即问农夫。胡以鞭此孺稚。农夫言有鞭奴之权力。吾问童子。何以见笞。童子曰。与索工值。逢彼之怒。非有他也。农夫则痛诋童子之过。吾不之听。命释童子。且令急还其工值。安沮听之。吾言不谬乎。汝尚不识。吾命令农夫时。词气猛烈。彼屈伏自承还值。非耶。然后此如何。汝可对众言之。此时非我者。汝之性命且立殆。足见侠客行为。非扶弱抑强。亦不为男子。安沮曰。先生所言皆然。然结果乃不如先生之所命。奎沙达曰。彼农夫仍不与值矣。安沮曰。不惟不出一钱。笞乃加酷。先生去后。彼又缚我。鞭力益肆。几欲置我死地。且鞭且讥先生。苟非负痛欲僵者。闻其嘲诙。亦将失声而笑。鞭已释我。我匍匐入诸施医之院。偃卧数日。始能行步。今日再面先生。颇怨先生。好揽闲事。果当日骑马而过。不与吾事。吾亦不至于此。且当日亦未尝投柬以请先生。此事与先生胡涉。果先生不斥农夫以恶语者。则主奴无仇。数鞭即已。即吾亦或能得钱。迨一经先生斥责。彼吞声饮恨。遂一一泄愤于吾身。故鞭下愈迅。吾命遂如属丝。奎沙达曰。此事吾误矣。法宜待其给资然后行。此辈安得有信。惟尔不闻吾令彼发誓乎。果背吾言。吾必四向觅之。即使藏于长鲸之腹中。吾亦将刳取而杀之。安沮曰。先生空言。焉能已吾之创痏。奎沙达闻言立起。令山差邦辔马。曰。吾立时为尔复仇。道鲁西亚曰。先生辔马安适。奎沙达曰。我往寻食言反汗之农夫。索其工值还安沮。不令短阙一文。道鲁西亚曰。先生允我复仇。必吾仇复后。方能更治他事。誓言在耳。或不遗忘。今请先生。释其盛怒。必归自敝邑以后。方能再为孺子复仇。奎沙达曰。公主言然。安沮。今且少待。待吾归国。再理前仇。必偿尔愿。然后已。安沮曰。吾亦不敢遽信先生矣。今果能少与川资归西威罗。于愿已足。不望更偿前逋。今日不止求资。并乞赐食。此始为侠客之行事。舍是胡敢求多。山差邦立取面包一片。干饼一枚赐之。曰。吾辈所挟无多。今剖而予汝一分。吾辈减食矣。安沮曰。何谓分也。山差邦曰。吾辈分食。即为诸人之分。今汝占其一。吾辈即短此一分矣。且吾身为弟子。随师行侠作义。忍饥恒也。今汝无功。竟与吾食。宁非逾分。安沮无言。即受此食物。匆匆遽行。行时回顾奎沙达曰。侠客听我一言。后此若再见我者。我若为人碎尸洞腹。幸先生勿与吾事。以增吾苦。似此等侠客。在法宜骈首而诛。不留一人。以害社会。（吾于党人亦然。）奎沙达大怒。欲取槊刺之。而安沮已如飞而去。追之不及。恨填胸臆。众几失声而笑。则极力忍之。防触奎沙达之怒。

第五章

食后。众上道。行可一日。直至山差邦裹毡抛掷之旧肆。一望门而山差邦不敢入。顾又不能不入。入时。肆主夫妇及女儿与马累托。争出承迎。奎沙达一面主人。即严厉语之曰。今夕当备佳床席。不当如前之草草。主妇曰。能多予钱者。则当备亲王之供帐。奎沙达曰。可。于是即在前此所寝之处。加以陈设。此时奎沙达去其甲胄。疲极立寝。主妇即引剃发匠之伪髯曰。趣脱与我。此我之落发也。吾夫尚宜用此落发。以剔木梳之积垢。匠不即还。于是呶呶不已。医生曰。今可不必娇装矣。匠曰。我去髯一为奎沙达所见。必问公主之仆安往。我将何辞以对。医生曰。我谓尔适遇于此。若问公主仆人。则言公主遣其归国。宣示百姓。言延得顶天立地之英雄。可以驱此长人。拔斯民于水火。匠闻言。即还髯于主妇。并还女衣。归其所质之外套。此时道鲁西亚。为店人所见。咸惊其美。即卡治诺之壮硕英伟。人亦讶其风仪。医生令肆主备夕餐。餐亦丰盛。众遂不再呼奎沙达与饭。听其酣寝。饭后坐谈。主妇遂述奎沙达与驴夫迸命。及店人裹毡抛掷山差邦为戏之事。并述奎沙达狂易之病。医生曰。此人因多读古小说。所以至此。肆主人曰。先生误矣。侠义之小说。为最痛快之书。今吾肆尚藏数册。旦夕观之。怡情适意。吾之排闷。即用是书。觉长日中大有生气。每当收获之日。诸农夫乘凉。皆至吾肆。争借吾书读之。中有一人。朗诵此书。俾诸人环听。而吾于书中酸挚之处。亦为之色飞眉舞。心慕其人。几几自忘其老。虽终日终夜听之。亦无倦容。主妇曰。吾亦甚愿尔倾谈侠义之书。终日无声。不来扰我。不然。尔以暴烈之性质。时时怒发。吾几左右不知所可。故长日惟愿尔之听侠义列传也。马累托曰。主妇言然。吾亦颇闻侠客之故事。昔有年少美人。立于树下。为侠客搂抱。馋涎满吻。此最足以动人。如是者不一而足。吾宁忘餐。往闻此等趣谈。医生忽问主人之女曰。密斯闻此。以为如何。女曰。我不解此。然闻侠义之士。亦颇属意。惟不欲闻断头流血之事。不如吾父之所云。有时闻侠客失其情人呼天抢地。痛不可言。吾亦不期为之泫然。道鲁西亚曰。女士之心慈善。决不令尔之情人。为尔怏怏而死。女曰。此尤非吾所解。此心不愿男子呼我为牝虎母狮。及他种之丑名。足矣。虽然。女也不良。则予以恶名。亦属分所应尔。古固有巧黠之女。致钟情之男子。为彼颠顿迷惘而死。此尤非是。世所谓端庄静一者。岂复巧黠之谓。彼温雅之女子。固有不愿耦武士者。主妇即止之曰。女子何知。此湎规越矩之言。闺秀胡可出口。女曰。吾安敢多口。第经先生下问。所以从容作答。非喋喋也。医生复谓肆主人曰。君不言藏侠客之书耶。请以示我。果何篇名。肆主人如言。启小箧出书三巨册。尚有小说稿一束。皆庄书了了可辨。第一卷为西朗几庐。第二卷为斐立司马忒。第三卷为甘卡洛。及加西亚合传。医生一观书名。即向剃发匠笑曰。此书亦宜属之奎沙达侄女。付诸一炬。剃发匠曰。我亦曾与此役。后院固有火垆。投诸其中。亦正易易。肆主人曰。万不能焚吾书。医生曰。此书有二种。如西朗几庐。及斐立司马忒。在法宜焚。肆主人曰。此书不宗邪术。毁宗教。可以不焚。匠曰。君谓此书。为别成一派。与宗教无涉。亦不叛宗教。可逃顽焰者乎。肆主人曰。然。果焚吾书。则甘焚甘卡洛。及加西亚合传可也。其余即无异焚烧吾身。医生曰。尔所宝贵之二书。均文士驾虚翼伪之词。一无其事。至于合传一书。稍为有据。且此二人勇敢绝伦。天下人匪不服膺其人。故幸能遗留至今。加西亚者贵族也。生于楚西罗。力既兼人。勇尤无敌。一似风磨轮转之快。可以一臂止之勿行。一日独立桥上。能使大队之敌军。不敢进逼。传中尚有却敌之事。纪载凿凿。咸无溢美之词。悉归本人所书之日记。此事若属他人笔墨。则兴之所至。正难望其纪实之言。肆主人曰。君言似近滑稽。加西亚以一臂止风磨之旋轮。天下力人。固未闻有此。以我观之。初不谓奇。尔试读斐立司马忒之传。即知是人。一刀可断五长人之腰膂。如孺子以木剑斩泥童者。尚有一次。立犯敌军。敌可一百万众。斐立司马忒。竟以单骑败之。如驱群羊。至于西朗几庐则更新异。一日涉河。河中斗出一巨蟒。长可数丈以外。西朗几庐。力扼其吭。蟒气逆不能喘息。直窜入水中。西朗几庐与之同入。忽睹宫殿。花木明媚。西朗几庐大以为异。再视其蟒。已化为老人。且告西朗几庐。以世外之秘事。以此较之甘卡洛与加西亚如何。道鲁西亚闻言。谓卡治诺曰。肆主人亦几与奎沙达同病矣。卡治诺曰。吾亦云然。以古人之寓言为真。即令牧师。以正言启迪之。亦将无效。医生曰。肆主人勿信书中之言。地球中安有如是怪特之事。尔信二人之勇。乃不知适为文人所愚。彼在笔歌墨舞之中。安能择言而出。在理读是书。当具演义之眼观之。不能据为史迹。肆主人曰。先生欲钓鱼者。不当用如是之饵。吾即为鱼。万不上钩。尔当知天下是非真伪之所在。出言方足取信。吾读书明其得失。犹之以足试履。几微不适。吾皆知之。又譬欲得老鸟。则不宜用寻常之罗。适先生论著名之书为伪。则真贻笑于人。幸勿再发诸吻。夫书既伪矣。何为风行至今。且国家允为审定。听其出版。亦未闻官中人斥为伪造者。夫书经学部鉴定。则决非伪书。至于书中。一切幻术纷纭。足以乱人脑筋。学部不以为非。则是书必有真际。故有司亦不之罪。医生曰。朋友听之。官中允出版。殆供人茶余酒后之消遣。犹诸打球弹琴之属耳。且政府亦未计及人之迷信至此也。今果有余闲者。吾将历举无数之说部奉白。何者足信。何者不足信。吾中心了了。久已判其清浊。今足下果信伪造之言为真。此事何涉于我。听君侵淫其中可也。但愿勿如吾同来之当瑰克苏替。或可省人讥议。肆主人曰。吾嗜侠客之风概。不效侠客之行为。矧时过境迁。初非行侠作义之时。其又何须盖世之英雄。垂大名于宇宙。正于此时。山差邦适入。闻言。知侠客之书。皆属讹谬。而心中为之一震。然尚不移其志。必随其师。遨游天下。脱图王不成。总督之望灰冷。则家尚有田可耕。亦不愁饥。此时肆主人携书外出。医生请留其稿观之。肆主人果留其稿。凡八篇。上有题笺。大书曰。瑰异之戏。医生曰。书名大奇。其中情迹必诡。可细观之。肆主人笑曰。凡宿吾家者。见此书咸大悦。争欲市稿而去。吾靳不之与。因有原主。此小箧即为原主所留。果归而见索。吾即以此还之。吾生平矢信。以不贪为贵。故不敢遽卖此稿。医生曰。借观亦无不可。果中吾怀。亦可借抄一通。留为排遣之用。肆主人曰。两者均可。此时卡治诺已少阅数叶。且请医生朗诵。与座人同听。医生曰。夜深矣。女士亦疲。可各归寝。此稿留吾自观。女曰。书果多趣。不妨破睡以听。剃发匠及山差邦。咸请医生诵之。医生曰。众既欲闻。吾亦欲观。请洗耳待我读此佳作。

第六章

稿曰。前此意大利有地。曰他昔卡内。其都城曰佛老伦司。佛老伦司中。有两名人。一名安西毛。一名路沙雷。此二人称为莫逆。人亦称之曰二友。然皆少年未娶。性情又复相埒。安西毛工内媚。路沙雷则好田猎。投契既深。交情亦期以永久。彼此相爱。不分形迹。类钟表中机器之互相嵌附而行。不容有一丝之间者。已而安西毛爱一女郎。富而且美。安西毛决计娶之。但得路沙雷一诺。即行乞婚。及一商酌。路沙雷亦许可。为之媒介于女郎之家。未数日女即允婚。女名卡美拉。婚约既定。夫妇咸感路沙雷之玉成。路沙雷于二人结婚之前。每日必至安西毛家襄助。迨成礼时。诸友云集为贺后。而路沙雷之踪迹遂疏。路沙雷盖谓安西毛家有少妇。宜以礼自防。不宜越礼以前。涉嫌疑之迹。此非妒也。计自不引嫌。人亦将加私议。已而安西毛见路沙雷不至。心怏怏不怿。一日安西毛谓路沙雷曰。我若知得妻而失友者。则愿鳏其终身而不娶。今既如此。尚愿往来之密。如当日欢。愿兄常至吾家为得。至于嫌疑一节。可以勿问。且吾已告吾妻。吾二人之幸福。均兄所赐。在义万不宜疏。而吾妻闻言。亦以兄为过于拘谨。路沙雷因述其不来之故。示安西毛。于是定议。路沙雷每礼拜中。必两饭于安西毛之家。路沙雷仍自远其形迹。且告安西毛曰。人娶美妻。不可广交以自累。即女友之往来。亦宜留意。果使薰莸杂进。则不测之事。正难豫防。安西毛曰。兄言良然。然既娶之身。尤必赖正人为匡救。庶不至于无检。天下身为人夫者。溺爱其妻固也。然无家范以制之。则亦非宜。故必得良友之箴言。用为圭臬。则流弊自泯。今我之良友。舍尔其谁。尔乃转自引嫌而敛避。一萌此念。交情梗矣。路沙雷曰。尔我相见以诚。固无嫌疑之可说。然人言难测。彼此无利。故不如早为之备。今后晤面。当别订一处。万不能常至尔家。安西毛以为有理。遂至再丁宁而别。然安西毛心中。颇以路沙雷为寡情。而路沙雷则立辩其否。一日二人相见于野次。闲行于田陇之上。安西毛曰。吾自知之明。上帝赐我幸福。门第高。先畴足。山妻美。朋友良。此二人者。一内一外。深惬我心。所患我敬尔之心。尚为弗挚。然舍尔外。足以服我者。恐无第二如兄也。今所遭如此。在理宜知足为乐。而仍不满吾意。谓天下无一不足以胜我者。然亦不知心绪之恶劣。起自何时。但力遏之。不敢思及其苦。而又时时潮上吾心。今不能不摅怀相示。兄忠义可恃。庶吾一吐悃款。则寝食或有宁帖之时。路沙雷大惊。不知其所以然。猝思不得其故。即趣安西毛言之。允为之助。安西毛曰。此事至奇。吾心欲试吾妻之贞淫与否。顾不能若验金之法。用火以煅。吾意女子。果以情哀之。则未有不动者。终须用一男子。泥首乞恩。炫以金宝。至此不动。始为贞操。盖不风而平其波。其事甚常而无奇。吾终不信女心之可恃。今有人深信其妻之无玷。固无玷者也。然吾谓未遇人以调弄之耳。履之而后知其难。贞不易言也。矧其夫又为多疑之人。闻声望影。皆生妒念。处处严备。则其妻又乌敢有意外之慕。即以吾妻论。固似可信。然亦未遇好色之浪子。而吾心终亦不敢谓然。吾意终须假设一人。进而尝试。百端挑引。而彼仍屹然无动者。斯真贞矣。吾意欲觅得一人。家富貌美。且年少多情。向之再三乞怜。而吾妻仍不为动。斯则吾终身信之。且引为至乐。则可向人夸美其得贞妻。脱经人一求。而妻即慨允。则吾亦无憾。盖自信相人之不诬。亦不至为女子所愚。此事出之本心。永永亦无所咎。宗旨既定。百折不回。今试验之人。即属尔身。初无第二人之足任。尔可潜至吾家挑之。当出其思力。曲尽其能然后已。盖吾之属尔。不属他人者。以尔信我深。必能临岩而勒马。不至遽即于乱。于吾之名誉。亦无所损。想尔慎守秘密。断断不至于语人。尔今当曲意承顺。以释吾忧。且立时行之勿缓。路沙雷静听久之。默不一言。至安西毛语竟。始徐徐答曰。安西毛。适尔所言。令人欲笑。在理宜斥尔勿言。惟细察尔意。似诚恳述其心绪。故容忍以待尔言之毕。以我观之。汝不惟不自知其非。而并不知我之为何如人。念头既误。故有是言。古谚有云。真为知心之友。胡能驱使其友。为伤天害理之事。此事果行。两俱不利。胡孟浪为之。既坏尔名。即害尔命。坏名之痛。尤甚于死。汝不知耶。且尔之命我。直以我为卖友之器械。人既卖友。尚名为人乎。直驱我于墓中耳。何言知己。今尔当平心静气。听我正言。待我言既毕。尔再攻驳。亦未为晚。安西毛曰。可。路沙雷曰。如我之意。尔之心情。大类木耳之人。既信邪教。以圣经中至言喻之。亦莫之听。此等人宜以算学之理开导之。如几何之法。譬如两物同等。可一尺之长。更出二物。长可二寸。与前物比较。去二寸。所余均八寸。则均同等耳。木耳之人。不明此理。虽另思以他法晓喻之。然终不得其效。今日吾之喻尔。亦当以喻木耳之法。汝设想离奇。直出人情之外。吾虽有正言。想尔决不了了。总言之。直一愚骇而已。果使吾不爱尔者。尽可听尔所为。尔必自败其名与身始止。无如吾为尔之良友。而尔又欲实行其事。试验一女。此女既贞且慎。又为尔结发之妻。此又何必试之。试之又何必用我。果尔能如我意者。决不再试。我意此女。既有如是之美行。汝尚何求。果不见信。则中心已了。又何必试之。而后知其贞淫。譬如其人果淫。汝薄视之足矣。试验又宁非多事。天下断无试验其相信同心之人也。试之即为薄幸。果进试之时。如其不动。尔又将如何。两败俱伤。不惟我不愿为。亦窃为尔夫人惜之。且尤知此事。为天下至险之行为。惟至愚者始为之。不图竟出于汝。深所不解。然人心不同。各有所为。譬如身隶兵籍者。频年长征。出生入死。盖为国也。亦为一身之名利。今尔所为。何名何利。徒开罪于上帝。又何乐为之。脱一经试验。妇人守贞。而试者败衄。不过仍还尔平日家居之常态。究有何利之足言。苟事情中变。竟有意外之事。则尔之伤心痛恨。当愧愤于无极。此事固无人知。然尔心固已知之。人知之损尔之名。心知之则滋心之疚。其失一也。今尚有一喻。前此有诗家路斗维克。曾作一诗。其诗正足描画尔之性理。诗曰。彼得悔过自疚心。较火热兮较水深。人苟知过奚须箴。悔之一字抵千金。诗言如此。归功在未悔之时。迨悔至已无及矣。尔此时出言无检。一味冒行。迨事败以后。虽忍泪不出。然心血之潮沸。甚于泪也。此诗空空洞洞。原不指汝。然总须以寡悔为上烈。吾今更进一解。则愈形尔之卤莽而灭裂。譬尔有金刚石一方。其价连城。而骨董家相之。争以为宝。此石归尔。尔尚不信于心。必以锤碎之。辨其真伪。汝心安乎。尔当知一锤之下。宝石立碎而不完。欲复其旧观。为事已难。此宝石即尔妻之谓。尔妻固为人所重。即尔亦重之。其量等于宝石。尔何为必碎之以为快。即使验而无效。亦不能增长尔妻之声价。须知一碎。良可惜也。彼不自坏。而尔坏之。但论设心。正自难问。尔尤当知。天下贤女。价过于宝石。盖其懿行之动人。人之估值。似增长于其估宝石。夫尔妻既无玷于尔。而人人又争称其无玷。对此宝石。已纯真而非伪。试之岂非多事。汝当知女子秉性柔弱。即深明大义者。亦不能宿备小人之奸谋。以此之故。为之夫者。当导掖之。归于正道。胡可自试以奸谋。动物家之言曰。银鼠者。至白之动物也。猎者苟知鼠穴之所在。则取极秽恶之物。环堆其穴外。而银鼠自爱其毛。宁伏穴为猎者所得。万不愿窜走秽恶之上。自污其白。今天下贞节之女子。甚于银鼠之白。尔果宝卫其白。则当加意扶持。不宜轻蔑。今尔使人挑引。必欲败其节操。宁非环堆秽物于银鼠之穴外。必令彼躬冒不洁耶。果以此法行之。天下之女子。十人当坏其九。无可逃免之时。今尔欲全尔之贞妻。当时时导以道德之言。匡诱使归于正。方不失为夫夫妇妇之顺。须知妇人轻脆之质。等于玻璃。呵气于玻璃之上。决成浮膜。故对待女子。如礼圣迹。当礼之敬之。不能触之以手。又似植名花于沙炮之上。远观之则极其媚。若往前采之。则其天真丧失矣。吾尚忆一诗。不妨更述以示汝。诗为老人戒其邻居。其邻严督息女。不令外出。故老人以诗箴之。曰。女子之脆如琉璃。碎而掷之毋乃痴。痴人不信仍尔为。再完其故难乎而。要当慎重如吾诗。以上种种所言。均为汝也。今当为我计矣。我言质直。当不罪我。汝今昏昏沉沉。趋入黑暗。吾不能不力引而出之。尔今既称我良友。于交情乃至恶劣。直谓之毁我声名足矣。不惟毁我之名。尔且自毁其名。今果以我近尔夫人。则夫人之心。必斥我为非类。夫以同心之友乃行此禽兽之行。伦常之道。尽隳于私欲之中。我胡自聊其生。其次夫人对我之时。似我先觇其有不贞之行。故敢放肆而无检。则尔得淫妻为偶。已先自坠其名。况夫人失节。汝亦败名。于义何取。汝因其失节。则必恨其不守贞操。试问此究伊谁之咎。夫男女之结婚。实上帝合并二人为一体。名为二人。实一人也。休戚同之。生死同之。既为一体。则足痛亦彻于心。夫心与足。本为二物。以一体之故。苦痛之事。亦自相关。故女子之败名。夫亦随之而败者。已纵不知。而人已指目。嗟夫吾友。此事至险。尔当勿萌妄念。必使贞者立化为淫。犹之美睡之中。立时惊醒。宁非自寻苦恼。如此奇想。实为吾生之所未闻。汝尤当知冒险而前。归时一无所得。且丧其至宝于汪洋之中。事尤可笑。夫以奇货等诸废物。是皆轻举妄动之过也。若吾言论。仍不能悟尔者。则尔当别寻良友。用遂尔谋。吾宁失欢于尔。终不为不义屈也。路沙雷语止。安西毛失色不能言。久乃曰。吾友良言。吾皆倾听。语语忠厚。亦语语聪明。意在爱我。我尚何言。然我之私欲。实过于君之名理。盖追逐恶德。回避高明。自问似为魔弄。尔今当曲谅我之怪癖。彼女子有乖异之癖。我正与之符合。是可谓之怪病。必当为我医之。汝必往见吾妻。以情挑之。无论能从与否。咸足已吾之疾。吾思第一次行挑。彼必峻拒。既拒则吾愿已遂。尔胡必靳此区区者。况尽尔为友之情。亦足拯吾之命。于情既洽。于名无损。又奚惮而不为。果尔不为。吾必别求生人。既求生人。则吾之名誉。不愈坠耶。尔平日爱我。何忍峻却。若必不得已。我决转求生人而无疑。果尔能从我者。吾妻必不齿尔于正人之列。则吾既信吾妻之贞。亦可乘间吐其试验之谋。则吾妻知尔为吾所遣。以为友之故。蒙此恶名。或亦曲曲能为尔谅。尔之声誉仍全。今所求无他。汝必为我一试。且所试甚微。而吾之所得甚巨。尔胡固执而不吾从。况试只一次。不可即止。语至单简。别无胶纠之事。似可允也。路沙雷见安西毛执意如山。不可动摇。已若不为。则须更觅一人为之。辱且更甚。不如伪诺。后以术止其风狂之思想。亦不令其妻知之。乃佯诺之。坚嘱勿更属他人。并请以兴到时。方至尔家。为尔办此。安西毛大乐。进抱路沙雷亲吻。如谢其莫报之恩。感激至于次骨。遂定约以明日行事。安西毛曰。吾明日恭备宝石金钱。为尔进见之资。且极教以种种内媚之术。又言若不暇为情诗。吾可以庖代。为尔属稿。路沙雷曰。我自为之。勿烦琐琐。然心中甚痛其愚。于是二人议定。遂同至安西毛家。其妻卡咪拉。方悬悬其夫之归迟。路沙雷既送安西毛至家。归至怏怏。自思既允安西毛。又当不污卡咪拉。两全之术。何从得当。是夕颠倒不能成寐。遂设一谋。既不侵犯卡咪拉。又足以慰安西毛。但有此法而已。计定。至安西毛家。而卡咪拉知路沙雷为其夫挚友。则礼意有加。饭后。安西毛托言。兴辞外出。留路沙雷伴其夫人。以一句半钟为率。卡咪拉坚留勿行。而路沙雷则请与安西毛同出。安西毛坚执不可。且嘱其妻。以礼厚待路沙雷。匆匆自去。行后屋中但有路沙雷。及卡咪拉两人而已。而侍者亦尽出饭于外。路沙雷此时。如入战场。而卡咪拉之颜色夺人。有同甲胄刀盾。成为百胜之师。路沙雷见而大惊。几有望阵生畏之势。于是思下手之方。即曰。吾昏欲睡。幸恕非礼。女曰。胡不入旁室厚毡中少息。厚毡为西班牙之俗。贵妇客厅。恒有此毡。较他板高可一尺以外。其上加席。又加以茵。用以款留贵妇。使之燕息者。路沙雷曰。勿须彼间。即此客座中假寐。吾倦当立苏也。直至安西毛归时。见路沙雷卧于座上。急促其醒。问以济否。路沙雷醒。即同出客厅之上。安西毛曰。试手乎。路沙雷曰。第一次胡能孟浪。容徐图之。安西毛深以为然。且约每日必来。吾虽每日不能常出。然必留其机倪与尔。且不令卡咪拉知之。于是路沙雷每日如言而至。而安西毛亦出以自然。不露迹象。已而路沙雷谓安西毛曰。尔妻贞心如金石。吾百方试之。咸莫能入。且奈何。并告我曰。我若无礼冒进者。彼必拾而告尔。吾术既穷。彼心如铁。尔亦可自是止矣。安西毛曰。以语挑之。固不汝应。今宜以物诱之。明日吾为备二千金克郎馈之。且佐以珍珠宝石。或可得当。须知天下美人。匪不爱财而嗜宝。而不贞之妇人。尤复需此自饰。如是而仍不动者。则真心如金石。吾亦不需尔矣。路沙雷曰。吾知尔妻之贞。万不嗜此。吾术必立败无疑。于是安西毛。明日馈四千克郎于路沙雷。其倍于昨日之数者。以为金愈多。则试之乃愈得力。路沙雷伪诺。仍不贡其金。且伪言卡咪拉峻拒弗允。以为事立中止。不图事有中变。安西毛一日。仍留路沙雷于屋中。自匿复室中。窥其所为。可半旬钟。见路沙雷枯坐无言。知一晌之言。皆伪设以愚己。遂招取路沙雷外出问状。路沙雷仍谢不敏。言夫人盛怒难犯。吾不更为此矣。安西毛大笑曰。汝言果确。且果践尔言耶。尔行伪愚我。我见尔枯坐无言。足见前此轰轰烈烈之词。均为吾妻渲染。用以欺我者也。尔果不欲与吾事者。吾可别觅一人。路沙雷虽自知其忠。然又甚愧其友。即再三慰藉其友。矢以诚心。安西毛曰。然则尽此一举矣。于是别托一友。以书招赴其城外之别业。其辞甚切。且订八日之聚。意八日之工。则试验之事必可就。读吾书者。须知天下之人。据门伐。拥厚资。少年而得美妻。盛满之事。尚有如安西毛者耶。乃必自寻苦恼。至此殊令人不可索解。即彼夫人之待彼。亦自庆得其所天。多情而贤。在理无见疑之罅。而必多方尝试。宁非异事。盖此少年之所思。奇辟无伦。舍其眼前之香福。而生意外之谬思。颠倒错乱。至无人理。可笑也。古人有诗。乃甚肖安西毛之为人。诗曰。必死安求生。危病安求平。乱军之中自在行。饔飧不继思大烹。家有荡妇责以贞。万古安得有此情。夫以风魔之思。求天遽遂其愿。又焉能遂。一似他人所得者。唾手而成。而己之所得。乃难若登天。则一段怏怏之思。几谓生平遭逢之不偶。则真闻所未闻。彼之思想。盖谓吾之专欲。为他人所决不能有。所愿奢矣。明日安西毛出城。语堪咪拉曰。我出必八日始反。留路沙雷伴尔。尔之敬路沙雷。乃同敬我。凡百听其指挥。汝不宜忤旨而拂我意。堪咪拉曰。君行吾自当门户。何必以友人居守。内外有别。礼安可越。君果不吾信。请试任我为之。必不使君关心门户也。我固非才。然此区区者。似亦易耳。安西毛曰。尔以从夫为义。勿抗吾意可也。匆匆数语后。安西毛遂出城而去。明日路沙雷至。堪咪拉如言敬礼。无敢稍懈。顾虽如是。然必以人侍侧。未尝与路沙雷独对。家有女仆朵咪拉。形影不离。朵咪拉盖生长堪咪拉之外家者也。八日中之第三日。初无一言。有时诸仆不在。而路沙雷亦未尝吐其情话。朵咪拉亦间有事外出。留彼二人共谈。路沙雷即得此机倪。亦心敬贤妇。不敢遽施无礼。然美色在前。又经其友之重托。少年之心。乌有把握。又日夕为艳色所夺。渐渐萌其不义之心。然尚临时遏制。以为安西毛固有坚嘱之言。吾终不能自即于不义。法宜避至城外。宁为安西毛所歉。而吾心终无玷也。无如堪咪拉艳若天人。亦终恋恋不能自舍。往复于心。不知所可。欲前则犯义。欲退则失信。矧又为艳色所迷。则退衄大属难事。惟是犯义固属不可。然实安西毛敦迫而来。即使失足。似亦宜为上帝所矜悯。后此亦渐渐隳其礼防。而眉目间已露邪慝之意。举动立异。堪咪拉大惊。奔出室外。然少年人既动情欲。竟至忘其羞赧之心。堪咪拉见路沙雷变其初心。竟不知为安西毛所部署。则转以书趣安西毛遄归。书以专使往。书中所叙情况。当于下一章叙之。

第七章

书曰。夫子足下。夫一军无帅。安足成军。而事之尤异者。家既无主。遗一少妇。自支门户。此最危险之事。且夫子初无要事。乃久淹于外而不归。此尤无谓。我心殊怏怏不耐。若再不归者。吾当归宁父母。不复留矣。至于行后。家务曾否有人代司。吾亦不问。尔所托之人。但图己事。不复为夫子作计。此尚谓之良友乎。夫子聪明谨慎。见书当自领解。吾亦不能洞澈言之。安西毛见书大悦。知路沙雷已如言。乃为其妻所拒绝。愿望滋慰。于是报书其妻。令其勿归。吾咄嗟至矣。堪咪拉得书后。欲归不可。欲留不能。意一归宁。防为其夫所怒。如留恋不行。则狂且在侧。贞操为之岌岌动摇。遂立意不行。亦不避路沙雷。防一检避。而形迹转为臧获所觉。颇悔书去为多事。又防其夫疑己有不检之行为。故路沙雷恣行无礼。但默默自伤。一听路沙雷之妄言。终不一答。亦不再作书寓外。防其夫归时。与路沙雷啧有烦言。衅实由己而生。亦滋非是。计其夫归后。别以语支拄。以释其疑。明日。路沙雷又喋喋进言。女均不答。路沙雷则力贡其媚术。虽坚贞如堪咪拉。亦不能自支。路沙雷见机有可乘。仍力攻而进。如巨炮之攻坚垒。万无不下之势。先由赞美。后乃悲鸣。女心已摇摇而动。虽高墉坚垒。亦将岌岌而倾。而路沙雷之攻击。仍不遗余力。于是墉倾而垒破矣。

在理此事初不谓奇。路沙雷仗义为友。堪咪拉守贞为夫。一义一贞。宜无意外之变。而安西毛身为人夫人友。趣之使至于是。尚何理之足言。二人情好既密。朵咪拉一一知之。而路沙雷亦未言此事为安西毛所构。防一奉白。转不见己之痴情。已而安西毛归。亦不知其妻之失节。尚至路沙雷之家。互抱而鸣谢。且请路沙雷表示其妻之贞操。路沙雷曰。吾友从今可以夸示于人。夫人为闺秀中之领袖。妇人中之师表。节操之坚贞。盖天下一人而已。无论试之百端。誓也哭也。毫无所动。不惟财贿不足措意。即悲涕亦未尝摅怀。此不止美人。乃为人间纯懿贞洁之贤媛。今还君金钱及明珠。此物不足为用。万不能夺堪咪拉之心。安西毛汝当知足。不必再加疑惑。须知此事至急。犹放舟于洪涛巨浪之中。幸而获全。此后勿庸再试矣。尤劝足下。停舟于平安之海口。去缆收帆。如浮家焉。不必再思渡海。安西毛大悦。信以为真。然尚欲一试。乃请路沙雷作诗。夸美克老雷司。克老雷司者托名也。俾堪咪拉见之。试其能妒与否。且曰。尔若不为。我即代尔为之。路沙雷曰。我亦能诗。毋须庖代。盖名为克老雷司。而诗意则属堪咪拉。于是商定。安西毛归问堪咪拉。何以有书。且书词又甚隐约。果何指耶。女思归时不问。何以归后始问。即曰。此书专为路沙雷而言。彼当尔在家时。则萧闲无事。尔一别我。则立改其初心。吾甚恶之。故有是言。或且吾心多疑。或彼心厌我。两两误会。遂有是疑。安西毛曰。路沙雷君子也。吾闻彼已爱一贵族之女子。且为诗以赞美其所爱之人。名曰克老雷司。夫彼既有情人。尔可不必疑其他故。明日餐时。路沙雷至。安西毛请诵其诗。路沙雷曰。堪咪拉果识其人者。则知吾说之非诬。克老雷司者。无情之女也。吾故以诗刺之。曰夜静人多思。既睡初若遗。人梦酣美我则悲。天明宜还快乐时。绵绵愁乃如散丝。我欲扫愁竟无期。愁随酷暑侵我肌。入夜抱愁睡更迟。辗转反侧将何为。坐视吾死兮。克老雷司。堪咪拉闻之甚悦。而安西毛曰。此女无情极矣。乃不知吾辈用情之所在。尚何名为人。堪咪拉曰。艳情之诗。乃尽信以为真耶。路沙雷曰。诗人言情。似不能遽谓其伪。安西毛曰。路沙雷诗。盖叙其本怀。似不能伪。此时堪咪拉。亦知路沙雷之诗意。明怨克老雷司。而隐中则为己也。即问路沙雷曰。此外尚有他作乎。胡不再宣雅奏。开我怀抱。路沙雷曰。尚有一首。较前为激。请诵之用备阳秋。即朗诵其诗曰。忍哉玉人。竟杀余兮。余去死其须臾。尔不我即兮。余舍死其奚图。吾望全灰兮。胡辗转而不殊。勿谓余之不信兮。余何语之能诬。尔果知余之怆楚兮。亦不费尔之泪珠。余宁为尔而戕生兮。万不为凡艳之厮奴。我冥冥长即于窀穸兮。仍踪迹之睽孤。愿尔勿再怜我兮。我转悲而弗愉。安西毛闻诗。大呼其佳。较前作尤为沉挚。乃不知其诗。实全注其夫人。竟欢欣逾恒。以为代其宣力者。且诗意似怨堪咪拉之不下盼。则堪咪拉之贞节可知。因之愈形其畅遂。数日以后。堪咪拉谓其女仆朵咪拉曰。吾甚悔为路沙雷所动。不使彼五体投地。乃轻易许以同心。防彼易我而轻我。我几不值一笑矣。朵咪拉曰。夫人请勿以此介介。夫人恩彼。固不以迟速为轻重。盖以仙人之贵。许彼凡夫。其贵处自在。不能贱也。俗谚有云。凡人慨诺而不吝者。其惠人乃有两倍之重。堪咪拉曰。吾谓不然。贱值安得有贵品。朵咪拉曰。万不能作是想。人有恒言。爱情一道。有缓行始至者。有一蹴即得者。缓行之态。如随贵人。急行之态。如随驿使。有时冷状如冰。其冷足以杀人。有时猛进如攻炮台。晨攻而夕下。其下也。无抵抗之力。

所以遽降。由此观之。夫人何必悔其失身之轻易。且何必更患路沙雷有轻蔑之心。彼为夫人艳色所夺。亦正无抵抗之力耳。惟吾主人不在。为期甚促。故路沙雷乘此短景之中。为情乃加笃。足知爱情一道。固亦本诸机缘。吾言非虚。实由阅历而得。吾少时亦正坐荏弱无自制之力耳。夫人当察路沙雷爱情之诚伪。不能因应许之迟速。用自咎悔。此后尤当察其用情之修短。斟酌以副其求。今且不必鞅鞅无欢。转使天君不泰。须知艳色为天下所重。亦上帝造就夫人之处。与凡艳不同。所以能倾动少年如此之酷。今路沙雷之用全力攻尔。尔又安能不败。虽然。此等少年。亦外夫中之不可多得者。风流文采。门伐资财。匪所不佳。于夫人又何歉焉。论其性质。和悌动人。论其风裁。妩媚殊众。性质敏妙。气魄沉毅。又阴重不泄。良足托以同心。且正在少年之时。然少年性情。多轻佻不定。而路沙雷独否。尤为情人中之难遇者。语后堪咪拉微笑。深以朵咪拉为风月中人。较己则老成百倍也。女仆语后。遂述其少时。与少年苟合事。堪咪拉颇注意听之。自念此女仆非良。过于淫荡。吾当持重。不可踵其所为。遂问女仆曰。艳情一节。若舍虚而履实者。法当如何。女仆亢言曰。我为夫人任之。读吾书者。当知主人降格。则女仆尚何廉耻之足言。堪咪拉自念。既许路沙雷。万不能疑其弗诚。即坚嘱朵咪拉。慎口勿泄其秘。然而堪咪拉尚防其不谨。而朵咪拉已窥主人之秘。于是放胆。竟引其外夫。至于堪咪拉之家。虽心轻女主。亦不能不畏主人。而堪咪拉隐事。既为劫持。即亦伪如无睹。不惟不责。且思以术。为朵咪拉掩盖。不使其夫见之。顾虽如是。乃一日竟为路沙雷所见。晓色模糊中。隐约有一男子。启关而出。心疑见鬼。既而复疑为堪咪拉之私人。谓经已一求即遂。则他人亦可闯然入室。不期妒念立生。且疑此人。为堪咪拉之新相知。并未计安西毛家之有女仆也。因思女子之身。既已失节。则舍甲就乙。事亦常有。遂信以为实。勃然大怒。初不寻思。竟恨堪咪拉刺骨。实则堪咪拉于路沙雷未有吝也。此时路沙雷立叩安西毛之门。而安西毛尚晓睡未醒。趣而起之曰。吾日来有一事。容隐不言。言之不惟有伤公道。且碍交情。堪咪拉日来。适放纵无检。吾之不敢遽言者。实未知堪咪拉之允我。真耶伪耶。果其贞节。为尔我之所信。则宜以我尝试之言。为尔述之。今乃默不作语。则吾甚疑。彼心实已允我。不图如我所料。竟约下次尔苟更出者。约我于藏衣室中作幽会。读吾书者。当知此藏衣室中。即彼二人幽会之地。非但有约已也。路沙雷尚曰。尔闻言勿太卤莽。约固如是。然安知不于约会之前。翻然改悔。则尚不失其贞操。惟尔前此信我。匪不曲从。今日亦当听我区划。必待事有真际。再行示罚。亦未为晚。汝今伪出。三四日潜归。入室伏诸帷内。隐觇我二人之行为。必可得其真际。果尔得彼劣迹。然后恣尔行罚。方有柄握之足恃。安西毛大惊。乃不料事之中变如是。沉吟久久。垂首于臆。兴致全消。迟迟言曰。尔固待我不薄。我今一听尔言。唯彼此慎守秘密。风声勿漏。路沙雷曰。可。兴辞而出。出后乃大悔其失检。果使此女易操。吾又岂无报复之方。何必孟浪至此。遂自怨艾其轻率。顾已如此。然已无术自全。计当先觅堪咪拉。以一一与安西毛所言告之。时堪咪拉方独坐。女谓路沙雷曰。吾至爱之路沙雷听之。吾日来运蹇。想自是以后。无复安乐之期矣。刻朵咪拉持我阴事。每夕必引其情人。宿于吾家。侵晓立行。苟为人见。必移祸于我。我之清望隳矣。且尤难忍者。吾不敢微有谴诃。以彼知我二人之事。故敢放胆而行。吾日省省于怀。知不久将婴奇祸。路沙雷闻言。尚以为伪。谓彼有情人。乃嫁祸于朵咪拉。既见其泪流被颊。出以恳挚。始信其真。于是悔心立生。知前谋之太骤。而亦变色无言。然尚力慰堪咪拉。言必慎密。即朵咪拉之事。可置勿问。此嫌终不关汝也。路沙雷遂述己疑忿之怀。且告之悔。乞堪咪拉曲恕其罪。并图良法以自全。堪咪拉既怒且忧。指斥路沙雷之无情而寡谋。少须为路沙雷所哀鸣。亦少释其怒。代为设谋。力脱此险。谓路沙雷曰。汝明日仍约安西毛。潜归伏于帷后。吾自有法自全。后此安西毛。将益不疑。汝吾二人。益可恣其欢娱。然其解免之法。仍不明告路沙雷。但曰。吾遣朵咪拉一招汝。即应声而至。至何术解免。可以勿问。凡我有所问。汝即随答。其状如不知安西毛之隐幕中者。路沙雷请详其法。而堪咪拉终不泄。路沙雷曰。吾惟略悉根苗。临时始不至失措。堪咪拉曰。汝但随问而答。不必预闻吾谋。于是不言。防生议论。转为形迹之睽。路沙雷诺诺而退。明日安西毛果伪托出城。潜自后户入室。藏身秘室。而堪咪拉及女仆。亦故纵之入若不知者。读吾书者。当知安西毛之伏帷后。其悲愤万非生人所堪者。至于堪咪拉。亦预料安西毛已归。则挈其女仆。同入此室。太息不止。谓朵咪拉曰。朵咪拉。我今只有此法。吾用主人之刀。乘彼未开言之前。直剚吾胸。汝谓此法如何者。吾前此容忍不发。今为时已迫。不得不行此下策。一死即休。全我名誉足矣。既而曰。吾万不能死。罪在彼人。而吾自殊其命。于义胡当。当先问路沙雷。何以有此举动。讵我有不贞之行。为彼所窥。敢来犯我耶。朵咪拉。汝至窗下。招此宵小来前。观彼肆其奸谋。朵咪拉曰。夫人尚握此刀何为者。欲自杀耶。抑杀此小人。二策均谬。又均足以伤名誉。吾意不如斥之勿进为佳。须知吾主仆二人。均荏弱之女子。不能当此魁岸之丈夫。矧人有欲念。气力更壮。主妇之力。足以抗御之耶。吾意夫人之谋未成。而此小人之伟力。足以力毁夫人之贞操。其事有可为寒心者矣。吾今甚恨吾主人。乃授此小人以出入无忌之权。引虎自卫。尚复何言。设夫人刺杀其人。吾二人焉能藏此尸身。堪咪拉曰。杀而藏之。即令安西毛埋瘗之耳。须知结交良友。其收场正复如是。尔今趣呼之来前。吾报仇甚切。若少延晷刻。即非所以忠事吾夫之心。安西毛自幕中闻之。既喜且悔。不应百计以试此贞妻。几欲搴帷而出。止其妻勿杀路沙雷。然且少待。至危急时。更出而救之。为时亦未晚。堪咪拉语后。立晕卧于温榻之上。声息皆渺。朵咪拉见状。则纵声而哭。故使幕中人闻之。且曰夫人不幸。乃构此祸。夫以夫人之美而贤。乡里所知。一旦身遇狂且。竟至于此。岂惟夫人不幸。是亦我之不幸也。且哭且言。果使有人见之。不惟叹息其主妇之贞。虽其女仆。亦轰轰一节妇耳。已而堪咪拉醒。曰。汝胡不往呼无信背义之小人。趣来见我。万勿以利害之言止我。朵咪拉曰。夫人勿急。唯先与吾刀。庶吾下楼。不至为夫人关心。堪咪拉曰。汝勿患我自裁。必待尔至。吾方行其计划。吾虽求死。然亦不能草草。必力复吾仇。然后始瞑吾目。盖非杀此獠。则祸根不能净尽。此时朵咪拉尚逡巡不行。堪咪拉力趣之始下。堪咪拉独坐。仍自语曰。天乎天乎。在理吾当痛绝路沙雷。不应伪诈其来前。增此烦恼。今以计诱之。导以侃直之言。在吾固为忠厚。然终不如直斥之行为。斩钉截铁。今当吐吾胸膈之冤。使此獠无容身之地。且托上帝为证。先报吾仇。尤必使吾夫知之。非有书达不可。书言此僇辱之事。悉吾夫愚忠待人之所召。以为是人可共以患难。顾乃中变至此。岂吾夫所料。夫以是人之无良。吾久已了了。彼蓄毒在心。而漏其毒焰于外。不待聪明人。固已悉之。然而吾虽有此心。伊谁知之。望天而诉。亦何益于吾事。今明明白白。别无他法。但有以白刃相从事。至于祸患如山。宁在所计。方吾夫娶我时。吾为不瑕之玉。今即奄然化去。亦断不留微玷。以贻吾夫之羞。惟吾杀彼之后。亦行自杀。所恨以我清血。参彼溷浊之血迸流。此则吾之万劫不能甘心者也。语后徘徊室中。执刀于手。厥状如狂。大改常度。而安西毛一一见之闻之。则畅然于心。叹为贞节。则又望路沙雷万不可至。庶不触此危险。正于此时朵咪拉引路沙雷入门矣。堪咪拉即以刀划地为限曰。汝勿逾此限。敢窥足逾限者。即试吾匕首。汝今且听吾言。凡吾有言。汝且静听。勿参一语。第一节问尔。尔知吾夫。并知吾乎。此颇易答。可脱口而出。勿延勿延。路沙雷闻言立悟。答语若出真诚。言曰。堪咪拉。吾初不料订我至此。乃为此冷淡之言。去欢娱之期远矣。果尔无意于我。在理宜先明言。何必猜猜至是。盖吾之愿望。以为唾手可得。不图中道立变。令人何以为情。尔不尝问我以言乎。我与尔夫。可称同心之密友。且同生长。何至不知。即我亦自悔此举。与友谊殊乖。顾发乎情欲。立坠礼防。此亦无可奈何之势。嗟夫堪咪拉。汝固知我二人之交情。乃为情幛所蒙。遂至泯不知义。嗟夫夫人。我之爱尔。同乎安西毛。唯尔有倾城之姿。遂至丧我道德。坠我交情。失我名誉。吾果不知尔者。何至自蹈阙失。至于此极。堪咪拉曰。汝过既自知。亦复知我夫妇之性情。胡为伤天害理。且卖友而自纵其欲。其敢公然见我。独不知吾夫之待我。视为爱情之宝鉴。汝竟吹气以蒙镜光耶。在理汝宜睁目观我。我讵有不贞之罅隙。为尔所窥。敢冒然尝试。即使我之言动。微有不检。

然亦视尔如家人。不能谓之有心挑汝。舍此尚有何事。乃再三信誓。再三痛哭。试问吾曾有一丝动容。勾取尔身。为是苟且之事否。勿论如何。吾悉视为过耳之风。即贡我明珠。炫我金钱。吾皆视之蔑如也。尔既绝所望。宜无余望之可续。而死灰尚欲复然。吾甚愿冥然长逝。幸保吾夫之令名。故及未死之前。明吾心曲。且死则死矣。然必复此仇。于是引刀直刺路沙雷。路沙雷此时。亦竟以为真。而左腕已为堪咪拉所握。忽大呼曰。上帝不助。无如之何。于是引刀自刺其股。血立涌出。立蹶于地。路沙雷及朵咪拉大惊。不知所云。力夺其刀。及路沙雷细审。创口不巨。流血非多。于是心服堪咪拉之智。然亦伪为痛哭。厥声甚厉。似堪咪拉果已死者。且哭且骂安西毛。乃干己为荒谬之试验。亦明知安西毛在幕中窃听。然所吐性情之语。安西毛闻而叹惋。竟过于怜惜堪咪拉也。于是朵咪拉。抱置堪咪拉于温榻之上。趣路沙雷延医治其创。并请路沙雷。以善后之法。俾不为主人所见。路沙雷曰。吾心已乱。亦不知为计。今先洗涤血迹。后此当不闻我迹兆矣。语后立行。行时尚呜咽不已。然出时甚讶堪咪拉智计之高人。安西毛见之。将更信其妻之贞洁。定必敬礼如神明。过此不再试验矣。朵咪拉既洗涤其血迹。且以酒净其创血。以布捆之。安西毛仍一一见之。于是谓天下贞妇。当无出其夫人之右矣。堪咪拉卧时。仍自怨艾其不死。胡以不中要害。而但中股。复问朵咪拉曰。今日能告安西毛乎。朵咪拉曰。夫人但自守贞。幸勿告主人。一经表白。则路沙雷决无幸。不如不告之为愈。况主人与路沙雷交谊甚深。一经愤争。将有性命之虞。天下贤妇人。必不令其夫处于危地。堪咪拉曰。汝言良然。然终须掩我创痕。不令尔主人见之。朵咪拉曰。此安可掩。堪咪拉曰。吾进退维谷。语实则招祸。不语则包羞。今将何以自处。朵咪拉曰。我意不如置之不言。明日我自有术。以弥此罅隙。矧受创之处颇隐。不易为主人窥见。此事悉付之上帝。上帝仁慈。拥护善人。夫人必平安无祸。安西毛旁听。信以为真。则喜不可耐。盖此一出之戏剧。人人咸有神采。而安西毛耳目。皆为所乱。又乌能别其真伪者。一心但望天色立晚。可以潜出。觅取路沙雷。庆其贤妻之守贞操。而堪咪拉主仆。抵暮亦避去别室。听安西毛之潜逃。安西毛既出。奔赴路沙雷家。力抱路沙雷亲吻。自夸身得贤助。为社会绝无仅有之贞操。而路沙雷见安西毛。如是蠢蠢。为己所欺。亦觉天良不泯。愧怍无已。安西毛见路沙雷之不悦。转以为不忍堪咪拉之自创。故成此怏怏之状。转加意慰藉之曰。吾窃听堪咪拉与女仆言。匿不吾告。似无性命之忧。彼既无忧。汝又何忧。从此以后。吾为天下至得意之人。将纪之以诗。留示子孙。为万祀不祧之祖母。路沙雷曰。吾意亦然。后当以诗状其贞操。安西毛是日。即延路沙雷至其家。意其人为保卫贞妇之护符。乃不知为毁坏贞操之利器。堪咪拉见路沙雷复来。伪为怒嗔。而中心则悦不自禁。于是相延至于数月之久。乃一日者。奸谋露。而安西毛之命尽矣。

第八章

医生述安西毛事至此。而山差邦忽大呼而前曰。诸君速起救我先生。先生方与咪堪纳公主之仇。所谓长人者力战矣。吾从来未见战事。有如是之凶狞可怖者。吾师一刀。竟斫长人之颈。如断萝卜也。医生大笑。以为咪堪纳者伪公主。长人者。虚构之人也。且公主之国。去此可两千利格。安能遽见长人。此时果闻奎沙达大呼曰。枭贼勿逃。汝即有宝刀。亦不能胜我。果以刀斫墙作声。山差邦曰。诸君胡以不助吾师力战。乃便坐雅谈。又何为者。速行速行。吾来时见长人之血。横流满屋。其头颅之巨。过于西班牙之酒囊。此时肆主人闻言。知屋中酒囊。为刀所断。而此钝奴。又以吾酒为血。于是众皆争趋入视。人人捧腹。见奎沙达着一小汗衫。长不掩腹。赤其下体。二股奇瘦。既垢而毛。加陈旧之睡帽。亦敝坏矣。手中执毡以代盾。右手执刀。状如斫敌。然二目尚严闭。引刀四劈。盖梦至密考咪堪国中。以酒囊倚壁为长人。以刀斫之。囊破而酒出。肆主人大怒。力扑奎沙达。苟非卡治诺及医生力挽者。则奎沙达果与长人宣战矣。此时奎沙达尚跳跃。剃发匠以水沃之。梦醒。而风魔仍未醒也。道鲁西亚。见风人赤体。立时敛避而去。而山差邦仍四觅长人之颅。竟不可得。即大呼曰。此室必有鬼物。吾亲见吾师。以刀断长人之首。胡再不见。肆主人曰。蠢奴。吾室安得有鬼。又安得有长人之颁。汝直狂吠可笑。所谓人头。实吾贮酒之皮囊。所谓血者。酒也。山差邦曰。吾不得长人之颁。则吾之伯爵及总督。如水中着盐。融化无迹矣。盖山差邦未睡。乃其所言。与其师梦呓同也。肆主人见山差邦醒而狂呓。怒乃加甚。即曰。尔非偿吾酒值。并补我酒囊。则不能出此柴门一步。此时奎沙达亦醒。以为大功告成矣。忽以医生为公主。即长跽其前。言曰。公主仁贤。从今可以归国。且公主之仇。吾已尽之。吾言已践。此亦上帝之功。而亦吾情人打鲁西尼亚。隐中助我。故能成此大功。山差邦曰。诸公试听吾师之言。长人不已授首乎。吾师为王。吾亦置身通显为伯爵矣。于是众皆大笑。虽经卡治诺诸人。曲曲陈说。而奎沙达已疲而思卧。诸人乃复出。谓山差邦曰。长人之首。虽不之见。然终须觅得。唯肆主人之酒囊。在理宜偿其值。主妇亦大詈曰。吾不知侠客为何物。但觉其害人而已。前此居吾肆。翻腾一夜。不名一钱。尚很很以报仇杀人为事。而吾与侠何仇。乃赖吾钱。悍不之还。今夕复斫我酒囊。此又何理。非偿吾值不可。马累托亦往而叫呼。医生曰。凡物为风人所毁。偿均在我。而道鲁西亚。尚殷殷抚慰山差邦曰。尔且勿忧。吾一归国。汝五等之爵。在个中也。山差邦曰。吾敢立誓。实见长人之头。须长径尺。今隐不见。必有邪术之人。从中播弄。此肆若言无鬼。谁则信之。道鲁西亚曰。此不足较。吾必厚赉于尔。于是诸人归座。争请医生。更述安西毛之事。医生复取来稿读曰。安西毛既为其妻所愚。以为千古贞姬。必首数其妻。无人更出其右。而堪咪拉。每见路沙雷。必阳加鄙薄。而路沙雷亦坚请安西毛。勿苦苦邀致。屡为夫人所辱。安西毛仍坚留不放。盖生而瞽目者也。尚长日自得。而朵咪拉亦日邀其情人。至此宣淫。畅然无复顾忌。一夕。安西毛忽闻有人在朵咪拉室中谈笑。异之。往推其扉。坚不能入。力推之。扉启。斗见一人越窗而去。安西毛欲追其人。朵咪拉力挽之曰。主人勿怒。适越窗者吾夫也。安西毛弗信。即拔刀临之。曰。汝不吐实者。立杀汝。朵咪拉曰。乞留吾命。此中尚有为主人所不及料者。当详陈之。安西毛曰。趣言勿隐。否将立死。朵咪拉曰。今夕决不能言。决于明日言之。主人闻此。当震惊而不已。此越窗者。为本村之少年。与奴子夙定婚约。初非外人。安西毛怒释。允以明日自陈。遂扃女仆于室中。令勿出。遂归语堪咪拉。以朵咪拉室中。见男子越窗事。且允我明日奉白。夫人闻言大惊。计朵咪拉一言。则己之隐事露矣。亦不待迟明。待安西毛睡熟。即席卷金宝。奔赴路沙雷家。一一语路沙雷。遂请路沙雷同行。路沙雷亦大惊。不知所措。少须谋定。乃送之尼庵。其方丈为路沙雷之从姊。遂夤夜出城。纳之庵中。及安西毛起。力趋朵咪拉之室觅之。见朵咪拉裂其单衾。结而为绳。自楼窗下坠而逃。于是归语其妻。乃其夫人亦渺。问之男仆。仆亦弗知。见皮箧已开。珠宝悉空。于是中心了了。即着衣往诉路沙雷。而阍者亦言。主人宵来。已挚厚资而遁。安西毛忧愤欲狂。再归其家。而男仆亦遁。安西毛四顾苍凉。既亡其妻。复丧其友。家众四散。知一身实不为天所佑。其尤难恝者。则名誉全隳。知堪咪拉决从路沙雷远遁也。千愁万恨。迸诸一心。遂至村间。告其朋友。即前此居其家八日以待命者。锁门辔马出行。行及半道。情绪益恶。系马树间。卧于草上者久。天已垂黑。有行道之人。适经树下。安西毛曰。客从城中来。佛老伦司。亦有异闻乎。来人曰。近闻得最新之事。昨日路沙雷。引诱富家妇堪咪拉私奔而去。此事为安西毛女仆所述。此女仆裂单衾为绳。缒楼窗而下。至于事之实否。我不敢知。然城中人闻之。匪不疑讶。人人乃不料安西毛及路沙雷交情之密。二友之名。竟为此不近人情之事。安西毛曰。城人曾知堪咪拉与路沙雷安适者。行路之人曰。我不之知。近者城中官府。亦以人四侦。竟不可得。安西毛遂不再问。仍偃卧于树间。自念家散身辱。真求死不可得矣。乃迤迤上马而行。至村居朋友之家。友僻居莫闻其事。一见安西毛。面如死灰。知有不幸之事。安西毛一至。即索笔墨。严扃屋扉作遗书。然未及竟而死。其友欲进探其何为。排门入视。见安西毛伏于榻上。手中尚执铁笔。拊之冰矣。即呼其仆人入。取其笔。展其纸。书曰。我一生为愚騃狂谬之思想。竟至自戕其命。果堪咪拉闻吾死耗。吾亦不怨其人。但恨一身自招其祸。以吾妻不知吾心。而吾亦不能责其必酬之望。盖吾自无理。奚能深怪其人。辱固自取。句其下未及竟。而气已断矣。明日。其友驰告其亲戚。于是堪咪拉亦自尼庵中闻之。大痛欲绝。其痛也。不为死夫。盖传闻路沙雷有不吉之语。此时堪咪拉身为寡妇。既不落发。亦不舍此茅庵而去。又逾数日。得路沙雷确耗矣。在纳蒲司国中从军。与敌人战。阵殒矣。堪咪拉闻耗。愧悔悲愤。四者交迸。亦恹恹而死。三人之结局如是。然其肇祸之人。实始自安西毛也。稿至此止。医生曰。此稿良佳。然其中事迹。正有不可索解者。盖好奇人虚构之词也。果为虚构者。则著书之人。可云大误。天下断无如是妄人。作如是之试验。决为乌有之词。惟结构殊佳。其初路沙雷之言论亦正。（路沙雷盖如汉之伍被。始持正论。后乃从逆。）后乃反汗。惜哉。

第九章

此稿读后。夜午矣。肆主人忽入言曰。客大至矣。果在此间。当多得钱。卡治诺曰。来者何客。肆主人曰。为四骑士。皆短镫。似学亚剌伯人。人人皆加黑面具。（西班牙人行路用黑纱蒙面以当灰土。）皆蒙盾执槊。作武士装。后随一女郎。及二侍者。医生曰。此骑士近吾肆乎。肆主人曰。客已在门。道鲁西亚闻有生人。即加面幂。而卡治诺则隐入奎沙达卧室之内。四骑士临门下马。一士进抱一女郎入门。置女于坐榻之上。女坐近卡治诺之屋。此四骑入时。仍蒙黑纱。默然无言。女但太息。以手按膝。状如木人。医生见之甚怪。然好奇之心勃动。欲问来者之为何人。即至马厩中。问其侍者。骑士为谁。侍者曰。吾亦不知所自来。似其人悉为贵族。其抱女子进门者。状尤高贵。其三骑似其所辖者。言出奉如科律。医生曰。女为何人。侍者曰。我亦弗知。其面幂甚厚。亦不辨其妍媸。吾辈盖从半道。雇我二人。云将赴安达路夏。许吾二人以厚酬。吾辈随彼已二日。未尝交一语。医生曰。尔独不闻彼自相呼名耶。侍者曰。亦未闻其声吻。惟闻女士时时太息。大抵此女。不愿遽从其行。至于太息之故。吾不之知。然女子所着之衣裳。似女冠也。而太息频频。或且入道。实为诸人所逼。非其本意。医生曰。尔言良肖。遂至道鲁西亚所坐之处。见道鲁西亚闻女子太息。心亦为动。

于是径前问曰。女士听之。吾闻太息之声。心滋怏怏。能否示我以情。或且能为尽力。吾敢自明。非复好奇之心。而女终不答。忽见为首之骑士入门。止道鲁西亚勿问。且曰。女士勿絮絮问此无情之女。此女负恩寡情。不可理喻。亦不能盼其报言。彼舌与心两歧。初不相应。女忽曰。先生勿作此言。吾惟守贞。故成此状。然以我之贞。愈足以彰尔之狡诈而悖逆。女子发声。卡治诺已闻。即大呼曰。天乎。此声何其稔耶。而女子闻声。亦起立欲就卡治诺。骑士则力挽之坐。女子与抗。而面幂已落。貌乃如仙。然在万愁之中。而容光仍射人之眼。女子引目四瞩。厥状如狂。道鲁西亚。不知此女之何意。大为疑讶。然此女子。尚欲前进。骑士既用力。面纱亦落。道鲁西亚视之。则其夫忽地南得也。道鲁西亚大呼而晕。几扑于地。非剃发匠扶将。则跌破其额矣。医生见状。亦前去道鲁西亚之面幂。喷以凉水。忽地南得。见为道鲁西亚。惊讶亦欲扑地。然尚不放同来之女。女即鲁西达。方挣命欲就卡治诺。卡治诺既闻道鲁西亚惊晕。已大惊。则疾趋而出。迎面即见忽地南得。尚力引鲁西达。而鲁西达亦瞥见卡治诺。彼此咸大惊不能语。此时道鲁西亚已醒。以目视忽地南得。忽地南得。亦视鲁西达。然鲁西达之目。则专注卡治诺。四者皆如木人。鲁西达谓忽地南得曰。汝果有人心者。可勿引我。我今尚引彼老藤。不引纤草。汝虽用武力。及金钱。与哀吁之词。均无所济。万不能破我初订之爱情。可见上天有眼。巧遇故夫。汝尚何术之足逞。汝当澈底识我贞操。吾不得吾夫。非死不可。已明明告尔。尔必为此无谓之纠缠。何不惮烦至是。明知吾足以干尔之怒。即以刀杀我。我亦无惧。况吾夫在前。辨我贞操。至死不改。吾尚何憾。道鲁西亚闻言。知为鲁西达矣。见忽地南得。

尚引鲁西达之襟。即痛哭长跽忽地南得之前曰。吾之主人听之。果此女士之丰姿。不至将主人眼光瞀乱者。当下顾脚底之下。尚有一泪人。在前此极蒙恩遇者也。吾即极穷极鄙之农家女。蒙主人俯就。称为爱妻者。然吾虽农家。依依二亲之下。安然无事。一经主人求婚。而吾一生之自由抛掷矣。吾今受此酬报。乃落拓至于是间。非我私奔而从人。直经公子弃置。吾不能家居。出而图死耳。公子初意。本以我为同心之人。吾农家女。但知从一之义。安能遽舍公子而去。嗟夫主人。吾无底之爱情。自谓足以抵鲁西达女士之美。及其尊贵。且鲁西达与公子无情。情属于卡治诺。焉能割爱以授公子。幸公子勿妄意属此美人。宁属于我。我之重视公子如天人也。公子尚不忆当日求婚。以贵下贱。吾已自承不类。乃蒙公子破格关垂义在不能不允。公子当念吾当日所语。一一皆本性情。公子为基督教人。则宜贵重信义。胡忍赐吾以乐。终乃酬吾以苦。果吾不应俪君。亦甘为奴。即奴亦不为怼。以此身幸属公子。则吾不至于食言背约。即奴亦何怼之有。愿公子勿令人讥我为道左之残花。但乞践约。亦不必计及我之父母。吾父母忠事公子。亦可云诚信之家奴。今以我故。使之悲凉无告。度仁人之心。亦所不忍。如必以贵族之血脉。不应参以贫家之女。然古古今今。亦不乏其人。且女子事人。无关人之家族。但子为贵族所生。即为贵族。万不能因其母之出身。而转成为下贱也。公子尤当知娶贵族而淫。不如娶贫女而贞。贞为天爵。其视贵而宣淫者。诚有霄壤之别。公子若谓娶我。即为贵族之玷。乃不知玷一良家之女。始合而终弃。则名德之累。尤为没世之羞惭。综言之。公子万不能弃我。前此信誓旦旦。泣涕涟涟。上有苍天为证。安可自食其言。即食其言。吾固无可如何。则公子天良之杌陧。清夜终当抱愧。道鲁西亚一番柔媚悲惋之言。而忽地南得同来之三骑士。闻亦恻然。而鲁西达既悦道鲁西亚。且服其多情。而善于词。不期失声而哭。几欲抱而亲之。然忽地南得。仍坚执其手。乃不能起。此时忽地南得。引目视道鲁西亚。久之。始释鲁西达之手。谓道鲁西亚曰。可爱之道鲁西亚。吾败于汝手矣。此一番情语。长胜之军也。吾焉能抵汝。鲁西达之手。既为忽地南得所释。几仆于地。而卡治诺已奔进。力抱鲁西达于怀中。亲吻不已。言曰。敬谢上帝。佑我忠义之妻房。汝今万愁都释矣。且汝经吾臂所抱提。天下再无平安之地。如吾之两臂者。此臂曾经抱汝。今犹是也。女见为卡治诺。亦力抱卡治诺之颈。以颊就其吻。言曰。今日见我所天矣。今日彼此团圞。虽有万险。吾亦无惮。忽地南得见之。心动不已。妒念复生。道鲁西亚。见忽地南得。方欲拔刀。复跪其侧。力抱其股。使之勿动。且哭且言曰。我抱吾夫之股。心中之舒畅。百凡不能易也。吾夫试思。彼二人之姻缘。为上帝所命。吾夫焉能进而析之使分。即力竭谋殚。万无成功之日。且鲁西达女士。心坚如金铁。乌能以强力进夺其操。今请吾夫勿怒。听彼自相为偶可也。一则使社会中人。服吾夫之宏量。享有大名。亦贵族中荣宠之事。此时卡治诺。已为之备。宁死必与一搏。万万不为之屈。而三骑士。及医生与剃发匠。及山差邦。咸环立忽地南得之前。请释其怒勿用武。伤道鲁西亚之心。且云道鲁西亚之言。语语如出金石。今悖其言。不祥莫大。试思今日巧遇。谓非上帝之神通。孰能至此。彼卡治诺及鲁西达。诚人间之情种。非死莫能断其情丝。即使尔刀。能断彼二人之头。其心终不能断。同生同死。固其所愿。于公子又何利焉。凡人须见机而作。安命而行。焉能以私意与天心抗。今惟有以大度容之而已。矧彼二人之敦笃。颠扑不破。殆天性使然。在理公子宜曲谅道鲁西亚之可怜。美且有情。其情尤真诚而无妄。有此两美。已属良贵。可掩其出身之卑贱。公子能得彼为妻。但取美贤。又践宿诺。此在基督教门。为最荣之事。义当释嫌而完其破镜。即明眼人见之。亦无不称扬公子之盛德。众声一致。忽地南得。亦不能抗。于是力抱道鲁西亚而起。称曰。夫人。汝之直道柔情。使我魂灵赧服。何为长跽于地。增我羞惭。前此吾太薄幸。不知尔之贞操。今后彼此倡随。永无分离之日。尔尤当恕我前罪。勿耿耿于心。始名贤妇。其始吾之爱情。未尝不笃。愿但念吾情。勿思吾罪。可也。吾敢立誓。不再扰及鲁西达。愿彼夫妇齐眉。亦犹我之于尔。语后亦抱而亲吻不已。时眼泪且落。则强力忍之。于是人人皆为感涕。蠢蠢如山差邦者。亦失声而呜咽。山差邦之呜咽。非伤于情。此时始知道鲁西亚。非密考咪堪之公主。则杀长人登大位之事。已成子虚。不惟师之王位不成。即己之伯爵。亦属无望。呜咽不胜。盖为茅土惜也。而卡治诺及鲁西达。亦长跽忽地南得之前。伸其谢悃。忽地南得扶起二人。彼此鸣谦。语后。语道鲁西亚。胡以至此。道鲁西亚。一一语示忽地南得。然众皆倾耳以为奇。忽地南得亦语众曰。吾于结婚之日。得鲁西达怀中书。知已属意于卡治诺。苟非人多沮格者。几欲手刃鲁西达。乃既不得逞。遂忿然出城。未数日。闻鲁西达入道。愿以处子终其身。吾遂约此三友。同至尼庵。以二骑守门。随一人入内。鲁西达方与方丈坐谈。吾遂力攫鲁西达出庵。置一小村之中。然后戎装夹卫而出。其无人追逐者。以尼庵孤悬野外。去城市远。无扞卫之人。鲁西达为吾所得。晕逝者再。哭而不言。直至此间。乃成奇遇。各还故剑。此殆天心。非人力也。

第十章

众闻言大以为奇。而卡治诺及鲁西达道鲁西亚。咸疑为梦。不敢遽信其真。忽地南得。亦悔前此之失检。乃上帝宥过。今日得贤妻。守贞而箴过。复全令名。是真莫大之幸。医生者。亦以好奇之故。力挽道鲁西亚。及卡治诺同行。并用道鲁西亚。以饵奎沙达。不期完此两处因缘。则自庆遇此奇事。人人欣悦。卡治诺及医生。招取肆主人。自承偿其已破之酒囊。及其良酝。但有山差邦。怏怏不可自聊。以伯爵之幻想。眼前化若云烟。颇形踧踖。见道鲁西亚。既化公主为夫人。而长人复化为忽地南得。乃潜入主人之室。而奎沙达已微醒。山差邦曰。惨形武士须早起。于卫生始大有益。若仍睡者。则亦听武士所为。不汝扰也。今武士亦不必救公主而杀长人。此事全归埃灭矣。奎沙达曰。吾不既杀长人乎。恶战之烈。为生平杀敌之所无。吾一刀已断其颅。而血之涌出。乃同流水。山差邦曰。酒也非血也。长人之颅。酒囊断也。奎沙达曰。钝奴狂病发矣。山差邦曰。吾乃非狂。我师所遇之公主。乃非公主。盖农家女道鲁西亚也。事迹甚奇。吾师听之。当惊讶而无已。奎沙达曰。吾何惊讶。是中殆有邪术。山差邦曰。吾前此在此肆中。为人以毡包裹。其始亦以为邪术。然见肆主人。亦在其中。抛掷吾身。讵操邪术者。即肆主人乎。综言之。所遇之事。非皮开骨碎不可。天下邪术。或不如是之多。奎沙达曰。汝勿急急。苍天自有眼。今且着衣出视。何以变幻如是之速。奎沙达方着衣。而医生遂告忽地南得。以奎沙达病狂。思其情人打鲁西尼亚。未知曾否实有其人。乃用幻想。自投于荒山之中。因一一述其事迹。众闻之咸捧腹而笑。医生曰。今道鲁西亚。已不成为公主。则吾谋已败。今当别思他法。诱归其家。卡治诺曰。吾以鲁西达代之。忽地南得曰。吾仍以道鲁西亚为公主。引此武士宁家可也。医生曰。由此至彼家。可二日而达。忽地南得曰。救人之事。何惮二日。即四日吾亦为之。正于此时。奎沙达擐甲。蒙盾把槊。胄上仍加以破铜盆。出户面瘦而黄。状至凛凛。忽地南得及三骑士。既骇且笑。然亦未尝不服其勇。奎沙达见道鲁西亚起迎。即谓道鲁西亚曰。女士听之。适吾徒见告。谓公主立时化为平民矣。想尊甫必有邪术。疑我之武力。不足卫公主归朝。故生兹变故。果如是者。真门外汉之行为。乃不知侠义之作用。凡人苟研究侠义之书。虽其勇力。漫不及我。尚能诛杀野人。为惊天动地之事。昨宵吾与长人大战。汝辈不信。吾尚何言。然久而久之。吾之勋绩。自然大白于世。肆主人曰。汝谓杀长人耶。长人即我之酒囊。忽地南得止主人勿言。奎沙达曰。公主。果尊甫不信吾勇者。幸公主勿听。世间无数险巇之道路。得我此一口刀。匪不立开。吾敢决言。不出数日之间。必杀公主之仇。取归王冕。加诸公主头上。道鲁西亚得忽地南得之言。允送此风人归家。即正色答曰。武士听之。何人告尔。以吾非公主。此盖譫言。不足听信。我明明为公主。特昨日忽出一事。于吾事略有变更。实则有益于我躬。然吾仇仍须报复。所仗者侠客之义心。或且先君预料之言。应在侠客之身。殆天意也。今已迟明。俟日出即行上道。女语后。奎沙达大悦。即斥山差邦曰。狗。汝敢妄言。以乱吾听。汝诚西班牙中一恶劣之物。汝不言公主。已成平民。名道鲁西亚。又所杀之长人。实酒囊也。种种谬说。汝亦忆之否。即咬牙向天言曰。弟子敢妄言以欺其师。法在不能不惩。为后人之鉴戒。山差邦曰。先生勿怒。或且吾言少误。惟长人之头。实酒囊也。所流之血。皆为佳酿。吾敢质实言之。吾师不信。酒香满地。断囊犹在。胡不入视。即知吾言之非诬。果肆主不索酒值者。则所断果为长人头矣。奎沙达曰。汝利口喋喋。吾更肆赦尔罪。不汝校矣。忽地南得曰。今当遵率公主命令。天明吾辈争随武士。观其神勇杀敌。餍吾曹之眼福。奎沙达大悦。曰。诸公爱我。敢不尽其死力。即肝脑涂地。亦所不惜。于是二人。彼此谦让久之。此时门外复来一生客。语遂中止。客似从巴巴里来。衣服亦似基督教人。衣蓝布之衣。袖短而不领。袴亦蓝布。冠亦蓝色。加赭色之袜。悬土耳基之刀。身后随一女子。跨驴而行。衣木耳之衣。加面幂。冠小冠。缘以金线。加土耳基之长帔。男子可四十余岁。面目黔黑。髯须亦茂。虽衣服非佳。其风格良非下贱。入门即觅住室。肆主人辞以人多室满。客闻言。颇踧踖不能自宁。然仍扶女子下驴。而鲁西达及道鲁西亚。怪其衣服之异。争集而观。道鲁西亚。心颇怜惜此女。远道来前。莫得休息之所。即谓女曰。女士且勿怅怅。若能与我二人同住。亦足小小将息。所云二人。指鲁西达也。并云道中辛楚。得此或足少苏其困。女不之答。但以手拊心。点首称谢。道鲁西亚以为。是必木耳人。不能操西语。而此男子。适自马圈中系驴而出。言曰。二位女士勿怪。此女之不能言。被土音异也。道鲁西亚曰。逆旅既无下处。故招与同房。食宿共之。男子曰。如是厚贶。感且不朽。道鲁西亚曰。女士为基督教人耶。抑为木耳人。然吾心甚盼其为基督教人。但观其衣着。而又不操西语。则决为木耳人矣。男子曰。此女外表为木耳装。而中心则诚信为基督教人。此女本欲早受洗礼。然自阿鲁几亚潜逃而来。初无晷刻之暇。躬受洗礼。果使送入教堂。亦无不可。吾意欲先讲明圣道。使之通达。再行受洗。未为晚也。今若得上帝之佑。早归正教。吾心乐不自支。诸君当知吾二人。虽属敝衣。而人格未为下也。众知言中大有文章。争欲寻究根株。然以行色匆匆。未敢遽相诘问。且待其进食以后。再询行藏。道鲁西亚。引女同坐。且请去其面幂。女闻言不解。以目视男子。男子以亚刺伯语告之。女一去面巾。容光灿射。道鲁西亚视之。较鲁西达之貌为胜。而鲁西达心中。则谓此女。亦胜道鲁西亚。然众人之意。亦谓此女。实胜于二人。盖天下惟艳色足以倾动人心。此时人人见女之美。争起承迎。若恐后者。忽地南得问此男子曰。敢询女士芳名。男子曰。是名邹拉达。女虽不通西语。闻言似解。即曰。吾名马雷亚。众闻女自辨非邹拉达。则尤留意。鲁西达即执其手言曰。姊名马雷亚乎。女亦答曰马雷亚。此时忽地南得同来之人。令肆主人治晨餐。于是众客同据长案而坐。争推侠客首座。以道鲁西亚居其左。众方盛饥。食之甚甘。奎沙达得意已极。当食不御。大演说以示众。其语仍类前此与牧羊人所说者。曰。吾辈身为侠客。恒遇危险之事。不足称奇。譬如吾辈。环坐此邸中高宴。有生人入门。能知我为非常人耶。若果知坐吾旁者之为公主。而吾又为惨形武士。知名于天下。当必加礼。须知身为侠客。较诸一切人品咸高。而冒险之事。尤层出而不穷。或言铁笔较利刀为佳。此语吾所弗听。勿论何人。敢为此论。吾咸斥之为无谓。虽然。人人恒言劳心者。贵于劳力。武士所恃者力。他无所能。似吾辈但恃力而行。无学问之足言。实则非是。或又云身为大将。能保守一城。亦不过用力而已。吾则谓人非阅历。深洞兵法。胡能有制胜之方。若徒恃力。亦将为人所败。兵法起伏变化。九天九地。胡有一时不用其心者。要非心力兼用。万万无济。吾平日恒取文武之事兼衡。验其用心之多寡。所验在观其志向。文人好言公理。守职分。遵法律。言亦非夸。然终不如武士效验之大。武士志在太平。惟有太平。然后始能使人人言公理。守职分。遵法律也。以我思之。太平之力。全恃武士。然则太平者。无价之宝物。苟不得太平。不惟人不蒙利。则天心亦将为之恫。太平者。即战争后之幸福。战争即太平之先声。凡好武未有不战。战亦未有不恃力者。诸君当知吾言之非伪。较之文人。又如何者。吾又细加研究。文人之苦趣。较诸武人之苦。孰轻孰重。必有能知之者也。方奎沙达语时。闻者咸不目以风人。颇以其言为有味。而奎沙达复言曰。吾今先论文人之苦趣。第一节。大半多穷。既云穷矣。安有乐趣。饥寒之事。亦所时有。然犹胜于武人。盖文章既高。即有怜才之人。加以周恤。避寒就暖。尚有款接之人。至时会一来。腾达亦复非少。则一洗其寒酸之态。由此观之。文人之苦。所以不及武人。吾又当为诸公一述。

第十一章

文人之所受者贫耳。至于武人。亦似无致富之日。军中得饷既微。每破一城。时亦肆掠。然皆以性命进博。尚蒙寇掠之讥。苟不得当。至于衣服不蔽其体。交冬仍野宿。不能自支其寒。至于嘘气。亦不成热。夜中裹毡而睡。即不能温。然尚能稍释日中之苦。一经天明。又须持械赴操。迨至两军相见。非中炮碎颅。即以白巾裹首。甚或亡去一股。断其一肱。此亦事所常有。幸而不死。而一贫仍如故也。然一将成功。万骨皆枯。何能有百战百胜之事。诸君当知阵亡之鬼。与受赏之人。两两比较。孰多孰寡。在明眼人观之。自然了了。一旦凯旋归国。似仍济济有人。而白骨沙场。竟无人问其死数。至于文人一辈。即不交佳运。亦终不至暴骨不收。武士则苦不胜甘。岂复文人之比。故文人得赏。较武士之得赏较易。以文人为社会所重。争与以酬报之资。武士但仰大帅之颁饷糈。偶一不给。即当枵腹。此所以难也。今不论此。但论文武人之争执。文人之言曰。武士虽善战。然亦须依法而行。法制之定。定自文人也。武士之言曰。苟无武人。而法律之维持者谁恃。惟有武人。国始能存。海陆之盗。皆不敢逞。非是。则国不国矣。天下欲得佳物。必费金钱。非多钱又安得佳物。即以文人论。欲得大名者。则必忍苦担饥。

磨冶其功。然其苦趣。亦但此而已。至于武士。则吃苦乃万倍于文人。盖习武之人。出生入死。息息无侥幸苟免之时。譬如围攻一城。或一堡一障。明见敌人蚁附而上。或发地雷。飞走皆穷。万无得生之地。然必告之主帅。严为之备。而一身尚不敢擅离所守。迨地雷一发。掷尸空际。细碎而下。然于未死之前。已明明知之矣。此尚不名为险乎。至于海师。则险乃加甚。两军既接。枪炮如雨。然尚与拼命。不以巨弹为虞。不宁惟是。而海水汪洋。偶一失足。即委身于波臣。较陆师尤为无幸。顾以名誉之故。遂力挣于枪林弹雨之中。未尝以强死蓄之心本。其尤可羡慕者。当舷之军。中炮而死。而后继即来。死而复继。续续无已。未尝有一星之馁却。前此未有枪炮之时。则武士尤有声价。以勇力可恃。见其雄雌。自枪炮一兴。而刀盾无用。吾思肇制枪炮。必下地狱。万劫不能翻身。弊在司枪炮之人。虽瘫瘵欲死。亦可发弹。击毙盖世之勇士。譬有一武士。于当场施其技击之时。流弹忽来。立时僵仆。遂使一腔侠义之气。湮没于一响之枪。滋可惜也。由此观之。吾恨彼枪炮。至于次骨。亦属理所必至。盖枪炮生。而侠义死也。虽然。吾岂一枪之惧。惟或不备。为彼所中。则吾盖世之英雄。亦将归于无用。吾意本欲恃我精力。及我刀槊。享世大名。今天心不佑。枪炮如林。吾亦末如之何。然吾较古侠客之遇险。乃多逾百倍矣。奎沙达但欲大显其才。终不下咽。山差邦力劝。而终不听。而同食者闻语。亦颇为倾听。惟醉心于侠义。则语皆陈旧可笑。医生曰。尔所言甚当。我虽文人。亦甚伟尔所说。于是饭罢撤席。肆主人夫妇。及其爱女与女仆。亦人人闻奎沙达之演说。忽地南得。则细审来客。似为海盗所得而为奴者。即问其至此之故。客曰。吾亦甚愿自述生平。正恐诸君有不耐倾听。吾终不以此之故。缄默不言。医生曰。恣言之。客曰。诸君既不弃我。我且叙其遇难之故。虽事迹不类古小说之所云。然亦纪实之语也。

第十二章 *

客曰。吾家在理安山中。吾父亦便家。果能慎啬自安者。可以不忧败衄。然吾父少年入伍。挥霍自豪。至老仍尔。须知兵间之人。均破败学堂中之毕业生。无一为保家之主。吾父即其人也。夫以鳏夫入伍。则业尽尚不遗累。若为有家之人。一经挥霍。即遗累其后人。吾兄弟凡三人。吾父一日招吾三人入室。言曰。尔辈兄弟。必且谓我为老悖。不念儿孙者。然吾虽浪费。尚亦为尔兄弟作计。今计定矣。尔兄弟各已成丁。须各觅营生以自遂。吾今划产为四。三分属尔兄弟。留此一分自活。汝兄弟既得遗产。宜各致力。自图生计。俗谚有云。凡人或传教。或航海。或立朝。必须执一。方成男子。汝今兄弟何择。且此三事以外。尚有入伍之一途。盖入伍易。而立朝难也。夫身在兵间。原属危地。而名利或出其中。自兹以下。以八日之功。划定其数。今尔兄弟。请问何择。父即谓我曰。尔为长适。宜先发言。余曰。吾父不必为儿念念。遗产决不宜分。父自享之。儿兄弟年长。人各有事。不能以此重滋吾亲之忧。儿意在从军。为上帝宣力之善人。为吾君效命之臣子。语后。二弟则愿至

---

* 在林纾译本中，从第十二章直接跳到第十四章，第十三章内容与第十二章合为一体，可能由印刷错误所致。

印度为商。三弟则愿传教。至沙拉曼卡大学校中肄业。语后。吾父大悦。逾数日。划产数定。每人得三千达卡忒。时吾叔父拥金多。遂尽购吾产。吾兄弟别父时。悲怆不可忍。吾留其二千达卡忒与吾父。挈其一千而行。而两弟亦各上一千。吾父得四千之见金。其一分则仍不动之产。足以自赡矣。三弟入学。二弟至西威罗。余则至雅利堪谛。盖闻彼间有船。载木至曾努亚。至于今日。别家已二十二年矣。此二十二年。曾上书吾父。亦不得报书。即两弟亦然。方吾至曾努亚时。旋入咪兰。在咪兰中。购得军装。至斐得蛮入伍。追至亚里怕利。闻人言亚露洼大公。领兵伐和兰德尔。余闻言。即改随公爵而行。方伯爵伊各蛮忒。及杭尼阵殒时。余亦在行间。旋又随军官治尔弯立功。得宝星一具。追战于和兰德尔。未久。闻教皇怕也司第五。与西班牙联盟。攻土耳基。时土耳基夺西普拉司岛。于温尼司之手。温尼司失岛于基督教人。所失滋伙。联盟国之大帅曰路安。为吾国王斐里泼之兄弟。此为大战。吾乃随大元帅征土耳基。然意在得一小官自效。既而又思弗济。仍怏怏归意大利。余至意大利时。而元帅方自曾努亚登岸。意到内普司。与温尼司海军合。吾乃复隶路安之军。大战于利怕拖。先登叙功得队官。而土兵大挫。我军凯旋。而吾独怏怏。是夕不备。竟为土耳基所擒。械其手足而去。载之舟中。赴君士坦丁。而船中苦力。可一万五千有奇。均基督教人也。明年。余役于卡他谛纳舟中为奴。目瞩两军搏战。而基教人失机遂大败。似撄帝怒。莫之逭也。土耳基之大将威哈里。遂以海军至漠更。漠更者。大岛也。去那瓦诺未远。既至。驱兵登岸。严守海口。路安兵至。不克攻而退。此一战有舟名刺沙。舰长为巴巴老沙之子。为路安部曲所擒。而巴巴老沙之战舰。厥名曰狼。舰长亦枭悍。待其所得之俘。酷不可言。方我军战时。狼舰追逐甚力。而舰中之俘。乃擒取巴巴老沙。彼此互掷其身。舰多人众。自舵楼辗转抛掷。至于船头。而巴巴老沙已死。此盖虐待俘虏之果报也。此时吾仍在虏舰。复归土京。明年为一千五百七十三年。人言路安大将。已克抽尼司。以哈咪得守之。而土耳基本欲以哈咪达守此城。哈咪达为彼族残酷之枭将。今既为基督教人所得。乃大失望。而土皇亦碻惧。遂与温尼司言和。逾年为一千五百七十四年。土皇复以兵攻勾利他。勾利他为地中海旁之坚垒。而吾方为土人把舵。亦无钱自赎。且不忍以此累吾父。已而攻下勾利他。土兵凡七万五千众。而木耳之兵。则四十万。其中杂以亚剌伯与斐洲北岸之土著。攻勾利他。人握一把之土。几欲填平此台。然守者亦精妙不测。丑虏何自知之。是时守炮台者。但七千人。然人人死战。久不能下。土兵死台下者。可二十五万。迨炮台下时。剩者仅三百人。然人人咸裹创矣。由此观之。守者之能。实过于攻。守台之帅。名卡雷恩。台破见俘。中道忧愤而死。此一役殒名将无数。名将之中。有至可惋惜者。如安萃亚者。敌人允其不杀。既而杀之。赍首级献之大帅。土耳基大帅不悦。以为杀降非义。乃立斩此献馘之人。尤有一人。名亚古拉。为掌纛之官。人极机变。能处难事。吾之叙及此人。盖与余同奴于战舰之中。其见擒时。曾作诗二首。恋此炮台。诗笔既佳。吾习而诵之。愿读与诸君一听。客一提亚古拉之名。忽地南得即视此三骑士。彼此微笑。骑士中有一人言曰。客且勿诵其诗。先言亚古拉消息以语我。客曰。彼亦同囚于君士坦丁二年。乃与希腊之谍者同逃。其后不知何如。然决计必逃。逾年又见希腊之谍者于土京。吾于稠人中。未之敢问也。骑士曰。实告君。亚古拉吾伯兄也。归久矣。娶富家之女。且生三子。客曰。此上帝之力也。吾甚关心其人。愿其自由。且爱彼实甚。时时系诸吾心。骑士曰。客不言吾兄之诗乎。吾亦能背诵吾兄之作。客曰。足下为亚古拉骨肉。则诵习其诗。当较我为精熟。骑士曰。第一首盖叙守勾利他之艰危。诗曰。义士死敌兮。当游神于九天。死而卫道兮。定为帝之所怜。抵死杀此异类兮。血管勃勃而生烟。吾辈溅血之一点兮。可尽敌以万千。尔虽伏尸于此兮。直垂名于千年。呜呼噫嘻。骨虽朽兮名不蒯。客曰。一字未尝谬也。骑士曰。尚有一章。亦能背诵上口。诗曰。彼英雄卧榻之安属兮。属于荒烟野草之丛中。三千之众虽寥寥兮。升遐之乐将毋同。虽杀敌如堵墙兮。顾乃未奏厥肤功。义士骈肩同日死兮。仍生气之蓬蓬。此即英雄之生圹兮。胡待墓碣之穹隆。是亦上帝之所赐兮。特留以葬乃公。缅死骨之芬芳兮。何人追步其雄风。二诗既竟。众皆称美不置。客见骑士所诵。一字不遗。亦长笑不已。于是复言曰。土耳基既得此炮台。以地雷轰之。乃不能动。遂归。余主人威哈里死。即土人恒称之为逃军者。土人之称人。恒以其美恶。加以外号。土人惟四大族始有姓氏。余人咸以外号为其氏。威哈里亦起家俘虏。为奴可十四年。年三十四岁。欲谋潜逃。以曾受土人批颊之辱。欲复其仇。遂改回教。既入回教。遂为巴巴里酋长。兼督海军。其人产于加拉布利亚。人极和缓。待下极有恩。所辖奴可三千人。死后遗言。散其奴分配国家。及其子侄朋友。吾遂隶于小弁之部下。弁为温尼司人。本船人之侍童。及为威哈里所得。则大悦其幼愿。顾长成乃极凶狠。厥名为野查格。以掠掳致富。遂行赇为阿鲁几亚酋长。吾随彼赴任所。既至。吾知去西班牙未远。为势亦易逃。虽屡图不遂。然心终不死。惟奴所居处。

厥状如狱。昼夜有人逻守。虽奴有公家私畜之别。而禁必一处。公家之奴。治城中事。无一定之主。众皆可以驱遣而役使之。即有多金。亦不予赎。以奴无定主。不易赎也。酋长有奴则许赎。惟不听其趋事。至赎款不时至。始勒令伐木烧炭。种种不一其事。余亦为奴。则在可赎之列。彼盖知我为队官。然吾自明其贫。而酋长仍置之可赎之列中。吾在奴栅中。铁绳较人为轻。与我同奴者。亦有贵官之属。然其忍饥受寒一也。其尤难堪者。目瞩其鞭奴之惨。不禁神伤其类。一日酋长缢死一奴。明日又鞭一奴至死。又明日则割奴之一耳。其为此者。用以乐取也。野查格者。直可谓之人类之仇敌。嗣闻有西班牙受擒之兵。名查威达者。累逃皆不就。而酋长则未尝一怒。顾虽如是。然祸发正自难定。惜吾不能旁述其事也。吾所居之地。近木耳富人之窗未远。窗乃非窗。直一巨窦。一日吾与同奴者三辈。项上加铁绳。上月台赌跳。吾望巨窦中。忽出一长竿。末系一布。伸缩者再。吾三人中。即有一人。往视为何物。甫近是竿。而竿立缩于窦上。左右摆动。如人摇首之状。此人既退。竿乃复垂。第二人趋之。竿亦立缩。余见二人均不得。则趋就之。藤竿立坠于余前。余前取其布。布裹十个利亚尼。每一利亚尼。合西班牙圜法。可两克郎。吾既惊且喜。以为此钱。何以适落吾手。且吾同伴二人往取。何以不授。乃专授我。此又何理。于是复归月台。再望窦中。见有如玉之手。徐闭其窗门。吾思窗中人手白如是。决为美人。此十金钱。即美人之所授。则叉手于胸。效木耳人之礼。仰谢上帝。移时。忽见窦中又出藤竿。作十字形。出而复缩。余知是中。必为基督教女郎。为彼所囚耳。既见其腕上。加宝石之金钏。又决其非是。果为奴者。无此钏也。或且回教之酋。娶基督教之女耳。然回教人器重基督教之女。往往甚于其种人。是皆悬空之想。不能臆断。然长日恒凝望其窗。如望北斗。于是者十五日。信息皆渺。甚欲探其室中居者之为何人。然但闻得此窗。为木耳人亚几拉偷所居。其人富硕无比。且为贵官。复有一日。藤竿复出。其端系一巨裹。适栅中无他奴。仍为吾伴三人。二人先取咸弗授。专以待余。余至即立得之。中裹四十克郎。其外有片纸。书亚剌伯文。其上作大十字。余即十字。亲之以吻。复向窦上行礼。且以手势。示以将读来书状。而窗门亦立阖。三人皆悦。将读其书。顾皆不审亚剌伯文字。然亦不敢令人译之。已而觅得一同系之人。名莫西亚。与余至契厚。余意往觅其人。意其人阴重不泄。或不败吾事。此等人本为木耳人间谍。颇资其力。然其意亦常思归国。且私通基督教人。而能为亚剌伯之语言文字。余初不敢信。但曰。吾于道上拾得者。莫西亚读来书讫。余问之曰。君知其文法否。莫西亚曰。知之。且将为尔译之。余如言具纸笔。莫西亚译成其文。曰。吾少时吾父以一女奴授我。此奴为基督教人。教我崇礼基督之教。且告我以圣母马利亚之灵迹。其后奴死。吾料其直赴天堂。吾恒见彼二次。劝我立至基督教中。谒圣母马利亚。吾亦不知所以自处。然吾隔邻。即为奴栅。栅中均基督教人。吾细审其状。均不如君之高雅。实告先生。吾貌既不恶。且拥资甚富。可以挈之同行。尔当熟计。吾二人能否同逃。结为夫妇。同归正教之国。为事至美。足下亦有心乎。如不吾从。则上帝必当为吾更觅一良匹。此书为我自书。尔不能识。即托人译述。亦须择人而授。万万勿落木耳人之手。木耳人多凶贼险很。终必不为君利。我意甚欲君自读。勿示于人。恐风声一泄。则严父必怒。纳我井中。加之以石。吾死惨矣。至于报我之书。吾仍以线垂诸楼外。尔系书线端。我自得之。若不能作亚剌伯之文。则以手势向吾窗相示。可否吾自领解。愿上帝佑尔成功。此十字形。吾常亲之以口。祷告上天。今兹特书此以示信。书至此止。诸君当知吾得意矣。即莫西亚之为译。亦知此书。决非拾诸衢路。即曰。尔且对我质言。吾敢对天信誓。必不外泄。且能救尔潜逃。即自怀中出铜十字。与之发誓曰。吾虽犯弥天之罪。仍恃上帝。君辈有秘事见告。吾决坚忍不言。我思此书。为美人所寓。必能以术脱君于险。须知吾弃正投邪。负罪已深。或且以救君出险之故。得求肆赦于上天。宁非吾之幸事。吾见其人诚意悬挚。遂一一尽吐其实。且示以此书来自窗间。莫西亚曰。今当出问楼居者之为谁。于是余吐其词气。请莫西亚达之。曰。嗟夫至爱之女士。此皆上帝及圣母。感动女士之善心。令归基督教之国土。尔尤当虔祷圣母。自能得其归正之道途。若鄙人者。与我同伴之二人。必极力助尔。即有性命之虞。亦所不惜。尔当更报吾书。定其宗旨。天相我躬。幸有同教之正人。公诚无欺。此报即其手笔。尔勿栗惧。但有心绪。不妨见诸简牍。至于结婚之礼。当至教堂行之。矢信不渝。不类木耳之佻猾。愿圣母鉴临。完我二人之婚事。书讫。藏之胸间。乃潜至楼下。视其有无垂线。少须立见窗开。出一藤竿。垂线如钓丝。吾乃以书系之线末。然线末仍有小裹。启之。则五十余克郎也。吾又得钱。意可以乘间得遁。是晚莫西亚至。言楼主为木耳亚几拉偷。富硕无匹。但有一女。为袭产之人。此女之貌。倾此一国。而回教长官亲贵。咸至乞婚。均无所可。且闻少时有女俘。导以基督教之圣经。吾闻之。知与书中语合。乃问策于莫西亚。求示方略。莫言必待报书如何。再为决策。果能同逃者。吾虽犯百死。亦必为尔筹之。四日中。吾奴栅中人罢工。人集如蚁。月台皆满。而楼窗初未尝开。至第五日。奴皆趋事而去。余独上月台。见窗中藤竿复出。线末复系一裹。较前为巨。启之。则包一书。媵以一百之克郎。是日莫西亚亦适至。吾授书令读。书曰。吾亦不得要领。可以同归西班牙。长日永夜。祷告圣母。圣母亦未尝示我朕兆。然能供奉足下者。但自此窗间。供尔钱财。尔得此可自赎。并赎其友。先令一人回西班牙。买得一舟。载我同行。至尔欲觅我者。可至吾父之别业。别业近海。去巴巴庋之城未远也。盖每当夏令。吾恒随吾父。避暑于彼间。尔可于黑夜中取我。同登来舟。入海而遁。然尔已允为吾夫矣。苟不践言。圣母必监临其上。果买舟之事。尔友不足信者。尔可自行。吾知尔诚笃不苟。为正教之端人。必不失信于我。尤当询问吾父之别业。吾必乘人静之时。以藤竿裹金与尔也。吾闻言大悦。而吾二伴侣。亦争欲先归买舟。莫西亚曰。尔三人中。不能先行。行必同舟。天下往往因独行而失信。遗弃后来之人。前此亦有人行此。诸人中以一人先归。赴瓦伦西亚。或梅昭卡。买舟来迎。顾其人已挟资而遁。不更归矣。又举已往之事为证。历历指其不可。今当先赎一人。令其自由买舟。经商于阿鲁几亚。或抽吞登间。则我为船主。尽可陆续赎尔二人。身既受赎。庶往来无碍。白昼亦可登舟。唯其中有为难者。凡降人不能买小舟。若大舟者则许之。以舟大可以载兵行劫于海上。若买小舟。则防其窃归西班牙。故备之尤力。然吾须觅一木耳人为伴。则官中不疑。或可自脱于难。然吾闻莫西亚之言。莫敢反抗。防逢彼之怒。则吾事且立败。尤累及马雷亚。遂以性命托诸其人。即以书报马雷亚。趣其赎身之金钱。誓以身事之。永为夫妇。

逾二日。女作报书。寓二千克郎。书言下礼拜五。将至别业。并云行时。尚赠多金。果仍不足者。即以书来。吾金多。盈箱累箧。钥匙悉在吾手。余得金后。以五百克郎付莫西亚买舟。自以八百克郎赎其身。及礼拜四日。女又付一千克郎。书云。即至别业见我。余报书如言。亦以金赎出二友。然尚蓄余金不少也。则存金于商人之家。商亦西班牙人。得文凭许通商于是间者。

第十四章

莫西亚于两礼拜间。果得一舟。可容三十余人。果与木耳人为伴。行驶至于沙枯。沙枯去阿鲁几亚可三十利格。复由沙枯至阿兰。阿兰产无花果。甚硕且伙。莫西亚与木耳人。往来贩运可数次。每行必停海湾。去女之别业。乃不甚远。至时必停。行回教之礼。或至女之别业。乞生果而食。女父亦不辨其谁何。乞即与之。莫西亚意能见女者。即代述余意。约其同行。顾乃不可见。盖木耳及土耳基之闺秀。向不面生人。至于奴俘。则可以见主人。不为之备。以俘不足匹高门。见之无碍。然吾心颇防女怒。似不应托降虏以通词。幸未之见。心颇释然。时莫西亚行舟甚自如。欲行即行。欲止即止。而木耳之伙伴。亦禀承其号令而行。余此时亦幸自由。遂约二友。同至莫西亚舟上。于礼拜五日启行。先期一一部署。后思潜至别业面女。至时伪为求取野蔬者。适为女父所见。问我何作。盖用普通之言诘问。吾自言为马咪之奴。马咪者。女父之友也。翁曰。汝能赎身与否。果赎者宜需金几许。方问余时。女盈盈自屋中出。以女子见奴无禁也。翁亦不怪。余见女之美。丽绝一世。而衣裳亦奇绚如仙姝。髻上颈际腕中。节节皆明珠宝石。耀眼生辉。木耳之俗。女臂及胫。皆露其半。胫束金钏。镶以金刚之石。其贵无伦。手钏亦然。以木耳贵珠。而女家尤伙。凡一钏可值西班牙金钱二十万。天下女色。往往受风霜而减。诸君不能以今日之马雷亚。较其往日之姝丽也。吾此时一见。疑其天降仙人。脱我于死。女至时。翁告女曰。此为马咪之奴。来取园蔬。女即操普通之语。谓余曰。汝为彼教中之上等人乎。既为上等人。胡不自赎其身。余曰。已赎身矣。足知吾身之贵重。盖主人买我时。费金钱一千五百。赎亦如之。女曰。果尔为吾父之奴者。即费三千余。亦不听赎。以尔基督教人。喜言贫。无诚语。余曰。此事或亦有之。然吾固未尝愚人也。女又曰。既赎身矣。亦思归乎。归亦何时。余曰。以明日行。明日有法国一舟且行。吾当乘此时行。不再逗遛于此。女曰。尔何以不待西班牙之舟。乃附法国之舰。法人非尔偶也。余曰。果得西班牙之舟。亦愿待之。然无时至。急欲面吾亲属。故迫不及待。女曰。汝或在西班牙娶妇矣。故急急图归。必职是之故。余曰。奴实未娶。唯曾与一女士定约。且矢誓归国。行其婚礼。女曰。女士美乎。余曰。若论其盖世之风姿。与女公子正相仿佛。翁闻言大笑曰。尔基督教中女子。能如吾女之美。亦可云倾国矣。盖女之所言。吾不之解。翁为吾译。吾言亦翁译示此女。实则林爪佛兰卡之言。女亦精通。但不肯言。但以木耳之言相问答。以避嫌疑耳。吾正与翁言。忽来一木耳人。奔入言曰。外间有土兵数人。越墙而入。摘取果实。虽未成熟。亦摘而去。翁闻言大惊。盖木耳之教。原与土耳基同。然畏惧土兵。甚于狼虎。盖土兵蠢如禽兽。不可理喻。于是翁麾其女急避。即自往喻土兵。谓余曰。基督教徒。汝自采园蔬。尔之上帝。定佑尔归国。余与翁为礼后。翁匆匆行。女亦伪入。藏于树底。见翁稍远。复就余含泪言曰。汝行耶。余曰。吾行非得汝为伴。则宁死不去是间。今订下礼拜五决行。届期吾来觅汝。汝幸镇静同行。海行。吾虽强学木耳之言。然尚分明。女引臂抱吾颈。同赴其卧室。乃其翁匆匆来归。女从容仍抱吾颈。以首抵吾胸。伪晕于地。吾亦见机。作欲扶未扶之状。翁即奔至吾前问状。女不能答。翁曰。是必为土兵所震恐。而成此状。即抱起其女。女乃少苏。长叹而流泪。挥余曰。基督教徒。汝行汝行。勿留于此。翁曰。汝但镇静。彼之行与不行。与尔胡涉。适土兵经我婉导数言。已尽行矣。汝可勿虑。余曰。女公子必为土兵所吓使然。吾果明日未行者。或更来取蔬。主人言尊园种蔬佳也。翁曰。勿论以何时来。恣尔所取。吾女固不厌基督教人。而甚畏土耳基兵也。汝今速往取蔬。勿迟。余闻言即行。行时女仍目送。余不忍视而出。则伪取杂蔬。四觅出入之路。以备潜逃。迨归至莫西亚舟。遂一一述其所见。乃订约以礼拜五行。百事皆备。舣舟以待。是夕挪舟近别业里许。时已豫约基督教人十余。伏于别业左右以待。意舟至时。争缚木耳之舵工。投之水中以灭口。而莫西亚不可。时天暮人寂。余与诸人议。或先取马雷亚。或先缚木耳之人。莫西亚曰。舟中人易办。法宜往取马雷亚。以木耳舵工。此时皆熟睡矣。既而曰。不如先缚木耳人。再取马雷亚。众皆称许。人人各执一刀。谓木耳人曰。汝敢少动者。命即立丧。于是人人登舟。尽缚木耳之人。木耳人无胆。一闻莫西亚号令。咸股栗无声。莫西亚留人于舟上。余皆率赴花园。园门亦未扃。诸人径入。余为之导。直至女之寝室。女临窗微语曰。尔为基督教人耶。余曰。汝早出。女不应。飞奔而出。而风貌衣着。乃同仙人。余俯亲其手。莫西亚及吾二友。亦亲其手。以示敬礼。谢其出赀赎吾身也。莫西亚曰。若翁亦在家乎。女曰。睡矣。莫西亚曰。将醒若翁。挟其所有之资同行乎。女曰。不可。此间初无宝物。

盖吾所挟者。足使诸君人人致富。遂入室挈取物事。余不审木耳之言。问莫西亚与女作何语。莫亦一一示余。余曰。当如马雷亚之言。吾辈不必参与。已而女出。挈小箧。颇沉重不能举。吾辈方欲行时。而翁立醒。开窗外视。见院中人多。则大呼有贼。余大惊。莫西亚颇有胆力。立挈多人。入室缚翁。女已惊悸欲晕。诸人既入。以物塞翁之口。且严缚之。女醒后。见诸人缚其父。以手掩面不视。翁尚不知其女之通外人。于是诸人。疾负其父女。一同诣舟。舟中人防余辈有失。颇悬悬不自安。既已登舟。去翁之缚。临之以刀。止其勿声。翁见女在其旁。则太息不止。及见余以手抱马雷亚。而马雷亚回身就抱。则尤惊讶。然不敢言。莫西亚遂挥众解缆。张帆而行。女谓莫西亚。请释其父。及诸木耳人登岸而去。莫西亚告余以此。余立诺。莫西亚曰不可。果释翁登岸。经翁一呼。即有官兵及巡船追缉。今开船近基督教屯驻之地。然后挪舟近岸释之。则无事矣。众闻言大以为可。乃告女以所谋。非敢害翁。防自害耳。遂行向梅昭卡。行时争祷上帝默佑。顾南行而北风。则沿海而向阿兰。阿兰去阿鲁几亚。可三十利格。不难至也。然又恐遇见巡洋之舰。临而检阅。若遇西班牙大艑者。则舍小船而登。亦属易易。女此时但以手掩面。不忍正视其父。但呼圣母马里亚。已而舟行可三十咪。天已微明。去海岸可一咪以外。岸颇清寂。舟不近岸。仍向海而行。行可两利格。遂令舵工更代而进食。舵工曰。且行且食。不能遽停。此时风力已转。遂饱挂风帆向阿兰。一句钟中。行可八咪。亦以食物饲所缚之木耳。且曰。吾非取尔为奴。但得机侻。即行释汝。女亦面告其父。父曰。吾以为诸人尚有要求也。今所切需。当赎归吾女。语后泪落如绠。女亦大哭。即往抱其父。但哭而不言。

众亦为之恻然。翁见女盛服。怪之曰。昨夕汝仍常服。胡以为人所劫。乃反盛服。吾颇不解汝之所为。莫西亚即以翁言示我。而女终不言。翁复见小箧。以为尚置之家。则尤惊曰。此物何为亦落彼手。于是莫西亚进曰。翁可勿问女公子。但一言以蔽之曰。女公子已归基督教矣。吾辈之得自由。均女公子之赐。女公子之从我辈。出诸至诚。万不可夺其志。殆出冥冥而即于昭昭者也。翁问女曰。此语确耶。女含涕应曰确。翁曰。何以至是。尔愿以其翁。纳诸敌人之手乎。女曰。吾初意安忍弑父。然吾父亦断无意外之虞。不过吾为一身图全。势迫而至此耳。翁曰。尔之安全何在。女曰。安全之道。当问之圣母马利。女不之知。翁闻言大怒。立时踊身。跳诸海中。幸所衣甚博。为水所涨而浮。女大呼救父。幸舵工习水。力引其衣登舟。得已恹恹欲绝。女抱其父。哭不可仰。众以翁首下向。水遂涌出。两句钟后渐苏。此时风起。推舟近于海岸。众把舵力与风拗。幸至一小海湾之内。上有高山。即停舟其下。以人外侦。一有他变。则解缆而行。众既进食。阴祷上帝。勿为敌人所得。女谓余。必于是间释吾父登岸。不然。吾且立死。莫亚西曰。舟行时必释。不再苦若翁矣。已而风静。海平如镜。遂释诸木耳及翁登岸。翁曰。诸君亦知吾万恶不孝之女。何由乃肯释我。诸君勿谓彼有父女之情。以我在彼之前。不能遂其愿欲。亦不必谓其尽心于尔教。彼盖乐尔教之自由。不似吾回教之拘谨。语后谓其女曰。尔无天良之瞎女。汝今从群狗安适。汝独不思。彼辈为我天然之仇敌。何为屈身事之。吾甚恨从小爱汝如命。今收场乃至于是。（铁弩三千随婿去正与此同。）余见翁健谈。即挥众置翁于岸。翁祷回教之神。咒余辈覆舟于海。余辈匆匆放棹而行。回顾岸上。尚见翁以手自捋其发。颠顿于地上不休。然尚闻大呼曰。吾女速归。吾尽赦尔罪。宝物听彼所有。但得尔归已足。不然。吾且立死于此。不愿为茕独之叟也。女闻呜咽不可自止。亦不能言。但祷圣母安慰其父。不宜焦悚自戕其生。且向空言曰。此上帝安排。吾不敢违天以自逸。惟必如是。吾心始安。在吾父见之以为罪。吾则信天笃。不能不如是也。于是船行渐远。亦不见老人之悲状。且不闻其哀吁之声。余则以温言慰抚马雷亚。全舟之人。皆仰风信。而风亦大顺。计日至西班牙矣。众方自庆其福命。乃不图乐极悲来。或吾辈时乖耶。或老人之咒诅中矣。半夜风利。饱挂风帆。趁月而行。乃去吾舟不远。有一盗舟。二舟渐渐相并。见前舟少下其帆。听吾舟先行者。即闻彼舟大呼曰。舟从胡来。今将安往。其人操法语。莫西亚令吾辈莫答。谓此法国海盗也。见舟即劫。无复苟免之人。众果如言。仍张帆行。而盗舟发炮。一弹飞过船顶。不中。继一弹适落舵上。舵坏且沉。即大声呼救。于是盗舟下舢舨来救。人人各执手枪及刀。秉炬登吾舟。见人无多。则尽纳之舢舨。且曰。吾累问尔。胡再不答。果答者。胡至发炮相攻。此时莫西亚知机。以女所挟之小箧。掷诸海中。盗不及觉。众既上盗舟。问吾何往。即遍检诸人之身。尽取其金钱而去。而女之手钏及颈饰。剥取一空。幸但取财物。初无淫污之念。吾心略释。盖女之贞操。较宝石贵至万倍也。至于吾之外衣。亦尽褫以去。劫掠既尽。众聚议所以处置吾辈者。盗中一人曰。以帆布裹而投之海中足矣。盗魁曰不可。吾既取宝物。何必复伤其命。于是议定。以舢舨与我。帆桩皆具。赉以食物及水。纵吾使行。然已迟明。望见西班牙之岸矣。于是众皆大喜。如庆再生。盗魁见马雷亚可怜。则予之四十克郎。而女之衣裙。率令勿动。遂趣舢舨使行。余辈力驶其舟赴岸。已而近海岸矣。滩上怪石嵯岈。迎面已见高山。众舍船挈食物。将越山而过。四望无人居。意遵山径而下。或能逢人。问其涂径。而马雷亚荏弱不能行。余则力挈之。徐徐陟危巘而上。行可一咪之远。闻牧笛声。余知为放羊者。遥见大树之下。一童子方以刀斫树枝。余大声呼之。童子竟大惊而遁。后乃知莫西亚及莫雷亚。均衣木耳之衣。以为盗至。童子且呼且奔曰。木耳大至矣。吾村人宜早为备。勿受狙劫。余知此童子一呼。脱为巡海之骑队一闻。即至而擒我。祸且不测。令莫西亚衣服。宜急脱而弃之。吾辈中亦尽去其外衣。衣莫西亚。吾但剩汗衫。仍西班牙装。则不之畏矣。于是犯险而前。时防骑队之至。少须。果见五十骑力驰而来。余辈不行。立以待之。骑队见为基督教之逃奴。则立马愕顾。一骑问曰。适童子言尔为木耳者。是欤。余曰然。即我数人。并叙述其在逃之故。时吾辈中有一人。识此骑士。乃大声言曰。幸谢上帝。送我遄归。此非马拉加耶。我在外为奴数年。今日幸归。马上非吾叔父布他咪耶。骑士即下马抱此人。呼曰。吾侄也。吾命也。自尔为木耳所擒。吾长日哭不已。尔母尚生。盼尔甚切。此为上帝之力。故能于此间相见。吾闻尔见劫至阿鲁几亚时。不知生死。今日之来。亦正至自彼间。此均神灵护庇之力。其人曰。然。吾匆匆不能自述。当少间言之。骑士闻吾辈为基督教人。则均下马为礼。送吾辈至城中。城去此间。尚一利格。骑士饬人。过山划舟向埠。空其马令马雷亚乘坐。此时全城皆出迎迓。非观逃奴来归。盖瞻仰马雷亚倾城之貌也。尤悦彼教美人。乃能改归正教。犯险而来。此时马雷亚之貌。实为全城之所无。宜人人为之倾靡。既至城中。先赴教堂顶礼上帝。堂中高悬圣像。马雷亚曰。像中有肖我圣母者。余曰。然。莫西亚即指陈灵迹。曰。汝见此画。当奉为真神涌现。不能言画。于是马雷亚膜拜不已。而布他咪之侄。名威里支。引余及马雷亚与莫西亚。同至其叔父之家。母子相见。悲欢杂作。然家亦非丰。则以常餐见款。居可六日。莫西亚告归格兰那达。余人各各分散。惟余及马雷亚。四望无依。但有四十克郎。买驴一匹。将往省吾父。及吾兄弟。未知其存否。路中与马雷亚同行。中心滋乐。而女亦甘其贫困。皈依正教。吾既敬且爱。匪言所详。虽无家可归。然得此贤助。亦复何忧。明知父之存亡。不可预度。然二弟分散。殊不知其方。孤立无助。生计殊无所赖。然吾尚无惧。听天而行。诸君听之。或不以吾为絮絮也。

第十五章

客既详述其事。忽地南得曰。队官所言。吾深以为异。甚幸队官之得良匹。述情娓娓。动吾之听。即言至终日。吾亦弗倦。卡治诺曰。吾家非贫。其力足以助君。其言甚诚。客动容而谢。忽地南得曰。吾兄为侯爵。尔果至吾家。在在足为君助。队官复起而伸谢。此时天已垂黑。门外复有车至。且卫以骑队。问住处。肆主人谢客不受。骑士忽曰。无论如何。然须拓一屋宇。居我巡按使君。主妇闻为贵官。即谓骑士曰。此间实无下榻之地。果贵官挈得茵褥而至。则吾愿让其卧室。露坐以处贵官。骑士曰。可。此时车中。果出一官。长衣广袖。仪观甚佳。引一少女。可十六岁。貌亦佳丽。苟非肆中有三美人相辉映者。则当推此少女为独步。奎沙达见贵官至。即曰。贵官至此。邸中舍人。不能不款。百凡皆备。况挈有美女。胡能不加敬礼。即巉峭之高山。一见此美人。亦将中裂而成路。请贵官进此。此间有三美人。如天上之明星。更添一星。不宁佳耶。官闻奎沙达之言。并观其衣服。不期大讶。莫审其为何物。其尤异者。三艳并列。愈进愈艳。似自为轩轾者。即此三美。闻外间有美人至。亦思睇观其果否为佳人。此时忽地南得。及卡治诺与医生。亦同出与贵官语。官见此三人。吐属温雅。知为上等之人。不类甲胄者之风狂。寒暄数语后。众议将奎沙达所居屋。让与四女同居。男客则别聚一室。官见三女绝美。亦允其女与之同榻。自出茵褥。假肆主人之室。一宿即行。此队官见巡按使。甚疑其为兄弟。顾别久面目遂不可辨认。贵官侍从人多。队官则窃问其里居姓氏。侍者言官名斐雷支威德麻。生于理安山中。队官闻言。立决其为己之仲弟。即引忽地南得。及卡治诺医生。私言曰。来者实为吾弟。近为巡按于墨西哥。今以公事赴西印度。少女即为其女。然其妻亡矣。拥赀甚富。吾今求教于三君。或径前自述耶。或以言探其从违。医生曰。吾意必自陈述。勿再迟疑。队官曰。弟富而我贫。若反颜不相识者。又奈何。宁非自取其辱。医生曰。君弟貌似谦冲。决不能背其骨肉。吾今且为足下试之。时饭已陈设。分为男女二席。而队官则就女席。食半。医生曰。贵巡按使听之。吾前数年。曾识一人。其姓与公同。已在君士坦丁中为俘矣。此人入兵籍为队官。杀敌至勇。数有功。顾不幸而见擒。巡按曰。其人何名。医生曰。其人名鲁斐雷威德麻。亦理安山中人也。吾尚忆其人。曾告我以前事。谓其家有老父。并其两弟。此事苟非其人自述。吾将以为詟言。盖彼翁挥霍。将余产四划。分其三子。后乃自留其一以赡老。且饬三子。各治所事。鲁斐雷尚武。力战数年。即得队官。已具上校之资格。顾理怕他一战。为敌所获。吾在勾利他。亦为敌掳。遂至君士坦丁。彼此相见于虏廷。已自君士坦丁。至阿鲁几亚斗。遇一奇诡之事。遂简举马雷亚之事述之。方医生语时。队官伏处门罅。外窥巡按颜色。巡按闻言长叹。泪盈于睫。言曰。先生所言。令我怆恻。幸勿哂我为儿女之态。先生所述之队官。其人即我长兄。身本强硕。故入尺籍之中。此即家君当时训示之道途。阿兄乃自择从戎一路。我则经商于外。季弟则为牧师。在峣噜中。竟成巨富。以资供吾老父。且波润及我。我寻登仕版。列为今职。而家君今尚老健。然每日恒念吾兄。不知踪迹所在。祷祈上帝。愿及未死之前。得面吾兄也。然吾兄百事皆慎密。独此次远行。乃无一书告父。生死均不之知。今闻先生言。鄙人始知其行状。果以书告父。则何须木耳美人之金钱。吾自能筹资为之赎也。今闻为盗所劫。安知不毕命于海上。吾此行本图游览山川之胜。今得此噩耗。何以自聊。嗟夫阿兄。我果能觅汝者。万不惜吾之生命财产。惟得与兄相见为乐。矧吾父年高。果知吾兄身羁缧绁。虽罄三家之产。亦所不惜。至于木耳之马雷亚。再生吾兄。吾将何以为谢。今但欲二人不死。克成婚礼。则为乐又将何极。巡按情话绵绵。众皆动色而听。医生见状。知巡按甚念其兄。即起入女席中。一手引队官。一手引马雷亚。同面巡按。且谓之曰。公勿悲涕。行且大乐。公所欲见者。即此二人。一为公兄鲁斐雷。一为木耳女士马雷亚也。二人见擒于法盗。今赤贫来此。状至可怜。鲁斐雷进前抱其弟。而巡按尚仔细睇视。视久始大哭相抱持。痛不可忍。哀感座人。皆为雪涕。于是悲喜倏变。几令人不能描画其状。遂各述别后情事。巡按亦与马雷亚握手伸谢。即令其女。面其世父。并及世母。于是马雷亚与女。亦搂抱亲吻。两美容光灿射。见者皆啧啧称羡无已。此时奎沙达亦愕顾。忽忆及小说中侠义之故实。亦往往似此。巡按兄弟。议同归西庇鲁面其父。使主二人婚礼。且令马雷亚赴教堂受洗后。巡按仍须以兵船赴墨西哥。议定各自归寝。奎沙达独不睡。以为此朱邸中。有美人四辈。防有盗劓之事。则擐甲守夜。巡按闻而愕然。医生告以奎有风病。巡按始微哂曰。劳此甲士矣。山差邦以前夕未睡。而又不得卧榻。则取马之鞍鞯。席地而卧。此鞍盖以贵价得之。余书当补叙其事。四女已同榻而寝。奎沙达则植立门外防盗。忽闻有唱歌之声。众皆倾耳。而道鲁西亚。方与巡按之女克拉拉同卧。闻之尤注意。且歌声不杂以管弦。若出金石。似在马圈之中。又似在门外。卡治诺忽起。叩诸女之门。问曰。诸女士亦闻此妙歌乎。道鲁西亚自内应曰。吾闻之甚了了。

第十六章

歌曰。情海之浪日掀翻兮。吾恋美人几忘言兮。扪天摘星匪予昏兮。嗟彼坚贞之操。若云月之相吐吞兮。吾将排彼云翳。遂吾爱根兮。神光离合。难攀援兮。我心则如海波迎朝暾兮。道鲁西亚推克拉拉醒而共听。已而克拉拉醒。道鲁西亚曰。幸勿怪我之狂谬。正欲女公子听此妙歌。克拉拉在惺忪中答曰。女士何言。吾乍醒。听之未了了也。道鲁西亚闻言亦悟。而歌者尚未及半。而克拉拉身颤不已。即抱道鲁西亚曰。女士何为醒我。果不之闻。吾心转适。须知此歌者之发为悲音。吾心殆不能忍。道鲁西亚曰。歌者或为圉人。非上等之人也。何复为之耿耿。克拉拉曰。歌者非圉人。且为有爵而富之人。其人至爱我。我亦心爱其人。欲以身事之。道鲁西亚闻言大惊曰。女公子所言。吾至懵懵。胡为在稚齿之间。有此情愫。克拉拉曰。彼又歌矣。女士且静听之。道鲁西亚曰。可。然克拉拉已以两手自塞其耳窦。屏不之闻。歌曰。人之希望。如鸷鸟之冲霄兮。虽罡风引我。而愿望讵能消兮。厥惟坚忍。始有遂意之一朝兮。我随彼美。胡惮道里之迢迢兮。美人怜我。或能矢以久要兮。歌至此止。而克拉拉复叹。道鲁西亚复问曰。女士何为屡闻此歌而屡叹。克拉拉防为鲁西达所闻。则以吻附道鲁西亚之耳。微语曰。歌者为贵要之公子。为野拉庚人。父为勋爵。在西班牙都城中。

与吾翁为邻居。对窗有衮间断。而此少年。不知从何处见我。一见即为倾心。往往据窗吟咏以撩我。我有时搴衮与之相见。此少年泪被其面。见即悲梗。一日。作手势示我。意在求婚。我既无母。又无良媒。可托以通词。遂亦不能示以报章。但听其凭窗盼我。有时亦故卷其帘箔。彼每见我。厥状如狂。及吾父将赴墨西哥。此少年似亦闻之。亦非吾示以消息。然已卧病不起。吾临行时。欲对窗作眉语。与之为别。然已不见其出。行可二日后。居一逆旅。忽见此少年。立于店后。则衣圉人之衣。非我眼熟其人。几不辨为此少年之变服。嗟夫女士。吾见之虽乐。然寸心实戚戚而虞。但防为吾翁所见。道行之际。虽时时见之。然其居逆旅间。则敛避不令吾翁见之。吾心既知为是人。以贵公子之身。乃徒步逐我马后之尘。吾心如何可耐。所以吾之目光。时时逐此少年之影。今亦莫知其用意之所在。且何以能逃而出。盖其父爱如拱璧。其人既美丽而通赡。宜其见爱于彼父也。此歌必为彼新作。吾耳其人。长于诗词。吐属娴雅。此歌文情悱恻。决为彼作无疑。吾每闻其声。恒震竦如患寒疾。防吾父见知。以为吾二人有苟且之事。实则两心俱属于不言之中。并未与彼通辞。固已爱之如命。设不得彼。吾亦不能生存。女士固知其词之美矣。须知其人万非厮皂之流。既富且贵。尤为吾心所关切之人。且其才高人百倍也。道鲁西亚曰。女公子勿忧。迟明定能为尔完成其事。此事吾仰恃上帝。可以放胆为之而无恐。克拉拉曰。吾安敢盼其收局。彼父盛贵极富。为子择配良苛。吾翁起家单寒。吾又焉能为彼之妇。且吾翁未诺。吾亦无敢自裁。今心中之所愿者。愿此少年速归。庶吾一至西印度。消息睽隔。则相思亦当立减。吾亦明知与彼分离。此心必无所寄。然实无术可以圆此良缘。

二人都在妙龄。吾年不过十六。道鲁西亚见克拉拉尽词诚款。即曰。女公子且少息。一待迟明。吾自有扫愁之帚。为尔解忧。语后均睡。此时醒者。独有肆主人之女。及马累托未寝。此二人盖知奎沙达骑马持槊。立于门外。为美人守夜。则思用此风人。为消遣之资。肆中本有大窗。可以外望。然窗式如窦。二女即窦中外盼。见奎沙达甲胄持槊蒙盾。立马门外。频频太息。不时自语曰。吾之美人打鲁西尼亚。吾之至宝打鲁西尼亚。吾甚望汝能知吾意。吾惟为汝。故冒百险而茹万苦。月乎月乎。汝当告我。今夜曾否照我美人。美人此时。独坐宫中望月。想念我身。明月当能了了见其状态。尚未知美人后此。将以何物奖我。今请月神。速趣青银之月驾。往访彼美。代表我之殷勤。果见美人时。幸勿与之亲吻。果亲彼吻。吾即生其娼嫉之心。而肆人之女。就窦言曰。武士可屈尊临此一谈。奎沙达即月光中回顾。闻有女子之声。此时幻想复生。此逆旅立时化为公侯邸第。此女子之声。决为邸中之郡主。至而求婚者。然尚自重其武士之身分。即回马近窗。窗中乃有两女子之声。即曰。二位女士。所用爱情误矣。万不能夺我所爱之人而爱汝。然亦不能谓我无情。舍此一人。再无第二人足分吾爱者。且乞二女士同归绣闼。勿令引我情苗。亦不能妄用其爱。致我蛮野。盖凡百凡皆可任。独此爱情。万不能轻苟也。马累托曰。吾家女公子。非敢以爱相干。奎沙达曰。然则何求。马累托曰。吾家女公子。但得侠客一引手为礼。于愿已足。余无所求。盖吾主人。一闻女公子有苟且之事。将立馘其耳。故不敢浪用情也。奎沙达曰。府主敢尔。果彼不愿善终者。始敢为此。否。则吾将立断其脰。马累托早知其必允。则预取山差邦系驴之绳。系之柱上。奎沙达即自窗外。纳手窗中。请与为礼。且曰。此手为杀人间不义者之刀剑。并未尝与女子把握。即吾之全体。悉授与情人打鲁西尼亚。然亦未尝握其柔荑。而汝尤不能以口亲之。但观吾之手背。紫筋呈露。足知吾膊之力。可兼人也。马累托且答。且以绳套其腕。而绳端已系柱上矣。奎沙达以为美人加以金钏。顾又不类金银之属。即曰。吾未尝与尔有情。何为苦挽吾手不释。尤不宜轻加金钏于吾腕。奎沙达且怒且嚷。然手腕已为绳束。不可骤脱。此时大惊。防马一外奔。则身臂已高悬于窗中。臂拗且折。而二女已潜匿不见。奎沙达以为又堕于邪术之中。乃大悔己之不慎。前日在此肆中。为人所殴。亦为美人惠临之故。今夕复中邪术。则身为侠客。不应疏略至是。乃力拔其臂。终不能出。又防惊动其马。设非自断其臂者。则终无望出之期。此时恨无亚马底斩妖之刀。一举而邪术立破。自思生平行侠。往往为邪术所败。则真非社会之福。忽又思及美人打鲁西尼亚。望空祝其救援。然终无应。不得已大呼山差邦。而山差邦正踞驴茵而鼾睡。一不之闻。已而天明。此心更乱。乃狂吼如牛鸣。以为邪术至剧。天明仍不解。防此身及马。永永为其禁勒。则僵死于此矣。忽见有四骑士。盛服执马枪。连翩而至。叩逆旅之门甚急。奎沙达大声言曰。汝为侠客耶。抑侠客之弟子。此为朱邸。不宜孟浪轻叩其扃。此时朱邸中人。正在酣睡。不宜惊扰。汝辈宜退。直待日出。始有人启关承应。四骑士中一骑言曰。此茅店耳。何言朱邸。汝果为肆主人者。宜呼其下走启关。使吾早饲其马。奎沙达曰。汝谓我为肆主人乎。骑士曰。吾不知尔为谁。然以服饰音吐度之。必为狂病。此店耳。何名为邸。奎沙达曰。此为全镇中之朱邸。中有美人。执圭加冕。骑士笑曰。汝言适与吾意相背。想此中丑妇。圭在尾间。而冕在肩上也。或且剧场中人。

以圭冕为戏具耳。若果执圭加冕之美人。宁居此荒村之茅店。圭达沙曰。汝未洞世情。吾辈身为武士。阅历较尔为多。而三骑士引去此骑士。不令与风人语。仍力叩店扉。主人惊起。隔扉而问。奎沙达之马。幸植立不动。此时骑士下马。一马忽至奎沙达马前。嗅之以鼻。于是二马互嗅。奎沙达马动。而奎沙达即离其鞍。悬臂窗间。痛几欲折。幸足尖及地。仍伸其臂于窗下。似死囚受缢于死人架上者。

第十七章

奎沙达臂痛。乃大呼欲死。肆主人惊愕。急开门出视。而四骑士亦顾而骇笑。马累托闻声。疾至窗下。以刀断绳。而窗下奎沙达。立仆于地。四骑士疾趋而视。奎沙达力解其绳。不复作答。立时上马。举槊蒙盾。鞭马作一圆圜。谓四骑士曰。有人敢言我为邪术所迷者。我必谓之妄言。力与之争。决此疑案。四人愕然不解。而肆主附耳告以风病。四人始悟。谓肆主人曰。尔店中有十五岁之少年。衣圉人之衣否。复叙此少年之状貌。主人曰。夜来匆匆。初未留意。一骑士忽见巡按使之车。谓此三人曰。此车即吾公子追逐而至者。今得之矣。留一人守门。一人以马四周巡逻。防其自后户逸出。二人入索公子。佥曰。然。于是各执其役。肆主人知为觅人而来。第未知此公子为谁。何以溷为圉人。时已平明。克拉拉及道鲁西亚先醒。克拉拉之不眠。恋情人也。而道鲁西亚则好事。欲急观此多才有恨之少年。果作何状。而门外之奎沙达见四人不答。则大怒。此时非允咪堪纳公主以复仇者。则决与此四人决斗。遂立马静观此四骑之所为。此时一骑入门。见一少年。方与奴辈同宿于地。即进抱而呼曰。柳伊士公子。胡为着此敝衣。而睡于地上。夫人待公子如何。忍以此等床榻。卧公子耶。少年惊醒。自拭其目。识为家甲。则惊慑结舌。不复能言。骑士曰。公子速从吾归。主人不得公子。且立丧其命。柳伊士曰。吾父胡知吾之变服。骑士曰。公子曾以秘事告同学。同学见主人痛不欲生。故以情告。特命吾四人。以骑来追。今吾四奴得公子。则主人得珍宝。奴辈亦获殊荣。柳伊士曰。归与不归。厥权在我。骑士曰。公子必归。不归。吾辈无以面主人。此时忽地南得。及卡治诺与医生。皆闻声而至。问此少年仆圉。何以有公子之尊称。骑士一一述其来意。众闻言。知夜来作歌。即为情感而作。则心怜柳伊士之痴迷。果此四骑士。用强力以牵率者。即争起助柳伊士。而克拉拉心焦如焚。伏不敢出。道鲁西亚。即招卡治诺。述克拉拉之隐衷。卡治诺则言。公子家人已至。趣其遄归。克拉拉闻言立晕。道鲁西亚力扶之起。不然者仆矣。卡治诺曰。吾当力赞其事。今且令克拉拉将息。勿自忧梗。而四骑士方敦迫柳伊士上道。柳伊士坚持不可。谓此事关我后来之幸福。不能仓卒遽舍之去。骑士坚强必泥之行。欲捉置马上而去。柳伊士曰。尔四人能杀我者始已。否则万不更归。主仆互争既烈。肆中诸客咸至。而奎沙达亦入。自谓天明。不必严守此邸。可以罢役矣。故亦随诸人来观。即巡按使亦出。卡治诺谓四骑士曰。尔有何凭信。能趣此少年上道。一骑曰。是中有故。吾主人之生命。全恃公子。公子不归。吾主人已矣。柳伊士曰。诸君勿问。此我之家事也。吾亦贵族中人。可以孤行其意。不能为家奴所屈。骑士曰。公子当为老主人计。且吾非自专。实奉命而来。胡能听公子自便。巡按使曰。请问其所以潜出。与所以不归之故。中有一骑。识巡按使。即曰。大人不审有邻居乎。公子即大人之紧邻。自家逸出。变服为仆隶。宁非为其门第之辱。巡按使亦微识。即曰。老世兄如此作剧。究属何为。贵族乃自沦于隶圉。柳伊士不答。泪交于颐。巡按使见此子不言。

即谓四骑士曰。舍人且勿急急。容我为舍人了此事。即引柳伊士之手入室。问其所以潜逃之故。忽闻门外。有呼叫之声。以肆中本有二客。因诸人环询柳伊士时。乘虚而去。竟为肆主人所觉。止之于门外。与索住值。此二客反殴肆主。肆主大呼。而奎沙达不动。肆人之女进曰。武士平日。以排难解纷为职。今吾父为狂人所殴。胡坐视而不救。奎沙达曰。美女今日所求。吾不能答。吾尝许人以复仇事。不能舍彼而急此。汝今趣救尔父。我当得咪堪纳公主之命令。方能助尔。马累托闻言。叹曰。尔待公主命令时。吾主人休矣。奎沙达曰。汝为我禀白公主。即尔主人不幸。我亦为复仇。语后奔至道鲁西亚之前长跽。按小说中侠客行为。请公主许其为府主复仇。道鲁西亚许之。于是奎沙达执刀蒙盾。奔出店门。见二客方痛打主人。而奎沙达忽止不进。马累托敦趣之救。奎沙达曰。按吾侠客成例。唯武士始与武士对敌。今此二人小辈。非武士也。吾不能遽污吾刃。今当属吾弟子为之。此时二客互殴主人。而肆中诸客及四骑士。方为柳伊士之事。争听巡按使部署。遂置肆主人不问。于是肆主妇及其女与马累托。咸大怒。然吾书尚有宜急叙者。姑置肆主人。而别叙他事。此时巡按方引柳伊士之手。细询至此之故。柳伊士即含泪言曰。父执精诚问我。小子胡敢不竭诚以对。此事天所使也。不应与父执毗邻而居。见女公子克拉拉。风貌如仙。小子一见。即竭毕生之爱情。注于女公子之身。果父执视我如子者。当推恩拯吾命。而允吾婚。吾为女公子弃家而逃。且毁装为厮皂。足知吾之诚款矣。即使走遍全球。吾亦不惮此辛苦之脚力。女公子者。我之北辰也。而我二人。亦初未接谈。岂惟无苟且之事。为父执之辱。不过偶然相望。知我血诚而已。父执固已知小子之门伐。当不至辱及门楣。即吾父不承吾诺。然父子天性。自有悟澈老人之方。巡按使闻言大异。以为奇创。几不能遽出诸口。即谓柳伊士曰。容我少思。今日必有报命。柳伊士即俯亲巡按使之手。泪出如涌泉。此事虽无心之野蛮。亦且为之感动。矧巡按使亦聪明之人。心盖不防柳伊士。实防其父之恃贵。不愿论婚。心中亦颇伟此少年之肫笃而不欺。此时奎沙达在门外。忽变易其计。力劝三人勿争。于是二客亦出屋值而去。四骑士闻巡按使之言。亦止听其区划。宜无事矣。不图当日奎沙达所殴之剃发匠。即头戴铜盆。为奎沙达指为金盔。夺取而加之胄上者。竟匆匆入肆。自马圈之中。斗见山差邦。方缝其鞍。剃发匠呼曰。强盗。吾之驴鞍。尚在汝手。山差邦大怒。以拳拳剃发匠之口。血乃沁出。剃发匠大呼。肆中诸客复大惊问故。匠呼曰。诸君当助我。此盗于官道中。夺我驴鞍。今且杀我矣。山差邦亦呼曰。否否。此吾师与彼决斗。所赢而得者。非劫剽也。时奎沙达亦至。甚佳其弟子之勇。谓能如是。正足为吾侠客之光荣。剃发匠复一一述其凭据。且请以其鞍。试置吾之驴背。必能相合。此外吾新购之铜盆一具。亦为所夺。此铜盆值一克郎也。奎沙达大怒。分格二人勿争。令置鞍于地。谓诸人曰。诸君咸聪明识道理。彼言铜盆。实非铜盆。盖金盔也。吾以力战夺自敌人之手。至于驴鞍一节。亦敌人所遗。前此战败敌人。吾徒问吾乞此鞍辔。按侠客规矩言之。原可许其收用。尔若不信。吾金盔尚在。山差邦汝取以示诸君。果为铜盆耶。果为金盔耶。山差邦曰。吾师苟取此盔。则官司败矣。奎沙达曰。此朱邸中。定无邪术。不致变金盔为铜盆。汝无忧也。山差邦出铜盆。奎沙达举示诸人曰。明明金盔。何名为盆。

宁非面欺。吾敢立誓。此实阵上胜敌所得。山差邦曰。吾亦敢发誓。师父得盔以后。未尝一戴。惟释放诸囚时。非仗此盔。则头颅将为石子击碎矣。

第十八章

剃发匠曰。铜盆具在。请诸君一判。此明明铜盆。能妄指其为金盔耶。奎沙达曰。孰言金盔为铜盆者。必属妄言。而尼叩拉司亦剃发者。即曰。剃发先生听之。吾亦同业之人。少年曾入兵籍。凡金盔与铜盆。颇能分别。此非铜盆。决为金盔。唯未曾完全其为盔也。奎沙达曰。尔言良然。此固为不全之盔。且蔽眼落也。于是医生及卡治诺亦争笑曰。然然。此时巡按使。非为柳伊士之事当心。亦将助之一笑。此失盆之剃发匠。大悲曰。诸君或出之大学校。何为并盔与盆。皆不之辨。果为盔者。听君断定。唯吾驴鞍。非战阵所用。天下岂有武士骑驴而临阵者。世有战马。而无战驴。奎沙达曰。此鞍不属于我。我不汝应。医生曰。当瑰克苏替不言。吾辈安敢僭言。凡事听武士区划。吾辈又何知者。奎沙达曰。吾在此朱邸之中。所遇事离奇万态。果非邪术。万不至此。第一次进门时。即遇邪术。昨夕吾臂竟挂于窗间。自亦不知其所以。吾今为邪术所困。不敢妄下断语。适间金盔。吾曰盔也。诸君咸以为然。今此马鞍。吾防邪术。良不敢臆断。诸君非武士。而邪术不能干。故有清明之思。能断曲直。此鞍之为马为驴。自能分析。忽地南得曰。若定此事。必须得实在之凭据。法用投票之法。人人争伏吾之耳际。定驴定马。吾一一识之。然后对众发表。则驴马定矣。众闻言咸以为趣。

唯柳伊士及所部之骑士。不审奎沙达之风病。众盖争取以为笑谑者。柳伊士不审。颇笑诸人之谬。此时店外复入三警兵。就肆用午餐。闻言皆愕然。剃发匠见众人指盆为盔。已觉可异。复见诸人争指驴鞍为战马之鞍。益不可解其用意。此时忽地南得。正色就诸人取意旨。既而遍问诸人后。即对众言曰。诸君皆诚实无妄语者。今诸君之意。咸曰决为战马之鞍。其言驴鞍者妄也。吾既取众论。则不能不从众而行。因谓剃发匠曰。朋友乃大误。汝宁能以一人之见。蔽众人之耳目耶。剃发匠曰。天乎。安有是理。诸君非风非狂。何以指驴为马。且吾尤非醉。晨来尚不进食。决不近酒可知。众见剃发匠怒气勃勃。而奎沙达尚自鸣得意。言曰。疑案已经公决。此上帝之力。匪人所能争执。四骑士中一人忽大笑曰。此真奇事。诸君非愚。何以指盆为盔。强驴作马。此又何理。且此鞍为公驴之鞍。人人所知。医生曰。足下又安知其非母。骑士曰。公母何别。但别驴马而已。而三警兵中。有一人为兵中之长。闻而盛怒曰。诸君何以指驴鞍为马鞍。其言马鞍者。非风即醉。奎沙达曰。汝敢作此妄言。即取槊于手。向此兵官头颅而刺。非此兵官捷避者。将立死其槊锋之下。幸槊空刺地。立折其柄。此两从者。见长官几中其槊。则大声呼援。于是肆主人立出取棒。助兵官击奎沙达。柳伊士四骑士。防少主受创。且防其乘乱而逃。则争进环卫其左右。剃发匠立前取鞍。而山差邦已前备。力与之争。肆中大乱。奎沙达尚力战。柳伊士亦令其四骑。助奎沙达。卡治诺忽地南得。亦争助风人混战。医生大呼止战。肆主妇及其女咸大哭。防其父为风人所杀。道鲁西亚大惊几晕。鲁西达仓皇尤甚。玉容无主。克拉拉尤颤不可止。山差邦力战剃发匠。不分胜败。柳伊士之骑士。进助山差邦。乃右腕为剃发匠所咬不释。巡按使见状。即引剃发匠于身旁。止其勿战。忽地南得。打倒一巡兵。肆主人大呼曰。众来助战。于是肆中。哭者。喊者。呼援者。万声杂动。正剧烈之间。奎沙达忽思及小说中。有国王阿拉蛮忒。曾以大军扑敌状。即效其言曰。诸武士且纳刀于鞘。敢再战者。吾将行吾军法。众闻其声。既高且怪。即止战。奎沙达曰。诸君不曾闻吾言乎。此邸中定有无数妖魔。窟宅于是间。吾言固不信。今见三矣。汝不见阿拉蛮忒之兵。已大至耶。且汝不见前面夺刀者耶。争马者耶。争大纛者有人。取坚垒者有人。一一皆邪术所使。苟无邪术。何以至此。巡按使及医生。可出一人。为阿拉蛮忒代表。喻两军停战。况此等野战。于吾侠客之名大损。奎沙达言时。三警兵皆不解。且为卡治诺忽地南得所殴。尤不服。剃发匠见鞍已破裂。遂不之较。山差邦素秉主人号令。柳伊士之四骑士亦罢战。唯肆主人尚咆勃欲斗。言曰。天下即风人。亦不能无罪。自彼到此。无一息之闲。已而众人仍定条件。许鞍为马。盆为盔。肆为邸。必如是者和议始成。唯柳伊士婚事须续议。巡按使乃招医生。及忽地南得卡治诺商定。以忽地南得保护柳伊士。且谓其四骑士曰。吾将以尔之公子。送至吾兄侯爵之家。以礼相待。盖公子不愿宁家。吾不能不出是计。今请三骑先归告老人。余一骑随侍公子。此时乱状似略定。然此三警兵战时。受忽地南得足蹴其腹痛绝。忽忆及官中。曾有图形捉当瑰克苏替。今见状意即是人。即取图披视。且视图中。且观奎沙达之面。遂直前擒取奎沙达曰。汝为犯罪之死囚。我海捕公文在此。趣随吾行。奎沙达大怒欲颤。亦反手扼其吭。非两兵进前解之。则立将闭气而死。肆主人复进扑奎沙达。肆主妇母女复大哭。而马累托则极力咒诅不已。山差邦曰。此间果有魔鬼。不然。何以累起争端。忽地南得复前解围。而兵官必欲擒取而去。且言此为重犯。必不可释。奎沙达曰。尔苟贱无耻之小人。敢与我释放被苦无告之穷人事。以侠客为强盗。此何理耶。尔思想陈旧。不知侠义之行为。果知者胡愦愦至是。况尔身为军官。实以官行劫之大盗。尔长官庸腐已极。敢以海捕之文。擒我武士。汝尚不知行侠之人。官法不能干我。我之言语。即为法律。我之刀剑。即为公平之衡量。尔长官莫名此理。天下万无贵重如我行侠之人。即贵族亦难比并。尔试问长官。曾闻古之武士。未尝有纳税之事。游行天下皆然。即裁衣之匠。为侠客制衣。无敢计值。国王尚愿结交。美人亦加盼注。汝果知侠义之事。及读侠义之书。则万万不至欺我。其敢欺我。而昌言罪我。则万死不赦尔罪。

第十九章

奎沙达方作风狂之语。医生即前谓三兵弁曰。君不见此人所言。皆狂易之言耶。即擒赴长官对簿。亦将立释其人。人既病风。尚何罪之足言。而执图之兵弁言曰。风病与否。不涉吾事。吾但执法而行。至于长官能否开释。则恩出诸上。吾辈何与。医生尤力劝勿捉之行。果必如是。则风人入官。转足发噱。于是医生以八雷罗授剃发匠。剃发匠亦弄其驴鞍。三兵弁果见奎沙达。实为风狂。防道中作梗。亦释不问。回教之马雷亚。见店中大乱。顾不能作西人语。但视人之颜色为忧戚。肆主人闻医生予剃发匠八雷罗。亦力索刍秣之费。忽地南得即出金赐主人。主人始帖然无言。奎沙达趣公主上道。长跽道鲁西亚之前奏事。道鲁西亚引之起。奎沙达曰。古谚有云。勤者成功之母。故吾每行军。必贵神速。不待敌之备。而吾军已据胜着。由此推之。使长处此邸第之中。转于吾众不利。公主若恋恋不行。此敌人谍我。我谋立隳。吾虽有神力之臂。亦决不能骤胜。故请公主首涂。以速为上。此攻其不备之法也。道鲁西亚亦颇解事。能效风人之语。即曰。武士以神勇助荏弱之女子。天下凡有血气者。无不扇奖。且为我之诚。我之感激尤深。今祈祷上帝。愿武士成功。果欲行者。可以立时上道。奎沙达曰。此诚上帝之意。吾胡敢不诺。即以此时首涂。勿滞勿滞。吾恨不立至贵国。效吾死命。山差邦趣辔马。亦辔尔驴。并代公主辔之。并与邸中诸舍人别。山差邦曰。吾师此语良不实。奎沙达怒曰。何不实之有。山差邦曰。吾师果怒者。吾即不言。若听忠言。吾敢布其腹心。奎沙达曰。放胆言之。勿絮絮作儿女语。吾最恶无胆之贱夫。山差邦曰。吾非畏慑之谓。此事之明白易晓。犹人之安鼻于面上。一望即了了。此女士。吾师谓为咪堪那之公主。实则非是。盖常女也。果吾师信以为公主。将来即为女王。然何以常与同来之人。时时亲吻。此何理也。道鲁西亚闻言面赪。盖时与忽地南得亲吻。意本避人。乃不图为山差邦所见。山差邦虽至蠢蠢。然亦颇解世事。知公主尊贵。万无与人轻易亲吻者。道鲁西亚如不之闻。山差邦复曰。吾师弟二人。备尝辛楚至矣。今此女士。俨然自命为公主。直以我二人为奴隶。迨至收局。而亲吻之先生。据有香福。吾辈徒劳无功矣。以吾观之。不必辔马。亦不必引驴。劳人足矣。何必又劳吾畜。不如小住为佳。何必碌碌奔走。奎沙达大怒欲颤。结舌几不能语。久乃作喑哑音曰。蠢物妄言可杀。汝敢作苟贱无耻之言。辱蔑公主。并以欺我。汝为人类之怪物。造谣之机器。趣离吾前。勿再面我。此时奎沙达颜色顿变如死人。钤目血齿。山差邦惊怖欲死。疾趋而出。道鲁西亚。知奎沙达狂性莫遏。则思以柔道解之。即曰。惨形武士。且释雷霆之怒。高足愚戆之言。胡足介介。语之怪诞。或且属于误会。武士恒言。此邸大有邪术。或山差邦所见。即为邪术侮弄。毁我贞操也。奎沙达曰。公主言然。我固疑其有是也。山差邦秉气不正。故邪得干之。实则其人无他。亦不善于造谤。今决为邪术所中无疑矣。忽地南得曰。既属邪术所弄。则高足之言。可以恕矣。奎沙达许诺。移时医生引山差邦入。山差邦战栗无人色。跽而言曰。吾师果不吾罪。当许吾亲师之手。奎沙达许之。且加以抚慰之词。曰。汝后此可信吾言。此邸中事事皆有邪术。为之播弄。汝知之乎。山差邦曰。安敢不信。惟前度居此。为彼以毡裹我。上下抛掷。此则似非邪术。奎沙达曰。否。此亦邪术所为。果非邪术阻我者。我已决为复仇矣。众闻言不解。即闻其故。于是肆主人告众以故。众皆大笑。山差邦大怒。幸奎沙达坚信以为邪术。止之勿斗。不然。山差邦亦握固起矣。此一班人。居肆已二日。遂议上道。医生与剃发匠密谋。以计诱奎沙达遄归。勿再烦道鲁西亚之冒为公主。遂倩牛车一巨辆载之归。归时制木笼如大槛车。令此风人。坐卧其中。不听出。计定后即不行。密令匠氏制木笼。务使坚致。明日笼成。众皆加黑纱于面。涂以青黄粉墨。状如夜叉。乘奎沙达浓睡之时。众争集缚其臂股。奎沙达惊醒。张目而视。知真邪术之人至矣。且人人咸作鬼脸。知此邸中怪作。不可以力抵御。山差邦颇了了。顾莫测其所为。则坐听之。观其终局。而奎沙达亦无言。众即舁奎沙达于笼中。以铁条封固。加以巨钉。众争置笼于牛车之上。剃发匠作神语呼曰。惨形武士。万勿焦悚。以尔好事。为公主复仇。然操之过促。天所不许。防尔杀人无度。故令群妖。将尔暂困。不久吾将救汝出厄。果尔勇气尚存。则任侠之人。必蒙天佑。后仍游行无阻。吾盖奉上帝圣旨。令尔暂从邪术之武士同行。沿途宜坚忍。不可呼叫。今公事已毕。将归天上。回奏上帝。剃发匠音吐全改常度。阴阴如作鬼语。众皆为之捧腹。奎沙达闻神言。知蒙上帝所佑。必得打鲁西尼亚为妻。生子成家。扬大名于宇宙。即太息答曰。适奉帝旨之大仙。吾已一一听受金玉之音。惟乞转告邪术之武士。勿太苦我。必当使我得意中之美人为偶。则吾愿足矣。果此愿能偿。则我视此槛车。有同仙府。及温暖之床席。至于吾徒山差邦。人极忠实。患难不离。今吾已在槛车。虽不能予之以岛国。且授以五等之爵。然吾死彼必承袭吾产。一切归诸其人。山差邦自笼外鞠躬者三。且亲其手。

第二十章

奎沙达初闻神语。颇信为真。及见以牛引车。则考诸侠义之传。初无此举。心颇疑惑。书中固言武士受擒。或火燃其身。或兽环其侧。无尽奇骇之事。忆之莫详。然终未有以牛车载武士者。此岂今昔不同。故为道亦异耶。或且邪术之人。以我为中兴侠义之人。故待我特酷。即呼山差邦曰。汝意云何。山差邦曰。吾不读书。亦不知其所以。惟吾所能识者。似非正道。奎沙达曰。群妖乘间而擒我。此岂能责以正道。汝试扪此妖。全无肌骨。但有一股邪气。山差邦曰。吾曾扪其人。胖而多肉。夙闻人言。魔气多腥。今吾闻其气颇芬芳。不类异物。奎沙达曰。山差邦鬼气安得有香。彼出地狱而履人间。亦但有腥秽之气扑人耳。何芬芳之云。想此人之邪术。比寻常者为高。忽地南得及卡治诺。防山差邦漏言。而牧师即令其骑驴。并引其师之马。马之左右。悬盾及破铜盆。诸人辅行。行时肆主人临门送槛车。且慰之曰。武士不交佳运。所以遇此困厄之事。奎沙达曰。此为行侠者不常有之祸患。惟其如是。而吾得名之基。亦伏于是间。惟彼人妒我神勇。不以正道胜我。乃行此诡谋。究竟邪不胜正。终亦必败。犹之阴霾散尽。重见阳光。复谓肆主妇及其女曰。女士勿罪我。我今为人所囚。不能为礼矣。请女士为我祷告上帝。早脱羁囚。感且不朽。正于此时。医生及剃发匠。亦与忽地南得及卡治诺诸人。握手为别。且订后会。忽地南得嘱医生。以奎沙达归后之情状。必寓书见告。至鲁西达归面父母后。亦当以书详叙其情。外此则马雷亚之受洗。及柳伊士之成婚。各请详示。医生一一自承。甫出店门。肆主人又出书稿一束。赠医生。曰。此稿亦人所遗者。请以奉赠。医生大悦受之。视其书目。则曰雷音康内忒。及考他地洛之遗事。医生知为小说之稿。与安西毛小传。必出一手。即纳之衣囊之中。匆匆上骡。加面具。扮为恶鬼。夹槛车而行。而三兵弁亦与同路。山差邦则乘驴后随。奎沙达枯坐槛车。状如石人。行可两利格。至一山谷间。车人少息。进糗及水。剃发匠不可。以为过此有纤草之场。可以喂牛马。于是复行。忽见左方有七八骑至。非马而骡。其行甚迅。少时已与槛车相近。中有一人。为拖里突之法官。从骑皆其厮役。斗见木槛有兵弁随行。颇以为怪。即停骑而问。见有兵弁。已知为罪人。然身为法官。势亦不能不问。乃问诸兵弁。弁谢不知。请自问槛中之人。奎沙达曰。诸君果读侠义之书者。吾当自白其生平。若未读其书。则吾亦闭口不复汝告。法官曰。吾颇读侠义之书。较诸法律之书为伙。请略示指要。奎沙达曰。吾本行侠。为小人所妒。以邪术擒我。我实真侠。处处为人复仇。欲为后生之标准。医生即告法官曰。此人名当瑰克苏替。所言非虚。其受擒非犯罪罟。盖为邪术所中。其别名曰惨形武士。所为事可以勒碑。示之万世。法官闻囚言如是。而代述者亦如是。则茫然不之解。而从者亦咸疑讶。此时山差邦驱驴直前。言曰。此事甚奇。吾且据实奉白。信否由君。槛车之中吾师也。初非为邪术所瞀。知觉无异常人。而随后诸人。则力劾吾师徒二人。崇信为邪术所瞀。果足下能出之槛中。与谈世事。靡不周彻。于是回顾医生曰。牧师先生。尔谓我不知邪术之说为谬耶。我一一知尔辈之行诈。尔辈行此诡谋。吾心了了。但不能以力胜汝耳。苟非尔辈陷吾师者。则吾师久与咪堪那公主成婚。吾亦得伯爵矣。由此观之。生人亦随时运而行。吉凶无能自决。牧师先生。汝为行善之人。在理宜成人之美。吾家有妻有子。日望我趋于富贵。尔今败坏吾事。独不思一旦受谴于天耶。剃发匠进曰。尔愦愦亦将与尔师同槛乎。讵尔师风病。亦沾染及尔之身。不然。胡狂谬至此。汝欲伯爵。何从而得。岂非妄想。山差邦曰。我虽贫薄。尚不欺人。即云贪图富贵。此亦生人应有之思。且皇帝亦属人为。区区伯爵。又何不可企仰之有。剃发先生须留意。言语之不宜轻发。犹剃发刀不宜轻下也。彼此宜各知身分所在。不能以饰说欺人。至吾师是否为邪术所中。此事吾不明言。上帝自能鉴别。剃发匠知更与之争。将滋多口。于是医生引法官至于僻处。言曰。足下欲知槛中之人。其事甚趣。法官果如言。随医生至十余码以外。医生以奎沙达之风病告之。今以槛车传置至家。为止其病。法官大以为异。即曰。先生。吾见侠义之书一出。而社会中匪人不爱其说。即我少时。亦性好是书。往往但观其前半。而后来收局。固已前知。盖一种之书。可以印证至数十百种。葫芦依样。无殊特之足言。总言之。笔墨大似咪利生寓言。驾空立论。为茶前酒后之娱乐。非实有其事。为世鉴戒。夫野波罗之寓言。详悉人情物理。既使人乐。又能益人神智。至于侠义之书。全供人之消遣。然风魔之语。亦不知何自构思。若以为真。则大误矣。文字既无义理。亦寡剪裁。口不择言。令人破颜而笑。则本书之能事已毕。如叙一勇悍之少年。年甫十六。躬执长刀。劈寻丈之长人。立分为两。如劈纸人。有是理耶。有时言两军相接。一武士之力。可败一百万蜂屯蚁聚之军。其荒谬尤为可哂。又如绝美之女皇。或公主。一见武士。即投身其怀。君谓天下有此易事否。又如高楼百寻中。立一武士。乃推楼入海。乘一席之风。立至意大利。或至他国。至于马加司波拉司。足迹所未经者。而武士咸能周历。马加司者。温尼司大游历家也。为第十三世纪人。当时西里亚印度波斯。无不涉足。由此观之。侠义之书。亦妄言妄听。何足称为纪实之谈。然吾意则谓小说中事。固属虚构。而言皆征实。则亦可为世人之惩戒。夫语足动人。即足垂为定论。至于虚构之故事。虽无实际之可凭。然埋伏照应。在在有理。亦足使人神往。几谓足以一蹴而及。喜怒哀乐。随书中而趋。往往不能自主。至于侠义之书。弊在快意而谈。前后不相统摄。寻条失枝。此其大病者也。譬诸人形。头颈手足。修短宜称。而书中弊病。在长短不伦。或头长于颈。或足短于臂。殊可嗤也。不宁惟是。且笔墨怪特。事迹离奇。一切为礼言情。咸异于人。即彼此搏战。亦近失常。语尤乖谬可笑。且陆行水行。皆不按道里。书既无用。而尤足乱人心。凡为基督教人。自有道理足凭。此等谬书。不阅可也。医生闻此法官之言。至为倾服。即谓法官曰。先生名论不刊。适合鄙人之意。鄙人平日。深恶此离谬之言。槛车中人所藏书。吾潜谋其家人。付诸一炬。即一一述焚书时之情状。法官闻而大笑曰。书固无理取闹。然亦有微长足录。观书足以辨作者之才藻。其写海中遇险之状。凛凛可怖。每写一武士。几卓绝古今。谋勇兼资。在在出人意料之外。且鼓励所部之训辞。亦节节本诸仁义。其在众中演说。言皆践实。无论为攻为守。咸备极神奇。其述哀叙悲尤工。或极状美人之贞洁。不为强暴所污。或写志士之抱道。不因威武见屈。或极状憸暴之徒。凶狞可怖。或貌王室之亲。谦卑自牧。且时时杂以占星之学。预言吉凶。下至音乐。及于一切琐细之事。亦或论及政治。其间见错出。则叙及巫术。其写尤利昔司之趫捷善斗。至于令人挢舌不下。其写伊尼司之奇孝。又往往使人感涕。其写野斐利司之神勇。与斐克忒之数奇。似能曲肖其状。其写塞能之奸宄。初无人理。其写尤拉司之仗义。与亚力山大之好施。尤足令人油然生为善之心。其写初老曾之阴德。到不拉司之忠爱。卡托之谨慎。匪不动人。然每传一人。或备全德。或各有所长。虽属架空之言。然言之成理。大足生人信仰。著书之人。盖自信其书足以传世。又深悦其语之足以感人。书体近史。隐寓褒贬之意。亦不为恶。

第二十一章

医生闻言尤服。即曰。著侠义之书固有罪。然印刷者不为注意。率尔印行。讵得无罪。法官曰。吾前此亦曾著书。叙侠义一切。不出范围。已成稿一百篇矣。偶以示有学之人。听其评骘。已而又示之伧荒之人。观其意向。然此两种人。均以为可。而吾意终不谓然。遂不竟其业。以为徒劳无功。盖知天下有学之人少。而无学之人多。或云书成为有学者所称许。较胜于伧荒之肆詈。而吾终不愿也。私自忖度。观于梨园之曲谱。因信吾书之可以勿编。吾每观剧。知剧文必成诸文人之手。或出诗流。按史事而成文。然首末错乱。棼如乱丝。令人思索不得其解。而社会中人。转以为佳。则嗜好深与吾异。然制谱及演剧之人。咸曰。必如是始足动人。果制谱者如法。演剧者顺情。则全出静寂无欢。而观者必失意而去。社会之意如是。则梨园中人。不能不曲体人情。而成此奇谬之剧。若演剧徒供有学问者之观听。则得资微矣。以此之故。足验吾书之不行。天下有学问者鲜。吾徒费心思。曲高而和寡。又奚为者。平日亦尝与剧场中人议论。斥其谋左。谓果按人情而成剧。则感人或深。何必为此离谬之行为。徒增怪骇。且无补于道德。然终不谓然。吾尚忆一日。与梨园中人。语年来有三凶剧。演于西班牙。为有名之文家所编。其情迹之奇。足以歆动雅俗。此三剧一出。后乃无继。而得钱终不如是之伙。其人曰。然。三剧之名。殆伊彻贝拉也。斐立司也。亚力山大拉也。吾曰。今且问此三剧之成。曾合人情乎。且人情中有是乎。果协人情而成剧。岂真无叹赏之人。须知为凶惨无情之剧。过不在观剧者。实在于制谱者。此外尤有忘恩负义之惨剧。及爱情商人之杂剧两出。均无道德之足言。然而演者已得大利矣。吾又百方开导。而彼终不谓然。医生曰。先生伟论。尤足动我。我之轻蔑梨园。犹之轻蔑侠义之书。按西瑟罗之剧。实社会之宝鉴。生人进德之阶梯。实事求是之模楷。今兹则否。为驾虚翼伪。散朴煽枵之标的。淫猥污秽之引子。天下事尚有谬于此者乎。譬如第一幕出台者。为襁褓之小儿。及第二幕开时。则立成壮夫矣。人生长成。有如是之迅耶。譬如一老人。宜瘫喘无能。乃反耐战。而少年雄武。乃反畏死。又或老奴能文。雏妃论治。国王粗鄙。公主颟顸。世局反背。竟至于此。且不明世局。不知舆图。吾曾见一剧。第一幕似欧洲景物。第二幕则人在亚洲。第三幕又在斐洲。果更一幕者。必美洲矣。周环地球。不及一句钟之久。一何其易。尚有一事。在沙利曼大帝时。及相接之人。又在荷赖克利司时代。而荷赖克利司。躬执十字架。至雅露散冷。时既不同。乃杂乱颠倒。如是之甚。然观者一不之揣。果指斥其谬。而识者转斥为卖弄其所学。其关于宗教之剧文。凡语经先贤所说者。又往往混甲为乙。不加考订。果以本国人自观其剧。尚可言也。若为他国人所见。将直斥吾国为不学。国中之有梨园。原以资人民之消遣。然亦绾以法律。不能轶出范围以外。以减损人民之质行。乃今之所编者。实足以坏人心而敝风俗。故良剧即演艳情。亦在在归之于正。不为导淫之具。果能一一如是。则束以范围。胡至有荡检逾闲之事。然而制谱之人。亦知其非是。惟习尚既深。舍此别无他法。以剧场之收效。初不属于人心之观感。直类贸迁以取利。若不从习尚中着想。稿出亦无人收。故制谱之人。不能不同流合污。用为啖饭之地。前此旧谱。均宿儒所编。情韵既高。吐属亦雅。顾不入时眼。久已弃置不录。其下则俗手妄为。一经开幕。即为有司所绳。以戏文中。非指斥乘舆。即狎侮当路。巡警立从而干涉之。以吾之意。必政府遣人定谱。谱定而后登场。斯无弊矣。果有益于社会者褒之。有害于人心者斥之。且审定之法。不惟御前供奉如是。即通国之剧场。亦咸如是。庶无流弊之足言。至于未经审定之曲文。饬各郡县。勿令其演唱。矧官省森严。既经审定之后则梨园子弟。亦可放胆而歌唱其词。果能如是。则通国中决无淫秽之剧。庶几彰善瘅恶之力。亦借是而益伟。须知剧文果佳。则观者知警。而外国之人。亦将叹美西班牙之文学为专家。政府既省繁刑。而观剧亦无流弊矣。至于小说。亦宜加以审定。（此书适合今日所谓通俗教育会章程。乃西班牙固已行之矣。）书果佳者。则可力遏前人所著。离谬之书。不令行世。盖戏文及小说。为社会中万不可废之物。非是无消遣之具。且将窘其脑筋。此时法官及医生。并马而行。而剃发匠忽纵马向前。请其少息。饮水进糒。法官见此间山水至佳。且乐医生之解事。心中尚欲探问奎沙达风狂之状。故仍请同行。遂命其侍者。先赴逆旅。询问载糒之骡。曾否到门。果先至者。即裹食物。至此山谷中共啖。以谷中幽敻而凉爽。就此而食。中心滋适。此时山差邦。乘间行至奎沙达槛车之外。问曰。吾有一语。禀白吾师。吾师试思。夹槛车而行。蒙面具。不令吾师辨析者。是为何人。即医生与剃发匠。非外人也。此二人以阴谋陷吾师。不令师得大名于时。因嫉妒而生此诡谋。滋可恨也。万非为邪术所陷。直受欺于故交。奎沙达曰。此二人为吾老伴。万非陷我之人。幸尔弗加疑虑。汝当知天下长于邪术者。能颠倒是非。使人莫测。又安知此二人。非为邪术所幻。用以离间我之交情。又或魔鬼。据尔脑中。使眼光瞀乱也。且近来之邪术。尤不类于书中之所载。想尔所言。决误无疑。然不妨更言之。待余为尔剖决。山差邦曰。此为风颠中之风颠。吾师处困。心中宁不望一旦脱囚。与打鲁西尼亚。成为夫妇耶。奎沙达曰。勿作闲语。山差邦曰。敢问吾师。处此槛车。自以为中于邪术。然心中亦有所感动否。奎沙达曰。此语吾不之解。山差邦曰。但问吾师。能否待人相救。奎沙达曰。汝能救我。则师弟尚可同心协力。以成事业。

第二十二章

山差邦曰。吾尚有一言。师万不能加以驳诘。譬如人得邪病。饮食坐卧。均不自安。则人人知其为魔所魇。今吾师饮食坐卧均泰。且言语不讹。此尚谓为邪术所中耶。奎沙达曰。汝所言特中于邪术之一种。非通论也。今我之所中。别为一种。不能拘以常格。吾今即坠术中。亦善自排遣。不复焦悚。虽困处笼中。不许出而行侠。安知世间。无颠连无告之人。待我出而援手。山差邦曰。吾师胡不破槛而逃。且吾师战马。方随槛车之后。厥状亦类中魔。今师果不能逃者。不过更处笼中而已。初无性命之忧。何妨一试吾技。奎沙达曰。善。吾之自由。全恃尔之一援。于是师徒商定。既至山谷。诸人均下马驴。亦卸致木笼于地。山差邦曰。二君能否许吾师出旋。不然。便溺污此笼矣。医生曰。可。惟一出立逃。又将奈何。山差邦曰。师逃吾愿代囚。法官曰。不妨听之自便。奎沙达曰。吾既中邪术。万不能逃。况有禁勒之法。足使吾身勿动。果不见许者。则勿怪吾臭味之熏人。吾将旋于是间矣。众闻其将旋。即开笼释之。奎沙达既伸其四肢。即至马前拊其背。言曰。吾不久即在尔背上。代天行道。救世间困苦之人矣。语后与山差邦同行数武。即归。法官以目注视奎沙达。疑其非狂。盖论事至了了。一谈侠义。即转入邪术。便杂乱不得理解。心则甚怜其病。于是环坐纤草之上。

静待干糇及酒。此时不期信口问奎沙达曰。先生多读侠义之书。胡至自乱其脑筋。所行所为。均颠倒错谬之事。天下人类。安有亚马底。又安有如仙之美女。及丈许之长人。下及毒蛇猛兽。杂见于书中。一切皆属真象耶。吾每读此等之书。一望已知其伪。特为茶余酒后之消遣。胡足引为实际。每读至彼中酣畅淋漓之时。几欲投之于火。以为是皆无稽之谈。足以坏人心术。盖异端之说。背道而驰。万不足据为典要。此不惟愚者受欺。即稍具聪明者。亦将被其耸动。试观足下。聪明颖达。乃为人加以槛车。用二牛以载。宁非自取其病。且其状似柙虎笼猴。辗转城市。恣人观览。先生苟反躬内省。立当自悟。天生聪明。胡不移趋正道。较诸逐无端之声影。自矜其义侠。为益多矣。天下事业。固属英雄。然历史之英雄为实迹。小说之英雄为虚构。不崇实而蹈虚。为计左矣。历史中曾言鲁西他尼亚国中。产一英雄。名瓦拉他。罗马则有凯彻。加台基则有韩尼伯。希腊则有亚力山大。拖里突则有加西拉叟。如此种种。既足消遣。又足效法。并可教育。且于先生性质为近。果能手不释卷。则后来史学。将愈精也。且此书足以毓人道德。勇而不乱。慎而不葸。果能如是者。上可对上帝。下可就功名。后此显其声名于拉曼叉间。宁非幸事。奎沙达静听其说。瞪目久之。始言曰。先生之论。似世无侠义之人。而侠义之书。又尽属伪造。足以敝害乎社会。吾读书既误。行事亦舛。用是加此箴规。谓亚马底并无其人与事。法官曰。然。奎沙达曰。君既不信。且谓吾之知识。悉为书误。致陷此槛车之中。今加婉导之言。使归正史。不至误蹴迷途耶。法官曰。然。奎沙达曰。然则先生亦为邪术所瞀。使脑筋紊乱也。尔敢毁谤侠义之书。夫侠义之书。为天下通人所不敢斥驳者。汝斥之不值一钱。厥罪大矣。夫亚马底果无其人。则是斥太阳无光。后土不实。夫沙利曼大帝之朝。有一人曰怀拉巴司。立于曼提卜桥上。试问此事。真耶伪耶。天下岂有一人道其伪耶。夫侠义之事。直同人之起居饮食。恒见恒有之事也。果谓其书为伪。则黑奇忒及野器利司。亦咸无其人乎。至于初老登之战。既属子虚。即法国之十二贵人。咸属臆造。而咪支奎诺。与格雷阿二传。尤可废而不足信。此外尚斐野司传。痛快淋漓。君亦将以为伪乎。传中有木马之制。中设机关。恃一针之锋为转动。今此针尚藏之武库之中。可取而证也。针之巨如车轴。木马之名曰巴比卡。其鞍亦藏之武库。与针并重。且郎司瓦落中。尚宝藏阿兰斗之鬌箠。鬌箠之大如栋梁。而法国之十二贵人。均一时之侠烈。人人能道其生平也。昔葡萄牙中。有武士名约翰咪洛。名重一时。若以君之意揣之。其人亦伪。然约翰咪洛。曾至白干豆。白干豆中有城名拉司。守将名谋西斐雷。万人敌也。约翰胜之。又至巴西罗。与茂西亨利战。亦大败其人。不宁惟是。即以西班牙论。在昔亦有英雄。曰托古瑰克山达。为我之先烈。亦至白干豆。有伯爵名圣保罗。有子数人。咸精武技。约翰一鼓败之。此亦谓无其事乎。尤有忽地南得古娃者。汝将谓未至日耳曼。然古娃曾与日耳曼人左支格斗而胜。左支者。粤国公爵部下之大将也。此外如祖娄也。摩西鲁意也。皆实有其人。先生必忍笑以为诬。吾将何言。须知吾胸中所蓄之书。浩如渊海。凡人敢言侠义之事为虚渺者。则其人决无脑筋可知。法官见此风人。终始沉迷。然博观群书。咸能记忆。亦属异事。即曰。闻君高论。吾不敢一一斥驳。盖其中亦有实而足考者。如西班牙中先代武士是也。若法国之十二贵人。吾亦略信。然谓其奇勋卓著。如大主教书中所言者。

吾滋弗信。吾思此十二人。决为勇士。法皇招为宿卫。或其武能相埒。不复轩轾。统称之曰十二贵人耳。至于斐野司之铁针。其长如轴。然吾屡至武库。何由不见其物。奎沙达曰。决有其物。盖防其长锈。裹以皮革。法官曰。或有其物。然吾不敢谓亚马底诸人所行事。咸足据为信史。夫以先生精博。似不应信此荒谬之言。

第二十三章

奎沙达曰。君谓侠义之言为伪。然朝野上下之人。咸以为真。吾又何敢伸辩。然书中人家族门望。及其朝代。与其岁月。历历可考。何以言无。今愿先生。勿为轻侠蔑义之言。吾观先生。似聪明识道理。何至为此不检之谈吐。此后宜多读侠义之书。既足长其闻见。尤足永其趣味。吾今且述一故事示君。真所谓绘影绘声之笔。断然非伪者。大地中有一巨湖。湖中大蟒。蜿蜿蜒蜒。游泳其中。杂以鳄鱼之属。一日有武士过湖边。忽闻湖中。斗发异音。呼曰。武士果欲得福者。宜急投此湖中。即知此湖底。有仙府七区。其中绰约多仙子也。此武士闻言。慨然不疑。无恤蟒鳄之凶。仰托帝力。乃不脱甲胄而入湖。及张目四瞩。则细草芊绵如铺茵。其上有蔚蓝之天。阳光焕射。前有密林。绿阴如织。鸟声上下。翠羽朱喙。一一如画。林下有小溪。穿树而过。夹岸皆酴花芬郁。水清见底。细石可数。其旁有仰泉。以白玉叠而成之。复有一泉。则以贝为之。照眼晶莹。二泉所砌之物。白玉珠贝。杂以宝石。如出天然。迤逦而前。宫殿森严。以黄金为墙。墙上饰以金刚之石。门亦嵌以宝石。而工艺尤精。武士大惊。忽见门中。仙姝一群。联翩而出。美丽不惟人间所无。疑神仙中亦不多见。群中有一领袖。首先迎迓。引手为礼。引入宫中。争为去胄卸甲。燂汤请浴。水香如沸。浴后衣以汗衫。中喷异香。复有一女。以盛服衣之。其衣之宝贵。价值连城也。遂引至一处。几榻皆异人间制。宝光射眼。眼为之晕。仙姝争进香水盥其手。坐以象牙之榻。众仙列侍。咸默不言。水陆并进。均目所未睹。疑讶至于不能下咽。忽隐隐闻有乐声。初不知声之所出。既罢席撤馔。武士自剔其牙。复至一仙姝。美压众艳。坐于武士之旁。自述为邪术所窘。至于是间者。武士闻而大骇。以下之事。吾不更述。惟侠义之书。勿论何篇。观之皆足令人生其兴致。所以欲先生多读是书。大足增人志向。即以吾论。身为武士。既勇且谦。尤能忍苦而冒险。今虽纳吾槛车之中。吾恃此两臂之力。不数日中。即可身登大宝。为一国之君长。既为君长。则足表见爱惜黎元之恩意。盖贫贱之人。安能养人。尤不能使人实沾其惠。故必得长一国。方能行吾推恩之意。今尤眷眷于心。即吾徒山差邦。吾决予之伯爵。且此伯爵。吾曾宿许之矣。万万不能食言。惟是人才拙。恐不胜伯爵之任。山差邦即曰。吾师勿为吾虑。但赐吾一岛。吾自能了。百姓之事。前人之为伯爵者。代不乏人。但得一心腹之人。以大权属之。吾无事矣。夫吾既以伯爵为总督。但得鲜衣美食。于愿已足。民事自有代理之人。吾又何忧。法官曰。庶政固须人才。然尔为总督。须有调度之能。不能以鲜衣美食了事也。夫身为一岛之主。使脑筋纷乱。又何足以了公家之事。山差邦曰。吾之所欲者。但得伯爵及岛国。至于调度之才。人能吾亦能之。不足虑也。今最要者在独断。不能以人辖我。人惟独断。方能自由。既自由矣。则乐从中来。不可纪极。此外别无余望。即谓之知足。吾意以岛居为上。法官笑曰。尔言良佳。惟伯爵应为之事尚多。不尽如尔之所言。奎沙达曰。吾一生行事。必踵亚马底。亚马底有弟子。后此赐以岛国。今吾徒山差邦。辛苦从吾立功。非赐之以岛。吾愧亚马底矣。法官见奎沙达虽颠。然出言大有头绪。似小说皆成信史者。至于山差邦之蠢蠢。在在令人失笑。此时法官之侍者。已送干糇至林下。群坐而饮食。忽闻乱草之中有铃声琅琅入耳。而铃声即出一母羊之项。羊为杂色。黑白间出。后一牧人。追此山羊。且大呼趣之遄归。此羊且喘且奔。至诸人之前。状似求援。牧人既至。引其角以语责之。似羊能解语者。牧人曰。蠢物安往。讵有狼食尔耶。汝为牝体。厥性不定。在法宜鞭。且尔状同于奔女。似不安其群。然尔处吾群。较他群安也。果尔如此。直害吾群。吾将何以行牧。众闻言颇倾耳而听。法官曰。牧羊之友。且勿亟亟。听此羊少息片晌。友不言此为牝羊。牝性与牡性异。何妨少为宽假。今且坐此。少饮而进糒。则盛气平矣。牧人亦就座。法官与以炙兔之腰。佐之以酒。牧人受杯而坐。饮后言曰。诸位先生。谓我与此羊语。得毋指为风狂。然吾言非无因也。诸君以牧奴待我。实则非是。医生曰。吾亦知山野之中。不乏名流。安能以行牧遂蔑高士。牧人曰。人固以外貌取人。吾今日有事奉诉。即知吾语之非妄发。奎沙达曰。若以吾一身论。甚愿闻君之言。君言似有冤抑。想诸君亦必乐闻尔言。趣述勿迟。山差邦曰。君且自言。吾方注意饮食。以身为侠客之弟子。不知明日曾否得食。故以极饱为度。不能倾听君言。幸勿罪我。天下人不自饱其腹。则后来将以身饱乌鸦之腹。奎沙达曰。尔言良然。然吾腹已果。甚欲闻牧人之言。众此时争倾耳以听。牧者引羊抚之再三。即令其卧于身侧。羊果如言而伏。引首视主人。似禁主人勿言者。牧人所言。当于下章叙之。

第二十四章

牧人曰。去此可三利格。有小村。村小而人富。其中有农夫。品节为村人所重。平日人人敬其多金。不知人心之仪其道德。较多金为重。然彼心中所着意者。实在其女之美而贤。且通敏过人。无论何人。一见此女。匪不惊讶。造物生人。如是之完备。女雏发未燥。已秀媚入骨。迨及十六。美已无度。名亦四驰。无远不知。至于宫中。亦咸悉此村之产奇艳。于是争至村中。如觇异宝。一扩眼福。其父秉礼爱护其女。女亦自爱。不苟言笑。天下谨慎之事。出之一身。则较墙垣为固。此时人人涎女之美。慕翁之富。故家世族。争至求婚。求者既多。而翁为目眩。不知所择。然求婚之中。鄙人实居其一。吾父与彼同村而居。即吾之家世。彼亦了了。且吾产非劣。又在盛年。一与议婚。或不峻绝。然同村中尚有一人。正足为我勍敌。双美并进。翁益莫知所从。遂令女自择。女名利安达。颇知鉴别是非。吾亦不审意之所向。但闻商酌之后。两均无济。然辞甚委婉。吾亦不能罪其寡情。时与吾同婚议者。为安苏莫。吾名尤几诺。迨彼此两不得当。而村中忽来一人。名武英生鲁沙。为窭人之子。实意大利人。入兵籍有年。十二岁时。曾居吾村。有兵官过境。爱鲁沙之慧。挈之而行。行可十二年而归。气概凛然一壮士也。挟衣饰甚夥。大类盛富还乡之人。每日必易衣而出。皆锦绮之属。至于戒指之金刚石。皆属赝物。村人目光如豆。既振其富。争相欣慕。实则此人只有三种之衣。唯领巾与胸饰稍多。逐日变换而出。人不之觉耳。此种琐屑之事。原不必齿及。乃不知适足以梗吾事。彼每日坐于大树之下。自述战功。众争环听。或喜或讶。似其人固已环游地球。匪国不历。手刃木耳之人无数。合摩洛哥及抽尼司两国所杀者。尚不及其半。又屡与人决斗。视甘替露那地勾加西亚四人为过。每斗必胜。且无濡缕之血。有时亦示其瘢痕。言为枪弹所伤。吾视之甚不了了。似无创也。其人傲藐无伦。有父老知其出身者。彼亦不自惭赧。仍亢满不以为羞。归自兵间。似已登大宝。舍夸张外。尚能音乐。亦粗解吟咏。有时窜窃他人之稿。侈为己作。以愚骇村人。寻为利安达所见。利安达有窗外向。见其服色瑰异。且诵声琅琅。颇以为佳。又闻其自述战功。心尤欣慕。须知天下爱情。先肇诸女士之身。则求婚易耳。于是女亦渐近其人。长日与之谈论。未几与之同逃矣。鲁沙既得绝代之美人为妻。一村之人。咸奇骇变色。即吾与安苏莫闻之。亦至怏怏。翁闻女逃。则大哭不止。戚属咸怒。讼之于理。官以捕役四出。觅取其人。至第三日。得之于山洞。女但余一汗衫。一切宝石珠玉。均为所窃而遁。众既送女而归。翁悲梗问状。女言为鲁沙所愚。初允结婚。故从之遁。彼言将送儿至内普司。为世界中繁华之地。吾误听其言。遂挟宝物。与之同行。彼纳我于山洞中。乘我不备。尽括所有而去。吾幸未失身。以坚执待其成礼也。此语村人咸不之信。女则矢誓。以慰其亲。女归后。其父送之尼庵。冀能忏除其不美之名。解事者。则惜其年少无识。落人樊网。或则斥其见异喜新。故至沦陷其情名。而翁皆不问。然安苏莫及吾。长日咸郁郁不乐。痛骂鲁沙。痛惜女父之疏阔。

安苏莫及余。遂不再居村。至此山谷之内。彼牧绵羊。我牧山羊。用消此无聊之日月。当萧寥无告时。争痛诋利安达之失计。仰天太息。此时求婚不遂者。亦仿我二人所为。争牧羊于此山之中。咸构团焦以居。是皆利安达之情人也。彼此见时。甲詈女淫。乙嗤女贱。丙恕女愚。而丁又定女罪。戊之口吻。尚仪女美。己之词气。仍病女狂。综而言之。心心皆在利安达。然而恨者妒者。纷纭莫辨。然此一山之中。初无一人不临风而长叹者。而回响之中。咸有利安达之名。似利安达能以魔术迷己者。今望既莫遂。得亦无从。终日昏昏。不知所措。然诸人中有一人。尚有知觉。即安苏莫。既不之怨。但恨不见利安达。有时作诗怀之。诗笔亦颇不弱。而吾则牢骚实甚。不类安苏莫之和平。故每见牝物。辄伸吾恨。以上为吾生之恨事。敢以诉之诸君。今此山中。我实近东道之列。苟有所需。匪不相助。去此未远。吾有小屋。中有新鲜之牛乳。及乳饼与佳果。若蒙惠顾。可以一尝。

第二十五章

尤几诺叙述已毕。众皆倾听。法官尤重尤几诺之为人。谓为通品。非属凡下。因思及医生之言。谓通人随在皆有。而众亦争望尤几诺得此美人。而奎沙达热肠尤烈。谓尤几诺曰。吾恨不立时助君。成此美事。当立取利安达还君。即有方丈作梗。吾亦必夺诸其手。此事本侠客所为。万不听美人为人幽禁。今愿上天垂佑。无为邪术所困。吾则百凡无惧。今意决矣。必为君致力。方尤几诺语时。初不着意于奎沙达。及兹闻言。始愕视其人。见其衣服凋敝。心颇不信其言。即徐问剃发匠曰。此君为谁。语近狂易。且吾目中。初未见此人物。匠曰。汝不知其人为当瑰克苏替耶。一生行侠。抑强扶弱。保护美人。即长人见之亦惧。毕生未尝为人所败。盖世之英雄人也。尤几诺曰。先生所言。乃同小说。吾意此君。必有脑病。奎沙达大怒曰。无耻之小人。尔脑似为纸糊。所以如是。想尔母生尔时。亦决无脑筋。故尔恣其狂吠。即抓取面包。力掷尤几诺之面。几陷其鼻。尤几诺亦盛气。即力扼奎沙达之吭殴之。山差邦攻起尤几诺之后。于是酒瓶及杯盘皆碎。尤几诺既仰翻于地。山差邦力拳尤几诺之眼。眼即立肿。则四扪刀叉之属。用为兵器。医生及法官。力收刀叉。不令为尤几诺所得。已而尤几诺亦力按奎沙达于地。拳其面。奎沙达目亦尽肿而流血。众皆呼止其人。作叱狗声。山差邦见众人坐视。而己身又为法官侍者所引。不令其助战。叫号如瘈狗。二人痛殴既凶。忽闻有吹角声。众皆引目。视角声来处。奎沙达闻角声。忽思及战场之事。然已为尤几诺按之于地不能起。即曰。朋友可以停战。吾败矣。吾闻角声。而脑中之痛。较之拳殴为尤痛。盖壮士闻角。将奋力为冒险之事。不愿与君死斗矣。尤几诺亦疲而起。奎沙达则力向角声而趋。少须见山上有白衣人一队。徐徐而下。盖衣白以祈雨者。（此事与中国故清时同。）山中本有神庙。村人因祷雨于其中。奎沙达见状。骇为未见。即按侠客之例。向前力战。时白衣人糊圣母像。以黑纱蒙之。奎沙达以为盗劫一美女。义在不能不救。即超上其马取盾。山差邦献其刀。奎沙达向白衣者大呼曰。朋友。汝当知社会中得一侠客。乃受益无穷也。吾辈盖崇公理而诛不义。汝辈趣将此女子释放。苛不然。吾将肆其无礼。因力叩其马。马疲则徐徐而前。此时诸人。均不能止。而山差邦亦追呼曰。吾师安往。又中邪术乎。此为求雨之人。舁者为圣母之像。非女子也。万勿孟浪而前。奎沙达如不之闻。力前救此女子。勿论谓山差邦。即国王令旨。亦不复顾矣。既近祈雨队中。即勒其马。马羸正欲少息。奎沙达喑哑言曰。尔辈何来。胡为自幂其面。讵罪恶通天。不敢提面见人耶。然我之所言。汝当注意。此时舁像四人。有一人已听其言。而随圣像之牧师。见此怪状。不期大笑曰。汝有何言。趣言之。吾辈行道甚罢。不能为尔沮滞。奎沙达曰。汝趣将车中之美女释放。勿令其悲梗不适。否则吾将用武。吾天生任侠之性。不许尔辈横行于光天化日之下。众闻言愕然。知其为风。罔不失声而笑。奎沙达愈怒。不言。举刀向舁像之人力斫。四舁夫中。有一人以扛舆之木棒力抵之。奎沙达挥之以刀。棒立断。其一人乘虚棒其左肩。奎沙达不及备。立时坠马。山差邦趋呼曰。此人为中邪术之武士。一生无过而行善。幸勿苦之。然奎沙达落马时。手足已无动。惘然如死。来者防论抵。遂不再棒。则仰首四盼。此时医生及法官诸人咸集视。而祈雨之人。防有变。结为团阵以待。而山差邦则以其师为阵殁。伏哭甚哀。医生方临视。而祈雨队中之牧师亦适至。本与医生同为牧师。亦曾相识。始知其无恶意。医生略述奎沙达风状。众始释然。而山差邦且哭且言曰。嗟夫。吾师为侠士中之出类者。何期为蠢人一棒而死。不惟本城失一善人。即世界亦朽然无色。吾师一死。则崄暴之人。益将肆其诪张。不可遏制。嗟夫吾师。平生仗义。首许我为一岛之总督。今师逝。而吾之总督亦随之而亡。且奈何。师之志尚。本扶弱而抑强。尤冒险忍苦而多情。为善人之标准。獐恶之雷霆。古今一人而已。山差邦之哭声愈高。而奎沙达太息之声。亦随哭声而发。此时思及打鲁西尼亚矣。即曰。可爱之打鲁西尼亚。惜吾之痛楚。不令尔见之。山差邦。尔扶我赴车中。仍坐槛车为适。吾之左臂折矣。山差邦曰。且侍吾师归村。此数人均吾师之良友。到家后再图行侠于外。当较此为优。奎沙达曰。今渐宁家。以避邪术。医生及剃发匠与法官。均以为然。且听山差邦之哭。不期失声而笑。山差邦扶掖其师登车。去其槛于路旁。而求雨诸人。亦结队自去。尤几诺亦辞归。医生遂辞此三兵弁。而法官坚订医生。通书述风人之情状。言已引从人行。此时但有医生剃发匠山差邦三人侍行。马亦羸瘦不胜。如中创之状。诸人加枯草于车上为茵。徐徐上道。行可六日抵家。进城时正交上午。时为礼拜。诸人皆游行。集于广衢之上。奎沙达车适过市。众争集观。见为奎沙达。乃环观于车旁。有邻居小儿。奔归告其侄女。言奎沙达罢瘦如病人。已御牛车而归。侄女及看家妇闻之咸哭。争詈著书之人。贻误至此。方哭詈间。牛车已至。山差邦之妻。亦闻其夫归来。奔至门外。先问其驴。山差邦言驴及人皆安善。妻即大喜。问曰。归来亦何所得。曾否为我制衣裳。及稚手之履。山差邦曰。未也。唯有一物。足以慰汝。妻曰。自尔行后。吾心至悲。今果何物。请即示我。山差邦曰。今且勿问。归当示尔。此行固不得意。后此更归。则伯爵领一岛矣。妻曰。吾愿亦正如是。唯所谓领岛。究属何谓。山差邦曰。续当为尔言之。后此尔之臣僚。当列侍阃外。汝不能在当路与我闲谈矣。妻曰。臣僚何物。又何名阃外。我悉不知。山差邦曰。此事深奥已极。汝静俟之。勿多言也。然尚有一事告尔。天下最上流者。无如随武士。为人理枉。此次随吾师外出。十战败九。非被痛殴。即受人之蹴踏。顾虽如是。然吾仍望四出行侠。以就功名。此时奎沙达之侄女。及看家妇。铺床拂席。令奎沙达偃卧。而奎沙达昏惘中。亦不辨为何地。医生临别。令女善伺叔父。勿令更逃。吾及吾友。心力俱穷。甫能以计诱归。不易易也。侄女闻言。复思及小说中侠义之事。仍大詈不已。乃惊心未已。而奎沙达复逃出矣。

PRIMERA PARTE

Capítulo I

En La Mancha había un lugar, un lugar cuyo nombre no es preciso que mencione, a medias situado entre Aragón y Castilla. En aquel lugar vivía un hombre apegado a las antiguas tradiciones que gustaba de usar lanza y adarga, caballo veloz y perro cazador; aquellas eran armas de antaño, y como el hombre veneraba el pasado, las seguía usando resistiéndose a abandonarlas. Se alimentaba sobre todo de vaca, y se abstenía de cordero. Y así era día tras días, sin variar de ningún modo. Su renta no era pequeña, pero en el yantar consumía de ella tres partes. La cuarta restante la destinaba al vestido. Siempre vestía de terciopelo, tanto para sus sayos como para su calzado, y con ropajes de paño tejidos en casa. Aquel hombre no había contraído matrimonio. Tenía en casa un ama que pasaba los cuarenta, una sobrina que no llegaba a los veinte y un criado que se ocupaba de trabajar el campo y alimentar al caballo, de correr cuando un asunto urgente lo requería y de regar el jardín cuando era preciso. Frisaba su edad los cincuenta. Aun enjuto y seco de carnes, era fuerte y amigo de la caza. Algunos dicen que su apellido era Quisada, otros que Quijada. Yo en mi libro solo me referiré a él como Quisada, aunque, si nos atenemos al sonido y al sentido, llamarlo Quijana sería lo correcto.

Quisada, hombre de provecta edad, andaba ocioso, así que se daba a leer continuadamente libros de los que relataban historias de antiguos caballeros errantes que combatían a los poderosos y socorrían a los débiles. Tan embriagado estaba en los humores de aquellos libros que olvidó casi el ejercicio de la caza y aun la administración de su hacienda, y hasta tal punto prendieron en su corazón aquellos hombres del pasado, que llegó a vender sus fanegas de tierra tan solo para comprar esos libros, y en esta lectura invertía todos sus días. De todos, ningunos le satisfacían tanto como los que compuso Feliciano de Silva, por la claridad de la descripción, una trama en extremo interesante y un lenguaje redondo como perlas. Los libros describían, de una forma vivaz, cómo los caballeros errantes andaban entre la vida y la muerte, las venganzas que por otros tomaban, o los encuentros gozosos entre hombres y mujeres. En los libros se decía: "Vuestras razones de las mis razones difieren, y malinterpretando mis intenciones actuáis, hasta el punto en que mis palabras os hieren, y por ello a que no las uséis de modo desvariado vuestro siervo ahora os requiere." Y recogían también: "Grande es el universo mundo, altas las estrellas y constelaciones, así de grande sois vos en esta era; en este mundo de altos cielos y vasta tierra habitáis, y la grandeza de este cielo y esta tierra habréis de disfrutar."

Quisada no alcanzaba en modo alguno a desentrañar el sentido de tales palabras, y día y noche los pasaba pensando en ellas. Eran las mismísimas palabras pronunciadas por el filósofo Aristóteles; el hombre ahora ya estaba muerto, y aunque se levantara de su tumba no lograra en modo alguno iluminar el entendimiento de Quisada. En cuanto a los libros de Belianís, le disgustaban sobremanera. Contaban cómo en tiempos de guerra siempre sufría heridas y amarguras, y a Quisada le desagradaba leer aquellas palabras; y despreciaba profundamente la falta de ciencia de esos médicos que, de ningún modo, lograban hacer revivir a los caídos. Además, a veces en los libros de Belianís el sentido quedaba inacabado, y le hubiera gustado buscar al autor para que completara lo que faltaba o tomar él mismo el pincel y darle fin, y los conocedores saben que Quisada poseía sobrado talento para ello y, dado que la gracia y estilo de su conversación eran apreciables, hubiera podido hacerlo si otras faenas no se lo estorbaran. Quisada solía discutir con un cura que había en el lugar; hombre docto y de vastos conocimientos, era graduado en Cigüenza y fue célebre en un tiempo. Quisada discutía con él sobre cuál había sido mejor caballero, Palmerín de Inglaterra o Amadís de Gaula. De tanto en tanto el barbero, y buen cirujano del pueblo, llamado Nicolás, decía que ninguno de ellos llegaba al Caballero del Febo, y que si alguno se le podía comparar era don Galaor, hermano mayor de Amadís, cuyas cualidades no le quedaban a la zaga. En cuanto a las aventuras y hazañas militares del Caballero del Febo, eran de lo mejor, y él era de buena condición, dadivoso y gallardo. En nada se asemejaba a Amadís, caballero de corto entendimiento que no podía compararse con su hermano en valor.

Quisada no entraba a disputar con ellos, mas se enfrascaba en la lectura de aquellas novelas día tras día y noche tras noche, y así comenzó a secársele el cerebro. Disparataba su pensamiento cavilando en las causas de vidas y muertes, amistades y pendencias, y como torno de pozo, subía y bajaba sin gobierno. Su hablar perdió la mesura, y llegó al punto de tomar por ciertas las profecías de los adivinos, sumido en una desaforada búsqueda que fue agostando sus entendederas. Decía él que el Cid Ruy Díaz había sido muy buen caballero, pero que ni de lejos podía compararse con el Gran General de la Ardiente Espada, que con un solo revés de su largo acero podía cortar la cabeza a dos hombres descomunales. Mejor estaba con Bernardo del Carpio, otro héroe de aquellos tiempos, porque en Roncesvalles había muerto a Roldán, que sabía de hechicerías, levantando su cuerpo y dejándolo caer en tierra, su fuerza había sido la de Hércules de Grecia cuando dio fin a Anteo, el que se decía hijo de la Diosa Tierra, también hechicero de los que confundían al mundo. Quisada solía decir mucho bien de Morgante, porque con ser un bárbaro, era afable y cortés en sus formas y con maneras de caballero. Y aun también elogiaba grandemente al llamado Reinaldos de Montalbán, del que decía que cabalgaba y saqueaba él solo, y al que no arredraba defensa alguna, por fuerte que fuera, y que hasta llegó a Arabia, donde robó aquel ídolo de Mahoma que era todo de oro. Al que detestaba sobremanera Quisada era al ruin Galalón, hombre de corazón alevoso y desleal, que en Roncesvalles había traicionado al ejército francés. De aquellos que gustaba o abominaba, uno tras uno, informaba a su familia, pues le parecía convenible medirlos a todos.

Acaeció que un día, a deshora, se le vino el pensamiento de hacerse caballero para el aumento de su honra y el servicio de sus compatriotas, e irse por todo el mundo, con coraza y lanza en ristre, vengando a unos por los agravios sufridos, y enfrentándose a todos aquellos peligros que los libros contaban que los caballeros andantes enfrentaban, sin jamás huir, y donde acabándolos cobrase fama. Con una risa de desvarío dio por buena la traza. Y lo primero que hizo fue buscar una coraza y una celada de hierro que habían sido de sus antepasados, las limpió, pues andaban tomadas de orín, y se las ajustó. Pero la celada había perdido una pieza de hierro, así que de cartones gruesos hizo otra que pintó de negro; vistos de lejos los cartones hacían la apariencia del hierro. En esta industria pasó una semana y luego quiso probarla, sacó su espada y al primer golpe el cartón se hizo pedazos. La tornó a hacer de nuevo, poniéndole unas barras de hierro por dentro y consideró que de aquella manera podía usarla, y sin querer hacer nueva experiencia de ella, pensó que así bastaba para protegerse el rostro.

Listas, pues, celada y coraza, pensó en hacerse con un buen caballo y así fue luego al establo a ver a su rocín. Aunque flaco y casi en los huesos, le pareció que ni el caballo de Alejandro con él se igualaba. El caballo de Alejandro se llamaba Bucéfalo, también la mejor elección como nombre. Quiso ponerle nombre a su rocín y cuatro días se le pasaron pensando en ello. Se decía él a sí mismo que caballo de caballero famoso, y tan bueno él de por sí, debía llevar un nombre de igual gracia que declarase sus virtudes; y que estaba muy puesto en razón que no tuviera nombre no siendo su amo caballero, mas mudando su señor en famoso caballero, así debía tener el caballo un nombre de alcurnia. Y cuatro días pasose añadiendo y cambiando muchas veces, y al fin vino a llamarlo "Rocinante". "Rocín" que era como decir un caballo ordinario, y "ante" que señala el tiempo pasado. El nombre señalaba lo que había sido antes y lo que iba a ser desde hoy, un caballo con dignidad.

Quiso entonces ponerse a sí mismo nombre, y en este pensamiento duró otros ocho días, y al cabo se vino a llamar don Quijote. Pero acordándose de que el valeroso caballero Amadís añadió el nombre de su patria por darle gloria, así quiso añadir al suyo el nombre de La Mancha.

Limpias, pues, sus armas, preparado el rocín, y escogido para sí un nombre gallardo, se dio a entender que no le faltaba otra cosa sino buscar una hermosa dama para hacer de ella su sostén, ya que los caballeros de este mundo han de tener una bella dama como compañera, pues caballero sin compañera era árbol sin ramas ni hojas, un cuerpo sin alma. Decíase él:

- Si yo, en mis andanzas, por la fortuna que pueda encontrar, doy con un héroe de alcurnia, y logro con mi espada partirle por mitad el cuerpo, o abrirle el vientre, finalmente, le venzo y le rindo, y logro fama, ¿cómo no he de tener una bella dama ante la que, desde su posición, y como muestra de aprecio, ese gigante entre y se hinque de rodillas, humillado y rendido? Dirá: "Soy el famoso rey de la ínsula Malindrania, a quien venció en singular batalla don Quijote, el cual me mandó que me postrase ante su bella dama, para que dispongáis de mí a vuestro talante."

¡Oh, cómo se holgó cuando se hubo escuchado diciendo este discurso! Pensó: "Su corazón me pertenecerá". Resulta que un vecino de la parte oeste tenía una hija de la que Quisada andaba enamorado, aunque los sentimientos de la muchacha, en modo alguno, estaban puestos en Quisada. Llamábase Aldonza Lorenzo, y a esta le pareció ser bien convertirla en dama de sus pensamientos; y, buscándole nombre que se encaminase al de princesa o gran señora, vino a llamarla "Dulcinea" a lo que añadió "Toboso" por ser este el nombre del lugar.

Capítulo II

Hechas, pues, estas cien prevenciones, estimó conveniente partir como caballero andante, apretándole a ello la falta que él se decía que hacía en el mundo, pues abundaba este en sinrazones, en tuertos sin enderezar, y en personas que padecían agravios sin enmendar. Y así, pensando en cómo poner en marcha su propósito, a primeros del otoño, una mañana, antes del día, Quisada, sin dar parte a persona alguna de su intención, puso en efecto su pensamiento, se ajustó celada y coraza, embrazó su adarga, tomó su lanza y subió a Rocinante. Salió por la puerta de atrás, con semblante grave y solemne, pareciole que su traza alcanzaría buen suceso. Mas apenas había avanzado un poco, cuando le asaltó un terrible pensamiento, y es que los caballeros andantes del mundo, siendo todos gallardos nobles, debían ser armados como tales. "¿A quién habré de pedirle que lo haga? Sin haber sido armado, según dicen las normas de la caballería, no podré medirme en justa manera con los demás caballeros." Pensó también que al ser su primera salida debía ir todo de blanco, sin empresa en el escudo, al que solo podría añadirla una vez que hubiera derrotado a un famoso caballero. Sin estas providencias no podría ser armado uno de ellos. Estos pensamientos le hicieron titubear un momento, mas luego porfiar en su negocio; y decidió lanzarse primero al camino, para luego buscar a quien que lo armase caballero; en lo de las armas blancas, pensaba limpiarlas hasta dejarlas de lo más lucientes; y con esto se aquietó y prosiguió el camino que su caballo quería, confiado en que recorrería así las tierras donde lograr su propósito y alcanzar la fama.

Sobre el animal, seguía diciéndose:

- En los tiempos venideros alguno quizá escribirá mis aventuras y dará forma a mi historia, que comenzará en este instante. En el libro se leerá de esta manera: "Despuntaba el alba un día, el caballo aún dormido, apenas despierto, cuando don Quijote, que no era hombre dado al sueño, tomó su lanza, espoleó a su caballo y partió para ser caballero. De su casa se dirigió hacia Montiel y entabló contiendas por los caminos." Dichosa y resplandeciente edad aquella adonde esculpirán en piedra las hazañas de este héroe, que sirva de ejemplo de los que han de venir, dando cuenta de los servicios que rendí.

También le hablaba al caballo, diciendo:

- Rocinante, a tal empresa, tal amo; tú has de ayudarme en buena hora a triunfar en ella.

Luego volvía pensando en Dulcinea:

- ¡Oh Princesa, dueña de mi corazón! Dispuesto estoy por vos a acometer los peligros, ¿y aún no consentís en tomarme por humilde siervo?

Conforme avanzaba pensábalo así, recordando además las hazañas que había leído en sus libros. Con esto, el sol entraba ya con tanto ardor, que fuera bastante a derretirle los sesos, y sentíase un calor intolerable.

Todo aquel día caminó sin acontecerle cosa alguna, de lo cual se desesperaba, porque quisiera topar con caballero con quien medir sus fuerzas, mas con nadie se cruzó. Hay quienes dicen que la primera aventura fue la de Puerto Lápice; otros que fue cuando por vez primera vio molinos de viento tomándolos por caballeros, y los embistió con su lanza en ristre. Pero el que esto escribe, lo que ha oído contar es que él anduvo todo aquel día y, al anochecer su rocín y él se hallaron cansados. Detuvo entonces don Quijote a su rocín, mirando en derredor por ver si descubriría la casa principal de algún noble. Llegó hasta una majada de pastores, para pedir algo que comer, y vio entonces, con grandísimo alborozo, una venta. Diose prisa a caminar y llegó a ella a tiempo que anochecía.

Estaban a la puerta dos mujeres, destas del partido, las cuales iban a Sevilla con unos arrieros que en la venta aquella noche acertaron a hacer jornada. Luego que don Quijote vio la venta la representó no como venta, sino como noble mansión de un príncipe o un duque. Alzó la vista y en su imaginación todo eran altas torres y afilados chapiteles, todo al modo de lo que había leído en sus libros.

Fuese llegando a la venta, cuando de improviso detuvo a Rocinante, esperando que, como se contaba en los libros, siendo una mansión noble, debía tener una guardia de palacio, que viendo que llegaba caballero, dábanle la bienvenida al son de tambores y cuernos. Viendo que no era así, quedose suspenso y confundido, pero el caballo sin atender al hombre se dio prisa por llegar al heno. Pareciéronle a don Quijote aquellas muchachas sirvientas que, delante de la casa, tomaban el fresco. En esto sucedió que un porquero que andaba recogiendo, a la caída de la tarde, su piara en una casa vecina, tocó un cuerno. Al instante se le representó al caballero que algún guardia de palacio hacía señal de su venida; y así, con extraño contento, entró a la venta a lomos del caballo. Las dos mozas del partido, como vieron venir un hombre de aquella suerte, llenas de miedo se iban a entrar en la venta; pero el caballero, alzándose la celada y descubriendo su rostro, les dijo:

- No temáis. Caballero soy y en modo alguno habré de ofender a dama alguna; y siendo como sois de alta alcurnia, yo, como caballero, debo rendiros respeto.

Miráronle las dos mozas que alcanzaban solo a verle la mitad del rostro, mas cuando se oyeron llamar damas de alta alcurnia, tomáronse a reír muy de gana. Don Quijote, encolerizado, les dijo:

- Mis distinguidas doncellas, dejadme haceros notar que toda dama de alta alcurnia, en justicia, debe reverenciar el decoro y venerar la modestia. ¿Cómo es que, en viéndome, dispenséis burla a este huésped? Mas no es mi voluntad afearos la falta, sino haceros saber que, con gusto, me convertiré en vuestro siervo.

El lenguaje, no entendido por las mozas, acrecentaba en ellas la risa y en él el enojo, y hubiera empuñado sus armas si en aquel punto no saliera el ventero. Era hombre gordo, y su único afán en todo el día era estar sentado en buena paz y evitar cualesquiera tareas y cuitas, el cual, viendo aquel caballero vestido y armado muy a lo antiguo y rancioso, no estuvo en nada en acompañar a las doncellas en sus risas disimuladas. Mas así le dijo:

- Si buscáis posada, señor caballero, desmontad; en la mía se halla de todo en mucha abundancia, excepto en lechos, en los que ando corto.

Tomándolo el caballero no por ventero, sino por secretario de palacio, al momento respondió:

- Mi señor oficial, soy caballero, son mis tesoros las armas, el campo de batalla mi lecho, cualquier cosa me basta.

Oyó el huésped que lo llamaba "señor oficial" y a punto estuvo de reventar en risas, y así le respondió:

- Según eso, no le ofenderá la estrechez y la bajeza; siendo así vuestra merced puede aceptar la invitación, apearse del caballo; y en liberándose de la armadura, podrá descansar y lavarse.

Y diciendo esto fue a tener la brida al caballero, el cual se apeó con mucha dificultad y trabajo, cansado y hambriento, como aquel que en todo el día no se había desayunado. Dijo el caballero:

- Mi señor oficial, tened muy buen cuidado de mi caballo, pues es dócil y noble, la mejor pieza del mundo.

Miróle el ventero, solo piel y huesos, muy al cabo de morir, pero con todo lo acomodó en la caballeriza. Volvióse a ver al caballero al cual estaban desarmando las dos mozas. Aunque le habían quitado el peto, cuando quisieron hacer lo mismo con la celada, encajada en la frente y que traía atada con unas cintas de cuero, y que era menester cortarlas por no poderse quitar los nudos, no quiso él consentir en ninguna manera y, así, se había de quedar durmiendo con la celada puesta. Al desarmarle, como él se imaginaba que aquellas mozas que lo atendían eran algunas principales señoras, sintió gran contento y alborozo, diciéndose que aquella sería una de las alegrías que a los caballeros se debían. En esto se dio en entonar unos versos por encender su ánimo, y en contemplando a las mozas que tomaba por damas de palacio, les dijo:

- El nombre de mi rocín es Rocinante, y don Quijote de la Mancha el mío. No estaba puesto en razón descubrirme hasta que las hazañas hechas en el campo de batalla a vuestros oídos llegaran. Y aún sabiéndolo antes de toda sazón, un tiempo vendrá en que las vuestras señorías me manden y yo parta, lanza en mano, obediente, de levante a poniente.

Las mozas, que no estaban hechas a entender, no respondían palabra; solo le preguntaron si tenía hambre y quería comer alguna cosa.

- Cualquiera yantaría yo – respondió el caballero.

Se apresuraron las mozas a cumplir sus deseos. Acertó a ser viernes aquel día, y no había en toda la venta sino un pescado que llaman abadejo. Dijo don Quijote:

- Que me sirvan de ello será suficiente, más sin disminuirlo, pues ese pescado sabe como vaca. Y mejor que lo traigan muy aprisa, pues larga ha sido la jornada gobernando al caballo y cargado de armadura, sin yantar entero el día, y así vengo en extremo cansado.

Pusiéronle las dos muchachas la mesa a la puerta de la venta, por el fresco de la tarde, y le trajo el posadero el pescado, mal encurtido y podrido, y un pan negro como sus armas, y duro que apenas si se podían comer. Cuando lo hacía, como tenía aún puesta la celada ajustada a la frente, y le impedía comer, una de aquellas señoras tuvo que sujetarle la boca y ponerle la comida dentro. Mas al darle de beber, no fue posible, ni lo fuera si el ventero no tomara una caña, y, a su través, le iba echando el vino en la boca, pues como la celada le cubría el rostro todo, y las cintas estaban anudadas, beber y comer resultaba muy inconveniente. Estando en esto, llegó acaso a la venta un porquero, y así como llegó, sonó su silbato de caña, mientras iba entrando con un caminar tranquilo en aquella venta. Pensó entonces el caballero que era del todo como contaban los libros, que le servían con música, que las rameras eran damas, el ventero el señor del palacio, que el vino era deleitoso y el pescado un manjar. Con mucha alegría y mayor contento, estaba el caballero muy gozoso. Mas lo que le fatigaba era el no verse armado caballero, por parecerle que no se podría poner legítimamente en aventura alguna sin ello.

Capítulo III

Comiendo, pensó hasta la fatiga en el asunto, y a deshora sintió un hondo pesar. Acabada su cena llamó al ventero y lo invitó a entrar en la estancia, que no era otra que la caballeriza, y arrodillándose el caballero dijo:

- Escuchad esto, mi señor: hasta que no me concedáis un don, no me levantaré. De concedérmela, vos obtendréis alabanza y la sociedad vasta gracia.

El ventero muy sorprendido, porfiaba con él que se levantase, pero el caballero se negaba hasta que consintió en otorgarle el don que le pedía, que no era otro que lo nombrara caballero.

- No tengo más petición que haceros – continuó –, si me permitís hablar francamente, que solicitar de mi señor que mañana me hayáis de nombrar caballero. Y hoy en este mismo lugar velaré mis armas. Mañana, mi señor me hará gracia de convertirme en caballero investido. Una vez me otorguéis este don, se cumplirá lo que tanto deseo para poder partir en las cuatro direcciones, deshaciendo entuertos en favor de la gente.

Siendo el ventero bastante avispado, sabía de la falta de juicio de aquel hombre y por tener que reír le contestó:

- Estoy bien dispuesto a otorgaros la gracia del nombramiento pues digno de ello sois como caballero valiente y gallardo. Yo mismo, en mis años de mocedad también caballero andante fui y partí en busca de aventuras. Anduve por un buen número de lugares, recorrí las Islas de Riarán; también pasé mucho tiempo las tierras de Granada; además de ellas, llegué hasta Toledo y por otras plazas famosas donde, en todas y cada una, ejercité mi conducta caballeresca, y fui bien conocido en todas por las autoridades también. Y partí a meditar a todos aquellos lugares en los que uno se podía entregar a los placeres y el regocijo. Hoy no hay en España quien no sepa mi nombre. Exhausto y agotado, incapaz soy de desplegar ya mis alas, así que me vine a recoger a una vida de retiro. Sin hacienda, de tanto en tanto aciertan a pasar por aquí caballeros andantes de cualquier procedencia que comparten conmigo sus haberes, por lo que alimento y vestido no me faltan.

Mucho lamento no disponer aquí de capilla en mi casa, donde poder nombraros caballero, pues el viento y la lluvia la dañaron, y la nueva aún no está terminada, de modo que no es adecuada para la ceremonia. Habrá que hacerlo en otro lugar, encontrar un lugar abierto, tranquilo y limpio en lugar de la capilla. Cerca de mi casa hay un espacio abierto donde vuestra merced podrá velar sus armas esta noche. Cuando me levante mañana al alba, celebraremos la ceremonia de nombramiento de caballero y, en un abrir y cerrar de ojos, os convertiréis en caballero andante.

Preguntole a continuación:

- ¿Trae dineros en su bolsa, vuestra merced?

- No -respondió don Quijote-. En las historias que he leído sobre los caballeros andantes, estos jamás llevaban moneda alguna en sus salidas.

- Os engañáis – afirmó el ventero –. Aunque en esas historias no se mencionen los dineros, es porque sus autores no consideran menester escribirlo. Mas debéis saber que cuando los caballeros salen, deben llevar consigo camisas blancas y dineros, y no pueden faltar ninguna de ambas cosas; sin alguna de ellas, ya no cabe considerarlos caballeros andantes. Y aún más, aunque vos no hayáis leído referencia a ello en las historias de caballerías, están las camisas limpias, están los dineros y están también las medicinas y los ungüentos. Los dineros por lo que pudiera sucederle y los ungüentos para las heridas; si los olvidáis, ¿cómo vais a curar las que podáis sufrir por esos campos o en las batallas?, pues con los remedios y los ungüentos habréis de curaros a vos mismo. Si alguno de ellos os faltara, deberíais entonces familiarizaros con las artes mágicas. Y cuando fuerais herido deberíais practicar una danza ritual y proferir encantamientos para que desde el extremo de las nubes descendiera una hechicera que os aplicara una pócima de cinabrio para sanaros como si no hubieseis tenido mal alguno. Y no hay caballero alguno que no porte consigo tales remedios, o que lo lleve su discípulo para cuando haya de necesitarlos. En caso de no disponer de discípulo, deberá llevar ambas cosas por sí mismo el caballero para cuando hubiere necesidad de ellas. Pero es preciso que la bolsa en que las porte sea muy sutil para situarla bajo la silla de montar y que no se vea. Pues ha de saber que ambas cosas pueden salvarlo de la muerte. Permitidme deciros francamente, que debéis llevarlas de ahora en adelante siempre que salgáis. ¡No dejéis de hacerlo!

Don Quijote volvió a hacer una reverencia y respondió:

- Siempre llevaré conmigo las palabras de mi maestro, ¡no osaré desoírlas!

Entonces el ventero llevó a un campo vacío al caballero, que colocó ordenadamente sobre un abrevadero su armadura, asió su lanza, se cubrió con el escudo, y se plantó bien erguido para velar la armadura, supliendo con la severidad su falta de envergadura.

El ventero, incapaz de ocultar sus ganas de reír, contó a todos cuantos estaban en la venta que aquella noche alojaba a un loco:

- Y quiere que yo lo nombre caballero -añadió.

Los huéspedes estallaron en carcajadas y se reunieron para ir a observarlo desde lejos. Vieron a este caballero que con solemne ademán iba y venía junto al abrevadero. De tanto en tanto clavaba la lanza en el suelo y contemplaba su armadura. Aunque era noche profunda, la luna brillaba extraordinariamente. Los huéspedes no dejaban de observarlo. En ese momento, a un arriero que se alojaba en la posada se le antojó ir a dar agua a sus mulas al pozo. Fue a sacar agua para echarla en el abrevadero cuando vio la armadura del caballero colocada sobre él. La tomó y la depositó en tierra. El caballero gritó:

- ¡Tú, quienquiera que seas! ¡Cómo te atreves a mover mi armadura! ¿Acaso sabes a quién pertenece? No soy sino un caballero sin igual de este mundo. Piensa bien lo que vas a hacer y no mancilles mi armadura si no quieres dejar la vida en ello.

El arriero, hombre tosco, no le escuchó y quitó la armadura y la arrojó con fuerza bajo el abrevadero.

Don Quijote con gran enfado, alzó los ojos al cielo y encomendándose a su señora Dulcinea, dijo:

- Auxiliadme, señora, en esta primera afrenta contra el enemigo. Que la fortuna me traiga vuestro auxilio.

Tomó entonces su lanza y le asestó al arriero un golpe directo en la cabeza. El golpe fue tal que el arriero perdió el sentido, aunque por suerte no murió. Y efectivamente, de haber dado otro, hubiera sido acusado de causarle la muerte. El caballero recogió de nuevo su armadura, volvió a colocarla sobre el abrevadero, y lanza en mano, tornó a pasearse velándola como antes.

Al poco, otro arriero quiso también abrevar a sus mulas. El que había recibido el golpe seguía tumbado en el suelo boca arriba; el segundo, sin saberse lo que había pasado, se acercó. El caballero volvió a golpear con su lanza. El arriero, que no estaba advertido, recibió tal golpe que le abrió inmediatamente la cabeza. El hombre comenzó a dar grandes gritos suplicando por su vida. Acudió toda la gente de la venta y, entre ellos, el ventero, que se acercó al caballero. Don Quijote tomó su espada, se cubrió con la adarga, y encomendándose de nuevo al cielo, dijo:

- ¡Oh, sobre las bellas, bella, Dulcinea! Tu fuerza puede inspirar mi valor. Soy tu cautivo y tus órdenes obedezco. Confiéreme tu extraordinaria fuerza en esta, mi primera aventura.

Tras la invocación, cobró tanto ánimo que hubiera podido enfrentarse a todos los arrieros de la tierra y, con aire soberbio, perdió todo rastro de temor. Todos los arrieros que se encontraban en la venta, viendo que habían golpeado a sus dos compañeros, y a don Quijote empuñando su espada y defendiéndose con la adarga, no se atrevieron a acercarse. Cogieron unas piedras y se las arrojaban al caballero que se protegía con la adarga, manteniéndose aun así, vigilante de su armadura. El ventero agitaba las manos intentando contener a los arrieros.

- Deteneos inmediatamente. Aunque os matara, no os compensarían por ello, porque la justicia lo tomará por loco. ¿Acaso no lo sabéis?

También don Quijote daba grandes voces insultándolos:

- Tú, señor de este lugar, qué poco respetas el decoro, y así desprecias a los caballeros. De haber sabido que el delito del señor de la hacienda, es un delito de autoridad, y de haber recibido ya mi encomienda como caballero, los que son como tú, baja canalla, volverían al barro. Y vosotros haced como queráis, arrojad piedras, pero a quien se atreva a acercarse al punto le daré muerte.

Tanto gritaba que infundió temor entre los arrieros, que acabaron por atender los certeros consejos del ventero, y dejaron de tirarle piedras. El ventero, a su vez, ordenó que se llevaran a los heridos y el caballero tornó a la vela de sus armas.

No gustándole ya al ventero las desgracias que pudiese provocar aquel hombre, a quien había recibido al principio para hacer de él chanza, resolvió abreviar la patraña e investirlo fingidamente, para que aquel loco ya tuviera el nombramiento de caballero. Llegándose suavemente a él, se disculpó diciendo:

- La gente de mi venta no entiendo el sentido de decoro y sabiduría. Ya los he reprendido severamente. Ha llegado el momento de realizar la ceremonia. En ella lo más importante es tocar con la espada la cabeza y los hombros de vuestra merced. Con ello ya habréis sido nombrado caballero. Podemos celebrar la ceremonia en cualquier lugar. Ya habéis velado sobradamente vuestras armas, y el sentido de la ceremonia se podrá dar por bien cumplido.

A lo que don Quijote respondió:

- Con todo mi respeto os agradecería mi señor que realizáramos la ceremonia con prontitud para poder ser ya nombrado caballero, pues no dejaría a aquellos hombres que arrojaban piedras con vida llevado por el enojo.

Medroso el ventero de que pudiera matar a alguien, tomó un libro de cuentas haciéndolo pasar por la Biblia, llamó a las dos doncellas y a un muchacho para que sostuviera una vela, y mandó hincarse de rodillas a don Quijote. Tomó el libro de cuentas como si del libro sagrado se tratase, y a continuación tomó la espada y tocó la cabeza primero y luego, suavemente, en la espalda, mientras murmuraba entre dientes como si estuviera rezando.

Terminada la ceremonia, ordenó que le ciñera la espada a la cintura a una de las mozas, que hubiera deseado estallar en carcajadas mas tras lo visto, contuvo su risa y lo felicitó diciendo:

- Vele Dios por este caballero y venza en todas sus lides.

Al escuchar sus palabras, el caballero le preguntó cómo se llamaba, porque él supiese a quién quedaba obligado, y le dijo:

- Cuando mi valor alcance la gloria, ella también hará brillar vuestro nombre.

La moza respondió:

- Me llamo Tolosa, mi padre es zapatero remendón, de unas tiendillas de Toledo. Y habré de cumplir cualesquiera orden de tan galante caballero.

Don Quijote le pidió que añadiera el tratamiento a su nombre y en adelante se llamara "doña Tolosa". Había aún otra moza que le calzó las espuelas. El caballero le preguntó también su nombre, a lo que ella respondió:

- Me llamo Meila, y soy hija del dueño del molino. Vivo en Antequera.

El caballero le dijo:

- Vos también debéis haceros llamar doña Meila. Y afrontaré cualquier solicitud que me requiráis aunque me lleve a la muerte.

Hechas a toda prisa las ceremonias, el caballero salió por la puerta de la venta a caballo, no sin que antes de partir le presentara profundas y sentidas muestras de despedida al ventero llamándolo "generoso maestro", a lo que él respondió con palabras igualmente hermosas. Y sin echarle cuentas, vio partir a aquel loco y se quedó en paz.

Capítulo IV

Despuntaba el alba cuando don Quijote salió de la venta, celebrando lo que él creía que había sido su nombramiento de caballero, y que ya podía recorrer el mundo; incluso su rocín parecía haberse contagiado de su locura y galopaba de forma diferente a como solía hacerlo. Mas le vino a la memoria las palabras del ventero acerca de llevar consigo camisas limpias y una bolsa con dineros, y determinó volver a su casa y hacer provisión de todo, y buscar un discípulo que lo siguiera. Recordó entonces a un letrado pobre, vecino suyo, que tenía muchos hijos y carecía de alimento y ropa suficientes; tomarlo, aunque algo mayor, como acompañante lo haría sentirse satisfecho. Y así, dio vuelta a su caballo, y hasta el rocín parecía entender la intención de su amo, que comenzó a caminar con mucha gana y velocidad.

No habían andado mucho, cuando de pronto, desde el bosque, oyó los gritos de alguien pidiendo ayuda. El caballero dijo:

- Acabo de recibir mi nombramiento y ya me topo con una injusticia, ha de ser el cielo quien la envía. Sin duda, estos gritos son provocados por un acto de brutalidad, de no ser así, no serían tan lastimosos.

Tirando de las riendas, se encaminó al lugar del que llegaban las voces. Al entrar en el bosque vio a un caballo atado, y también atado desnudo a un árbol había un muchacho de unos quince años, que era el que las voces daba. A su lado, un labrador sostenía unas riendas a modo de látigo, con las que azotaba al muchacho, mientras le decía:

- No vuelvas a gritar. A ver si mantienes los ojos abiertos.

Y el muchacho respondía:

- Amo, perdóneme, no lo haré otra vez. Tendré más cuidado, no osaré tomarme las tareas a broma.

Viendo aquello don Quijote, gritó:

- Villano, irrazonable, abusar por la fuerza de un débil no es de hombres. Si sois un caballero, subid al punto sobre vuestro caballo, tomad vuestra lanza y medíos conmigo para ver quién es mejor caballero.

El labrador, que no entendía lo que le decía, y asustado por esas extrañas palabras, respondió:

- Caballero, no vea falta alguna. Este muchacho es mi criado. Le ordené que me guardara las ovejas, pero como es un indolente, cada día me falta un par. Y porque castigo su descuido, él me acusa de no querer pagarle su soldada, pero os juro por mi alma que es bellaquería. Os ruego caballero, que no creáis en sus palabras.

El caballero dijo:

- Tú, villano atrevido, aún te atreves a mentirme bajo el cielo azul, a plena luz del día. He de atravesarte con mi lanza; págale al muchacho su soldada de inmediato, o al punto morirás, y libéralo de sus ligaduras. ¡No te atrevas a negarte!

El labrador, que temió verse muerto, liberó al muchacho enseguida de sus ataduras. El caballero le preguntó a éste:

- ¿Cuánto te debe tu amo?

- Ha dejado de pagarme nueve meses, a siete reales el mes. – respondió el muchacho.

Dijo el caballero:

- Entonces suman sesenta y tres reales. – que le reclamó acto seguido al labrador, añadiendo – Como no se los desembolses al punto morirás atravesado por mi lanza.

Temblando, el labrador le dijo a don Quijote:

- Caballero, no os enojéis, pero lo que le debo no es tanto. Le di tres pares de zapatos de cuero que no le cobré al principio, y se han de descontar de la soldada de los nueves meses si no quiere devolvérmelos. Además, está el gasto de un real por dos sangrías que le hizo el médico cuando se puso enfermo.

A lo que don Quijote respondió:

- Incluso los tres pares de zapatos de cuero y los gastos de medicinas también se los debéis incluir. Habéis azotado al mozo con las riendas y, siendo así que los zapatos que le disteis eran de piel de buey, él ha pagado con su piel por los azotes, y si hemos de comparar, la piel humana es más valiosa que la piel de buey. Cuando estuvo enfermo le hicieron la sangría, y al azotarlo vos también le habéis sacado sangre sin estar enfermo, y esa sangre es aún más valiosa, lo que podría incrementar la cantidad. No podéis por tanto dejar de devolverle nada de lo debido.

El labrador dijo:

- Cuando salí no tomé dineros. Permita que conmigo vuelva Andrés a mi casa, donde uno por uno sin faltar he de pagarle lo que le debo.

- De ninguna manera puedo regresar con él – dijo Andrés llorando-. Porque cuando regrese, al ver que mi señor caballero no está allí para defenderme, al instante me desollará.

A lo que don Quijote repuso:

- Yo le ordeno que no se atreva a incumplir su promesa. Y según la buena fe de los caballeros, le conmino a jurar por el cielo que de ninguna manera actuará en contra de mis palabras. Puedes volverte con él, no se atreverá a hacerte ningún mal.

El muchacho insistía:

- Señor, mi amo no es caballero, ni pertenece a ninguna orden de caballería. Es un villano, se llama Haldudo y es un campesino rico de Quintanar.

- Aunque no sea Haldudo caballero, en su familia habrá quien actúe como tal – respondió don Quijote -. Debe mantener su palabra y respetar el juramento.

Replicó el muchacho:

- Qué va a tener mi amo esa voluntad, si hasta le niega la soldada a su siervo y ni sabe que es eso de la buena fe.

Haldudo dijo:

- Habré de cumplir mi palabra, obedeceré las órdenes del caballero y te pagaré cada uno de los reales que te debo.

Dijo don Quijote:

- Sea. Si rompéis vuestro juramento y olvidáis vuestra palabra, volveré a buscaros y os atraparé; y aunque intentéis esconderos probaréis el filo de mi espada. Sabed que mi nombre es don Quijote, natural de la Mancha. Y no he de consentir que en este mundo se produzcan injusticias sin enmendarlas. Ya me conocéis.

Tras aquellas palabras, espoleó a su caballo y partió.

Viendo el labrador que el caballero ya estaba lejos, le dijo a Andrés:

- Vente conmigo, que no osaré yo contravenir las órdenes del bravo caballero.

Andrés le respondió:

- A aquel caballero le deseo que diez mil años viva. Y si no me pagáis, él volverá a buscaros; no vayáis a hacerlo.

- Sea – respondió el labrador -, que enseguida te pagaré con creces.

Y acto seguido, le tornó a atar y tantos azotes le dio que estuvo a punto de exhalar su último aliento y morir.

- Anda ahora a llamar al caballero para que venga a salvarte. Déjame preguntarte si crees que el caballero deshará lo que he hecho yo. Ya dijiste que quería despellejarte del todo, y quizá lo haga, hasta acabar con tu vida, como temías al principio.

Dicho esto, lo liberó y añadió:

- Anda a buscar al caballero y que regrese para tomarte venganza.

El muchacho, dolorido, seguía pensando en ir a buscar al caballero y contarle sus penalidades. Así que partió el criado, tropezando y llorando mientras que el amo se quedó de pie mirándolo riendo muy de gana; Andrés seguía aún decidido con todas sus fuerzas, tras haber sufrido los latigazos, a encontrar a don Quijote.

Por su parte, don Quijote consideraba que había conseguido que se impusiera la bondad y que triunfara la justicia, enmendado el castigo contra Andrés, y corrigiendo al labrador ordenándole la restitución de su deuda. Sonriendo feliz, de regreso se le vino a la mente la bella Dulcinea: "Mírame en este momento, cómo pongo en práctica la justicia caballeresca. Soy el hombre más famoso del mundo, apenas ayer recibí el nombramiento de caballero y hoy he tomado venganza en nombre de otro. Vientos de respeto hacia el héroe llenan el orbe todo. He castigado a un bellaco, le he enseñado a comprender su falta, haciendo que florezcan las más altas virtudes morales."

Pensando y pensando, dejo a voluntad de su caballo avanzar hasta que llegó a una encrucijada. Tiró de las riendas y miró en las cuatro direcciones. Aquella era una de las situaciones a las que, según los libros, debía enfrentarse un caballero. Recordó don Quijote lo que los libros decían. Detuvo a su montura y miró en las cuatro direcciones como debía hacer según describían los libros, y después dejó a voluntad de su caballo la dirección en la que avanzar, el cual, como conocía el camino, tomó el que lo conducía a su pueblo. No había avanzado dos millas cuando de pronto descubrió un tropel de jinetes que se les acercaba. Eran comerciantes de Toledo que se dirigían a Murcia a mercadear con brocados. Eran seis y llevaban parasoles para cubrirse del sol, los seguían cuatro criados también a caballo, y otros tres mozos de mulas a pie. Viendo su condición, el caballero los tomó por enemigos que se acercaban, y recordó de nuevo lo que decían los libros. Y como un caballero, aun en solitario, no debía temer una muchedumbre de enemigos, se cubrió con la adarga, apretó la lanza, y se plantó en medio del camino, esperando que lo atacaran. Los seis jinetes se acercaban y don Quijote les gritó que se detuvieran y dijo:

- No sigáis avanzando. Nadie podrá pasar a no ser que proclame que no hay en el mundo quien se iguale con mi amada, la hermosa Dulcinea.

Los mercaderes al oír aquellas palabras se detuvieron asustados, lo miraron con atención y acabaron por reconocer que aquel era un loco, y quisieron ver con detalle qué significaban aquellas palabras y quién era aquella Dulcinea. Uno de ellos, que era bueno en burlas discretas, espoleó a su caballo, se acercó y dijo:

- Caballero, habláis de una mujer hermosa, la belleza más grande del mundo. Si pudierais consentir en que nosotros contempláramos su rostro de jade y que, ciertamente es la más bella entre todas, de todo corazón y sin demora la admiraremos y obedeceremos sin tardanza vuestras órdenes.

- Si la vierais, quedaríais maravillados por mis palabras -dijo el caballero-, considerándolas una verdad no vista hasta hoy. Mas lo que yo deseo es que creáis firmemente en mis palabras, sin necesidad de contemplarla, y que al punto comencéis a adorarla. De no ser así, utilizaré mi lanza para alertaros por vuestro orgullo y soberbia, y por despreciar a mi bella dama. Si no me obedecéis, y según la justicia de la caballería, veníos uno a uno, o en tropel a combatir, pues en efecto lo que digo es palabra por palabra lo que se encuentra en los libros.

El mercader replicó:

- Vuestra merced está ilustrado en la justicia de la caballería y conocéis bien el sentir de vuestros inferiores. Decís que esa dama es más hermosa que una diosa, más noble que una emperatriz. Mostradnos su imagen para que quedemos saciados. Y aunque sea pequeña no será impedimento, pues en lo pequeño veremos lo grande. En cuanto contemplemos su rostro habremos de alabar todos su belleza. Y aunque la imagen nos muestre que es tuerta, o aunque sus párpados estén vueltos del revés y enrojecidos de manar lágrimas sin cesar, yo diré que su belleza es la de una diosa celestial.

- ¡Cómo osas decir que es tuerta o que mana lágrimas! -respondió el caballero encendido en cólera-. La que es mi amada está dotada de diez mil virtudes, de perfecta belleza. Y pues te atreves a no rendirle el homenaje debido, aquí mismo te daré la dolorosa lección que mereces.

Dicho esto, arremetió lanza en ristre contra el mercader que hubiera muerto de no ser porque el rocín se trastabilló. El caballo cayó y el caballero quedó tendido boca arriba en el suelo. La silla se dio la vuelta fuera de su lugar, el caballero, con la cabeza en el suelo, no podía levantarse. El peso de la armadura, el yelmo que se había aplastado y la adarga que aprisionaba su mano derecha le impedían hacerlo. Aún de esta guisa seguía maldiciendo sin cesar:

- Vosotros cobardes, majaderos, sabed que es por culpa de mi caballo y no mía por lo que estoy aquí tendido.

Uno de los mozos de mulas de los mercaderes, hombre también

violento, enfurecido, le arrebató la lanza y la hizo pedazos, y con uno de ellos comenzó a apalear al caballero, que apenas podía soportar el dolor. Los seis mercaderes le ordenaban a gritos que parara, pero él seguía golpeando con furia. Cansose el mozo y, por fin, arrojó el trozo de lanza. El caballero, a pesar de lo dolorido que estaba, no dejaba de insultar.

Tiraron los mercaderes con fuerza del mozo y emprendieron de nuevo el camino a toda prisa. El caballero, con todo el cuerpo molido, intentó con todas sus fuerzas levantarse sin conseguirlo. Y aunque su yelmo también estaba roto, se sentía dichoso porque parecíanle que aquellas eran las cosas que contaban los libros, y que era muy habitual entre los peligros que afrontaban los caballeros; echábale la falta a su caballo y no a sí mismo. Magullado y con los huesos molidos, intentó de nuevo levantarse, pero no lo consiguió.

Capítulo V

Viéndose el caballero en aquel estado, extenuado hasta ese punto, recordó entonces la historia que había leído de Valdovinos y del marqués de Mantua, en la que Valdovinos también era malherido por los montes. Era una historia sabida, incluso, por mujeres y niños, y buscando la relación creyó firmemente que se parecía al punto en el que él mismo se hallaba. Entonces comenzó a dar vueltas por tierra, soportando el dolor y conteniendo su ira; y comenzó a recitar uno de los poemas del libro:

- Hermosa doncella de mis pensamientos, ¿dónde estás?
De los males que hoy padezco quizá, atribulada, llores conmovida.
Estas penurias mías, ¿quién las habrá de contar?
Acaso ya me has olvidado y huelgas tranquila y en paz.

Estaba entonando así el poema cuando a deshora apareció por allí un labrador que regresaba del molino, con un saco de harina de trigo a la espalda, a lomos de un asno. Viendo al caballero allí tendido canturreando, se detuvo y acercándose le preguntó. El caballero, en medio de su turbación, tomaba al labrador, sin reconocerlo, por el marqués de Mantua, y a sí mismo por Valdovinos; y le siguió contando el desgraciado asunto entre la esposa y el príncipe, punto por punto como aparecía en el Romance de Valdovinos.

El labrador no hizo caso del cuento, que ignoraba, y le levantó la visera del yelmo para ver quién era. Todo el rostro estaba cubierto de polvo, pero cuando apenas lo hubo limpiado, vio que era don Quijote.

- ¿No sois vos el señor Quisada? -le dijo- ¿Por qué estáis así tirado por el suelo?

El caballero no respondía y seguía recitando las palabras de la novela que sabía de memoria, llamándose a sí mismo Valdovinos. El labrador no le habló más y acto seguido lo liberó de la armadura para ver si tenía alguna herida y, aunque magulladuras había, no vio sangre. Con mucho trabajo lo levantó y lo subió sobre su jumento, y el yelmo, la armadura y los trozos de lanza, junto con su saco de harina, los puso sobre el rocín. Dirigiendo las riendas del caballo y jalando del borrico, se encaminó hacia el pueblo cabizbajo y discurriendo qué habría pasado. Mientras tanto el caballero, a la silla del asno, seguía recitando el texto de la novela; todavía bastante quebrantado, casi no se podía tener sobre el animal y de cuando en cuando lanzaba grandes suspiros. El labrador, que tiraba del asno, le preguntó con delicadeza qué mal sentía. El caballero volvía a recordar lo que contaban las novelas, y cómo, en un punto o en otro, se acomodaba a sus sucesos. Después le vino a la cabeza la historia de Abindarráez, al que había prendido Rodrigo de Narváez y que llevó a su mansión. Viéndolo sumido en sus pensamientos, el labrador volvió a preguntarle y siguió sin obtener más respuesta que la que, ocasionalmente, entonaba como poema el caballero, utilizando las mismas palabras con las que Abindarráez había respondido a Rodrigo de Narváez. El labrador, ignorante todavía, conoció que el hombre estaba loco; y sintió una profunda lástima por su mal y solo pensaba en llevarlo de vuelta a su casa.

De pronto, el caballero le dijo al hombre:

- Rodrigo, debéis conocer a la hermosa dama que proporciona contento a mi corazón. Y os digo que esa hermosura es Dulcinea. Por ella me hice caballero, por ella lucharé para imponer la justicia de los caballeros y hacer que el mundo se estremezca.

- No conozco las letras -le respondió el labrador-, y tampoco soy Rodrigo de Narváez, ni el marqués de Mantua. Mi nombre es Pedro Alonso, su vecino, ni vuestra merced es Abindarráez, ni Valdovinos, sino el docto letrado señor Quisada. ¿Cómo podéis haber olvidado vuestro nombre?

Don Quijote dijo:

- Yo no solo admiro a esos dos hombres, sino que los comparo con los doce justos letrados de Francia, a quienes superan. Y todos ellos, grandes hombres, han de quedar por detrás de mí.

Siguieron así los dos hombres cabalgando y charlando, hasta que llegaron a las afueras del pueblo a la hora que anochecía. El labrador prefirió aguardar a que fuese noche, para acercarse hasta la hacienda, porque nadie viera el lamentable aspecto del caballero. Cuando llegó la hora, el labrador halló la casa toda alborotada. Quisada tenía dos amigos, uno el barbero y otro un médico, y estaban discutiendo con el ama que se ocupaba de la casa. El ama le decía al médico:

- ¿Qué le parece a vuestra merced, maese Pérez, lo que le ha pasado a mi amo? No sé dónde habrá ido, tampoco aparecen ni yelmo, ni armadura, ni lanza ni caballo, y ya hace varios días de eso. Juro por mi vida que han sido esas novelas de caballerías las que han arrastrado a mi amo por el camino de los malos espíritus. Muchas veces le oí decir que quería hacerse caballero, y recorrer esos mundos; no es poco el daño que le han hecho esas novelas a mi amo.

La sobrina de Quisada le decía al barbero:

- Maese Nicolás, yo sabía que a mi tío le gustaba leer esas novelas históricas. En ocasiones, le aconteció estarse leyendo cuarenta y ocho horas seguidas sin descanso, al cabo de las cuales dejaba de leer, tomaba su espada y lanzaba cuchilladas contra la pared, como si estuviera frente a cuatro enemigos soberbios. Cuando estaba muy cansado se detenía y gritaba: "He matado a cuatro gigantes, más altos que las torres más afiladas." Y el sudor que sudaba no decía que sudor era, sino sangre. Bebíase luego ansioso agua fría, y tras beber se quedaba sosegado. Al poco decía: "Esta agua se llama 'agua santa', y puede sanar las heridas y prolongar la vida." En estas condiciones, yo debería haber dicho algo antes, y haber avisado a vuestras mercedes, que podrían haber quemado todos sus libros. No sé cuáles de todos ellos son correctos y cuáles depravados.

- Estoy conforme con lo que dices -dijo el médico-. Y pienso mañana mismo revisar los títulos de sus libros. Y aquellos que se hayan de quemar, quemados serán, y los que no se deban quemar, se conservarán.

En eso, había llegado ya con el labrador don Quijote que, habiéndolo oído todo, y sin saber lo que decía, comenzó a gritar:

- Abran las puertas que ha regresado el gran general Valdovinos malherido.

A estas voces salieron a toda prisa los cuatro. La sobrina vio a su tío y el ama que guardaba la casa, a su amo. Todos gritaban. Quisada no podía apearse solo del jumento y entre todos corrieron a abrazarlo y bajarlo. Dijo Quisada:

- Vengo malherido, pero no por culpa mía, sino por la de mi caballo que tropezó. Y llámese inmediatamente a la sabia Urganda que con sus encantamientos cure mis males.

Esta era también un personaje de las novelas, y por ello Quisada quería que la hicieran llamar.

El ama dijo:

- Seguro es que ha perdido el juicio.

Lleváronlo a su alcoba, y siguió el ama:

- Baste así, es fácil de tratar, no hace falta molestar a esa Urganda. Ya había dicho yo que llegaríamos a esto. Esas novelas bastan para hacer perder el seso. Pienso yo que se pueden quemar esos libros.

Quisada se liberó de sus ropas y se miró las heridas, pero ninguna había de gravedad.

- No son grandes heridas -dijo Quisada-, solo me caí del caballo. Me enfrenté a diez gigantes, de los que no hay en este mundo.

- Basta ya de palabrería -dijo el médico-. De los locos por los libros de este mundo, no hay otro como vuestra merced. Mañana quemaré vuestros libros y evitaremos así males mayores.

Quiso preguntarle por lo que había pasado, pero él a nada respondió, sino que pidió le diesen algo de comer. Fue el labrador el que punto por punto le fue relatando lo sucedido. El médico fue sabiendo que lo habían golpeado y que era producto de su locura. Pensó que era su propia culpa la enfermedad que lo había llevado hasta ahí, y así determinó quemar sus libros. Al día siguiente el médico se vino de nuevo con el barbero a la casa de Quisada.

Capítulo VI

Cuando los dos hombres llegaron a la casa, Quisada todavía no se había levantado. Le pidieron al ama las llaves del aposento de los libros y los cuatro entraron en la estancia. Hallaron más de cien grandes volúmenes, todos hermosamente encuadernados en sus estuches. Había también un buen número de otros pequeños. El ama salió del aposento con gran prisa y regresó con un frasco de agua bendita con una pequeña escobilla y le dijo al médico:

- Tome vuestra merced, rocíe con el agua sagrada cada rincón de este aposento, porque en los libros hay malos espíritus que pueden salir y hechizarnos para evitar el perjuicio que queremos hacerles, y que nos puede traer peligros.

El médico sonrió al escucharla, y mandó al barbero que fuese alcanzando los libros para echarles un vistazo y examinarlos, para ver si había alguno que pudiera escapar.

- Se pueden quemar todos -dijo la sobrina-. Ninguno hay que pueda librarse por inocente. Arrójenlos al patio y echémosles aceite de quemar para que ardan al punto. En esta casa los odiamos profundamente.

Mientras tanto el médico examinaba con detenimiento la lista de libros. Nicolás tomó el primer volumen, era *Amadís de Gaula*, y dijo el médico:

- Este es el primer libro en España que cuenta la vida de los caballeros andantes. Todos los demás toman su origen en éste. Me parece que éste, sin excusa, podemos arrojarlo al fuego.

- He oído decir que este libro describe la justicia de los caballeros -dijo el barbero-, y que es el mejor y más interesante de todos, podemos absolverlo.

- Perdonémoslo -consintió el médico-. Veamos otro.

Examinó el barbero el libro siguiente:

- Ese es *Registro de las aventuras caballerescas de Esplandián*.

- Este trata sobre asuntos entre padres e hijos, pero de una forma perversa -dijo el médico, y dirigiéndose al ama añadió- Arrojadlo al patio, que sea el que abra camino a los que lo acompañarán a él a la fosa ardiente.

El ama hizo lo que se le decía, y sobre el libro dijo:

- No sé yo si es de caballerías o de justicias, pero le ruego que espere fuera su muerte.

Y aquel libro, estupefacto y callado, quedó tendido a plena luz del día para esperar que lo devorasen las llamas.

Tomó otro volumen el barbero y dijo:

- Este es *Historia completa de Amadís de Grecia*, también sobre caballeros. Todas las joyas de este anaquel son de esta misma suerte. A mi parecer, vale más que todos vayan a la hoguera, así el germen de tanta desgracia desaparecerá.

- Bien -dijo el médico-. Y ahorremos algo de vigor y todos estos, sea como sea el libro, si en el título hay caballero andante debemos quemarlo.

La sobrina era del mismo parecer, así que decidieron quemarlos todos.

Dijo el ama entonces:

- Denme todos, que los iré arrojando uno tras otro por la ventana.

Ya habían arrojado más de la mitad cuando de pronto tomaron uno con una encuadernación preciosa.

- ¿Qué libro es ése? – el médico preguntó.

Respondió el barbero:

- Es el último libro que dejó Olivante.

- Ese hombre tiene un libro que se llama *Jardín de flores*. Sobre lo que cuenta en él, no voy a determinar si es más verdadero o mentiroso, me parece que es también una buena cosa que siga a los otros por la ventana.

El barbero examinó otro volumen y dijo:

- Este son *Las grandes obras de Florismarte*.

- A Florismarte le gustaba contar historias sobre aventuras. Después de todo, ¿qué beneficio puede traerle a la sociedad? Podemos tirarlo.

Siguió el barbero:

- Aquí hay otro escrito por Platir.

- Antiguo libro es éste - dijo el médico-, pero tampoco en él se cuentan verdades. Deshagámonos de él.

Él mismo tomó *El soldado de la cruz*.

- Parece que habla de religión – apuntó el médico.

Se puso a leer el prólogo y añadió:

- Cuenta también cosas de demonios, ¿cómo vamos a conservarlo? -dijo con enojo- Arrojémoslo también por la ventana.

Cogió el barbero otro libro llamado *Preciosa espada de la caballería*, y dijo el médico:

- Yo he leído éste. En él se cuentan los relatos de Reinaldos de Montalbán con sus amigos; es extraño y grotesco y no se ajusta a lo correcto, no basta para conservarlo.

- Salió primero en Italia - dijo el barbero-, y lo tradujeron a la lengua española.

El médico repuso:

- No preguntaré si está en italiano o en castellano. La escritura de este libro es bien hermosa, pero de la lengua de otro país la han vuelto a la de este, y al final le quita su valor natural.

Así siguieron revisando los estantes donde se acumulaban los libros. Había de todo tipo, aunque todos ellos tenían que ver con caballeros y batallas. No dejaban ni uno.

El médico viendo que aún quedaban muchos libros y que tenía los ojos cansados, le dio orden al ama:

- Se pueden quemar todos.

El barbero seguía hurgando entre el desorden de los libros, y sus ojos se posaron en uno llamado *Las lágrimas de Angélica*. El médico lo abrió para echarle un vistazo y dijo:

- Los poemas de este libro arrancan lágrimas de cualquiera, son los más excelsos no solo de España, sino del mundo entero, es proclamado el primero. En el libro se recogen las fábulas de Ovidio, y están llenas de sentido y razón.

Capítulo VII

Ardían los libros cuando Quisada despertó. Bien despabilado, comenzó de pronto a decirse para sí:

- Caballeros todos, este es el momento adecuado, es menester unir vuestras fuerzas para llevar a cabo la empresa. No debéis permitir que los miembros de las familias poderosas se apoderen del estandarte de los caballeros.

Tal estruendo formaba que todos oyeron sus gritos. Mientras la sobrina y el ama seguían vigilando la hoguera de libros, el médico y el barbero fueron juntos a ver qué pasaba.

Lo vieron levantado, y mientras con la mano izquierda se estrangulaba a gritos, en la derecha bailaba su espada. Entre los dos lo abrazaron, le quitaron la espada y lo tendieron en el lecho. Al poco se sosegó un poco y le dijo al médico:

- Escuchadme, arzobispo Turpín, es una gran humillación que nos hayan arrebatado el estandarte de los caballeros esos cortesanos protegidos por el emperador.

- No se alarme vuestra merced, que el estandarte perdido hoy, mañana se habrá de recuperar. Y atienda vuestra merced a su salud por ahora, no sea que le gane la debilidad.

- No hay necesidad de atender mi salud -dijo Quisada-, aunque ciertamente estoy levemente magullado, porque ese ruin y desvergonzado caballero don Roldán me golpeó con la rama de un árbol, y todo porque envidia mi fama como héroe, y bien fuerte me dio; pero en levantándome del lecho mucho he de hacerle sufrir. Y ahora que me traigan rápido algo de yantar que ando hambriento y después ya me ocuparé de la venganza.

Los dos hombres cuando lo oyeron, ordenaron que le trajeran de comer, y una vez satisfecho, quedose Quisada otra vez dormido, y el médico y el barbero, admirados de su mal, sin saber qué hacer. Para entonces, el ama ya había acabado con todos los libros en la hoguera. En realidad, en el montón de libros los había también buenos, pero el ama los arrojó todos a las llamas inclementes, y como dice el refrán, los dignos siguen a los infames a las cenizas. ¡Cuán cierto era!

El médico y el barbero pensaron entonces en una traza para que cuando se levantara, no hallase que todos los libros que leía habían ardido, porque podía agravarse su mal. Lo mejor sería que le tapiasen el aposento de los libros, y que no le dejasen verlo, a más de ocultarle su causa; solo le dirían que un encantador, con el cabello suelto y blandiendo una espada, había tomado todos sus libros y había desaparecido. Esto también lo contaban las novelas, así que en alguien que tanto creía en ellas no despertaría ningún recelo.

Pasaron dos días. Se levantó Quisada y lo primero que hizo fue ir a ver sus libros, pero como no hallara la puerta para entrar, andaba de una en otra parte buscando el aposento, pero por ningún sitio daba con él. En un momento, le pareció dar con la puerta, pero como habían ya apilado los ladrillos de adobe, y los habían encalado, estaba el lugar llano como un muro. Algo recelaba, pero no llegaba a desvelar la causa. Entonces le llegó una gran iluminación y preguntó al ama.

- ¿Dónde está mi aposento con los libros?

- Hoy ya no está -respondió-, ayer apareció un enorme diablo y se llevó libros y aposento todo junto, salió volando hacia el cielo y desapareció.

- No era un demonio -replicó la sobrina-, sino un hombre que entendía de encantamientos. Después de que mi tío se fuera, llego él, con el cabello suelto y cabalgando un dragón. Vino sobre una nube negra, con una bruma helada. Apareció en nuestra casa y se fue directo al aposento de los libros. Yo no me atreví a entrar. De pronto lo vimos volar hasta el extremo de las nubes y en donde los libros, después de que ese hombre se fuera, quedaron solo humo y llamas que llenaban todo el lugar; libros y aposento habían volado del todo. Cuando se iba, aún dijo: "Me llevo vuestros libros, la locura de vuestro amo por los libros sanará." Dijo también que se llamaba Muñatón.

- Frestón será, no Muñatón – dijo Quisada.

- No sé -respondió la sobrina-, no entendí bien, solo escuché un "tón" y nada más.

- Definitivamente es ese hombre -dijo Quisada-, que puede encantar con sus artes mágicas a los hombres. Enemigo mío es y ha de llegar el día en que mida mis fuerzas con él. Y favorece a un caballero con el que tengo una larga pendencia, por eso le presta su ayuda y me procura estos males. Pero por mucho que utilice sus artes mágicas no podrá hacer que los ríos dejen de fluir hacia el oriente, y su contracorriente al poniente, no hay nada que temer.

- Así será -replicó la sobrina-. Pero, señor tío, ¿por qué pone tanto empeño en estas pendencias con otros?, ¿no será mejor quedarse pacífico en casa, donde no hay pesar, sin buscarse cuitas, y no irse por ahí fuera con grandísimo cansancio, y topar con penas, y con que comida y vestido siempre faltan?

Quisada respondió:

- Hija mía, has de saber que no consentiré en que nadie me haga el menor mal.

Ni la sobrina ni la ama pudieron decir más pues veían ya que el rostro de Quisada se encendía de cólera.

Estuvo sosegado unos meses, en los que solían visitarlo el médico y el barbero, con los que mantenía charlas muy agradables y felices. Quisada decía que lo más importante en el mundo era ejercer de caballero, de los que él era uno. El médico algunas veces le concedía, otras, lo contradecía, y aún otras utilizaba con él la ironía para hacerlo despertar de su locura.

En este tiempo, Quisada ya había buscado a un hombre, muy honesto y bastante de fiar. No era pobre solo de dineros, sino que también era corto de entendimientos; hablando con franqueza, este hombre era simple y torpe en el habla. En su locura, Quisada habló con él para que consintiera convertirse en su discípulo, para que lo acompañara por el mundo para realizar sus hazañas caballerescas. Con dulces palabras lo convencía, y entre las más dulces le dijo que cuando maestro y discípulo partieran, tomarían una ínsula, y que de ella seria nombrado gobernador general por edicto imperial. El hombre se llamaba Sancho Panza y era labrador, y al escuchar que se había de convertir en gobernador general, con inmensa felicidad y aún mayor esperanza, abandonaría a su mujer y sus hijos para marchar con Quisada.

Luego Quisada vendió dos de sus casas para conseguir una buena cantidad de dineros, para llevarlos consigo. Pidiole a un amigo también un escudo grande, arregló lo mejor que pudo su rota celada, y se compró una nueva lanza larga; avisó a Sancho Panza del día que se pondrían en camino, encargándole que lo más imprescindible era una valija de cuero que iría cargada a lomos del caballo. Sancho Panza hizo lo que se le dijo, se hizo con la valija, y le pidió a su amo que le dejara llevar un asno que le sirviera para transportarlo. Quisada lo pensó mucho tiempo, tratando de recordar si en los libros que había leído había alguno que llevara un discípulo montado en asno, pero no le vino ninguno a la memoria; mas, con todo esto, determinó que lo llevase, con la idea de que cuando venciera en batalla a algún caballero, tomaría posesión de su caballo para que Sancho fuera en una montura más honrada. Proveyose también de unas cuantas camisas limpias conforme al consejo que el ventero le había dado. Maestro y discípulo prepararon sus bultos; y sin despedirse de su mujer y sus hijos Sancho Panza partió con Quisada; y sin que tampoco Quisada informara a su familia, salieron en mitad de la noche, a hurtadillas. Para cuando llegó el amanecer, ya se habían alejado más de diez millas de la casa, y aunque alguien quisiera buscarlos, no los alcanzaría.

Sancho Panza montaba en el asno sobre el que había cargado la valija y llevaba consigo un odre; pensando ya en cuando su maestro lo nombrara gobernador general de una ínsula, casi no podía aguantarse de felicidad. Quisada había escogido de nuevo el camino real por Montiel, por el que partió cuando iba solo. Ahora llevaba un compañero, y había cambiado su marchar solitario. Apenas era primera hora de la mañana y los rayos no calentaban tanto. Caballo y jumento avanzaban sin descanso. Dijo entonces Sancho:

- Maestro, cuando llegue el momento, que no se le olvide lo de nombrarme gobernador de la ínsula, porque aunque escaso de talentos, cuando la bondad de mi maestro tenga a bien concedérmela, pondré todo de mi parte en la tarea, sin atreverme a andar perezoso.

A lo que Quisada respondió:

- Sancho Panza, has de saber que cuando los caballeros de antaño conquistaban reinos o ínsulas, encomendaban a sus hombres la tarea de dirigir, y aunque no fuera una vieja tradición que hubiere de seguir, si haces méritos yo te daré incluso mayor recompensa; mi naturaleza sobrepasa en mucho a la de los caballeros de antes que trataban con tacañería a sus discípulos, pues no les daban sus recompensas cuando gozaban de sus mayores fuerzas, sino que esperaban a que, quienes bien les habían servido, estuviesen ya en edad, y solo para entregarles algún marquesado u otro título cuando eran viejos. Ahora que estás conmigo, si, felizmente, las fuerzas nos acompañan y no morimos en batalla, en seis días conquistaré algún territorio, que extienda en tierras nuestra patria, y yo he de dejarte que gobiernes ese reino. Y que no te inquiete que falten riquezas y honores, pues este asunto bien fácil es, no albergues ningún temor, los asuntos de este mundo no se determinan en un instante. Tomemos el ejemplo de la revolución, tan imponente, tan grandiosa, y según yo lo veo, es algo que siempre ha sucedido. Piensa que cuando te premie por tus desvelos he de hacerlo muy por encima de lo que lo hicieron los que me antecedieron.

- De esa manera -respondió Sancho- si vuestra merced conquistara un reino, me haría rey, y entonces mi esposa, Juana Gutiérrez, vendría a ser reina y mis hijos infantes.

- Así ha de ser -dijo Quisada.

- Todavía tengo yo alguna duda -dijo Sancho Panza-. Si acaso lloviese el cielo reinos sobre la tierra, y mi esposa se hiciera con uno, no le iría bien, y si acaso llovieran coronas de reina del cielo, seguiría sin asentarle bien. Si se fija uno lo que tiene en su cabeza, hay poco que decir. Mi esposa es un ser simple, de ninguna manera está hecha para ser reina. Cumplir como esposa de un conde sí que pudiera, y habría esperanza si acaso Dios le prestase ayuda.

- Sea reino o condado, dependerá todo del mandato del cielo -replicó Quisada-, y en relación a las bondades que te han de ser otorgadas, no te empeñes en apocar tu ánimo, que si no fuera ser nombrado rey, sería sin duda el de gobernador general el cargo; no te vengas por modestia indebida a rehusar el título.

- Baste con lo dicho -contestó Sancho-, que la bondad con la que mi maestro me quiera premiar he de aceptarla y agradecerla de corazón.

Capítulo VIII

Marchaban los dos hombres con su conversación insana, cuando de pronto vieron en el camino, ante ellos, varias decenas de molinos cuyas aspas se movían impulsadas por el viento. Felicísimo, dijo Quisada:

- La ventura nos acompaña antes de lo que imaginábamos. Sancho, no ves allí a lo lejos a unas decenas de grandísimos salvajes. Deseaba de corazón encontrar unos así, para derrotarlos. Una vez la batalla terminada podremos hacernos con sus pertenencias, pues así lo permite la ley, y aún más, acabar con esos espantos es conocido y autorizado por el emperador.

- ¿Dónde están esos salvajes? -preguntó Sancho.

- ¿No los ves allí, erguidos, con sus larguísimos brazos? -respondió Quisada- Los más largos puede que midan varias millas. ¿No los ves todavía?

- Maestro, os confundís -repuso Sancho Panza-, que aquellos no son salvajes sino molinos de viento, y lo que llama sus brazos largos no son brazos sino los instrumentos con los que recogen el viento para hacer girar la rueda del molino.

- Tus palabras son las de quien no tiene experiencia -dijo Quisada-. ¿Es que acaso no hubo caballeros antaño que sometieron a gigantes? Si tienes miedo a la muerte, quédate ahí y ponte a rezar, que yo voy a entrar con ellos en batalla sin temor alguno.

Y diciendo esto, dio de espuelas a su caballo y se lanzó contra los molinos de viento. Sancho Panza le daba grandes gritos, pero Quisada arremetió con todo su empeño. Pensando solo en su gran hazaña, aun ya cerca, no veía que fueran molinos, y decía a grandes voces:

- Cobardes gigantes, no os canséis agitando vuestros brazos, que a la vista de un solo caballero tembláis y queréis huir. ¡Temed, temed!

En diciendo esto, levantose el viento y comenzaron a moverse los molinos, lo que enfureció aún más a Quisada que seguía con sus gritos:

- Sois como Briareo el de los muchos brazos. No os tengo miedo.

En ese momento pensó de nuevo en su hermosa dama Dulcinea y le imploró murmurando que le socorriese, mientras lanza en ristre sobre el caballo se lanzaba contra ellos. Acertó a dar directo en un aspa que, empujada por el viento, giró. La lanza la había atravesado y cuando el viento la hizo girar, hombre y caballo giraron con ella. A deshora, el viento cambió de dirección, y giró el aspa hacia la derecha, lanzando a caballero y caballo a muchos metros de distancia.

Acudió Sancho Panza a lomos de su asno a socorrerlo, que Quisada yacía tumbado en tierra como muerto, y también el caballo estaba tirado boca arriba sin poder levantarse. Sancho bajó de su jumento gritando:

- Maestro, ¿pero no le había dicho que esos eran molinos de viento y no gigantes? Puede que no lo haya visto bien y por eso en su confusión los ha tomado por hombres.

- Victoria y derrota son frecuentes -dijo Quisada-. Y pienso que ha tenido que ser ese demonio, quién lo iba a imaginar, que se llevó en una nube mis libros y el aposento en el que los guardaba. Como no va a transformar a esos gigantes en molinos de viento; de no ser por sus malas artes, de ningún modo habría sido derrotado, porque al final, nunca podrá el mal derrotar al bien. Y hasta que el filo de mi espada no haya aniquilado hasta el último de ellos no lo consideraré una victoria.

- Solo espero que mi maestro pueda vencer -dijo Sancho.

Lo ayudó a levantar, y lo hizo luego con el caballo que ya estaba despaldado. Volvieron a montar y retomaron el camino. Esta vez escogió el de Puerto Lápice, pues Quisada pensaba que por aquel camino podría encontrar caballeros como él, y aunque su lanza la había quebrado el molino, él seguía imperturbable y le dijo a Sancho Panza:

- Hubo aquí hace tiempo un caballero llamado Diego Pérez de Vargas que rompió su espada en combate, así que tomó un roble del camino y lo utilizó como arma, y con ella mató un sinnúmero de moros; después de aquello su nombre fue conocido en todo el mundo. Si encontramos en nuestro camino un roble, de igual manera lo cortaré o tomaré de él una rama, y con ella mataré a mis enemigos, y tú serás testigo de lo que con ella haga para contarlo a quienes han de venir.

- Espero que Dios ayude a mi maestro a lograr sus grandes hazañas -dijo Sancho-. Pero, maestro, enderece un poco el tronco, que parece que va maltrecho, que debe ser por la caída del caballo, y no es su compostura habitual.

- Cierto es -respondió Quisada-, que los caballeros andantes del mundo no han de quejarse de dolor alguno, y aunque se les salgan las entrañas, han de soportar y callar.

- Valerosos son -dijo Sancho-. Pero bien sabe el cielo lo que pienso, que si vuestra merced sufre alguna herida, le ruego yo que me lo haga saber para poder ponerle cura. Y hablando de mí, diré que me he de quejar sin cesar del más pequeño dolor que tenga.

- No te reprocharé que te quejes -respondió Quisada sonriendo-, pues tú no has leído libros de caballeros andantes y te falta experiencia; pero sí que te reprenderé cuando ande yo con el estómago vacío.

Díjole Sancho:

- Parece que es hora de comer.

- Come tú si tienes hambre -respondió Quisada-, que yo todavía ando satisfecho, no he hecho ganas aún.

Sancho sacó entonces de la valija algo de comida seca y se puso a comer mientras caminaba, al tiempo que no dejaba de dar tragos de vino del odre. De tanto en tanto se acordaba de lo de gobernador general, con mucho contento en su corazón por lo que habría de llegar, y sin preocuparse para nada de los posibles peligros.

Siguieron caminando hasta que se hizo de noche, y entonces se sentaron entre unos árboles. Quisada cortó con su espada una rama de un árbol seco para usarla como lanza contra los enemigos a los que tuviera que enfrentarse. Toda aquella noche no durmió Quisada, pensando sin cesar en Dulcinea, porque quería acomodarse a lo que decían los libros antiguos que había leído sobre caballeros, que por las noches en sus viajes debían pensar en sus hermosas damas. Sancho Panza, bien harto y borracho dormía profundamente cuando despuntó el día. Ni los rayos del sol que le daban en el rostro, ni el canto de las aves que resonaban en los oídos pudieron despertarlo hasta que Quisada le pegó en la cara para despabilarlo. Sancho miró todo alrededor y entendió que no era temprano, tomó el odre para dar un trago y lo halló por bastante menos de la mitad. Quisada no quiso desayunarse, y de pensar toda la noche en su dama, tampoco había dormido. Y así se apresuraron hacia el camino de Puerto Lápice, un paso entre montañas, a donde llegaron después de las tres.

- Discípulo, escucha -dijo Quisada-. Desde aquí yo voy a actuar, pero he de advertirte algo que debe quedar claro: cuando de aquí a poco me enfrente en batalla con otro caballero, no debes ayudarme, pues los caballeros se enfrentan con caballeros, y no debo yo depender de la espada de otro hombre.

- No osaré yo desobedecer a mi maestro en esto -dijo Sancho Panza-, que yo habitualmente soy muy pacífico y no deseo meterme en pendencias con nadie pues me da temor que me lastimen. Bien es verdad que, si alguien me golpea, ya no seré tal, pues aunque sea un caballero, si me da primero, no seré yo de seguir las instrucciones de mi maestro, porque sobre escuchar ofensas y no responderlas, no puede haber ninguna ley, sea la que sea en este mundo, que no permita que uno se defienda.

- Dices bien -apuntó Quisada-, pero solo si un caballero te ataca, puedes defenderte, pero si es a mí a quien lo hace, obedece y quédate sentado mirando.

- Haré como vuestra merced me ordene, y sin contravenir sus advertencias, como contiene el aliento el mejor discípulo ante su maestro.

Iban así caminando y charlando, cuando de pronto vieron a dos frailes montados sobre mulas que se acercaban hacia ellos. Los frailes traían anteojos en la cara para proteger los ojos del polvo, y quitasoles para hacerlo de los rayos del sol. Detrás de ellos venía un coche, al que acompañaban unos cuantos jinetes, y aún por detrás dos mozos de mulas los seguían a pie.

Venía en el coche una mujer que iba de Vizcaya a Sevilla, a ver a su marido para después partir juntos en barco a la India.

Quisada los divisó a lo lejos y vio a los dos frailes que iban con la mujer, aunque en realidad no era que los dos monjes con sus mulas vinieran a propósito con la mujer. Mas apenas Quisada los vio, montó en cólera y le dijo a Sancho Panza:

- Escucha, discípulo, o yo me engaño, o esta ha de ser la más ilustre hazaña en que se haya visto caballero y que dará lustre a mi nombre. Aquellos dos monjes sobre las mulas son, sin duda, encantadores que se llevan hurtada una princesa de algún reino a quien sabe qué otro reino. A mi parecer, es menester que un caballero se ocupe de este asunto, he de detener ese abuso y evitar la violencia que se le hace a aquella desgraciada mujer.

- Lo que ve mi maestro es un error aún peor que el de los molinos de viento – dijo Sancho-, que aquellos que cabalgan sobre mulas son dos religiosos benedictinos. Y el coche que va detrás seguro que no es de los suyos, de otros debe ser. Mire mi maestro con prudencia, no se deje engañar por los demonios.

- Sancho -dijo Quisada-, no sabes cuál es el comportamiento de un caballero y por eso retrocedes en vez de avanzar. Yo he leído mucho, ¿es que no voy a entender de perfidia y de maldad?

Y diciendo esto espoleó al caballo y se paró en mitad del camino, y cuando los dos frailes sobre las mulas estaban ya cerca, les gritó:

- ¡Deteneos, demonios pelados! Cómo os atrevéis a realizar vuestras pérfidas acciones, y cómo osáis tomar por la fuerza las princesas que lleváis en el coche que os sigue. Liberadlas al punto o moriréis atravesados por mi lanza.

Los dos frailes viendo su figura, quedaron admirados; sin comprender lo que decía, respondieron a una:

- Señor caballero, de ninguna manera somos esos demonios que decís que han tomado por fuerza princesas. Somos de la orden benedictina, no nos atreveríamos a cometer acciones depravadas, y os rogamos que nos excuséis, pero verdaderamente no entendemos a qué os referís con lo de las princesas.

- Soy yo lúcido y bien versado en razones -respondió Quisada-, no conseguiréis confundirme en modo alguno, demonios pelados.

Y sin esperar más respuesta de los dos hombres, arremetió lanza en ristre contra ellos. Uno de los frailes se dejó caer enseguida de la mula, afortunadamente no le golpeó la lanza, de no ser por ello hubiera caído herido, si no muerto. El otro espoleó a la mula y salió huyendo. El que había caído intentaba levantarse, pero Sancho Panza azuzó a su jumento y se fue para él y comenzó a quitarle los hábitos. Llegaron en esto dos mozos de los frailes y preguntáronle a Sancho por qué lo desnudaba.

- Según la ley, puedo quitarle la ropa a este hombre -respondió Sancho-. Mi maestro lo ha vencido y desmontado, y legítimamente está derrotado y sus cosas me pertenecen.

Los mozos que no entendían de leyes de caballeros, y viendo que Quisada se había plantado con su caballo ante el coche y estaba hablando con las mujeres, aprovecharon que Sancho no estaba preparado y lo tiraron al suelo, le arrancaron los pelos de las barbas, y lo molieron a puñetazos y coces, hasta tal punto que quedó sin poder levantarse, como muerto en el suelo. El fraile que había caído de la mula se levantó aprisa, volvió a montar y salió a toda velocidad tras su compañero.

Mientras tanto, Quisada estaba hablando con las damas del coche, y les decía:

- Señoras mías, en este punto estáis liberadas, no debéis ya temer a esos demonios pelados, que han sido castigados y han huido, y no podrán volver a infligiros mal alguno; sabed señoras mías que el nombre de quien los ha derrotado en batalla por vuestras mercedes es don Quijote, vengo de la Mancha, soy caballero andante y no hay en el mundo quien no me conozca, y servidor soy de la sin par Dulcinea del Toboso, la más hermosa doncella del mundo. Y en pago del beneficio que de mí habéis recibido, princesa no espero recompensa, sino que os dirijáis al Toboso, y que os presentéis ante ella y le digáis que os he liberado hoy, para que mi dama sepa de mis andanzas como caballero. Con eso bastará, es el único pago que espero de mis señoras princesas.

Toda aquella larga explicación que Quisada daba la escuchaba uno de los jinetes, uno de los escuderos de las damas, que con gran enojo le agarró la lanza y le gritó:

- ¡Largo ahora mismo! Largo si no quieres que te caiga una buena desgracia. ¿Qué dices con ese parloteo tuyo?

Con mucho sosiego Quisada le respondió:

- No pareces hombre de calidad, si lo fueras con buenas razones te castigaría, pero no siéndolo, no tengo yo necesidad de castigarte.

- ¡Que no soy hombre de calidad! -replicó el escudero-. Tira la lanza y empuña la espada y veremos si puedes enfrentarte a mí, hombre a hombre con las armas desnudas, verás como te mato, igual que un gato caza ratones, y veremos si soy hombre de calidad o no.

- ¡Sea! -respondió Quisada que se deshizo de la lanza y, empuñando la espada y protegiéndose con el escudo, arremetió contra el escudero.

El hombre tenía intención de apearse de la mula, porque no estaba hecha para la batalla, y enfrentarse pie a tierra; mas tenía ya encima la espada de Quisada, y solo pudo tomar una almohada del coche como escudo y asestar un golpe con su espada. Viendo la encarnizada lucha, los otros tres jinetes les insistían en que se detuvieran, pero ninguno escuchaba.

- Si la ama misma me dice que pare, yo mismo habré de matarla -juró el escudero lanzado a muerte a la pelea.

La mujer le ordenó al cochero que se apartase un poco de allí para mirar la contienda desde lejos en el coche. El escudero asestó una gran cuchillada a Quisada encima de un hombro, y de no haber sido por lo grueso de la armadura, lo hubiere partido por mitad. Quisada, alarmado, gritó:

- Ah, mi dama Dulcinea, flor entre las bellas, acude presto en mi ayuda para que pueda derrotar a este bellaco.

Y diciendo aquello, volvió a levantar la espada para golpear al escudero; este con fuerza y agilidad evitó la embestida; y así andaban dando y recibiendo, y como la mula no era tan ágil como el caballo, la espada de Quisada alcanzaba más veces su meta y parecía que el escudero iba a ser partido en dos, otra mujer que iba en el coche hacía votos a Dios para que le prestara su ayuda.

SEGUNDA PARTE

Capítulo I

En aquel momento, Quisada descargó su espada mientras el escudero se cubría la cabeza con la almohada del carro. Cuando el filo lo golpeó, el escudero sintió como si cayera sobre él una montaña. Comenzó a echar sangre por la boca y por las narices y por los ojos y por los oídos, y, tambaleándose sobre la mula, habría caído abajo, sin duda, si no se abrazara con fuerza a su cuello. El animal, espantado, dio a correr y comenzó a brincar unos buenos metros y acabó por dar con el hombre en tierra.

Con mucho sosiego, Quisada bajó de su caballo y se llegó a él y poniéndole la punta de la espada en el cuello, le dijo:

- Ríndete ante mí, o si no el filo de mi espada te atravesará.

Tan turbado estaba el escudero por el temor a la muerte, que no podía responder, con gran contento por parte de Quisada. Las señoras del coche descendieron con finura y le pidieron la merced de perdonar la vida a su escudero. A lo cual Quisada respondió con mucha gravedad:

- La solicitud que me hacéis, princesas, no puedo dejar de obedecer, mas sea con una condición, que este sirviente vaya al Toboso, se presente de mi parte ante Dulcinea, y se ponga a su servicio.

Las damas, temerosas y espantadas, sin preguntar quien era la tal Dulcinea, respondieron:

- Respetaremos vuestros deseos.

- Siendo así, acataré las órdenes de mis señoras y le perdonaré la vida.

Capítulo II

Mientras Quisada andaba en charla con las damas, Sancho ya se había levantado, aunque tan maltratado que apenas podía soportar el dolor. Cuando batallaba con el escudero, Sancho había rogado al cielo en su corazón que le diese la victoria a su amo y ganarse así el ser nombrado gobernador general de una ínsula. Viendo, pues, ya acabada la pendencia, y la gran victoria de su amo, que volvía a subir sobre su caballo, se hincó de rodillas delante del animal y besando con fuerza la mano de Quisada, le dijo:

- Con esta victoria de vuestra merced, habréis obtenido una ínsula y podéis nombrarme en este instante gobernador general, que yo pondré todas mis fuerzas en gobernarla, y no dejaré en modo alguno de cumplir mi misión.

A lo cual respondió Quisada:

- Te equivocas, Sancho. Esta apenas es una pequeña victoria de la que, de obtener algo, no es más que una oreja menos. Ten paciencia, no desesperes, ya llegará el momento en que serás recompensado con tu ínsula.

Sancho Panza volvió a besarle la mano y la coraza, y subió apurado sobre su asno. Sin despedirse de las damas, Quisada encaminó su caballo hacia un bosque. Marchaba el caballo a buen paso y lento el jumento, así que Sancho le dio voces a su maestro para que le aguardase y evitar así quedarse atrás. Retuvo las riendas Quisada a la espera de que lo alcanzara Sancho, que dijo:

- Debiéramos, señor, irnos los dos a recoger a alguna iglesia, no vaya aquel escudero a buscar a la guardia. Y si se nos viene la guardia y nos ataca, ya veríamos qué pasara, pero seguro que nada bueno.

- Dices insensateces -le replicó Quisada- pues no has leído libros; en ellos jamás se ha oído que caballero andante alguno haya sido apresado por esa guardia.

- No entiendo las palabras de vuestra merced -dijo Sancho-, solo que he oído a la gente decir que quien por los campos mata a otro sin razón será ejecutado según las leyes reales.

- No temas, Sancho -respondió Quisada-, que yo solo me basto para librarte de los peligros de cualquiera guardia o ejército que fuere. Pero dime con franqueza si en el mundo hay caballero que me supere; y si acaso has leído historias, ¿de entre los personajes que en ellas aparecen alguno hay que tenga mi valor y mi fuerza; o que tan diestro, tan ágil, tan certero, o tan contenido y calmo sea como yo?

A lo que Sancho dijo:

- Supongo que no hay hombre semejante en las historias, pero como no conozco las letras, no tengo modo de leerlas. Mas seguro estoy de que entre esos personajes ninguno hay que iguale a mi maestro; y entre los amos a los que he servido en mi vida toda, ninguno que pueda compararse con mi maestro en bravura ni en fuerza. Quiera Dios asistirnos a maestro y discípulo, y no permita que nos aprese la guardia. Y basta ya, que mi maestro ha perdido hoy la oreja izquierda y es menester curarla aplicándole ungüento, que la sangre está cubriendo la coraza. Felizmente llevo en la valija vendas y un ungüento para ponérselo a vuestra merced.

- No sintiera yo mal alguno -dijo Quisada- si solo tuviera el ungüento que calma los dolores, pues con aplicar una sola gota, al punto sanaría, ahorrándonos el trabajo de la cura, y la pérdida de tiempo y molestias.

- ¿Y cómo se llama ese ungüento? -preguntó Sancho.

- Su nombre es Bálsamo, y en la memoria tengo la receta para prepararlo -dijo Quisada-. En cuanto tengamos esa medicina, no habrá manera de morir. Cuando la haya preparado, la guardarás en la valija, y si en alguna ocasión me parten por medio del cuerpo, como muchas veces suele acontecer entre caballeros, no te lamentes, si no que, con mucha presteza, toma la mitad de arriba del cuerpo que hubiere caído del caballo y ponla sobre la otra mitad, emplasta ambas enseguida con el ungüento, y verás cómo las dos partes vuelven a ser una, en nada me distinguiré de una persona perfecta.

Asombrado, Sancho Panza exclamó:

- Si eso hay, es que la medicina tiene poderes mágicos. Siendo así, este vuestro discípulo ya no quiere más convertirse en gobernador general, sino poseer esa medicina que hace revivir a los hombres, que será incluso mejor que poseer oro. Solo me gustaría preguntarle ahora cuánto de ese oro hace falta para la preparación de este bálsamo.

- Tres reales bastan para hacer tres cuartos de galón -respondió Quisada.

- ¡Cielos! -exclamó Sancho- Si vuestra merced ya tiene esa receta ¿a qué aguarda para dármela?

- No te apresures -le respondió Quisada-, que aún tengo otras artes secretas que enseñarte, no solo esta. Por ahora, cúrame esta mitad de la oreja, que me duele más de lo que puedo soportar, y aplica enseguida ese ungüento para sanarla.

Sacó Sancho de la valija ungüento y vendas. Mas cuando Quisada vio, entonces, su celada con la visera rota, enfurecido, puesta la mano en la espada y alzando los ojos al cielo, dijo:

- Yo hago este juramento ante el Cielo, que habré de vengarme de ese enemigo que destrozó mi celada, y como el juramento que hiciera el marqués de Mantua para vengar a su sobrino, así he de hacerlo yo, y a partir de hoy no me acercaré a mujeres ni a placeres, beberé hielo y comeré corteza, y de las amarguras me fortaleceré a la espera de alcanzar mi venganza.

Alarmado, Sancho Panza repuso:

- Mire maestro de pensarlo de nuevo, que si ese caballero se presenta ante mi señora Dulcinea ya debería quedar liberado de su castigo. Y si vuestra merced quiere ahora reclamarle otro, buscando mayor venganza, ¿no sería acaso crueldad?

- Lo que dices es cierto -respondió Quisada-, daré el juramento por no jurado. Mas aun siendo así, haré como he dicho, hasta que en próxima batalla yo también le quite la celada a algún otro para lavar mi vergüenza, que este mismo asunto pasó ya al caballero Mambrino a quien también unos se la rompieron.

- Sobre lo que hicieron los antiguos, es bueno para consolarse -replicó Sancho-, pero ¿para qué medirse con ellos? Si acaso en nuestra salida no topamos con alguno que traiga celada, ¿cómo se va a hacer con una vuestra merced? Cumplir lo dicho en el juramento será buscarse diez mil molestias e incomodos. En cuanto al juramento de Mantua, qué necesidad tiene mi maestro de seguirlo, pues no sé yo si en este nuestro camino encontraremos a hombres de su mismo oficio, y podríamos no dar con ninguno y, sobre todo, no deberíamos manchar con sangre de hombres de paz nuestras espadas, pues de diez hombres que encontremos, nueve no sabrán qué es eso de ser caballero andante, ¿a qué empeñarse en buscarse estorbos y penurias?

- Engáñaste en eso de nuevo -dijo Quisada-, porque en dos horas habremos de encontrar alguno de ellos.

- Solo espero, entonces, que en nuestro caminar tengamos la buena suerte de encontrar un caballero del que pueda lograr la ínsula de la que convertirme en gobernador general -dijo Sancho.

- No hables más de ínsulas -respondió Quisada-, que hay en el mundo muchos reinos y más grandes; para qué hablar de ínsulas si están el gran reino de Dinamarca, o el de Sobradisa, que podremos tomar por la fuerza. Pero basta de ínsulas y otras nimiedades, y saca algo de comer y vamos en busca de la mansión de algún noble donde alojarnos, y donde hacer el bálsamo.

- Traigo en la valija unas cuantas cebollas -dijo Sancho-, tortas y algunos mendrugos de pan, pero son alimentos demasiado humildes para un hombre de alta condición como vuestra merced.

- No es así -respondió Quisada-, pues has de saber que los caballeros andantes del mundo pueden, en ocasiones, pasar un mes sin comer, y que ello lo tienen en gran honra, y que cuando encuentran comida, toman aquello que hay, sin escoger. Alguien como yo, de espíritu penetrante y vastos conocimientos, conoce bien la conducta de los caballeros andantes, pues he leído todos los libros de caballerías, y no hay uno en que no lo haya leído, que siendo caballero andante se aprecian los más sabrosos manjares y bebidas, y naturalmente se aceptan, pero en caso de carecer de ellos, no les duele en prendas no poder escoger y comer aquello que llevan consigo en su camino. Así que no te avergüence la modestia de los alimentos, y dame lo que traes, que bien me servirá de alimento, y cambiar no sería conducta de caballero.

- Como no conozco esos libros -repuso Sancho-, no sé de los reglamentos de caballerías; de aquí en adelante prepararé para mi maestro todo tipo de frutos secos; y yo, pues no lo soy, ya me saciaré con pollos y patos.

Riendo, Quisada dijo:

- No me refiero solo yo a los caballeros andantes; todos los hombres deberían abstenerse de comer cereales; entre el nacimiento y la muerte, mientras respiramos, no siempre se puede escoger y a veces será necesario alimentarse de yerbas, raíces o frutos de los árboles, y si ha de ser por tiempo, por tiempo sea. Conozco bien yo todos y cada uno de los nombres de cien yerbas; las hay venenosas y no venenosas, y hay que saber distinguirlas.

- Mi maestro está ilustrado en el conocimiento de las plantas -dijo Sancho-, ese es conocimiento también.

Tras la charla, Sancho sacó de la valija la comida, y maestro y discípulo buscaron un lugar donde compartir las viandas. Se hacía ya de noche, así que comieron a toda prisa y volvieron a montar para buscar donde albergarse. Su intención era recogerse en una mansión, pero no encontraron ninguna, así que terminaron por parar en las chozas de unos cabreros en la que los dos hombres decidieron pasar la noche, tras una discusión entre un Sancho Panza descontento y Quisada afirmando que dormir al raso era cosa de caballeros y que así sería mayor su fama como hombre valeroso.

Capítulo III

Cuando maestro y discípulo llegaron a la cabaña, los cabreros se levantaron y les dieron la bienvenida. En ese momento ya se olía el aroma a cabra y al entrar, efectivamente vieron un pequeño caldero donde la estaban cocinando. El hambriento Sancho Panza hubiera querido abrir la tapa y comerla desde allí mismo, pero los cabreros ya habían extendido sobre el suelo unas pieles de oveja y trasladado el caldero a su centro, invitando a los recién llegados a compartir con ellos la comida. Los anfitriones tomaron a Quisada por el de mayor dignidad, y lo invitaron a presidir la reunión, y a que se sentase sobre un cubo que, vuelto del revés, le pusieron a modo de banqueta. Eran los cabreros en total seis, y tenían además un licor del lugar que se pasaban unos a otros en una copa hecha de cuerno de cabra.

Díjole Quisada a Sancho:

- Sabes bien qué es ser caballero y que uno ha de tener su discípulo, y el discípulo debe servir a su maestro. Pero hoy vamos a olvidar las formalidades y deshacer prerrogativas. Siéntate junto a mí y compartamos la comida, porque también en el mundo de la caballería hay eso que llaman igualdad, y ahora vamos a ponerla en uso.

- Pienso yo que prefiero comer solo mis cebollas con pan -respondió Sancho-, que más libertad siento así que sentado a un banquete con mi señor.

- Que no te contenga el decoro -repuso Quisada.

Y aunque Sancho se resistió, el caballero, asiéndolo por el brazo, lo sentó junto a él.

No entendían los cabreros qué era aquello de las maneras de los caballeros, pero miraban a sus huéspedes que daban buena cuenta de la carne a enormes bocados, sin tomar cuentas en nadie. Acabada la carne, le siguieron bellotas y manteca seca, y aunque el licor daba buenas rondas, los cabreros se mantenían sobrios. Quisada, bien satisfecho, tomó un puñado de bellotas y dijo:

- Llaman todos a la alta antigüedad la edad de florecimiento, y le dan el nombre de época dorada, y no porque el oro estuviese al alcance de cualquiera, sino porque los hombres de antaño no conocían la distinción entre lo de los demás y lo propio, todas las cosas se distribuían por igual entre todos, tenían lo mismo unos y otros; y unos de otros dependían para vivir, ya fuera con las bellotas o con las claras fuentes; viviendo esos tiempos ociosos en grutas, establecieron una república y trabajaban el campo para alimentarse, poco a poco aprendieron a construir viviendas de madera para defenderse del viento y de la lluvia. Reinaba el amor universal, concordia y felicidad gobernaban y la tierra era fecunda y generosa, tanto que, sin regarla, florecía. Todos pastoreaban, y zagales y zagalas, con el cabello suelto, sin horquillas, andaban sin más vestidos que aquellos que les cubrían la mitad inferior del cuerpo, pues no había ni brocados, ni bordados, solo telas bastas; todo era sencillez y se cubrían con hojas de árboles, con flores silvestres como adorno. El amor entre muchachos y muchachas tampoco se parecía al de estos tiempos libertinos, y no eran palabras lisonjeras y falsas las que se entendían como talento, y en los tribunales se juzgaba con las leyes, y para aquellos asuntos a los que no llegaban, se estableció la orden de caballería, hombres dignos para acabar con los que abusan y defender a los débiles; gracias a los caballeros se pudieron corregir las carencias de las leyes y proteger la vida de los menesterosos. Pertenezco yo a esta antigua orden que, por ley natural, recibimos homenajes; y vosotros, con quien el azar ha querido que me encuentre, me agasajáis con un gran festín, lo que me basta para considerar que vuestra conducta es la de quienes actúan por sentido de la justicia, y despierta en mí un agradecimiento sin fin. Esto es solo lo que deseaba decir; sobre la descomposición extrema a la que hemos llegado, no necesito decir más.

Aquel puñado de bellotas había hecho elaborar a Quisada esta larga e iluminadora arenga mientras los cabreros lo miraban embobados sin entender palabra. Igual estaba Sancho que, con bellotas en la boca, no dejaba de mirar la botella de vino, con una sed insaciable. Pero, aún con el talento literario que había desplegado Quisada en su discurso, la comida y la bebida seguían pareciéndole más dulces. Uno de los cabreros habló tras callar Quisada:

- Vuestra merced ha hablado con buenas razones -dijo-, y nos sentimos agradecidos y emocionados por su llegada; es lástima que nosotros no sepamos leer ni hacer discursos, pero felizmente entre los nuestros hay uno joven que sabe cantar y entiende de sentimientos y poesía, y en un abrir y cerrar de ojos puede componer una letrilla como agradecimiento por la visita de vuestra merced, y que nos gustaría ofrecérosla para que la escuchéis. El muchacho ha estudiado, y además sabe tocar la cítara y entonar muy hermosas melodías.

Cuando terminó de hablar el cabrero, se oyó, desde fuera de la puerta, el rasgueo de unas cuerdas y entró un joven, de unos veinte años a quienes los otros le preguntaron si había comido.

- He comido -dijo el joven.

Uno de ellos le dijo:

- Antonio, canta un poco para entretener al caballero, que vea que también en la profundidad de los montes, en lo más recóndito de los valles, hay gente cultivada, algo que no es fácil.

Y dirigiéndose al joven, añadió:

- Ya le hemos hablado a este caballero de tus habilidades. Canta esta noche para nosotros a un ritmo lento; escuchándote nuestro corazón gozará y nos sentiremos felices.

- Sea – respondió el joven.

Se sentó sobre el tocón de un árbol seco y rasgando las cuerdas comenzó a cantar:

Ay, Olalla mía,
tu sentir, tus ojos y tus cejas callan,

eres tú mi noble recompensa.
Si no a ti, ¿a quién buscar debiera?
¿Por qué aún así de mí te apartas?
Ante el Cielo presento mi protesta.

Ah, cuán indigno mi mísero destino
que de abandonarte prefiero abandonar mis amoríos,
ante mí un sendero largo y aún sombrío.
Parece que despuntan del alba rayos tibios,
y yo, ansioso, me consumo sin alivio,
y quisiera preguntarte si es que ahora somos enemigos.

Desafíe mi pecho hasta la muerte,
la muerte no será más que un regreso.
Me engalano, doy forma a algunos versos,
no comprendo que envidien mi talento,
un mundo, todo, que en esta noche duerme,
y yo aguardando al alba aún despierto.

Canto al infinito tu hermosura,
ojos negros, profundos, tu mirada,
quien dudara de tu aroma y tu apostura.
Yo poseo la espada más gallarda
y a mirarme te niegas aun sin causa;
necio yo, sumido entre las dudas.

¡Ay! Si el Cielo por mí se conmoviera
y felices en lazo nos uniera,
como Antares y Orión ser no quisiera.
Mi destino no es más que frágil seda.
Si dejaras de apartarme de tu vera
aliviaras de mi vida tanta pena.

Así terminó Antonio su canto y aunque Quisada le pidió que volviera a cantar, Sancho Panza, ya soñoliento con ganas de dormir, pidió a los anfitriones que cesaran con los cantos, mientras le decía a Quisada:

- Ya está la noche avanzada y hay que descansar, que estos hombres tienen un duro trabajo y han de buscar el momento de reposarse. No debemos seguir incomodándolos.

- Parece que has trabado amistad con esa botella de vino, es la que te lleva al reino de los sueños -respondió Quisada-, y no deseas, por ello, escuchar estas elegantes melodías.

- No he sido el único que ha disfrutado hoy del vino -replicó Sancho-. Debemos darles las gracias por las atenciones con que nos han tratado.

Siguió Quisada:

- Échate tú, que no es de mi agrado pasar durmiendo el tiempo. Pero ahora vuelve a curarme la oreja, que me está doliendo de tanto en tanto.

Cuando le vendaba Sancho de nuevo la oreja, uno de los cabreros le dijo:

- No se la vendes más, que yo tengo un remedio mejor para curarla. Traigo conmigo unas hojas de la flor de la rosa. Tómalas, muélelas y añádeles un poco de sal, aplícaselo a la herida y véndala después, enseguida dejará de doler.

Quisada hizo lo que se le decía e hizo efecto.

Capítulo IV

Estando en esto, uno de los cabreros, un joven que cada día al atardecer les traía de la aldea los alimentos, apareció por allí. Empujó la puerta y entró:

- Os va a interesar la noticia que os traigo -dijo.

- ¿Qué ha pasado? -preguntaron los cabreros.

El muchacho respondió:

- Conocéis a ese compañero nuestro inteligente y letrado, Grisóstomo. Esta mañana ha muerto de mal de amores. La muchacha de la que andaba enamorado era Marcela, la hija de Guillermo, hermosa y rica, que también andaba de pastora por aquí.

- No puede haber muerto por esa Marcela -dijo uno.

- Pues sí -respondió el joven-; y además he oído decir que cuando estaba a punto de morir, dejó testamento de que lo enterrasen en un sitio apartado, al pie de una montaña donde nacen unos árboles, junto a un manantial de aguas murmurantes, porque aquel lugar es donde la vio la vez primera. También ha dejado dicho algo muy extraño, que incluso los ancianos del pueblo no quieren permitir, pero son palabras del muerto, y es que lo entierren parecido a como lo hacen los paganos, no al modo correcto cristiano. Su amigo Ambrosio, hombre de grandes conocimientos, que también pastorea, dice que difícilmente se puede ir en contra de la voluntad de los amigos, que hay que hacer según sus deseos, así que los ancianos no están contentos, y están discutiendo, pero Ambrosio ha insistido en el pueblo, y los ancianos temen que no van a poder ganar. He oído también que hacia la madrugada saldrá el cortejo. Yo iré a verlo porque será algo singular; no sé vosotros, pero aunque sea solo, yo iré.

Uno de los cabreros, de nombre Pedro, dijo:

- Todos queremos ir, pero echemos a suertes quién ha de quedarse a guardar las cabras, con uno basta.

- No será menester echar a suertes -dijo uno-, yo me puedo quedar, porque el dolor no me deja andar por una espina que se me clavó en el dedo del pie.

- Bien te agradecemos el esfuerzo -respondió Pedro.

Quisada le rogó a Pedro que le contara algo de esa Marcela.

- Lo que yo sé es que Grisóstomo era un hijodalgo rico -contó Pedro-, de un lugar no muy lejos de aquí. Hizo estudios en la universidad de Salamanca y todos lo apreciaban. Sabía principalmente de las estrellas y de los eclipses del sol y la luna, de cómo van y vienen los cometas, entendía de los signos del cielo y adivinaba cuándo el año había de ser abundante o estéril. Su padre y su madre, sus hermanos, parientes y amigos lo tenían por muy sabio, y se hizo muy famoso en su tiempo. También sabía cómo hacerlos muy ricos muy rápidamente, y los enseñaba cómo sembrar y podía predecir si algo iría bien o mal. Por ejemplo, cuando decía que plantaran guisantes y no trigo, los que le habían hecho caso se enriquecían y los que habían plantado trigo acababan perdiendo. Cada vez que decía algo, se cumplía sin falta.

- A eso lo llaman la ciencia de la astrología -apuntó Quisada.

- No sé yo los nombres de las ciencias -replicó Pedro-, solo sé que era bueno mirando las estrellas. Resumiendo, después de terminar sus estudios, un día de buena mañana apareció vestido de pastor y, conduciendo su rebaño, salió a pastorear; juntamente con él, Ambrosio también salió a lo mismo. Con gran sorpresa vi cómo cambiaba su hábito, y de escolar cambió en hombre de baja condición. Dicen también que sabía componer poesías y que era especialmente bueno con las canciones, y que cuando salían sus anotaciones de música, se venían las canciones a la boca. Ya en ese tiempo había muerto su padre; había heredado mucha hacienda, y se había convertido en un hombre muy rico, pues Grisóstomo era el único que quedaba de la familia, y en verdad todo era muy de justicia, porque ya antes de hacerse un hombre pobre, era muy bien intencionado, y honrado y sencillo con todos, y su aspecto era también hermoso. Y el que cambiara en pastor fue por seguir a esa Marcela, y por pedirle que se casara con él. Y ahora os voy a contar lo más extraño, que aunque viváis tantos años como Sarna, no habréis visto nada parecido en vuestra vida.

- Quien vivió muchos años fue Sara, no Sarna -corrigió Quisada.

- Solo sé que vivió muchos años -respondió Pedro-, aunque no distinga bien un nombre de otro.

- Sarna no vivió tanto como Sara, son dos personas -dijo Quisada-, pero proseguid vuestra interesante historia que no he de replicaros más.

Pedro siguió:

- Vuestra merced sabrá que no lejos de aquí había un hombre llamado Guillermo, que era *youmeng* (nombre de un cargo menor) que era mucho más rico que el padre de Grisóstomo. No tenía sino una hija, que se llamaba Marcela. Su madre, que era una buena mujer, había muerto en el momento del parto. Es como si todavía pudiera verla, tan buena y hacendosa, y tan amiga de los pobres, que si tengo que adivinar, debe estar en el paraíso. Guillermo, de pesar de la muerte de su mujer, murió también al poco tiempo, dejando a la niña Marcela al cuidado de su tío, pastor de la iglesia. Cuando la muchacha creció, era tan resplandeciente y hermosa como una pintura. Cuando llegó a la edad de catorce o quince años, nadie había oído hablar de ella, hasta que creció un poco más, y ya muchos pudieron verla. El pastor era muy severo y la guardaba encerrada, pero ya su fama se extendió por los cuatro vientos y los jóvenes llegaban en tropel, y los que solicitaban de su tío que se la diese por esposa no podían ni contarse. El pastor quería casar a la muchacha, pero siempre le preguntaba a ella en privado si le convenía o no, y es porque ese pastor era honrado y decente, y no quería actuar sin su consentimiento. Y así día tras otro todos los que llegaban a su puerta eran rechazados, su tío no quería importunarla insistiendo, y es que Marcela pensaba, y así le dijo, que aún no tenía mucha edad y que no quería todavía buscar un marido con el que casarse. El tío se quedó sentado escuchándola sin preguntar nada. Según un dicho popular, no puedes forzar a tu niña querida, porque se irá lejos. Después de aquello, Marcela de pronto quiso convertirse en pastora, y de ninguna manera pudo su tío impedírselo; y se fue con las demás zagalas del pueblo, con ellas guardaba su propio rebaño y todas la querían bien. Y muchos ricos y eminentes mancebos del mismo lugar al punto se disfrazaron también de pastores por seguirla, y lo mismo fue nuestro difunto que tanto la amaba y que murió tan cruelmente; y todos le rinden culto cual si fuese un ser divino, porque en verdad su aspecto es el de una diosa, pero también su dignidad es sagrada. Muchos jóvenes ponen sus ojos en ella, pero ni uno se atreve a dirigirle alguna letrilla de requiebro, y si alguno intenta acercársele, ella no se muestra tímida o vergonzosa, y aunque muy amigable, lo despacha con elegancia y severidad. Desde que llegó a nuestro pueblo, es como si se hubiese desatado una pestilencia. Y aunque muchos son los que la adoran, pero cuando al final no consiguen su indulgencia, solo reprochan su dureza y su desdén y la acusan de falta de sentimientos. Si aquí os quedáis, vuestra merced, por un tiempo, debéis saber que en estas sierras de alrededor no hay un joven que no maldiga a esa muchacha; y no lejos de aquí se encuentra un sitio con decenas de árboles y no hay uno que en su corteza no tenga grabado el nombre de Marcela, y hasta uno hay que tiene también grabada una corona con su nombre debajo, como diciendo que Marcela es la reina de las mujeres. Esa sola mujer ha roto de amor el corazón de unos que, despechados, quieren pelear, lo que es maravilla también; hubo quien se tendió en el suelo llorando su dolor hasta el amanecer; hasta se ve alguno que enloquece y pierde el sentido, y aquel otro se recuesta en la arena mirando directamente los rayos del sol, y está el que se postra ante ella mostrándole su devoción para convertirla en su esposa, pero Marcela a todos los ignora y en ninguno está su pensamiento. No sé yo si algún día esta mujer se desposará con alguien, o quién será tan dichoso de casar con ella. Y la causa de la muerte de Grisóstomo fue esta mujer. Los amigos del difunto son muchos y no habrá ni uno que deje de asistir a su entierro, que será muy de ver.

- Mañana yo también me uniré al cortejo -dijo Quisada-, que esta extraña historia que me habéis contado ha ampliado mi entendimiento.

- Mi señor caballero -añadió Pedro-, aún no habéis oído del todo las maldades de esta muchacha, mas podría ser que mañana en el entierro alguno haya que sepa más de esos asuntos y que nos lo dijese. Por ahora bien será que vayáis a dormir, pero no al sereno pues no sería en beneficio de vuestra herida.

Sancho Panza, que estaba cansado en extremo, le dijo a Quisada que entrara a dormir. Así lo hizo Quisada que, tumbado, no dejaba de pensar en Dulcinea y se pasó toda la noche con los ojos abiertos, mientras que Sancho, acostado entre jumento y caballo, lanzaba enormes ronquidos.

Capítulo V

No habían despuntado aún los rayos del sol, cuando los cabreros se levantaron y fueron a llamar a Quisada.

- Señor caballero, si desea asistir al funeral, deberíamos ponernos rápidamente en marcha -le dijeron.

- Por supuesto -respondió Quisada.

Llamó a Sancho para que ensillase caballo y asno, y se pusieron en camino junto a los cabreros. No habían recorrido una milla cuando, en un cruce de caminos, de pronto vieron aparecer seis pastores, todos vestidos de negro, con guirnaldas de flores en la cabeza y apoyándose en bastones. Venían con ellos, asimismo, dos hombres montados a caballo, a los que seguían tres mozos. Al punto de reunirse, saludaron cortésmente a Pedro y preguntándose unos a otros a dónde iban, supieron que todos asistían al entierro y, así, comenzaron a caminar juntos.

Uno de los de a caballo, hablando con su compañero, le dijo:

- Paréceme, señor Vivaldo, que hacemos bien asistiendo a este entierro, pues será un asunto de gran extrañeza; según he oído, la historia del fallecido es algo que lleva a mucho meditar.

- Soy de tu misma opinión -respondió Vivaldo-. Importa poco que nos lleve un día, aun si la semana fuera, considero que merecería la pena.

Preguntoles entonces Quisada a los caballeros:

- ¿Tendrían a bien vuestras mercedes el relatar a este su servidor este extraño asunto de una muerte por amores?

- Esta mañana nos encontramos con unos hombres que iban de luto -respondió uno de los jinetes-, y, de los seis que iban, uno nos contó que una hermosa mujer, llamada Marcela, orgullosa e indiferente, había llevado a un hombre a la muerte por culpa de su belleza. Todos creen que fue su crueldad la que llevó a Grisóstomo a la muerte. Es por él por quien nos dirigimos al pueblo, para despedir sus restos.

A continuación, le fueron contando punto por punto todo lo que Pedro ya le había relatado. Vivaldo entonces preguntó a Quisada:

- No son tiempos de guerra estos, ¿por qué, pues, vais caballero armado de coraza?

- Mi profesión no me permite abandonarla ni vestir de otra manera en ninguna ocasión -respondió Quisada-; montar en carros sólidos tirados por gordos caballos, o comer los más dulces manjares es para otros. Cuando uno ha sido nombrado caballero, se goza de las mieles de una vida austera y frugal, y de hacer frente a los peligros. Yo soy caballero andante, y aunque mi valor no alcanza el de todos ellos, me encuentro modestamente entre sus filas.

Cuando oyeron hablar a Quisada, todos supieron que aquel hombre estaba loco, y Vivaldo por ello, le preguntó qué era aquello de caballero andante.

- ¿Acaso no han leído vuestras mercedes la historia de Inglaterra o sus leyendas? -respondió Quisada-. La más famosa es la del rey Arturo de Inglaterra. Cuenta la historia que no murió, sino que se convirtió en cuervo, y que andando los tiempos ha de regresar y volver a tomar su cuerpo humano para gobernar de nuevo, es por eso que ningún británico jamás se atreve a cazar a un cuervo pues de entre todos ellos, uno puede ser el rey. En los tiempos en los que Arturo era rey, se veneraba a los caballeros y se respetaba a los guerreros, y se multiplicaron los hombres que dominaban la espada; debían vestir siempre con coraza y yelmo, que traían siempre pulidos y cuidados, y quedaban prendados de hermosas doncellas. Los vientos del pasado fueron transmitiendo su fuerza e inflamaron el corazón de todos los hombres. Llegaron después los libros de Amadís de Gaula y los de todos sus descendientes, que estaban llenos de asuntos de caballeros. Y está Felixmarte de Hircania, cuyas valerosas hazañas y lucha por la justicia han sido recogidas en los libros de historia. Un poco antes de que yo mismo naciera, está Belianís con quien podríamos hablar de cuestiones de batallas. Todo esto que me han escuchado contar vuestras mercedes son asuntos del pasado, y son los modelos de caballeros andantes que se han de seguir con celo. Ser caballero es a lo que me he entregado con pasión; solitario a lomos de mi caballo, por los caminos arrostro los peligros; ando determinado a entregar mi vida para vengar a quien sea preciso, y con la fuerza de mis brazos lucho contra las injusticias y los agravios de este mundo.

Lectores míos,sabed que quienes escuchaban a Quisada no podían dejar de reír; siendo así, y de cualquier modo, Vivaldo era hombre pacífico y discreto, pero quiso seguir charlando con quien iba montando a la par, para saber más de su enfermedad y para más distraído pasar el camino que compartían.

- Paréceme que la profesión que ejerce vuestra merced es de las más penosas del mundo -dijo-, de norma estricta y arriesgada, me temo; y tengo para mí que tan dura como la de los frailes cartujos.

- Siendo la de los cartujos una vida dura, en realidad sus beneficios para la sociedad no alcanzan a los de la nuestra -respondió Quisada-. Por ejemplo, los que forman las filas de los soldados, obedecen solo las órdenes de sus capitanes, los religiosos en cambio no hacen nada de nada, no hacen más que rezar por la sociedad, sin poner en peligro sus vidas. Siendo caballero, soy lo mismo que un soldado, enfrentamos cien muertes por proteger a la sociedad, esa es la profesión del caballero. Primero, no nos preocupamos por nuestra propia vida, ni podemos permanecer tiempo en nuestras casas; tenemos el cielo abierto por refugio y la tierra por lecho; soportamos el calor en verano y sufrimos el helor en invierno. El cielo es nuestro amo, ministros somos del gobierno de Dios, y enarbolamos los instrumentos de la justicia por el mundo, guerreamos al oeste, y al este batallamos, sin temor alguno; los monjes tan solo dependen de sus oraciones, letanías hueras. Y comparándolo de una forma simple, declaro frente a todos, que las penalidades de la vida del caballero son infinitamente mayores que las de los religiosos. De mi propia experiencia diré que aparte de amarguras, sinsabores, calamidades y padecimientos no hay más. Bien es cierto que entre los caballeros los ha habido que, por la fuerza de sus armas, han llegado a regir un reino, y los hombres los ven ahora en sus tronos gozando de riqueza y honores, mas no saben que todo lo obtuvieron con su sudor en batalla; aunque también entre ellos los hubo que tuvieron encantadores que los ayudaron a cumplir sus ambiciones, y que, de no haber tenido tal auxilio, hubieran defraudado y enfrentado la muerte, pero en ellos no tomo yo interés.

- De ese parecer soy yo -dijo Vivaldo-, pero una cosa me hace recelar, y es que cuando los caballeros acometen un peligro, no encomiendan su vida a Dios, antes se encomiendan a la hermosa dama de sus pensamientos. ¿Por qué lo hacen así? Pareciese algo de corazón sincero, pero reverenciar a una dama como si de Dios se tratase, a los ojos de quienes respetan la correcta doctrina, puede parecer que los aproxima a la herejía.

- ¡Cómo vamos a cambiar eso! -replicó Quisada- Es un precepto que viene de antiguo, no es en modo alguno alejarse de la norma ni traicionarla; un caballero debe tener ante sus ojos la belleza, la alberga en su corazón, pues ella acrecienta su valor; y aunque haya quien lo esté mirando, invoca a su dama susurrando, pues no desea hacerlo en alta voz por no ser escuchado. Esta también es una regla que nos dejaron nuestros antecesores, ¿cómo podríamos atrevernos a contravenirla? En cuanto a lo de no invocar a Dios, son los amados hijos e hijas de los valientes quienes cuentan sus circunstancias, y rinden mayores homenajes a su valor sin par, relatándolas con las más hermosas palabras por mil otoños. ¿Os queda alguna otra duda?

- Vuestro discurso es admirable -respondió Vivaldo-, cómo no quedar convencido. Con todo, me queda un escrúpulo, y es que muchas veces he leído que cuando dos caballeros se encuentran, primero se dicen sus nombres para después, poner distancia entre ellos tirando de las riendas de sus caballos, y lanzarse luego el uno contra el otro, cubriéndose con la adarga, enfrentadas las lanzas, para la lucha, al tiempo que cada uno de ellos se encomienda a grandes voces a su amada; y cuando uno cae del caballo, el otro se acerca para atravesarlo con su lanza. La razón diría que al ver que se acerca su asesino, el que está a punto de morir debería encomendarse a Dios, sin embargo, aún clama por la amada. Y según mi parecer, ella no podrá guiar su alma hasta alzarse a la vera de Dios. Eso me hace pensar, además, que no todos los caballeros tienen su dama.

- Os confundís -replicó Quisada-, no puede ser que haya caballero andante sin dama, porque le es tan propio como al cielo tener estrellas. No se ha visto historia donde se diga que hay un caballero andante sin amores. ¿Cómo se podría ser nombrado caballero sin entregarse al amor? Sería un fraude, pues para ser caballero no se pueden transgredir sus normas.

- En este asunto puede que esté errado -insistió Vivaldo-, pues leí en una ocasión que había un caballero llamado Galaor, hermano pequeño de Amadís, que nunca tuvo una amada y, con todo esto, fue venerado por muchos. Esto basta para certificar mis palabras.

- Ese fue un hombre único -respondió Quisada-, no se puede tomar como ejemplo. Sé de secreto que ese caballero tenía conversaciones íntimas con mujeres. Si me decís que no sabéis que tenía su amada, yo tengo averiguado que Galaor tenía a la dama de su voluntad y que secretamente se encomendaba a ella; pero no sirve como muestra de los demás.

- Luego, mi señor debe tener también una dueña de sus pensamientos -dijo Vivaldo-, y si no quiere que sea a espaldas de otros como Galaor, os suplico que nos digáis quién es ella; cuáles son las virtudes que la adornan y cómo es su apariencia. ¿Por qué no contárselo a unos extraños del camino? Tal belleza en el mundo servirá también para agrandar vuestra fama como valiente caballero.

Dio un gran suspiro Quisada, y dijo:

- No me atrevo a decir si en el corazón de esta dama existe el deseo de ser ensalzada por su belleza. Pero su nombre es Dulcinea, vive entre la Mancha y el Toboso. Si he de hablar de su apariencia, tomad la de una emperatriz o una princesa, con solo verla detengo mis pasos. Y de su belleza decir que ni antaño ni hogaño hay quien la iguale, ni los más grandes poetas con sus grandes pinceles sabrían describirla: sus cabellos son largos y ensortijados, del color del oro puro; su frente llana y despejada, sus cejas arqueadas y largas; sus ojos brillantes como las más brillantes estrellas, el rosa de sus mejillas supera al de las propias rosas; labios rojos como corales, perlas blancas sus dientes; su cuello está tallado en jade, así como su pecho; dedos suaves como marfil, y si hablamos de su blancura, ni la escarcha ni la nieve pueden igualarla, no hay arte que pueda describir su belleza, no es algo que mi boca y mi lengua puedan explicar, solo tengo mi corazón para amarla.

- Cuéntenos sobre su linaje -dijo Vivaldo-, ¿de qué familia de alcurnia procede?

- No es de los Curcios, ni de los Gayos -respondió Quisada-, sino de los del Toboso, y aun no siendo un linaje antiguo, no es inferior tampoco.

- Mi familia viene de los Chopines de Laredo, aunque no osaré compararlo con el de los Toboso, pues en realidad no había oído a nadie de ese apellido.

- El linaje de vuestra merced tampoco es inferior, es raro que no hayáis oído hablar del otro -repuso Quisada-. Pero sigamos juntos nuestro camino.

El resto de los viajeros se inclinaba para seguir la plática, y todos ellos conocieron la falta de juicio de Quisada. Solo Sancho Panza creía firmemente que lo que decía su amo no era absurdo; y en lo que dudaba algo era en lo de Dulcinea porque nunca había oído hablar de ella.

En eso estaban cuando llegaron a un camino entre montañas, y desde arriba bajaban más de veinte cabreros, todos vestidos de luto y con guirnaldas de flores en la cabeza. Entre seis de ellos traían un féretro, cubierto de muchas flores de las más preciadas. Los que iban con Quisada gritaron entonces:

- Es el ataúd de Grisóstomo, allí lo van a enterrar.

Quisada y Vivaldo espolearon a sus caballos para apresurarse hacia el pie de la montaña. Un grupo cavaba una fosa con palas. Todos los recibieron cortésmente, y luego Quisada se acercó a mirar. El ataúd tenía la tapa abierta y allí estaba el cuerpo de un joven de unos treinta años, que vestía aún sus atavíos de pastor. Parecía su expresión todavía viva, y en el interior del féretro habían dispuesto muchos libros y se amontonaban los papeles. Todos traían los ojos llenos de lágrimas y guardaron un largo silencio, hasta que uno de los hombres dijo:

- Ambrosio, ¿es éste el lugar que escogió Grisóstomo?, no vayamos a ir en contra de su voluntad.

- Este es -respondió Ambrosio-, que muchas veces él, mi finado amigo, me contó que fue aquí donde por primera vez vio a esa enemiga, odiosa Marcela; aquí fue también donde rechazó su propuesta de hacerla su esposa, en este mismo lugar, aquí donde tanto sufrió y donde quiso que fueran abandonados sus restos.

Y volviéndose a todos los presentes, prosiguió diciendo:

- Aquí veis, señores, la muerte de este hombre, un hombre lleno de virtudes y talento y desgraciado. Hoy entregamos a la tierra a quien en vida fue el de mayor ingenio y sin presunción alguna, elegante y amable; en la amistad leal, ferviente y generoso; honrado en sus actos y respetuoso con todos. Fue el caballero más honesto y devoto, el que tanto amó y que pese a ello dio con la vileza de una maldita mujer sin sentimientos, por quien, descorazonado, perdió la vida. ¡Cuánto dolor! Su muerte es culpa de esa Marcela, de corazón cruel y sorda a las razones del cielo, y que despierta un odio que durará hasta el fin de sus días; y también los versos que dejó serán entregados a las llamas cuando su cuerpo sea enterrado.

- Más valdría no quemarlos -repuso Vivaldo-, hacerlo sería un sinsentido, y aunque fuera su última voluntad, ¿cómo saber que no fue una orden dada en sus últimos momentos de confusión? Yo propongo enterrar sus restos pero conservar los escritos, pues cuando dijo que se quemaran quizá fueran solo palabras de despecho, y hacerlo no sería respetarlo; además, si estos escritos felizmente se conservan, servirán para saber de sus amores y para desenmascarar las crueles entrañas de esa Marcela, de modo que en adelante otros jóvenes no sucumban a la ponzoña de esa mujer; así no seréis vos solo quien conozca lo que ocurrió, sino todos cuantos aquí hoy nos reunimos para su entierro; que no haya quien no lo sepa, y todos los hombres sentirán desprecio por la cruel Marcela que llevó a la muerte a este joven. Anoche supimos de este entierro y sentimos lástima por tan enamorado muchacho, lo que despertó en nosotros la curiosidad y la lástima; y así, sin proponérnoslo, nos hemos reunido para enterrarlo y hacer honra a sus sentimientos, y no hay un hombre aquí que no respete su gran talento, por ello te suplico que conserves sus escritos, y que esta ceremonia funeraria no lo sea también para ellos.

Y sin aguardar a que Ambrosio lo permitiese, alargó el brazo y tomó algunos de los papeles que estaban en el ataúd, a lo que Ambrosio dijo:

- Os lo voy a permitir, mi señor, pero no toméis más, pues el resto será pasto de las llamas, como el difunto quiso.

Vivaldo no habló más, y tomando uno de los documentos vio que contenía unos versos que tenían por título *El amante desesperado*. Ambrosio añadió entonces:

- Fue lo último que escribió mi amigo cuando estaba cerca de su final. No me parece mal que todos los aquí reunidos lo conozcan; os ruego, pues que lo leáis en voz alta, que servirá su lectura como elegía.

- Así lo haré -dijo Vivaldo-, con la voz más clara que pueda.

Y así, todos se le pusieron a la redonda para escucharlo.

Capítulo VI

El poema decía:

Que escuches mi canción, tirana, quiero,
confundido en tu cuerpo, en un tormento.
Acaso he de callar mi sufrimiento,
en forma alguna, pues no puedo.
Callar pudiera quizá lo que hoy padezco
mas no sabré contener mi llanto amargo.

Prefiero que el pincel sutil refiera
la cárcel de tu amor en que me encuentro
mas no hay pincel tan sabio que supiera
describir el torrente de amargura en que me hallo.
Ha de haber un dios del odio que me auxilie
a expresar de este amor mi desespero.

De cuervo, búho, zorro, lobo la voz tomo,
a la puerta celestial alzo la vista y bramo con encono;
con la fuerza del sacro vendaval, del fiero trueno,
para ser escuchado allá en el cielo.
Y hasta el propio Hairuo se hará presente
entonando a mis despojos un lamento.

Sepan todos la injusticia que me hicieron,

que compitan entre sí las voces de condena,
que sus ecos vuelen con el viento desolado;
las lágrimas caerán a borbotones,
el rencor alcanzará toda la tierra,
que no quede un rincón en que la ignoren.

Cuán difícil soportar este embeleso,
ni a mesarme los cabellos ahora alcanzo.
Ah, difícil olvidar el sentimiento,
olvidarlo quisiera cuando muera,
quisiera terminar y hallar reposo,
¿habrá quién de este mal me de consuelo?

Un pozo de amargura, ningún gozo,
solo un triste encuentro, y desventura.
Cuando yazga bajo tierra, ¿habrá quien se lamente?
Que se miren todos en mi espejo,
que descubra esa beldad qué hay en mi pecho
aunque yo me haya ido, que lo intente.

Cuánto aborrezco aquesta afrenta,
y con trémula voz aún lo proclamo:
no hace falta que de mí te compadezcas,
tú que fuiste la causa de mi muerte,
tus lágrimas no espero que derrames,
que contengas tu llanto en mi sepelio.

Corazones heridos, con vos sepulcro ansío,
por mor de una beldad, de un desvarío.
A los vivos les entrego yo estos versos,
que les des respuesta no pretendo.
Parto al fondo de los lúgubres infiernos,

el mal de allí será menor que el que aquí dejo.

Todos, después de escuchar el poema, ensalzaron su belleza, pero Vivaldo dijo:

- Es un poema de resentimiento, pues la Marcela que describe, tan falta de sentimientos, no se conforma con ella.

Ambrosio, que bien conocía los más íntimos sentimientos del finado, respondió:

- Grisóstomo se dolió terriblemente por el rechazo de la hermosa dama, que era peor que la misma muerte la zozobra de toda una vida sin ella. No es que la acuse por su belleza, es solo su propio arrepentimiento; y en absoluto niega su bondad y recato extremos.

Volvieron a revisar los papeles para ver si algún otro leían cuando de pronto surgió una figura, como si ante ellos se hubiera mostrado no una persona, sino un fantasma. La figura no era otra que la propia Marcela que desde la falda de la colina contempló la tumba. Su hermosura igualaba la de las diosas celestiales; todos los presentes habían odiado aquel ser, pues había provocado la muerte de su amigo, pero al verla allí, por ella perderían sus almas. Entre ellos algunos había que ya la habían visto, pero para ellos era como verla por primera vez. Apenas la hubo visto Ambrosio, con el ánimo indignado asomado a su rostro, le gritó:

- ¿A qué has venido, tú, cruel sin sentimientos, serpiente venenosa, víbora enfurecida, que te deleitas con la muerte? ¿No te bastaba saber que este hombre ha muerto por ti, que además tenías que venir a ver su cuerpo, a ufanarte en ello? ¿Acaso eres como el emperador Nerón de Roma que charlaba y reía mientras la gente ardía sin hacer nada por evitarlo? ¿O más te pareces a esa hija ingrata de Tarquino que viendo morir a su padre tuvo todavía que pisotear su tumba con sus propios pies? Dime presto a lo que vienes, que sé yo que mi amigo en vida quiso servirte en todo como un esclavo, bien lo sé. Cuéntanos a todos los que en este funeral nos hemos reunido, para que así, de solo verte, te obedezcamos y cumplamos todos tus deseos, aunque a la misma muerte nos lleve. ¿Te bastará con eso?

- Ambrosio, si hoy vengo es porque voy a negar, con toda la honestidad de la que soy capaz, tus palabras que me acusan de tal delito -respondió Marcela-; para que todos conozcan mis más ocultos sentimientos, voy a mostrároslos ahora. Ruego a todos los que aquí estáis que con calma me escuchéis, que lo que tengo que decir es sencillo; comprenderéis, entonces, cómo siento. ¿Acaso no decís que como el cielo me ha otorgado este aspecto, yo he de servir a cualquiera? Parecería pues que si cualquiera me ama, yo debiera igualmente amar a quien así lo hiciera, pues la belleza es amable; mas yo digo que no debe ser así de ninguna manera; si solo por el hecho de que haya quien ame, ese debe ser necesariamente amado en respuesta, digo yo que es tan absurdo como ridículo; y si el amador de una mujer hermosa fuese feo, ¿cómo podría despertar amor?, ¿alguien feo en este mundo debería exigir ser amado? Puesto el caso de dos hermosuras extremas, puede suceder que sus sentimientos no sean mutuos, que no se correspondan; en ese caso, el amor no habría nacido de la belleza. Y siendo que hay hombres que admiran la mía, ¿cómo podrían reclamar mi amor, si puesto que los que lo hacen se amontonan ante mí en disputa?, ¿debería el corazón elegir entre los pretendientes, o pasar de uno en otro sumido en la confusión? Conozco la belleza que me ha sido otorgada, y que por causa de ella me hacéis responsable de los anhelos de aquellos que la ansían, pero he de ser honesta con mi corazón, no se le puede forzar a sentir amor. Por ello ahora os digo a los que tan severamente me juzgáis por mi cuerpo, que penséis en que, en el momento de darme forma, Dios me hubiera creado extremadamente fea, que sería el caso contrario, y yo quisiera forzaros a vosotros a que, siendo hermosos, me amarais; os burlaríais y ¿acaso consentiríais? Debéis excusarme, pero pensad que mi hermosura no es algo que yo hiciera, sino que me fue otorgada por Dios; soy como la víbora venenosa que no es responsable por emponzoñar a los hombres, pues también Dios la hizo así. Decís que mi belleza los daña también, pero consideremos el argumento de la belleza que en una mujer honesta es como un fuego violento o una afilada espada, que con su sola esencia bastan para matar a los hombres, ¿es que acaso no quema el uno o corta la otra en cuanto estos se les acercan?

Proteger la castidad y preservar la honestidad son la fortaleza refugio del alma, sin ellas qué valor puede tener la belleza. Y si acaso la persona que posee esa belleza quisiera preservar su honestidad, ¿debería dejar de hacerlo porque los hombres utilicen cien planes, mil estrategias para rendir su virtud?, ¿sería eso a lo que llaman justicia? Yo no nací esclava, sino libre, por eso escogí para ser feliz el pastorear: quise como compañeros los árboles más hermosos y las plantas más bellas, las aguas cristalinas y los dulces manantiales como espejos; los árboles y los ríos de la naturaleza son mi única compañía. Contemplo mi cuerpo cual fuego violento y afilada espada; quienes a mí se acercan mueren, ¿por qué acercarse entonces? Hay quienes, no entendiendo mis intenciones, creen equivocados que finjo seducir a los hombres, para luego, despecharlos y llevarlos a la muerte, y me pregunto a mí misma si así es, pero nunca ha sido así. Yo no alenté jamás la pasión de Grisóstomo, los únicos sentimientos que despertaba en mí eran los mismos que hacia cualquier otro, ¿qué razones tenéis para hacerme responsable? Me acusáis de haber sido su desdicha, que no debería haberlo despechado; decís que sus sentimientos hacia mí eran puros y que hubiera debido yo corresponderlos. Mas permitidme que os lo niegue. Quien ha muerto, en su día, quedó prendado de mí al verme, le advertí entonces que yo jamás habría de tomar esposo, que deseaba vivir en las sombras, y morir sola; oigo esas palabras como si las dijera ahora, y lamento que ninguno hubiera estado allí para escucharlas. Le advertí entonces que mi hermosura, mi cuerpo, sería abrazado solo por la tierra, que nadie debía acercárseme; con dureza lo dije, mas él persistió en sus anhelos y quiso desplegar sus velas contra el viento, ¿hasta dónde podría llegar sin naufragar en el mar? Su muerte fue escogida, no se puede culpar al viento del norte por hacer zozobrar la barca. Si aquel día hubiera yo vertido palabras seductoras en sus oídos, si hubiera tejido una trampa que lo llevara a la muerte, podríais entonces acusarme del delito, o si hubiera atendido a sus requerimientos para más tarde actuar en contra de lo prometido. Os ruego, pues, caballeros que decidáis con entendimiento sobre quién ha de recaer la culpa, si sobre quien vive o sobre quien ha muerto; si yo he actuado con justeza, ¿por qué juzgarme de tan frívola manera? Preguntadme hoy si acaso yo le hice promesas que luego incumplí. Si así hubiera sido, si hubiera prometido falsamente, sería indigna y culpable de su muerte provocada por mi desprecio. Hoy todos me acusan de no tener sentimientos; si a pesar de no sentir afecto alguno por otros, yo hubiera buscado el atraerlos y me acusarais de ello, no osaría yo rechazar la culpa, y gustosa aceptaría el castigo por su muerte. Pero de ningún modo podéis hacerlo recaer sobre mí. La belleza que me otorgó Dios no fue hecha como herramienta para embelesar a los hombres, solo tiene que ver conmigo y lo que yo siento, no para aquellos que se acercan con vanas ilusiones; y aquí presto un firme juramento, que aquellos que, inútilmente, piensen en pretenderme en matrimonio, abandonen de inmediato sus intenciones, pues será en provecho suyo y mío. Y si a partir de hoy alguien más muriera de mal de amores, no vuelvan a acusarme de su debilidad, nunca he de amar a nadie ni pretendo desengañar el amor de nadie. Declaro con toda la claridad del día que soy libre, ¿por qué se me ha de acusar de arrogancia por ello? Es todo lo que tengo que decir. Me tacháis de tigre, sea; me tacháis de serpiente, sea; si atraigo la desgracia a quienes se me acercan, ¿por qué no me observan desde la distancia y se alejan?, pues en mi naturaleza está el no amar, y si aún sabiendo que no he de sentir amor, ¿por qué buscan, fatuos, el que yo los ame, y siguen acercándose a mí? No quiero más cercanía, solo que se alejen de mí. No deseo que me sujeten, por ello digo que no vengáis a buscarme, permitidme el gozo de una vida apartada y tranquila; estoy determinada a apartarme de la mundanal confusión sin dejar pasar un día más. Como dicen, tengo riquezas propias, suficientes para mi sustento, no espero gracia alguna del mundo, ni tengo pendencia con nadie, ni amo, ni aborrezco, deseo estar sola. Día y noche, puedo buscar a las pastoras como compañeras, con ellas pasar los días sin estar encerrada en la jaula de la pasión de un hombre, ni que me acusen de provocar la muerte de nadie. No ir allí donde no me lleve mi corazón, estar sola entre las montañas y los bosques, y dejar que mi corazón se pasee por la naturaleza, para llegar a la compresión última de lo que no tiene principio ni tiene fin, hasta poder regresar felizmente con mi alma, lo más pura posible, allí donde reside Dios.

Dicho esto, sin esperar respuesta alguna de aquellos que despedían al difunto, se ocultó en lo más profundo del bosque. Quedaron todos los que habían escuchado su profundo discurso sorprendidos de su belleza y disposición naturales, y tanta fue la impresión que causó en ellos que aún pensaban en seguirla para hablar con ella. Viendo a aquellos admiradores de su hermosura, en Quisada despertó la cólera y de inmediato nació en él su voluntad de imponar la justicia de la caballería; gritó:

- A ningún hombre, fuera quien fuere, le permitiré de manera alguna seguir a Marcela. A quien se atreva a intentarlo se lo impediré yo. Esa mujer ha mostrado con claras palabras y mejores razones sus más profundas intenciones, y no deja ninguna duda de que ninguna culpa ha tenido en la muerte de Grisóstomo ¿por qué la acusáis?; ha revelado también con claridad sus intenciones de no buscar amante de por vida, nadie debería forzarla a lo contrario, pues desea mantener así su virtud por siempre, lo que la convierte en la primera persona en el mundo.

Dicho aquello, todos los asistentes permanecieron mudos y, ya fuese por la terrible amenaza del caballero, o porque Ambrosio les rogó que permanecieran hasta que el cuerpo hubiera sido enterrado y sus papeles quemados, ninguno de ellos se atrevió a seguirla. Cuando terminó la ceremonia, durante la que muchas lágrimas se derramaron, levantaron una lápida en el lugar, sobre la que Ambrosio escribió un epitafio que así decía:

Reposa aquí el amador, muerto
por quien no mostró sentimientos.
Despertó aquí la pasión,
desposarla aquí le pidió,
y aquí enterramos sus huesos.
Ella fue su desventura,
quien la corteje su vida arriesga.
Desdeñó a Grisóstomo Marcela,
a todos sirva de advertencia.

Una vez que erigieron la lápida, los presentes la cubrieron toda de flores y hojas frescas, le presentaron los respetos debidos a Ambrosio intentando consolarlo y aconsejándole que no guardara ese rencor en su pecho, hecho lo cual se despidieron y cada cual se fue por su lado. Vivaldo partió también con su compañero, mientras Quisada agradeció a los cabreros su hospitalidad. Los dos jinetes le pidieron que los acompañara a Sevilla, diciéndole que era un lugar donde los hombres tenían el corazón inquieto y que allí habría de encontrar todas las aventuras caballerescas que quisiera, pero Quisada les respondió:

- No deseo alejarme de aquí, pues en los alrededores de estos montes abundan ladrones y malandrines, y no he de partir yo antes de acabar con ellos.

Escuchándolo, los jinetes se despidieron de él y marcharon. La intención de Quisada era ofrecerse a Marcela como caballero andante para protegerla con toda su fuerza e impedir que nadie siguiera sus pasos, mas ciertos acontecimientos inesperados le impidieron cumplir sus deseos.

TERCERA PARTE

Capítulo I

Una vez que Quisada se despidió de todos, él y su discípulo se adentraron en el bosque en busca de Marcela, y sin poder hallarla vinieron a dar a un prado de fresca yerba, tan tupida que pareciese que habían desplegado una verde alfombra, junto al que corría un arroyo cristalino y susurrante. El sol lanzaba ya sus rayos ardientes, por lo que maestro y discípulo desmontaron y escogieron un lugar a la sombra para descansar un rato. Después de dar de beber a caballo y jumento, Sancho Panza tomó la valija y sacó unas raciones para almorzar.

No se preocupó Sancho de atar al caballo y lo dejó ir a pastar a sus anchas pensando que, siendo un animal manso y de natural bondadoso, aunque hubiera cerca de él alguna yegua, no habría de escaparse a lo loco. Pero en eso se equivocaba, y sucedió que acertaron a pasar por allí un grupo de ellas que venían pastoreando unos hombres que habían hecho un largo camino, y se detuvieron en el mismo lugar en que ellos estaban. El caballo de Quisada, que estaba paciendo tranquilo, vio a deshora la recua de yeguas y, dejando a su dueño, salió trotando alegre hacia ellas. Las hembras, que comían hambrientas, cuando vieron acercarse al caballo le soltaron unas cuantas coces, y aunque el animal saltó para esquivarlas, le rompieron las cinchas y perdió la silla; también los arrieros que las habían traído comenzaron a azotar al pobre caballo que, sin fuerzas para soportarlo, se desplomó sobre el suelo. Cuando Quisada vio que unos hombres golpeaban así a su rocín, fue corriendo con Sancho para defenderlo y, en medio de jadeos, le dijo:

- Paréceme que estos hombres no son gente de buena condición, así que me puedes ayudar a tomar venganza contra estos enemigos por lo que le han hecho a mi caballo.

- ¿Cómo vamos a poder vengarnos si ellos suman veinte y nosotros solo somos dos y, de los dos, yo apenas cuento como medio?

- Yo puedo enfrentarme a ciento -replicó Quisada.

Y se lanzó entre ellos espada en mano; viendo Sancho a su maestro arrojarse con tal bravura, tomó él también su espada e hizo lo propio. Al primer golpe, Quisada hirió a uno de los arrieros en el hombro y la sangre comenzó a manar a borbotones. Cuando el resto vio aquello, acudieron a sus estacas y comenzaron a repartir golpes. Sancho Panza fue el primero en caer, y aunque Quisada blandía con fuerza su arma, también acabó en el suelo, justo en el lugar en el que lo había hecho Rocinante. Seguía luchando con valor y destreza, pero los golpes arreciaban sobre él y le impidieron levantarse. Les pareció a los arrieros que estaba al punto de morir, así que tomaron rápidamente sus yeguas y se marcharon a toda prisa. Tirados por tierra los dos, quejosos, no podían levantarse y acabaron por desmayarse. Al rato Sancho Panza empezó a revivir lentamente y, para despertarlo, llamó con voz débil a Quisada que le respondió doliente.

- Maestro, no hable, solo le pido que me regale algunas gotitas del bálsamo ese que hizo, que pueda unir los huesos rotos untándome con él, que será más fácil curarse así -pidió Sancho.

- Del bálsamo no tengo más que la fórmula, aún no lo he preparado -respondió Quisada-, pero lo tendré y no importará qué mal tengamos tú o yo; en un par de días, y si no muero antes, te tendré lista esa pócima que revivirá hasta a los muertos.

- Quién sabe cuántos días han de pasar hasta que nos recuperemos, si van a ser dos días por mí ya está bien.

- De mí no sé decir en cuantos días estaré curado -siguió Quisada-. Y de lo sucedido hoy, he de asumir yo la culpa. Esos no eran caballeros, y no debía haberlos tratado como tales, por ello la sagrada justicia de la caballería me condena, pues he contravenido sus leyes y por ello los dioses no nos han ayudado. Sancho estate bien advertido, pues no es un asunto baladí para ninguno de nosotros, y es que cuando veas que voy a enfrentarme con una caterva así de canallas, impídemelo con todas tus fuerzas, y tú tampoco tomes la espada y te avances contra ellos. Pero si los que encontramos son de verdad caballeros, entonces nada impide que nos lancemos con toda la fuerza. La derrota de hoy no se debe en modo alguno a que mi bravura haya menguado, lo malo ha sido que nos ganaban en número; por ello la cultura no ha podido contener a la barbarie, y hemos sido derrotados.

Quisada, desde la pelea con los escuderos, se vanagloriaba de su victoria y se consideraba invencible. Pero esta derrota lo había descorazonado y por ello instruía así a su discípulo. Sancho, no muy contento, quiso pensar en una buena respuesta para su amo; después de un buen rato, dijo:

- Señor, soy un hombre pacífico al que no gusta pelear; en casa tengo mujer e hijos que dependen de mí para su sustento, no puedo arriesgar mi vida a la ligera. De aquí en adelante no echaré mano a la espada, sean los que encontremos caballeros o gente de baja ralea, ni me jugaré la vida. Soy de naturaleza manso y no quiero enfrentarme con otros por una menudencia.

- Errado estás, Sancho -dijo Quisada-, y con las pocas fuerzas que me quedan voy a dar respuesta a tus palabras, aunque apenas pueda soportar el dolor de mis costillas. La vida es como un hilo y no puedes decir semejantes palabras, pues la suerte en este mundo corre pareja con el viento, que puede soplar a favor o en contra, traer victorias o derrotas. Pero cuando lo haga a mi favor, yo me haré con esa ínsula de la que te habrás de convertir en gobernador. Entonces obtendrás honras y riquezas, y deberás defender sus tierras y sus fronteras con valentía; si concedes demasiado, puede que no sea para ti. Has de pensar que una vez que se ha tomado un reino o una ínsula, hay que someter con gallardía también a sus naturales, que pueden mostrar algún rechazo. Visto así, si piensas en convertirte en gobernador, has de cuidar tu bravura para defender tus fronteras. ¿Cómo vas a mostrarte débil o sin ánimo, como si fueras un hombre sin valor?

- Bien quisiera yo tener el entendimiento y el valor de mi maestro -respondió Sancho-, pero las fuerzas no me alcanzan y lo único que quiero ahora es un médico que me cure estas heridas, que me duelen como si me fuera a morir. Pero basta, a ver si vuestra merced se puede levantar, y ayudaremos a

Rocinante a hacerlo también. Si no hubiera sido porque este caballo se lanzó a buscar yeguas, no estaríamos ahora en este estado maestro y discípulo. A este Rocinante, que es de habitual tan tranquilo y pacífico, no lo había visto yo así tan revuelto y alborotado. Ese asunto lo ha cambiado, no lo conocía yo de esa guisa. Solo el cielo podía imaginar que después de la bravura de mi maestro asestando espadazos al escudero ese, que lo hizo caer del caballo y que tuvo que rogar por su vida, llegaríamos hoy a estar aquí tirados en el suelo y molidos a palos.

- Tú cuídate bien y quizá no los recibas -dijo Quisada-. Mas yo soy caballero, y no se planean victorias ni derrotas, ni la vergüenza que con estas va; pero si pensase en la muerte no podría en modo alguno perseverar en mi empresa.

Sancho Panza replicó:

- Si acaso es asunto de caballeros el que nos muelan a palos, o que nos azoten y aún otras cosas semejantes, en toda mi vida no podré ser yo caballero.

- No es así -respondió Quisada-, pues has de saber que está en el destino de los caballeros afrontar los peligros de tanto en tanto, pero, con buena fortuna, pueden convertirse en un instante en emperadores o en reyes. Lo he leído muchas veces en los libros y podría contarte, si el dolor me diera lugar, noticia de las aventuras de algunos caballeros de antiguo; sabrás entonces cómo algunos de ellos se vieron antes y después frente al peligro y las miserias, de los que no pudieron escapar. Amadís de Gaula fue tomado preso por su enemigo Arcalaús que le dio doscientos azotes con las riendas de su caballo, teniéndolo atado a una columna. Más tarde, el famoso Caballero del Sol fue encerrado en una mazmorra bajo un palacio, donde lo encadenaron de pies y manos y tan solo lo alimentaban con agua fría y arena, y este Caballero del Sol allí hubiese muerto si no fuera socorrido por un sabio que acertó a encontrarlo y lo liberó. Las heridas que hoy hemos sufrido no alcanzan, ni mucho menos, las de los dos caballeros, pues grande fue la afrenta que les hicieron. Debes saber que solo nos han dado con palos y azotes, que en ningún caso dañan tanto como espadas o lanzas, y la humillación tampoco ha sido tan severa. Ya lo dice con claridad la ley del duelo: "Si dos individuos A y B se enfrentan, si A golpea con un palo a B y B es herido, hay que evitar decir que lo han herido con un palo de madera, y se considerará que fue con palo de hierro para mostrar la severidad de las heridas y para hacer mayores de las circunstancias de su bravura." Hoy nos han herido con estacas de madera, no con espadas o lanzas y así he de decir yo, no diré que fue hierro sino madera, pues sé bien que nuestras heridas no han sido lo bastante severas.

- Lo único que yo siento es dolor -respondió Sancho-, aunque no sepa con qué cosa me golpearon, que en cuanto eché mano a la espada, me acertaron a dar un golpe en la espalda y me caí enseguida al suelo, y solo ahora empiezo a despabilarme. Pero aunque no sé con qué me golpearon, sé que el dolor se me ha quedado bien en el corazón.

A lo que respondió Quisada:

- Los valientes no saben de sufrimiento, ni siquiera temen a la muerte, ¿para qué hablar tanto de dolores?

- Pues ¿qué otra cosa puede haber en este mundo peor, aparte del descanso eterno? -replicó Sancho-. De momento, vamos a curarnos de estas heridas, que en cuanto a lo que ha de venir, y aunque tengamos ese ungüento mágico, veremos si podemos recomponernos y volver a levantarnos.

- Déjate ya de hablar de eso y recupera el ánimo -respondió Quisada-; en cuanto a mi voluntad, es inquebrantable. Y ahora pensemos en mi caballo, que sus heridas son tantas como las nuestras.

- Hombres y caballo hemos recibido nuestra parte -dijo Sancho-, solo no sé como está mi jumento.

- Aunque se encuentren desdichas, el cielo da una salida -dijo Quisada-, pues si el caballo está herido, el asno sano había de estar, y hará hoy las funciones de caballería. Ahora busquemos el palacio de algún noble donde puedan curar las heridas de mi caballo y las nuestras. Y no tendré yo deshonra en tal caballería, pues antaño Sileno el guerrero también montó un humilde jumento cuando entró en la ciudad.

- Bien sería comparar a mi maestro con Sileno -dijo Sancho-, si no fuera porque vuestra merced no puede montarlo, sino ir cargado a su lomo.

- Las heridas de un caballero son la muestra de su honra -respondió Quisada-. Y ahora, haz un esfuerzo por levantarte, cárgame encima de tu asno, y vámonos, que el cielo se está oscureciendo.

- ¿Pero no decía mi maestro que dormir al raso era para los caballeros una gran dicha? -dijo Sancho.

- Eso es solo cuando no encuentran posada -dijo Quisada- y en su caminar duermen al raso, y también en los libros se suele ver, y en el pasado no era raro que algunos caballeros, acostumbrados a los rigores, se quedaran en montañas solitarias o en desolados desiertos. En ese entonces, Amadís vivió en una montaña vacía no sé si ocho años u ocho meses, que no alcanzo a recordar, para pasar allí sus penas, como si de la penitencia que le hubiera impuesto algún sacerdote se tratase, al parecer por algo que no se cuenta con su amada Oriana; por esa causa se adentró en una montaña frondosa, como penitencia impuesta por algún sacerdote. Pero ahora no nos retrasemos y ve a buscar a tu asno, no vaya a ser que también le suceda otra desgracia.

- En peores estaríamos si también estuviera herido -dijo Sancho.

Lanzando grandes lamentos, hizo por incorporarse, aunque le dolía el cuerpo como si fuese a partirse, y sin poder acabar de enderezarse y apretando los dientes, se fue a buscar al jumento. Felizmente, la valija de cuero todavía estaba. Tiró del animal para acercarlo a su amo, y levantó luego, con la fuerza que pudo, al caballo herido, que si hubiese podido hablar, igual habría lamentado sus desdichas. Quisada estaba del todo hinchado y no dejaba de lamentarse y jadear, y como pudo, se echó sobre la silla del asno. Sancho Panza tiraba del caballo al que seguía el jumento y así se dirigieron al camino real.

Habían caminado unas dos o tres millas cuando encontraron una pequeña venta que a los ojos de Quisada no era venta sino palacio de algún principal. Porfiaba Sancho en que no era tal sino venta y hasta lo juraba por su vida, pero para Quisada seguía siendo palacio; era mucha la porfía entre maestro y discípulo que, sin darse cuenta, llegaron a su puerta. Entró Sancho por delante tirando de mulo, de caballo y de herido, y juntos entraron en el patio principal.

Capítulo II

El ventero vio a Quisada cargado sobre el asno, pues apenas podía decirse que iba montado sobre él, y preguntó qué mal traía aquel soldado en armadura. Sancho panza respondió:

- Cuando íbamos cruzando unos altos montes, mi maestro cayó del caballo y quedó malherido.

Tenía el ventero una mujer, de buen corazón y compasiva, que viéndolo de aquella manera, fue al punto a socorrerlo, y llamó a su hija para curarle las heridas. Había allí también una vieja de frente ancha y mejillas llenas, ciega de un ojo, pero ágil y de buena disposición; de los pies a la cabeza no medía tres pies, pero era de espaldas anchas y robustas, y parecía tener un problema de carnes que le cargaba el cuerpo; la mujer solía ayudar a la esposa del ventero a atender a los huéspedes. Entre ella y la hija del ventero le hicieron una muy mala cama en una estancia de un esquinazo de la venta, que parecía para pastores. Pusieron el camastrón en el suelo, sobre el que echaron paja a modo de colchón, y una colcha ennegrecida que más parecía de cuero que de tela.

Allí se fue a echar Quisada, y al momento la ventera y su hija lo emplastaron, mientras Maritornes, que así se llamaba la vieja, las alumbraba con una vela. Mientras lo embadurnaba, le extrañó a la ventera ver tantas heridas, y dijo:

- Más parecen estas heridas de azotes que de una caída.

- No son azotes -respondió Sancho-, sino que, cayendo desde arriba, había piedras sueltas por todas partes y se golpeó por todo el cuerpo. Y señora mía, si puede ser, deme a mí un poco de ese emplasto también, que parece que tengo la espalda dolorida y casi no puedo aguantarla.

- Entonces también caísteis vos -preguntó la ventera.

- No caí -dijo Sancho- sino que, cuando vi caer a mi maestro, me llevé un sobresalto como si yo también hubiese caído por un precipicio.

- Sí que decís bien -dijo la hija-, que a mí me ha acontecido muchas veces soñar que caía desde una torre abajo y que, felizmente, despertaba del sueño antes de llegar al suelo, y cuando despertaba me sentía toda dolorida, igual que nuestro huésped.

- Solo que mi mala suerte es que yo no estaba soñando -dijo Sancho Panza-. Mi maestro se llama don Quijote, y hace ya tiempo que estamos juntos, es como si fuéramos uno, sentimos lo que siente el otro, por eso también compartimos dolores.

- ¿Cómo ha dicho que se llama su amo? -pregunto Maritornes.

- Se llama don Quijote, es de la Mancha -respondió Sancho-, es un caballero andante de estos tiempos, no hay otro como él en el mundo.

- ¿Qué es un caballero andante? -volvió a preguntar la mujer.

- Mujer, ¿es que no sabéis nada de este mundo? -dijo Sancho Panza riendo-, un caballero andante es la cosa más excelsa de todo el orbe. Por ejemplo, hoy se ve apaleado por alguien, y mañana se alzará al trono de emperador; le suceden cosas que nadie imaginaría, y en el espacio de un día al otro, de estar por los cielos puede pasar a estar en el barro, o de estar tirado por el suelo queriendo morir, a repartir feudos y tierras entre los suyos al día siguiente, y nadie podría haberlo adivinado.

La ventera dijo sorprendida:

-Vos sois discípulo del caballero, ¿cómo es que todavía no os ha concedido un feudo o tierras?

- No ha llegado el tiempo aún -respondió Sancho-, no hace un mes que mi maestro salió a recorrer el reino, y todavía no hemos topado con ninguna aventura; porque mi señor sí deseaba realizar grandes empresas, pero hasta ahora lo que hemos encontrado son solo desventuras, y ninguna que sea digna de contarse. Pero si mi maestro cura sus heridas y no queda tullido, hacerse con los cinco títulos de nobleza de España le será tan fácil como escupirse en la mano y tendré yo más de lo que puedo desear.

Toda esta plática escuchaba Quisada que, incorporándose con esfuerzo, tomó la mano de la ventera para expresarle su agradecimiento:

- Señora mía -dijo Quisada-, sabed que llegará el día en que acoger a tan gallardo guerrero en vuestro palacio considerarlo habréis gran fortuna. No es de héroes verdaderos librarse a la alabanza propia en este mundo, pero mi discípulo os habrá mencionado mi insigne fama. Y sabed bien, mi señora, que la bondad que es deparada hoy al héroe, será retribuida sin falta. Solo lamento que mi corazón esté ya prendido, pues bien me gustaría que mi ánimo no estuviera sumido en la turbación por mi amada.

La ventera, su hija y Maritornes, aturdidas, no entendían qué significaban aquellas palabras que había soltado tan de pronto, aunque bien les alcanzó que eran palabras de agradecimiento. La ventera, admirada, tiró de su hija y se marchó mientras Maritornes se quedaba untando el emplasto en las heridas de la espalda de Sancho.

Y resulta que Maritornes había concertado solapadamente un encuentro con un arriero para refocilarse. Ella esperaría a que los amos se hubieran ido a descansar para deslizarse a hurtadillas hasta él; ella mantenía siempre su palabra, jamás dejaba de cumplirla, y el arriero confiaba plenamente en que no le fuese a engañar.

En el pajar en el que dormía Quisada había cuatro camastros; el más digno era en el que él descansaba, después estaba el de Sancho Panza, cubierto con una especie de lona gruesa, y aun estaba el del arriero que, a modo de colchón, tenía las enjalmas de sus mulos; eran doce los que traía, lustrosos y buenos andadores, y bien vivían los animales pues el arriero después de recogerlos, cada noche les daba de comer y de beber, hecho lo cual se iba a su lecho. Ya acostado, estaba esperando la visita de Maritornes que había salido después de emplastar a Sancho. Este se había echado intentando soportar sus dolores, pero no conseguía conciliar el sueño; Quisada tenía también los ojos abiertos de par en par y esperaba el amanecer, pues tampoco el dolor lo dejaba dormir. No se oía ya ni un alma, y todas las lámparas se habían apagado, excepto la que ardía débilmente en la entrada.

Estaba Quisada dando vueltas en el lecho sin poder dormir, cuando en su cabeza se le formó una ilusión en la que se veía a sí mismo en el palacio de un gran noble cuya hija, que era princesa por ser hija de noble, quedaba prendada de él y, enamorada como estaba, se le ofrecía para venir a buscarlo en la quietud de la noche, cuando sus padres se hubieran retirado. Se acercaba ella graciosamente, más al punto pensó él que aquel gozo inesperado podría poner en riesgo su buen nombre si acabara sucumbiendo ante la propuesta; por otra parte, en ningún modo podría compararse con la bella Dulcinea.

En eso estaba cuando, justamente, entró Maritornes a hurtadillas; venía descalza y en camisa, y avanzaba a tientas. Apenas había llegado a la puerta, Quisada, de oído agudo, la sintió y, sentándose en la cama, extendió los brazos para recibirla; ella llevaba también las manos extendidas tanteando, así que se agarraron y se sentaron en el camastro; estaba Maritornes sin poder hablar y Quisada creyendo que era la princesa, hija del noble señor de palacio, cuando, emulando a los héroes, la atrajo hacia sí; tentole luego la camisa que estaba hecha de algodón basto, pero a Quisada le pareció puro brocado, un brazalete que llevaba de cuentas de cristal, a él se le figuraron perlas con el brillo de la luna; le acarició los cabellos que eran puras crines de caballo, y para él a hilos de seda de oro se asemejaban, y su aliento, apestoso e insoportable, lo sintió Quisada como aroma de orquídeas y almizcle, pues el caballero seguía en su ensoñación y todo lo que a ella se refería se ajustaba a las bellas damas que contaban las historias de caballerías y, como a ellas, la compasión por las heridas del caballero la habían traído a toda prisa hasta él; todo estaba en sus viejos libros, y aquella detestable mujer representaba todo eso. Tal era la locura en los sesos de Quisada que tomaba por la doncella más hermosa del mundo a aquella feísima criada.

Lector mío, ahora debes estar partiéndote las costillas de risa sin poder contenerte; pero en ese momento Quisada le susurró a la mujer:

- Hermosa dama, cien vidas que muriera no podría olvidar yo la gracia que me hacéis, y un reino quisiera para vos conquistar y en él convertiros en su soberana, que no menos merecéis. Mas me encontráis hoy postrado, quebrantado por un enemigo, por lo que os ruego me disculpéis por no poder satisfacer vuestros más íntimos deseos, lo que me duele al infinito. Y más, se añade a esta, otra imposibilidad, y es que amo a Dulcinea y ninguna otra mujer será jamás la destinataria de mis afectos, que si no hubiera esto de por medio, no osaría yo desatender vuestra gran dadivosidad.

Maritornes estaba acongojadísima y había descubierto ya que era Quijote quien la tenía asida, y, sin entender su lenguaje florido y enrevesado, no respondía e intentaba salir corriendo hacia el camastro del arriero. Por su parte el arriero que esperaba la llegada de la mujer, oyó con ansiedad susurrar a Quisada; temiendo que Maritornes hubiera cambiado de parecer, se acercó sigilosamente a escuchar al caballero; no entendió ninguna de las razones del caballero, pero supo que no era que ella hubiera faltado a su intención, sino que era el caballero el que la tenía agarrada. Enfurecido, le dio una puñada a Quisada en la nariz, que empezó a sangrar a borbotones, y no contento con eso, se subió a su camastrón para soltarle unas patadas; el lecho se vino abajo y acabaron los dos hombres sentados en el suelo. El gran estruendo despertó al ventero y creyó que Maritornes estaba en disputas con el arriero, la llamó a grandes voces, pero ella no respondía. Tomó entonces el ventero un candil y se fue a mirar, y la criada, sintiendo que se venía su amo, se escondió en el camastro de Sancho Panza, que roncaba sonoramente; sigilosamente se acurrucó a sus pies y se tapó con la colcha. El ventero entró gritando, sin dejar de maldecir a Maritornes y, en esto, la escandalera despertó a Sancho que, sintiendo que había algo allí junto a él, creyó que era hechicería y comenzó a dar puñadas a la mujer que, dolorida, respondió a su vez golpeándolo. Despabilado del todo, Sancho se levantó y arreó un buen golpe a la espalda de Maritornes mientras la agarraba, y ella con fuerza devolvía las puñadas que iban y venían. En ese momento entro el ventero con el candil, y fue cuando el arriero, viendo que su amada estaba siendo vapuleada por Sancho, soltó a Quisada y se fue contra él para ayudar a la mujer; Quisada, al ver que el arriero iba a pegar a su discípulo, hizo todos los esfuerzos posibles por levantarse e ir a ayudarlo, pero no lo conseguía. En esto el ventero al ver la situación, supo que era Maritornes la culpable de todo y se fue a patearla con fuerza mientras el arriero le daba a Sancho y Sancho ayudaba dando a la mujer, y así los cuatro se enzarzaron, unos con otros, en un escandaloso alboroto. Y sucedió que al ventero se le apagó el candil y se quedó el lugar a oscuras como cueva, mientras los golpes iban y venían con más empeño aún.

Aquella noche se alojaba de casualidad en la venta un alguacil el cual, oyendo el estruendo, también se había despertado; asió su vara corta y una cajita, y entró a tientas en el aposento, gritando:

- ¡Alto la pelea! Soy alguacil comisionado para detener a los maleantes.

Al alargar la mano a oscuras, lo primero que agarró fue la mano de Quisada, que a resultas de la puñada del arriero, se había desmayado a causa del dolor; echándole la mano a las barbas a tiento, le dijo:

- Levantaos y ayudadme.

Quisada callado, no soltaba ni un sonido, así que el alguacil entendió que no respiraba y que lo habían matado a golpes. A grandes voces dijo:

- Aquí hay un muerto, que se cierren todas las puertas de la venta, que los malhechores no puedan escapar.

Los otros cuatro se asustaron y dejaron su pendencia. El ventero se escurrió fuera, el arriero volvió a echarse en su camastro y Maritornes salió también; solo quedó en ese momento Sancho Panza tan apaciguado como si estuviera muerto. El lugar seguía tan oscuro como laca y el alguacil salió a buscar luz, pero el ventero había apagado la lámpara de la entrada para regresar a escondidas a su estancia, así que no la halló por ningún rincón, y le fue preciso ir a la chimenea a avivar un rescoldo para encender otro candil y regresar.

Capítulo III

Quisada de pronto volvió en sí y, para despertar a Sancho, comenzó a llamarlo. Sancho Panza sonaba como si estuviera en su último reposo; Sancho, por las heridas, apenas si podía aguantar su cuerpo, y menos aún responder.

- Sancho, ¿duermes? -preguntó Quisada.

- ¡Cómo voy a dormir con todas las que me han caído en el pecho! -respondió reuniendo las fuerzas que podía.

- No sé yo la causa, pero es posible que malos espíritus anden este palacio -dijo Quisada-, y esa es la razón por la que, sin motivo aparente, hayamos recibido estos dolorosos golpes. Algo he de contarte, pero me has de jurar que para ti lo guardarás, sin decírselo a nadie, solo después de mi muerte podrás darlo a saber.

- Lo intentaré -respondió Sancho.

- La causa de tanta cautela es que no quiero en modo alguno destruir mi honra -dijo Quisada.

- Solo digo que guardaré con celo este asunto de vuestra merced mientras viváis -dijo Sancho-, que de verdad espero que no sea más tarde de mañana, para que tenga entonces derecho a hacer públicas sus palabras.

- En poca estima me tienes que me quieres ver muerto con tanta brevedad -respondió Quisada.

- No es eso -dijo Sancho-, mi misma vida también durará apenas un instante; pero si las cosas se dejan en lugar húmedo y oscuro acaban emponzoñándose y se transforman.

- Fiando en lo que dices, voy a contarte algo, solo espero que no divulgues mi secreto -dijo Quisada-. Esta noche me ha sucedido una cosa de lo más extraña. En lo profundo de la noche, la hija del conde, la princesa, vino a buscarme; su apariencia era tan hermosa como no se ha visto en esta tierra, de una belleza extrema; a la gracia de su rostro y de su cuerpo acompaña la gentileza de su naturaleza, al punto que no hay palabras que alcancen a describirlas; y otras cosas de sus bondades he de callar que habrían de lastimar el profundo sentimiento que hacia Dulcinea siento; pues de esta bella entre las bellas el cielo me hizo presente. Pero lo que nunca hubiese imaginado, pues inimaginable era, que en este palacio tuviesen negros demonios sembrando la calamidad, pues en el tiempo que yo estaba con ella en amoroso coloquio, de pronto la mano de uno de ellos, sin que yo supiese por dónde venía, asentome una puñada en la nariz, de tal suerte que la sangre empezó a brotar sin detenerse; y aún cuando me estaba doliendo, subiose al lecho y comenzó a darme patadas, de modo que me dejó peor que con las heridas recibidas el día de ayer. Conjeturo que la causa es que esta belleza tiene un encantador que la protege, y que la tiene bajo su único dominio, y a la que no ha de acercarse nadie, y que no debe ser para mí.

- Ni para mi maestro ni para mí tampoco -respondió Sancho-, que cuando estaba profundamente dormido, algo se me echó encima sin que yo me hubiese acercado a esa belleza y, sin más, me cayeron diez mil puñadas, dejándome mucho más molido que ayer, como si aquello con lo que nos dieron fuesen plumas y lo de hoy rocas caídas desde arriba. Y por si fuera poco, aún el maestro tuvo más suerte que el discípulo, y se llevó alguna alegría en este asunto, pues pudo echar mano a esa hermosura y compensar el dolor con su encuentro amoroso, pero ¿por qué yo tuve que llevarme la molienda en mis carnes?, ¿qué de provecho saco yo en esto? No soy caballero andante, pero cuando se trata de la mala fortuna, bastante más de la mitad me cae a mí, podría decirse que lo peor de esta vida para mí llega al extremo.

- ¿También tú estás aporreado? -preguntó Quisada.

- Es lo que precisamente ahora estaba diciendo -respondió Sancho-, de mis dolores me estaba quejando.

- No hablemos más -dijo Quisada- que enseguida prepararé el ungüento y, en cuanto lo tomemos, sanarán nuestras heridas.

Justo en ese momento, el alguacil que volvía de haberse hecho con luz en la cocina, entró a ver al hombre que había muerto por los golpes; y así como Sancho lo vio entrar en camisa, con un paño blanco envolviéndole la cabeza, candil en mano y con un aspecto feo y tosco, le gritó a Quisada:

- Maestro, mirad a ese hombre; debe ser el encantador que vuelve a buscar venganza.

- No puede ser el encantador -respondió Quisada-, que las malas artes saben cómo ocultar su forma, no se les puede ver.

- Serán buenos ocultando su forma para que sea difícil verlos -dijo Sancho-, pero a este se le ve bien claro, y no sé yo si será bueno o malo.

- Te digo que no es -dijo Quisada.

En esa discusión estaban cuando el alguacil vio que el muerto podía hablar, bien es cierto que tenía todo el cuerpo cubierto de sangre y estaba emplastado todo él, además de que estaba tendido boca arriba como un cadáver sin poder levantarse.

- Tú, quien seas, ¿quién te ha maltratado de ese modo? -le preguntó.

- Si acaso fuerais tan digno como yo, entenderíais de maneras -dijo Quisada-, ¿cómo os atrevéis a tratar con semejante familiaridad a un soldado de la orden de la caballería?

Encolerizado, el alguacil lo golpeó con el candil que llevaba en la mano; la vela se apagó y la oscuridad volvió a la estancia mientras el hombre salía.

- Maestro, mire bien si este no es ese musulmán bueno en encantamientos -dijo Sancho-, porque según yo lo veo, aún no ha usado todas sus artes al punto de llevarnos a la muerte, solo puñadas y patadas y poco más; poca condena es.

- Bien dices - dijo Quisada-, pues a estos encantadores, que un momento se ocultan y al siguiente se muestran, es difícil distinguirlos y menos aún tomar venganza en ellos, y temo yo que no podamos seguirlo. Ahora haz un esfuerzo por levantarte y ve a buscar al señor de palacio y pídele sal, aceite y vino, además de unas rosas, que voy a preparar el bálsamo, porque otra vez se me va mucha sangre de ese golpe que me ha dado en la frente con el candil y mal lo puedo soportar.

Aguantando como pudo el dolor, se levantó Sancho Panza y arrastrándose fue en busca del ventero, mas con quien fue a darse fue con el alguacil que, apoyado fuera de la puerta, escuchaba a hurtadillas lo que dentro ocurría. Como antes Sancho estaba tendido en la oscuridad, no lo reconoció, así que le dijo:

- Señor mío, le ruego que me busque algo de sal, vino y unas rosas para cocer un bálsamo para curar la herida que un musulmán encantador le ha hecho en la cabeza a mi señor, el más grande caballero que en el mundo ha sido, con un candil.

Cuando tal oyó, el alguacil supo de la falta de seso sin solución de aquellos dos hombres; y, porque ya comenzaba a amanecer fue a donde estaba el ventero y le contó lo que necesitaban. El ventero les proveyó de todo cuanto querían. Sancho, con la sal y el vino regresó como pudo a la estancia donde vio a Quisada que se sujetaba la cabeza con las manos quejándose lastimosamente; en realidad el golpe no había sido tan fuerte, pero era el sudor el que corría mezclado con la sangre y no podía soportar el dolor.

Le llegaron entonces la sal, el aceite y el vino, además de las rosas, y ordenó que lo pusieran a cocer un buen rato, después pidió un frasquito de cristal para echar la cocción, pero, en su lugar, el ventero le hizo grata donación de un jarro de arcilla y Quisada recitó unos encantamientos y dibujó unas cruces en la boca del tarro. A un lado, todo lo observaban el ventero y el alguacil, a quienes todo parecía extraño; en cuanto al arriero, ya se había levantado para irse a ver a sus mulas, ocultando la risa.

Terminados los encantamientos, quiso el caballero hacer un poco la experiencia de su propio remedio; apenas lo acabó de beber, cuando comenzó a vomitar con tal violencia que parecía que fuese a echar las cinco entrañas y le dio un sudor copiosísimo, por lo cual, y al sentir frío, pidió que lo taparan diciendo que un sueño algo lo aliviaría; todos salieron como les pedía y al cabo de tres horas, Quisada despertó sintiéndose bastante aliviado, de tal manera que creyó verdaderamente en la eficacia del bálsamo. Se decía a sí mismo que podría arrostrar cualquier peligro por esos mundos y que, solo con llevar aquella pócima, hasta su bravura acrecentaba.

Viendo Sancho Panza la mejoría de su amo, le rogó que le permitiera beber lo que restaba del bálsamo; concedióselo Quisada y abrazó Sancho el jarro, teniéndolo por pócima celestial, y apuró hasta la última gota. Como era su estómago saludable, no pudo vomitar, pero sintió como si en su interior hubiese un sinfín de lechones alborotando sin poder aquietarse; un sudor frío le cubrió todo el cuerpo y supo que era llegada su última hora y que a aquello no podían decirle bálsamo sagrado pues veneno era. Viéndole así Quisada, le dijo:

- Yo creo que todo este revuelto te viene de no haber sino armado caballero, y debe ser causa de que no te sirva, que este bálsamo está hecho para sanar a los caballeros, no al resto.

- Si no había de probarlo, ¿por qué consintió que lo tomase? -replicó Sancho- ¿por qué no me advirtió antes?

Parecía entonces que Sancho Panza desvariaba; el ventero creyó que iba a morir y tan asustado estaba que no sabía qué hacerse. Así pasaron dos horas hasta que Sancho quedó echado rígido, sin emitir sonido, desvanecido como si de un muerto se tratase.

Quisada, sintiéndose aliviado, quiso emprender camino y, aunque sabía que Sancho Panza estaba débil y que apenas si podía soportar el dolor de las heridas, parecíale que los días que allí permaneciesen, muchos habría en la sociedad que estuvieran padeciendo calamidades y esperasen su amparo. Y así, con la confianza en la bondad de su bálsamo y su valor reforzado, él mismo ensilló su caballo, se enfundó la armadura y ayudó a Sancho a subir a la silla del asno. Viendo en un rincón una larga lanza, que el ventero usaba para prevenirse de los ladrones, la tomó para llevarla consigo.

Los que entonces estaban en la venta, más de veinte, miraban sus maneras de loco, conteniendo la risa; entre ellos estaba también la hija del ventero en quien Quisada posaba sus ojos y, pensando en que, una vez que se alejara de aquella bella dama, no volvería a encontrarla, lanzaba grandes suspiros que el ventero creyó ser gemidos que daba hoy quejándose por las heridas que ayer lo habían tenido al borde de la muerte.

Cuando estaba por partir, Quisada llamó al ventero y le dijo:

- Hasta el último de mis días quedará grabada en mi corazón la bondad que me habéis hecho, señor conde; en respuesta a ella, permitidme preguntaros si alguien hay que os haya ofendido o si pendencia tenéis con alguno para que, en vuestro nombre, tome venganza, y ni la muerte me arredrará en la empresa, pues habéis de saber que caballero andante soy y mi tarea es castigar a los poderosos y socorrer a los débiles; acabar con la injusticia y no dejar que los humildes sufran afrentas, es mi sagrada misión que he de realizar hasta el límite de mis fuerzas. No os contengáis, señor conde, y decidme.

- Las intenciones de mi señor caballero son muy dignas -respondió el ventero-, pero no tengo yo ninguna venganza que tomar, ni tampoco me ha ofendido nadie, lo único que deseo es que vuestra merced me pague su gasto de cama y cena del caballero y del forraje de las bestias.

- Así que no es esto palacio, sino fonda, y vos no sois conde -dijo asombrado Quisada.

- Y fonda afamada desde hace tiempo -respondió el ventero.

- Tomela yo por palacio condal, de ahí la repetida reverencia de mis palabras -dijo Quisada-, pero aun no siendo palacio, no yerro en mis palabras ni vos podéis reclamarme pago alguno; no puedo yo contravenir los usos de la caballería pagándoos, pues en los muchos libros que he leído ninguno decía que los caballeros andantes hubieran pagado jamás en las ventas donde quedaren, pues era honor que les hacían en pago a enfrentarse a las inclemencias del tiempo, por no retroceder ante los contratiempos, ni sucumbir ante las tribulaciones, y todo ello por mor de la cortesía, y no hace falta continuar charlando sobre ello.

- No os entiendo bien -respondió el ventero-, así que pagadme enseguida y dejaos de tanta palabrería para confundirme, que no soy yo quien pagará cama y comida de ningún caballero que no conozca.

Encolerizado, Quisada respondió:

- Vos sois quien está errado, no podéis acusarme de locura.

Y blandiendo su lanza, azuzó al caballo y salió por la puerta sin volverse a mirar si Sancho Panza lo seguía.

El ventero agarró a Sancho, que le dijo:

- Según la ley de la caballería, el caballero no ha de pagar un céntimo y, siendo yo su discípulo, ¿cómo voy a atreverme a desobedecerla?

Irritaron mucho al ventero aquellas palabras, que le respondió:

- Si no me pagas, te ataré a un pilar sin ningún miramiento.

- ¡Aunque me cueste la vida, no pagaré! -replicó Sancho- No voy yo a contravenir la ley para que los caballeros andantes que están por venir me lo reprochen.

A esas alturas, los que estaban en la venta, envalentonados, se llegaron a Sancho y, apeándolo del asno, uno tomó una manta con la que lo envolvieron, se lo llevaron al patio de atrás, y se pusieron a atormentarlo empujándoselo de unos a otros.

Las voces que Sancho lanzó llegaron, desde lo lejos, a oídos de Quisada que, al principio no acertaba a pensar que eran suyas, sino de algún pobre hombre al que un poderoso maltrataba; enaltecido por el espíritu de caballero, dio vuelta a su montura para regresar hasta que, algo más cerca, conoció que el que gritaba era Sancho. Apuró al caballo hacia la venta, y, hallándola cerrada, la rodeó hasta el patio de atrás, donde las paredes eran bajas; sobre el caballo, vio a Sancho envuelto en la manta, volando de arriba abajo, y, de no haber sabido que era su discípulo, incluso él se hubiese echado a reír en silencio. Pensó entonces en saltar por encima del muro y colarse en el patio, pero aún estaba dolorido y no pudo ni bajar del caballo, así que comenzó a insultarlos y decir tantos denuestos, que quien esto escribe no puede detallar; y cuanto más los insultaba con más saña lo lanzaban, y aumentaba el bullicio de voces y risas, a las que se unían los insultos que, por su parte, Sancho profería sin cesar. Cuando ya no podían más, dejaron de tirar de él y lo desenvolvieron, liberándolo en el suelo, para subirlo a lomos de su jumento después. Maritornes se apiadó de él y le ofreció agua, que Sancho bebió con ansia. Desde fuera del muro, Quisada que lo vio, le gritó:

- En cuanto des un trago, esa agua te matará; aquí tengo yo el bálsamo que te sanará de cualquier mal.

Volvió Sancho la cabeza para mirar hacia fuera y dijo:

- Mi maestro ha olvidado que no soy caballero, ¿cómo voy a beber del bálsamo a ellos destinado para aumentar mis padecimientos? Un trago que di ayer me dejó medio muerto, si doy otro terminará de rematar la faena. Quédese vuestra merced el bálsamo para cuando lo haya de necesitar, que yo no he de volver a probar esa ambrosía.

Le pareció a Sancho que el agua apestaba, así que le pidió a Maritornes que le trajera algo de vino; le trajo un vaso que pagó ella misma, porque la mujer, aun siendo algo licenciosa, tenía maneras de persona religiosa. Tras tomar el vino, Sancho se sintió más recuperado, así que montó sobre el asno y salió, muy satisfecho, diciéndose que ni había pagado el vino, ni había quebrantando los usos de la caballería. Verdad es que el ventero se había quedado con la valija de cuero, que bastante más era que el dinero, pero Sancho no la echó de menos, según salió turbado. Cerró el ventero la puerta después de que los dos hubiesen partido, aunque los que allí quedaban no tenían miedo pues consideraban que la gallardía de aquel caballero no era sino fingida, y no bastaba para asustarlos.

Capítulo IV

Siguió Sancho a su amo, con el semblante demacrado y marchito, y el cuerpo vencido y apaleado, tanto que ni podía arrear a su jumento. Quisada le dijo entonces:

- Sancho, ahora acabo de comprender que aquel palacio en el que nos quedamos sin duda tiene demonios, ¿qué podían ser sino demonios los que así te envolvieron en aquella manta y te tiraron arriba y abajo? Ciertamente no eran hombres sino diablos, pues además, cuando desde el otro lado del muro miraba tus padecimientos, quise apearme del caballo y saltar ese muro para socorrerte; de cien maneras lo intenté pero no podía mover el cuerpo, pues debieron ser esos demonios los que me lo impedían. De haber alcanzado donde tú estabas, hubiera tomado venganza por ti para que aquellos hombres hubieran recordado su humillación de por vida, y eso que, como te he dicho, los caballeros no han de ayudar a sus discípulos, pues estos no han sido armados caballeros, y según el código de la caballería, los unos no pueden intervenir en los asuntos de los otros, a no ser que se trate de un caso de vida o de muerte, o para defender su propia persona o la de su discípulo.

-Ya hubiese querido yo poder pelear y no necesitar la ayuda de mi maestro -dijo Sancho-, pero ni conmigo puedo, sea lo que sea. Pero en cuanto a aquellos que así me humillaron, no fueron de ningún modo encantadores, que seguro que eran hombres corrientes, que según me volteaban se llamaban por sus nombres cristianos: el uno se llamaba Pedro Martínez, el otro Tenorio Hernández, y al que los mandaba llamaban Palomeque el Zurdo, que los recuerdo a todos con claridad. Y lo de que no podía apearse del caballo, más eran las propias fuerzas del hombre las que lo impidieron, creo yo que no es otra la causa. Es más, lo que está clarísimo, de lo que no cabe duda, es que desde que vuestra merced y yo salimos en busca de aventuras, hemos acabado siempre malheridos, y ni un respiro hemos tenido para recuperarnos, que todo lo de los caballeros andantes no es asunto fácil y no nos trae más que una suerte desgraciada. Según este servidor lo ve, más nos valiera regresar cuanto antes el maestro a leer sus libros y yo a arar los campos, que bastante es para la vida; ¿qué necesidad tenemos de seguir de esta manera? Lo que empieza siendo cocido en el caldero, acaba pronto de ceniza en el fuego.

- ¡Que vas a saber tú, Sancho -respondió Quisada-, de los asuntos de la caballería! Ten algo de paciencia, porque habrá de llegar el día en el que la victoria contemples y, siguiéndome, me verás alcanzar fama y honra. Deja que te pregunte: ¿es que hay mayor gozo en esta vida que la de ver derrotado al enemigo, dejándolo sin escape posible? Todos quedarán rendidos ante mi divina bravura.

- Puede que así sea -dijo Sancho-, pero permitidme contradeciros, porque después de que vuestra merced y yo salimos como caballeros andantes, no hemos logrado ni una victoria contra ningún enemigo, si no fue la del escudero aquel, y aún vuestra merced perdió la oreja izquierda y parte de la celada a sus manos; así que me parece que la balanza entre victorias o derrotas es bastante moderada, que puñadas hemos recibido bastantes, hemos soportado magulladuras y heridas una tras otra, y en mi cuerpo me llevo hasta la humillación de que me envolvieran en una manta y me voltearan arriba y abajo, sin que haya podido vengarme, y aunque querido hubiera aún jugándome la vida, las fuerzas no me alcanzaban. ¡Y mi maestro aún habla del gozo de derrotar a los enemigos!

- Hemos padecido cada cual lo nuestro, maestro y discípulo -respondió Quisada-, pero de aquí en adelante voy a procurarme una espada preciosa, elaborada con artes mágicas para que con su solo refulgir corte al instante. Y si el cielo me otorga espada semejante a la de Amadís, también a mí me habrán de llamar el Caballero del Afilado Acero, pues su espada era aguzada como el viento, tan delicado su filo como una navaja de barbero, y por sólida que fuese una armadura, la cortaba en un instante.

- Esa espada será solo para que la use vuestra merced -dijo Sancho-, para alcanzar el gozo del caballero que, como el bálsamo para caballeros, más me valdrá ni tocarla.

- No es así, Sancho -dijo Quisada-, que Dios te habrá de auxiliar a lo largo del camino, ¿por qué preocuparte?

Iban los dos hombres en esta charla sobre sus penurias, cuando vio Quisada, de pronto, una polvareda que ocultaba el cielo, y dijo:

- Sancho, ahí se acerca nuestro enemigo mortal; llega al fin la suerte y el momento de felicidad para mi corazón. Hoy es el día en que se cimentará mi fama, y las generaciones futuras cantarán mis hazañas. ¿Ves esa nube de polvo que a lo lejos se alza? Es un ejército con un número incalculable de hombres.

- Dos deben ser los que se van a encontrar-dijo Sancho-, que a la izquierda se levanta asimismo otra polvareda.

Volvió a mirarlo Quisada y, alegrándose sobremanera, pensó sin duda alguna que eran dos ejércitos que venían a embestirse allí mismo, pues tenía la cabeza llena de las fantasías que las novelas contaban y que, a oleadas, invadían su corazón. Allí permaneció con la mirada fija sin saber quienes eran aquellos que se acercaban. Y la polvareda la levantaban, en realidad, dos rebaños de ovejas que se apresuraban hasta ese lugar. Pero Quisada andaba sumido en su mundo de ensoñación, hasta el punto de que incluso Sancho, casi sin sentir, y no estando cerca los rebaños, también creyó que eran dos ejércitos que estaban a punto de enzarzarse en una batalla encarnizada, y le preguntó a Quisada:

- En caso de batalla ¿qué hemos de hacer nosotros?

- Socorrer a los débiles y doblegar a los poderosos -respondió Quisada-. ¿No ves, Sancho? El primer ejército está conducido por Alifanfarón, que es el famoso rey de la isla Trapobana (es un personaje de una novela); el otro es el ejército de los garamantas, el soberano del reino de Garamantia es apodado Pentapolín del Arremangado Brazo, y así lo llaman porque siempre entra en las batallas sin la protección de la armadura en el brazo derecho.

- Pues ¿de donde ha nacido esa enemistad entre los dos reyes? -preguntó Sancho.

- Alifanfarón es pagano -respondió Quisada-, y está enamorado de la hija de Pentapolín, una hermosa muchacha y devota cristiana, y el rey del Arremangado Brazo desprecia a los paganos y no desea entregarle a su hija a no ser que el otro cambie su religión.

- El rey del Arremangado Brazo está en razón, y le tengo de ayudar -dijo Sancho.

- Es correcto tu propósito -dijo Quisada-, no me avergüenzas como discípulo; para entrar en batallas semejantes no está en uso utilizar la fuerza de caballo y lanza, basta con alinearse espada en mano.

- Lo mismo haré yo -dijo Sancho-, pues entrar en batalla a lomos de asno no es apropiado; pero para cuando acabe la lucha podría perderlo y lástima me daría tener que ir a pie.

- Creo yo que mejor sería que lo dejaras libre -dijo Quisada-, que si ganamos esta batalla a nuestros enemigos, no dejará de haber caballos, y hasta yo querré cambiar el mío.

Dicho aquello, los dos hombres pusiéronse sobre una loma desde la cual observar la batalla. Si las nubes de polvo no hubiesen turbado la visión, habrían visto de inmediato los rebaños de ovejas; pero Quisada seguía contándole a Sancho:

- ¿No has visto a ese enemigo que va al frente, de celada y armadura de oro, que trae en el escudo un león coronado rendido a los pies de una doncella? Es Laurcalco. Aquel otro que tiene enfrente es el gran general Micocolembo, con flores de oro grabadas en yelmo y armadura, y dibujados tres cuervos en su escudo. A su derecha, ese gigante es Brandabarbarán de Boliche, cuyo valor divino no tiene parangón y que es rey de Arabia, su armadura es de cuero de serpiente, y en la mano lleva una puerta, que dicen que es una de las que el fornido Sansón tomó cuando estaba a punto de morir para acabar con sus enemigos, de los que muchos mató; esa es la puerta que ahora sostiene Brandabarbarán. En las filas de Laurcalco hay todavía otro general siempre victorioso, el famoso Timonel de Carcajona, rey de la Nueva Vizcaya; con colores diversos en su coraza y dibujado sobre el escudo un gran gato, además de las letras Miulina, pues Miulina es el nombre de una bella dama, la hija de Alfeñiquén, conde del Algarbe. Y allí, aquel otro montado a caballo, que viene de blanco como blanca nieve y con el escudo sin empresa, es un caballero francés, señor del condado de Utrique, llamado Pierres Papín; el otro que llega también a caballo es el conde de Nerbia, de escudo azul cielo con flores diversas sobre él.

Y de esta manera fue nombrando, uno a uno, todos los famosos generales de las novelas, y sin parar, al cabo de un instante, continuaba:

- Y los grandes generales de ese escuadrón frontero no proceden solo de una nación: la mayor parte proceden de Janto o de Masilia, o también de Arabia o de las riberas del río Termodonte; y entre sus filas hay persas, que son los mejores flechadores en este tiempo, y están los medos y los árabes, también entre sus filas. Por detrás llegan los escitas, cuya apariencia es de hombres, pero son fieras. Hay también muchos hombres de Betis, el reino donde se cultivan muchos olivos; los hombres de Tajo, que habitan a las orillas del río; los tartesos, buenos guerreros, y especialmente esos que vienen de los rigores del extremo norte. Mirándolos desde aquí podemos ver hombres llegados de toda Europa.

Quisada había leído vastamente y ahora describía todas aquellas naciones con detalle, incluso con los productos de ellas originarios, pues los conocía de corazón.

Estaba Sancho mirándolo, sin decir palabra, pero seguía el dedo de su maestro cuando este señalaba a un lado o al otro; y como no descubría hombre alguno, le dijo:

- Todos esos hombres que está viendo vuestra merced, no acierto a verlos yo, ¿por qué será?

- Si no ves a los hombres, ¿es que tampoco oyes el sonido de los cascos de los caballos, los tambores de guerra? -preguntó Quisada.

- No oigo otra cosa -respondió Sancho- que el balido de las ovejas.

Lectores míos, debéis saber que las palabras de Sancho eran ciertas, pues para entonces ya los dos rebaños habían llegado para convertirse en uno.

- Contemplar a los enemigos te ha llenado de temor -dijo Quisada-, no es extraño. Retírate a un lugar seguro, que voy a lanzarme solo yo con mi lanza y mi caballo contra el enemigo, y no regresaré hasta no haber vencido.

Y, diciendo esto, con la lanza en ristre y espoleando al caballo, se lanzó llanura abajo.

Diole voces Sancho diciendo:

- Lo que va a embestir con la lanza son ovejas, ¡vuélvase al punto, vuélvase! Que seguro nos traerá más agravios, que no hay nada de lo que ha contado mi maestro, que tanto entusiasmo a la locura lo ha llevado. Tanto decirse caballero andante, y no es más que mi mala suerte la que hasta aquí me ha traído, no queda más que decir.

Mientras, Quisada, lanza y caballo, se fue directo hacia el centro de las diez mil ovejas que allí había, donde hacía alarde de su gloriosa bravura, y por mucho que Sancho vociferaba y le gritaba, no le oía. Una vez en medio del rebaño, en altas voces iba diciendo:

- ¡Caballeros, al toque de tambor seguidme! ¡Vamos a golpear a esos soldados paganos!

Gritando y esgrimiendo la lanza embistió contra las ovejas, entre las que se produjo una desbandada, dispersándose los animales en las cuatro direcciones, aunque a unas cuantas les dio muerte. Viendo los pastores cómo acababan con sus ovejas, dábanle voces que no hiciese aquello; pero Quisada, con el ánimo crecido, las alanceaba a izquierda y derecha sin que ellas pudiesen hacerle frente; los pastores, enojados, tomaron unas piedras para arrojárselas, algunas tan grandes como puños. Quisada no se curaba de las piedras y seguía matando ovejas con gallardía; en aquel momento transformado del todo, su lanza pinchaba allí donde alcanzaba para no dejar escapar ni una viva; galopando seguía aún de este a oeste, buscando al general enemigo, para atraparlo y anunciar así el fin del combate.

- ¿Adónde estás, Alifanfarón? -gritaba Quisada- Has de saber que aquí está un hombre solo, con su caballo, para cobrarse tu cabeza; a ti que tanto empeño pones en hacerle mal a Pentapolín. No pienso permitirlo y a unirme a él he venido. Ven a medir tus fuerzas conmigo, a ver qué sucede.

Mientras así vociferaba, llegó volando una piedra que le dio en el costado. Sintiéndose dolorido, recordó de inmediato su bálsamo, lo sacó y comenzó a beberlo; cuando entraba ya por la boca, otra piedra lo alcanzó rompiendo el jarro del bálsamo, hiriéndolo en la muñeca y saltándole los incisivos. Dio Quisada consigo del caballo abajo, cubríale la sangre la boca y quedó tendido con los ojos cerrados como muerto. Temiendo los pastores que su muerte pudiera acarrearles algún castigo, reunieron con mucha prisa sus rebaños, cargó cada uno con sus ovejas muertas, azuzaron a las vivas y huyeron.

Viendo a su maestro caído del caballo, Sancho Panza bajó con celeridad de la loma, resuelto a terminar con aquello y arrepentido de su propia estupidez arrogante, y, sabiendo que ya habían partido los pastores y ningún mal podrían acarrearle, fuese a mirar a Quisada que, aunque desvanecido, seguía vivo, y gritole:

- Maestro, esta vez, por no escuchar lo que os decía, os veis de esta guisa. ¿Qué iban a estar en ese rebaño de ovejas el tal Alifanfarón o el tal Pentapolín?

Volviendo en sí, Quisada respondió:

- Sábete, Sancho, que los encantadores pueden transformar de mil maneras; pueden cambiar a los hombres en ovejas y cambiar pueden a las ovejas en hombres también. Sin duda, esto es obra de mi mortal enemigo, que viéndome a punto de entonar mi canción triunfal, en un instante puso en juego sus artes mágicas para transformar en ovejas a los hombres; y si no me crees, sube a tu asno y sigue a ese rebaño que verás que, alejándose unas pocas millas, los carneros se vuelven a su ser, hombres con yelmos, armaduras y armas, todo como yo lo vi. Pero ahora he menester tu ayuda, que me duelen los dientes y parece que he perdido mis incisivos.

Abrió Quisada la boca todo lo que pudo y llegose Sancho lo más cerca que pudo a mirar, y fue cuando el bálsamo había llegado al estómago de Quisada, sin que pudiera digerirlo; así que de pronto arrojó de sí con fuerza babas, saliva y flemas del bálsamo, rociando toda la cara de Sancho Panza; el olor de los fluidos era repugnante, y apenas pudo soportarlo. Se levantó en un grito pensando que aquello que había expulsado Quisada sangre era y que su vida estaba a punto de llegar a su fin. Lo contempló con cuidado y vio que sangre no era, sino saliva con los restos del bálsamo. Acudió Sancho apurado a su asno para sacar de la valija una camisa limpia y algo con qué limpiarle la porquería a su maestro, y descubrió entonces que ya no estaba; alarmado, quería llorar, no sabía qué había pasado y se propuso, entonces, volverse a su casa; eso suponía perder las esperanzas del gobierno de la ínsula y no podía rendirse. Cavilando entre una cosa y otra, andaba mohíno y callado, además todavía tenía sobre su cara el vómito que apestaba.

Levantose con esfuerzo Quisada y, puesta la mano derecha sobre la boca, asió con la izquierda las riendas del caballo, que tan leal era que no se había movido de su lado, y fuese despacito hasta donde Sancho estaba. Viéndolo tan ensimismado y a punto de llorar, le dijo:

- ¿A qué viene, Sancho, tanta cavilación?, ¿cómo va nadie a hacerse en este mundo con una reputación que mil otoños dure sin pasar antes por diez mil penurias? Todas estas borrascas que nos suceden las depara el cielo, pero el éxito está ya cerca. Debes saber que en la vida de un hombre hay gloria y hay humillación, ¿es que acaso podría ser la vida siempre calma, sin contratiempos? Pero la mala suerte no durará ya mucho, y en un guiño la soleada primavera llegará. En cuanto a lo que me ha acontecido, las mil desgracias y los diez mil infortunios, proceden del corazón de Dios que ama a los hombres, y me los hace pasar en mi camino a fama y riqueza que han de llegar en un chasquido de dedos. No estés así de acongojado pues a ti no te cabe parte en la desgracia por la que he pasado.

- ¿Qué dice, maestro? -respondió Sancho- Que la otra mañana fui yo a quien envolvieron en una manta y me aventaron de arriba abajo hasta que perdí el sentido y estuve a punto de morir. Y no es la única desgracia, que habíamos guardado toda nuestra vida en esa valija de cuero que se ha perdido. ¿Y ahora qué?

- ¿Se ha perdido la valija? -preguntó Quisada.

- Sí, y no sé cuándo ha sido -respondió Sancho.

- ¿De dónde vamos a sacar la ración de comida de hoy? -preguntó

Quisada.

- Dice vuestra merced que por estos campos silvestres, entre las raíces de los árboles o en los tallos de las yerbas, los hay venenosos y los que no lo son, y que sabe distinguir unos de otros, y que cogiendo uno a uno se puede aliviar el hambre; podemos hoy depender de ellos.

- Pensaba yo más bien en algo de carne -respondió Quisada-, no estoy por comer yerbas amargas. Sube en tu jumento y vente tras de mí, y dejémonos de charlas sobre desgracias, que Dios presta su ayuda a los hombres, y no has de inquietarte, pues debes saber que el cielo a todos los seres provee, vuelen, naden o corran, cada cual encuentra su alimento. A todos alcanza la fuerza de Dios, a los no nacidos y a los que han de morir. Y es más, tiene Dios ojos también, que distinguen con claridad los buenos de los malos, y puesto que nosotros obramos bien, ¿cómo va a castigarnos sin alimento?

- Más bueno es vuestra merced -dijo Sancho- para predicador que para caballero andante.

- De todo han de saber quienes son nombrados caballeros andantes -dijo Quisada-, porque caballeros andantes hubo en tiempos pasados que cuando estaban en el punto de comenzar la batalla, dirigían arengas a los hombres, y todos escuchaban con arrobo, lo que enardecía su valor; de donde se infiere que quienes saben manejar la lanza, han de saber manejar el pincel; las letras y las armas son igualmente virtuosas, y con ellas se forma el caballero.

- Bien me gustaría que así fuera -dijo Sancho-, pero pensemos qué hacer ahora y dejemos pronto este lugar desventurado; espero que no volvamos a encontrarnos con un ventero malandrín que me envuelva en otra manta, porque acabaría conmigo.

- Todo de Dios depende -dijo Quisada-, no sientas aprensión en el corazón, y guía tú hoy que mi caballo te seguirá, pero ahora tócame la boca para saber cuántos dientes he perdido.

Hizo Sancho lo que Quisada le pedía, y después de meter la mano en su boca, le preguntó:

- Maestro, ¿cuántos dientes tenía en la boca?

- Cuatro incisivos tenía -respondió Quisada.

- Recuérdelo bien vuestra merced -dijo Sancho.

- Ni se movían ni se habían podrido -dijo Quisada.

- Cuento yo dos, y de uno un trozo -dijo Sancho.

- Así que he perdido uno -dijo Quisada-; más quisiera que me hubieran cortado un brazo que perder un diente, porque una boca sin dientes es como molino sin piedra, ¿cómo moler el grano sin ella? Te hago saber que para la vida de un hombre, un incisivo es más valioso que un diamante; mas estas desdichas no podemos evitarlas los que profesamos la orden de la caballería. Camina, Sancho, por delante, yo te seguiré.

Subió Sancho al asno y siguió por un camino entre los montes, sabiendo que por allí llegaría al camino real donde, a no tardar, habrían de encontrar gente y un lugar donde su amo pudiera pasar la noche. Iba Quisada dolorido de dientes y costado, así que sujetaba las riendas sin acelerar el paso, y Sancho, inquieto por él, quiso entretenerlo diciéndole alguna cosa, y sobre lo que le dijo, lo contaré yo en el capítulo siguiente.

Capítulo V

- Paréceme, maestro -dijo Sancho-, que todas las desventuras que estamos encontrando puede que nos hayan sucedido porque vuestra merced incumplió las leyes de la caballería, y es una condena oculta que os imponen los caballeros andantes antepasados, por aquel juramento que hizo sobre no comer pan en las comidas y no tener pláticas amorosas con mujer cuando una viere; y que hasta que no obtuviese una gran victoria no lo haría.

- Tienes mucha razón -dijo Quisada-, que si no me lo recuerdas tú, casi lo había olvidado, y por eso te aventaron aquellos hombres, y justamente Dios muestra así su condena, castigándote porque sabiéndolo, no me advertiste. Nos toca ahora a maestro y discípulo examinar nuestra propia conciencia para mejorar, y redimir los pecados del pasado, pues corregirse es lo principal en los modos de la caballería.

- Yo nunca juré que advertiría de algo si lo sabía -dijo Sancho-, ¿por qué se me castiga tan cruelmente?

- No importa ahora si juraste o no -respondió Quisada.

- Bien está eso que dice mi maestro de redimir los pecados -dijo Sancho-, y cumpla bien su palabra, maestro, para que no vaya de nuevo a traernos la mala suerte.

Para entonces ya era noche avanzada, sin encontrar a nadie ni casa alguna; ambos estaban hambrientos y agotados y, sin ánimos para reponerse, confiaron al caballo el camino a seguir de noche.

Vieron de pronto a lo lejos una gran multitud de lumbres, que parecían una miríada de estrellas que volara. Después del pasmo, Sancho Panza perdió el color del rostro, y el propio Quisada también algo se estremeció.

Detuvieron ambos sus monturas y vieron que las lumbres se iban acercando poco a poco a ellos, y mientras más se llegaban, más lucían. Sancho no podía dejar de temblar, mientras Quisada estaba confundido pues no acertaba a saber qué era aquello, pero haciendo acopio de su valor, dijo:

- Esta es una peligrosísima aventura, Sancho, en la que tendré que mostrar todo mi valor y mi fuerza.

- Como sea otra desgracia, no sé cómo voy a poder soportarla -dijo Sancho.

- Esta vez los combatiré con toda mi fuerza -dijo Quisada-, no les dejaré que te toquen ni un pelo. Si el otro día te humillaron en la venta, fue porque no pude socorrerte por culpa de ese muro que nos separaba, pero hoy estamos en campo abierto, a cielo raso, podré mostrar ciertamente toda mi divina bravura, no debes temer.

- Por mucha que sea la bravura de vuestra merced -respondió Sancho-, seguro que lo derrotan de nuevo si acaso alguno vuelve a utilizar sus artes mágicas.

- Pon empeño en levantar tu ánimo y observa mi arrojo -dijo Quisada.

- Que Dios me asista -respondió Sancho-, pues no estimo yo en tanto mi empeño.

Para entonces, aquellas lumbres ya estaban cerca. Vieron a un gran número de hombres todos vestidos de blanco, y Sancho comenzó un sonoro dar diente con diente; tenía todo el cuerpo cubierto de un sudor frío como si tuviera malaria, y creció más el temblar cuando mejor los distinguieron. Eran veinte jinetes, cuyos caballos iban también de blanco, con antorchas encendidas en las manos, detrás de los cuales venía un ataúd, cubierto de un crespón negro, al cual seguían seis hombres, estos vestidos de negro y, como ellos, sus mulas. Iban los veinte primeros sobre los caballos recitando unas letanías, en voz muy baja, apenas distinguible. Encontrarse con esta visión en lo profundo de la noche, despertaría el temor en cualquiera y aún más en Sancho. A Quisada, sin embargo, en aquel momento, se le representó en su imaginación lo que había leído en sus libros: Quien iba en el féretro de la carreta debía ser un caballero que había sido muerto a causa de sus heridas, por quien habría de tomar venganza. Sin hacer discurso alguno, puso lanza en ristre y se plantó en mitad del camino para esperar la carreta del ataúd; y cuando vio que se llegaban ya los hombres con los caballos de blanco, alzó la voz y dijo:

- Decidme de dónde venís, adónde vais, qué es lo que en el carro lleváis; informadme de todo, pues, a mi parecer, o vosotros habéis herido y muerto a un hombre, o alguien lo ha muerto y vosotros sufrís por él, y o bien no os perdonaré o, si sois vosotros los derrotados, por vosotros he de tomar venganza.

Uno de los hombres de a caballo respondió:

- Llevamos prisa, y la venta a la que vamos está lejos, no podemos responderos.

Y picando al caballo pasó adelante. Quisada, sintiendo la descortesía, tiró de las riendas del animal.

- Demasiado orgulloso sois -le dijo-, ¿cómo osáis llamaros a vos mismo caballero? Si no me informáis de todo, os desafío a un duelo.

El caballo se asustó y se irguió, como si de un hombre se tratará, levantando las manos, dando con el jinete en el suelo, que quedó tumbado en tierra boca arriba. Un mozo que lo acompañaba, comenzó a insultar a Quisada, el cual, ya encolerizado, espoleó a su caballo y arremetió contra uno de los enlutados que, atravesado por su lanza, cayó al instante del caballo. Entre aquella veintena de jinetes se produjo un desbarajuste mientras, a diestra y siniestra, Quisada acometía. Todos los que acompañaban al cortejo fúnebre se dispersaron en las cuatro direcciones, porque, aunque eran muchos, no tenían armas y, medrosos de su locura, corrían a salvar sus vidas sin saber qué hacer; los que andaban con el ataúd no podían en modo alguno enfrentarse a él, así que se habían ocultado tras los caballos y pensaban que lo que se les había aparecido en la noche era un demonio maligno, así que abandonaron el ataúd y salieron también huyendo.

Sancho Panza se asombraba de la rudeza de su maestro, admirado de su valor, y pensó que ciertamente el señor Quisada era un caballero andante sin parangón bajo el cielo.

Estaba una antorcha aún ardiendo, junto al primero al que había derribado la mula, que, afortunadamente, aún no había muerto. Quisada llegándose a él, le acercó la lanza a la garganta y le dijo:

- Rogad por vuestra vida o mi lanza acabará con vos.

- No he tenido pendencias en toda mi vida -dijo el hombre tendido en el suelo-, ¿por qué pedís mi vida? Además, tengo la pierna herida, no puedo caminar, ¿por qué me tratáis con tanta crueldad? Si sois hombre cristiano, señor, os suplico que me dejéis mi último aliento, que soy doctor y también sacerdote; si tomáis mi vida, infringiréis las normas de la religión.

- Si sois sacerdote -dijo Quisada- ¿por qué habéis venido hasta aquí en medio de la noche?

- Solo es mi desventura la que me ha traído hasta aquí -respondió el hombre.

- Decís que ha sido vuestra desventura -dijo Quisada-, pues otra mayor va tras de vos.

- ¿Qué buscáis? -dijo el hombre tendido- Pero antes, permitidme decir lo que he callado. Soy doctor y soy pastor, nunca he hecho mal ni al cielo ni a los hombres. Me llamo Alonso López, soy natural de Alcobendas, vengo desde Baeza compartiendo camino con esos otros once hombres, los mismos que traían las antorchas y que han salido corriendo. Vamos a Segovia, acompañando los restos de un hombre que murió en Baeza y cuyo ataúd va en la carreta.

- ¿Quién mató a ese hombre? -preguntó Quisada.

- El cielo, por medio de unas calenturas -respondió Alonso López.

- De esta suerte -dijo Quisada-, no puedo tomar venganza contra el cielo, que si acaso quisiere matarme, tampoco yo tendría artes mágicas para evitarlo. Y habéis de saber que soy un caballero de la Mancha, llamado don Quijote, voy por el mundo doblegando a los poderosos y socorriendo a los débiles, y no consiento que se cometa injusticia alguna en esta tierra.

- Yo también soy un hombre débil -dijo Alonso-, ¿por qué entonces, señor mío, me habéis atravesado con vuestra lanza?, ¿es también eso ayudar al débil? Antes mi pierna estaba entera y ahora está quebrada, y quién sabe si será así para toda la vida, o si quedaré lisiado. Vuestra merced es un hombre que aborrece la injusticia, y hoy ha cometido una; mi desventura ha sido topar con vos, que actuáis como caballero andante.

- No todo puede ser perfecto en el mundo -respondió Quisada-. ¿Por qué no os quedasteis tranquilamente en casa? En lugar de eso, salisteis de noche, con vestiduras blancas, portando antorchas; vuestro aspecto era igual que el de malos espíritus. Como caballero andante, no podía dejar de probar mi fuerza contra vos, pues siempre que veo espíritus he de acometerlos, y al principio no os juzgué buena gente, solo después supe que lo sois.

- Os ruego ahora, señor caballero -dijo Alonso- que me ayudéis, pues la mula está aplastándome el cuerpo, y que tiréis de mí para sacarme de debajo de ella y que pueda buenamente partir.

- ¡Cómo no lo habíais dicho antes! -dijo Quisada.

Dio voces a Sancho Panza que viniese, pero este se había ido a rebuscar en las sillas de las mulas de los enlutados, a dar cuenta de la carne seca que llevaban, hizo Sancho costal de su gabán para llenarlo con cosas de comer y lo ató después a su jumento. Solo entonces acudió a ayudar a Quisada a levantar al sacerdote y a ponerlo sobre su acémila.

- Seguid por donde fueron los vuestros -le dijo-, que en cosas de aventuras, llega tarde el arrepentimiento.

Y le dijo Sancho:

- Dígales vuestra merced a sus compañeros que este don Quijote de la Mancha, de bravura sin par, que por otro nombre tiene el de Gran General de la Triste Figura.

Con esto se fue Alonso López, y Quisada le preguntó a Sancho:

- Sancho, ¿de dónde has sacado el apelativo de la Triste Figura?

- Justo a las luces de las antorchas miré yo a mi maestro y, verdaderamente, tiene vuestra merced una figura triste hasta el extremo; de pronto, se me ocurrió; será o por la fatiga de las batallas, que las dificultades de las victorias hacen mella en el rostro, o que ha perdido los dientes y ha tenido que soportar muchos dolores, que tiene peor cara; le ha cambiado el semblante que solía tener y parece ahora una figura triste.

- No es eso -respondió Quisada-, es mi buena fortuna por haber encontrado a ese pastor. Y cuando en el futuro se escriba la historia de mis hazañas en las duras batallas, serán comparables a las de todos los caballeros de antaño, que tenían su nombre apelativo: estuvieron antes el Caballero del Afilado Acero, el del Unicornio, el del Ave Fénix, y tantos y tantos otros; y por estos nombres eran conocidos por toda la tierra. Vendrá el día en que ese doctor tome el pincel para registrar que el Caballero de la Triste Figura bien podía igualarse al del Afilado Acero. Generoso don me has hecho, y más tarde me haré pintar sobre el escudo un hombre de triste figura como testimonio de la mía.

- La figura de vuestra merced es ya bastante triste -dijo Sancho-, no hay necesidad de pintarla, la falta de dientes y la cara de hambre que trae ya es suficiente retrato, ningún otro podrá igualar vuestro digno aspecto.

No pudo dejar de reír Quisada a las palabras de Sancho Panza; pero de pronto se le vino a la cabeza un pensamiento.

- Sancho, mal asunto -dijo-; cuando llegue a oídos del Papa que he alanceado a un sacerdote, me excomulgará, ¿qué voy a hacer? Afortunadamente, no le puse yo las manos encima, que fue la lanza quien lo hirió, por ahí mi falta puede ser redimida; cuanto más que no sabía entonces que era sacerdote, sino un demonio con el que trataba, fue un error sin intención. Y recuerdo haber leído sobre un hombre llamado Cid Ruy Díaz que, ante el Papa, quebró la silla del embajador enviado por un rey de algún país; mucho se enfadó el Papa y lo excomulgó, pero aun siendo así, no perdió Cid sus maneras de bravo caballero y siguió ejerciendo la justicia de la caballería en su reino.

Dicho esto, se fue hacia el ataúd que habían abandonado a mirar el cuerpo, pero no lo consintió de ninguna manera Sancho, diciéndole:

- Señor, los hombres que acompañaban al muerto pueden haber ido a buscar armas y piensen regresar para tomarse venganza; no podríamos enfrentarlos de ningún modo. Más nos vale salir a toda prisa; no lejos de aquí hay una pequeña loma en la que podemos parar, y además mi estómago ruge como trueno. Marcharnos a toda prisa es lo mejor.

Subiose entonces al asno y echó a andar, y Quisada, lo siguió a lomos de su caballo. A pocas millas, entraron en un valle, y Sancho tomó el costal que iba sobre su animal que estaba cargado de comida, lo extendió sobre la hierba y los dos hombres hambrientos comieron desayuno, almuerzo y cena a un mismo punto, con todo contento y a satisfacción, pues en el costal había todo tipo de carne seca, toda deliciosa.

Mas no traían agua, y la sed fue más amarga que el hambre que traían. Dijo Sancho:

- Este prado es verde como alfombra.

Pero lo que siguió diciendo aparece en el siguiente capítulo.

Capítulo VI

Sancho Panza continuó diciendo:

- Aquí la yerba está verde, por los pulsos la tierra, aquí debe haber humedad, y si hay humedad es porque debe haber un manantial, apuesto mi vida a que encontramos agua, lo sé.

Recogieron los restos de la comida y, tomando de la rienda Quisada a su caballo, y tirando de la mula el discípulo, fueron en busca de agua. En ese momento no había más que negrura en las cuatro direcciones, mas no hubieron andado doscientos pasos, cuando oyeron el estruendo de una cascada de agua. Oyeron los dos aquel sonido y, parándose a escuchar hacia qué parte sonaba, les vino a los oídos otro estruendo diferente. Sancho, que era de natural medroso, se asustó. Aguzando el oído, le pareció el sonar de grilletes y cadenas que, mezclado con el sonido del agua, sobrecogía y hubiera asustado a cualquier otro que no fuera Quisada.

Estaban en la quietud de la noche, sin un alma alrededor, sin saber de dónde procedían aquellos sonidos; sacudía el viento los árboles y de nuevo aquel extraño sonido del crujir de hierros los alarmó; y cuanto más oían el crujir de grilletes, más alarmados estaban, el viento rugía y la mañana tardaba aún en llegar, y tan sedientos estaban que ya no lo podían soportar. Quisada, sin más, montó sobre el rocín, embrazando su adarga y enristrando la lanza, y mostrando toda su gallardía caballeresca, dijo a Sancho:

- Sabes Sancho que nací en esta edad de hierro para cambiarla en edad de oro; que el cielo me hizo nacer para afrontar los peligros y continuar las hazañas de los caballeros del pasado; yo he de seguir los pasos de todos y cada uno de ellos para igualarlos en brillo. Diez mil peligros acechan esta noche, en la que nos cercan misteriosos chirridos, que al propio dios Marte, si se hiciera aquí presente, estremecerían y atenazarían la garganta. Todo ello no hace sino acrecentar mi valor, fortalecer mi ánimo, y aún conservo la calma, sereno cual monte, y parto ahora a enfrentar el peligro. Quédate tú aquí hoy, no me acompañes. Espérame aquí hasta tres días, y si no volviere, puedes tú regresarte a casa, pero antes ve al Toboso, y dile a mi amada Dulcinea de mi amor por ella, que, por él, no temí sacrificar la vida y que quise, con mi valor, ganar un nombre glorioso para engrandecer el suyo.

Cuando Sancho oyó aquellas palabras, comenzó a llorar y dijo:

- Señor, ¿por qué no aprecia su propia vida? Es noche profunda, todo está tranquilo, no hay nadie por aquí, lo mejor sería irnos de este lugar y, aunque tengamos que aguantar la sed, alejarnos de aquí, ya encontraremos otro manantial para beber. Aunque mi señor siga adelante haciendo alarde de valor, poniendo su vida en juego, me temo que no habrá nadie que sepa que fue un héroe y que avanzaba sin miedo alguno. Este servidor ha oído al pastor predicar que quienes no se arredran ante el peligro, ante él acaban sucumbiendo; no es razonable que se arriesgue pudiendo estar a salvo, y más cuando ha conseguido estarlo en cualquier situación, no como yo, que me envolvieron en una manta y me aventaron, y aún puede decirse que fuimos afortunados. Mi señor está hoy firmemente decidido, apartado todo temor, empecinado en no desviarse de la conducta de los caballeros andantes, pero me abandonará a mí que, sin entrar en batalla, puedo morir de miedo. Aparte de todo esto, tengo una petición: yo dejé esposa e hijos por seguir a vuestra merced a recorrer los caminos, no fue con la intención de tomarme a la ligera mi vida, sino de llegar a ser gobernador general, y en lugar de eso me deja completamente solo, en un mundo negro como pozo, y desierto. Y aunque os hice una promesa, sería insensato buscarme el mal a mí mismo. ¿Para qué? Ay, pero si ahora vuestra merced piensa, indiferente, en abandonarme e irse, al menos espere un poco a que llegue el alba, ¿por qué partir a estas horas? Creo que cerca hay agua, y por aquí tiene que haber un oso, que me parece que ya le he visto el hocico.

- ¿Cómo puedes verle el hocico a un oso -dijo Quisada- si no hay ni brillo de estrellas en el cielo?

- El miedo agudiza la vista -respondió Sancho-, hasta ilumina los lugares más sombríos.

- No echo cuentas en si va a despuntar el día o no -dijo Quisada-, no dejaré de ninguna manera que los libros de historia que se hayan de escribir registren que unos llantos quebraron corazón de tan valeroso caballero. Sancho, no digas más, que si el cielo me brinda su ayuda, saldré yo victorioso de esta aventura, y bajo su protección no he de morir. Espera un poco aquí, pronto veremos si vivo o muero.

Quisada no atendía a razones por más que Sancho lloraba, así que resolvió este un plan para detener a su amo, aunque fuera hasta el alba; y así, fingiendo apretar las cinchas al caballo, a hurtadillas, ató con el ronzal del asno las patas traseras de Rocinante. Cuando Quisada espoleó al caballo, por más que lo intentó, ni a fustazos respondía el animal.

- Eso es que el cielo no quiere que parta -dijo Sancho-, hacerlo sería ir en contra de su voluntad.

Encolerizado, Quisada fustigaba al caballo que aun así no se movía.

- Si el caballo no anda -dijo por fin-, esperaré aquí sentado a que despunte la aurora, aunque mucho me temo que esta espera habrá de empañar una hazaña que debía conmover a la tierra y asombrar al cielo.

- Mi señor, no se apene -dijo Sancho-, le contaré unas chanzas para disipar su desánimo; así vuestra merced podrá echar un sueñecito y recuperar los ánimos. Si esperáis a mañana para lanzaros a la aventura, no será tarde tampoco.

- ¡Cómo que bajar del caballo y echarme un sueño! -repuso Quisada-, ¿Es que acaso soy uno de esos caballeros que se amilanan o se abandonan ante el peligro? De ninguna manera voy a dormir; duerme tú, que es tu afición más grande, o haz lo que quisieres, y no pretendas embaucarme.

- No diré yo que mi señor teme los peligros -dijo Sancho.

Mientras hablaba, se mantenía de pie con las manos sujetando las patas del caballo.

- ¿No decías que podías contar historias interesantes? -dijo Quisada-.

Muestra tu pericia para aliviarme la espera.

- Casi no puedo hablar del temor que siento -respondió Sancho-, pero de pronto se me ha venido un cuento a la cabeza que creo que mi maestro no habrá escuchado; esteme atento a su relato. En los tiempos de antaño, el bien a todos beneficiaba, y el mal era para los que lo iban a buscar. Hubo en el pasado un hombre llamado Catón que solía decirle a los demás: "Si tú mismo te buscas la adversidad, la adversidad no dejará de llegarte." Y estas palabras son de lo más apropiado para mi maestro, que mucha razón tenían; que si vuestra merced se hubiese quedado tranquilo en su casa, ninguna desventura le llegara; si no hubo nadie que le forzase a la aventura, ¿porqué arrojarse a sí mismo al peligro?

- Déjate de tonterías y sigue la historia -dijo Quisada.

- Hace mucho tiempo, en el reino de Extremadura -prosiguió Sancho-, había en un pueblo un cabrero llamado Lope Ruiz, que andaba enamorado de una pastora que se llamaba Torralba. Su padre era un hombre rico.

- Si la historia dura mucho, no acabarás en dos días -dijo Quisada-; si no lo abrevias, más vale que cierres la boca, no sigas con el cuento.

- Una narración debe tener su trama -respondió Sancho-, no se puede ir saltando sin orden.

- Ya que no puedo partir de inmediato -dijo Quisada-, solo me queda tener paciencia y escuchar tu pausado relato.

- Justamente, decía que los dos andaban profundamente enamorados. La muchacha era bastante robusta, y algo hombruna parecía, porque tenía un bigotito sobre el labio, que parece que ahora la veo.

- Luego, ¿conocístela tú? -dijo Quisada.

- No la conocí yo -respondió Sancho-, pero quien me contó la historia la describió con todo detalle, por eso se me quedó grabado en el seso, como si la hubiese conocido. Y ha de saber que así como el cielo perdura y la tierra permanece, así al final acaba por haber también diablos, que parece que todo lo observan y alborotan; y con el tiempo este Lope cambió la consideración que le tenía a Torralba, y decidió ponerle una trampa para ventilar así sus vergüenzas. Así el hombre recelaba de que ella no fuera virtuosa, y ella, a su vez, sospechaba que él tenía otros encuentros. Por fín, Lope decidió dejar el pueblo y partir; y aunque la mujer tampoco lo quería, sin poderlo evitar, cuando él se fue, cambió y lo quiso bien.

- Así es el corazón de las mujeres -dijo Quisada-, diferentes a los hombres. Desdeñar a quien las pretende y pretender a quien las desdeña.

- Lope cogió sus cabras y se encaminó a Portugal -continuó Sancho-. Torralba, que lo supo, se fue tras él y seguíale descalza, con un bastón en la mano, y una valija de cuero a la espalda, donde llevaba un pequeño espejo, un peine de madera y una cajita de afeites. Cuando Lope llegó con sus cabras al río Guadiana, las aguas iban crecidas y no había barco con que las pudiese cruzar. Vio a lo lejos Lope a Torralba que llegaba, y temía que con sus dulces llantos lo conmoviera y lograra cambiar su corazón, y temió no poder resistirse. En eso vio una barquita que salía de entre los juncos, era tan pequeña que apenas cabían un hombre y una cabra; Lope concertó con el barquero que le pasase a las trescientas cabras de una en una. El hombre accedió, y así pasaría una, y luego otra, hasta hacerlo con las trescientas. Recuerde vuestra merced cuántas cabras van pasando, porque si nos falta una, el impulso de mi historia se cortará. Y aún sigo contando, y recuerdo el número de las cabras. En ese momento, la otra orilla estaba toda empapada, no había hierba, y era muy difícil alcanzar tierra, pero el hombre seguía según lo acordado, sin pensar en las dificultades, y determinado a cruzar a todas las cabras.

- Abrevia y haz cuenta que pasaron todas -dijo Quisada-, que si sigues pasándolas de una en una, no acabarás en un año.

- Maestro, ¿cuántas ha contado hasta ahora? -preguntó Sancho.

- ¿Cómo voy a pensar en algo tan nimio? -dijo Quisada.

- ¿No le previne a vuestra merced que me fuera contando las cabras? -dijo Sancho- ¿Cómo voy a seguir si no lleva la cuenta?

- ¿Y vas a parar así? -dijo Quisada.

- Así como mi maestro ha olvidado las cabras -dijo Sancho-, así he olvidado yo la historia.

- ¿No puedes recordarla? -dijo Quisada.

- No puedo -respondió Sancho.

- ¡Verdaderamente extraño! -dijo Quisada- Ese ruido atronador del agua debe haberte afectado el seso, por eso olvidas con tanta facilidad.

- Todo puede ser -respondió Sancho-, el cuento así se acaba.

- Yo también me estaba cansando de oírte -dijo Quisada-. Probemos ahora al caballo.

Picó con las botas el vientre del caballo, que solo acertó a saltar.

Estaba la noche fría y se sentía el relente, cuando Sancho, asustado todavía, sintió cierta necesidad de aliviarse un poco, aunque seguía con la intención de impedir que su maestro partiera entreteniéndolo con su charla; así que se soltó con la mano los calzones, que cayeron al suelo, se alzó la camisa y, al hacerlo, de los sobacos salió un fuerte tufo; y más desgracias no podían añadirse cuando, al volver a incorporarse, defecó, sumando un tufo al otro, acompañado, a deshora, por un estrépito que pudo oírse a una decena de millas.

- Quizá encontremos otro peligro -dijo Sancho-, que cuando el cielo envía uno, no lo envía solo.

Dicho lo cual, heces y orina brotaron; a Quisada, que al principio no había sentido nada, le asaltaron a la nariz, de pronto, aquellos dos vapores, de tal modo y manera que estaba al punto de vomitar; cubriéndose la nariz con la mano, dijo:

- Sancho, mucho valor te falta.

- Es cierto, pero ¿cómo lo sabe vuestra merced? -preguntó Sancho.

- Tu hedor es insoportable -dijo Quisada-, será que se te han descompuesto las cinco vísceras y, rancias ya, las has evacuado.

- Bien podrá ser -dijo Sancho-, pero ¿quién me ha traído a un lugar como este? ¿Por qué traerme, maestro, a un lugar así de peligroso y quebrado como nunca había visto yo en mi vida?

- Retírate un poco -dijo Quisada-, que mi nariz no puede soportarlo.

- Dice, vuestra merced, que me he aliviado -dijo Sancho-, aunque a punto estuve de evitarlo.

- Cuando te mueves, el hedor es aún peor -dijo Quisada.

En esta ligera charla estaban cuando fue desapareciendo aquella larga noche; y viendo Sancho que se venía la mañana, se ató rápidamente los calzones, se bajó la camisa, y desligó las patas del caballo, sin que Quisada, ignorante de todo, lo descubriera. En cuanto el rocín sintió sus patas liberadas, comenzó a patear con las cuatro, más ligero que nunca. Quisada tuvo por buen augurio que el caballo se movía y que se descubría el alba. Alzó la cabeza y vio que el caballo estaba parado bajo unos robles tan altos que alcanzaban el cielo; pero aún no sabía de dónde procedía el ruido de las cadenas. Decidido a lanzarse, por fín, a la aventura, le repitió sus palabras de despedida eterna, por si en tres días no volvía, y añadió:

- He dejado escrito testamento en casa. Si alcanzo la victoria y regreso, cumpliré tu deseo de nombrarte gobernador; tendrás pronto la recompensa por tus servicios.

Sancho Panza se dijo que, aunque había peligro en seguirlo, no podía abandonar a Quisada y dejarlo ir solo, y que mejor sería acompañarlo hasta el fin de aquella empresa. Aunque ya hubiera dicho sus palabras de despedida, no era tarde todavía, así que decidió seguirlo. Quisada entonces tomó su lanza, espoleó a su caballo, y marchó en la dirección en la que venía el furioso estruendo. Tirando de su asno, Sancho iba lentamente detrás de él; y habiendo salido de entre los árboles, dieron en un pedregal con algo de hierba, junto al que había una alta montaña, desde la que un gran salto de agua se precipitaba con una fuerza violenta. Al pie de la montaña estaban unas cuantas casas ruinosas, que se venían abajo, desde las que salía el ruido de grilletes. Avanzaron buscando el origen del sonido, y como el caballo sintiera temor, Quisada le dio unas palmaditas en el cuello para sosegarlo y que siguiera avanzando, mientras se encomendaba a su amada suplicando que lo ayudara en aquella aventura. Se apoyaba en el lomo del burro Sancho Panza, mirando por debajo del vientre del caballo hacia las casas, por ver si veían ya lo que aquel ruido producía. Estaban cerca cuando vieron que eran seis máquinas con mazos de hierro para enfurtir paños, movidos por la fuerza del agua, lo que causaba que el estruendo alcanzara todo el pie de la montaña. Pasmose Quisada de lo que vio; la vergüenza por el sinsentido del discurso heroico que había pronunciado le hizo desear tirarse del caballo. Viendo Sancho a su maestro de aquella manera, y sabiendo de su decepción, no pudo contener las carcajadas; viole Quisada, y aun con embarazo y amargura, no pudo dejar de acompañarlo en sus risas; vio Sancho que su maestro había comenzado, así que, apretándose las ijadas, estalló hasta cuatro veces en carcajadas. Ya Quisada pensó que la indulgencia era bastante, pero Sancho Panza continuaba charloteando sin cesar, y dijo:

- Y vuestra merced decía que iba a cambiar esta edad de hierro en edad de oro; que Dios le había otorgado a vuestra merced la valía para afrontar los peligros, ¿no es así?

Se enojó tanto Quisada que, con fuerza, le asestó en la espalda un golpe a Sancho con la asta de su lanza, que si hubiera estado más cerca de la cabeza, muerto lo habría dejado. Viéndolo así de enfadado, Sancho, le dijo:

- Os ruego que me perdonéis la vida, que mi intención no era otra que una pequeña burla.

- Sabes bien hacer chanzas -dijo Quisada-, yo no me burlo. ¿Parécete que si ese estruendo hubiese procedido de algún peligro, me hubieses visto mostrar la menor apariencia de debilidad o temor? ¿Es que siendo caballero, como soy, he de conocer el sonido de las máquinas? No he visto en mi vida esos batanes que enfurtan paños, no como tú, que siendo un ruin criado que sirve a los demás, los debes conocer bien. Pero si esas seis máquinas se vuelven seis gigantes, los combatiría con toda mi fuerza, que vinieran todas y cada una; y si no vieses mi victoria, podrías entonces hacer chanzas y nada te reprochara yo.

- Confieso mi falta, maestro -dijo Sancho-; pero es que no viendo nada sentí miedo, y al ver lo que era, al punto me sentí aliviado; es una alegría, no he podido evitar reír.

- Reír puedes -dijo Quisada-, pero de ninguna manera lo puedes contar a nadie, que las habladurías son de temer, y detesto profundamente que a veces ponen del revés lo que es y lo que deja de ser.

- No mencionaré yo lo sucedido -dijo Sancho-, que ya decían desde antiguo: "Dos personas que se quieren, lo mismo padecen", y puede que una sea la causa del llanto de la otra; por eso los buenos amos pueden tratar con severidad a sus inferiores, y si el ánimo está tranquilo y el corazón en calma, puede tornarse incluso en recompensa, hasta el punto de que un caballero andante, para premiar a su discípulo, al que trata con rigor extremo, llegue a entregarle un feudo tras una gran victoria, como respuesta a su devoción.

- Si la ventura se cruza en mi camino -dijo Quisada-, ten por seguro que será como dices. En cuanto al azote que acabas de recibir, no guardes rencor en tu corazón, pues has de saber que cuando un hombre siente furia en su corazón, puede a veces perder el dominio sobre sí. Mas de aquí en adelante, muéstrame mayor respeto, y no te excedas en cercanía olvidando la distancia entre superior e inferior. En todos cuantos libros he leído, que son muchos, jamás he hallado que ningún discípulo tratase de forma tan inmoderada con su maestro como tú lo haces conmigo. Y en verdad te digo, que es tanto falta del maestro como del discípulo; tú eres en exceso insolente, y en exceso remiso soy yo. Antaño, el discípulo de Amadís, llamado Gandalín, aun con la dignidad de conde, siempre hablaba con su señor inclinado el cuerpo y con reserva, como si fuera siervo o esclavo, de lo que has de inferir que antaño todos tenían ese actuar como modelo; sin respeto al superior no hay forma de mejorar. De ahora en adelante, maestro y discípulo debemos seguir ambos las normas del decoro, pues de ninguna manera pueden fundirse hielo y carbón, que ningún beneficio traería para ti. En cuanto a lo de hacerte gobernador general de la ínsula, si acaso no pudiera yo llevarlo a hechos, otra recompensa habrás de tener.

- Sea todo como vuestra merced dice -dijo Sancho-, y si la ínsula no puedo tener, me conformo yo con los salarios, pero ¿recogen esos libros antiguos si esa paga se da por meses o por días?

- Antaño no se contaba por meses o días -respondió Quisada-, solo se estaba a la merced del maestro, no se calculaba con antelación. En el testamento que dejé cuando salí, te lo calculé en meses, pues no sabiendo si mi salida podría depararme la vida o la muerte, y si esta era, no quería dejarte sin tu recompensa y por ello lo hice con anticipación; y aunque no quiero despertar angustias en ti, has de saber que los caballeros de este mundo tienen por compañera a la muerte, y nunca se sabe el día que nos ha de llegar.

- Es verdad, que solo el ruido de los batanes de la noche pasada pudo alborotar de esa manera el corazón de mi maestro -dijo Sancho-. De aquí en adelante solo hablaré yo para hacer donaire de las hazañas de mi maestro, y tan respetuoso seré como esclavo a su amo.

- De esa manera -replicó Quisada-, sin duda mucho has de vivir, porque, después de a los padres, en este mundo, es a los maestros a los que se debe respetar como si lo fuesen.

Capítulo VII

En esto, comenzó a llover copiosamente, y deseó Sancho entrar en las casas de adobe donde estaban los batanes para guarecerse, mas Quisada no quiso, y tiró del caballo a la derecha para tomar el camino real.

Al poco, vio en el camino a un hombre a caballo, con algo sobre la cabeza que relumbraba como oro.

- Se acerca quien ciertamente parece un caballero, según lo que dicen los libros de caballerías -dijo Quisada-; es eso que dicen de que cuando esta puerta se cierra, aquella se abre. Anoche tomé yo aquel sonido de los batanes por la llegada de enemigos, no siendo así; pero esta vez verdaderamente tenemos uno ante nosotros. ¿Cómo voy a perder esta ocasión? Aquel que hacia nosotros viene es, sin duda, un caballero, y en esto no se puede decir que yerro y, sobre la cabeza trae puesto el yelmo de Mambrino, sobre el que hice el juramento. Si no me hago con él, dejaré de llamarme hombre.

(Una novela de caballerías sobre Reinaldo relata cómo éste se hizo con el yelmo del sarraceno Mambrino, que era de oro, y con el que siempre se cubría cuando salía.)

- Mida vuestra merced lo que dice -dijo Sancho-, no sea impulsivo, que hoy no me atrevo yo a darle a la lengua por no despertar su enojo; pero distinga bien, no vayamos a tener otro desventurado encuentro.

- ¿Cómo no va a distinguirse el ver un yelmo de oro a plena luz del día con oír un crujir de batanes en medio de la noche? -replicó Quisada.

- No me atrevo yo a decir en qué se diferencian uno de otro -respondió Sancho-, mas si mi maestro me autorizase a hablar, le diría que paréceme que otra vez se engaña.

- ¿Cómo que me engaño? -dijo Quisada-. Aquel caballero que viene hacia nosotros trae puesto un yelmo de oro y cabalga sobre un caballo gris, ¿es que estás tan ciego que no puedes verlo?

- Es asno gris, no caballo -dijo Sancho-, y parece que trae sobre la cabeza una cosa que relumbra.

- Eso que relumbra es el yelmo de Mambrino -insistió Quisada-. Apártate que yo me enfrentaré con él a solas; en un instante me haré con él.

- Es bien fácil quedarme observando pelear a otros -dijo Sancho-, que mucho mayor es este yerro que el de los batanes.

- ¿No te había dicho que no mientes más ese asunto? -dijo Quisada -. Yo te haré....

- ¿Qué me haréis? -preguntó Sancho-.

- Te haré picadillo -dijo Quisada.

Calló Sancho, montó sobre su jumento y se apartó a un lado.

Es, pues, el caso que en aquel contorno había dos lugares, uno grande y otro pequeño; era tan pobre este que ni barbería tenía, y el otro, tenía bastantes; la gente del pequeño solía ir al grande a cortarse el pelo o para hacerse una sangría; pero a veces era el barbero del pueblo grande el que, con su bacía de bronce bajo el brazo, iba al pequeño para ofrecer su oficio, y en ocasiones se trasladaba montando un asno. En idas y venidas, por cuidar su sombrero, lo cubría con la bacía de bronce, que destelleaba llamando la atención. Sancho lo veía todo tal cual era, pero los sesos de Quisada andaban muy enfermos, así que al punto le vino a la cabeza el cuento de Mambrino cuando lo vio, tomando por yelmo de oro la bacía de bronce. Cuando vio al barbero acercarse, enristró la lanza y, a todo correr de su caballo, se fue hacia él, diciendo a grandes voces:

- ¡Salteador de estos montes, si aprecias tu vida, desmonta sin tardanza!

El barbero que, sin esperarlo, vio que se le venía un extraño ser con lanza en ristre para atravesarlo, se bajó del asno a toda prisa y escapó volando a la velocidad del viento, dejando la bacía de bronce en el camino, y abandonando a su jumento. Viéndose victorioso, Quisada tomó la bacía y exclamó:

- Ese salteador ha abandonado el yelmo y se ha escapado, pues bien entendía lo que se le venía, como la bestia que huye de los cazadores sabiendo que en ello le iba la vida. Dejémoslo.

Mandó a Sancho que recogiera la bacía, que dijo:

- Es una bacía de bronce, no un yelmo de oro, no valdrá tanto.

Al punto se la puso Quisada en la cabeza, buscándole todo alrededor la bavera y, al no hallarla, dijo:

- Cuando se forjó este yelmo, debía ser enorme; no le queda hoy la mitad de lo que tuvo antaño, ¿qué hacer?

Sancho Panza apenas si podía contener las ganas de reír, pero hizo un enorme esfuerzo por aguantarlas.

- ¿Tú de qué te ríes? -preguntó Quisada.

- Me río de ese caballero -dijo Sancho-, ¿por qué traía puesto este yelmo que en todo se parece a una bacía de bronce de barbero?

- Siendo el yelmo hecho en oro -dijo Quisada-, debió caer en manos de alguno que así quiso aprovecharse de él y de este modo la destruyó; de la mitad que quedó, la mezcló con bronce, no pudiendo ya restituirlo a su disposición original, por lo que ahora parece bacía de bronce de barbero, aunque sea en realidad yelmo. Mas como mucho he leído, sé cómo volver a forjarla, y en la primera ciudad a la que lleguemos, le diré a un artesano que la vuelva a hacer. Mientras, traerla yo sobre la cabeza, como hace en el cielo del dios de las batallas, no será mala idea, pues me servirá a modo de yelmo, y si entretanto vuelvo a enfrentarme con algún enemigo en batalla, podrá cubrirme la cabeza defendiéndome de alguna pedrada.

- Sí que lo defenderá -dijo Sancho- si no es una enorme piedra como la que le tiró el capitán de aquellos héroes convertidos en corderos, y que le rompió a vuestra merced los incisivos.

- Y no solo los dientes me rompió -dijo Quisada-, que también lo hizo con el frasco en el que iba el bálsamo, aunque no me da mucha pena pues puedo volver a prepararlo.

- A este servidor mucho no le gustó el bálsamo ese -dijo Sancho- y aunque lo tuviere, no volveré yo a probarlo; y diré que no lo haré porque no pienso volver a herir a nadie, ni hacer que nadie me hiera a mí; y de ser otra vez aventado en una manta, cerraré los ojos, agacharé el cuello y lo que tenga que ser, que sea.

- No son tus palabras, en modo alguno, las de un buen cristiano -dijo Quisada-, ¿es que acaso un caballero andante no ha de recibir heridas? De verdad te digo, son las pequeñas heridas gloria y honra del caballero; y porque has recibido alguna herida en el pie, algún golpe en el cuerpo, no dejas de quejarte de tus cardenales y moratones. Y pues tengo otro bien diseñado plan, no puedo regresar a aquella venta para tomar venganza por ti, y por mucho que insistas, son otras mis intenciones.

- Rencoroso no soy -dijo Sancho-; pero ahora, dígame vuestra merced, sobre este caballo que aquí ha quedado, y que a mi parecer bastante se asemeja a un asno; si el caballero derrotado salió huyendo, no creo yo que vuelva aquí a buscarlo.

- Nunca acostumbro -dijo Quisada- a despojar de su caballo al que venzo, y dejarlo así ir a pie, si no fuese que mi propio caballo no pudiese caminar, que entonces cambiaría por el del enemigo. Déjalo aquí, que pienso que su dueño volverá a buscarlo.

- Mi intención era cambiar mi asno por el caballo -dijo Sancho-, pues ese caballo es en todo parecido a un asno, pero no sabía que las leyes de la caballería no lo autorizaran, no creí que fuera una falta cambiar el caballo, pero si no, no será gran inconveniente en tomar solo sus arreos.

- Puedes -dijo Quisada-.

- Es que los míos de tan desgastados ya no se pueden usar -dijo Sancho-, y nada me hará más feliz que cambiarlos.

Así, se fue a cambiar arreos y silla, y al cabo le pareció dejar al asno resplandeciente y como nuevo.

Los dos hombres volvieron a cargar las bestias, almorzaron de las sobras con las que se habían hecho la noche anterior, y vieron después que junto al camino había un arroyo cuyas aguas venían de donde estaban los batanes. De tan avergonzado como estaba recordando los sucesos de aquella noche, Quisada cerró los ojos para no mirarlo; una vez saciado, volvió sobre su montura y tomó el camino que discurría entre los montes. Sancho, a lomos de su jumento, lo seguía, hasta que así llegaron al camino real.

- Maestro -dijo Sancho Panza-, ¿podría darme licencia para hablar? Porque desde que vuestra merced me impuso el decir poco, hay cosas que se me han acumulado por dentro y no puedo no aclararlas.

- Siempre es buena la contención en el hablar -dijo Quisada-, no te excedas en el parloteo.

- Con andar vagando por estos bosques, nada se saca -dijo Sancho-, nadie ve las aventuras, ni nadie conoce de las hazañas caballerescas. Según mi parecer, vale más presentarse ante algún rey y ofrecerse para servirlo, de esta manera vuestro nombre quedará inscrito en las historias, y vuestro valor se ganará el respeto de los naturales de su reino; y cuando lleguen las victorias ante ejércitos enemigos, con ellas lo harán también las recompensas, y también será muy bueno que los hombres de letras pongan por escrito los logros de vuestra merced, que se transmitirán a través de las crónicas. Y en cuanto a mí, aunque de ninguna manera podría igualarme con mi maestro, podría lograr un pálido brillo reflejado, felizmente, por el de vuestra merced.

- Tienes mucha razón -dijo Quisada-, mas antes es menester que un caballero ponga a prueba su brazo en aventuras, para que, acabando, cobre fama en el mundo y que un rey lo reciba en su corte, pues su nombre será tal que con solo oírlo todos se estremecerán; y las ciudades se vaciarán para darle la bienvenida; los hombres todos lo admirarán; y cuando llegue a un reino, ancianos y niños, las más hermosas doncellas, se agolparán por ir a admirarlo, y dirán: "Este caballero derrotó a tal general enemigo, mató a aquel otro caballero; su valor, su fuerza, no tienen parangón; y que hoy se digne a visitarnos es gloria para nuestro reino." Todos cantarán su nombre, que llegará a oídos del rey, que saldrá al balcón de su palacio para contemplarlo, mirará su lanza y su escudo y, con un gran suspiro, les dirá a sus altos ministros, civiles y militares: "Servidores, salid todos a darle la bienvenida al caballero, que sea recibido con los más altos honores". Y saldrán a recibirlo todos los ministros, y hasta el rey se llegará hasta más allá de la puerta de palacio, y se estrecharán las manos, y se besarán. Y el mismo rey lo guiará hasta las dependencias de la reina, que con él comparte majestad, y estará la princesa, la mayor beldad del reino. De solo una mirada, princesa y caballero quedarán prendados el uno del otro. Luego el rey lo invitará a quedarse en palacio; allí se despojará de armadura y jubón y los cambiará por vestidos de brocado, y si gallardo estaba armado, de brocado aparecerá hermoso; y el amor de la princesa será profundo. Por la noche le ofrecerán un banquete, con la reina y la princesa, con invitados llegados de todas partes, aromando la sala de perfumes exóticos. Estando ahí el caballero, ni por un ser celestial se cambiaría. Y no dejará de mirar a la princesa y de saciarse tan solo con contemplarla; y la princesa le lanzará también delicadas miradas, y viéndose el uno y la otra el porte, sabrán desvelar sus sentimientos, y querrá entregarle su vida. Luego, cuando se acabe el vino, sucederá algo extraordinario e inesperado, y es que entrará a palacio un enano, con una hermosa dama que entre dos gigantes detrás del enano viene. El hombre trae una asechanza preparada por un encantador de antaño, que el que la acabare será tenido por el mejor caballero de todo el orbe. Convocará el rey a todos sus ministros y sus generales para que, de las garras de los gigantes, rescaten a aquella muchacha, mas ninguno lo conseguirá; le ruega entonces al caballero que lo intente, y él, con apenas escupirse en las manos, lo logrará. Quedará contentísima la infanta, admirada de aquel caballero que parece caballero celestial. Y el rey tiene en ese momento una guerra con un reino vecino, tan rico y poderoso como el suyo. Muchos partirán a la batalla, y le dice el rey que va a lanzar una gran campaña, y el caballero le pide licencia para poner a su servicio su vida. Se alegrará el rey, y el caballero le tomará las manos por la merced que le hace. Y aquella noche, en la ventana de precioso jaspe, esa ventana que al jardín da, se despedirá de la infanta; y así, bajo la luna y entre las flores, hablarán palabras del corazón mucho rato; allí está una doncella de palacio que les servirá de mensajera. En el momento de la despedida, el caballero no deja de lanzar profundos suspiros, mientras la princesa, al dar su amoroso adiós, se desmaya, de tanto triste llorar en silencio; la doncella le humedece su frente con agua fría y despiértase ella. Apunta ya el cielo el alba, no quiere la princesa ser descubierta; recompuesta, transida de dolor, extiende por la ventana su mano, que besa el caballero una y otra vez; sarta de cuentas, sus lágrimas bañarán las muñecas de jade de ella, y expresan cada uno sus más íntimos sentimientos. Exhórtale la princesa a que cuide su persona, y conciertan entre los dos cómo se harán saber del triunfo en las batallas, y cuándo se volverán a encontrar. Presta juramento el caballero que jamás la traicionará, y vuelve ansioso a besar sus manos, sintiendo que se le escapa el alma por la boca, aferrándose a sus muñecas como si nunca fuera a liberarlas. La princesa ha de partir con premura y el caballero regresa a su estancia; en su lecho da vueltas y vueltas incapaz de dormir. Despierta el día, el sol amanece; vase a despedir el caballero del rey y de la reina a punto de partir; ruega poder despedirse de la infanta, la doncella le dice: "Indispuesta, la princesa duerme." Traspásasele el corazón, y falta poco para que rompa a llorar; felizmente, con esfuerzo supremo, logra contener su llanto, pues no ha de saber nada la reina. Regresa la doncella a informar a la princesa, descríbele la estampa del enamorado en la partida, y siente ella aún más pesar. "¿Será este gran guerrero de noble linaje? -pregunta la princesa a la doncella- o ¿será, quizá de baja cuna?" Responde la doncella: "El vástago de un noble linaje ha de ser, su porte distinto al de los demás, y su delicada galantería no serían tales de no ser de alta cuna." Consuélase la princesa al escuchar sus palabras, pero aunque rota por la separación de su amado, no puede dar indicio a sus padres; postrada en el lecho varios días, al fin se levanta, vuelve a la corte, con su prestancia de siempre. Ya ha partido el caballero a la guerra, mata a un sinfín de enemigos, somete incontables ciudades, regresa triunfante a la corte. Está la princesa inmensamente feliz; vuelve el caballero, a través de la doncella, a expresarle sus sentimientos y a acordar con su amada que se han de desposar. Ambos se escriben misivas, anunciándolo al rey el caballero; la princesa anunciándolo a la reina. El rey dicta un decreto premiando al caballero por sus servicios, y aunque lo distingue por sus méritos, no consiente en el matrimonio, pues ignora si el caballero es de noble cuna o de baja condición; mas la princesa, con claridad y destreza, conmueve a la reina, por lo que el rey no puede sino aceptar. Y el caballero al fin resulta ser también descendiente de rey, mas su territorio nadie ha visto en los mapas conocidos. Muérese el rey, hereda la infanta, queda el caballero rey del reino. Recuerda aquí a su discípulo, a quien considera ofrecer una gran recompensa; y lo casa con la doncella que les sirvió de medianera, que no es de humilde origen, sino la hija amada de un duque que, por ello, fue escogida para entrar en palacio.

(Todo lo arriba descrito es una ensoñación).

- Solo espero que el destino de mi maestro sea tan feliz -dijo Sancho con gran contento-, que así mi suerte no será mala tampoco.

- Cuanto digo no es una ensoñación, felizmente -dijo Quisada-, pues siendo caballero hasta la dignidad de emperador se puede alcanzar. Pero ahora lo más importante es encontrar un rey poderoso, sea cristiano o pagano, que esté en guerra; un rey que además debe tener una hermosa princesa. Para ello, he de ponerme a la tarea y buscar primero cómo cobrar fama por mi valor por otras partes, para que el rey sepa de él y, así, ser invitado a la corte. Pero algo me trae inquieto y es que si, efectivamente, me son reconocidas mis grandes hazañas, y si me encuentro con la princesa, entonces el rey preguntará sobre mi linaje, y no siendo de noble cuna, ¿cómo va a consentir nuestra unión? Es lo que en el fondo de mi pecho me inquieta, pues siendo el rey de la aristocracia, mis grandes hazañas pueden en él despertar cierta sospecha, además de mi humilde condición, lo que le llevará, terco, a denegarme mi solicitud, ¿qué hacer entonces? Pues si mi alcurnia no se aclara, puede que no llegue el día en que se me reconozca a pesar de mis proezas por el mundo. Y aun así mi familia no es de humilde condición, pues devenga ciento veinte coronas por año, y podría ser que un historiador venga algún día, al registrar mi crónica, a buscar mis orígenes y puede que encuentre que cinco generaciones anteriores, mi antepasado fue rey, y que nieto de rey soy. Pues has de saber que en el mundo hay dos tipos de hombres, aquellos que siendo descendientes de emperadores poco a poco van decayendo hasta quedar convertidos en gentes humildes; y el otro son aquellos que, nacidos en familias carentes de todo, tienen hijos y nietos sabios que logran al fin alcanzar el trono. Y siempre ha sido así, los que fueron nobles y son ahora villanos, y quienes fueron villanos y ahora son nobles, pues ascenso y declive, verdaderamente, no se pueden predecir.

Puede que mi antepasado hubiese sido emperador siendo yo ahora caballero andante, y que el rey se informase sobre mis ancestros, y que siendo así, no le avergonzara tomarme como yerno. Si aun así, el rey no me aceptase, siendo libre la princesa, aceptaría rebajar su posición y desposarse conmigo por la profundidad de sus sentimientos hacia mí, y la admiración por mi divino valor, aunque fuese hijo de un azacán. Y si aún el temor o la vergüenza la frenaran, la tomaré por la fuerza y lejos la llevaré.

(Este pensamiento es particularmente extraño.)

- Tal y como lo habéis descrito -dijo Sancho-, ha de ser la vida de vuestra merced; y ese rey nada osará; quiero decir, que sin tomar lo que sea por fuerza y partir, no se logrará nada. Pero algo más habría que tomar por fuerza, pues si mi maestro toma su esposa, pero no se trae la doncella, ¿cómo habría yo de conocer a esa hermosa dama?

- Eso que dices está muy puesto en razón -dijo Quisada.

- Pues marchemos mientras la suerte acompañe -dijo Sancho.

- Dios nos asista -dijo Quisada-, que habremos de obtener lo que los dos ansiamos.

- Yo también soy creyente -apuntó Sancho-, que según veo bastará para ser conde.

- Aunque no seas de noble cuna -dijo Quisada-, no será un impedimento; con mi autoridad te otorgaré el título, pues de mí dependerá, no te inquietes más por ello.

- Cuando vuestra merced me otorgue tal dignidad, por la gracia del cielo -dijo Sancho-, no sé yo si podrán dirigirse a mí por el título.

- ¿Cómo podrían no hacerlo? -respondió Quisada-.

- En un tiempo fui cabecero de escolta, y debía vestir con capa y tocado -dijo Sancho-, todos pensaban que me iban bien. Entonces podría cambiar mi vestimenta por la de conde o duque, ¿qué le parece a vuestra merced? Pues imagino que, con la vestimenta de un conde, se me podrá ver a cien millas de distancia.

- Naturalmente, habrás de vestir ropajes y tocado de duque -respondió Quisada-, y será menester que te rapes las barbas cada dos días, si no se echará de ver de dónde vienes.

- Tomaré un barbero para mi mansión -dijo Sancho-, y lo llevaré conmigo en las ocasiones en que salga, como los caballerizos, que han de seguir a los caballos para cepillarlos.

- Siendo tú de familia humilde -dijo Quisada-, ¿cómo sabes que deben llevar tras de sí los condes siempre a un caballerizo en sus salidas, para servirlos?

- Hace unos años estuve en la corte para unas faenas -respondió Sancho-, y allí vi a un hombre importante a caballo y tras él iba otro jinete; si el primero caminaba, lo hacía el de atrás; si se detenía, parábase también el que lo seguía, no parecía sino el rabo del primer caballo, pues en todo lo imitaba. No sabiendo yo qué era, pregunté a los que por allí andaban, respondiéronme que aquél era un caballerizo, y que cada vez que el conde salía, iba el caballerizo detrás. Todo eso fue en la corte, y desde entonces lo guardo en mi memoria.

- Que así sea -dijo Quisada-, que como los condes tienen caballerizos, así puedes tú llevar tu barbero, que bien está; los usos de este mundo han tenido todos un comienzo al que después los hombres se van haciendo. Si cuando seas nombrado conde un barbero te sigue, quién sabe si no comenzará esta costumbre contigo, como hace el viento inclinarse a las hierbas; y dirán todos que fuiste tú quien inició esta norma.

- Quédese el asunto del barbero a mi cargo -dijo Sancho-, y espero que vuestra merced alcance las más altas distinciones para que me haga conde; y así en las costumbres de las familias nobles estará el llevar su barbero como yo lo inicié, y de no hacerlo, perderán su prestigio, y además servirá para raparse cada día.

- Eso dependerá de mí -dijo Quisada-, tú ya te has preocupado bastante.

Capítulo VIII

En aquel momento, Quisada alzó los ojos y vio acercarse una fila de hombres, una docena de ellos, ensartados como una ristra de perlas, encadenados por los cuellos y con esposas; venían asimismo con ellos dos hombres a caballo con escopetas en las manos que los guardaban, y otros dos a pie que traían espadas largas. Sancho dijo:

- ¿Ve, maestro, a todos esos condenados que se acercan? La guardia los lleva a trabajos forzados.

- ¿Es posible que el rey obligue a la gente a trabajos forzados? -dijo Quisada.

- Entre ellos muchos son condenados -respondió Sancho- que no han sido exculpados por la ley y se ha determinado que rediman sus delitos con los trabajos forzados.

- En resolución -replicó Quisada-, y aunque hayan cometido delitos, van no de su voluntad sino que los llevan por fuerza.

- Podría decirse -dijo Sancho.

- Es mi oficio socorrer a los miserables -dijo Quisada-, y aquí llega la ocasión.

- Mire vuestra merced -dijo Sancho- que esos son reos a los que hay que castigar por sus delitos, no puede usar su justicia de caballero en ellos.

Llegaron en esto ante ellos los condenados. Quisada, cortésmente, saludó a los dos jinetes desde el caballo y les pidió que le contasen la causa de las condenas. Uno de ellos respondió:

- Todos estos son maleantes, la ley los ha condenado a trabajos forzados, no necesita preguntar más vuestra merced.

- Os ruego que me permitáis preguntar de nuevo -insistió Quisada- cuál es la causa de que vayan forzados a trabajar; os estaría profundamente agradecido si me dierais respuesta.

- Traigo conmigo los registros oficiales, pero no puedo enseñároslos -dijo el hombre-, pero si así lo deseáis podéis preguntarles vos mismo, que los condenados no mienten y seguro ellos le cuentan toda la verdad.

Quisada, que oyó aquello, espoleó al caballo hasta llegarse ante uno de los encadenados y le preguntó cuál era la causa del delito por la que se encontraba en tan penosa situación.

- Esta desgracia me ha caído por estar enamorado -dijo el hombre.

- Si los enamorados de este mundo han de estar así amarrados -dijo con gran sorpresa Quisada-, yo debería haber sido condenado hace tiempo pues albergo una profunda pasión.

- No son mis amores como los de vuestra merced por una hermosa mujer -dijo el condenado-, lo que yo quería era un arca de paños, la abracé con tanto afán contra mi pecho que si no me hubiese atrapado la guardia, no habría abandonado a mi amor. Ese fue mi delito y la causa de que aquí me encuentre. Me condenaron y sentenciaron a tres años de servidor dándole al agua.

- ¿Qué significa "darle al agua"? -preguntó Quisada.

- Remar en un barco pequeño -respondió el condenado.

Era un joven de veinticinco años y natural de Piedrahita.

Fue después Quisada a preguntarle al segundo, pero estaba mohíno y no respondía; en su lugar lo hizo el primero:

- A ese lo atrapó la guardia por cantar demasiado.

- ¿Cantar es un delito y te pueden condenar por ello? -preguntó Quisada.

- Es que ese cantó en medio de su tormento -respondió el muchacho-, por eso lo condenaron.

- ¿Estás diciendo que cantar en medio de la noche más profunda para aliviar la melancolía, es causa bastante para ser torturado y condenado después? -preguntó Quisada.

- No es eso precisamente -dijo el condenado-, pues el cantó en medio de la desgracia, y no solo no se le alivió la melancolía, sino que de aquella misma le vino, ni deshacerse de ella pudo.

- Parecen tus palabras acertijo -dijo Quisada-, no entiendo nada.

- Es un juego de palabras de los condenados -dijo el jinete-, a cantar le dicen cuando se ponen a gritar durante el tormento por no poder soportar el dolor. A este hombre lo azotaron por sus delitos y confesó que era un cuatrero; enormes eran sus gritos de dolor y por eso los otros dicen que este sabe cantar. Está condenado a seis años de trabajos, y antes de eso, en las espaldas se llevó cien azotes; va así de pensativo no por eso, sino porque los otros reos lo escarnecen porque dicen que no supo contenerse, y que confesar cuando recibes el castigo no es de hombres; y es cierto que no aguantó y que por eso no pudo evitar la condena, y todos los demás lo tienen por menos.

Escuchándolo, Quisada estuvo de acuerdo y, así, fue a preguntarle al tercero que, de buen grado, le respondió:

- A mi me envían cinco años a escardar maleza, que me hubiese evitado de tener cinco ducados.

- Yo te daré veinte de muy buena gana -dijo Quisada- por librarte de la condena.

- Las palabras de vuestra merced son como dar un parasol tras la lluvia -dijo el reo-, o como si ante la falta de comida en medio de una tormenta en la mar, me diera dineros, ¿acaso podría comprar pan? De contar con ellos cuando me juzgaban, hubiera untado al secretario de mi causa que habría dejado el escrito sin nombre y ahora estaría yo comerciando en Toledo, y no como ahora, atado por el cuello, siguiendo a la guardia como un perro. Es quizá voluntad del cielo que así sea, ¿cómo voy a culpar a mi mala estrella?

Pasó Quisada al cuarto, que era un anciano de barba gris que le llegaba al vientre, el cual oyéndose preguntar la causa de su condena, rompió en un llanto silencioso sin poder pronunciar palabra, mas el quinto condenado respondió por él:

- Este hombre va a trabajos por cuatro años, lo pasearon por las calles para su público escarnio.

- A mi parecer -dijo Quisada-, se ha cometido una injusticia contra este hombre.

- Así es -dijo el condenado- pues era patrón de mancebía, se dedicaba al negocio de la carne; y también dicen que es un hechicero que embruja a la gente.

- Si no fuera porque me disgusta lo de la hechicería -dijo Quisada-, solo ser patrón de una mancebía no debía llevar a recogerle el cabello como reo y cargarlo de cadenas. Pues has de saber que ganarse la vida con una mancebía es una gran tarea, no es asunto fácil; si no se tienen experiencia y sabiduría no se puede vivir de ello; hacen falta ciertos conocimientos y algunas virtudes, de otro modo es imposible de llevar a cabo. Debe poseerse un saber especializado, si no, no se obtienen beneficios, y solo con este saber se eliminan los riesgos, y solo con él se sabe cómo manejar a las personas; para que un hombre y una mujer se sientan atraídos y evitar que los llantos lleguen pronto ha de intervenir alguien así. Lástima no tener tiempo para poder dar razones más en extenso, baste decir que para ello hace falta talento. Pensando en este hombre venerable de blancas sienes así condenado, lo que considero más grave es su delito de hechicerías, aunque en realidad, eso que llaman brujería no es sino mover la naturaleza de muchachos y muchachas, nada más. ¿Es que se puede forzar una voluntad con encantamientos y venenos para, por ejemplo, hacer que una muchacha que no quiere holgar con hombre alguno, usando de esas hechicerías y, en contra de lo esperado, se vaya con alguno? Yo digo que es un disparate y no creo en ellas.

-Es verdad lo que dice vuestra merced -dijo el anciano-, que yo no sé nada de hechicerías. Y lo de regentar una mancebía, nunca pensé que fuera en contra de la ley; lo que yo pretendía era solo que los muchachos y muchachas de este mundo, como lentejas de agua, pudiesen entregarse al amor sin tener que obedecer las órdenes de sus padres o las recomendaciones de las casamenteras y lograr así encuentros felices, evitándoles separaciones largas a mozas y mozos solitarios; todo era con mi mejor intención; nunca imaginé que eso me valdría una condena y que me llevaran a guardar algún puesto lejano del que, próximo ya a que mi vela se apague, no habrá razón que me permita regresar; y a todo eso se une un mal innombrable que me tiene atormentado en mis entrañas. ¿Cómo voy a sobrevivir a esta larga travesía?

Dicho aquello, tornó a su llanto; y Sancho, que llevaba algunos dineros, se los dio al anciano.

Pasó Quisada a preguntar al quinto reo.

- Soy uno más de los condenados a trabajos forzados -dijo-; me condenaron a seis años por licencioso pero, por ventura, aún soy joven y cuando esos seis años pasen no seré todavía viejo, me restará bastante vida por delante. Si vuestra merced me aprecia, puede aligerar algo su bolsa para prestarme algo de auxilio y en cada una de las comidas habré de rogarle a Dios que le de larga vida y fortuna.

Este iba en hábito que parecía de estudiante y uno de los jinetes dijo:

- Ese hombre sabe latín es uno de los que tiene talento entre los condenados.

Tras el quinto venía un hombre de buen parecer, aunque con un mal en los ojos pues el derecho no miraba recto; debía pasar de los treinta y venía más cargado de cadenas que los demás; la que traía a los pies se envolvía por el cuerpo hasta la cintura, y al cuello tenía dos argollas, una envuelta todo alrededor de la garganta y la otra que iba del cuello a las manos y tan pesada que no podía ni levantarlas. Quisada le preguntó al jinete:

- ¿Por qué lleva este prisiones tan pesadas?

- Sus delitos son mayores que los del resto de condenados -le respondió-, tantos son que anegarían el cielo, y no hay calabozo que lo retenga; aun cargado de cadenas, no estamos seguros ni un instante de que no vaya a huir.

- Pues ¿cuáles han sido sus delitos? -preguntó Quisada-. Siendo tan grandes le valdrían la muerte pero solo está condenado a trabajos forzados.

- Una condena de diez años es la más cruel de soportar -respondió el jinete-, pues será el principio de su muerte. Podría describiros sus delitos que lo han convertido en el más detestable de los condenados. Su nombre es Ginés y por otro nombre lo conocen como Ginesillo.

- Sea prudente al hablar vuestra merced -saltó el reo-, que no me llamo Ginesillo, sino Ginés, y mi apellido es Pasamonte, nunca he tenido ese sobrenombre de Ginesillo, que si no es prudente acabará por tener mala fortuna.

- Contén tu lengua y habla con más respeto -dijo el jinete-, si no tendré que corregírtela.

- Es solo porque estoy yo atrapado en las redes de la ley -replicó el condenado- y que tú y los tuyos hacéis como os da la gana, pero llegará el día en que sabréis si mi nombre es Ginés o Ginesillo, como decís.

Dando muestras de enojo, uno de los jinetes dijo:

- ¿Así que no te llamas Ginesillo? ¿será que nos lo hemos inventado nosotros?

- Algunos de estos me llaman de esa manera -respondió Ginés-, pero ya les he advertido que si siguen haciéndolo les arrancaré la piel y les descuajaré los tendones.

Dirigiéndose a Quisada dijo:

- ¿Y quién es vuestra merced que va con tanta charla? Si puede ayudar, muestre su buen corazón, que ya vale de tanto ir y venir, como si tuviera yo mucho tiempo para quedarme aquí de charlas hueras con vuestra merced. Yo soy Ginés y no oculto nada, y he escrito una a una todas las historias de mi vida.

- Dice verdad -dijo uno de los guardias-, que él mismo ha escrito su historia, de la que dejó una copia en prisión por un valor de doscientos reales.

(Es también un tipo de moneda).

- Volveré a recuperarla y no importa que le pongan precio en reales o en ducados.

- Parece que tu escrito es digno de ser leído -dijo Quisada.

- Mi escrito es mucho mejor que los de los antiguos -respondió Ginés-, porque todo lo que hay en él es verdad, no esas historias vacías inventadas de las novelas.

- ¿Y cuál es el título de tan ilustre escrito? -preguntó Quisada.

- Se llama *Historia de Ginés*.

- ¿Está acabado? -preguntó de nuevo Quisada.

- ¿Cómo va a estarlo -respondió Ginés- si aún estoy vivo? Todavía quedan por añadir muchas cosas que vendrán, ¿cómo voy a terminarlo si aún no he muerto? Cuento en el libro desde que vine a este mundo hasta esta última condena.

- Luego, ¿antes habíais sido condenado? -dijo Quisada.

- Sí -respondió Ginés-, que he estado cuatro años de trabajos forzados y ya conozco el lugar y estoy acostumbrado; podré allí completar mi historia, que en ese tiempo que me queda por pasar quién sabe si no han de sucederme cosas extraordinarias que merezcan ser relatadas.

- Parece que tienes bastante confianzaen tu escrito -dijo Quisada.

- No es eso -respondió Ginés-, aunque lo que vuestra merced debería decir es que para los letrados la miseria es mucha, pues para los hombres de conocimientos del pasado y del presente el destino trae, siempre, más números impares que pares.

- Según lo que dices -apuntó un guardia-, que estés condenado es culpa del destino.

- Señor, extremad la prudencia al hablar-dijo Ginés- que, aunque sea yo condenado, que lo soy, vuestra merced no debería insultarme, pues su tarea oficial no es otra que llevarme a donde debo cumplirla, y ahí acaban sus funciones, ¿a qué viene esa palabrería? Quizá al final sea yo quien presente una denuncia ante la autoridad.

Encolerizado, el jinete alzó una vara en alto para darle, pero Quisada lo detuvo y dijo:

- Lo que dice no está del todo desprovisto de sentido, no actúe vuestra merced dejándose llevar por el impulso.

Y después, dirigiéndose a los condenados, añadió:

- Hermanos, después de escucharos, y aunque os han castigado por vuestros delitos, he sacado en limpio cuáles son vuestras intenciones y que vais muy en contra de vuestra voluntad, uno porque se confesó culpable por el tormento, el otro porque, por falta de dineros, no pudo sobornar al juez; la censura debe estar en la autoridad que os juzgó. Hoy el cielo me ordena que acuda en vuestro rescate y, siguiendo las leyes de la caballería, debo consideraros gentes a las que proteger y voy ahora a discutirlo con buenas palabras con los oficiales.

Se volvió hacia los dos jinetes:

- Os ruego que liberéis a estos diez condenados -les dijo-, pues convertir en esclavo a gente modesta va contra la ley, y forzarlos con torturas crueles va en contra de las razones del cielo; además, ninguno de estos diez ha cometido delito alguno contra vosotros, ¿por qué, pues, arrastrarlos así? Y aun habiéndolos cometido, mejor será dejar a la justicia divina que los juzgue, pues sabrá distinguir entre buenas y malas acciones, no habéis de tomar vosotros parte en ello. Y dejadme añadir unas palabras más: según la ley cristiana no deberíais castigar con estas penas crueles a estos hombres, pues ¿qué beneficio sacáis en ello? Quiero discutirlo mansamente con vosotros y confío en que cumpláis lo que os digo y liberéis al punto a estos reos, pues, de no hacerlo, mi espada y mi lanza harán su tarea en vosotros, y espero que no hayáis de comprobar la maestría de mis brazos que no han conocido derrota.

Los jinetes estallaron en carcajadas.

- ¡Extraordinario! - dijeron- Os atrevéis a oponeros a las órdenes del rey y nos ordenáis que liberemos a estos reos, como si vos mismo fueseis rey. Andad y apuraos, y enderezad esa bacía de bronce que lleváis sobre la cabeza no vaya a caerse del caballo. Es una majadería, dejad de ocuparos de asuntos que no os conciernen, que a quien le gusta jugar con gatos acaba arañado, y esto no va a traeros beneficio alguno.

Encolerizado, Quisada dijo:

- No sois vos gato sino ratón, además de un cobarde.

Y diciéndolo, arremetió con su lanza contra el jinete que, no estando preparado, dio en el suelo; y aunque este era el de la escopeta no le dio tiempo a disparar.

El otro jinete, asombrado, levantó la espada para golpear a Quisada, y lo hubiese partido en dos si no fuera porque aprovecharon los condenados para liberarse y salir en desbandada. Viendo a los reos escapar así, el jinete olvidó el enfrentamiento con el caballero e intentó con todas sus fuerzas perseguir a los huidos, pero poco podía hacer un solo hombre para detenerlos a todos. En ese momento, Quisada espoleó a su caballo y acometió, lanza en ristre, contra él, por lo que el jinete tenía que enfrentarse a él y contener a los reos al tiempo, lo que resultaba imposible. Sancho, por su parte, liberó de sus cadenas a Ginés que, tomando una espada, mató a los dos jinetes, y pateó a uno de los soldados de a pie. El resto de los condenados cogieron piedras que empezaron a arrojar contra el soldado de a pie que quedaba, que salió huyendo como pudo, mientras allí quedaron Quisada y los condenados. A Sancho se le representó con claridad que aquel soldado de a pie iría a buscar a la guardia real y que regresaría y, cuando aún no había terminado la batalla, ya le aconsejó a su amo que de allí se partiesen para refugiarse en los montes y evitar a la guardia.

- Dices bien -dijo Quisada-, pero sé cual es la decisión que debo tomar.

Llamó entonces a los condenados, que habían despojado de sus ropas a los caídos, y se reunieron ante el caballo para escuchar las órdenes que Quisada fuese a darles.

- Sin temor a la muerte -dijo Quisada-, os he liberado de vuestra condena y no debéis olvidar la gran ventura que de mí habéis recibido. Lo que hoy os pido es que al punto partáis hacia el Toboso y solicitéis ver a la dama Dulcinea, a quien debéis decirle que don Quijote os mandó presentaros ante ella, y que ante la bella señora informéis de mi victoria y le contéis mis hazañas como caballero. Después podréis ir donde queráis, que no es asunto mío.

- Señor -dijo Ginés-, nos habéis salvado y por ello os estamos profundamente agradecidos, pero de ninguna manera podemos ir a informar a vuestra hermosa dama, sería como enfrentar diez mil muertes con solo una vida. ¿Cómo vamos a pasearnos a plena luz del día por un mercado? Ahora debemos dividirnos y escondernos para que las patrullas no puedan atraparnos de nuevo. Disculpad, vuestra merced, nuestra falta por no poder obedecer vuestra orden de presentarnos ante la señora Dulcinea; y con todo el respeto, os damos las gracias a toda prisa, pues hacerlo sería como esperar que diera manzanas el olmo.

Puesto en cólera, Quisada dijo:

- ¡Tú, hijo de puta! Olvidas la bondad que se te ha hecho y das la espalda a la justicia. ¡Cómo te atreves a oponerte a una orden que te dan tus mayores! Te voy a llevar cargado de cadenas ante mi amada sin compasión alguna.

Ginés, que era un hombre violento, miró a su alrededor después de escuchar aquello y, junto con el resto, se pusieron a izquierda y derecha, cogieron algunas piedras que comenzaron a llover sobre Quisada. Ya todos sabían que lo que llevaba sobre la cabeza era una bacía de bronce y que no estaba en sus cabales. Quisada intentaba protegerse tras su escudo de las piedras, pero le golpeaban con dureza en la cara y en los ojos, y aunque intentaba espolear a su caballo para escapar, el animal se quedó allí plantado sin moverse. También Sancho Panza se ocultaba tras el vientre de su jumento. Cuando dejaban de llover ya las piedras, una alcanzó a Quisada, que cayó del caballo. El joven de los condenados le quitó la bacía y lo golpeó con fuerza en las espaldas, para después tomar una roca enorme y hacerla pedazos; le quitó la armadura, y también tiró de sus calzones y lo hubiese dejado desnudo si no fuese porque las grebas estaban bien sujetas a las piernas y lo impidieron, de modo que no pudo llevárselos. Para entonces solo le quedaba la camisa. A un silbido salieron todos huyendo.

Maestro y discípulo quedaron tirados en el suelo, junto a caballo y asno. El asno con las orejas gachas parecía esperar todavía ver volar más piedras. Quisada y su caballo, heridos ambos por las pedradas, seguían tirados en el suelo sin levantarse y Sancho, a quien habían quitado el gabán, temía que viniera una patrulla. Pensando en cómo había sido maltratado por aquellos a quienes había salvado, sentía Quisada en su pecho arrepentimiento y enojo incontenibles.

Capítulo IX

- Sancho -dijo Quisada-, he oído decir que el hacer bien a ladrones es echar agua al mar, y he malgastado mi fuerza creyendo que ellos sabían qué era la bondad. Si yo hubiera escuchado lo que me dijiste, quizá no hubiésemos llegado a este punto; pero ya no va a ningún sitio esta pesadumbre y esta aventura me hará escarmentar de aquí en adelante y no actuar de forma tan impulsiva.

- Tiene razón vuestra merced -dijo Sancho-, que si me hubiera hecho caso el asunto habría salido de otra manera, y ahora escúcheme que quizá podamos excusar otra calamidad, y es que la guardia real no le tiene miedo a esa justicia de caballería de mi maestro como para salir corriendo, que ya oigo el silbar de las flechas porque la guardia debe estar por llegar, más vale que nos escondamos.

- Eres hombre por naturaleza cobarde -dijo Quisada-, pero como antes no te escuché y ya he dicho lo dicho, no puedo dejar esta vez de escucharte así que nos esconderemos ahora de la guardia; pero jamás mientras yo viva has de decir a nadie que yo me retiré por miedo, sino que fue por atender tus continuos ruegos y que solo por eso tu maestro te escuchó; de ninguna manera podrás decir que perdí el valor, y si te atreves a revelarlo como si falta mía fuese y traicionando a tu maestro, olvidaré que lo soy y tu propia vida acabará a mis manos. Es algo que no cabe discutir y sobre lo que no hay duda, pues es así. Yo jamás saldría corriendo ante guardia alguna, y no solo porque no la tema, sino por salvaguardar mi buen nombre como caballero de este mundo; me enfrentaría a ella sin esconderme.

- Retirarse no es temor -dijo Sancho-, sino estrategia; y pues no hay a quien salvar vale más no morir, ¿por qué arriesgarse? El valiente y estratega debe guardarse a la espera de que llegue el día en que se han de cumplir sus afanes, estos son los altibajos en el camino del héroe. Y aunque hombre vulgar soy, comprendo de sobra los cambios de fortuna y lo más valioso es saber adaptarse a las circunstancias; no se puede en modo alguno quedarse sentado esperando la muerte; que si alguna otra petición tuviese será siempre por el bien de mi maestro, que no osaría yo en engañarlo con alguna argucia, sino siempre pensando en la protección de nosotros dos. Y hoy caminaré yo por delante y vuestra merced haga todo el esfuerzo que pueda por seguirme, que así podremos ahorrarnos más de una desdicha.

Quisada subió al caballo sin replicar palabra, mientras Sancho lo hacía en el jumento guiando el camino. Se entraron por una senda entre la montaña. El nombre de la montaña, que estaba próxima a un desierto, era Sierra Morena, y la senda era profunda, peligrosa y escarpada; por allí no dejarían huellas que permitieran encontrarlos. Sancho llevaba la intención de cruzar la montaña y atravesar el desierto hasta llegar al Viso, un lugar escondido entre montañas, de caminos muy intrincados, donde la guardia real no llegaría nunca a alcanzarlos. Aunque habían perdido ropas, camisa, armadura y yelmo, felizmente todavía sobre el asno había quedado comida suficiente para uno o dos días, lo que sirvió para reavivar su valor.

No habían llegado a mitad de camino cuando el cielo ya se había oscurecido. Sancho invitó a Quisada a desmontar allí y a quedarse algunos días, aunque pensando en que durase el yantar, debían comer con mesura. Habían llegado a una gruta, rodeada por todas partes de grandes árboles, que bien les serviría para ocultarse. A deshora, vino a pasar también por aquella gruta Ginés que vio a los dos hombres en su más dulce sueño, y como no hay palabras bastantes para describir la falta de bondad natural de los hombres mezquinos que hay por el mundo, cuando vio allí el jumento, se subió a sus lomos y salió corriendo; el caballo lo abandonó al ver que, aunque grande, no podría venderlo de inmediato; así que solo robó el asno, montando sobre él y partiendo a toda prisa. Despuntó la aurora y cuando Sancho halló de menos su asno y que había perdido su transporte, rompió en sonoros llantos de manera que despertó a Quisada que le oyó decir en su llorera:

- Este asno era amigo de mi hijo, era mi vida toda, todos los vecinos que lo veían lo querían y admiraban; antes de salir con mi maestro, me sacaba veintiséis maravedíes como bestia de carga, que bastaban para el sustento de la familia.

Quisada que vio el llanto y supo que Sancho había perdido el asno, lo consoló diciéndole que los hombres en la vida pasaban por momentos buenos y malos, pero Sancho no le escuchaba; le prometió que tendría muchas ganancias, pero ni aun así Sancho dejaba de llorar. Por fin le dijo:

- Tengo cinco asnos en casa, haré que te den tres para compensarte por el jumento perdido.

Consolose entonces Sancho que cesó en sus llantos, sin dejar de darle las gracias a Quisada.

Y así, los dos hombres se levantaron y se pusieron en marcha por entre aquel mar de montañas. Los tallos y ramas de la espesura, las crestas y cimas que ante sus ojos aparecían y desaparecían, despertaron en la memoria de Quisada el recuerdo de los caballeros andantes del pasado, cómo se adentraban en lo profundo de los montes, donde maravillosos acontecimientos les sucedían y donde se ganaban fama por su valor. "Es mi buena fortuna encontrarme en un lugar como este", se decía Quisada en su desaforada ensoñación.

De pronto vieron acercarse, trotando a lo lejos, al asno perdido, y es que Ginés, agotado, se había quedado dormido y el asno, por cariño a su dueño de antaño, había vuelto a buscarlo. Viéndolo de regreso, Sancho, que no cabía en sí de gozo, volvió a montarse a su lomo. Quisada seguía embebido en las historias de antaño, sin preocuparse de si habían caminado mucho o poco, mientras que Sancho, felicísimo por haber recuperado a su jumento, y aun más por haber escapado de las manos de la guardia real, empezó a sentir hambre. La buena suerte había querido que, junto con el asno, regresara el gabán de Sancho donde se encontraba la comida. Iba Sancho masticando al ritmo que azuzaba al animal, lo que hacía alegre el paso del jamelgo. En esto, vio que su maestro alzaba algo con la punta de la lanza; apresuró el paso del asno para acercarse por detrás al caballo por si fuese menester ayudarle a coger aquello. Eran una valija de cuero y una silla de montar podrida por el viento y la lluvia y de la que solo quedaba la mitad. La valija pesaba tanto que Quisada ordenó a Sancho que se apease a tomarla. La valija venía con su cerradura de hierro pero, como estaba agrietada, se podía tomar lo que en la valija venía. Eran unas cuantas camisas limpias, un gabán y una bolsa con monedas de oro. Así como lo vio, Sancho gritó:

- ¡Es un regalo del cielo!

Y buscando más, halló un librillo de memoria ricamente encuadernado. Pidiole Quisada:

- Acércame el librillo; el oro te lo puedes guardar tú.

Besole las manos, Sancho, de contento y terminó de desvalijar las ropas que allí había, que envolvió junto con la comida en un costal. Quisada dijo:

- Paréceme que algún caminante dio aquí con unos malandrines que lo saltearon y debieron matarlo.

- Vuestra merced se equivoca de nuevo -dijo Sancho-, porque si lo asaltaron y mataron, ¿por qué dejaron aquí la valija?

- Verdad dices -dijo Quisada-, y así, no doy en lo que causó esto. Veremos si en este librillo de memoria puedo rastrear quién fuese este hombre. Abriolo y vio un poema, que por que Sancho también lo oyese, leyó en alto; y el poema decía:

Dios del Amor, no entiendes de tormentos,
de pasión a los hombres aturdes y aun humillas.
Mas sí sabes del desgarro de mi vida,
cómo nacen en mí el odio y los lamentos.
Si alma tuviera ese Dios y fuera justa
por injusto el castigo mereciera.
¿Este dolor no sé dónde se engendra?
De ti, Fili, procede mi amargura.
¡Ay, Fili!
¡Qué será de mí si ahora no muero!

Después de que Quisada lo leyese, dijo Sancho:

- Aún no entiendo el sentido de esos versos ni quién es Filis.

- No he dicho Filis, sino Fili -dijo Quisada-, y a mi parecer esta Fili es una dama a quien amaba el poeta; y los versos no son malos en absoluto.

- Mi maestro entiende de la guerra -dijo Sancho-, ¿cómo es que también sabe de poesía?

- Dijiste que no entendías los escritos -dijo Quisada-, pero yo soy diestro en la guerra y en las letras; y habré de escribirle un poema a modo de invitación en verso para enviársela a mi amada Dulcinea. Sancho, escucha, los caballeros de antaño no solo sabían de poemas, eran también muy duchos en música, pues poesía y música son lo que mejor sirve para comunicar en este mundo; los caballeros veneran el amor, por ello no pueden olvidarlas, aunque en ocasiones el talento de los caballeros no está a la altura del de los letrados que las dominan más, y puede también que a donde lleguen los sentimientos no alcancen los versos.

- Mire vuestra merced si hay más -dijo Sancho.

- Aquí hay algo que parece el borrador de una carta -dijo Quisada.

- Le ruego a vuestra merced que la lea -dijo Sancho-, pues me embriagan los escritos que hablan de amor.

Se puso a leer Quisada en alto la carta que así decía:

Permíteme que no renuncie a estas palabras que me hacen sentir tanto desespero; pues las unas y el otro cercan los diez mil caminos de los afectos. Antes llegarán a tus oídos las nuevas de mi muerte que escuches mi resentimiento. Desechásteme, abandonaste lo viejo por afanes de lo nuevo; pero si él oro atesora, ¿cómo puede igualárseme en sentimientos? Si acaso las mujeres apreciaran más la virtud que las riquezas, ni mi aspecto fuera así de desolado, ni mi corazón albergara estas envidias, mas todo ello ha sucedido. Te juzgué al principio solo por tu extraordinaria belleza, que después descubrí cobijaba el peligro de un corazón traicionero. ¡Ay si la hermosura no fuera en este mundo tan valiosa! Yo que te tomé por una diosa, descubrí más tarde en ti un ser licencioso, sobre el que no bastan las palabras. Sumido en la tristeza, no hallo la calma y aun te imagino burlándote, como siempre, desdeñosa. No albergo rencor alguno, y solo al cielo pido que no padezcas en tu cuerpo la frialdad de quien tú anhelas. La única esperanza que me queda es que sientas algún arrepentimiento; si así fuera, y a mitad de camino tus pasos deshicieras, no llegara mi venganza, pues mi estima volvería, y tomar venganza no deseo, sino verte de nuevo, mas aquí me despido para siempre.

La carta no estaba firmada, y dijo Quisada:

- Sigo sin sacar quién escribió esta carta que transmite tal desolación; quien la escribió debió padecer por sus sentimientos pues todas son palabras de mal de amores.

Volvió a hojear el librito, donde halló cartas y versos; en algunas partes la caligrafía todavía era algo clara y se podía leer, pero en otras estaban borrosas o enmendadas y no se distinguían las palabras, pero todas ellas eran de resentimiento.

En tanto que Quisada leía el libro, Sancho Panza pasaba la valija, rebuscando sin cesar por todos sus rincones, pues el hallazgo del oro, que llegaba a los buenos cien ducados, había despertado su codicia, y no había dejado ni un resquicio sin hurgar; y aunque no halló más de lo hallado, estaba bien satisfecho con el oro. Recordó todas las aventuras pasadas, desde cómo lo habían aventado en la venta hasta las otras que aquí no mencionaremos, y aún la felicidad rebosaba en su rostro.

Iba Quisada pensando con gran deseo en encontrar al dueño de la valija de cuero y los dineros; y conociendo de él que también sabía escribir, conjeturaba que no era un letrado de poca categoría, sino que debía ser hombre de amplios conocimientos y, a decir de sus escritos, desgraciado e infeliz y arrebatado por la pasión. Pensaba en él Quisada, pero en aquel lugar vasto y desierto, sin rastro de persona alguna, además de la desvencijada valija sobre la que el paso del tiempo había hecho mella, resolvió que aquel hombre ya no estaría por allí; confió el camino al caballo, que escogió el más llano para seguir avanzando. Agarrado a la silla, Quisada pensaba: "Es posible que en lo profundo de estas montañas pueda dar con algún peligro, una aventura que me espera para mostrar la justicia de la caballería."

Yendo con este pensamiento, vio por cima de una montaña, saltando a izquierda y derecha, de risco en risco, a un hombre con la ligereza de un mono. Iba desnudo de medio cuerpo arriba, con barba y cabellos largos y espesos, sin tocado ni calzado, traía unos calzones raídos que apenas le cubrían la parte baja del cuerpo y que por muchos agujeros descubrían las carnes de sus piernas casi por completo. Espoleó al caballo para seguirlo, pues, pensando en que debía ser el dueño de la valija abandonada, deseaba alcanzarlo; pero el caballo, flaco y sin fuerzas, no avanzaba. No podía Quisada resistirse a alcanzar al dueño de la valija y, así, mandó a Sancho que se dividieran por dos caminos para darle alcance.

- Maestro, os ruego que no me lo toméis en falta -dijo Sancho-, pero no me atrevo yo a alejarme de vuestra merced que en apartándome apenas unos pasos, me entra un gran miedo.

- Está bien lo que dices -dijo Quisada-, pues pienso que te vales mucho de mi ánimo para que te proteja, y te digo yo que así ha de ser, pues te protegeré hasta el final, y no dejaré que ninguna desgracia te acontezca. Vente ahora tras de mí y mira por los cuatro costados que no se nos escape ese hombre desnudo que, sin duda alguna, es el dueño de la valija y, siendo yo caballero, es justicia que le restituya el oro.

- Preferiría mucho más no buscarlo -dijo Sancho-, pues si lo hacemos habré de restituirle los dineros y ¿de qué habría yo de vivir? Fuera mejor evitarlo y, si pasados unos días, lo encontramos, quizá haya gastado todo el oro, que ya no tendría de dónde reclamarlo.

- Engáñaste en eso -dijo Quisada-, pues debemos encontrar al dueño para devolverle el oro, es un acto de justicia; de ocultarlo y no informar de ello quedaría dañada mi virtud y prefiero no sentirme avergonzado. No seas codicioso, hemos de devolverle el oro, solo entonces mi espíritu quedará tranquilo.

Y, así, avanzó el caballo seguido por Sancho, que se decía que aunque devolviera el oro, todavía le quedaba lo que su maestro le había prometido, y con ello bastaba. Llegaron hasta un arroyo entre las montañas, donde hallaron una mula muerta, con todo y silla y bridas, con el cuerpo medio comida de lobos y zorros y aves de aquellas montañas. Viéndola, confirmó en Quisada aún más la sospecha de que la valija abandonada era del hombre desnudo. Estando elucubrando sobre ello, de pronto oyeron el sonido de un silbo, como el de los cabreros llamando a sus cabras, y al poco, vieron un rebaño que se acercaba por la orilla del riachuelo. Por detrás llegaba un viejo cabrero, todavía a media montaña. Quisada le hizo un gesto con la mano para que bajase.

- ¿Por qué andan vuestras mercedes por las honduras de estas montañas -les gritó el cabrero- por donde no pasa alma alguna?

Quisada le pidió al anciano que bajara para que le contaran lo que allí hacían, y el anciano bajó con parsimonia hasta ellos. Viéndolos mirar la mula muerta, dijo:

- Hará seis meses que esa mula murió. Díganme, ¿han topado por ahí con su dueño?

- No hemos topado con nadie -respondió Quisada-, sino con una valija abandonada y el cojín podrido de una silla.

- También la hallé yo -respondió el cabrero-, mas nunca me quise llegar a ella, temeroso de que alguien me viese y creyese que era un ladrón; por eso no me acerqué, pues aquella valija parecía un cebo para hombres puesto por los demonios, que con solo acercarme podría haber caído sobre mí un inesperado mal.

- Eso mismo digo yo -dijo Sancho-, que de ninguna manera me atreví a llegarme a ella, y ahí debe seguir igual como si nadie la hubiera visto, pues de haberla cogido alguien lo habría sabido, que no se puede con papel envolver el fuego.

- Decidme, buen anciano -dijo Quisada-, ¿sabéis vos quién sea el dueño de la valija abandonada y la mula muerta?

- Solo sé yo esto -respondió el cabrero-: hará cosa de seis meses, llegó aquí un mancebo de elegante apostura y bien hermoso, con finos ropajes y montado sobre una mula, esa misma mula que ahí está muerta, y con su pequeña valija. Preguntonos si por estas montañas, solitarias y tranquilas, se hallaba algún lugar aún más apartado y tranquilo; dijímosle que este, que en mucho tiempo no se veía ni rastro de hombre alguno, y aun le dijimos al joven que más allá de una docena de millas había, en una dirección que le señalamos, un lugar. "Es tan rocoso y escarpado que no hay camino ni senda que a ese lugar lleve -le dije-; vuestra merced no podrá llegar allí." El mancebo, sin nada responder, se encaminó a toda prisa a lomos de la mula hacia donde le habíamos señalado. A todos nos pareció bien extraño, después no volvimos a oír de él. Al cabo de unos días, le salió al camino a uno de los nuestros; cuando el mancebo lo vio se fue contra el cabrero y lo golpeó con mucha violencia, le quitó todo cuanto traía de yantar y desapareció con ligereza. En eso, los hombres del lugar nos reunimos y decidimos que no podíamos sino apresarlo y echarlo fuera de estas montañas. Lo anduvimos buscando dos días en lo más profundo del bosque, al cabo de los cuales lo encontramos tendido en el hueco de un viejo árbol. Al vernos, salió para saludarnos con mucha mansedumbre y sin ninguna mala intención; tan delgado y con el rostro tan sucio estaba, que de no haber sido por los vestidos que traía ya rotos, no lo hubiésemos reconocido. Nos saludó con cortesía y nos pidió que no nos asombráramos. "He venido hasta aquí para cumplir la penitencia por unos pecados". Le preguntamos quién era, que por qué no decía su nombre; pero el mancebo nada decía. Dijímosle que en adelante le traeríamos el sustento con frecuencia, pues en aquellos parajes no era fácil hallar qué comer y porque no fuera a pasar hambre; y que, si no quería abandonar el lugar, le traeríamos la comida hasta aquí; pero que, sobre todo, no volviese a golpear a los pastores ni a robarles su comida. Dicho esto, se deshizo en agradecimientos, pidió perdón por los asaltos pasados, y dijo: "De aquí en adelante, no quitaré los alimentos, sino que os los pediré a vuestras mercedes. En cuanto a lo que toca a mi estancia, no tengo un lugar fijo, descanso o duermo allí donde me lo ofrece la ocasión." Quedó entonces muy callado, y todos nosotros sentimos piedad por él tras oír sus palabras; nunca hubiésemos imaginado que, en medio año, iba a estar tan cambiado: de su galante apostura de antaño, ahora se le veía pálido y enflaquecido. Y aun siendo nosotros rústicos, sentimos lástima por la caída en desgracia de aquel muchacho cultivado. Seguía hablando cuando, de pronto, clavó los ojos en el suelo como si estuviese pensando en algo y, por un buen espacio de tiempo, cerró los ojos; cuando los volvió a abrir, apretó los dientes, frunció las cejas y, apretando los puños, arremetió contra uno de los nuestros; puñadas y coces caían una tras otra y si no se lo quitáramos de encima le matara a golpes, y todo esto mientras gritaba: "¡Fernando! Cómo te atreviste a engañarme así, voy a rajarte el corazón y el hígado." Gritaba y golpeaba hasta que pudimos separarlo y, entonces, con gran agilidad, salió como pájaro volando al interior del bosque y desapareció entre la maleza, lo que nos imposibilitó el seguirle. Supimos entonces de su locura y que la traición de ese tal Fernando lo había conducido a ese estado. Desde entonces lo encontramos de tanto en tanto; con frecuencia nos pide algo de comer; pero cuando está con el accidente de la locura, arremete contra nosotros. Ayer cuatro o cinco hombres determinamos atraparlo para llevarlo a la villa de Almodóvar, que está de aquí a unas veinte millas y por fuerza meterlo en un hospital para que detengan su mal, y si no tiene cura, al menos estará más seguro y nos informaremos de su nombre y de dónde viene, para que así, quizá pueda regresar con sus parientes.

- He visto un hombre -dijo Quisada-, medio desnudo, saltando de risco en risco, más ágil incluso que los monos. Ese debe ser.

Quisada, aún más decidido a devolverle el oro, deseaba encontrar a aquel hombre, a lo que se añadía su afán por conocer su extraordinaria historia. Justo en el momento en que hablaba con el anciano, bajó el loco desde las cumbres. Venía hablando entre sí algo que, al principio, no se distinguía. Quisada vio que traía puesto un coleto de cuero de oveja que, visto de cerca, se notaba que era de calidad por su adorno y, aunque hecho pedazos, debía pertenecer a persona de alcurnia.

En llegándose a ellos, los saludó con mucha cortesía, pero apenas sin voz. Quisada, apeándose del caballo, le devolvió el saludo con un abrazo como si fueran conocidos de hacía tiempo; pero el loco lo apartó, se retiró unos pasos, y le dio unos golpecitos en el hombro, la armadura y el yelmo con las manos, admirado de verlo así ataviado. Quisada no apartaba la vista del mancebo, que se dispuso a hablar.

Capítulo X

Dijo el loco:

- Señor, no sé quién sois, mas me emocionan al extremo vuestras muestras de afecto, y lamento no tener a mano pincel para escribir mi vida, o para componer unos versos que os muestren lo que siento, aunque no quisiera en modo alguno que las palabras expresaran lo que oculto en mi pecho; la mala fortuna en que me hallo lamento que me impida relataros el desánimo que ahora siento.

- Determinado estaba yo a encontraros -dijo Quisada-, para escuchar lo que tengáis que decir y comprender qué os causa tan injusto infortunio que os ha traído hasta estas tierras, pues yo he de arrancaros de vuestra desventura y por vos tomar venganza; y si acaso fuera otro el mal de vuestro más íntimo sentir que os impida regresar al mundo de los hombres, os he de acompañar para liberaros de tal pesar, pues mi intención es apartarlo de vos; mi más profundo deseo es junto a vos permanecer. Permitidme preguntaros de qué familia venís y cuál es la causa de que en vuestros años floridos os abandonéis a tamaña crueldad; os juro por mi nombramiento como caballero que buscaré la justicia donde quiera que se halle, sin temor a afrontar cien muertes, hasta vengaros; y dispuesto estoy a permanecer aquí el tiempo que sea y ocultarme con vos.

Mientras escuchaba aquellas palabras, el loco no dejaba de mirar fijamente a Quisada, y dijo entonces:

- Señor, ¿no tendréis algo de yantar? Quisiera llenar mis entrañas vacías, después os contaré todo lo que siento.

Sacó Sancho algo de comer y también el anciano cabrero le ofreció un poco. El loco tomó lo que le ofrecían con ambas manos y más se podría decir que engullía, no que comía. Quedaron los otros tres sin hablar palabra. Cuando acabó de comer, guió a Quisada, a Sancho y al anciano hasta un prado donde se tendió y dijo:

- Si gustáis, señores, de escucharme en ningún modo podréis preguntarme nada, pues no os sabré responder, ya que mis sesos andan alborotados, y el mal de mi locura despertará.

Aquello le trajo a la memoria a Quisada el cuento de Sancho, cuando le pidió que contara las trescientas cabras que habían atravesado el río y cómo Sancho, tras preguntarle sin obtener respuesta, había olvidado el final de la historia; era exactamente lo que ahora pasaba.

- Os lo he advertido -siguió el loco-, pues querría pasar presto por el relato de mis desgracias aprovechando que mi cabeza está ahora clara; y todo he de contaros, sin omitir nada.

- No os interrumpiremos -dijeron los tres.

El loco comenzó:

- Mi nombre es Cardenio, nací en Andalucía y soy descendiente de un noble linaje; mis padres, ambos, poseen grandes fortunas, pero tal es mi desventura que ni siquiera las riquezas han podido aliviarla, pues fue el Cielo el que así lo dispuso. En mi misma ciudad había una muchacha de nombre Luscinda, hermosa en grado sumo y también de familia de hacendados, como yo, aunque, lamentablemente, de corazón inconstante. La primera vez que la vi quedé prendado de ella, estando los dos en nuestra más tierna infancia; cuando crecimos, sus sentimientos hacia mí también se acrecentaron. Sabían nuestros padres de nuestras intenciones, estando los míos de acuerdo y también los suyos, sabiendo que un futuro habría de llegar en que fuéramos familia y se establecieran lazos entre los dos linajes. Creció la edad y, con los días, el amor se hizo más intenso; el padre de Luscinda, por respeto al decoro, me prohibió que frecuentara su casa. Aún siendo así, ni Luscinda ni yo podíamos contenernos y lo que de palabra no podíamos declarar, expresaban el pincel y la tinta en profundos sentimientos; los besos que no podíamos darnos los describía con más libertad el pincel;

tantas cartas que, como días, escribí acompañadas de versos y canciones, fueron tantas respuestas que de ella recibí; dos corazones reflejados el uno en el otro; así construimos nuestro reino secreto. Determiné pedírsela a su padre por legítima esposa, a lo que el anciano se opuso, pero me dijo: "Tu venerable padre aún vive; has de informar a tus padres, para que lo acuerden conmigo". De corazón agradecí su asentimiento, pues sabía que una vez mis padres supieran, no habría objeción alguna. Regresé de inmediato a informar a mi padre y lo encontré leyendo una carta que acababa de abrir; al verme me tendió la carta y me pidió que la leyera. "Cardenio -dijo-, lee la carta que viene del palacio del duque Ricardo; ordena que te presentes ante él." El duque Ricardo es el hombre con más poder de España y tiene todas sus posesiones en Andalucía. Leí la carta que a mí se refería, dando unas órdenes que mi padre no podía en modo alguno desoír. Le ordenaba que me enviara a su palacio para que atendiera los estudios de su hijo, la acompañaba además un importante regalo.

Aquella carta suponía una contrariedad y, al mismo tiempo, un asombro sin límites. Luego mi padre me dijo: "Debes prepararte para partir en dos días y deberías dar gracias al cielo porque al estar junto al duque, se te abre el camino a riquezas y honores a los que se añadirán más después." Y salió a toda prisa sin que tiempo me diera a hablarle del asunto del desposorio. La noche anterior a mi partida fui de nuevo a casa de Luscinda para explicarle todo y despedirme; también fui a hablar con su padre para darle noticia de las órdenes que había recibido de partir de inmediato al palacio del conde para ocuparme de los estudios de su hijo. Le supliqué que no se retractara del asentimiento que me había dado y por fin el anciano, generosamente, y después de un momento, consintió. Regresé a ver a Luscinda ante quien hice solemne juramento de desposarla antes de separarnos con un dolor insoportable.

Llegué, en fin, a palacio donde el duque me recibió con extraordinaria cortesía y afabilidad, tanta que sus hombres de mayor confianza comenzaron a mirarme con recelo. Quien me dio mayores muestras de afecto fue el segundo hijo del duque, Fernando, un joven hermoso y aficionado a los amoríos por naturaleza y que, más allá de lo que hubiese podido imaginar, me trató como si fuésemos amigos íntimos; y aunque también el mayor me quería bien, pronto me convertí en el más apreciado de cuantos atendían a Fernando; me llamaba amigo del alma y con frecuencia me contaba sus amoríos sin ocultarme nada. Fernando me convirtió en su amigo hasta la muerte y como de todo lo suyo me daba cuenta, me habló de una muchacha, la debilidad de su padre, uno de los labradores ricos y vasallo en las tierras del duque. Sin embargo, aunque la belleza de ella hubiera podido derribar murallas, no era la compañera indicada para el hijo de un duque; ella ciertamente era bella y sabia, comprendía del todo las razones del mundo y sabía muy bien cómo enfrentar cualquier cuestión, por lo que todos aquellos que la conocían no podían dejar de quedar prendados de sus encantos. Profundamente embelesado, Fernando deseaba tener un encuentro con la muchacha, pero ella protegía su castidad y no consentía, hasta que Fernando resolvió desposarla. Así como el hijo del duque me lo había contado en la confianza de nuestra amistad, también yo le dije con franqueza que alguien de baja condición no era pareja para un noble, que temía que no obtendría la autorización del duque; le di los mejores argumentos con palabras amables y le dije que sus sentimientos estaban errados, pero no quiso escuchar. Muy en contra de mi propia voluntad, no me quedaba otra salida que informar a su padre sin que el hijo lo supiera, forzándome a actuar; sabiendo de mi oposición, Fernando me pidió que mantuviera silencio y añadió que, dada nuestra amistad, lo mejor era partir lejos; evitarla sería beneficioso para él y podría además pasar un tiempo en casa de mi familia, para feriar algunos buenos caballos en mi ciudad, pues era famosa por su cría en todo el reino. Aquel pretexto me convenía porque yo deseaba volver a mi casa para tener ocasión de ver a Luscinda, así que me sentía feliz más allá de lo esperado por esta oportunidad que el cielo me ofrecía. Sabía que aquella labradora encendía el corazón de Fernando y que él aprovechaba algunas ocasiones para verla a escondidas de su padre. Mas no es fiable lo que llaman amor los mozos, pues la vista de una hermosa mujer mueve en ellos la pasión que despierta sus deseos y que acaba por desaparecer; siempre es así en los jóvenes frívolos.

El verdadero amor se hace con el paso del tiempo más fuerte, más sincero, y los muchos reveses no lo dañan. Ya para entonces conocí que Fernando había holgado con la muchacha y la gente del labrador rico tenía ciertas intenciones, por ello el propósito de Fernando no era solo evitarla a ella sino también a su padre; y consumada ya la coyunda, la promesa de matrimonio quedaba fuera de sus propósitos, por eso pensó en partir.

Y así vinimos a mi casa; mi padre le dispensó el recibimiento digno de quien era; me ocupé yo de instalar sus pertenencias y fui luego a casa de Luscinda. Me recibió ella con sentimiento redoblado. Decíame yo que siendo mi amistad con Fernando tan estrecha no podía ocultarle mi secreto. Y labré entonces mi desgracia. Alabele un día la hermosura y virtud de Luscinda y quedó Fernando tan conmovido que me pidió verla; siendo nuestra amistad tan estrecha, consentí de buen grado. Lo llevé entonces a su casa y en el momento de contemplarla, más bella sin comparación que su labradora, fue tal la impresión que produjo en él, que la alzó sobre todas, y cien beldades que existieran no podrían igualarla. Tras verla, enmudeció como si algo maligno hubiera confundido su corazón. Me pedía entonces, día tras día sus cartas, sus versos; siendo mi tesoro más querido, no quise mostrárselas. Mas un día, la carta que me envió cayó en manos de Fernando. En ella me pedía que informara a nuestros padres para que, a no tardar, realizaran los esponsales. Cuando el hijo del duque leyó sus palabras elegantes y delicadas, tiernas y conmovedoras quedó en silencio para luego lanzar un profundo suspiro. Después de aquello a su boca acudía siempre Luscinda y ante mí cantaba su hermosura; despertaban en mí los celos sus alabanzas pues no había conversación en que no mencionara a Luscinda, y provocaba en mí más fastidio; aunque ella jamás me ocultaba nada y en cada uno de nuestros encuentros me declaraba su profundo amor yo, cada vez más intranquilo, intentaba prevenir lo que pudiera suceder, temiendo que fuera a cambiar. Un día, me pidió Luscinda el libro con la historia de Amadís de Gaula.

En cuanto oyó el nombre de Amadís, Quisada sintió una profunda emoción.

- ¿Decís que Luscinda puede leer ese tipo de libros? -dijo- Afirmo entonces que es la más extraordinaria de las mujeres, no necesitáis seguir hablando de su belleza o virtud pues la pone ya muy por encima del resto de la humanidad, algo que raramente se halla hoy. La doncella que lea esos libros sin duda posee el talento y la belleza más excelsos. Quisiera yo, señor, que junto a ese le enviarais otro libro, *Don Rugel de Grecia*. ¡Lástima! Si esa doncella gusta de leer libros de caballerías, en mi casa poseía yo más de mil volúmenes en cuya lectura me sumergí durante años disfrutando las historias de los caballeros; mas no tengo ya ninguno, pues no ha mucho que un encantador de artes mágicas los tomó todos en una noche y desapareció. Y en oyendo hablar de libros de caballerías, tanto los ansío como los rayos del sol o el reflejo de la luna, disculpad por ello que os haya interrumpido y os ruego que retoméis vuestra historia.

Desde que Quisada había empezado a hablar, había dejado caer Cardenio la cabeza y permanecido en silencio; al cabo de un momento, abriendo los ojos, dijo:

- Creo de todo corazón en ello, es verdad y no mentira; y quien diga que Madasima no tenía amores con Elisabat, es un necio o un bellaco.

(Los dos personajes aparecen en *Amadís de Gaula*).

Elisabat era un médico experimentado que podía sanar enfermedades muy severas; Madasima era la esposa de Gantasis. Madasima es uno de los personajes importantes en la historia de Amadís. Elisabat viajaba y dormía con ella por los bosques sin que a nadie le preocupase el asunto. Eso es lo que se dice en el libro. Por ello el loco acusaba de no tener razón a quien lo negara.

- Como hay Dios en el cielo -gritó encolerizado Quisada- que quien ose injuriar a tan virtuosas personas debería morir. Madasima era una mujer virtuosa que protegía su honra y defendía su castidad, ¿cómo podía amancebarse con un médico siendo princesa? Quien ose vilipendiar a esta dama miente como un bellaco y en este punto lo reto a que, a pie o a caballo, a espada o a lanza, nos enfrentemos en duelo para esclarecer el nombre de la princesa.

Oyendo aquello, Cardenio, con los ojos muy abiertos, fijó la mirada en

Quisada como si fuese algún pariente de Madasima, y presa de un gran furor, pues le había despertado el accidente de la locura, tomó una enorme piedra y la arrojó contra Quisada acertándolo de tal suerte que quedó tendido en el suelo. Acudió Sancho presto en su ayuda para golpear al loco, pero la fuerza de este era brutal; tiró a Sancho al suelo y comenzó a patearlo; quiso también el anciano cabrero auxiliarlo, pero también recibió lo suyo; después de repartir a gusto los golpes, se lanzó hacia el bosque a toda prisa y desapareció.

Levantose Sancho lanzando grandes suspiros y, con resentimiento, le reprochó al viejo cabrero no haberles avisado para poderse guardar.

- ¿Acaso no dije -respondió el viejo-, que cuando le dimos comida perdió del todo la compostura y comenzó a golpear? ¿a qué viene ese resentimiento?

Sancho continuaba replicando y replicando a grandes voces hasta que le asió de las barbas y el cabrero lo agarró a él por los pelos, acabaron los dos rodando por el suelo hasta que intervino Quisada para levantarlos y separarlos. Queriendo mostrar las fuerzas que aún le quedaban, dijo Sancho:

- Ese no es caballero, es villano; hasta que no le rompa los dientes no pararé.

- No tiene culpa el anciano -dijo Quisada-, no le golpees más.

Y con buenas palabras intentó aliviar al viejo y le preguntó:

- ¿Todavía podrías hallar a Cardenio para conocer el final de su historia?

- No -respondió el anciano-, no se puede encontrar pues no se quedaba en un sitio por tiempo, de modo que no podemos saber dónde está; pero si le sirve de algo, cuando no tiene comida, de tanto en tanto, sale a buscarnos, entonces podrá verlo.

Capítulo XI

Despidiose entonces Quisada del cabrero y, subiéndose sobre el caballo, partió seguido por Sancho sobre su asno. El camino se hacía difícil por lo pedregoso y áspero del terreno, y maestro y discípulo marchaban sin decir palabra. Sancho esperaba que su maestro comenzara la plática, mas como pasaba el tiempo y nada decía, sin poder soportarlo más, dijo:

- Maestro, no me lo reproche, pero odio no volver a casa. Allí puedo hablar cuanto quiera con mi mujer y mis hijos, y no con la reserva que tengo que tener con vuestra merced. Que de todas las adversidades y desventuras por las que os voy siguiendo lo más duro es no poder hablar; es enterrarme en vida. Y aun puedo afrontar todos los peligros a los que nos enfrentamos cada día, sin contar otras cosas, que bien harto voy de puñadas y de las patadas que me han dado, pero lo más enojoso es que me prohíba hablar.

- Si lo que deseas es hablar -dijo Quisada-, puedes hacer alarde de tu elocuencia, a condición de que ha de durar mientras andemos por estas sierras; una vez que salgamos, deberás volver a la contención.

- Aunque son estos terrenos vastos, no me extenderé en mis reflexiones y hablaré lo que se me deja -dijo Sancho-; y comenzando a liberar mi pensamiento, permítame preguntarle a vuestra merced, ¿qué le iba tanto con esa Madasa o Madasi de la que hablaba ese loco?, ¿por qué se toma tan a la ligera la vida? Que si vuestra merced no le hubiera señalado el error, creo yo que el loco hubiera seguido con su historia; pero le hizo encolerizarse y de ahí le vino la desgracia; que las muchas palabras de mi maestro le ganaron esa pedrada y, aunque yo no dije ni media, bien que me pateó las costillas; y todavía vuestra merced me acusa a mí de hablar demasiado.

- Es lástima que no conozcas lo que cuentan los libros -dijo Quisada-, pues Madasima ha sido la dama más casta que jamás ha existido, y él se atrevió a vituperarla; en justicia debía haberle partido la boca de una puñada. Siendo reina, de ninguna manera hubiera posado ella sus ojos en un médico, son puras calumnias; como caballero no puedo aceptarlo. Y en cuanto a Elisabat, aunque sí era médico, era hombre inteligente y honrado que asistía a la reina, pues ostentaba el cargo de consejero; y sí era su asistente, pero decir que se amancebaron es una calumnia execrable que merece un severo castigo. Lo que tan a la ligera dijo Cardenio es en todo punto reprobable y, o bien no ha entendido el sentido de los libros, o es que estaba sin juicio.

- Los locos no piensan -replicó Sancho-, y la buena suerte quiso que aquella piedra le diera en el vientre a vuestra merced, que si en la cabeza hubiese sido, ¿qué habría pasado? Pues que se la hubiera partido y a él nada le habría ocurrido pues la ley no condena a los locos.

- Sancho -dijo Quisada-, ya sabes del comportamiento de los caballeros para los que la integridad de las bellas doncellas es de primera importancia; sean locos o sean cuerdos, no podemos consentir que se mancille el buen nombre de una dama. Madasima era tan virtuosa como bella, por lo que siempre le he tenido particular afición; y estando entre las más bellas destacaba aun su donaire y su gracia, su brillo y sabiduría; era un modelo para las damas de alcurnia de todos los tiempos. Cuando enfrentó calamidades, el médico le dio sabios consejos que le fueron de mucho alivio frente a las adversidades, pero el vulgo ignorante, con sus malintencionados comentarios, quiso mancillar su buen nombre; y pienso yo esclarecerlo con cien bocas, disipar esas charlas que pretenden atrapar las sombras que el viento crea.

- Como yo no sé, ni me atrevo a decir lo que es o deja de ser -dijo Sancho-, y menos aún me meteré a observar las discusiones de otros, pues los muertos de hace mil años no son ni mi pan ni mi leche, ¿por qué habría de preocuparme por ellos a cada instante? Una buena parte de la gente de este mundo se ocupa solo de sí misma, y solo Dios es generoso y se preocupa por todos; no puedo yo atreverme a compararme o igualarme con él, pues él es todopoderoso y se basta para atender los pequeños asuntos de los hombres, y estos nada tienen que ver conmigo.

- No deja de tener sentido lo que dices -dijo Quisada-, pero está muy lejos de mis intenciones. En adelante, tú agárrate a tu jumento y sígueme callado, y no te entremetas en mis asuntos. De lo hasta ahora acontecido, no hace falta hablar; y en lo que ha de venir, soy yo quien bien conoce una a una todas las reglas de la caballería, ¿qué vas a saber tú?

- ¿Y ordenan esas reglas de la caballería atravesar bosques y cruzar ríos, ascender a escarpados riscos, o que la piel sea desollada a latigazos? ¿Qué caballería es esa?

- Eso nada tiene que ver contigo y deberías callar -dijo Quisada-, mi ascender a escarpados riscos tiene otra intención que la de hallar al loco. Por estos lugares quiero lograr una hazaña que conmueva al cielo y haga temblar a la tierra, que se estremezcan en todos los rincones, y mi nombre quedará registrado en los libros de historia, y sobresaldré por encima de los otros caballeros, me elevaré por encima de todos, destacando sobre los demás, y es el primer paso para alcanzar lo que deseo.

- ¿No será peligroso hacerlo así? -preguntó Sancho.

- ¡Qué va a ser peligroso! -dijo Quisada- Lo que hace falta es voluntad, y en caso de que algún inconveniente se presente, no bastará para forzarla.

- ¿Y a qué se refiere con eso de la voluntad o de forzarla? -preguntó Sancho-.

- Con voluntad me refiero a la perseverancia -dijo Quisada-, por ejemplo, si te envío a que realices alguna tarea, debes obedecerme y hacerla y así siempre, de principio a fin, lo que me pondrá feliz. De que tú realices la tarea con firme voluntad se seguirá el resplandor de mi buen nombre. Y puesto que eres mi discípulo, no puedo dejar de contarte qué es lo que ansío: ya sabes que antaño Amadís fue el primero de los caballeros y señor de todos cuantos hubo, y algunos desearon igualarlo pero no eran sino vanas esperanzas. Es como cuando los pintores desean hacerse famosos en su tiempo, deben tomar un modelo y apoyarse en él, solo entonces consiguen la fama y llegan a la verdadera comprensión para después convertirse en grandes maestros. ¿Qué significa si no convertirse en caballero? Se ha de comenzar por alguien prudente y sufrido, se han de seguir los pasos del guerrero Ulises. Homero escribió, hasta en el más mínimo detalle, la historia de Ulises; llegaría después otro gran escritor, Virgilio, que en su libro habló de un guerrero leal e hijo piadoso. Pero ninguno de ellos alcanza a Amadís, un caballero sin precedentes entre los caballeros, ¿a quién he de tomar yo como maestro sino a él? Aprender de él sin faltar nada, me servirá para que mi nombre lo recuerden futuras generaciones. Sancho, aún no sabes tú lo prudente, firme y perseverante que fue; y en sus amores, despierta la admiración de todos, que se postran ante él para venerarlo. Entre las mayores virtudes de las que aprender de él está su separación de Oriana, pues no se dirigió a ella, sino que se retiró a las montañas para implorarle al cielo su propia penitencia; eso es lo que admiro profundamente en él y de él pretendo aprender, mejor que esos otros asuntos más extraños, como cuando mató a demonios o ejecutó a salvajes, que son algo más difíciles; pero lo otro se adecúa a mis intenciones y por ello voy a imitarlo. En estos frondosos bosques y solitarios valles cultivaré mi carácter, por ello es por lo que me aferro a este lugar y no soportaría partir de aquí.

- ¿Y es en este remoto lugar montañoso donde vuestra merced logrará triunfar en su empresa? -preguntó Sancho.

- ¿No te he dicho que quiero imitar a Amadís y la historia de su discordia con su esposa? La tristeza y desolación que albergaba su pecho, lo trajeron a refugiarse en las montañas, arrepentido. Quisiera también imitar a Roldán, cuya esposa, Angélica, se encontró en secreto junto al río con ese extranjero, Medoro; cuando Roldán los descubrió, se desató su locura, arrancó los árboles, cortó el paso de las aguas, mató pastores, destruyó sus rebaños, abrasó chozas y su propia casa, dispersando sus caballos; locura tras locura quedaron registradas en los libros; tanto lo admiro que me arrebata y también deseo imitarlo, aunque no en esas locuras, y aunque no me dejaré llevar yo por su resentimiento, podré tomar lo que de bueno tiene. Pero de las historias que más populares fueron en su tiempo, hacia la que mi corazón tiende es, sin duda, la de Amadís, cómo clamaba su desolación, mas sin el destrozo pues no mataba gente ni quemaba casas. Solo imitaré su pasión, que le logró con el tiempo fama y no hubo quien a su altura estuviera o le igualara en pericia.

- Aunque estudios no tengo -dijo Sancho-, paréceme que esos dos caballeros del pasado a los que quiere imitar eran estúpidos o andaban confundidos, y vuestra merced es perspicaz y sabio, ¿por qué imitar su locura? No tiene esposa, y la dama Dulcinea jamás ha actuado de forma deshonesta con mi señor ni le ha sido infiel en modo alguno; y aunque vuestra merced quisiera reprocharle algo, nada encontraría que reprochar. ¿Para qué alborotar o revolver así?

- Tengo yo algunos anhelos que no se te alcanzan -dijo Quisada-, que ser caballero va próximo a la locura; hoy Dulcinea no me ha abandonado mas, si no muestro ese punto de desatino, nada tendrá ella que temer; pero si algún día ella tuviera una conducta impropia, sería tarde en mí el lamento, de modo que mejor será sorprenderla con mi falsa locura y así mi objetivo se habrá cumplido. Imitar, pues, a Amadís es mi firme voluntad y no has de añadir tú más a lo dicho, sino saber que en estos días me mostraré loco y, por tanto, voy a enviarte con una carta que, de tener respuesta, aliviará mi locura; y si se adecúa a mis pensamientos, de inmediato regresaré a la cordura, pero si acaso fueran sus palabras augurio de un desencuentro no tendría ya que entregarme con retraso a la angustia pues la habría avanzado, así que toda mi locura pende de esa carta. Pero dime, ¿están todavía los pedazos del yelmo de oro, ese que rompió el malandrín?

Dejó escapar Sancho Panza un profundo suspiro y dijo:

- No puedo aguantar más oírle decir eso a vuestra merced, que paréceme que eso que estoy oyendo más son burlas o locuras; eso que mi maestro decía de conquistar reinos, tomar ínsulas o nombrarme gobernador general no son sino delirios, porque a una bacía de barbero de bronce decirle yelmo de oro será como esa conquista de reinos o toma de ínsulas, no son creíbles, y si no son locuras, entonces es que sus sesos disparatan. Y esa bacía de bronce rota aún la tengo en mi costal, y en cuanto llegue a mi casa, la llevaré a un artesano a que la recomponga para que mi señora la use como palangana.

- Soy de los que gustan yelmo y armadura bien resplandecientes -dijo

Quisada-, y te juro que eres el hombre de más corto entendimiento que jamás ha tenido caballero alguno como discípulo. Llevas tiempo junto a mí, llevamos tiempo arrostrando los peligros y todavía no has aprendido los modos de un discípulo, ni comprendes los motivos últimos que mueven a los caballeros. ¿Cómo puede ser? Todos los asuntos que atañen a la caballería son claros como la luz del día; tú no logras apreciarlo, recelas del sucederse de los acontecimientos y no hay uno que no sea un misterio para ti; pero todo esto se debe, sin duda, a esos que son buenos en encantamientos y que en las sombras oscurecen tu corazón, velan tu entendimiento y ofuscan tu sagacidad para conducirte donde quieren; un refulgente yelmo de oro lo crees bacía de bronce, pues estás cegado. Y quién sabe lo que diría si a un tercero preguntaras. Siendo así, que tú lo veas como bacía de bronce me alivia un poco, pues si se descubriera que es yelmo de oro, quien sabe qué caterva de malandrines querrían tomarlo; tantos que sería imposible evitarlo, y ¿qué pasaría entonces? Quien traía puesto este yelmo no sabía que era una herencia de antaño, porque de haber sabido que era un tesoro raramente visto en siglos hubiera dado su vida por protegerlo; de no ser así, no habría llegado a mis manos. Y ahora que voy a imitar a Roldán y desprenderme de la armadura, y quitarme las ropas, no lo necesito ni estando en pedazos, aprécialo como se debe, y vale más que lo guardes tú.

Llegaron en estas pláticas al pie de un risco escarpado, que se elevaba imponente desde el suelo, lo bordeaba un arroyuelo, junto al que había un prado, exuberante y frondoso, delicioso, por el que se extendía el perfume de las flores silvestres, tranquilo y apacible, donde Quisada eligió parar para hacer su penitencia. A lo que llamaba penitencia era a penar por su amor. Quisada miró todo alrededor de aquel paraje montañoso y, suspirando, dijo:

- ¡Cielos, cielos! Este es el lugar ideal para que un hombre herido de amor alce su voz con sus lamentos. Mis lágrimas serán manantial que disputen con las aguas de este arroyo su curso, mis suspiros se convertirán en el viento que mecerá una a una las hojas de los árboles. Es este un lugar fresco, solitario; un hombre con el corazón eternamente herido por el rechazo de su amada lanzará sus gemidos al cielo en este lugar. Ninfas y espíritus de las montañas venid todas a escuchar mis palabras, la denuncia de un corazón herido. ¡Ay, Dulcinea! En nada te distingues del sol de la mañana, de su brillo; penetró tu luz mi oscuridad, por ti feliz aceptaré mil penalidades, diez mil amarguras; todo por ti que no me correspondes. Le ruego yo a Dios que te asista, que paz te dé y de ti todo mal aparte. Árboles del bosque, moved vuestras ramas asintiendo si comprendéis mis pensamientos, mostrádmelo con vuestro lenguaje para, al menos, consolar algo mi corazón. Sancho, escucha, deseo que tú, que llevas tanto tiempo acompañándome, ahora observes cómo me abandono en este lugar de quietud, donde habré de soportar penalidades y donde este verdadero caballero disipará su melancolía.

Y diciendo esto se apeó del caballo, lo liberó de la silla y las cinchas y dijo:

- Rocinante, eres libre; parte donde quieras, no tienes que seguirme ya; de los caballos de antaño, ni Hipógrifo el de Astolfo, ni Frontino, el que tan caro le costó en su día a Bradamante, pueden compararse contigo.

- Si mi maestro libera al caballo -dijo Sancho-, yo con gusto lo tomaré, que más vale dármelo a mí que dejarlo por estas montañas, pues si mientras vuestra merced finge locura he de llevar yo una carta a la dama Dulcinea, puedo utilizarlo como montura.

- Sea -dijo Quisada-, pero no has de partir inmediatamente sino de aquí a tres días, pues has de ser el testigo de mi locura, para que después informes a mi bella dama sobre ellas, tal cual es.

- Llevo tiempo viendo a mi maestro actuar -dijo Sancho-, ¿qué más he de ver?

- Lo que hasta ahora has visto no era más que lo habitual -respondió Quisada-, ahora abandonaré mi yelmo, me desharé de la armadura y me quitaré la camisa, me golpearé la cabeza contra las peñas para que resuene de modo extraordinario; será entonces cuando comience con mi verdadera fingida locura.

- ¿Acaso mi maestro ha declarado la guerra a las peñas? -dijo Sancho-Debéis ser prudente, que si os abrís la cabeza no podréis pretender locura aunque lo deseéis; pero no me parece bien de ninguna manera. Si acaso, golpeadla contra algodón o contra el cojín de la silla de montar que será mucho mejor que hacerlo contra las piedras. Y para imitar a Amadís no hace falta hacerlo de verdad del todo, que yo se lo contaré a la señora Dulcinea, punto por punto, y que mi maestro ha perdido el seso, y ella lo escuchará con toda atención. ¿Qué necesidad hay de cubrirse la cara de sangre? Eso sería el principio de ser loco de verdad.

- Son muy amables tus palabras -dijo Quisada-, pero el pretender locura no es juego de niños, hay que ponerlo en práctica con cuidado y seriedad para que la gente crea que es verdad. Lo que la gente percibe no es la conducta que se ajusta a la justicia de la caballería, ser caballero significa no mentir, pues mentir no es de caballeros. Por ejemplo, si hay que golpear la cabeza contra una peña, hacerlo contra algodón sería evitar el dolor, sería una falta porque sería igual que decir una falsedad, y no haré yo tal. Por ello he de golpearme contra la piedra, y el golpe debe ser sonoro, solo así no será falso. Por eso, tráete un ungüento y algunas vendas pues voy a necesitarlos, puesto que le dieron una pedrada al frasco con el bálsamo celestial; ya que no hay modo de curarme tendré que conformarme.

- Por desgracia, el asno que me cargaba ha muerto -dijo Sancho- y, aun antes de morir el animal, ungüento y vendas se habían acabado y no quedaba nada. En cuanto al bálsamo que fabricó mi maestro, solo de pensarlo quiero vomitar, y no hay otro remedio; así que escriba vuestra merced rápidamente la carta que iré a caballo con toda premura y, si acaso tengo la respuesta, regresaré galopando al viento que no se vaya a encontrar en problemas en este lugar hostil.

- Cuando hables con mi bella dama -dijo Quisada-, basta con que le digas que estoy en el infierno.

- ¿Cómo voy yo a arrojar al infierno a mi maestro? -repuso Sancho- Aquella noche oí al cabrero decir que el infierno es el ejemplo del lugar en el que de ninguna manera se pueden expiar los pecados.

- ¿Qué quieres decir con expiar los pecados? -preguntó Quisada.

- Que si entras en el infierno, no puedes salir jamás – dijo Sancho-; y baste por ahora a vuestra merced pretender locura, nada de infiernos. Le llevaré la carta a la señora Dulcinea y regresaré con la respuesta y así mi maestro dejará de estar en peligro, que prefiero no hablar del infierno. Cuando esté frente a la bella dama lloraré amargamente, describiré las amarguras de mi maestro y el compasivo corazón de la dama se conmoverá y podrá mi maestro evitar ahogarse en esta oscuridad.

- ¿Cómo hacer para escribir la carta? -dijo Quisada.

- Cuando la escriba vuestra merced -dijo Sancho-, no olvide lo de los tres asnos como recompensa.

- Te lo concedí y no lo olvido -dijo Quisada-, ya que no hay papel podría escribir en las hojas de los árboles y los antiguos usaban la cera por papel; pero no tengo papel y menos aun cera. ¿Qué hacer? Aunque se me ocurre un remedio, ¿no estaba ese librillo de memoria de Cardenio? En él también hay lápiz y arrancaré una hoja para hacer el borrador. En tu camino de regreso, cuando pases por alguna villa, pídele al director de la escuela que la copie y, si no hubiese escuela, busca al secretario de la iglesia y no se la des a copiar a ningún escribano, que su caligrafía es confusa y no se distingue.

- Si no está la firma de mi maestro en la carta -dijo Sancho-, quien la lea la tomará por falsa.

- Nunca las cartas de Amadís se firman -dijo Quisada.

- Vale con no firmar la carta -dijo Sancho-, pero a la libranza de los tres pollinos no le puede faltar, que la familia de vuestra merced no la va a aceptar si ven unos números anotados de cualquier manera y sin firmar.

- Te puedo dar el librillo de memorias firmado -dijo Quisada-, y cuando se lo enseñes a mi sobrina te hará la libranza. Y en lo que toca a la carta, que hagan un copia pulcra y ajustada, pondrás por mí "Don Quijote" y añade el sobrenombre que me diste "El de la Triste Figura", con eso bastará, que Dulcinea no sabe leer ni escribir ni en toda su vida ha visto carta mía, que esta es la primera que le envío porque mis amores y los suyos nunca han sido carnales pues me he impuesto el mantener el decoro y respetar las normas. Lo que es para mí mi más preciado tesoro ha doce años que dura, de los cuales apenas la he visto cuatro veces y, en esas cuatro veces ella no sabía del amor que le profesaba, pues sus padres son en extremo severos en su encierro y jamás le consienten que quebrante las normas del decoro. Su padre se llama Lorenzo Corchuelo y su madre Aldonza Nogales.

- Así que Dulcinea es la hija de Lorenzo Corchuelo -exclamó de pronto Sancho Panza-, la que se llama Aldonza Lorenzo.

- Esa es -dijo Quisada-, y por su naturaleza y su aspecto no hay otra igual en el orbe.

- Bien conozco yo a esa zagala -dijo Sancho-, es de muy baja condición, y su aspecto no es diferente del de las otras, es tan fornida como un muchacho, con una voz que resuena como la de una enorme campana; no es para nada como las damas elegantes, que todavía recuerdo un día que se subió a lo alto de una torre para llamar a los zagales que andaban trabajando el campo, y aunque a más de una milla estaban, todos la oyeron. Y en su hablar es una muchacha bastante libre y le gusta charlar y es chistosa, que en su trato con los muchachos, cuando se trata de avergonzarlos, no hay nada que deje de decir ni contención alguna. Y si mi maestro pretende por ella locura, hágalo como le venga en gana, y que se sepa, que no dirán más que vuestra merced anda enamorado. Ahora debería partir a toda prisa, así que apúrese, maestro, a escribir esa carta que hace tiempo que estoy lejos de casa y quiero regresar pronto a ver a mi mujer y mis hijos; y volviendo a Dulcinea, puede que cuando la vea no la reconozca porque el mucho viento y el sol en los campos tuesta mucho a las mujeres y tendrá el rostro negro. De verdad no hubiese imaginado quién era esa maravilla que con tanto celo guardaba, creí que la princesa amada de mi maestro sería una elegante doncella de una familia de alto linaje; cómo iba a imaginar que a quien tanto amor profesa es una muchacha rústica, que me parece que no merece esa pretendida locura de vuestra merced. Si los caballeros vencidos que mi maestro ha enviado para pedirle su gracia a esa labradora hacen lo que les ha dicho, cuando se presenten ante ella, de verdad no sé cómo los despachará Dulcinea. Creo que estallará en carcajadas; y además los que lleguen a su casa no la hallarán pues si no está en el granero, la encontrarán por los campos; cuando la vean se quedarán asombrados, mudos, sin saber cómo dirigirse a ella. Más vale que se rindan solo ante el glorioso nombre de mi maestro cuando se reconozcan vencidos, que ya es bastante vergüenza, pues castigarlos a presentarse ante una moza tosca les añadiría aún más humillación.

- Sancho, te he advertido una y otra vez que no hables -dijo Quisada-, y deberías contener tu lengua que se excede de mordaz y aguda, y bien se merece un reproche por tu necedad y descuido. Te voy a contar una historia que es como afilada espina que me pica en la garganta, para que, una vez más, te sirva de advertencia; escúchala que te ayudará a entender y darte cuenta de tu error. Hace tiempo una hermosa viuda se enamoró de un muchacho que era el criado en una escuela; alcanzó a saber el amo que su sirviente andaba en esa relación fuera del matrimonio, así que se fue a la casa de la viuda con la intención de obtener más información. Le dijo a la mujer: "Señora, permítame decirle algo que me parece extraño, ¿por qué una dama de tal hermosura y talento y con riqueza no escoge para que le sirva a alguien más adecuado, y cambia a ese de tan baja catadura? Más os valdría evitar humillaros así escogiendo a otro, pues debéis saber que en nuestra escuela hay doctores y hay licenciados de mucha mayor categoría que ese esclavo. Señora, ¿por qué no escogéis con más prudencia y tomáis una fruta más dulce y fragante del huerto en vez de la de peor calidad?" La viuda respondió: "Se confunde vuestra merced considerando que no he tenido vista a la hora de escoger a ese sirviente; pero es porque vuestros pensamientos son sucios. Decís que no tengo vista, pero lo que yo más respeto en él son sus conocimientos, que superan en mucho los de Aristóteles." Escucha, Sancho, dices que Dulcinea es de baja condición, pero para mí es la princesa de un gran reino, y aún más. Piensa, todos los poetas del pasado o de hoy han cantado al extremo la belleza de las mujeres, pero has de preguntarte si eran las mujeres reales como esas hermosas damas que cantaron los poetas; las Amarilis, las Galateas, las Filis que aparecen en sus poemas o en los escenarios de los teatros son descripciones hermoseadas, en realidad todo es inventado, no te dejes llevar por ellas pues, francamente, te digo que las bellas damas que describen en poemas y en canciones son solo una muestra del talento de sus creadores, destinada a confundir la vista y el oído, y para que los lectores que han de venir queden embriagados por los amores apasionados. Mi Dulcinea es hermosa y sus actos son virtuosos y castos, y no me hago cuentas de si es tosca, si es cortesana o cuál es su linaje. A la Dulcinea de mis ojos no hay quien la iguale, no tiene parangón en este mundo; belleza y buen nombre se unen en Dulcinea, es la primera en mi corazón y mis pensamientos y no se le puede añadir ni quitar nada; ni las Helena ni las Lucrecia de antaño alcanzan su belleza, ni una sola de todas las mujeres que aparecen en las *Biografías de mujeres ejemplares* de Roma o Grecia alcanzan siquiera a ver el polvo que deja Dulcinea tras de sí. En mi búsqueda por una mujer, es ella a la que escogí para poner mis anhelos y nada de lo que puedan chismorrear las malas lenguas hará que cambie de idea.

- Mi señor -dijo Sancho-, soy tonto como un asno y no debía haberle tirado así de la lengua. Pero ahora le pido que termine la carta para que pueda ponerme en camino enseguida.

Quisada sacó el librillo de memorias y escogió una página en blanco para escribir la carta y, dispuesto a leérsela a Sancho, le dijo:

- Hecha está, pero te la voy a leer para que la tomes de memoria, no vaya a ser que la pierdas por el camino; podrás decírsela entonces de palabra a la dama de jade de mis pensamientos.

- Escríbala varias veces vuestra merced -dijo Sancho-, para que si pierdo una quede otra, que de tan tonto que soy, a veces hasta olvido mi propio nombre; me sería imposible recordar la bella composición de mi maestro; pero sí que deseo oírla.

- Bien -dijo Quisada-, escucha con atención que así dice:

Para la Dama Dulcinea

Desde que me lancé a los caminos despidiéndome de ti, siento mi corazón atravesado por un cuchillo, por ello te remito con esta carta hoy mis saludos. Paz y quietud te deseo en tus sueños, tu yantar. Si acaso me rechazas y no me permites albergar esperanzas, mi corazón aceptará gustoso su desgracia y, sin una voz de queja, marcharé resignado a mi sepulcro. Mi fiel discípulo Sancho te dará cuenta de mis palabras y de lo que sufro por causa de tu amor. Si, mi dama, te apiadas de la miseria en que me hallo, seguir podré arrastrando mi innoble existencia, sin quebrarla con violencia; si acaso me rechazas, qué más puedo decir sino que soportaré el cruel castigo que me impones sin osar suplicarte que mi vida guardes.

El Caballero de la Triste Figura

- Por mi vida -dijo Sancho en oyendo la carta-, que son las palabras más hermosas que jamás he oído. Tanta delicadeza y tacto en los sentimientos y en las palabras se meten en las entrañas. Mi maestro es tan bueno en las letras como en las armas, un ilustre héroe de estos tiempos.

- Si se quiere ser caballero -dijo Quisada-, se ha de entender de letras.

- Y ahora le ruego a vuestra merced que escriba la nota de la libranza de los asnos -dijo Sancho- con rigor y claridad, que en cuanto la vean sepan que es la caligrafía de mi maestro.

- Sea -dijo Quisada.

Y, habiéndola escrito, se la leyó también a Sancho:

A la atención de mi sobrina. Cuando leas esta carta, toma tres de los cinco pollinos de la casa y hazle entrega de ellos a mi discípulo Sancho Panza. La presente está escrita de mi puño y letra. A veinte y dos de agosto de este presente año.

- Debería firmarla por detrás -dijo Sancho.

- No hace falta firmar -dijo Quisada-, bastará con que ponga las dos iniciales de mi nombre, y con eso quedaría autorizada, y no solo para tres, sino hasta trescientos pollinos podrías tener con eso.

- Ahora me despido respetuosamente de vuestra merced -dijo Sancho- y voy a montar para partir, que tengo un largo camino y quiero llevar presto la carta, que no deseo ver a mi maestro haciendo esas locuras que pretende. Cuando vea a Dulcinea le diré que acepte las muestras del amor insatisfecho de mi maestro.

- Aguarda un poco -dijo Quisada-, mírame hacer algunas para que luego se las cuentes a mi amada, puedo hacerlas en menos de media hora para que, cuando veas a mi bella dama, te salga un torrente de palabras pues ni en atravesar el fuego me detendré.

- Si me ama vuestra merced -dijo Sancho-, no me haga la demostración desnudo, que no comprendo yo muy bien eso de pretender locura, y la voy a tomar por cierta y no podré soportar tanta lástima, que ya mucha he sentido por mi asno, agotada tengo la sesera y no podría llorar más. Puede hacer alguna locura pero no desvestirse, y bastará con una, que quiero partir a toda prisa para regresar cuanto antes. Se lo contaré todo a la dama Dulcinea que, como rechace las hermosas intenciones de mi maestro, ya me encargaré yo por la fuerza de hacérselas aceptar, que las cualidades de mi maestro en las artes y en las armas son muchas como para que alguien de baja condición le haga pasar amarguras. Si aun así, atolondrada, se niega, le haré yo aceptar con violencia para que entienda.

- Sancho, no te pongas así -dijo Quisada-, que podrían llamarte loco.

- Yo no estoy loco -dijo Sancho-, pero soy de naturaleza violenta y no puedo soportar que se ponga a nadie en peligro, y no quiero decir más. Solo una pregunta, maestro, cuando me haya ido ¿qué es lo que comerá vuestra merced? Podrá soportar el hambre un par de días, ¿y luego?, ¿hará como Roldán y matará a los cabreros para robarles comida?

- No te ocupes de eso -dijo Quisada- que no voy a tomar la comida que tú tienes. Comeré los frutos de estas montañas, algunas verduras silvestres o yerbas salvajes que la penitencia por la que debo pasar es extrema a la espera de que mi dama se compadezca de mí.

- No conozco el camino -dijo Sancho-, ¿cómo voy a regresar a informaros si no llego porque me pierdo? Este lugar está muy escondido.

- Tú vete fijando a cada rato por el camino -dijo Quisada-, yo no me apartaré de estos contornos en todo el tiempo esperándote. Cuando calcule que vas a regresar, me plantaré sobre los más altos riscos, como un buitre o un halcón, y me quedaré bien erguido para mostrarte el camino. Además, hay otro modo, según vayas siguiendo el camino, ve cortando las ramas de los árboles por donde pases hasta que llegues al camino real. A tu regreso, sigue el camino marcado por los árboles, así no te perderás.

- Ese es un buen modo -dijo Sancho.

Se despidieron entonces, llorando los dos, y Sancho montó sobre el caballo, a quien Quisada encomendó prudencia. Partió Sancho cortando los árboles que bordeaban el camino cuando, de pronto, oyó que Quisada le decía que se detuviera para que le observara hacer una de sus locuras. Sancho no quiso, mas, después de unos pasos, regresó y dijo:

- Haga vuestra merced alguna que tenga yo para contarle a Dulcinea, pero bastará con una.

- Tú espera ahí -dijo Quisada.

Dicho lo cual se desprendió al punto de sus calzones y empezó a saltar de izquierda a derecha como un loco, después levantó su pie izquierdo hasta su cabeza. Sancho no podía soportar seguir viéndolo, así que tiró del caballo y se fue cortando las ramas de los árboles a lo largo del camino para poder reconocerlo a su vuelta.

Capítulo XII

Una vez hubo partido Sancho Panza, Quisada se quedó solo en las montañas con el ánimo alternando entre exultación y decaimiento. En un momento quería emular a Roldán, con sus muertes y sus saqueos de comida, y al rato era Amadís a quien debía imitar en su arrepentirse por los errores pasados, y se decía:

- Sí que fue Roldán un caballero brillante pero, al fin y al cabo, estaba hechizado por artes mágicas, y nadie le podía matar si no era clavándole un alfiler por la planta del pie, para lo que ya se había preparado y había forrado con hierro la suela del zapato, así que no podía morir hasta cuando, más tarde, entró en liza con Bernardo del Carpio, que poseía una enorme fuerza y que lo aplastó asfixiándolo entre sus brazos en Roncesvalles. Y en lo de volverse loco, fue porque su esposa Angélica tuvo un encuentro ilícito con ese extranjero, Medoro; cuando Roldán lo descubrió montó en cólera y se volvió loco. El tal Medoro, moro de cabellos ensortijados, era esclavo de Agramante; fue la falta de castidad de la esposa lo que llevó a Roldán a la locura. Es una equivocación, mi situación es distinta a la de Roldán, ¿por qué voy a emularlo? Dulcinea no ha visto un moro en su vida, además de que preserva su castidad pues no tengo yo ninguna razón para dudarlo, así que no puedo pretender la locura para obtener su clemencia; no, de ningún modo debo imitar a Roldán. Por otra parte, Amadís al principio tampoco enloqueció, solo padeció mal de amores cuando vio que su esposa no le guardaba el respeto debido, y por ello huyó a lo profundo de las montañas, donde tuvo la suerte de encontrarse con un ermitaño que le sirvió de compañero. La causa de que Amadís llorara tan amargamente fue que ella cambió de parecer hacia él; y al final Dios se apiadó y lo sacó de su amargura. Pero eso fueron hechos verídicos. En justicia, a quien debería imitar es a Amadís, no a ese Roldán que arrasó con los árboles y cortó las aguas, pues poco tiene que ver conmigo.

Decidió que imitaría a Amadís, pero siguió pensando:

- La esposa de Amadís lo desdeñó; pero yo no me he desposado con mi Dulcinea, la señora de mis pensamientos, y no es una cuestión menor, ¿por qué habría de imitarlo entonces? Aunque la larga separación entre nosotros podría significar una forma de menosprecio, así que, de cualquier manera, no puedo dejar de rogarle a los espíritus de las montañas; lástima no haber dado con un ermitaño a quien contarle mis desventuras.

Con aquella decisión hecha, comenzó a vagabundear por las montañas y cuando, ocasionalmente, se le venía un poema a la cabeza, lo dibujaba en la arena o lo grababa sobre la corteza de algún árbol con la espada. Compuso muchos poemas, bastante aceptables, como el que aquí sigue.

Decía el poema:

Verdes, frescas hojas del árbol altivo,
heridas por el viento y la lluvia, arrasadas;
tiernos, dulces brotes de la humilde zarza
me duele cuando pienso en su triste destino.

Mis afanes por ella son un mar de zozobras,
lágrimas que brotan cristalinas, transparentes.
Mis pasos se alejaron, allí quedó mi alma,
prendido estoy de un sueño, no sé cuándo despierte.

Por montes y arroyos una locura fingida,
por montes y arroyos mi triste abandono.
Decidme vosotros, los montes y arroyos
¿sabéis de mi pena en el infierno sumida?

Me consume este fuego que en mi pecho prende
Vivo solo aquí, apartado, prisionero.
No me oiréis decir jamás que me arrepiento.
"¡Dejadme aquí solo!" Lo repito de nuevo.

Cuando no andaba componiendo versos, saltaba arriba y abajo como un loco gritándole al viento o maldiciendo a la luna; y cuando el hambre lo atenazaba, buscaba yerbas silvestres con las que alimentarse, aunque jamás lo hacía a satisfacción. Poco a poco fue desfigurándose y, de haber tenido que vivir así tres semanas, no hubiera quedado de él más que un mendigo consumido.

En ese tiempo, Sancho Panza ya había partido y encontrado el camino real para dirigirse al Toboso. Marchó un día y, al siguiente, llegó hasta la venta donde lo habían aventado envuelto en una manta. Cuando vio el muro se sintió muy agitado por dentro y decidió pasar de largo por la puerta sin pensar en la comida, pero como acuciaba el hambre volvió sobre sus pasos, dudoso de si entraría o no. De pronto, salieron dos personas que le parecieron familiares. Uno dijo:

- ¿No es ese Sancho Panza, el que salió con su amo cuando se fue de caballero andante?

- Sí es -dijo el otro-, y el caballo que lleva es el que montaba don Quijote.

Aquellos eran los amigos de Quisada, el médico y el barbero que, al reconocer a Sancho, le dijeron:

- Sancho, ¿por qué tú por aquí?, ¿dónde está tu amo?

Conociolos Sancho y determinó encubrir el lugar en el que su amo se hallaba y, así, les respondió que tenía un asunto importante y prisa por realizarlo, que no podía darles cuenta de dónde estaba.

- ¿Cómo que vas a pasar a toda prisa sin responder palabra? -dijo el barbero-. No creas que no vamos a buscar información de dónde se halla, porque si no hablas, te acusaremos de haber tramado su muerte y robado su caballo. Así que te pregunto y mejor dame cuenta de ello, si no llamaré al alguacil para que te detenga y te condenarán.

- Somos vecinos -dijo Sancho-, no hay por qué ponerse así, no me mate nadie ni yo mato ni robo cosa alguna, ¿por qué esa amenaza? Mi amo está en medio de las montañas, lejos, pretendiendo locura y haciendo penitencia. No es un asunto que me ataña a mí, ni vuestras mercedes han de seguir preguntando más detalles.

Y luego fue contándoles una a una sus andanzas y cómo llevaba una carta a Dulcinea, la hija de Lorenzo Corchuelo.

- Mi amo tan enamorado está de ella -les contó- que hasta olvida dormir y comer.

Quedaron admirados el médico y el barbero de lo que Sancho les contaba y, aunque sabían de la locura de Quisada, cada una les parecía mayor que la anterior. Le pidieron que les enseñara la carta y dijo Sancho:

- Lo que traigo aquí es el borrador, todavía tengo que encargarle a alguien que la copie.

- Yo puedo trasladar la carta -dijo el médico.

Fue a sacar Sancho el librillo de memorias, temiendo haberlo dejado caer. Se rebuscó una y otra vez, pero no lo halló porque no la había cogido cuando salió. Asustado, le cambió el color del rostro como si estuviera muerto. Seguía buscando por todas partes, en su ropa y en su bolsa, pues no recordaba que había partido sin tomar el librillo. Comenzó a saltar, a darse de bofetadas en la cara y a arrancarse los pelos de las barbas como si nada más pudiera hacer. Viéndolo de aquella manera, el médico le preguntó:

- ¿Qué te sucede?

- Soy demasiado estúpido -respondió Sancho-, no solo he perdido el manuscrito, también la libranza de los asnos.

- ¿Qué es eso de la libranza de los asnos? -preguntó el barbero.

- En el librillo estaba la copia de la carta y una nota en que le decía a su sobrina que me diera tres pollinos.

Después les contó que era porque el suyo había muerto y no dejaba de lamentarse y suspirar.

- Aunque te haya dicho eso tu amo -dijo el médico-, deberá escribir una nueva libranza para poder conseguirlos, porque una copia no basta para garantizarla.

- Entonces esa libranza no servía -dijo Sancho comprendiendo al punto-, como tampoco servirá la carta, aunque todavía recuerdo sus palabras.

- ¿Por qué no nos las dices? -dijo el barbero-, le pediremos al médico que la escriba.

Quedose pensando profundamente Sancho y rascándose la cabeza. Alzó la mirada al cielo, la bajó después a la tierra, se mordisqueaba los dedos, y seguía sin poder decir nada. El médico y el barbero ardían de impaciencia cuando Sancho dijo:

- Escúchenme vuestras mercedes -dijo Sancho-, que paréceme que se me llevan los diablos y no puedo recordar ni una palabra, solo la primera frase.

Y al cabo de un momento dijo:

- Lo tengo: "Mi corazón herido es como la herida de un cuchillo, por la noche no puedo dormir" y después seguía con palabras de su mal de amores, no lo recuerdo. Solo que al final decía "El Caballero de la Triste Figura". Ya está.

El médico y el barbero le insistían que tratara de recordar algo la idea general, pero Sancho revolvía las palabras disparatando como había hecho con la primera frase, sin lograr darles sentido. Tras esto, contó, asimismo entrecortadas, las aventuras de su amo, pero no habló palabra acerca del manteamiento que le había sucedido en aquella venta.

-Si Dulcinea no rechaza a mi maestro -terminó-, podrá él seguir tranquilamente siendo caballero andante y así convertirse en emperador o en rey. Y me ha prometido que cuando sea rey, que es fácil asunto pues es diestro en las armas y vence en todas las batallas, me hará a mi gobernador general; siendo rey no hay nada que no pueda. Y me ha dicho mi maestro que me nombrará conde, me habrá de casar con una dama de la corte hermosa y me dará una generosa dote.

Seguía Sancho contando mientras jugueteaba con su barba, y entendieron el médico y el barbero que la locura de Quisada se la había pasado al infeliz de su criado. Le dejaron hablar pues les parecía un mal de poca gravedad.

- Sea como emperador o como rey, ha de cuidarse y no enfermar -le dijeron-, para poder llegar a donde quiere y no quedarse así. Incluso podría convertirse en arzobispo.

- Escúchenme vuestras mercedes -dijo Sancho-, si mi maestro abandonase la idea de ser emperador o rey y se convirtiera en arzobispo, y siendo vuestras mercedes también gente de la iglesia, me gustaría preguntarles qué cargo obtendría yo.

- Es fácil -respondió el médico-, si tu amo se convierte en arzobispo, el discípulo obtiene un bonito salario del gobierno además de unas tierras fértiles, lo bastante como para vivir. Naturalmente, debe pertenecer al grupo de hombres célibes además de tener que recitar pasajes de las escrituras.

- Pero yo ya tengo esposa -dijo Sancho-, y no sé leer. ¿Qué beneficio sacaría yo si mi maestro se convierte en arzobispo? Lo que más le conviene a mi maestro es ser emperador o rey, así gozaría yo de la gloria que le sobrase.

- Sancho, estás cavilando demasiado lejos -le dijo el barbero-, pero le aconsejaré yo que se haga emperador, pues se acomoda mejor a la condición de caballero, no tanto la de arzobispo.

- Soy del mismo parecer que vuestra merced -dijo Sancho-, aunque tiene mi maestro muchos talentos y de todo entiende, pero ese cargo de arzobispo no le ajusta nada bien. Voy a elevar mis oraciones a Dios para que no vaya a lanzarse por el mal camino, que si no llega a emperador o rey, ¿cómo voy a poder vivir dependiendo de él?

- Son sabias tus palabras -dijo el médico-, en cuanto veamos a tu amo, le diremos que se deje de tantas penalidades. Pero es momento ahora de comer, entremos.

- No entraré yo -les dijo Sancho-, y más tarde les contaré la causa; me bastaría que me sacaran algo de comida caliente para mí y una paca de heno para el caballo.

Entraron los dos hombres en la venta y al poco el barbero le llevó un plato de carne y forraje para el animal. Después, junto con el médico, pensaron una añagaza para hacer regresar a Quisada. El médico pensó que tenían que hacerlo al modo que Quisada entendía, así que él se vestiría en hábitos de doncella y el barbero como si su criado fuera. Irían a buscarlo al lugar donde se escondía fingiendo ser una doncella afligida y necesitada de auxilio; él, como caballero andante, no podría desatenderla.

- Diré que un caballero me ha humillado y le pediré que tome venganza por mí, y que una vez lo haya hecho le hablaré de mi linaje. Será el cebo para atrapar al pez. Así lo llevaremos de regreso a casa y, con algo de arte, detendremos su locura.

Capítulo XIII

Le pareció muy bien al barbero la idea del médico y la pusieron en marcha al punto. Fueron a hablar con el ventero para pedirle prestadas unas faldas, pero la ventera se negaba. El médico se quitó su saya para dejarla en prenda y solo entonces aceptó la mujer. El barbero se puso una falsa barba que cubría, frondosa, sus mejillas. Preguntoles la ventera sobre el asunto y el médico le relató por encima la causa. Supieron el ventero y la ventera que se trataba del caballero loco que allí había preparado el bálsamo, y que Sancho era al que habían manteado la gente de la venta; se echaron a reír a carcajadas y empezaron a vestir al médico. Era este un hombre de unos treinta años, por lo que no tenía una barba larga; lo rasuraron para dejarlo bien lampiño de modo que parecía una mujer de mediana edad; se vistió con los sayos y añadió una cinta de terciopelo negro, todo muy a la antigua, no como se vestía en esos tiempos; le recogieron el pelo en una especie de moño y se tocó con un sombrero de ala muy ancha, al que añadieron unas plumas negras, para ocultar su frente. Se montó en la mula a la mujeriega. Con el barbero siguiéndolo también sobre una mula y se despidieron del ventero. La criada de la venta dijo unas oraciones rogando que triunfaran en su empresa.

No habían salido de la venta, cuando de pronto el médico, que también era sacerdote, pensó de pronto que no debía deshonrarse trayendo vestidos de mujer; después de pensárselo un poco decidió que no podía hacerlo.

- Paréceme mejor que sea vuestra merced quien se vista de mujer y yo de criado -le dijo al barbero-, si no, podría ser una ofensa a Dios. Si no cambiamos de ropajes de ninguna manera marcharé yo.

Mientras lo discutían, los vio Sancho, que empezó a reír a carcajadas sin poder parar. Por fin consintió el barbero en la solicitud del médico y volvieron a cambiar los hábitos. El médico quería enseñarle las maneras y el hablar de las mujeres para que cuando lo viera Quisada creyera que era una, pero dijo el barbero:

- Entiendo yo bien del asunto, no hace falta esta charla, me sobra arte para hacerlo cuando veamos a Quisada.

Salieron sobre sus mulas guiados por Sancho, al que ya habían informado de los planes. Por su parte, Sancho les contó que en las montañas habían encontrado a un loco, aunque se guardó lo de las monedas de oro pues temía que, si lo hacía, se le escaparían de las manos; así que lo mantuvo en secreto.

Al otro día llegaron a las montañas, donde Sancho había marcado los troncos de los árboles. Estuvieron allí decidiendo cuáles serían las mejores palabras para cuando lo vieran y, después, le dijeron a Sancho:

- Este lugar es remoto y apartado, no es lugar este para emperador o rey alguno, por eso queremos que salga y hemos pensado en esa estrategia; no es solo por tu amo, es también para que se cumplan tus planes.

Le encargaron a Sancho que, llegado el momento, hiciera como si no los conociese y que, como le había de preguntar por la carta para Dulcinea, dijese que la había entregado, pero que como la dama no sabía leer, no le respondía por escrito sino de palabra, pidiéndole que se viniese al momento a ver con ella y que dejase ya de infligirse tales tormentos.

- Esa es nuestra forma de hacerlo salir -le siguieron advirtiendo a Sancho- pues, si no, el plan de hacerse rey no podría cumplirse en este lugar, y no dejaremos que tu maestro llegue al pensamiento de hacerse arzobispo.

Muy gozoso, Sancho dio las gracias a los dos por sus bondades y por aconsejar a Quisada que se convirtiese en emperador antes que en arzobispo, pues así podía mantener la esperanza que albergaba de ser gobernador general.

- Me adelantaré yo -les dijo Sancho-, que cuando le cuente lo de Dulcinea quizá ya quiera él salir de la montaña a toda prisa, y no necesitarán vuestras mercedes hacer este camino tan escabroso.

Parecioles bien lo que les decía.

- Nos quedaremos aquí a esperar que salgáis los dos de las montañas -respondieron.

Entrose Sancho a caballo por las montañas a buscar a su amo, mientras el médico y el barbero se quedaban sentados junto a un arroyuelo, a la sombra de unos árboles, esperando tranquilos las buenas nuevas. Aquel día el calor sofocante no daba tregua y era la hora del mediodía; un sol de justicia caía sobre ellos que, sentados se pusieron a charlar.

Esperaban el regreso de Sancho cuando, de pronto, escucharon una voz cantar y aun sin el acompañamiento de instrumento alguno, sonaba dulce y clara, conmovedora. Se admiraron los dos y elogiaron la belleza de aquella canción que parecía acercarse; era distinguida y elegante, no del tipo que cantaban los vaqueros. Decía así:

¿Qué turba mi corazón en estos tiempos?
Los desdenes de mi amada.
¿Qué lo que en estos tiempos mi dolor acrecienta?
Me robaron las perlas de mis palmas
¿Habrá alguna ciencia que aliviarme pueda?
Solo acabar con mi vida en un momento
pues alejándome de ella no puedo sino morir,
y el gozo de un instante sentiré así.
Es el fin, es el fin.
Si no es la muerte, que me lleve la locura.
¿Por qué, cielos, descargáis sobre mí tanta amargura?

Solo llegaba hasta ellos el sonido de la música, pero no veían a nadie. Aguzaron los oídos para seguir escuchando a la espera de otra canción, pero nada se oía y quisieron ir a buscar a quien así cantaba. Volvió a sonar otra canción:

Vasto azul, acude en mi auxilio.
Aun siendo todos distintos,

enfrentamos todos la muerte, los peligros
y seremos como la mala hierba, destruidos.

El canto se acabó con un profundo suspiro desolador, como de quien deja salir un intenso dolor. Quisieron el médico y el barbero ir a encontrar a aquel hombre para preguntarle y, siguiendo el arroyo, fueron buscando el lugar del que procedía la voz. Vieron a un hombre sentado erguido sobre una roca que parecía el que Sancho les había dicho. Y sí, aquel hombre era el loco.

Cuando Cardenio los vio acercarse, no intentó huir, solo dejó caer la cabeza sobre el pecho sin alzar los ojos para mirarlos.

El médico se llegó a él y lo saludó con cortesía:

- ¿Por qué ha llegado mi señor a este extremo de melancolía?, ¿por qué no abandona este lugar, para buscar en otro sitio donde entregarse a alguna empresa, pues en ningún modo podrá lograrlo en estas montañas remotas, donde se marchitará para acabar muriendo?

Estaba Cardenio entonces en su entero juicio y vio a los dos hombres en traje tan poco común. Después de contemplarlos, dijo:

- No importa de donde vengáis, señores, mas paréceme que el cielo os ha enviado para sacarme de esta oscuridad insondable y que regrese al mundo de los hombres. Pero no sabéis que soy un alma caída, sumida en diez mil tormentos de los que no podría liberarme. Me tomáis, señores, por un pobre desgraciado y loco, y no puedo culparos por despreciarme de esta manera, pues enfermo de locura estoy; y cuando pierdo todo rastro de cordura no sé lo que hago y, cuando me aparece un rastro de lucidez, me arrepiento de lo que he hecho llevado por mi mal; y os podría relatar todo cuanto hice, aunque todos me disculpan, pues en mi locura no me hallan culpable. Mas no pueden ayudarme, tan solo dejar escapar grandes suspiros y nada más. Hoy me aconsejáis que salga de estas montañas, pero quisiera que no malgastarais vuestras palabras, pues por mucho que insistáis no puedo yo alcanzar mi venganza, ni aliviar mi alma.

- ¿Por qué no nos contáis que os ocurrió? -dijeron al tiempo el médico y el barbero.

Comenzó Cardenio su historia tal y como se la había relatado a Quisada y al viejo cabrero, y que no pudo terminar entonces por la interrupción de Quisada, algo que sí logró en esta ocasión. Continuó más allá del punto en el que la carta de amor de Luscinda, introducida entre las páginas del libro de Amadís, había caído en manos de Fernando. Decía la carta:

Día a día contemplo vuestros actos, mi señor, que alegran grandemente mi corazón pues mi corazón os pertenece. Y siendo así que nuestros corazones se corresponden debéis, cuanto antes, pensar en nuestros esponsales. Mi padre siente un profundo afecto por vos y, amándome con ternura, no desea contravenir mis deseos y sí hacerlo en la forma más conveniente; y pues ya os lo prometió, no hace falta decir más. Es vuestra ahora la respuesta, que no me queda sino esperar con el mayor respeto.

- Después de que llegara la carta decidí solicitarle a su padre de inmediato que me la entregara como esposa, pero Fernando había quedado prendado de ella y tramaba ya impedir nuestro enlace, sin que yo lo imaginara. Le conté las palabras del padre de Luscinda y la tarea que me había encomendado, y le expliqué: "No me aventuro a decírselo a mi padre por temor a que se niegue por mi edad." Le conté que belleza y castidad se unían en Luscinda, una de las mujeres más virtuosas de España pero que, aun así, mi padre podría negarse. Le describí, una por una, las angustias de mi corazón y él me dijo: "Yo se lo pediré a tu padre por ti, y seguro que autoriza vuestra boda." Quién iba a imaginar que ese pérfido traidor guardaba en su pecho mi infortunio; el más despreciable gusano que en el mundo ha existido y contra cuyas malévolas intenciones no estaba yo prevenido, había tramado cómo tomar a la mujer con quien yo había concertado desposarme; no tuve la fuerza bastante para enfrentarme a aquella desgracia ni a quien, viniendo de tan noble familia, le había hecho entrega por entero de mi amistad. Puso entonces su pérfido plan en marcha, que fue tan repentino que no supe oponerme; aquel mismo día el ladrón compró seis caballos y me ordenó que se los llevara a su hermano, quien los pagaría. ¡Qué iba yo a sospechar!

Fui a ver a Luscinda para despedirme y contarle que llevaba los caballos a palacio. Me urgió ella que regresara con toda premura para que hablara cuanto antes con mi padre. Después de esa recomendación rompió en un llanto incontrolable, como si quisiera decirme algo más, pero algo le impedía hablar. Verla en aquel estado me dejó con muchas sospechas, pero el tiempo de partir había llegado y no pude preguntarle más. Me fui y, al hacerlo, sentí una leve ansiedad en mi corazón, como si un inesperado desastre estuviera por suceder. En el momento de la partida, Fernando me dio una carta para su hermano, en el que lo instruía para que no me permitiera regresar y que me retuviera durante una semana. Así pues, el hijo mayor del duque, con el pretexto de buscar el dinero en otro lugar y para impedir que el conde me viera, me retenía siguiendo las instrucciones de Fernando. Yo esperaba que su hermano me entregara el dinero para regresar a toda prisa, pues en aquel tiempo sentía un gran desasosiego y ansiedad por regresar, y recordaba el estado de Luscinda en la despedida, sospechando que alguna causa había. Sin embargo, el hijo del duque insistió en que esperara y yo no osé contradecirlo. Cuatro días más tarde un hombre me trajo una carta; cuando la vi, reconocí la caligrafía de Luscinda. Con manos trémulas la tomé pues sabía que algo inesperado había sucedido; de no haber sido así, en ningún caso me hubiera ella escrito. Le pregunté al correo quién le había entregado aquella misiva y me dijo: "Iba caminando por el lugar, cuando vi a una hermosa muchacha con el rostro cubierto de lágrimas, me llamó y me condujo a un lugar apartado para decirme: 'Amigo mío, si tenéis algo de humanidad, si sois buen cristiano y ante los ojos de Dios, entregad esta carta en las manos de mi amado. Esta buena acción, que os será recompensada en el más allá, no la habréis hecho en vano. Tomad esto y guardad lo que contiene.'" Dicho aquello, me entregó algo envuelto en un paño: contenía cien reales, un anillo de oro y una carta. Cuando la tomé, el manantial de lágrimas de la dama me conmovió, por ello he hecho en dieciséis horas un camino de dieciocho leguas." Cuando aquello contaba, ya sabía yo que algo terrible había sucedido; con el corazón alarmado y las manos temblorosas, sin apenas poder sostenerme, leí la carta que ahora sabréis qué decía:

Cardenio, amigo mío, Fernando, en lugar de hablar por vos ante vuestro respetado padre para rogarle que nos casáramos, ha actuado para sí; con la intención de tomar a quien vos amáis, ha hablado con el mío y le ha suplicado una y otra vez hasta que mi padre, complaciente y pensando en futuros beneficios ha venido en lo que quiere. De aquí a dos días se ha de hacer el desposorio sin que nadie de fuera tenga noticia de él. Pensad lo que esta trágica noticia es para mí, pues me aflige de un modo profundo. Si acaso sois del mismo sentir, volveréis en cuanto leáis esta carta para que nos veamos en mi casa y para que pueda mostraros la sinceridad de mi amor. Volved a salvarme; no dejéis que caiga en manos de quien así traiciona la verdad y rompe sus promesas.

Tras leer la carta, sin despedirme del hijo del conde, volé de regreso a casa conociendo ya la trampa que aquel ladrón me había tendido para mantenerme lejos mientras él maquinaba en su propio provecho. Llegué al día siguiente a la hora en la que el sol se ponía; dejé la mula en casa del correo que me había llevado la carta. Ella me esperaba ya en su ventana. (En España en las casas de la gente común había una pequeña ventana a través de la cual hablaban las parejas ya prometidas, a la espera de que el novio fuera autorizado para entrar en la casa.) No me recibió con la proximidad de siempre y llevaba además nuevos ropajes. Viéndolo desde ahora pienso en cómo puede llegar a imaginar un hombre lo que se oculta en el corazón de una mujer, pues jamás podrá saberlo. Me dijo Luscinda: "Fernando me toma por la fuerza y mi padre me vende pensando en futuros beneficios. Me esperan todos en el gran salón para celebrar el desposorio. Debo hacerle frente con urgencia, y también a mi final, pues si esperan verme desposada, antes habrán de verme en un ataúd. No te sientas desolado cuando ponga fin a mi vida, tan solo llora por mí. En el momento de los esponsales me negaré con fuerza y, si acaso no fuera bastante, con esta daga pondré fin a mis días pues mi amor siempre ha sido tuyo y no forzarán mi voluntad." Viéndola en aquel estado, no supe qué responder, solo alcancé a decir: "Que puedas cumplir tu promesa me servirá de consuelo. Para romper ese nuevo acuerdo que ha acabado con el compromiso de antaño llevo a mi cinto una espada, y si así no logro proteger a mi amada, será más dulce la muerte que la humillación". Dije aquello, pero no sé si Luscinda llegó a oírme pues sentí que la llevaban arrastrada al desposorio con toda premura, y mi alma se fue con ella. La claridad del día se tornaba en noche eterna; mi entendimiento obcecado, no distinguía el mundo a mi alrededor. Me quedé clavado allí hasta que mi arrebato por ella me llevó a meterme en su casa cuando nadie miraba. Me escondí tras un tapiz para observar a hurtadillas lo que había de pasar. No puedo describir cómo me sentía, solo recuerdo los golpes de mi corazón. Al poco vi entrar a Fernando que traía sus vestidos ordinarios sin adorno ninguno; después lo hicieron Luscinda siguiendo a su madre y acompañada de dos doncellas; tan esplendorosa iba que cegaba la vista acrecentando la hermosura de jade de su rostro. No distinguí entonces cuales eran sus ropajes, tan solo vi un desplegarse del rojo de las flores, del verde de las hojas, entremezcladas con el resplandor de las más hermosas perlas, mas todo ese resplandor de perlas no podía compararse con su belleza de jade. Palabras, deteneos aquí; palabras enemigas de mi mente, ¿porqué no recordáis todo el resto y me traéis el recuerdo del esplendor del rostro de Luscinda sin que falte un detalle? Disculpadme vuestras mercedes, pues si no es con todo cuidado no podría continuar con el relato de mi desgracia.

- Contad lo que os plazca -dijo el médico-, que la pena de nuestro corazón no impide el placer de escucharos.

- Al poco -continuó Cardenio- entró el resto, alineados todos como hormigas, y al final lo hizo el pastor llevando a los dos de la mano. Le preguntó a Luscinda: "¿Deseáis a Fernando como esposo?" Cuando hizo aquella pregunta me incliné para escuchar su respuesta; era como si mi vida pendiera de un hilo, pues pendía tan solo de una palabra de Luscinda. Cuánto me arrepiento de no haberme mostrado para que Luscinda lo viera o haberlo hecho para gritarle en justicia a Luscinda que mantuviera su promesa, y decirle: "Si incumples tu promesa me matarás. Como hay un Dios en el cielo, mira en tu pecho." Quizá así Luscinda no se hubiera apresurado a dar su consentimiento; y decirle también a Fernando: "Traidor infame que le das la espalda a la justicia y que robas al amigo a la mujer que había de desposar, vas a destrozar la alegría de mi vida toda, ¿crees que te dejaré partir en paz sin más?" Pero permanecí rígido, sin hablar, viendo cómo me robaban mi tesoro más preciado. Llega tarde mi arrepentimiento, ya ni siquiera puedo retarlo a un duelo. ¡Vaya un hombre verdaderamente sin valor! Por ello me vine aquí, lleno de furor y resentimiento, y por eso me he convertido en un salvaje esperando que me llegue la muerte. Pero en aquel momento el pastor esperaba que ella respondiera. En mi corazón deseaba que Luscinda sacara un cuchillo y acabara con su vida, pero entonces, con una débil voz, Luscinda dijo: "Sí quiero." Fernando dijo también: "Sí quiero" y le puso un anillo. Con ese anillo vida y muerte ya no se distinguieron. Ese traidor desleal de Fernando se acercó a ella para abrazarla cuando, sin poder aguantar más, cayó ella desmayada en los brazos de su madre. Mi amargura era insoportable sabiendo que las palabras de Luscinda habían sido todas falsas y todas mis esperanzas habían sido destruidas. En ese instante todo perdió sentido, parecía que Dios me hubiese abandonado; era tal el dolor que no conseguía ni tan siquiera llorar, era como si un fuego abrasador incendiara mi corazón. En aquel momento los asistentes, asombrados, atendían a Luscinda desvanecida en los brazos de su madre. Desabrochó la pechera del vestido su madre para que le diese el aire y se descubrió en él un papel cerrado que tomó Fernando para leerlo a la luz de las lámparas. Cuando acabó de leerlo, se sentó sujetándose la mejilla con una mano, como pensativo, sin ocuparse del desmayo de Luscinda. Aproveché aquel alboroto para escapar; quizá si me hubiese visto alguien habría acusado delante de todos a Fernando de falsedad, por haber traicionado nuestra amistad, y al instante lo habría retado. Pero nadie me vio en aquel momento que aproveché para salir. Decidí infligir en mí la penitencia por no haber sabido conocer a las personas; sin tomarme venganza de Fernando, me fui hasta la casa de quien me había llevado la carta; tomé la mula y partí. Era noche profunda, no se oía ni un sonido; en medio del camino despertó en mí el odio por la ingratitud de Fernando, por la falta de sentimientos de Luscinda, por su codicia y por haber buscado los beneficios del poderoso y haberse desposado con mi enemigo dando la espalda a los juramentos que me había hecho, y por ignorar las leyes del cielo y los sentimientos de los hombres; después pensaba que era tan solo una joven obligada a plegarse a las órdenes estrictas de sus padres, ¿cómo podía oponerse si se lo habían ordenado? No era extraño pero, al menos, debiera haber hablado en justicia, decirles cuáles eran sus sentimientos; mas los hombres son codiciosos y es eso lo que los lleva a traicionar la confianza, a incumplir sus promesas. Marché toda la noche y, desalentado, me entré por estas montañas donde encontré algunos cabreros. Les pregunté dónde se hallaba el lugar más apartado y áspero de estas tierras y me lo dijeron y, sin temor a los peligros, me adentré por ellas con la esperanza de encontrar un lugar fresco y solitario para alejarme de una sociedad llena de gente sin sentimientos. En un momento la mula, exhausta, murió junto al arroyo y yo, agotado también y sin apenas fuerzas para sostenerme, quedé tendido rígido en el suelo. No sé cuánto tiempo estuve así pero cuando me desperté no sentía ya hambre; vi un grupo de cabreros que me ofrecieron comida que devoré aún aturdido. Los cabreros me fueron contando uno por uno lo sucedido mientras me había quedado en aquel estado, en el que creían se había desatado mi locura. Mucho tiempo después, yo también me di cuenta de que a veces estoy lúcido y otras confuso, y que hablo sin medida, o lloro o río sin saber por qué. En ocasiones maldigo a Luscinda, y cuando grito su nombre siento el dulce sabor de la muerte. En los momentos de lucidez, me siento tan hundido que no puedo apenas sostenerme. Si queréis saber donde vivo, suelo abrigarme en el hueco de un árbol viejo, y sigo dependiendo de los cabreros para mi sustento y, aun con mi ánimo mermado, logro no morir. Cuando se desata mi locura me apodero de la comida y me escondo; en ocasiones, los cabreros me acusan de robársela incluso por la fuerza, y lo único que puedo decirles es que no consigo dominar mi mente, así que no me acusan como a alguien que estuviera en su sano juicio. Voy y vengo por la montaña y aquí me quedaré sentado a esperar la muerte; mientras no llegue esta, si el nombre de Luscinda pudiese ser borrado de mi cabeza, quizá mi mal se aliviara. Si fuera así, si me curara antes de morir, podría escribir una novela sobre mi vida para darla al mundo; pero no tengo ese tiempo, solo me queda encomendarme a Dios. Mas la historia de Luscinda está demasiado clavada en mi mente y no puedo sacarla de allí.

Lo que han escuchado vuestras mercedes es el relato de mi desgracia que, punto por punto, les he descrito. No hay forma de que puedan consolarme para que deje mis días en estas montañas. Aunque tuviesen un remedio celestial de nada serviría; sin Luscinda mi mal no se aliviará jamás, pues despedazó mi corazón abandonándome a mitad de camino y solo morir pondrá fin a mi dolor. Estoy determinado a buscar la muerte para mostrarle la fidelidad de mi corazón. De aquí en adelante continuaré soportando feliz el frío y el hambre y ningún arte podrá salvarme.

Dio fin a su plática Cardenio y el médico hubiera deseado decirle algo que lo consolara cuando, de pronto, desde la profundidad de los bosques llegó una voz doliente y trágica que a los dos asombró.

CUARTA PARTE

Capítulo I

En su forma de actuar, la conducta de Quisada se adecuaba en todo a los modelos de antaño y en su oficio de caballero seguía estrictamente sus huellas. Quedarse embarrado en el pasado es ridículo pues supone ignorar que ya no existe la justicia de la caballería en estos tiempos, y actuar como un caballero podría despertar espanto. Pero Quisada había leído muchos libros antiguos y había disfrutado de un sinfín de novelas, que lo llevaban a seguir paso por paso lo que en ellos se decía, sin desviarse lo más mínimo y sin exceder sus límites.

El capítulo anterior contaba que el médico y el barbero deseaban darle algún consejo y consuelo a Cardenio cuando, de repente, oyeron el sonido de otra voz que les llegaba, doliente y triste, pero a nadie veían. La escucharon decir:

- ¡Ay, cielo azul! ¿Será posible que, por fin, haya llegado hasta este lugar, a la tierra donde poder enterrarme? No deseo seguir viviendo. En este recóndito y fresco lugar moriré, en esta tierra agreste, alejada de la vista de los hombres. Cuando muera seré feliz, feliz, verdaderamente feliz y nadie podrá impedirlo. Al menos, en este lugar vasto y solitario podré presentar mis quejas y, día y noche, lanzar mis suspiros al cielo sin que ningún hombre los oiga. Todos ellos son peligrosos y traicioneros y no puedo confiarles mis tormentos. En nada me arrepiento de haber llegado hasta aquí, sería inútil pedirles ayuda pues solo de estorbo serían.

El médico y el barbero escucharon con atención aquellas palabras y se levantaron para buscar a su dueño. Apenas habían dado una veintena de pasos cuando vieron a un joven vestido como un labrador sentado tras una sófora. Estaba reclinado sobre una roca y no podían ver su rostro; tenía los pies metidos en las aguas claras de un arroyo y se los lavaba. Como estaba inclinado hacia el agua, no podían verlo bien, así que se acercaron un poco más rodeándolo por la espalda. El joven seguía sin notar que estaban allí mientras ellos vieron sus piernas de un blanco sin mácula, como la nieve, la tersura de la piel poseía el color del jade, de un jade de belleza incomparable. Suspendioles a ambos la hermosura y delicadeza de ese joven que, con toda certeza no era un montañés y, a pesar de sus ropajes, no era como los que cargaban azadas o tiraban del arado labrando la tierra con esfuerzo.

Cardenio se acercó también por detrás buscando al dueño de la voz y el médico les hizo un gesto con la mano para que se agazapasen tras una roca; así lo hicieron mirando con atención desde allí, donde podían distinguirlo bien. Traía el joven un capotillo gris sujeto a la cintura con un paño blanco; los calzones eran también grises y se cubría con una montera del mismo color. Tenía los calzones enrollados por encima de las rodillas y la piel de su cuello era de una blancura tersa y cegadora. Cuando terminó de lavarse, se sacó un paño de debajo de la montera para limpiarse los pies; solo entonces alzó el rostro, lo que les permitió a los tres contemplarlo.

- La belleza de este joven -dijo Cardenio- es comparable a la de Luscinda; sería el ser más hermoso del mundo si no existiera ella.

El mozo se quitó la montera y un frondoso cabello cayó cubriéndole toda la espalda; de tan largo y abundante, parecía poder cubrir por entero su cuerpo, no solo la espalda. Con esto conocieron que era una mujer y de una beldad tan extrema como no se había visto.

- Excepto por Luscinda -dijo Cardenio-, ninguna otra muchacha podría compararse con ella.

Extendió la joven la mano para peinarse los cabellos y su mano y la mitad del brazo que mostraba era también de una blancura delicada y reluciente como jade. Quedáronse los tres hombres admirados de un modo que no es posible expresar y decidieron mostrarse y saludarla.

Cuando la moza oyó las voces de los hombres se alarmó, se apartó los cabellos sobre los hombros, tomó un fardo que junto a sí tenía y trató de huir saltando; pero sin tiempo para calzarse, apenas dio seis pasos sus pies lacerados la hicieron caer. Se apresuraron los tres hacia ella y el médico dijo:

- Señora, no os alarméis, no os vamos a morder. Nuestra única intención es socorreros y preguntaros el porqué de vuestra amargura.

Asiéndola por la mano, el médico la ayudó a levantarse, pero la moza estaba lívida y desorientada, sin decir palabra. El médico intentó consolarla diciendo:

- Aunque fingís ser varón, ya se ha mostrado vuestra verdadera faz. Mas sabed que no somos maleantes y, si tenéis necesidad de nuestra ayuda, no nos detendrá ni la muerte. Os ruego, señora, que nos relatéis vuestras amarguras, pues alguna fuerza ha debido ser la que ha obligado a una beldad celestial como vos a disfrazaros como labrador. Será una buena razón la que os ha empujado a entraros en lo profundo de esta serranía; si nos lo contáis, quizá podamos hallar el modo de aliviar vuestras cuitas. Os ruego que nos deis cuenta de todas ellas, pues sabed que en el mundo no solo hay gente mezquina y si os lo preguntamos no es solo por saber; quizá no os seamos de gran ayuda, pero el contárnoslo bastará ya para aliviar en algo vuestra tristeza.

Mientras el médico así hablaba, se levantó la moza y los miró como si, de pronto, acabase de despertar de un sueño embriagador, como el campesino que llega a la ciudad por primera vez y contempla tantas cosas extrañas que no deja de posar sus ojos en todo. El médico esperó un buen rato a que los observara bien hasta que, tras un profundo suspiro, la moza comenzó a hablar.

- Ni siquiera en estas tierras puedo esconder mi verdadero ser y mi cabello, inoportuno, me delata mostrándome como mujer; no me sirve ya ocultarme. Me preguntáis la causa de mis desdichas y me otorgáis vuestra ayuda; no veo razón por la que seguir guardándola, pero sabed que cuando me escuchéis, también en vosotros despertará la pesadumbre, porque no hay remedio que me aparte de la muerte y me regrese a la vida, tal es mi desgracia. Hubiese preferido yo no contarla y llevármela a la tumba conmigo para que se pudriera junto a mis huesos. En este lugar solitario donde nadie más hay que escuche, bien merece la pena que os relate mis amarguras que, sin duda, despertarán en vuestras mercedes indignación.

Mientras hablaba, el rubor fue cubriendo sus mejillas. Compadecido el médico, y viendo el estado en que se hallaba, la invitó a que se bajara las perneras de los calzones, se calzara y tomara asiento para hablar. Hizo la moza como se le dijo y, tras recomponer calzones y polainas, estuvo sollozando largo rato antes de comenzar su triste historia. Los tres hombres se sentaron sobre la tierna yerba atentos a lo que fuera a contar. Comenzó la moza:

- En esta Andalucía en la que he nacido hay un duque de gran fama en España. El duque tiene dos hijos: el mayor, leal y bien intencionado, que será quien preservará su legado, y el segundo, de nombre Fernando, traicionero como no se ha visto. Mi padre es dueño de una gran fortuna y vasallo del duque, algo similar a un servidor, pero es de baja condición; de no haber sido así, no me hubiera llegado la calamidad o quizá esta no hubiera sido tan cruel. No siendo mi sangre noble, a pesar de mi belleza sin par, no puedo aspirar a otra categoría. Empero el linaje de mi padre no es tan humilde, pues viniendo de una familia de generaciones de campesinos y sin haber realizado otra tarea que no sea labrar la tierra, es de todos conocido como un buen hombre; bien es cierto que no tiene cargo alguno en la corte, pero si no se distinguiera entre nobleza y villanía, las riquezas que ha ido acumulando y de las que puede disfrutar en abundancia, hace que aquellos que no lo conocen lleguen a creerlo de alto linaje. Soy la única descendiente de mi familia, pues no hay hijo varón, y mis padres me tratan como a una preciosa pieza del jade más hermoso, y soy su alegría. Soy la heredera de la fortuna familiar, y aun mis padres me aprecian en mucho más. Soy también quien se ocupaba de dirigir la hacienda familiar y caia sobre mis hombros todo el peso de los asuntos de esta, evitándoles a ellos el menor trabajo. Los ratos que del día me quedaban los entretenía en labores de aguja, cosiendo o bordando, y leyendo o tocando la cítara, pues su música basta para aliviar las penas. Ese era el ritmo de la vida que llevábamos en casa de mis padres, y las desgracias que después me habían de acontecer no vinieron de mi falta de virtud o por una conducta atolondrada, ni porque yo misma me las buscara; pasaba buena parte del día en casa sin ver a nadie y, si acaso salía, era tan solo para ir a la iglesia, y aun así, en todas las ocasiones lo hacía muy de mañana, siguiendo siempre a mi madre y cubierta de un tupido velo que hasta me impedía distinguir el camino por el que andaba, tal era la forma que tenía de guardar mi belleza. Mas esta terminó por conocerse y había quienes llegaban a nuestra puerta a pedirme en matrimonio, robándome mis momentos de paz y quietud. Fue entonces cuando Fernando, el segundo hijo del duque, a deshora, me vio.

En ese momento, a Cardenio se le mudó el color del rostro y el médico temió que volviera a darle un episodio de locura, pero se mantuvo como hasta entonces, sin dar señal alguna de violencia, solo fijó la mirada en la labradora como si supiera de dónde venía todo. Ella, sin percatarse, no advirtió la mudanza en su rostro y continuó relatando la historia:

- Cuando Fernando me vio, según me diría después al pie de la ventana, sintió que se le escapaba el alma sin saber qué hacer y, a partir de entonces, me dio muestras de sus sentimientos de todos los modos y maneras; de cuanto hizo de bajo y rastrero no todo lo describiré, pero sobornó a mis criados y ante mis padres mostraba sus artes más encantadoras para ganarse su afecto. Cada día venía a nuestra casa para hablar conmigo y me escribió infinidad de cartas de amor; nada hubo que no revolviera y pusiera del revés, pero con ello no solo no ablandaba mi corazón, sino que me endurecía con mayor firmeza, pues parecíame en lo profundo que tanta solicitud no era correcta y que deseaba mancillar mi virtud. Decíame yo que esperar que alguien tan principal viniera a buscar esposa en una familia de condición modesta, era demasiada aspiración. Pero él fue muy insistente en sus honestas solicitudes y se mostraba incapaz de contener su pasión. Odiaba yo aquellas diferencias de linaje que nos separaban y, poco a poco, fui albergando el pensamiento de elevar mi posición, y no pude dejar de ceder en cierto modo a su solicitud. Mi padre me habló un día sobre la propuesta de matrimonio de Fernando, diciéndome: "Pienso que no puedes confiar en ese hombre; mejor sería evitar cuanto antes sus pretensiones. Si de verdad deseas alejarte de él, te buscaré un esposo, alguien que complazca a tu corazón; no haremos nada en contra de tu voluntad". Le respondí: "No pensaba por ahora en contraer matrimonio, pero servirá como estrategia para alejarlo". Desde ese momento no volví a verlo, pero aquello pareció avivar sus intenciones. Resumiendo, Fernando debió oír que me iba a desposar así que urdió una estrategia: una noche estando yo sola en mi aposento, con la sola compañía de una doncella que me atendía y teniendo bien cerradas las puertas, de pronto vi ante mí a Fernando que aparecía desde un aposento aledaño; mi sorpresa fue tal que me desvanecí, aunque de no haberlo hecho, tampoco hubiera podido huir. Me tomó en sus brazos y comenzó a decirme palabras de amor. Cuando volví del todo en mí no dejaba de oír su triste lamento y tan desolado y sincero sonaba que, siendo joven e inocente, tomé por verdadero; de haber tenido más experiencia habría comprendido su falsedad. Sin querer me compadecí de sus locos sentimientos, pero aun así en ningún modo iba a ceder a un comportamiento indigno y mancillar mi honestidad, y me mantuve firme en mi resolución. Con todo el valor que pude reunir, le dije: "Señor, a vuestra solicitud de matrimonio y vuestras palabras de amor prefiero yo un veneno, y antes lo tomaré gustosa que comprometerme con vos, pues mi castidad es para mí más querida que mi propia vida, no me doblegaré sin más a vuestras pretensiones. Os hablo con franqueza, estoy decidida a no ceder ante vos. Si no salís de inmediato de esta estancia, sé cómo protegerme. Si tenéis corazón, si felizmente no me queréis ver convertida en sauce quebrado, en flor mancillada, no me toméis por fuerza en esta estancia. Soy vuestra vasalla, no vuestra esclava, no podéis aprovecharos de vuestra posición para cobrar solapadamente en esta casa ninguna recompensa. Aunque soy una labradora, debéis compadeceros de mi reputación e integridad. ¿Cómo alguien de vuestra dignidad puede ofender a quienes somos de baja cuna? La falta de decoro de un noble no puede llegar al punto de cometer la injusticia de tomar la virtud de una doncella. No soy como cualquier otra muchacha que se deja conmover por vuestro alto linaje y no perderé la honra por vuestras lágrimas, que me parecen fingidas; lo que veo no mueve mi corazón. Con la verdad os advierto que siempre habré de escuchar a mis padres y no consentiré entregar mi cuerpo de cualquier modo. No intentéis convencerme con vuestros falsos lamentos o vuestras lágrimas fingidas, prefiero pasar una vida modesta y esperar lo que el destino me depare; debéis saber que la felicidad para mi familia es mi comportamiento obediente y casto, el respeto que muestro ante mis padres; si hoy actuara faltándome a mí misma, sería humillarlos a ellos. No ansío más felicidad que el respetarlos. Si sois hombre, no me pretendáis como esposa, ni me requiráis de amores, pues mi afecto no os lo puedo entregar a la ligera." Dicho aquello, llorando, Fernando dijo: "Mi hermosa Dorotea, con qué crueldad me rechazas. Si tú me aceptaras, nada en este mundo impidiera que te desposara, sería mi alegría extrema. Mi corazón y mi vida penden de tus manos, y si aun así no consientes, cuando yo muera mi alma seguirá siendo tuya hasta el fin. Pongo a Dios en los cielos como testigo de la sinceridad de mis palabras. ¿Cómo podría traicionar tanta bondad?"

Cuando Cardenio le oyó decir que se llamaba Dorotea pensó: "Ya sabía que se trataba de ella, pero más vale no alterar su relato con lo que yo sé, escucharé hasta que termine la historia." Y preguntó:

- ¿Vuestro nombre es Dorotea? Ya hace tiempo lo había escuchado y en mi desgraciada historia hay también otra muchacha como vos. Os ruego que terminéis de contarnos y después os relataré la desgraciada historia que me aconteció con alguien que compartía con vos el nombre.

Oyéndolo, Dorotea lo miró con fijeza:

- Si conocéis mi historia, ¿por qué no me la referís directamente? -dijo-Preferiría no contarla yo misma, y si algo sabéis ¿por qué no hacerlo por mí? Eso que decís que compartimos nombre seguro que no se refiere solo a eso, sino que somos una misma persona, pues no puede haber en este mundo alguien tan desgraciada como yo.

- Escuchadme, señora -dijo Cardenio-, si mis presunciones son ciertas, no os ocultaré nada; mi temor es transmitir una historia con las palabras que no son, y no quiero hacer así, por lo que no me atrevo a anticipárosla. Os ruego que nos relatéis lo que sucedió a continuación y si certifican lo que yo adelantaba, os lo contaré a todos.

La muchacha retomó su historia:

- Con sus más sinceras intenciones aflorando en su rostro, Fernando hizo juramentos sólidos como montañas mientras me ofrecía su mano. Le aconsejé con las mejores palabras diciéndole: "La unión entre una familia noble y otra villana no es propia, y aunque me hayáis prometido matrimonio, más tarde os puede pesar. No es difícil que os preguntéis si el que os sintáis embriagado ahora por mi belleza puede provocar la caída de vuestra casa. Vuestro anciano padre no consentiría de ningún modo este acuerdo, ¿cómo el linaje de un respetado duque va a establecer lazos matrimoniales con un campesino? Seguro que os arrepentiréis más tarde de haber actuado de esta forma tan brusca y precipitada y no volvería yo a encontrar la alegría hasta el fin de mis días. ¿Por qué no buscáis una compañera más indicada y que os hará más feliz?" Con estas y muchas más palabras insistí yo en que cesara en sus intenciones, pero seguía él de rodillas sin aceptar levantarse hasta que yo consintiera. Cien razones le di pero a todas estaba sordo y ciego y sus súplicas aumentaban con palabras que no eran propias de un noble. No lograba rechazarlo y comencé a considerar para mí mi situación. Era cierto que, tanto en el pasado como en los tiempos presentes, alguna doncella de origen humilde había llegado a desposar a alguien de alta cuna. Y Fernando me parecía muy sincero en sus intenciones, como si fuera voluntad del cielo el auxiliarme, o era acaso mi buena fortuna que se presentaba, ¿por qué empeñarme en el rechazo? Quizá queriendo despedirlo despertaría odio en su corazón y un rencor que podría alcanzar a mi padre. Y dejando aparte la felicidad de la familia, él era un varón y si acaso intentaba con violencia lograr su objetivo, no tendría yo fuerzas para rechazarlo y quedaría deshonrada y, de saberse la noticia ante los ojos de todos, no habría manera de limpiar mi nombre. Entre estas cavilaciones me debatía cuando miré a Fernando, cubierto el rostro de lágrimas, que parecía amarme de forma sincera. Toda mi fortaleza desapareció al momento y en ese instante sellé mi perdición. Llamé a la criada que le había permitido entrar para que nos sirviera de testigo y, ante ella y, de nuevo de rodillas, Fernando me hizo su juramento con palabras aun más sentidas, tras lo cual tornó a llorar conmoviendo al extremo mi corazón. Entonces la criada se fue y Fernando obtuvo lo que tanto deseaba. Cuando apenas despuntaba el día partía Fernando, con todo lo ocurrido borroso y el matrimonio ya consumado; a punto de marchar, sus palabras de despedida no sonaban ya tan sinceras, pero con mucha parsimonia se quitó un anillo y lo puso en mi dedo. La criada que reconoció que lo había ayudado a entrar a escondidas, hizo lo mismo para que pudiera salir sin ser visto. Pensando con detenimiento en lo ocurrido durante la noche, no sabía si estar triste o alegre, pero andaba yo confusa, como embriagada. Consideré reñir a la criada, pero eso no lavaría la infamia cometida y no tomé la decisión entonces. En el momento del adiós, todavía tuve firmeza para decirle: "Mi cuerpo ya te pertenece, en adelante puedes volver para que hablemos sobre la fecha de los esponsales." Al día siguiente regresó, pero después no volvería a ver ni rastro de él, ni siquiera cuando iba a la iglesia, por más que miraba alrededor, no había huella alguna de él. Hubiera deseado salir para buscarlo, pero no sabía dónde. Oí decir que Fernando seguía viviendo en palacio, como antes de nuestro compromiso, pero que solía salir de caza, nada más. Señores, imaginen cómo podía sentirme tras oír aquello. Sus juramentos se escapaban como el agua, no podía ya creer en su pureza; habiendo conseguido lo que tanto anhelaba, se mostraba ahora tal como era. Reprendí con severidad entonces a mi criada por su traición, y no podía contener mis lágrimas amargas pero, al mismo tiempo, tampoco podía mostrar mi tristeza ante mis padres para que no descubrieran lo sucedido. Los evitaba durante el día aunque sabía que el secreto no podría mantenerse por siempre y que tendría que contarles todo lo que acontecía en mi corazón. Fue entonces cuando oí que Fernando había contraído matrimonio con la hija de una familia noble, de nombre Luscinda, hermosa y adinerada. Fue cuando sentí la profunda herida que me había infligido Fernando, abandonando lo viejo por prendarse de lo nuevo. Y la cólera ardió en mi corazón, no podía denunciarlo ante un tribunal pero al menos lo haría ante mi padre y mi madre.

Cuando Cardenio oyó el nombre de Luscinda, su locura estuvo a punto de estallar pero, felizmente, pudo contenerse, tan solo se encogió de hombros y comenzó a llorar, suspirando sin decir nada; después le rogó a Dorotea que continuara con su historia:

- Llegó esta triste nueva a mis oídos y, en lugar de sentirme desgraciada, la cólera encendió mi corazón y pensé en salir por las calles dando voces, diciéndole a todos la alevosía y la traición de Fernando. Mas pensé después otra estrategia mucho mejor que esa. A escondidas llamé a un criado de mi padre y le dije que cambiáramos nuestra vestimenta y partiéramos a la ciudad donde se hallaba Fernando. El criado no quería e intentó por todos los medios detenerme, pero viendo la firmeza de mi voluntad consintió en ayudarme. Cambié mis ropajes por los suyos y guardé en un fardo dineros y joyas y algunos vestidos y salí aquella noche. No advertí a mi criada de mi salida pues no sabía qué podría tramar. Fernando ya se había desposado y nada podía hacer por detenerlo, pero al menos podría maldecirlo y acusarlo de no tener alma y de haberme dejado sin salida. Llegué en dos días y medio y pregunté por la casa de Luscinda e, inesperadamente, escuché algunas historias extrañas. Uno de los que pregunté me contó punto por punto lo que había sucedido en el desposorio de Luscinda y que ya todos sabían en la ciudad. Me contó que la noche del desposorio, después de que el pastor le hubiese preguntado si aceptaba, Luscinda había caído desvanecida en los brazos de su madre. El pastor y los que allí había le abrieron el cuello del vestido de donde calló una carta. La carta decía: "No puedo convertirme en la esposa de Fernando pues ya estoy comprometida con otro. Su nombre es Cardenio. Y solo he consentido en el matrimonio de hoy por obedecer las órdenes de mis padres, mas no es mi voluntad hacerlo." Junto a la carta había una daga con la que pensaba quitarse la vida tras la ceremonia. Fernando, furioso, estuvo a punto de matar él mismo a Luscinda, y si no hubiese sido porque los allí presentes se lo impidieron, la vida de la muchacha desmayada hubiera acabado a sus manos. Fernando partió de inmediato y la muchacha no despertó hasta el día siguiente. Les dijo entonces a sus padres que su cuerpo pertenecía a Cardenio, que se había comprometido con él antes que con Fernando y que no podía romper ese compromiso. Le contaron entonces que Cardenio había asistido oculto tras una cortina, que había visto todo y que, al partir, había dejado una carta para su amiga en la que decía que se alejaba del reino de los hombres y se despedía del mundo para siempre. De todo aquello se enteró la gente de la ciudad. Después de que él se fuera, también Luscinda desapareció y, tras conocer su partida, la tristeza de sus padres fue infinita. Aquello que escuché de que el desposorio no se había consumado me alivió un poco y me felicité pensando que Dios había acudido en mi ayuda y no había consentido el segundo matrimonio, y me sentí feliz. En aquel momento seguía yo en la ciudad sin saber muy bien qué hacerme pues ya no podía ir a buscar a Fernando. Oí de pronto a alguien gritar por las calles describiendo mi aspecto, el traje que traía y mi edad; dijeron también mi nombre y que quien me hallase sería recompensado con una buena cantidad de oro. Y es que, al parecer, mis padres pensaban que me había escapado con el criado. Cuando aquello escuché me sentí desolada y comprendí cómo mi buen nombre había sido arrastrado por el suelo en tan poco tiempo. Decidí escapar de la ciudad y cuando salía, aunque me pareció que el criado que me había acompañado se comportaba de un modo extraño, vinimos huyendo a estos lugares esperando no ser hallada. Pero la desgracia me seguía los pasos. Al llegar aquí el criado de pronto descubrió su bellaquería y, aprovechando que no había nadie alrededor, tuvo el valor de pretenderme como si fuera su esposa. En ese momento, si me hubiera opuesto a él no habría podido derrotarlo. Felizmente, Dios me auxilió y, mientras me exigía que me sometiera a sus deseos, descuidado, quedó de pie junto a un barranco; aproveché que no estaba advertido y lo empujé despeñadero abajo. Sin echar cuentas de si estaba vivo o muerto, me entré por estos bosques más ligera que un mono sin saber qué hacerme. Al día siguiente encontré un montañés que aquí habitaba que me llevó a su casa para que le hiciera de cabrero. No sabía él que yo era moza y conseguí ocultarlo durante muchos días, sin que se percatara. Pero llegó el día en que lo descubrió y también quiso de mí aquello. Tuve que volver a escapar con la esperanza de hallar una iglesia. Ya os he contado mi vida, hasta el final, espero que mis huesos reposen en este lugar y dar fin a todas mis cuitas.

Capítulo II

- Esta, señores, es la historia completa de mi desgracia, sin más adorno. Os ruego que juzguéis si este relato de resentimiento y dolor es o no justo. Por ello os suplico que me indiquéis un lugar tranquilo donde pueda pasar los días que me quedan de vida, sin tener que enfrentar a mis padres enojados por la pérdida de mi castidad pues, aunque ellos pudieran perdonarme, no podría mirarlos a la cara ni tendría argumentos para rebatir las falsas acusaciones que se me han hecho.

Calló diciendo esto sin poder aliviar su vergüenza y enojo. Estaban los tres conmovidos y el médico quiso decir algo, pero Cardenio le tomó de pronto la mano, diciendo:

- Así que sois Dorotea, y vuestro padre es Clenardo.

Admirada quedó Dorotea cuando oyó que aquel hombre vestido de harapos conocía a su padre.

- ¿Quién sois, señor, que conocéis a mi padre? -le preguntó asombrada.

- Soy el desventurado Cardenio -respondió-, el que había de ser el esposo de Luscinda, a quien aquel que actúa de espaldas a la justicia ha puesto en este término extremo, y también el causante de que vos os halléis aquí, y todo por las faltas de ese hombre que me ha traído a este estado en el que me hallo, hundido y agotado. Mi desgracia comenzó con los agravios de Fernando, quien ha provocado que esté en esta situación, con momentos de locura en los que mi entendimiento se ofusca, y en los pocos momentos de lucidez que me restan, hasta tal punto me siento ultrajado, que me resulta insoportable. Durante los esponsales de Fernando era yo quien estaba oculto tras un tapiz viendo lo que allí sucedía y cómo Luscinda prometía ser su esposa. Todos mis anhelos en aquel momento quedaron destruidos y salí a toda prisa de allí. Vi el desmayo de Luscinda y cómo encontraban la carta que llevaba en su pecho, pero nunca supe lo que decía pues ya me había ido. Me dije que no quedaban ya esperanzas, así que le dejé otra carta a un amigo y le pedí que se la entregara a Luscinda. Renuncié al mundo de los hombres y me vine a este lugar diciéndole adiós para siempre a la sociedad, y es aquí donde esperaba que quedaran mis huesos abandonados. Eso era lo que más deseaba. Ahora Dios viene en mi auxilio pues Luscinda tuvo el coraje de rechazar lo que le imponían. Quizá todavía llegue el día en el que regrese la primavera y pueda volver a ver a Luscinda y vos podáis reuniros de nuevo con vuestro esposo. Y aunque mis motivos no fueran los vuestros, como cualquier hombre de corazón compasivo habría hecho de vuestra causa la mía, pero además nuestras alegrías y penas se corresponden. Ya he tomado la determinación de que, aunque tenga que enfrentar cien muertes, juro ante vos que no me detendré hasta lograr que podáis unir vuestra felicidad a la de Fernando.

Tan conmovida quedó Dorotea que quiso arrodillarse ante él agradecida, pero Cardenio se lo impidió por parecerle impropio. El médico escuchándolos aprobó el discurso de ambos y, como Cardenio, le repitió a Dorotea palabras de consuelo y ánimo. Los invitó a que fuesen con él a su casa a cambiar sus ropas y también para que discutiesen cómo buscar a Fernando y llevar a Dorotea con sus padres, y ambos aceptaron la merced que se les ofrecía. El barbero, que había permanecido callado y seguía disfrazado como una mujer, dijo entonces:

- Si alguno de los dos me necesita de cualquier manera, enfrentaré la muerte por ayudaros.

Y siguió contándoles la causa por la que estaban allí, fue describiéndoles en detalle la locura de Quisada y que habían ido a buscarlo para salvarlo pues pretendía quedarse allí, y que esperaban a su discípulo que había ido a llevarle la respuesta a una carta. Vínole a Cardenio a la memoria la pelea que había tenido con Quisada y que le había arrojado una piedra pero, al pensar en ello, más le parecía un viejo sueño; les dijo a todos que había visto a aquel hombre aunque calló lo de la pelea. En eso estaban cuando de pronto oyeron unas voces y el médico y el barbero supieron que se trataba de Sancho que, después de haber visto a Quisada, iba dándolas llamándolos según andaba el camino. El médico lo llamó y le preguntó si había visto a su amo.

- Sí lo he visto -respondió Sancho- aunque está diferente a como cuando lo dejé. Al llegar a las montañas lo vi tan macilento y flaco que no se puede describir, no dejaba de gritar el nombre de Dulcinea. Le dije que había entregado la carta y que Dulcinea le rogaba que fuese al Toboso sin más tardanza. A pesar de eso, mi maestro se negó diciendo: "No me atrevo a encontrarme ahora con Dulcinea; hasta que mi fama no sea conocida en todo el orbe por la fuerza de mis armas, no osaré presentarme ante ella por miedo a arruinar mi reputación." Ay, señores, me temo que si no regresa pronto no podrá convertirse en emperador, ni siquiera en arzobispo. Les ruego a vuestras mercedes que hallen la manera de hacerlo regresar, si no, morirá.

- No te angusties -dijo el médico-, sabemos cómo hacerlo salir de aquellos lares.

Le contó el médico a Cardenio la causa del fingimiento que traían previsto y de que el barbero fuese en hábitos de dama, que todo era un ardid para sacar a Quisada de aquel lugar de muerte.

- Yo soy una dama de verdad -dijo Dorotea-, siempre lo haré mejor que alguien que vaya disfrazado de una. Además, también he leído libros de caballerías y sé cómo es una dama en apuros, sabré como hablarle al caballero para conmoverlo de lástima y que emprenda el camino al punto.

- ¡Qué dama tan sabia! -dijo el médico con gran contento.

Decidieron hacerlo así y poner su estrategia en práctica sin más tardar, pues pensaban que en cuanto la mujer llegara tendrían éxito. Dicho lo cual, sacó Dorotea de su fardo sus ropajes, se adornó el cuello con piedras preciosas y brillantes perlas, y se cepilló los cabellos. Quedaron todos asombrados de su belleza inigualable pensando en lo ciego que había estado Fernando, además de canalla, por haber abandonado a aquella mujer para enamorarse de otra. De los cuatro, el más maravillado era Sancho que, por ser hombre rústico, jamás había visto a nadie de tanta elegancia. Le preguntó con discreción al médico:

- ¿Quién es esta mujer?, ¿qué venturoso viento la ha traído hasta aquí?

- Es la princesa del reino Micomicón -respondió el médico-, ha oído que tu amo es el más valeroso de los caballeros, con fama en todo el orbe, y ha afrontado todos los peligros por venir hasta aquí para rogarle que la auxilie, pues un gigante salvaje la ha agraviado de una forma insoportable y quiere que tu maestro tome venganza por ella.

- Es una oportunidad que no debe desaprovechar -dijo Sancho-, pues será una hazaña grandiosa si mi maestro mata a ese gigante salvaje y yo, como discípulo, compartiré su gloria. Estoy seguro de que el maestro lo derrotará si no entiende de artes demoniacas. Hay un asunto que le quiero pedir a vuestra merced, y es que quite de la cabeza de mi maestro el hacerse arzobispo, porque de hacerlo así mis medios de vida serían los menos. Si de verdad mata al gigante, puede desposar a la princesa y convertirse en el yerno del rey y abandonar el pensamiento de hacerse arzobispo; los restos de su gloria que no serán pocos y caerán sobre mí que, aunque algo tosco, lo he calculado bien. A fin de cuentas, ser emperador o rey es mucho mejor que ser arzobispo, además las tareas de la iglesia me desagradan y no querría yo tener que echar mano a ellas. Pero mi verdadero anhelo es que se case con esta princesa de la que todavía no sé el nombre.

- Llámase Micomicona -dijo el médico- pues su reino es Micomicón y el título de su princesa, Micomicona.

- Sí que he oído decir que los descendientes de la nobleza toman muchos el nombre del lugar en el que nacieron -dijo Sancho-.

- Y tiene mucho sentido lo que dices -dijo el médico-; voy a ver cómo puedo trazar un ardid para que tu amo despose a la princesa.

Quedó con tanto contento Sancho, cuanto el médico admirado de cómo las ideas del amo habían contagiado al criado hasta convertirlo también en loco, casi sin saber cómo.

Ya en esto se había puesto Dorotea sobre la mula del médico, mientras el barbero se había cambiado los hábitos para parecer varón y ajustado la barba falsa del médico a su mandíbula. Antes de partir, guiados por Sancho Panza, el médico le dijo:

- De ninguna manera digas que me conoces pues tu amo advertirá la trama y el propósito para que llegue emperador fracasará, y tampoco tú acabarás como gobernador general.

Dijo Cardenio:

- Es mejor que yo no vaya, Quisada podría reconocerme.

El médico se quedó con él esperando el regreso de los demás.

A lomos de la mula, la dama se entró por las montañas y Cardenio y el médico los siguieron observándolos desde lejos.

Llevarían caminando unas dos millas cuando, entre unas rocas mal puestas, vieron a Quisada. Aún sin armadura ni yelmo, traía sus vestidos de ordinario puestos. Cuando Dorotea lo vio, azuzó a la mula para llegarse a él y el barbero se acercó para ayudarla a desmontar. Con mucho donaire, Dorotea se arrodilló erguida ante Quisada que, asombrado, intentó impedirlo sin conseguirlo. Dijo la dama:

- De aquí no me levantaré, caballero, el más valiente entre diez mil, hasta que no me concedáis una merced. Este servicio tan grande que os solicito redundará en vuestra fama de caballero al tiempo que auxiliáis a esta agraviada dama. Si vuestro valor se iguala al gran nombre del que gozáis, habréis de corregir las injusticias que a esta princesa le han hecho. Yo, que al oír vuestra fama decidí llegarme desde tierras remotas para encontrarme con vos en lo profundo de estas montañas, confío en vuestra fuerza celestial para que me salvéis.

- Hermosa señora -dijo Quisada-, si no os alzáis no atenderé vuestras súplicas.

- No me culpéis, caballero -respondió la dama-, mas mientras no me otorguéis vuestra merced, mis rodillas permanecerán hincadas en la tierra como si raíces hubieran echado.

- Os la otorgo -dijo Quisada-, mas siempre que sirva a la gloria de mi reino; en caso contrario no puedo concedérosla.

- Este asunto no tiene que ver con los lazos entre reinos -dijo la mujer.

En esto se llegó Sancho al oído de su señor y dijo:

- La princesa solo os solicita que matéis a un gigante, es un asunto fácil, podéis consentir sin temor. Esta dama es la princesa Micomicona, la hija del rey de Micomicón.

- No importa quien sea -dijo Quisada-, que yo habré de actuar según dictan las normas de la caballería.

Y volviéndose a la doncella añadió:

- Os lo he prometido. Alzaos, princesa.

- Escuchadme, caballero -dijo-, deseo que os vengáis conmigo, para ocuparos de mi asunto sin que otros se entremetan, para que matéis a mi enemigo, pues de no hacerlo, usurpará el trono de mi reino. Eso es todo lo que espero de vos.

- Desechad vuestro pesar - respondió Quisada-, haré como me pedís; estoy a vuestras órdenes, y dispondrá el Altísimo otorgarle a mi brazo toda la fuerza de mil libras para derrotar a vuestro enemigo, y que podáis guardar el trono de vuestros antecesores. Y vamos a la labor con premura, que en la tardanza pueden sucederse los cambios.

La doncella se inclinó para besarle las manos a Quisada que, cortésmente, rechazó el homenaje, al tiempo que se inclinaba para tenderle la mano. Ordenó a Sancho que le acercara la armadura y el yelmo, que estaban colgados de un árbol, y que le diera además su lanza y su escudo. Todo se lo acercó Sancho a su maestro.

- Partamos presto a vengar a la princesa -dijo Quisada.

El barbero no podía ya contener las carcajadas y estaba inclinado en el suelo sin poder levantarse temiendo que, de tanto disimular la risa, fuera a perder su barba postiza. Una vez armado Quisada, el barbero ayudó a la dama a montar sobre el asno al tiempo que el caballero lo hacía sobre su animal. El barbero marchaba sobre otro jumento y Sancho los seguía caminando, lanzando algunos suspiros recordando al suyo; pero pensar que su maestro pronto se desposaría con la princesa y se convertiría en rey, lo hacía sentir gran contento y no le amargaba el caminar calculando que, tarde o temprano, aquella princesa sería la esposa de su maestro y alcanzaría una fortuna inmensa. El reino de Micomicón estaba en África y allí todos eran negros, se lo había oído decir al médico; siendo su maestro rey, él sería gobernador general y los vasallos sobre los que gobernaría serían todos negros, y aquello le daba pesadumbre, pero siguió pensando que aunque fueran negros, podía llevarlos en barco a España para venderlos y hacerse rico rápidamente; con el oro obtenido, se compraría algún título y se convertiría en parte de la nobleza.

- Conozco yo bien la ley de la venta de esclavos -se dijo-, así podré conseguir mucho oro y con eso me basta.

Seguía así caminando y pensando en sus riquezas y sus títulos olvidando del todo el cansancio.

El médico y Cardenio lo vieron todo desde la lejanía y decidieron reunirse con ellos para volver juntos. Para que Quisada no reconociera al joven, el médico, hombre inteligente, pensó en una solución. Sacó unas tijeritas de su bolsa y le recortó a Cardenio la barba hirsuta que traía, se quitó su gabán para que se lo pusiera el joven y él se quedó con un jubón. Tanto mudó el aspecto de cuando estaba loco, que si se hubiese mirado en un espejo, no se habría reconocido. Cambiadas las vestiduras, se asomaron al camino real a esperar que los otros salieran de las montañas.

Así como salió Quisada, el médico lo miró para ver si lo reconocía. Alzó los brazos y dijo:

- ¡Compatriota caballero! El primero entre todos, el buen caballero de nuestra sociedad que acude a socorrer a los débiles y doblegar a los poderosos, aquí está.

Y abrazó la pierna izquierda de Quisada que, feliz con aquellos elogios que escuchaba, lo examinó para ver de quién se trataba. Le pareció entonces reconocer al médico y quiso desmontar para saludarlo con la debida cortesía, aunque algo receloso de encontrarlo por allí, por si no era él. El médico no le permitió que desmontara de ninguna manera.

- Hermano mío -replicó Quisada-, ¿cómo voy a consentir seguir en la silla para hablar con un amigo tan depositario de las más altas virtudes, ahora que nos hemos encontrado en el camino?

- No lo consentiré yo en ningún modo -dijo el médico-. Sois vos de los pocos que, en estos tiempos, a caballo y lanza en ristre, se enfrenta a los peligros cada día. Es ya para mí, un hombre vulgar, bastante honor seguiros en alguno de esos robustos caballos de la noble compañía de los que con vos viajan por el mundo.

- La princesa que conmigo va -dijo Quisada-, dechado de modestia y cortesía, le puede pedir a su criado que le ceda su mula a vuestra merced, o también podrían acomodarse los dos sobre el animal.

- Sin duda -respondió la dama-. Mi criado es hombre comprensivo y no permitirá de ninguna manera que un hombre letrado vaya caminando.

- Al punto me bajo de la mula -dijo el barbero, que le pasó el animal al médico.

El médico lo tomó gustoso, pero aquella mula era de alquiler, y no tenía intención de aguantar dos hombres, dio un par de coces y el barbero cayó al suelo perdiendo su barba postiza; se llevó la mano a la boca y comenzó a gritar:

- ¡Me ha roto los dientes!

Advirtió Quisada la barba tirada en el suelo, desparramada pero sin una mota de sangre y, asombrado, dijo:

- ¡Que extraño! Se han caído las barbas como si las hubiera cortado un barbero.

El médico, para evitar que Quisada descubriera su invención, se bajó de la mula y a toda prisa se llegó al barbero y se abrazó él, que seguía gritando sin parar tapándose la boca. El médico lo abrazó contra su pecho haciendo como que murmuraba unos encantamientos para que el barbero pudiera colocarse de nuevo la falsa barba como si nada hubiera pasado; su certera y ágil actuación permitió que nada se desvelara. El barbero se alzó para sorpresa de Quisada que pensó que era remedio mágico y le rogó al médico que le enseñara aquel encantamiento para plantar las barbas, pues no se había derramado sangre y la barba estaba tan bien plantada como antes, por lo que, de seguro, se había obrado con magia. Le quiso pedir el conjuro por si en alguna otra ocasión pudiera servirle de algo y el médico le prometió enseñarle la fórmula otro día.

Se pusieron de nuevo en marcha, alternándose el médico y el barbero sobre la mula. Al cabo de unas dos millas vieron una venta. La princesa, Quisada y el médico iban por delante y Cardenio, el barbero y Sancho los seguían. Quisada le preguntó a la princesa:

- Señora mía, os ruego me indiquéis en qué dirección marchar para poder tomar venganza por vos.

Sin esperar a que la mujer respondiera, el médico preguntó:

- ¿Podéis, princesa, señalarme el camino también? ¿No será hacia el reino de Micomicón?

Entendió al punto la idea la princesa y respondió:

- Así es.

- Si vais en esa dirección -dijo el médico-, hemos de pasar por mi pueblo y seguir por el camino real hasta Cartagena. Desde Cartagena, podréis tomar un barco que os llevará hasta Micomicón; con viento próspero no pasarán de nueve años y veréis la gran laguna Meona. Y desde allí, hasta llegar a vuestro gran reino aún serán cien días de camino.

- Mi señor, os confundís -dijo la princesa- pues desde mi modesto reino hasta aquí apenas tardamos dos años, y con el viento en contra, aun así fue rápido el camino, pues sabed que la distancia no es tanta; ni siquiera con el fuerte oleaje que encontramos aquellos dos años, fue dura la travesía. Al final tuve la fortuna de encontrar a don Quijote, pues en cuanto alcanzamos las orillas españolas, llegó a mis oídos, proclamado por padres e hijos, hermanos mayores y menores, el valor del gran caballero don Quijote, cuyo nombre resuena por todo el reino, a quien he venido a encomendarme para que, como caballero, me vengue por las tropelías que contra mí se han cometido.

- Princesa, cesad en las alabanzas -dijo Quisada- que me disgustan las palabras de adulación; aunque dulces las palabras de mi señora, mis oídos no se alegran de escucharlas. He dedicado mi vida a servir y no son menester más palabras, si acaso alcanzo a serviros o no, al menos pondré en ello toda la fuerza de mi corazón, aunque me deje la vida en ello de forma sangrienta para lograros algo de alivio. Pero no hablemos más de ello. Me pregunto porqué vuestra merced, siendo pastor además de médico, ha llegado hasta aquí de esa manera, sin criado que lo acompañe y vistiendo tan solo un jubón; me asombra e inquieta veros de esta guisa.

- Este, vuestro humilde servidor, os lo explicará con brevedad -respondió el médico-. Vuestra merced conoce a nuestro amigo Nicolás, el barbero. Íbamos a Sevilla a cobrar cierto dinero, más de setenta mil monedas, de un pariente por matrimonio que me había enviado desde la India, donde ha pasado unos años. De regreso, a medio camino nos salieron al encuentro cuatro salteadores y no solo nos quitaron el dinero, sino que hasta las barbas se llevaron de maese Nicolás, y no pudo sino ponerse unas postizas en la cara.

Señalando a Cardenio, continuó:

- Ese caballero venía con nosotros y también fue asaltado, no le dejaron más que la camisa y la parte de arriba de la barba también se la quitaron, de ahí su extraña apariencia. Todos dicen que esos hombres que nos asaltaron eran maleantes que ya habían sido condenados y castigados a trabajos forzados. Pero los libertó un caballero que tenía una fuerza que excedía a la de cualquiera, y aunque llevaban unas guardias de apoyo, todas fueron derrotadas y tuvieron que salir huyendo. Los soltó a todos. Yo pienso que ese caballero o está loco o, si tiene cordura, entonces es que es tan canalla como esos condenados, porque ha sido como soltar a lobos en medio de un rebaño de ovejas para que las devoren, o liberar avispas en un panal para que siembren el desorden. Creo que ese hombre quiso defraudar a la justicia, romper las leyes del reino permitiendo que esa caterva de condenados se dedicara a saltear los caminos, y no ha sido poco el daño que ha hecho. En esta vida ese caballero acabará siendo prendido por la guardia y, tras su muerte, su alma no se alzará a la vera de Dios.

El médico dijo aquello porque Sancho Panza le había contado el asunto. Intentaba sembrar alguna semilla de arrepentimiento en Quisada para ver si servía, a modo de remedio, contra su locura. El rostro de Quisada había ido mudando de color, pero no se atrevió a reconocer nada.

- Los que nos asaltaron eran una caterva de ladrones, solo espero que Dios se compadezca del caballero y no lo envíe al infierno -dijo el médico.

Capítulo III

No hubo bien acabado el médico, cuando Sancho dijo:

- Lo que dice vuestra merced, lo de salvar a esos condenados, fue mi maestro quien lo hizo. Y bien que me cansé yo de advertirle, pero no quiso escucharme en modo alguno. Le insistí y le dije que aquellos eran culpables de los crímenes más execrables, que no debía liberarlos, no pude hacer que cambiara de opinión y por eso cometió ese error tan grande.

Encolerizado, Quisada le gritó a Sancho:

- ¡Gusano majadero! Soy un caballero y solo me ocupo de ayudar a los afligidos, no de averiguar si lo están porque han obrado bien o mal; los caballeros andantes salvamos a la gente, sean buenos o malos. Hace unos días vi a esa sarta de reos arrastrados y encadenados como si fueran las cuentas de un rosario y, llevado por mi corazón compasivo, actué al modo de los caballeros ¿Cómo podía no auxiliarlos? No me importan las críticas que pueda recibir, no pienso escucharlas a no ser que vengan de personas con tanta virtud como este médico que también es pastor. Que no se atreva el resto a abrir la boca o dejaré que prueben el sabor de mi espada.

Dicho lo cual, se bajó el morrión, porque la bacía de bronce que estaba rota la llevaba colgada junto a la silla, y tomó la lanza como si quisiera atravesar a alguien. Dorotea, sintiendo una profunda compasión por su desvariar, se acercó y le dijo:

- Señor, os ruego que no olvidéis que me habéis prometido vengarme, dejad aparte vuestro enojo. Si el pastor hubiese sabido que los condenados habían sido liberados por vuestro celestial brazo, seguro que hubiera preferido contener su lengua y callar; no hubiera osado hablar como lo hizo.

- Así es -dijo el médico-. Si hubiese sabido que fue un acto de vuestra merced como caballero no me habría atrevido a intervenir.

- No tenéis más que pedirlo, princesa -dijo Quisada-, y mi enojo al punto se disipará. Mis asuntos son muchos y ahora lo más inmediato es ejecutar vuestra venganza; si me tengo que ocupar de otros, hacerlo después no será tarde. Ahora os suplico que me relatéis el infortunado asunto que os trae, contra quién he de tomar venganza, a dónde he de viajar y quiénes son las personas a quienes vengar; será fácil cumplir vuestras órdenes del todo.

- Las cuitas que me acontecen son mil penalidades y cien desgracias. Pero me temo que entristecerían a vuestra merced -respondió la dama.

- Contad lo que sea -dijo Quisada-, no os preocupéis por mí.

- Pues si es así, señor, os ruego que me escuchéis.

En ese momento Cardenio y el barbero aguzaron sus oídos para escuchar. También lo hizo Sancho aunque, como torpe animal, andaba tan engañado como su maestro y realmente creía que se trataba de una princesa en apuros, así que puso toda su atención en escuchar la historia. La mujer tosió primero varias veces y, con mucha calma, comenzó:

- Les ruego a vuestras mercedes que escuchen con atención lo que voy a relatar. Lo primero que deben saber es mi nombre y quién soy.

Había olvidado ya el nombre de Micomicona que le había dado el médico que, advertido, intervino:

- No es extraño que debido a todas las calamidades que vuestro tierno corazón ha padecido olvidéis vuestra propia vida y que, por ello, no seáis capaz de contarla. Cuando alguien atraviesa por tan triste situación, a menudo acaba tan aturdido que incluso su propio nombre huye de sus labios, es algo que sucede con frecuencia. Sois la princesa Micomicona, la única heredera del reino de Micomicón. No es de extrañar que las desgracias que habéis pasado os lleven a estar confundida. Os ruego, princesa, que nos contéis con tranquilidad que, es seguro, lo haréis sin cometer error alguno.

- Vuestra merced dice la verdad -dijo la dama-. Ya me he repuesto. Debéis saber que mi padre era el rey Tinacrio, muy docto en las artes mágicas, sabía también invocar al viento y la lluvia y conjurar a espíritus y demonios. Alcanzó a saber que mi madre, Jaramilla, moriría antes que él y que, al poco, él la seguiría dejándome huérfana y sin nadie que me aconsejara. Eso no le inquietaba tanto como que iba a caer sobre mí una gran calamidad, provocada por un gigante que habita en una isla cercana a mi reino. Su nombre es Pandafilando, de sobrenombre el de la Doliente Apariencia, que siempre mira de través a la gente, provocando terror en todos. Supo también mi padre con antelación que, en cuanto el gigante oyera las tristes noticias, atacaría nuestro reino con su ejército y no me dejaría ni un palmo de tierra para sobrevivir. Si quería evitar esa desgracia, solo me quedaba casarme con el de la Doliente Apariencia y así se mantendría la paz en el reino. Por otra adivinación del futuro, supo que yo no consentiría de ninguna manera quedar así cautiva pues, hablando francamente, no tenía yo intención ninguna de desposarme con ese gigante. Me advirtió mi padre que no pretendiera defender el reino con la fuerza de las armas porque para el reino supondría la devastación, que más valía que abdicara del trono. En su testamento me decía que, si en efecto la calamidad sucedía, debía viajar a España a buscar a un caballero famoso en todo el orbe e, incluso, me predijo cuál era su nombre: don Azote o don Gigote, que lo he olvidado.

- No es ninguno de esos dos -dijo Sancho-, diría don Quijote, o por otro nombre el de la Triste Figura.

- Así es -dijo la mujer-, lo que dijo fue "don Quijote". Además lo describió como un hombre alto y enjuto, que bajo el hombro izquierdo tenía un lunar negro, o era amarillo, y en él unos pelos como cerdas.

Estaba diciendo aquello, cuando Quijsada dijo:

- Sancho, rápido, ayúdame a desnudarme a ver si tengo o no el lunar que señale que soy quien anunció el rey.

- ¿Para qué quiere vuestra merced desnudarse? -preguntó la mujer.

- Quiero ver si tengo o no ese lunar negro -respondió Quisada.

- No tiene que mirarse -dijo Sancho Panza- que yo sé que lo tiene. Está en la espalda de mi maestro; es el que tienen los hombres de mucha fuerza.

- Está bien así -dijo la mujer-, no hace falta mirar, basta con preguntar si lo tiene o no, y teniéndolo no hace falta verlo. En esto se conoce que mi padre acertó en lo que dijo, y por eso he venido desde tan lejos. La voz y la expresión del caballero son tal cual dijo mi padre cuando estaba cerca de su final, y todo es de creer, porque vuestra reputación es conocida en los cuatro confines, no solo en el reino de España; no hay un rincón por los montes o los pueblos o en los lugares más remotos donde no lo conozcan. Por ello vine desde mi humilde reino en barco y apenas hube desembarcado en Osuna, ya en la misma ciudad oí cómo corrían historias sobre la justicia que impartía el caballero y sobre su valor. En cuanto las escuché supe en mi corazón que era el hombre al que había venido a buscar. Por fin os he encontrado.

- ¿Cómo se desembarcó, señora mía, en Osuna -preguntó Quisada-, si no es puerto de mar?

- Lo que la princesa quiere decir -intervino el médico- es que desembarcó en Málaga y fue en Osuna donde escuchó el nombre de vuestra merced.

- Con la confusión no he contado las cosas en orden y he cometido ese error -dijo la mujer-.

- Prosiga vuestra merced -dijo el médico.

- No hay más que decir -dijo ella-, sino que finalmente con la ayuda del cielo encontré al caballero en las montañas y confío en que me será restituida la corona, pues gracias a que él impondrá justicia, el reino perdido será de nuevo mío. Eso es lo que os solicito, y también confío en que matéis a Pandafilando para restituirme lo que antaño me perteneció. También dejó escrito mi padre en letras griegas en la carta, que no entiendo del todo aunque sí su intención, que una vez que le haya cortado la cabeza al gigante Pandafilando os pida que me desposéis, rogándoos que no me rechacéis, entonces las tierras de mi reino también serán vuestras.

Con gran contento, Quisada le dijo a Sancho Panza:

- ¿Has oído las palabras de la princesa? Ya te dije que llegaría este día, y tú preguntabas aún si yo podría ser rey y tú gobernador general. ¡Cómo no iba a ser!

- Maestro, lo felicito con antelación -dijo Sancho-. En cuanto esté frente a ese Pandafilando, cortarle la cabeza será como sacarse algo de la bolsa y mi maestro tendrá su hermosa esposa. Es como soñar despierto.

Dicho esto, se fue a tomar las riendas de la princesa y, arrodillándose ante ella, le suplicó que le diese las manos para besárselas felicitándola con antelación por el retorno de su corona. Todos los presentes se mordían los labios para no estallar en carcajadas por la locura del amo y la simpleza del criado que, verdaderamente, era un idiota inocente, pues no hay uno sin dos. Al ver a aquel hombre tan simple, conteniéndose la risa, la mujer dijo:

- En cuanto recupere mi reino obtendréis una gran recompensa, no debéis inquietaros, será un cargo digno.

Sancho Panza se inclinó hasta tocar con la frente el suelo y se levantó con una alegría incontenible, mientras el resto intentaba contenerse la risa.

Mirando a su alrededor, la mujer dijo:

- Esta es mi triste historia y aún quedan algunas penurias que no os detallaré. En mi larga travesía me acompañaba un gran número de hombres, pero todos murieron en el camino y solo quedó este criado barbado con quien fui arrojada a la orilla por el mar cuando estalló una tormenta que volcó nuestro barco y acabó con todos los demás. Solo ese criado y yo nos pudimos aferrar a unas tablas de madera y, felizmente, sobrevivimos. Piensen vuestras mercedes en mis penalidades que hasta me llevan a olvidar mi nombre cuando hablo y bastan para confundir mis pensamientos.

- Vuestras calamidades ya han acabado -dijo Quisada-. Desde ahora mismo proclamo que tomaré venganza por la princesa y que no descansaré hasta que no dé muerte a ese gigante, cuya cabeza caerá a mis manos. Lo haré con esta espada, que aún me duele haber perdido la preciosa espada que antes tenía y que me robó ese condenado de Ginés -esto lo dijo para sí-; le cortaré la cabeza y lo partiré en dos para devolveros el trono que usurpó. Mas en lo de convertirme en vuestro esposo, escuchadme, princesa, ya tengo una dueña de mis afectos y no podría ir en contra de mis sentimientos ni amar a ninguna otra.

Cuando aquello dijo, Sancho, asombrado, soltó:

- Os confundís, maestro, ¿cómo vais a conteneros frente a esta belleza que tenéis aquí?, ¿cómo no la pedís en matrimonio? Es una feliz unión. ¿Qué más podéis obtener? Vuestra amada Dulcinea no se puede comparar en belleza a la princesa y, siendo francos, no le llega su hermosura ni a la mitad. Y si hay que decirlo todo, por sus modos Dulcinea no podría ni atarle las medias a la princesa, y ¿dice que escoge a aquella en vez de a esta y que no consiente en el matrimonio? Yo no seguiré por ese camino, porque pensaba que vuestra merced sería rey y yo conde o al menos me haría con alguna fortuna, y ni que decir tiene lo de regir un reino.

Quisada, encolerizado, golpeó a Sancho Panza con el asta de su lanza de tal suerte que si no hubiese intervenido Dorotea hubiera estado a punto de quitarle la vida. Al cabo de un momento, dijo Quisada:

- No voy a perdonar todas esas infamias que has dicho sobre mi amada. Con tu disparatada lengua has traicionado a tu señora como un miserable villano. No soy yo quien posee la fuerza. Si puedo lanzarme a cualquier peligro sin temor a la muerte, acabar con todos los enemigos, es todo un don que me otorga Dulcinea. ¿Quién crees que me dará fuerza para arrebatarle de las manos a ese gigante la corona que he de restituir a esta celestial princesa, descendida de los cielos, para que te otorgue algún señorío? Toda esa fuerza viene de Dulcinea. Tú, socarrón de mala lengua, traidor a las bondades del cielo, ingrato ante la generosidad que te han mostrado ¿con qué razones te atreves a ultrajar a mi señora?

A pesar de los golpes, Sancho no estaba herido de gravedad y fue a refugiarse detrás de Dorotea. Desde allí, a voces, dijo a su amo:

- Maestro, escuchad, si no tenéis intención de casaros con esta princesa entonces no podréis gobernar su reino, y si no sois rey, ¿cómo voy a ser yo conde? Vuestras mercedes juzguen si no tengo yo razón pidiéndole que se case con la princesa. Incluso si lo hace, todavía Dulcinea podría convertirse en reina, pues siendo rey podría no quedarse con un solo reino, y a cada reino, cada reina. Hablando en justicia, no puedo decir yo cual de entre la princesa y Dulcinea es más o menos hermosa, pues en realidad no he estado frente a vuestra dama.

- ¿Acaso no le llevaste mi carta a Dulcinea? -dijo asombrado Quisada-. ¿Cómo dices que no la has visto?

- No se enfade vuestra merced -dijo Sancho-, es solo que no la miré con la atención con la que he podido mirar a la princesa. A Dulcinea solo le eché un vistazo rápido y no osaría hacer un juicio sobre ella.

- Ahora te disculpo -dijo Quisada-, pienso que no debería haberte golpeado, pero has de saber que cuando el enojo me toma, no me puedo contener. No te extrañe que pierda el sentido.

- Mi maestro no puede contener su enojo -dijo Sancho-, ni yo mi lengua.

- Con todo eso, contente en el hablar -dijo Quisada-, y antes de hacerlo piensa dos veces si no quieres desatar mi cólera de nuevo.

- Demasiadas palabras -dijo Sancho- y demasiado enojo. A ver quién puede decir qué está bien y qué está mal.

- Sancho Panza -dijo Dorotea-, corred a dar las gracias a vuestro señor y pedidle perdón, y de aquí en adelante andad más prudente en vuestros juicios sobre la señora del Toboso, no volváis a proferir palabras ofensivas hacia ella. Aunque jamás he tenido ocasión de hablar con la dama, estoy segura de su donaire. En cuanto a vuestra posición os aseguro por el Señor del Cielo que no os será difícil alcanzar un condado o un marquesado.

Sancho se encogió de hombros y se inclinó para besar las manos de su amo. Quisada, con aire severo como de emperador o de rey, ordenó a Sancho:

- Adelántate conmigo, tengo algunas instrucciones para ti.

Sancho se llegó adelante donde el caballo y Quisada dijo:

- Desde que te ordené llevar la carta, no he tenido ocasión de preguntarte cómo fue con mi bella dama, tampoco me has hablado de su respuesta. Explícamelo ahora todo con detalle.

- A las preguntas de mi maestro responderé yo -dijo Sancho-, solo le suplico que no me lo haga pasar mal cuando menos lo espere.

- ¿Por qué lo dices? -preguntó Quisada.

- Si vuestra merced monta en cólera y me golpea -dijo Sancho-, no voy a atreverme a hablar con franqueza.

- No te muestres ahora cauto y me ocultes cosas, que me disgustan extremadamente esas palabras -dijo Quisada-. Antes he sentido compasión por tu ignorancia y por ello no te culpo; pero de ahora en adelante, si vuelves a hablar de la misma manera, tu vida correrá peligro.

Mientras así hablaban, vieron a un hombre acercarse desde lejos a lomos de un asno. Cuando llegó cerca les pareció que era gitano. A Sancho el recuerdo de la muerte del suyo le hacía prestarle más atención, así que fijó la vista en el hombre y, cuando lo vio con detenimiento, advirtió que era Ginés de Pasamonte, el condenado fugado, que se había puesto traje de gitano. Sancho a grandes voces le dijo:

- ¡Pues no es ese el maleante Ginés! Tú robaste mi asno y mis cosas, ¿por qué no desmontas y me devuelves mi asno? Y aún tengo más cosas que decirte.

(Como el asno de Sancho había muerto, quiso quedarse con el de Ginés)

Cuando Ginés oyó los gritos, abandonó el jumento y salió corriendo tan presuroso que desapareció de la vista al momento. Sancho se llegó al asno con gran alegría y comenzó a besarlo en la frente, como si le hiciera los homenajes a un viejo amigo y el animal, muy dócil, se arrimaba a él. Llegaron todos, diéronle el parabién del hallazgo del jumento y dijo Quisada:

- Aunque hayas recuperado tu asno, no por eso anularé la libranza de los tres pollinos, pues no soy de desdecirme.

Volvieron a adelantarse en la marcha, mientras el médico le decía a Dorotea que había andado muy habilidosa en la historia y con buena medida, que bastaba eso para ver que había leído muchos libros de caballerías por lo que sus palabras habían estado muy puestas en razón.

- Aunque he leído mucho -dijo Dorotea-, no sé mucho sobre territorios y lugares, por eso cometí ese error.

- Yo lo entendí así -dijo el médico-, por eso me apresuré a intervenir, para cubrir adonde no llegaba mi dama. ¿No es cosa extraña que todos esos asuntos inventados los tome por verdad el caballero, por ser como los que cuentan los libros?

- Las cosas que cuentan las novelas de este mundo no tienen nada de verdad -dijo Cardenio-; los libros han confundido al caballero hasta llevarlo a la locura. ¡Qué tragedia!

- El hombre tiene buen entendimiento -dijo el médico-, bueno en grado sumo. Si no se desata su locura, es alguien con quien se pueden hablar buenas razones, y es en todo muy sensato. Pero en cuanto llega al tema de la caballería, pierde la cordura.

Iba Quisada adelantado a caballo con Sancho montado sobre el asno detrás, y prosiguió:

- Sancho, si en justicia somos maestro y discípulo, entre nosotros no debe haber inquina. En ocasiones cometo errores, pero no guardes resentimiento en tu corazón. Y ahora cuéntame todo sin callarte nada para consolar mi corazón. ¿Dónde hallaste a mi dama de jade? ¿Cuándo la viste? ¿Qué hacía? ¿Cómo le preguntaste? ¿Con qué palabras te respondió? ¿Lo recuerdas todo? ¿Qué rostro hizo cuando leía mi carta? ¿Quién la trasladó? Habla solo con franqueza, no añadas palabras hermosas ni te dejes nada, cuéntamelo todo en detalle.

- Maestro, si quiere que diga la verdad -dijo Sancho-, responderé a todo con ella. No le encargué a nadie que la trasladara para darle la carta a Dulcinea.

- Estás diciendo la verdad -dijo Quisada-, pues el librillo de memorias no te lo llevaste y me causó una gran zozobra, por no saber lo que harías sin él cuando vieras a Dulcinea. Pensé que volverías a recogerlo.

- Es que había tomado en mi memoria todo lo escrito -dijo Sancho-, y le fui diciendo al secretario de la iglesia punto por punto lo que estaba escrito. A él le pareció tan claro y dulce que dijo: "He escrito un sinfín de cartas, pero ninguna tan linda y tan delicada como esta."

- ¿La tienes todavía en la memoria? -preguntó Quisada.

- Después de que se la di a Dulcinea, mi corazón se quedó liberado -respondió Sancho-, ya no podría volver a recordarla. Solo del principio y el final podría decir una o dos frases, y entre medias podría añadir muchas palabras que la hicieran aun más completa que la original.

Capítulo IV

- Cuando llegaste a casa de Dulcinea -dijo Quisada-, ¿qué hacía la señora de mis pensamientos? Pienso que si no estaba bordando estaría, pasando las largas horas del día tejiendo un brocado para ofrecerme algún presente.

- Qué va, qué va -respondió Sancho-, que cuando la vi estaba con los pies descalzos y los brazos al aire aventando gavillas de barcia.

- No sería barcia, sino trigo -dijo Quisada-, que al ser aventadas las espigas de trigo por tan hermosa doncella se convertirán en perlas los granos. Y ¿no era el de mayor calidad cuando las tomaron las manos de mi bella señora?

- Trigo era -dijo Sancho-, pero no el mejor.

- Pues yo te aseguro -dijo Quisada- que, aventado por Dulcinea, una vez se convierta en pan será el más delicioso. ¿Y cuando le entregaste mi carta a Dulcinea la besó? Imagino que se la apretaría contra su tierno pecho, y no solo eso, tuvo que hacerle las ceremonias debidas. Cuéntamelo todo, paso a paso.

- Cuando se la iba a dar -respondió Sancho- estaba aventando las gavillas, y díjome: "Ya le pediré a alguien que me lea esa carta que me traes cuando termine la faena de aventar y enfardar."

- ¡Qué discreto proceder! -dijo Quisada-, ¿cómo iba a abrir y leer la carta en medio de cien faenas? ¿Qué palabras dijiste al entregarle la carta? ¿Preguntó dónde vivo? ¿Le contaste en detalle el estado en que me hallo para aliviar su inquietud por la distancia? No olvides nada.

- Es fácil recordar lo que preguntó -respondió Sancho- pues no dijo ni palabra. Yo le conté las penalidades y desolación de mi maestro, que andaba desnudo, comiendo y bebiendo como las bestias salvajes. Le dije que andaba buscando la muerte, como acercando su garganta a la navaja del barbero, como si barba para rasurar fuera; que llora todo el día, y que clama al cielo doliente y maldice su fortuna.

- Dijiste mal -dijo Quisada- pues no estoy doliente sino satisfecho de que tan alta y hermosa dama me conceda poner sus ojos en mí.

- Bien dice vuestra merced -dijo Sancho-; Dulcinea me saca un codo y medio, sí que se puede decir que es alta dama.

- ¿Acaso mediste la altura de esa hermosura? -preguntó Quisada.

- Dulcinea me pidió que la ayudara a poner un costal de trigo sobre un jumento -respondió Sancho-, y al llegarme junto a ella vi que me ganaba en altura.

- ¡Qué belleza! -dijo Quisada- Sabrás ahora de lo excelsa y sublime que es mi señora, además de ser alta de talla, y nada hay en su alma que no se alce a las alturas. Sancho, cuando te llegaste junto a ella, ¿pudiste sentir su fragancia aromática penetrando en tu nariz? No acierto a darle nombre a su delicioso olor, ¿también tú sentiste su esencia?

- Cuando me llegué a ella me pareció sentir olor a sudor -dijo Sancho-; como había estado aventando con mucha fuerza, le chorreaba el sudor de los sobacos; si se queda ahí tiempo, se vuelve apestoso por eso al rozarla casi me dieron ganas de vomitar.

- No es posible que fuera así -dijo Quisada-, sería tu propio sudor que apesta y no supiste distinguirlo, además siempre te salen en la nariz úlceras que supuran pus en las que se forma ese tufo extraño; no era mi dama de jade. Olerías el aroma de rosas o flores de loto, o esa fresca fragancia del amanecer. Ese es el aroma de Dulcinea, que puede compararse en delicia al de las dos flores.

- Será como dice mi maestro -dijo Sancho-, que tengo yo ese mal de apestar y cuando nos olimos no distinguí de quién era ni sabía que era mi propio tufo y no el de Dulcinea.

- Después de aventar el trigo, debió leer mi carta -dijo Quisada-, ¿Qué paso entonces? Descríbemelo con detalle.

- La carta no la leyó -respondió Sancho-. Me dijo: "No sé leer, tampoco escribir, y no se la quiero dar a leer a nadie". Así que la estrujó, la rompió y echó los pedazos al fuego. Me dijo que supliera con mi boca lo escrito. "Dile que también yo lo amo, y que deseo encontrarme con tu maestro cara a cara, que no sean peces u ocas los que transmitan las palabras". Dijo también que si vuestra merced la quiere verdaderamente, que deje al punto este lugar y regrese al Toboso porque tiene algo que decirle. Riose mucho cuando le dije que el sobrenombre de vuestra merced era el de la Triste Figura, y su risa sonaba como la de un viejo gorrión. Preguntele si había ido allá el vizcaíno ese al que vuestra merced había derrotado y dijo que sí se había llegado, que no había roto su promesa, pero de los condenados aquellos que debían agradecerle su merced no había oído ni hablar.

- ¿Al despedirte, la hermosa dama te hizo entrega de algún objeto, como es norma según los libros antiguos? -preguntó Quisada-. Cuando un caballero envía a su discípulo con una carta para su amada, ha de obtener un preciado regalo, como alguna piedra preciosa o una resplandeciente perla, y más de una.

- Lo que dice mi maestro debió ser en los tiempos pasados -dijo Sancho-, porque ni resplandeciente perla ni piedra preciosa, que lo único que me pasó por encima de una barda baja fue un trozo de pan y un bizcocho; eso sí, el bizcocho hecho con leche de oveja, bien sabroso.

- Es mujer generosa y cortés con los inferiores -dijo Quisada-, y no lo juzgues modesto, que si no te entregó alguna piedra preciosa sin duda debió ser porque no tendría ninguna junto a ella; pero cuando más adelante esté en palacio seguro que te hará entrega de una hermosa recompensa, no tienes que preocuparte más por ello. Sancho, hay algo que me tiene inquieto el corazón y es pensar en cómo fuiste y viniste tan veloz, pues no se puede hacer tan rápido el camino hasta el Toboso, que son treinta leguas; en total, en ida y venida es un camino de sesenta, y parece que lo hiciste cabalgando sobre el viento. A mi entender debió ser aquel hombre poseedor de artes celestiales el que te impulsó a cumplir la tarea y, sin que lo supieras, desplegó un viento divino que te ayudó en tu camino de ida y de vuelta y tú ni siquiera te diste cuenta de esa ayuda celestial. En los libros antiguos suelen contar cosas así: un caballero pasa la noche con quien posee poderes mágicos, se duerme de noche y despierta a varios miles de leguas de distancia. Es algo que se ve mucho en los libros. Y para mí que no se distingue de lo que te ha acontecido. Has de saber que los caballeros del pasado se confiaban a la fuerza de espíritus divinos. Imagina que, estando yo en lo profundo de las montañas, hubiera combatido contra espíritus demoniacos y bárbaros salvajes, y estando en el punto de sucumbir elevara mi plegaria a esos espíritus; y de pronto, unas nubes arreboladas trajeran un carro ardiente de cuatro ruedas que viniera en mi ayuda y que haría que esos bárbaros salvajes y los espíritus demoniacos al punto se escondieran sin dejar ni huella. Después, este ser celestial que quizá estaba en Inglaterra, en un instante se planta ante mí, pues con sus poderes mágicos puede viajar a toda prisa, y así habría obtenido la ayuda celestial. Después regresan al punto a los cielos para gozar de su maná de jade. Lo hacen solo porque la sinceridad conmueve a los dioses y suelen responder. Yo creo que fue esto lo que pasó en este asunto sin que tú lo sintieses.

- Pues si no fueron artes celestiales, artes demoniacas serían -dijo Sancho-, porque el caballo de mi maestro corrió como el viento, y sin necesidad de fusta.

- No fue así, es que tuvo ayuda celestial -dijo Quisada-. ¿Para qué iba a necesitar los fustazos? Pero, dejando esto aparte, ¿qué te parece a ti que debo hacer ante la llamada de Dulcinea? ¿Debo obedecer sus órdenes o desoírlas? Dulcinea tiene todos los derechos de tomarme como su esclavo, pero ya le había prometido a la princesa vengarla, lo que me impide correr a toda prisa ante mi dama. No sé qué es más difícil, si ir a izquierda o tirar a la derecha y me consume la inquietud. Sea, pues, y dejémoslo así: viajaré con toda premura al reino de la princesa para matar al gigante y cortarle la cabeza, y al punto iré de vuelta a casa a ver a mi sol; y siendo Dulcinea mi sol, dejaré atrás mi luz para hundirme en la oscuridad. Aunque me retrase algunos días, no me lo reprochará pues sabe que alcanzar un buen nombre en el extranjero redunda en su gloria y me perdonará, pues todos mis logros son por Dulcinea. Alcanzaré la fama en los cuatro confines y, puesto que soy esclavo de mi hermosa dama, el brillo que obtenga mi reputación por el mundo entero será para mi dueña y la hará más feliz.

- ¡Ay qué lástima, qué lástima! -dijo Sancho-. Digo yo que vuestra merced está pensando de forma equivocada: prepara esa expedición hacia aquellas tierras remotas ¿y solo para regresar después de haber salido victorioso? Piense en los territorios de la princesa que están a más de veinte mil leguas, que son mayores que Portugal y Castilla juntos, ¿por qué va a renunciar a ellos para venirse con Dulcinea? Yo le aconsejo, maestro, que si por el camino nos encontramos con un pastor, se case con la princesa, que será mejor; si no, también tenemos al médico que además es pastor que puede certificar su casamiento y celebrar una bonita ceremonia, ¿por qué no? Vuestra merced sabe que mis años no son pocos, que hasta el tonto que piensa mil veces, una seguro que acierta; que es un zapato que le va perfecto al pie, que ni le sobra ni le falta. Ya lo dice el refrán: "Más vale pájaro en mano que dos en el árbol", que en lo que a mí atañe diré que quien mucho quiere buscar, al fin nada puede hallar.

- Sancho -dijo Quisada-, te cansas la boca para aconsejarme teniendo en mente tu propósito de convertirte en gobernador general. Sábete que aunque no me convierta en consorte de la princesa, también me haré con grandes territorios y si no te los concedo a ti, ¿a quién habría de concedérselos?

- Mire bien, vuestra merced -dijo Sancho-, que estén cerca del mar las tierras que me haya de dar, que si no ¿cómo voy a cargar los negros para venderlos de regreso si el camino al agua no es cómodo? El dinero que me saque servirá para proveer a mi esposa, que tampoco será malo si al final no logro ser gobernador. Y ahora le aconsejo a vuestra merced que vaya primero a vengar a la princesa y que resuelva ese importante asunto cuanto antes, que no será pequeña la recompensa que pueda lograr.

- Habré de tomar tu consejo -dijo Quisada-; por ahora, avísote que no digas nada a nadie de nuestros planes, pues Dulcinea ha sido siempre muy discreta, virtud admirable que también aprecio en ella, y no deseo que se enoje y se vaya todo al traste.

- Me pide que guarde el secreto -dijo Sancho-, pero ¿cómo es que, cada vez que vence en batalla a alguno, le dice: "Has de presentarte ante mi amada y contarle que te he vencido"? Es una forma de que todo el mundo sepa. ¿A qué viene ahora eso de no decir nada?

- ¡Qué necio y que niño eres! -dijo Quisada-. No puedo vanagloriarme de mi valor, pues todo me viene de mi señora Dulcinea; según la ley de la caballería, su nombre alcanzará la gloria en este tiempo porque yo, como su esclavo, he de proclamarlo. No es mi afán de recompensas sino porque la amo y quiero que sea amada y respetada por todos, y el proclamarlo no es una acción vana. Soy su esclavo, ¿cómo no voy a devolverle algunas bondades a mi dama?

- He oído predicar al pastor sobre el amor universal -dijo Sancho-, que es una forma de reverenciar a Dios, no por la fortuna o la desgracia. A lo que me parece, ese amor que le tengo a Dios es una de las alegrías de la vida.

- Sí que aciertas a veces -dijo Quisada-, pareces un hombre con estudios y experiencia.

- Ni lo uno ni lo otro -dijo Sancho-, solo digo lo que he visto, aunque no osaría yo decir si hablo cierto o errado.

Iban así caminando y charlando seguidos por el barbero que miraba a maestro y discípulo disfrutando enfrascados en su charla, sin saber de qué estarían hablando. Entonces el barbero vio, al borde del camino un manantial y les dijo que se detuvieran para beber de la fuente y comer algo. Quisada se detuvo y Sancho, que había estado mintiendo y temeroso de que quedara al descubierto todo el ardid, aprovechó para detenerse en seguida, porque aunque había oído hablar de Dulcinea del Toboso, en realidad nunca había estado frente a ella y todas las tonterías que andaba diciendo describiéndola no eran más que invenciones.

Cardenio aprovechó ese momento para cambiar las ropas de campesino que llevaba con las que se había vestido Dorotea, que le parecieron mejores que sus harapos, dándole un aspecto mucho más cuidado. Se apresuraron todos hacia el manantial y, con las raciones que llevaba el médico, pocas para muchas bocas, las distribuyeron y en algo les alivió el hambre.

Estando en esto, acertó a pasar por allí un muchacho que, viéndolos a todos comer, se llegó ante Quisada y, de rodillas, dijo:

- Señor, ¿no me reconocéis? Me llamo Andrés y el otro día vuestra merced me salvó de mi amo que me había atado a un árbol. ¿Aún me recordáis?

Levantándolo, Quisada les dijo a los demás:

- Sepan vuestras mercedes que los caballeros andantes estamos para luchar por otros contra los agravios y la poca justicia que queda en esta tierra. Hace unos días, pasando yo por unos bosques, oí unos gritos muy lastimosos que daban pena solo de oírlos. Llevado por mi corazón de caballero acudí hacia la parte de donde me pareció que venían los gritos y allí vi a este muchacho al que habían atado a un árbol, y por si alguno no lo cree, el muchacho lo podrá atestiguar. Estaba desnudo y atado fuertemente, y un labrador lo estaba azotando cruelmente con las riendas de su caballo; así como yo lo vi, pregunté la causa de que azotara a aquel zagal, y la respuesta del labrador fue que tenía derecho a azotar a su criado. Cuando le pregunté al muchacho, me dijo que no era otra que haberle pedido el salario que le debía, y que por eso había despertado su ira. El labrador así de dolorosamente lo estaba reprendiendo por su falta. En cuanto aquello escuché, le ordené que lo desatara y que al punto le restituyera su salario. ¿No es así, Andrés? ¿No te diste cuenta con cuánta autoridad se lo ordené? Con humildad reconoció su delito y dijo que le pagaría lo debido. ¿No es así? Lo que pasó después, lo puedes contar tu mismo a los demás. Si no llega a ser por mí, hubieses perdido la vida. Ese es el oficio de los caballeros andantes; en auxiliar al débil y someter al poderoso está nuestra medida como hombres.

- Todo lo que vuestra merced ha dicho es mucha verdad -respondió Andrés-, pero el final no fue como lo ordenó.

- ¿No te pagó el labrador? -preguntó Quisada.

- No solo no me pagó -respondió Andrés-, sino que cuando vuestra merced se marchó, me trató con mayor crueldad aún. Me volvió a atar al árbol, y tantos azotes me dio como si quisiera verme muerto allí mismo. A cada azote que me soltaba, una burla que hacía de vuestra merced. Y si no hubiera yo sentido tanto dolor que me quería morir, hasta ganas de reír me daban escuchando sus chanzas. Cuando terminó de azotarme me liberó y, como pude, me arrastré hasta un hospital donde he pasado curándome muchos días hasta que he podido volver a caminar. Hoy que lo vuelvo a ver, quiero decirle que culpo a vuestra merced, que si aquel día hubiera pasado de largo a lomos de su caballo sin ocuparse de lo que no debía y sin meterse en mis asuntos, no estaría yo en el estado en que estoy. Nadie lo había invitado, fue un disparate lo que hizo. Si no hubiese acusado al labrador con aquellas malas palabras, no hubiese habido inquina entre amo y criado; unos cuantos azotes y ya, y luego incluso habría podido recuperar algo de dinero. Pero acusándolo como lo hizo vuestra merced, tuvo él que comerse las palabras y tragarse su rencor, y todo soltó sobre mí convertido en más azotes, hasta que mi vida quedó pendiendo de un hilo.

- Mi error estuvo en no haber esperado a que pagara antes de irme -dijo Quisada-. Ese villano no tiene palabra, pues ya escuchaste que le ordené que me jurara que te pagaría. Ha desobedecido lo que dije así que he de buscarlo por los cuatro confines y, aunque se esconda en el vientre de una ballena, la abriré con mi espada y lo mataré.

- No sirven de nada las palabras de vuestra merced -dijo Andrés-. ¿De qué le aprovechan a mis heridas?

Se levantó al punto Quisada y mandó a Sancho que ensillara su caballo y dijo:

- Parto ahora para vengarte.

Pero Dorotea intervino diciendo:

- ¿Por qué manda vuestra merced ensillar al caballo?

- Voy a buscar a ese labrador que así falta a su palabra -respondió Quisada -, para que le pague a Andrés su salario sin dejarle nada a deber.

- Vuestra merced me prometió vengarme -dijo Dorotea-, y hasta que no lo haga y me restituya mi reino no puede ocuparse de otros asuntos. Es como si ahora escuchara vuestras palabras, no podéis desdeciros. Por ello os ruego, señor, que soseguéis vuestra cólera; cuando regreséis de mi reino podréis tomar venganza por el muchacho.

- Lo que decís es verdad, princesa -reconoció Quisada-. Andrés, tendrás que esperar un poco más a que regrese de su país; luego me ocuparé de la venganza y serás recompensado.

- No creo ya a vuestra merced -dijo Andrés-, aunque me basta con que me dé algo para mis gastos de viaje a Sevilla, con eso me doy por satisfecho, no quiero más recompensas; no solo mendigo un poco de dinero, también me vendría bien algo de comer. El asunto de los caballeros se lo dejo, que no quiero yo solicitar más auxilio.

Sacó Sancho un trozo de pan y un bizcocho para dárselo al muchacho y dijo:

- No traigo mucho, pero contigo comparto este trozo; comeré yo algo menos.

- ¿A qué le dice compartir? -preguntó Andrés.

- Esta parte de comida era lo que habíamos repartido entre todos -dijo Sancho-, y lo que te doy es lo que acorta mi ración. Soy discípulo de un caballero que va haciendo justicia y estamos sujetos a mucha hambre. aunque tú no te lo hayas ganado, te doy esto que será mejor que nada.

Asió la comida Andrés sin decir palabra y salía corriendo cuando giró la cabeza y le dijo a Quisada:

- Caballero, escúcheme: si otra vez me encontrare, aunque me vea que me hacen pedazos o me abren las tripas, no se ocupe de mí para no aumentar mis calamidades, que a esos que se dicen caballeros debería la ley cogerlos a todos y sentenciarlos la muerte; que no quede ninguno que dañe a la sociedad. (Así se lo digo a mis colegas).

Encolerizado quiso Quisada tomar la lanza para castigarlo, pero Andrés ya había volado y no lo hubiese podido alcanzar, así que se quedó con la ira en el pecho mientras el resto se reía en silencio conteniéndose con todas sus fuerzas para evitar que Quisada se molestase aún más.

Capítulo V

Acabada la comida, se pusieron de nuevo en camino y llegaron al otro día a la antigua venta donde habían manteado a Sancho que, al ver su puerta, no quería entrar, aunque al fin tuvo que hacerlo. Entrando, salieron a recibirlos el ventero, la ventera, la hija y Maritornes. Quisada les pidió con tono severo que le aderezasen un lecho pero mejor que el de la otra vez, que era solo de paja.

- Si los dineros son más -dijo el ventero- le prepararemos uno digno de un pariente del rey.

Quisada dijo que sí y en la misma estancia le prepararon otra algo más razonable. Se quitó armadura y yelmo y, de agotado que estaba, se durmió al punto.

La ventera, en esto, tirando de la falsa barba del barbero, decía:

- Devuélvemela ya, que es mi cola, que mi marido todavía la tiene que usar para rascar los peines de madera.

No se la quería dar el babero y la mujer no dejaba de rezongar, hasta que el médico le dijo que ya no hacía falta seguir así disfrazado.

- Si me quito la barba y me ve Quisada -dijo el barbero- preguntará que dónde ha ido el criado, ¿qué le voy a decir?

- Ya le diré yo que os hemos encontrado aquí por casualidad -respondió el médico-, y si pregunta por el criado de la princesa, le diré que lo envió por delante para dar aviso a su pueblo de que había dado con el héroe más grande de todo el orbe, que echará al gigante y los sacará de sus penurias.

Con esto el barbero consintió en devolver la barba a la ventera, además de los ropajes de mujer que había tomado para su industria. Toda la gente de la venta se quedó maravillada de la hermosura de Dorotea y también de la buena planta y la elegancia de Cardenio. Pidió el médico la cena al ventero que fue muy suntuosa, pero para la que no llamaron a Quisada, pues oyeron que dormía plácidamente.

Después de comer, el ventero les relató el asunto con el mulero que casi le cuesta la vida, y también cómo se divirtieron cuando mantearon a Sancho Panza. Hablando de la locura de Quisada, dijo el médico:

- El hombre ha llegado a este estado de tanto leer antiguas novelas.

- Vuestra merced se equivoca -dijo el ventero-, que las novelas de caballerías son los libros más divertidos. Tengo yo en la venta unas cuantas que leo día y noche, me calman la mente y disipan mi tedio, y también sirven para aliviar el hastío de los largos días de verano. En los días de cosecha, los labradores, aprovechando el fresco, se vienen a la venta y los cogen prestados, y alguno de ellos se los recita a los demás que se le sientan a la redonda para escucharlo; disfrutan muchísimo y se quedan admirados y todos olvidan sus fatigas. Pasan día y noche escuchándolas y nunca se cansan.

- Y a mí me gusta que atendáis para escuchar esos libros de caballerías -dijo la ventera-, que así os quedáis callado sin venir a reñirme; sois de naturaleza violenta y cuando estalláis en cólera no sé ni qué hacerme. Por eso me gusta tanto cuando os ponéis a escuchar esas historias de caballeros.

- Así es la verdad -dijo Maritornes-. Yo también he escuchado algunos de esos cuentos, como cuando hablan de las jóvenes de antaño que se quedaban bajo un árbol y luego llegaban los caballeros, las abrazaba y las llenaban de besos presa de la ansiedad. Eso basta para conmover a cualquiera, y a veces hasta se me olvida comer solo por escuchar esas historias.

El médico le preguntó entonces a la hija:

- *Miss*, ¿a vos que os parece?

- No las entiendo mucho, pero cuando escucho esas historias de caballeros también me da gusto oírlas, aunque no la parte en la que se cortan cabezas o derraman sangre, como lo que dice mi padre que le gusta. Pero a veces, me conmueven mucho esos caballeros que, por amor, claman al cielo y se golpean la cabeza contra la tierra; incluso a veces rompo a llorar.

- Tenéis buen corazón -dijo Dorotea-, seguro que no dejaríais que vuestro amado muriera de tristeza.

- Eso es algo que no llego a entender -respondió la hija-. A mí no me gustaría que un hombre me llamara tigresa o leona, u otros nombres igual de horrendos. ¡Ya está bien! Si la muchacha no es buena que le den nombres odiosos, pues esas mujeres tan engañosas que, en el pasado, enamoraban a los hombres para luego alborotarlos hasta que perdían el sentido y morían, se los merecen. Eso no está bien. Pero están las que son recatadas y sensatas, ¿por qué decirles traidoras a esas mujeres amables y refinadas solo porque no quieren casarse con un caballero?

- Qué vas a saber tú -dijo la ventera, deteniendo su charla-. Sobre esos asuntos que van en contra del decoro una muchacha de buena familia no debe abrir la boca.

- No quería hablar mucho -dijo la hija-, pero como me lo ha preguntado este señor, me ha parecido bien responderle, no quería hablar de más.

- ¿No habéis dicho que tenéis libros de caballerías? -le preguntó el médico al ventero- Os ruego que me los enseñéis para ver sus títulos.

Hizo el ventero lo que le pedían y sacó de una maletilla tres tomos enormes y una novela escrita a mano, y los dispuso para que los vieran con claridad. El primero era *Don Cirongilio de Tracia*, el segundo, *Felixmarte de Hircania*, y el otro, la *Historia del Gran Capitán Gonzalo Hernández de Córdoba, con la vida de Diego García de Paredes*. Así como el médico leyó los títulos, le dijo riendo al barbero:

- Estos libros también deberíamos pasárselos a la sobrina de Quisada. Todos deben ir al fuego.

- Yo puedo hacerlo como ella -dijo el barbero-. En el patio trasero hay un horno, es fácil echarlos todos allí.

- No pueden quemar mis libros de ninguna manera -dijo el ventero.

- Estos libros son de dos tipos -dijo el médico-. *Don Cirongilio de Tracia* y *Felixmarte de Hircania* hay que quemarlos según la ley.

- Esos libros no son herejes que quieran destruir la religión -dijo el ventero-, no hace falta quemarlos.

- ¿Decís que son de otro tipo, que no tienen que ver con la religión ni la traicionan? -dijo el barbero-. Entonces pueden escapar a las llamas.

- Así es -respondió el ventero-. Y si se ha de quemar alguno, que sea *Historia del Gran Capitán Gonzalo Hernández de Córdoba, con la vida de Diego García de Paredes*, que quemar los otros sería como echarme a mí al fuego.

- En esos libros que tanto apreciáis -dijo el médico- sus autores se dejan llevar por palabrería huera y hacen alarde de necedades, todo son mentiras en ellos. El único que tiene algo de verdad es la historia de estos dos personajes que decís, pues ambos fueron grandes soldados de un valor sin parangón, y no hay en el mundo quien no deba tomarlos como ejemplo. Ese podéis conservarlo. Diego García de Paredes era un noble natural de Trujillo, un hombre que valía por dos, tan valiente que no tenía enemigos. En una ocasión detuvo con uno de sus brazos la rueda de un molino en mitad de su furia, y él solo plantado en un puente se enfrentó ante un enorme ejército que no se atrevió a seguir avanzando. Los encuentros con los enemigos se cuentan en ese libro de un modo realista, no se exageran ni se embellecen en modo alguno, pues son ellos mismos quienes los han escrito a modo de librillo de memorias. Si se hubiera dejado que otros los escribieran, seguro que las hermosearían y sería difícil ver que detrás de todo ello había hechos reales.

- Decís que es divertido ver a ese Diego García detener con un brazo una rueda de molino -dijo el ventero-, que no se ha oído algo parecido en el mundo. Pero, según lo veo, eso no tiene nada de extraordinario. Deberíais leer la historia de Felixmarte de Hircania, pues sabed que de un tajo sajó a cinco gigantes por mitad como si fueran muñequillos de barro cortados por una espada de madera. Y otra vez arremetió contra un poderosísimo ejército de un millón de hombres; él solo los atacó a lomos de su caballo y los desbarató como si fueran un rebaño de ovejas. ¿Y qué me dice de don Cirongilio de Tracia? Es aun más sorprendente pues un día que cruzaba un río le salió de en medio del agua una enorme pitón, tan larga que medía muchos estadales, y él la agarro por la garganta; la serpiente, al no poder respirar, se dejó ir a lo hondo del río llevándose tras de sí al caballero. De pronto allí abajo vio unos palacios con unos hermosos jardines que le parecieron una maravilla, y vio cómo la serpiente se volvía en un viejo anciano que le dijo que guardara el secreto para el mundo exterior. ¡Cómo se van a comparar con él el Gran Capitán o ese Diego García!

Oyendo esto Dorotea le dijo a Cardenio:

- Parece que el ventero tiene el mismo mal que Quisada.

- Así me parece a mí -respondió Cardenio-, que da por cierto esas leyendas de los hombres de antaño; aunque el pastor intente abrirle los ojos con palabras sensatas, no servirá de nada.

- Señor ventero -dijo el médico-, no debéis creer lo que cuentan esos libros, que no han sucedido esas maravillas que dicen, y la bravura de esos dos hombres sabed que no son más que disparates de quienes las escribieron dejándose llevar por las fantasías, escogiendo las historias de cualquier manera. Esos libros no sirven más que para leerlos como novelas que explican de una forma sencilla algunas historias, no se las puede tomar como hechos reales.

- Si vuestra merced quiere ir a pescar -dijo el ventero-, escoja otro cebo, que si yo fuera pez no mordería ese anzuelo. Sabéis vos que en el mundo está lo correcto y lo que no lo es, lo verdadero y lo falso; y en lo que cuenta se puede tomar aquello que es de fiar. Cuando yo leo un libro sé con claridad qué es lo que debo aprovechar y lo que no. Es como probarse un zapato, ¿no sabré yo si no me ajusta, aunque sea un poco? Es como querer atrapar a un pájaro viejo, no puedes con la trampa de siempre. Dice vuestra merced que esos libros famosos son falsos, que debían despertar las burlas de la gente y que no deberían volver a salir. Si contienen tantas mentiras, ¿por qué siguen gustando tanto hasta hoy? Además, el reino los autoriza y deja que se impriman; no he oído que las autoridades los hayan tachado de falsos. Si todo lo que contienen son artes mágicas y disparates bastarían para hacer perder el seso a la gente; pero el Ministerio de Educación no los considera tales, así que debe haber verdad en ellos y por eso las autoridades no los prohíben.

- Escuchad, amigo -dijo el médico-, las autoridades dejan que se impriman para ofrecer a la gente un entretenimiento para los ratos ociosos, como se permiten los juegos de pelota o tocar la cítara. No cuenta el gobierno con que la gente vaya a creer esas cosas absurdas. Si ahora tuviese tiempo, podría decir mucho y con claridad sobre lo que se puede y no se puede creer de ellos, pues lo tengo claro en mi cabeza, pero llevaría mucho el ir criticando qué es lo claro y qué lo turbio que contienen. Si vuestra merced quiere tomar por verdadero lo que es falso, es algo que no tiene que ver conmigo, y entréguese a ellos como quisiere. Solo espero que no le suceda lo que a don Quijote, pues se podría ganar las burlas de los demás.

- Mi gusto por los caballeros no me llevará a actuar como ellos -dijo el ventero- pues con el paso del tiempo se transforman las costumbres. No son ya estos los tiempos de la justicia de la caballería. ¿Para qué convertirse ahora en un héroe de esta era en busca de fama por el mundo? Son otros tiempos.

A la mitad de esta plática entró Sancho Panza que al escuchar cómo decían que los libros de caballerías eran todos falsos y disparatados, se sintió muy turbado, aunque determinado todavía a seguir a su maestro. Viajaría con él por el mundo y si acaso no lograba llegar a rey, desvaneciendo sus propias esperanzas de convertirse en gobernador general, siempre podría volver a casa donde había campos que trillar; en cualquier caso, no tendría que preocuparse por la comida.

En ese momento el ventero se llevaba la maleta con los libros, mas el médico le pidió que dejara la novela manuscrita para ojearla. Así lo hizo el ventero. Eran ocho capítulos, y al principio se leía en grande su título: *Comedia de las cosas maravillosas y extrañas.*

- Qué extraordinario el título -dijo el médico-, seguro que su argumento es intrincado, voy a leerla.

- Todos los que pasan la noche en mi casa -dijo riendo el ventero- disfrutan mucho leyéndola y hasta algunos querían comprarla y llevársela. Pero no he querido yo dársela porque tiene su dueño, el hombre que se dejó esta pequeña maleta; pensaba yo volvérsela si regresa alguna vez por aquí, que soy creyente y no aprecio la avaricia, por ello no me he atrevido a venderla.

- Podéis prestármela para que la lea -dijo el médico-, y si la disfruto, me la podríais dejar para que la copiara y quedármela para mi distracción.

- De buena gana. Podéis hacer con ella lo uno y lo otro -dijo el ventero.

Mientras los dos esto decían, había tomado Cardenio la novela y comenzado a leer algunas páginas, y le rogó al médico que la leyese de modo que todos la oyesen.

- Está entrada ya la noche -dijo el médico-, la dama está cansada; mejor sería que fuesen a dormir, que la leeré yo para mí.

- Los libros son muy interesantes -dijo Dorotea-, no me importa perder un poco de sueño por oírla.

El barbero y Sancho le pidieron lo mismo, así que el médico dijo:

- Si todos quieren escuchar, la leeré con gusto. Límpiense bien los oídos para que empiece a leer esta magnífica obra.

Capítulo VI

Decía el manuscrito:

En Florencia, capital de la Toscana, en Italia, vivían dos hombres, uno llamado Anselmo y el otro Lotario. La amistad entre ambos era tan profunda que eran conocidos por los demás como "los dos amigos". Jóvenes y solteros, eran además muy parecidos en naturaleza, aunque Anselmo gustaba más de estar con damas y Lotario prefería la caza. Tan sólida era su amistad que se prolongaba ya muchos años; se querían bien y hasta en gestos y expresiones se parecían; estaban tan concertados como la maquinaria de un reloj que no se desajustaba ni lo más mínimo.

Andaba Anselmo enamorado de una doncella principal y hermosa, así que se decidió a desposarla; lo discutió con Lotario y, una vez obtenida su aprobación, el propio Lotario hizo de intermediario con la familia de la doncella. A los pocos días la muchacha, que se llamaba Carmela, consintió y se celebró el desposorio. Los recién casados se sentían muy agradecidos hacia Lotario por sus buenos oficios en la consecución de aquella empresa. Antes de la boda, Lotario pasaba cada día por casa de Anselmo; sin embargo, tras los esponsales, en los que se reunió un gran número de amigos, las visitas de Lotario a casa de Anselmo se hicieron cada vez más escasas, pues se decía aquel que, teniendo una joven esposa, el decoro le impedía frecuentarlo tanto como antes de la boda, evitando así cualquier tipo de maledicencia; y nada tenían que ver los celos, era, sencillamente, para evitar que se desataran habladurías entre la gente. Viendo Anselmo que Lotario no iba ya por su casa, se sentía triste y pesaroso, así que le dijo un día a su amigo:

- Si hubiese sabido que al tener esposa iba a perder al amigo, no me habría casado de ninguna manera, hubiese preferido permanecer soltero el resto de mi vida. Pero ya está hecho y, a pesar de todo, quisiera que vinieses a visitarnos con la frecuencia de antes. Que no te preocupen las maledicencias pues ya le dije a mi esposa que su felicidad y la mía ha sido un regalo que tú nos has dado, y no querría en modo alguno que dejaras de frecuentarnos, y mi esposa dice que estás siendo prudente en exceso.

Después de que Lotario le explicara sus razones, quedaron ambos de concierto en que dos días a la semana iría a comer a casa de Anselmo. Lotario seguía queriendo mantener cierta distancia.

- Cuando un hombre desposa a una mujer hermosa -le advirtió a Anselmo-, no debe tener ya tantas relaciones, ni tampoco dejar que les visiten muchas amigas, pues debe tener en cuenta que pueden llegar buenas y malas yerbas, y más vale evitar la ocasión de que algún imprevisto suceda.

- Dices bien -respondió Anselmo-, pero un hombre casado debe también confiar en la prudencia del hombre honesto que es discreto en su ponderación. A veces, en este mundo, los hombres casados pueden perder de vista el gobierno de su propia casa por la debilidad que sienten hacia sus esposas, lo que no debería de ser así. Por ello se ha de tener un buen amigo que lo aconseje y, con buen criterio, lo lleve a desistir de conductas impropias. ¿Y quién ese buen amigo sino tú? Por ello te ruego que olvides tu reticencia sobre las maledicencias y que tengas en consideración nuestra amistad.

- Nuestra amistad es honesta -respondió Lotario-, y nadie podría señalar ninguna conducta impropia. Sin embargo, es difícil prever lo que la gente pueda decir y eso no sería en beneficio de ninguno de los dos. Más vale prevenirse con antelación, y mejor no fijemos unos días de encuentro, pues no debo frecuentar tu casa.

Anselmo comprendió sus razones pero, antes de despedirse, aún le insistió varias veces. Anselmo tomaba su actitud por frialdad y Lotario le trataba de explicar que no era así.

Un día, los dos se encontraron por el campo y echaron a andar juntos.

- Sé con certeza -dijo Anselmo- que Dios me ha otorgado todo para ser feliz: procedo de un alto linaje, las tierras heredadas son bastantes, tengo una hermosa mujer y un buen amigo. Estas dos personas, una dentro y otra fuera, llenan de alegría mi corazón. Pero lo que turba mi mente es que, a pesar del profundo respeto que siento hacia ti, hay algo con lo que no he sido sincero del todo, incluso cuando sé que nadie podría ayudarme como lo harías tú. Y es que, encontrándome en esta situación, que según toda razón debería ser suficiente para ser feliz, sigue habiendo algo que me impide sentirme satisfecho; y aunque en el mundo no haya quien pueda compararse conmigo, sin querer, siento una cierta insatisfacción. Desde hace algún tiempo solo puedo pensar en ello y, aunque no quiera, anega mi corazón de vez en cuando. No puedo no compartirlo contigo, pues eres el hermano en cuya lealtad y honradez confío. Necesito por ello contártelo todo para recuperar el sueño, las ganas de comer y mi tranquilidad.

Suspenso tenían a Lotario las razones de su amigo sin saber qué le sucedía, y urgió a Anselmo para que se lo contara prometiéndole su ayuda.

- Es un asunto muy singular -dijo Anselmo-. Quiero poner a prueba a mi esposa para comprobar si es casta o licenciosa, igual que se prueba la pureza del oro sometiéndolo al fuego. Soy del parecer de que los sentimientos de las mujeres duran mientras no haya quien las solicite; pero solo se mostrará su verdadera virtud cuando no hayan mudado de afectos aunque un hombre se haya arrodillado ante ellas, ofreciéndoles oro y joyas. Si no hay viento, las olas no se levantan, es algo muy natural y nada tiene de extraño. No creo que el corazón de las mujeres sea de fiar. Si un hombre considera que su propia esposa no tiene mancha, puede que ciertamente sea así, pero yo digo que es porque no la han tentado, pues hasta que no vence esa dificultad no es fácil saber si una mujer es virtuosa o no; es el caso del marido suspicaz, que oyendo rumores y viendo sombras por doquier y habiéndose dejado llevar por los celos, vigila y guarda a su esposa de modo que no se atreve ella a buscar por quien suspirar. Y hablo ahora de mi esposa que, aun pareciendo de fiar, lo es porque no se ha cruzado todavía con un hombre galante, y no me atreveré a afirmar su lealtad mientras no lo haya hallado. Lo que deseo es buscar a un falso pretendiente que la solicite y que, con cien estrategias, intente seducirla. Si, aun siendo así, no se conmueve ella, demostrará su verdadera virtud. Mi idea es encontrar a ese hombre de familia de fortuna y hermoso, joven y apasionado, que la requiebre una y otra vez. Si mi esposa sigue sin conmoverse, entonces creeré hasta el fondo de mi corazón en ella, será causa de mi felicidad, y podré gritar ante todos cuánta es la virtud de mi esposa. Si, por el contrario, acaba consintiendo a los avances, tampoco lo lamentaré, porque significará que no he hecho un juicio errado y una mujer no me ha vuelto estúpido. Desde que discurrí sobre esto, no he podido apartar esta intención de mi pensamiento, estoy determinado a realizarlo y nada habrá que logre convencerme de no hacerlo. El único que podría llevarlo a la práctica no puedes ser sino tú, no hay nadie en quien confíe más. Tú puedes ir a mi casa y tantearla de modo que valores hasta dónde llegaría o si se detendría. Y has de ser tú y no otro porque confío plenamente en ti y, llegado el caso, sabrás frenar a tiempo y no dejarás que se produjere el vencimiento del trance, con lo que mi honra quedará incólume. Pienso además que tu prudencia guardará el secreto de modo que nadie llegará jamás a saber nada. Te ruego que consientas en cumplir con diligencia lo que te pido para liberarme de esta angustia, y que lo hagas con la mayor prontitud.

Lotario lo había estado escuchando tranquilo sin decir nada hasta que Anselmo hubo acabado, tras lo cual, con mucha calma, le dijo:

- Anselmo, lo que acabas de decir no puede sino llevar a la risa y la razón me haría a tomar tus palabras por no dichas, aunque observándote con detalle, paréceme que expresabas con sinceridad lo que tu corazón siente, y por ello he escuchado con paciencia hasta que terminaras tu arenga. Pero tal y como yo lo veo, o no sabes quién eres o no sabes quién dejas de ser, y aún más, ignoras qué tipo de hombre soy yo, y porque estás confundido has dicho esas palabras. Dice un refrán que los amigos de corazón verdadero se han de valer de la amistad excepto en aquello que hiera al cielo o dañe la razón, pues de hacerlo no sería en beneficio de ninguno, y solo el amigo se lanzará a ambas en caso de que amenace la honra o la vida del amigo. ¿Es que acaso no sabes que el daño a la primera puede ser el final de la segunda? Lo que ahora me ordenas es que me convierta en herramienta que traiciona al amigo. ¿Cómo puede decirse hombre quien a su amigo traiciona? Eso me llevaría directamente a la tumba, deberías conocerme. Escucha lo que tengo que decirte ahora, con toda la tranquilidad de que seas capaz, y espera que termine mis palabras para que me repliques, que no será tarde.

- Sea -dijo Anselmo.

- Paréceme que tienes ahora el ingenio como el de los moros, creyentes de una herejía que no atienden a las acotaciones de la Santa Escritura, y a los que hay que traer ejemplos tomados de las demostraciones matemáticas como las de la geometría. Por ejemplo, si de dos objetos que miden un pie, quitamos de cada uno una parte que mida dos pulgadas, al compararlos con lo que medían al principio, tras restarles esas dos pulgadas, medirán ambos ahora ocho pulgadas y seguirán siendo iguales. Los moros ni siquiera entienden estas razones y, aunque quieras hacérselo entender de otras maneras, seguirás sin conseguirlo y no resultarán efectivas. Quiero utilizar esta analogía contigo, lo mismo que la utilizaría para los moros. Tus consideraciones son extrañas y fuera de todo lo que tiene que ver con los sentimientos humanos, y aunque te hable con toda corrección, creo que no llegarás a entenderlo de ninguna manera. En pocas palabras, podría decir que tan estúpidas e ignorantes son que, si no fuera por el amor que te profeso, dejaría que las llevaras a término sin detenerte, y haciéndolo, que arruinaras tu fama y tu vida. Mas soy tu buen amigo. Deseas poner a prueba a una mujer, una mujer casta y prudente que, además, es tu esposa. ¿Qué necesidad tienes de hacerlo?, ¿de qué te servirá? Si quisieses seguir mi consejo, no deberías ponerla a prueba de ninguna manera. ¿Qué es lo que buscas sometiendo a esa prueba a una mujer que, yo pienso, tiene un comportamiento intachable? Si no confías en ella y convencido está tu corazón, ¿por qué probarla? ¿para saber si es casta o licenciosa? Si resulta ser licenciosa, ¿te bastaría con despreciarla? Sería inútil la experiencia, y nada en el mundo te haría volver a considerarla digna de confianza. Si, por capricho, insistes en tu pretensión, y yo intento acercarme a ella, pero no se deja conmover, ¿qué harás entonces? Los dos saldríamos heridos. No es solo que yo no desee hacerlo, es que sería estúpido siquiera intentarlo. Y, ¿qué pasará cuando tu mujer sepa todo el asunto? Es tontería lanzarse a una acción peligrosa sin pensar en qué puede acontecer, sin entender a dónde te puede llevar. El corazón de los hombres es diferente, y cada cual tiene sus formas de hacer. Por ejemplo, los soldados pasan muchos años en expediciones militares, saliendo a la vida y entrando en la muerte, pero lo hacen por el reino, o por ganarse honra o por buscar fortuna. Pero si tú lo haces, qué honra o qué fortuna habrás de lograr, solo conseguirás ofender a Dios. ¿Qué felicidad alcanzarías con ello? Si, tras tu prueba resulta ser virtuosa, el intento habrá fracasado, y seguirás llevando tu vida tal y como era hasta ahora. ¿Qué beneficio habrás obtenido? Y si el intento sale en contra de lo esperado y, efectivamente, sucede lo que no esperaras, el dolor de tu corazón sería insoportable, y la vergüenza que sintieras no tendría límite. Y aunque nadie llegara a saberlo, en tu corazón lo sabrías. Que los demás lo supieran dañaría tu honra, pero que tu corazón lo sepa lo ahogaría en la miseria. Lo habrías perdido todo. Quiero hacerte una analogía más. Antaño hubo un poeta llamado Luis Tansilo que compuso unos versos que describen lo que hay en tu corazón. Dice el poema:

De su error, arrepentido sangra el corazón de Pedro;
peor es que hundirse en las aguas, peor que arder en el fuego.
De haberlo sabido otros, le aconsejaran no hacerlo.
Vale mil monedas de oro tanto arrepentimiento.

Lo que el poema dice es que vale más no llegar al momento del arrepentimiento, pues cuando este llega es ya demasiado tarde. Lo que has dicho no lo has analizado, y puede resultar peligroso, y cuando todo perdieras, aunque pudieses contener tus lágrimas, la sangre te ahogaría aun más el corazón. Estos versos vacíos, no fueron escritos para ti en su origen, pero muestran lo intenso que, al final, sería tu arrepentimiento. Y aún te pondré otro ejemplo de lo burdo y destructivo de tus propósitos. Piensa que fueras poseedor de un diamante de un valor incalculable, al que todos los anticuarios que lo hubiesen examinado tomasen por un tesoro; mas al retornar a ti, tú te negaras a considerarlo tal y quisieras hacerlo pedazos con un martillo para tener la certeza de su pureza; ¿crees que solo de ese modo quedaría en calma tu corazón? Si, después de martillearlo, se quebrara, aunque quisieras, sería difícil que lo contemplaras ya de la misma manera. Ese diamante es como tu esposa. Todos la respetan como tú mismo, su calidad es la del diamante. ¿Para qué necesitas golpearla para hacerla mejor? Si la prueba fracasa, no tendrá mejor reputación; pero si se rompe, sería una lástima porque no sería ella quien se hubiese dañado, sino tú quien hubieses provocado el daño. Pregúntate de nuevo por tus propósitos. En este mundo, la virtud de la mujer es más estimable que cualquier joya, y valoran los hombres su conducta intachable muchísimo más de lo que apreciarían esa alhaja. Tu esposa no te ha infamado en modo alguno, y todos cantan su virtud sin tacha; es como esa joya, pura y sin falsedad. Ponerla a prueba ¿no es acaso un exceso? Sabes que, de naturaleza, la mujer es débil; quienes poseen gran entendimiento y una profunda comprensión de las cosas, saben que a los inferiores no se les han de poner trampas y que, por ser débiles, hay que guiarlos, sostenerlos para que regresen al camino correcto. ¿Por qué quieres tú crear ese engaño? Dicen los que entienden de animales que el armiño es un animal de piel blanquísima; cuando los cazadores conocen donde está su guarida, toman cieno y podredumbre extremas para rodear su entrada, y tanto aprecia el armiño su piel que prefiere dejarse prender por los cazadores ante su guarida que pasar sobre la podredumbre y ser él mismo la causa de que su pelaje se mancille. Para las mujeres de este mundo honestidad y castidad son como la blancura del armiño y ponen especial cuidado en protegerlas, no se mancillan a la ligera. Deseas tú hoy tentar a una, pretendiendo que las pierda. ¿No es acaso como rodear su guarida con podredumbre para que corra el riesgo de ensuciarse? Si pusieses en práctica tu propósito, nueve de cada diez mujeres de este mundo fracasarían en la prueba y no sabrían esquivar el peligro. Si quisieras mantener a salvo a tu esposa honesta, deberías de tanto en tanto guiarla con palabras virtuosas, conducirla sutilmente hacia la corrección para que no se desviara de la obediencia que las esposas deben a los esposos. Debes saber que las mujeres son de naturaleza luciente y frágil, semejantes al cristal; una bocanada de aliento sobre el cristal forma, en su superficie, una fina capa que lo empaña. Hay que valorar a las mujeres como se estima una reliquia, reverenciándolas y adorándolas, no se las puede golpear con la mano; se asemejan a la delicada flor sobre la arena que, contemplada desde la lejanía exhibe al máximo su belleza, mas si te acercas y la arrancas, pierde su pureza. Me vienen a la memoria unos versos que pueden servir para ilustrarte. Es de un anciano que reconviene a su vecino para que someta a su hija a un estricto encierro, sin dejarla salir. En los versos el anciano le da esta recomendación:

Son las mujeres frágiles como cristal,
¿No es, acaso, desatino dañarlas hasta quebrar?
Aquellos que son muy necios niegan estos reparos,
será difícil decir cómo todo acabará.
Te lo advierto en estos versos, sé prudente al actuar.

Cuanto hasta aquí te he dicho, ha sido por lo que a ti te toca, y ahora voy a decir lo que a mi concierne; y no me culpes por hablar con toda franqueza. Estás hoy sumido en la confusión, en una profunda oscuridad de la que no puedo dejar de sacarte con todas las fuerzas de las que soy capaz. Me dices "buen amigo", pero has cambiado una amistad estrecha por otra abominable, pues diciéndolo directamente, quieres quitarme la honra. Y no solo quieres quitármela, quieres quitártela a ti mismo también. Si, como dices, solicito a tu esposa, en su corazón pensará ella que no soy tal amigo, ¿cómo alguien que se diga amigo de corazón puede actuar como las bestias? Los deseos egoístas destruyen las relaciones humanas, ¿cómo voy a vivir permitiéndome hacer algo semejante? A tu esposa, cuando frente a mí esté, le parecerá que he visto en ella alguna liviandad que me dio atrevimiento a tal comportamiento disipado. Si al final consintiera y fuera tu esposa licenciosa, primero perdería ella la honra, y habiéndola perdido ella, la perderías también tú. ¿Dónde está la justicia de todo esto? Su pérdida de castidad haría que tú la detestaras por no haber protegido su virtud. ¿Y a quién habría de culparse de todo ello sino a ti? Cuando un hombre y una mujer contraen matrimonio, está en Dios hacer que esas dos personas sean un mismo cuerpo; aunque se diga que son dos, no son sino uno solo; comparten alegrías y penas, vida y muerte comparten también, pues un mismo cuerpo son. Cuando siente daño el pie, el dolor llega al corazón, pues corazón y pie, aun siendo dos cosas, forman parte del mismo cuerpo, y cuando uno de los dos siente dolor, igual le ocurre al otro. Si una mujer pierde la honra, le seguirá que la pierda su esposo, y lo que acaso no se supiera, será señalado por otros. ¡Oh, Anselmo! Es peligroso el asunto. Aparta esos pensamientos que en ti están naciendo, pues provocarán que una mujer buena mude en licenciosa; será como despertar sobresaltado de golpe de un hermoso sueño. ¿No será mejor no buscarte tal desventura? Jamás había escuchado en mi vida un propósito así de extraviado; debes conocer el peligro que ante ti se presenta y del que no podrás obtener nada y, con el tiempo, perderás tu más preciado tesoro en un vasto océano. Es ridículo que pretendas deshacerte del más extraordinario don que posees. Es un error que actúes de forma tan a la ligera, sin prudencia alguna. Y si, aun así, no puedes entender mis argumentos, no me busques como a ese buen amigo que dices para que lleve a cabo tu estratagema, prefiero perder tu amistad antes que acometer semejante desatino.

Calló Lotario y perdió Anselmo el color del rostro. Sin saber qué decir por un buen espacio de tiempo, al fin, le dijo:

- Mi buen amigo, he escuchado con atención tus palabras honestas y consideradas, tu discurso sabio y esclarecedor, del que se desprende el amor que me profesas, ¿qué más podría decir? Es cierto que mis intenciones van más allá de las razones que me has presentado y que voy persiguiendo el mal, que le doy la espalda a la sensatez, y me pregunto si es que no estaré encantado. Debes perdonar mi extraño mal que parece reflejar el mal extraño que las mujeres padecen, que es como si fuera una rara enfermedad, de la que debiera curarme. Si te acercas a mi mujer y la solicitas, no hará falta ver si consiente o no, eso será suficiente para sanarme. Pienso que a tu primer acercamiento, ella te ha de rechazar y ello bastará para quedar yo satisfecho. ¿Por qué rechazas hacer tan poco en nombre de nuestra amistad? Solo con eso me salvarías. Y si acaso ella consintiera, tu honra no quedará mermada si es lo que temes. Pero si efectivamente te niegas a ayudarme, tendré que buscar a un extraño, y si lo hago, ¿no quedará aun más dañada mi honra? Sé el afecto que me profesas, ¿por qué te empeñas en negarte? No me quedaría otro remedio que ir en busca de ese extraño, y sin duda lo haría. Mas si consientes en hacer lo que te pido, mi esposa no habrá de juzgarte como infame pues, como creo en la virtud de mi esposa, al punto le diré que fue una añagaza que yo elaboré, y sabrá ella que actuaste según mis instrucciones atendiendo a nuestra amistad, quedando a salvo tu honra de la ignominia; te disculpará, y tu nombre quedará limpio. No te pido nada más, hazlo por mí, hazlo aunque sea de forma tibia, y con ello yo quedaré satisfecho del todo. ¿Cómo puedes seguir negándote? Será una sola vez, no tienes que hacer muchos avances, bastará con palabras sencillas, no tienes que llegar al final. Es algo en lo que puedes consentir.

Viendo Lotario la resuelta voluntad de Anselmo, firme como una montaña, y que no lograba que mudara su propósito; temiendo además que, si no lo hacía, habría Anselmo de buscar a un desconocido para llevar a cabo su idea, con lo que su vergüenza sería aún mayor, Lotario no pudo sino fingir aceptar para, más tarde, ver cómo detener aquel propósito tan sinsentido y que su esposa no llegase a saberlo. Así que se lo prometió urgiéndole a que no buscara a ningún otro. Le pidió que le dijera cuándo había de comenzar y llegarse a su casa para llevar a cabo aquel negocio. Con gran contento, abrazó Anselmo a Lotario y lo besó como si no hubiera forma de devolverle tan grande merced que le hacía, agradecido en lo más íntimo. Quedaron de acuerdo en que desde el día siguiente se comenzase la tarea. Dijo Anselmo:

- Mañana prepararé joyas y dineros para que se los ofrezcas.

Y fue instruyendo a su amigo, una a una, en todas las artes amatorias.

- Si no tienes tiempo para escribir cartas de amor, lo haré yo por ti -añadió Anselmo-; luego puedes copiarlas.

- Yo mismo las escribiré, no hace falta que te ocupes de esas cosas tan nimias -respondió Lotario, sintiendo un profundo dolor en su corazón por la insensatez de su amigo.

Fijaron así la traza y juntos marcharon hasta la casa de Anselmo, donde su esposa, Camila, lo esperaba inquieta por su tardanza. Después de acompañarlo hasta allí, Lotario regresó a la suya entristecido y pensando en cómo podría cumplir la promesa hecha a Anselmo sin mancillar a Camila, cuál sería la manera más apropiada para conseguir los dos objetivos. Aquella noche no dejaba de dar vueltas en el lecho sin poder conciliar el sueño, tratando de elaborar un ardid que le permitiera no violentar a Camila mientras conseguía apaciguar a Anselmo. Esa era la única solución posible.

Como habían fijado, Lotario fue a casa de Anselmo y lo recibió Camila con cortesía y atenciones, sabiendo que era el amigo del alma de su esposo. Acabaron de comer, y Anselmo, poniendo una excusa, se levantó para irse diciéndole a Lotario que se quedara en la casa acompañando a su esposa, pues en media hora estaría de regreso. Insistió Camila en que se quedara, pero porfiaba Lotario en partir al tiempo que lo hacía Anselmo. Este insistió también en que se quedara y, antes de partir a toda prisa, ordenó a su esposa que lo atendiera con la mayor de las cortesías. Después de que se fuera, quedaron Lotario y Camila solos en la estancia, ya que los criados habían salido todos a comer. Viose Lotario como en un campo de batalla y frente a él a Camila, de belleza arrebatadora, como si fuese ella un general victorioso en cien batallas, que trajese yelmo y armadura, espada y escudo; espantado sentía como si contemplara las fuerzas de un ejército sobrecogedor en formación. Así se le representaba la tarea que debía emprender. Dijo entonces:

- Estoy algo mareado, desearía dormir, te ruego que excuses mi falta de cortesía.

- ¿Por qué no te echas en el estrado de la antesala para descansar un poco? -dijo Camila.

El estrado es algo propio de las costumbres españolas. En los salones de las mujeres de alta cuna, siempre tenían este estrado, que era una tarima elevada un pie sobre el suelo y cubierta de alfombras y cojines, destinado a que las visitas femeninas pudiesen reposar allí un poco, sin tener que partir.

Dijo Lotario que no era preciso, que allí mismo sentado dormiría un poco el cansancio, para despertar pronto.

Cuando regresó Anselmo, vio a su amigo dormido sobre la silla y quiso despertarlo para preguntarle si había hecho ya algún avance. Despertó

Lotario y juntos salieron del salón.

- ¿Lo has intentado? -preguntó Anselmo.

- La primera vez no puedo actuar mostrándome demasiado impulsivo -respondió Lotario-, debo hacerlo con calma.

Pensó Anselmo que Lotario estaba en razón, y acordaron que regresaría todos los días.

- Aunque no puedo salir todos los días -dijo Anselmo-, buscaré la ocasión para dejarte con ella, sin que Camila sospeche nada.

Así hicieron. Lotario iba cada día a comer a casa de su amigo y Anselmo los dejaba de forma muy natural, sin dar indicio alguno de cuáles eran sus propósitos. Un día Lotario le dijo a Anselmo:

- La virtud de tu esposa es firme como el bronce y la piedra. Lo he intentado de cien maneras, pero no ha sucumbido a ninguna de ellas. Y ahora, ¿qué? Incluso dice que hablará contigo. He agotado ya todas mis artes, pero su corazón es como el hierro. Puedes detenerte aquí.

- Hasta ahora -dijo Anselmo- no ha respondido ella a tus palabras, veremos si lo hace ante las dádivas. Mañana te prepararé dos mil coronas de oro para que se las ofrezcas como regalo, con la ayuda de perlas y joyas, que quizá sirvan. Has de saber que no hay mujer hermosa en este mundo que no ame las riquezas o que no le tenga afición a las alhajas, y entre las no virtuosas, las utilizan además para aumentar su adorno. Si ni aun así se conmueve, entonces verdaderamente creeré que su corazón es tan firme como el bronce y la piedra y ya no tendré necesidad de ti.

- Sé de la castidad de tu esposa -dijo Lotario-, estoy convencido de que no se dejará seducir por esas dádivas. Sin duda nuestra traza fracasará.

Al día siguiente, Anselmo le entregó cuatro mil coronas a Lotario, doblando la cantidad prometida pues pensaba que, a más oro, más se beneficiaba su propósito. Lotario las aceptó fingidamente, aunque no pensaba usar los dineros, sino mentirle diciendo que Camila había rechazado sus pretensiones. Creía que el asunto se detendría inmediatamente porque no imaginaba que las cosas fueran a cambiar. Pero Anselmo, un día que había vuelto a dejar a Lotario en la estancia, se fue a ocultar en un aposento aledaño para observarlos a través de una rendija. Durante media hora estuvo viendo cómo Lotario permanecía sentado y mudo, y supo entonces que en todo ese tiempo le había contado embustes y era todo falsedad, haciéndolo pasar por estúpido. Llamó a Lotario para que saliera y le preguntó. Se excusó él diciendo que no había sabido hacerlo, pero que, además, su esposa se había encolerizado, negándose a lo propuesta.

- No lo seguiré haciendo -dijo Lotario.

- Así que eso es lo que afirmas -dijo riendo Anselmo- ¿Es así como cumples tu palabra? He visto cómo te quedabas sentado y mudo, me basta para comprender que tantas alabanzas y frases grandilocuentes que usabas para embellecer a mi esposa, no eran sino formas de engañarme. Si no deseas hacer lo que te pedí, puedo buscarme a otro.

Aun sabiendo que todo lo hecho no era sino por lealtad a su amigo, Lotario se sintió avergonzado y le juró, una y otra vez, en nombre de su amistad, que lo ayudaría. Anselmo le dijo entonces que, para llevar a cabo su propósito buscaría a otro amigo que le escribiese una carta invitándole a pasar unos días en su casa de campo, fuera de la ciudad, y que se alejaría ocho días, durante los cuales, pondría en marcha la prueba y verían si la experiencia tenía éxito.

Lectores míos, os preguntaréis por qué un hombre como Anselmo, de buena familia, con fortuna, joven y con una esposa hermosa, para quien todo era abundancia y satisfacción, se buscaba de ese modo su propia desgracia. Resulta incomprensible, pues él era el cielo para su esposa, una esposa amante y de conducta irreprochable, y ella nunca le había dado razón alguna que despertar sus sospechas. Aun así, Anselmo quería ponerla a prueba de todas las maneras posibles. ¿No era un disparate? El propósito de este joven era extravagante más allá de lo imaginable. Estaba ciego a toda la fortuna y gracia que ante sus ojos se ofrecía e iba en busca de una ficción, enredando y alborotándolo todo, hasta perder el sentido. ¡Qué grotesco! Un viejo poema retrata bien a los hombres como Anselmo. Dice así:

Busco en la muerte la vida,

sosiego en la enfermedad,
en el caos de la guerra, el caminar a mi arbitrio,
en desayuno y almuerzo ruines, solo en festines pienso,
y a mi esposa licenciosa, exíjole castidad.
¿Es que así acaso fue antaño
un pensar tan temerario?
Al cielo, pues, yo reclamo que cumpla con mis deseos,
¿cuándo los podré lograr?
Hay otros que mucho ganan
solo tendiendo la mano;
y aquello que yo poseo
cuesta como alcanzar el cielo.

Este pensamiento desdichado es casi como decir que en la vida nunca se ha tenido fortuna, se da por escuchado lo que no se ha escuchado. Una forma de pensar así es como decir que lo que yo más deseo no han de tenerlo los demás de ninguna manera, es de lo que yo ansío apropiarme.

Al día siguiente, antes de irse Anselmo de la ciudad, le dijo a Camila:

- Debo partir y regresaré en ocho días. Dejo a Lotario para que te acompañe. Trátalo con el mismo respeto con que lo haces conmigo, y sigue en todo sus indicaciones. No te resistas ni te opongas a mi voluntad.

- Aunque partáis, esposo mío, yo seguiré en casa -dijo Camila-, no hay necesidad de que vuestro amigo se quede aquí. Se ha de mantener separado lo de dentro y lo de fuera, no conviene ir en contra del decoro. Aunque no confiéis en mí, os ruego que me pongáis a prueba; que no os inquiete el cuidado de la casa, puede no esté dotada de mucho talento, pero los pequeños asuntos son fáciles de solventar.

- Es de justicia que la esposa obedezca al marido -repuso Anselmo-, no me contradigas.

Después de soltarle unas cuantas recomendaciones a toda prisa, Anselmo se fue de la ciudad y, al otro día, se vino Lotario. Como le habían dicho, Camila lo recibió con toda cortesía, sin descuidarla en lo más mínimo pero, aun haciéndolo, intentaba tener siempre junto a ella a algún criado para no quedarse a solas con Lotario. Con Camila había una doncella llamada Leonela que era como su sombra y que jamás se alejaba de ella, pues Leonela se había criado con ella desde pequeña en casa de sus padres.

En los tres primeros días de los ocho, Lotario no dijo una palabra y, aunque, en ocasiones, no los acompañaba ningún criado, no había todavía comenzado a decirle palabras de amor. Pero un día, incluso Leonela se fue a atender un asunto, dejándolos solos charlando. Pensaba Lotario aprovechar la ocasión, pero en su corazón sentía un profundo respeto por aquella virtuosa mujer, y no osaba apresurarse de una forma descortés; sin embargo, teniendo a aquella belleza ante sí, puso en práctica el importante encargo de su amigo. El corazón de los jóvenes no siempre sabe cómo manejar bien las cosas, y arrebatado como estaba día y noche por la belleza de Camila, poco a poco en su pecho fue germinando un propósito impropio. Lograba todavía en ocasiones contenerse, pero entonces pensaba en las insistentes palabras de Anselmo; se decía que no podía comportarse de aquel modo y que debía partir de la ciudad como única manera de evitarlo, antes de terminar por engañar a su amigo y de traicionar la consideración que de sí mismo tenía como hombre sin mancha. Mas la belleza de Camila era la de un ser celestial y terminó por quedar tan prendado de ella que se le hacía insoportable dejarla. Entre esos pensamientos se debatía sin saber qué hacer: seguir avanzando era ir en contra de la justicia; retirarse, romper su promesa. Enamorado como estaba de tan hermosa dama, la retirada se le representaba como una tarea imposible, y si su traición era imperdonable, la insistencia con la que Anselmo lo había obligado a llegar a ese punto, era puro desatino. Hasta parecía que Dios mismo tenía lástima de él. Poco a poco, fue dejando atrás el decoro y empezó a mostrar, con sus miradas, sus intenciones inconfesables; y terminó por actuar de la forma en que no se hubiese esperado. Camila, con gran asombro, salió a toda prisa de la estancia, sin saber cómo se lo presentaría a Anselmo, y se dispuso a enviarle con urgencia una carta, que salió en un despacho especial, rogándole que regresara sin tardanza. Las razones que daba en la carta se describen en el siguiente capítulo.

Capítulo VII

Decía la carta:

Esposo mío, con todos mis respetos. ¿Cómo va a considerarse un ejército aquel que no tiene general? ¿Cómo obtener grandes victorias? Lo mismo ocurre con una casa sin su señor. Dejar a una joven casada para que se haga cargo de ella es empresa muy arriesgada. Si, esposo mío, no tenéis asuntos urgentes, no permanezcáis tiempo fuera sin regresar. Y aunque no tenga sentido el decirlo, me hallo muy triste sin vos y no puedo sufrir vuestra ausencia, por lo que, si no venís, habré de regresar a la quietud de la casa de mis padres, y no permaneceré aquí. Desde que os fuisteis, a quien dejasteis encargado de los asuntos de la casa, sin que yo preguntara quien era, se ocupa tan solo de lo suyo, no de los propósitos de mi esposo; de modo que os dejaré a vos, que sois sabio y discreto, seguir diciéndole buen amigo. Como comprenderéis a la llegada de esta carta, no puedo más deciros.

Tras leer la carta, Anselmo, alegre sobremanera, entendió que Lotario había comenzado la empresa y que su esposa lo había rechazado, y revivieron sus esperanzas. Respondió a su esposa diciéndole que no regresara con sus padres, pues él volvería con mucha brevedad. Tras la respuesta de Anselmo, Camila no se atrevía a volver con sus padres, como deseaba, ni soportaba quedarse en casa; partir era su voluntad, pero hacerlo iba en contra de las órdenes de su esposo y despertaría su enojo, lo que frenaba su intención de partir; y en esas dudas se debatía ansiosa. Con su honestidad inestable y vacilante, tomó la decisión de no partir, y de tampoco evitar a Lotario, para impedir que sus criados pudiesen llegar a sospechar alguna cosa por la mudanza de su comportamiento. Además le pesaba haber escrito demasiado en esa carta, porque su esposo no fuese a pensar que había tenido un comportamiento indiscreto, y que esa causa había movido a Lotario a no guardar con el suyo el decoro que debía. Con esa secreta angustia en el corazón, escuchaba los requiebros inoportunos de Lotario sin nunca responder; tampoco volvió a escribir carta alguna temerosa de que al regreso, su esposo presentara sus quejas ante Lotario, y por temor a que pudiera surgir una disputa entre ellos por la que se fuera a derramar sangre. Entre estas disquisiciones se debatía a la espera de la vuelta de Anselmo, y sin darle pie con sus palabras a Lotario para disipar cualquier expectativa. Al día siguiente, Lotario continuó con sus solicitudes, a las que la mujer nada respondía; visto lo cual, decidió este arremeter con toda la fuerza de sus artes de seducción, contra las que ni siquiera alguien tan virtuoso como Camila, podía resistirse.

Viendo Lotario que la oportunidad se le ofrecía, se lanzó con ímpetu, como los ataques de las grandes catapultas contra las sólidas fortificaciones, sin dejar de utilizar ni una de todas sus fuerzas. Comenzó alabando su hermosura, para pasar después a los lamentos y los llantos; así empezó a conmover el corazón de Camila que, aunque en posesión de la resistencia de un alto baluarte, se iba debilitando, y con el ataque continuado de Lotario, lanzada ya toda la artillería que le restaba, los altos torreones se vinieron abajo, y la fortaleza se desplomó. No es extraño a la razón que así sucediera; porque aunque Lotario se había comportado como un amigo leal y Camila había actuado como una esposa virtuosa, la lealtad del uno y la virtud de la otra no se hubieran trocado de forma inesperada de no haber sido por Anselmo, el hombre esposo y el hombre amigo, que fue quien había precipitado todo el asunto. ¿Qué otra razón había? La pasión entre los dos, aunque secreta, fue conocida por Leonela. Por su parte, Lotario no quiso contarle a Camila que todo el asunto había sido una traza de Anselmo, por miedo a que, de saberlo, no creyera en la sinceridad de su loco apasionamiento.

Volvió Anselmo sin saber de la falta de honestidad de su esposa, y se fue de nuevo a casa de Lotario. Abrazáronse los dos y, dándole las gracias, le preguntó al amigo sobre la castidad de su esposa.

- Amigo mío -respondió Lotario-, desde hoy podrás presumir delante de todos de que tu esposa encabeza a todas las mujeres de los serrallos, que es modelo de virtud entre todas las esposas, pues en castidad y honra es la primera en todo el orbe. Aunque de cien maneras lo intenté, haciendo juramentos y llorando, no logré conmoverla lo más mínimo; no solo no aceptó las dádivas, ni siquiera una vez mostró lágrima alguna de sentimiento. Es la más hermosa pero, además, es también corona de la pureza y la virtud entre todas las mujeres castas de este mundo. Aquí te devuelvo los dineros y las perlas, pues no han sido de utilidad alguna y no pudieron comprar el corazón de Camila. Anselmo, debes saber que no debes ya albergar ningún recelo pues he llevado la prueba al extremo. Ha sido como la barca que, en medio del océano, sufre el embate de olas gigantescas y furiosas y que consigue mantenerse a flote y segura. No quieras hacer más experiencias, te lo aconsejo de todo corazón, detén ya la barca en puerto seguro, abandona las amarras, recoge velas, vuelve de regreso a tu casa y no pienses más en atravesar otro mar.

Contentísimo quedó Anselmo y creyó que todo lo que le contaba era cierto, pero aún quería hacer una prueba más, y le rogó a Lotario que escribiese algunos versos en alabanza de la belleza de Clori. Clori era solo un nombre fingido, pero deseaba comprobar si aquellos versos podían o no despertar los celos en Camila.

- Si no deseas escribirlos -le dijo a Lotario-, lo haré yo por ti.

- No será menester que los escribas por mí -respondió Lotario-, yo puedo componerlos, que irán dirigidos a Camila bajo el nombre de Clori.

Quedaron en este acuerdo y vuelto Anselmo a su casa, preguntó a Camila por la carta, y a qué se venía a referir con aquellas veladas palabras que contenía. La mujer había pensado que quizá a su regreso olvidaría la carta, ¿cómo responderle ahora que preguntaba?

- En la carta me refería a Lotario. Cuando estáis en casa él permanece tranquilo y despreocupado; mas desde que me dejasteis, cambió al punto su condición, lo que me disgustó sobremanera; por eso escribí esas palabras. Pero puede que fuera un exceso de celo de mi parte, ya que descubrí que era más bien fastidio lo que sentía cuando estaba en su presencia. Fue un malentendido que nació de mi recelo.

- Lotario es un caballero -dijo Anselmo-, y he oído que anda enamorado de una dama principal, e incluso ha compuesto unos versos cantando la belleza de su amada. Se llama Clori. Desecha las sospechas que albergues sobre él, puesto que tiene su enamorada.

Al otro día, a la hora de comer, llegó Lotario y Anselmo le pidió que le leyera sus versos.

- Si Camila la conociese, podría decir si son verdad o no mis versos. Se llama Clori, y es una mujer sin sentimientos. Los he escrito para enojarla. Dicen así:

En la quietud de la noche, los hombres piensan,
mas parece querer llevarse sus pensamientos el sueño;
sueñan los hombres dulces bellezas, y yo me duelo.
La luz de la mañana regresa, tiempo de alegría;
y con ella, mi melancolía como un hilo al viento.
Quisiera barrer de mí mi desaliento, no es el momento;
la tristeza atraviesa mi carne con el sol intenso.
Llega la noche; me abraza el dolor y huye el sueño.
Doy vueltas en mi lecho, ¿que será de mí?
Me siento, espero que me lleve la muerte, Clori.

Muy bien le parecieron los versos a Camila, y dijo Anselmo:

- Es cruel en exceso la dama. Aunque no sé cómo pueden llamarla persona cuando no corresponde a tanto sentimiento.

- ¿Se han de creer verdad, pues, esos versos que cantan un amor tan apasionado? -preguntó Camila.

- Las palabras de amor de los poetas -dijo Lotario- paréceme que no pueden ser tomadas por falsas a la ligera.

- Creo yo que la intención verdadera ahí descrita no puede ser fingida -dijo Anselmo.

En ese momento sabía ya Camila que la queja de los versos de Lotario, que aparecían destinados a Clori, ocultaban que a ella los dirigía.

- ¿Hay mas versos además de esos? -preguntó- ¿Por qué no nos recitas algún otro para que lo disfrutemos?

- Tengo otro poema, de sentimientos más excesivos -respondió Lotario-, pero en él hay luces y sombras.

Y recitó el poema que decía:

¡Ay, cruel hermosura de jade!
Mataste mi vida al fin,
muero por ti en un instante;
sin tenerte junto a mí,
es morir lo que me place.
Son ceniza mis anhelos
¿por qué seguir, no morir?
Y aun me crees fingidor,
¿cómo probarte mi celo?
Conoces mi sufrimiento,
y avara frenas tu llanto;
ser tu víctima prefiero
que de otra beldad ser esclavo.
En mi tumba, sombra eterna,
seré rastro solitario;
No sientas pena por mí,
triste de mí, desolado.

Alabó mucho el poema Anselmo después de escucharlo, diciendo que era mucho mejor que el anterior, pero del que no imaginaba que iba dirigido a su esposa. Con un desmesurado entusiasmo, Anselmo creía que era demostración de su propia fuerza, pues parecían decir aquellos versos el desdén de Camila y, con ello, probar su honestidad y virtud; por lo que Anselmo se mostraba aun más exultante.

Pasados unos días, le dijo Camila a su doncella Leonela:

- Mucho me arrepiento de haberme dejado conmover por Lotario, de no haberlo obligado a postrarse ante mí llevado por la admiración, antes de haber compartido tan presta y fácilmente nuestros sentimientos. Me temo que puede considerarme ligera y despreciarme por ello, como si no valiera lo que una risa.

- No te dé pena, mi señora -respondió Leonela-, que le has hecho una gran bondad, y ni el aprecio ni el desprecio se miden en premura o tardanza; y no ha de desestimar un mortal el tesoro que un ser celestial le ofrece. Ya lo dice un refrán: lo que recibe un hombre y aprecia, dobla la bondad de quien lo entrega.

- No lo creo -dijo Camila-. ¿Cómo estimar lo que poco cuesta?

- Señora, no puedes pensar así -dijo Leonela-, pues, como se suele decir, en las formas del amor está el que camina pausado, y está el que de un paso firme lo alcanza; los de caminar pausado se asemejan a los nobles; los que veloces corren, son cual correos. A veces pueden ser tan fríos como el hielo, un hielo que basta para matar; y a veces son tan impulsivos como el ataque de una catapulta, que derrumba en la noche lo que por la mañana asedió. Estos últimos lo hacen con un ímpetu irrefrenable, por eso sucumbe la fortaleza al punto. No te arrepientas, señora, de haberte rendido presta y fácil, ¿por qué no seguir el mal de Lotario, cuyo corazón se desangraba rendido por la belleza de una mujer casada? No tuvo él fuerza para resistirse, y aprovechó la oportunidad que se le ofrecía con la ausencia de mi amo. No tenía más que un corto espacio de tiempo para mostrar sus sentimientos. Has de saber que en las formas del amor, lo más esencial es la ocasión. Y lo que digo no son palabras hueras, que en realidad por experiencia lo he aprendido. Soy joven y también he sido débil, incapaz de mantener el dominio ante una fuerza irresistible. Mi señora, no contemples la sinceridad o fingimiento del amor de Lotario por la presteza o demora en las promesas para así culparte. En adelante, si quieres tomar la medida de su amor, piensa en cómo atiende a tus anhelos, no te dejes llevar por la desazón, como si no fuera una gran bondad ese caballero celestial. Debes saber que lo que el mundo más aprecia es la belleza, y la que te ha otorgado Dios es una belleza excepcional, por ello ante ti sucumben jóvenes como él. Lotario utilizó todas sus armas para atacarte, ¿cómo podías no caer rendida ante él? Además, no hay muchos que se le asemejen: distinguido y con talento, de alta cuna, adinerado, nada en él hay que no sea bueno. ¿Por qué te lamentas, mi señora? Y hablando de sus cualidades, es tan amable y respetuoso que resulta conmovedor; en su aspecto, posee donaire y elegancia como pocos; es despierto y sutil de naturaleza, determinado de ánimo, discreto y prudente, tan bueno como para que con él compartas tu corazón. Entre los jóvenes de hoy en día, muchos son volubles en sus sentimientos, el único que no es así es Lotario. No es fácil encontrar un amante así.

Sonrió Camila a las palabras de Leonela y pensó que, verdaderamente, en cuestiones de amores, la experiencia de su criada la superaba cien veces. Siguió Leonela contándole que, desde hacía poco, tenía encuentros amorosos con un joven. Aquello inquietó a Camila que se dijo que su doncella no era buena y se excedía de licenciosa, y que tendría que ser prudente con ella, aun sin poder reprocharle su comportamiento.

- Y vuestros amores -le preguntó Camila-, ¿se han quedado en las palabras o han pasado a mayores?, ¿cómo lo habéis resuelto?

Desenvuelta, respondió Leonela:

- Lo atiendo como si su esposa fuera.

Lectores míos, sabed que si el ama da un traspiés, ¿cómo no va a perder su criada el sentido de la vergüenza? Camila se decía que no debía dudar de las promesas de Lotario, y urgió a Leonela a que fuera prudente y no revelara a nadie su secreto. Pero Camila no podía evitar ya la indiscreción cometida, y sintiéndose la criada en posesión del secreto de su ama, se volvió más atrevida, hasta el punto de traer a su amante a la casa. Aunque seguía temiendo al amo, le había perdido el respeto a su señora y se había apoderado de su secreto asunto. Camila no solo fingía no ver los desmanes de su criada, sino que incluso buscaba formas de cubrirla, para que no fuese visto de su marido.

Aun siendo así, no pudo evitar que un día Lotario los descubriera. Sucedió que un día, cuando no había terminado de despuntar el alba, vio

Lotario a un hombre abrir la puerta y salir. Pensó haber visto un fantasma al principio, mas luego lo tomó por un amigo íntimo de Camila. Se dijo que quien había sucumbido una vez a un pretendiente, podía dejar a otro entrar en su alcoba después. Despertaron los celos al punto en el corazón de Lotario, que sospechó que aquel hombre debía ser el nuevo amigo de Camila, y ni por un instante recordó a la criada de Anselmo. Pensaba que una vez que una mujer ha entregado su cuerpo, que ha perdido la honra, puede después abandonar a fulano para irse con zutano. Era algo frecuente. Tomó sus sospechas por verdad y le invadió la rabia. Sin pensarlo más, sintió que el odio por Camila le atravesaba los huesos, aunque lo cierto era que Camila no había faltado a Lotario. Se fue este a llamar a la puerta de Anselmo que aún no había despertado pues apenas había amanecido, y urgiéndolo a levantarse le dijo:

- Ha muchos días que traigo guardado un asunto que no te he contado, pues de hacerlo, no solo dañaría a la justicia, sino que podría convertirse en un obstáculo para nuestra amistad. En los últimos días Camila se ha mostrado más indulgente, sin contención. No me atrevo a seguir hablando pues todavía no estoy seguro de si su consentimiento es verdadero o fingido. Si acaso su honestidad hubiese sido la que tú y yo pensábamos, ya te hubiera dado cuenta de mi solicitud hacia ella. Pero se ha mantenido en silencio sin nada decirte, lo que me hace sospechar que son verdaderas las promesas de su corazón, no como antes pensaba. Hemos acordado que, la próxima vez que tengas que partir, tendremos un encuentro secreto en el vestidor.

Lectores míos, debéis saber que ese vestidor era, efectivamente, donde ambos tenían sus encuentros secretos, no era esta la única vez.

- No te dejes llevar por la ira tras escuchar mis palabras -continuó Lotario-, y acordemos hacer lo que ahora te digo pues es posible que antes de nuestra reunión, cambie de idea y se arrepienta, en cuyo caso no habrá perdido su honra. Antes confiaste en mí, no dejes de hacerlo, escucha ahora el ardid que he urdido; si su traición se descubre cierta, podrás entonces pensar su castigo, pues no será tarde. Finge de nuevo ahora que tienes que partir tres o cuatro días y vuelve sin que nadie lo sepa. Entra en la estancia y ocúltate tras las cortinas, desde allí podrás observar a escondidas lo que estaremos haciendo y sabrás la verdad. Si es su conducta reprochable, podrás castigarla como desees y manejar el asunto de modo que quedes satisfecho.

Admirado quedó Anselmo de ver cuán inesperadamente habían cambiado las tornas, y permaneció absorto un buen rato, con la cabeza caída sobre el pecho, intentando comprender las nuevas que acababa de recibir. Tardó en responder, y dijo:

- No es pequeña la merced que me has hecho. Haré como dices, mas este asunto ha de quedar secreto entre tú y yo, que no lo divulgue el viento.

Prometióselo Lotario, y apartándose de él, al cabo de salir, se arrepintió totalmente de la indiscreción que había cometido. "¿Es que acaso no podría haber buscado otro modo de vengarme de la ligereza de esa mujer?, ¿por qué he actuado de modo tan impulsivo?" Se reprochaba su actuar temerario e imprudente que, una vez hecho, no tenía solución posible. Decidió ir a buscar a Camila y darle cuenta de todo. La halló en ese momento sentada y sola, y ella le dijo:

- Escuchadme, mi amado Lotario, que me angustia la mala suerte y pienso que de hoy en adelante no voy a encontrar un momento de alegría. Guarda Leonela un asunto turbio, y cada noche trae a mi casa a dormir a su amante, que solo parte cuando rompe el día. Si alguien llega a descubrirlo la ruina será mía y mi reputación quedará hecha pedazos. No puedo soportarlo más. No me atrevo a reprenderla pues sabe de nosotros dos y por ello a actúa con tanta desenvoltura. Día a día siento angustia en mi pecho pues sé que se está gestando una desgracia.

Creyó Lotario escuchándola que era un fingimiento para ocultar el tema de su amante, culpando a Leonela. Mas viendo las lágrimas cubriéndole las mejillas, le parecieron sinceras, y vino a creer que era verdad. Sintió crecer en su pecho el arrepentimiento sabiendo que el propósito que le había traído había sido precipitado. Mudó el rostro y quedó callado, aunque reunió las fuerzas suficientes para consolar a Camila, diciéndole que hacía falta prudencia y mantener el secreto.

- En cuanto a Leonela -le dijo-, no os inquietéis más, que este desgraciado asunto no tiene nada que ver con vos.

Contole después Lotario lo que, llevado por la furia de los celos, había hecho y cuánto se arrepentía, rogándole a Camila que perdonara su falta y que pensara en alguna idea para que pudieran escapar a salvo de la indiscreción. Muy enojada y entristecida, Camila lo acusó de crueldad y de falta de sentido; pero viendo al poco los dolientes lamentos de Lotario, abandonó su enojo e ideó otra estratagema que sustituyera a la primera y alejara de ellos el peligro.

- Haced mañana como habéis concertado con Anselmo -le dijo a Lotario-. Que regrese a escondidas y se oculte detrás de las cortinas. Tengo el remedio para nuestra salvación y, después de esto, Anselmo no volverá a albergar sospecha alguna y nosotros dos podremos disfrutar aun más a nuestro antojo.

No le explicó a Lotario en qué consistía ese liberador remedio, tan solo añadió:

- Enviaré a Leonela a buscaros y venid en cuanto os llame. No hace falta que preguntéis en qué consiste, tan solo responded a las preguntas que yo os haga. Habremos de actuar como si no supiésemos que Anselmo se esconde tras las cortinas.

Quiso saber Lotario más de la traza, pero Camila nada añadió.

- Solo quiero saber algo más de lo que tramáis -dijo Lotario- para que, llegado el momento, no vaya a estropearlo.

- Basta con que respondáis a lo que yo os pregunte -respondió Camila-, no necesitáis saber más sobre lo que me propongo.

No dijo nada más pues no quería que Lotario fuese a rebatir su propósito y que se opusiese a lo que iba a hacer. No le quedó otro remedio a él que aceptar y partir.

Al día siguiente, efectivamente, Anselmo buscó un pretexto para decir que salía de la ciudad, para después entrar por una puerta trasera hasta la estancia y esconderse en ella, lo que permitieron Camila y su doncella fingiendo no darse cuenta.

Lectores míos, debéis saber que cuando Anselmo se escondió tras la cortina, su pena y su indignación eran tales que ninguna persona hubiese podido soportarlas. Segura ya Camila de que Anselmo había regresado, se llevó a su doncella a la recámara y, suspirando sin parar, le dijo a Leonela:

- Leonela, esta es mi única salida, tengo aquí la daga de tu señor. Sin que digas nada, clávamela en el pecho, dime si es que tengo otra salida. Antes no he consentido y ahora el tiempo apremia, no parece que pueda sino usar de esta estrategia y así, cuando muera, descansaré habiendo protegido mi honra. Aunque te digo también, no puedo morir de ningún modo, pues el pecado está en él, ¿dónde quedaría la justicia si acabo con mi propia vida? Aunque he de preguntarle primero a Lotario qué es lo que le ha llevado a actuar de esta manera, si es que acaso ha visto en mí algún comportamiento indecoroso por el que ha osado ultrajarme así. Leonela, ve bajo la ventana y dile a ese ladrón que se presente ante mí, para ver si es que piensa llevar a cabo sus actos infames.

- Señora, ¿para qué sigues guardando esa daga? -dijo Leonela-. Matarte a ti o matar a ese hombre despreciable son soluciones erradas, pues ambas acabarán en pérdida de tu fama. Mejor será no dar lugar a que entre en casa. Sábete que solo somos, ama y criada, dos mujeres y débiles, no podríamos enfrentarnos a ese hombre alto y fornido. Cuando un hombre se deja llevar por sus deseos, su vigor se acrecienta. ¿Es que acaso, mi señora, podrías oponerte a él? No triunfará tu propósito, pues la fuerza de ese infame es enorme y bastaría para arruinar tu castidad. ¡Qué asunto tan desgraciado! Culpo ahora al amo, que aún consiente que ese bellaco entre y salga sin ninguna restricción, y que se protege con la fuerza de los tigres. Hay todavía algo que añadir: señora, si matas a ese hombre, ¿cómo vamos a poder entre las dos esconder su cuerpo?

- Después de muerto, lo enterraremos -respondió Camila-. Que lo haga Anselmo, pues es justa respuesta que él acabe con quien tomó por amigo fiel. Y ahora, apresúrate a llamarlo para que se presente ante mí, que espero ansiosa mi venganza. Cuanto más se retrasa, más daña la fidelidad que a mi esposo debo.

Escuchaba aquello Anselmo detrás de las cortinas, gozoso a un tiempo y arrepentido, pensando en que no debería haber sometido a su esposa a esas cien pruebas para demostrar su virtud. Quiso salir de las cortinas y descubrirse para evitar que Camila fuera a asesinar a Lotario, más decidió esperar pues, llegado el momento crítico, no sería tarde para salir y salvarlo.

Tras su discurso, se desvaneció Camila y quedó tendida sobre un lecho que allí había, sin apenas aliento. Comenzó Leonela a llorar en voz muy alta para que quien detrás de la cortina andaba la oyera.

- Ay, mi infortunada señora -decía-, ¿cómo se labró esta desgracia? Tan hermosa y tan casta para con su esposo. Sabrán todos en el pueblo que un día tuvo este encuentro insensato que hasta aquí la trajo. ¿Y no es la desgracia de mi señora también mi desgracia?

Lloraba y hablaba de modo que quien la viera no solo suspirara por la honestidad de su ama, sino que incluso ella, su doncella, podría también presumir de honesta. Se despertó pronto Camila, que dijo:

- ¿Por qué no vas, Leonela, a llamar a ese miserable, ese desleal que le da la espalda a la justicia? Que venga al punto a verme, que no he de detenerme en estas terribles palabras.

- No te apresures, señora -dijo Leonela-, antes dame esa daga para que no tenga que preocuparme por ti cuando vaya.

- No te inquiete que vaya a darme muerte -dijo Camila-. Esperaré tu regreso, pues quiero llevar a término mi propósito y, aunque busque la muerte, no he de hacerlo con descuido. Deseo tomar venganza y solo después se apagarán mis ojos. Si no asesino a ese ser despreciable, no podrá lavarse del todo la raíz de tanta desgracia.

Seguía Leonela reticente a partir, hasta que Camila la urgió con determinación. Quedose Camila sentada y sola, diciéndose para sí:

- ¡Cielos, cielos! ¿No hubiera estado más en razón rechazar a Lotario que hacerlo presentarse ante mí con una excusa fingida y añadirme así más pesares, o corregirle de su error con palabras honestas y resueltas, haciéndole saber que mi honestidad y lealtad son inquebrantables? Pero al fin, vale más acusarlo de su conducta y, con la determinación de quien descabeza un clavo, de quien corta el hierro, decirle el agravio que siento en mi pecho. Con

Dios por testigo, me tomaré venganza en ese infame, para que no encuentre tierra en la que albergar su cuerpo. Debería dar cuenta a mi esposo, pero ¿acaso no le informé ya en la carta? En ella le advertí ya de la iniquidad de Lotario, pero mi esposo lo ha tratado siempre con una ciega devoción, creyó que podría contar con él en todas sus penurias, sus tribulaciones, y ahora ha cambiado hasta este punto. ¿Acaso no sabía mi esposo lo que yo hace tiempo comprendí bien? Y es que no tiene bondad ninguna, tan solo hay veneno en su corazón, un veneno que se derrama ahora. No has estado despierto Anselmo, aunque yo ya lo sabía, pero ¿quién más podía imaginar lo que tenía en mi pecho? Miro al cielo y siento temor de que a nadie aproveche este asunto. Sé con toda certeza que no hay otra salida. Que cumpla su tarea este blanco filo para reparar esta terrible desgracia, y determinada estoy a alcanzar mi propósito pues, desde que en esposa me convertí de mi esposo, jade sin tacha he sido. No voy a dejar que en un instante ni una diminuta mancha me tizne. Tras su muerte, llegará la mía. Lo único que lamento es que mi sangre pura corra mezclada con la suya turbia, mas no puedo dejar de ninguna manera que alegremente escape.

Diciendo esto se paseaba por la sala con la daga en la mano fingiendo locura, cambiada del todo su continencia habitual. Anselmo todo lo miraba, todo lo escuchaba con gran satisfacción, celebrando la virtud de su esposa, y pensó que no podía permitir que llegara Lotario, para que no fuera a enfrentar el peligro. Estaba en eso cuando entró por la puerta Leonela acompañada de Lotario. Así como lo vio, hizo Camila en el suelo con la daga una raya como límite y dijo:

- No te atrevas a sobrepasar este límite pues, en cuanto te vea cruzarlo, al punto usaré mi cuchillo. Escucha ahora lo que tengo que decirte. Escúchame con calma, no me interrumpas. Lo primero, quiero que respondas si conoces a mi marido y si me conoces a mí. Debe serte bastante fácil darme una respuesta. Dilo sin pensar, no tardes en responder.

Escuchándola, comprendió enseguida Lotario, que respondió como si fuera del todo sincero:

- Camila, no sabía para qué me habías hecho venir hasta aquí, y ahora escucho tus frías palabras que alejan el instante del gozo. Si no tenías intenciones con respecto a mí, explícame tus razones, ¿a qué viene ese parloteo? Creí tener al alcance de la mano mis deseos, no pensé que, a mitad de camino, cambiarías de intenciones. ¿Cómo crees que me siento ahora ante una pregunta que nunca habías hecho? Podrías decir que tu esposo y yo somos amigos que comparten corazón. Crecimos juntos y jamás pensé que tendría que arrepentirme de traicionar así nuestra amistad, por culpa de este deseo que ha destruido en mí los límites del decoro, pues ha sido una fuerza contra la que nada he podido hacer. Ay, Camila, sabes bien de nuestra amistad del alma. Sin embargo, el estandarte de la pasión me ha vuelto ciego e ignorante de la justicia. Ay, señora, mi amor por ti es el mismo que el que Anselmo siente, y todo por tu belleza que derriba murallas y que ha enterrado mi virtud, destruido la amistad, y me ha hecho perder la honra. Si acaso no te hubiese conocido, no habría llegado al extremo de cometer este infortunado error.

- Si sabes de tu error -dijo Camila- y de los sentimientos que nos unen a esposo y esposa, ¿cómo pudiste actuar de ese modo, hiriendo al cielo y dañando a la razón, vendiendo tu amistad solo por perseguir tus deseos? ¿Y aún osas seguir mirándome, sabiendo que para él soy el espejo de su amor, un espejo cuyo brillo has intentado cubrir con tu aliento? ¿Es que acaso al mirarme, te he dado alguna razón que te hiciese imaginar alguna grieta en mi virtud, y lo que viste te hizo osado para intentar de pronto dar ese paso? ¿Hubo en mis palabras o mis actos algo indebido? Eras a mis ojos miembro de esta familia, nunca hubiese pensado que tuvieras corazón para intentar seducirme. Pero dejando eso aparte, permite que te pregunte si es que alguna vez mostré el menor asomo de aceptación a tus constantes juramentos sinceros, a tus sollozos dolientes, ¿es que hubo algún acto inadvertido hacia ti? Siempre, de una forma u otra, me parecía excesiva tu solicitud y rechacé tus dádivas de perlas, la exhibición que hacías de los dineros. Deberías haber perdido toda esperanza, pues no había esperanza alguna que pudieras albergar, mas la llama renacía de las cenizas. Pero afrontaré yo gustosa la muerte con tal de proteger la reputación de mi esposo. Antes de morir, quiero que entiendas bien mis sentimientos, y si la muerte ha de llegar, que llegue, pero antes habré de tomarme venganza.

Arremetió Camila daga en mano con la intención de clavársela a Lotario al que, en ese momento, le pareció que ella traía verdaderas intenciones de herirle, y tuvo que sujetarla mientras ella gritaba:

- Dios, si no me auxilias no alcanzaré mi objetivo.

Se clavó a sí misma entonces el arma y, manando sangre, se desplomó sobre el suelo. Lotario y Leonela con gran asombro no sabían qué decir. Sacó la daga Lotario y pudo observar que la herida no era grave, ni la sangre mucha, y quedó convencido de la sabiduría de Camila. Comenzó un llanto doliente fingido dando grandes voces como si Camila estuviese muerta; en medio de sus sollozos maldecía a Anselmo por haber tramado esa prueba insensata, y sabiendo con toda certeza que Anselmo lo veía y escuchaba todo detrás de los tapices, dio rienda suelta a todos sus sentimientos. Anselmo todo lo escuchaba y, ansioso, sintió mucha lástima por Camila. Leonela la colocó sobre el lecho y apremió a Lotario a que fuera a buscar a un médico para curar la herida de Camila, y le preguntaba cuál sería la mejor solución para evitar que su amo se enterara de todo.

- Estoy demasiado turbado -dijo Lotario-, ahora no puedo imaginar nada. Lo primero es lavar su herida y todo rastro de sangre. No me preguntes más, he de huir.

Se levantó al punto y, mientras salía, no cesaban sus lamentaciones y lloros. Una vez fuera de casa, se maravilló del gran ingenio de Camila para urdir aquel engaño.

Viendo lo sucedido, quedó Anselmo convencido de la virtud de su esposa, y determinó respetarla como si una divinidad fuese; tras aquello no volvería a intentar someterla a ninguna prueba.

Le lavó Leonela las huellas de sangre a Camila, limpió la herida con vino y la vendó, mientras Anselmo todo lo observaba, diciéndose que no existía mujer más honesta en el mundo que su esposa. Camila yacía en el lecho y seguía maldiciendo su suerte por no haber muerto, aunque la herida no era grave, tan solo un pinchazo. Le preguntó a Leonela si debía informar a

Anselmo:

- Señora, has protegido tu castidad, no le des cuenta al amo. Si lo haces, la desgracia caerá sobre Lotario. Más vale no informar porque, aun siendo la amistad el amo con él muy profunda, en cuanto se desate su ira, reclamará su vida. La mujer de virtud no debe exponer a su esposo al peligro.

- Dices bien -dijo Camila-, tendré entonces que cubrir la herida para que tu amo no la descubra.

- ¿Cómo vas a ocultarlo todo? -preguntó la doncella.

- Hacia adelante y hacia atrás solo hay abismo – dijo Camila-; si cuento la verdad, provocaré una desgracia; si la callo, la vergüenza quedará oculta. ¿Cómo voy a explicar la herida?

- Creo que lo mejor es no decir nada -dijo Leonela-, ya pensaré yo mañana qué le digamos. La herida está en un lugar algo escondido, no es fácil que el amo la vea. Hemos de dejar a la sabiduría de Dios este asunto, pues Él es bondadoso y protege a los justos. Señora, estarás a salvo, nada te sucederá.

Anselmo todo lo escuchaba a un lado, y lo tomaba todo por cierto. No cabía en sí de gozo, pues todos los personajes de aquella tragedia habían actuado con gran talento, y sus ojos y sus oídos estaban enturbiados y no sabía distinguir verdad y falsedad; deseaba que anocheciera para poder salir de allí e ir a buscar a Lotario, celebrando cómo su honesta esposa había protegido su honra. Camila y la doncella, llegado el ocaso, también hicieron porque pudiera escurrirse sin ser visto.

Cuando salió Anselmo, fue a buscar a Lotario a su casa, lo abrazó con fuerza y lo besó, sin dejar de cantar las alabanzas de su esposa, cuya virtud y castidad no tenían parangón en la sociedad. Veía Lotario a Anselmo alborotado por su engaño, tan inocente y burlado, que no podía más que sentir remordimiento. Tomó Anselmo su falta de alegría y su desánimo por no soportar ver a Camila herida y quiso consolarlo:

- No te entristezcas -le dijo-, que a escondidas he oído hablar a Camila y a su doncella de que me lo van a ocultar, pues no es un daño de gravedad. No te apenes. De hoy en adelante voy a ser el hombre más satisfecho de este mundo, y quiero anotarlo en versos que lean nuestros hijos y nietos para que ensalcen diez mil veces a su abuela.

- Soy de tu misma opinión -dijo Lotario-, las generaciones venideras cantarán su virtud.

Al otro día, quiso Anselmo llevar a Lotario a su casa como signo de la guarda que su esposa había hecho de su honestidad, sin saber que había sido el instrumento de la destrucción de su virtud. Cuando Camila vio a Lotario regresar, fingió enojo aunque en su corazón no cabía en sí de contento. Pasaron así muchos meses, hasta que un día todo el artificio quedó al descubierto y puso fin a la vida de Anselmo.

Capítulo VIII

Había llegado hasta aquí el médico contando la historia de Anselmo cuando, de pronto, se vino Sancho Panza diciendo a voces:

- Acudid, señores, presto y socorred a mi señor, que anda envuelto en batalla con el gigante ese del que tiene que tomar venganza por la princesa Micomicona. Jamás había visto batalla tan encarnizada y violenta como esta, que da miedo. Mi maestro, de un tajo, le ha cortado la cabeza al gigante, como si fuera un nabo.

El médico se echó a reír a carcajadas pues la falsa princesa Micomicona y el gigante eran personajes inventados, y el reino de la princesa estaba a sus buenas dos leguas de distancia, ¿cómo podía ver al gigante? En ese momento, oyeron a Quisada decir a voces:

- ¡Condenado ladrón, no huyas! Ni siquiera tu espada preciosa te servirá para derrotarme.

Y se oía el ruido de cuchilladas por las paredes.

- ¿Por qué no van vuestras mercedes a ayudar a mi maestro en la batalla y siguen ahí sentados con esa charla refinada? ¿Qué hacen? Rápido, vayan, vayan. Cuando me vine vi la sangre del gigante que cubría toda la estancia. Su cabeza es enorme, mayor que cualquier odre de vino de España.

Cuando aquello oyó el ventero, dijo:

- Seguro que le ha dado de cuchilladas a los odres que hay en la estancia, y este criado idiota ha tomado por sangre mi vino.

Entraron todos a ver qué había pasado y rompieron a reír al ver a Quisada, cubierto con una camisa corta que no le llegaba ni al estómago, y desnudo de medio cuerpo abajo; las piernas eran extrañas y flacas, cubiertas de vello; traía puesto un bonetillo de dormir viejo y andrajoso. En la mano izquierda sostenía una manta a modo de escudo, y en la derecha blandía la espada como si estuviera en batalla, pero los ojos los tenía cerrados del todo. Daba cuchilladas a izquierda y derecha pues, en su sueño, había llegado al reino de Micomicón. Había tomado los odres de vino por el gigante al que estaba cortando con la espada, de modo que el vino contenido en ellos se derramaba. El ventero lleno de rabia se fue a golpear a Quisada y, de no haber sido por Cardenio y el médico que lo sujetaron con fuerza, le habría declarado la guerra poniéndose del lado del gigante. Quisada daba saltos de un lado a otro hasta que el barbero le arrojó agua encima, despertándolo, aunque seguía en su ensoñación.

Viendo a aquel loco desnudo, Dorotea se retiró inmediatamente, mientras Sancho seguía buscando por todas partes la cabeza del gigante. Al no encontrarla, dijo a voces:

- Seguro que en esta casa hay demonios. Os aseguro que he visto cómo mi maestro le cortaba la cabeza al gigante. ¿Dónde está ahora?

- ¡Necio esclavo! -gruñó el ventero-. ¿Cómo va a haber demonios en mi casa, ni cabezas de gigantes? Son disparates esas locuras que dices, a lo que llamas cabeza son los odres de cuero en los que guardo el vino; a lo que llamas sangre, el vino.

- Sin la cabeza del gigante mis esperanzas de tener un título o ser nombrado gobernador general -seguía Sancho- se disuelven sin dejar ni rastro, como sal en el agua.

Sin estar dormido, Sancho hablaba igual que su maestro en medio de los sueños. Viéndolo decir disparates, aun despierto, creció el enojo del ventero, que dijo:

- No podréis salir por mi puerta si no me pagáis el precio del vino y de los odres.

Mientras, Quisada, ya despierto, creyó haber alcanzado una gran victoria. Creyó que el médico era la princesa y se arrodilló ante él diciendo:

- Princesa, benevolente y virtuosa, podéis regresar ya a vuestro reino pues he tomado venganza por vos. Ya he cumplido mi promesa, es un logro de Dios y de mi amada Dulcinea que, desde las sombras, me han ayudado a obtener esta gran victoria.

- Escuchen vuestras mercedes las palabras de mi maestro -dijo Sancho-. Está entregada la cabeza del gigante, mi maestro es rey y, con toda certeza, me habrá de otorgar un condado.

Todos estallaron en carcajadas y, tras muchas explicaciones de Cardenio y los demás, consiguieron que Quisada, que se sentía agotado, se echara a dormir. Volvieron a salir todos y le dijeron a Sancho:

- Seguro que al final encontraremos la cabeza del gigante, aunque ahora no aparezca; pero está en razón que se pague lo que valen vino y odres.

Empezó a maldecir la ventera:

- No sé yo qué es eso de los caballeros andantes. A mí me parece que lo único que hacen es daño a la gente. La otra vez que se quedó una noche en nuestra venta, ni una moneda dio. Decía no sé qué de matar a alguien para tomar venganza. Pero, ¿qué enemistad vamos nosotros a tener con ningún caballero? Nada pagó y aun se fue tan orgulloso. Y hoy encima le da tajos a los odres, ¿con qué razón? De ninguna manera puede dejar de pagar.

También Maritornes rezongaba, hasta que el médico dijo:

- Yo me haré cargo de todo lo que haya roto este loco.

Por su parte, viendo tan afligido a Sancho, quiso Dorotea consolarlo:

- No estés tan apenado -le dijo- que, en cuanto regrese a mi reino, he de concederte un título de nobleza.

- Puedo jurarlo -dijo Sancho-, vi la cabeza del gigante, con una barba larga, y medía un pie de diámetro. Si ahora no se ve es porque seguro que en esta venta hay un encantador que está alborotando. ¿Quién va a creer eso que dice de que aquí no hay demonios?

- Eso no importa -dijo Dorotea-, que yo he de recompensarte generosamente.

Regresaron todos de nuevo a sentarse y le rogaron al médico que continuara con la historia de Anselmo. Cogió el médico de nuevo el manuscrito y leyó:

"Seguía Anselmo engañado por su esposa, a quien tomaba por la mujer más virtuosa de cuantas esposas habían existido desde la antigüedad, y con quien ninguna otra podía compararse. Y cada vez que Camila veía a Lotario, mostraba hacia él un profundo disgusto, por lo que este le pidió insistentemente a Anselmo que no se empeñara en invitarlo pues, con tantas ocasiones, su esposa podría sentirse ofendida. Pero en ello insistía Anselmo, que ciego seguía. Pasaron así muchos días sintiéndose él satisfecho. Por su parte, Leonela invitaba a su amante todos los días y a tanto llegaba, que ningún pudor mostraba ya. Una noche, oyó de pronto Anselmo en la alcoba de Leonela el sonido de risas y charlas. Como le pareció extraño, empujó la puerta para entrar, pero al verla cerrada, empujó con fuerza hasta conseguir abrirla. Alcanzó a ver a un hombre que saltaba por la ventana. Quiso perseguirlo Anselmo, pero Dorotea lo retuvo con fuerza mientras le decía:

"- Amo, no se enoje. El que ha saltado por la ventana es mi esposo.

"No creyéndola Anselmo, la amenazó con su daga y le dijo:

"- Aquí mismo te mato si no me cuentas la verdad.

"- Os ruego que no me matéis -suplicó Leonela-, que hay otras cosas que mi amo no sabe y yo he de explicároslas todas.

"- Dilas presto -dijo Anselmo-; si no, muerta eres.

"- Esta noche no puedo ni hablar -respondió Leonela-, pero mañana sin falta os contaré, amo, cosas que os harán estremecer de asombro. El que ahora ha saltado por la ventana es un mancebo del pueblo con quien tengo concertado ya el matrimonio, no es ningún extraño.

"Sosegose con esto Anselmo y le permitió aguardar al día siguiente para que le contara lo que fuera. Encerró a la doncella en su alcoba para que no se fuera, y regresó a hablar con Camila. Le contó que había descubierto a un hombre en la estancia de Leonela, que el hombre había saltado por la ventana, y que le había permitido a la criada que lo explicara todo al día siguiente.

"Cuando aquello escuchó su esposa, sintió un gran temor e imaginó que Leonela destaparía todo el asunto que hasta entonces estaba oculto. Antes de que llegara el alba, y viendo a Anselmo profundamente dormido, empaquetó dineros y joyas y se fue a la casa de Lotario a quien le contó, con todo detalle, lo sucedido, pidiéndole que se marcharan juntos. Lotario se asustó también sin saber qué hacer. Después de un momento, resolvió llevar a Camila a un convento donde era priora su prima. Salieron en mitad de la noche de la ciudad, y hasta allá la llevó.

"Cuando Anselmo se levantó, fue a toda prisa a la estancia de Leonela a buscarla y vio que había rasgado y anudado unas sábanas a modo de cuerda para bajar por la ventana y escaparse. Regresó Anselmo con su esposa y vio que también había desaparecido. Le preguntó a los criados, pero tampoco ellos sabían nada. Vio una valija de piel abierta de la que habían desaparecido perlas y joyas, y comprendió todo. Se dirigió a casa de Lotario, y allí el portero le dijo que el amo aquella noche había tomado todo lo que tenía de valor y se había ido. A punto estuvo de perder el juicio Anselmo llevado de la indignación. Regresó a su casa y vio que los criados se habían escapado dejando la casa desolada. Había perdido a su esposa, se dolía por su amigo y todos los de la casa se había ido. Supo que estaba solo, sin el amparo del Cielo y, lo que más le dolía, era la pérdida de su honra, sabiendo que Camila se había escapado con Lotario. Con mil penas y diez mil amarguras en su corazón, se puso en camino hacia la casa del amigo que vivía en el campo donde vivió aquellos ocho días a la espera de su destino, para relatarle todo lo sucedido. Cerró las puertas de la casa, ensilló al caballo y salió. A mitad de camino, acosado por sus sentimientos, ató el caballo a un árbol y se tendió largo rato sobre la yerba. Ya anochecía cuando vio a un hombre a quien, cuando pasaba por debajo del árbol, preguntó si venía de Florencia y si había oído alguna noticia extraordinaria allí.

"- Las últimas noticias que he oído -respondió el viajero-, es que ayer Lotario se escapó con Camila, esposa de un hombre adinerado. Lo contaba una criada de la casa de Anselmo. Ella misma se había escapado de la casa por la ventana atando las sábanas como si fuera una cuerda. No sé si todo este asunto es cierto o no, no me atrevo a decirlo, pues en la ciudad nadie esperaba algo así, porque todos sabían que Anselmo y Lotario eran amigos del alma, incluso los llamaban "los dos amigos". Este asunto mucho difiere del sentir común.

"- ¿Sabe la gente de la ciudad a dónde han ido Camila y Lotario? -preguntó de nuevo Anselmo

"- No lo sé -respondió el hombre-. Las autoridades los han buscado por todas partes, pero aún no los han encontrado.

"No quiso preguntar más Anselmo, que siguió tendido bajo el árbol. Recordando la dispersión de su casa, su propia humillación, no podía dejar de pensar en buscarse la muerte. Se subió como pudo al caballo y retomó el camino hasta llegar a casa del amigo que, como vivía recluido, no había oído nada. Cuando vio a Anselmo con el rostro ceniza de la muerte supo que algo desventurado le había sucedido. Tan solo pidió Anselmo pincel y tinta y que lo encerraran en una estancia para poder redactar su testamento. Pero antes de darle fin, murió. Quiso su amigo entrar para ver qué le había sucedido, abrió la puerta y entró. Vio a Anselmo tendido sobre el escritorio con el estilete todavía en la mano, helada como hielo. Llamó a sus criados, le quitaron el estilete y abrió el papel. En él decía:

He sido tan estúpido e insensato que he acabado con mi propia vida. Si las noticias de mi muerte le llegaren a Camila, sepa que no le guardo rencor. Tan solo lamento el haber atraído sobre mí la desgracia. No sabía ella de mis intenciones, ni yo puedo culparla de no cumplir mis esperanzas. Necio fui, y solo puedo culparme a mí que sobre mí atraje el oprobio.

"No había escrito más y ya había expirado. Al día siguiente, su amigo cabalgó hasta donde sus parientes para darles noticia de la muerte de Anselmo. La escuchó Camila en el convento y sintió tal desolación que también deseó morir, pero no por la noticia de su esposo, sino porque había escuchado otras desgraciadas nuevas sobre Lotario. Por ello se sintió viuda, aunque no quiso tomar los hábitos ni tampoco abandonar el convento.

"Pasaron muchos días y le llegaron más noticias de Lotario: había partido al ejército hasta el reino de Nápoles y allí había muerto en batalla a manos de los enemigos. Cuando aquella noticia escuchó Camila, la vergüenza, el arrepentimiento, la desesperación y la indignación se apoderaron de ella, y por ellas muerta acabó. Este fue el fin que tuvieron los tres, cuya desventura nació del propio Anselmo."

Terminó así la novela y dijo el médico:

- Es una buena novela, pero en ella ciertamente hay cosas inexplicables. Es una obra muy curiosa, pero se podría decir que su autor ha errado mucho en la trama, pues no hay nadie en el mundo tan necio que quiera hacer una experiencia como esa. Aunque la estructura es especialmente buena, y al principio cuenta cómo Lotario tiene justos argumentos. (Lotario se parecía a Wu Bi de Han, que comenzó teniendo argumentos justos contra los que luego se volvió). Al final cambia. ¡Lástima!

Capítulo IX

Terminaron de leer la novela y era ya medianoche cuando, de pronto, entró el ventero y dijo:

- Llegan huéspedes importantes. Si acaso paran aquí, me haré con buenos dineros.

- ¿Qué gente es? -preguntó Cardenio.

- Son cuatro jinetes -respondió el ventero-, todos con estribos cortos, al modo de los árabes; y traen todos antifaces negros. (Cuando viajan, los españoles se cubren la cara con una banda de gasa negra para protegerla del polvo y la tierra). Vienen con adargas y lanzas, y vestidos como soldados. Detrás les sigue una dama con dos criados.

- ¿Están cerca de la venta? -preguntó el médico.

- Ya están a la puerta -dijo el ventero.

Oyendo que llegaban extraños, Dorotea se cubrió el rostro con un velo, y Cardenio se fue a esconder a la estancia en la que dormía Quisada. Se apearon los jinetes junto a la puerta, y uno de ellos tomó a la mujer en brazos para que entrara, depositándola en una silla que estaba cerca de la estancia de Cardenio. Entraron los cuatro cubiertos todavía con sus antifaces negros y sin decir palabra, mientras que la mujer dejaba escapar un profundo suspiro, posando las manos sobre sus rodillas, de modo que parecía una figura de madera.

Le parecieron al médico muy extraños y, deseoso de satisfacer su curiosidad, quiso ir a preguntar a uno de los recién llegados quiénes eran. Se llegó al establo y le preguntó a uno de los criados por los jinetes.

- No sé de dónde vienen -respondió el mozo-. Parecen todos gente de alta alcurnia, especialmente el que tomó en sus brazos a la dama, que va vestido de una forma muy distinguida. Los otros tres parecen sus asistentes, pues en cuanto dice una palabra los otros obedecen como si fueran leyes.

- ¿Quién es la dama? -preguntó el médico.

- Tampoco lo sé -dijo el criado-. Lleva un velo muy tupido, no se puede ver si es hermosa o repugnante. Nos encontramos nosotros dos con ellos a mitad de camino; nos dijeron que iban a Andalucía y que si los acompañábamos nos pagarían bien. Llevamos con ellos dos días y aún no hemos cruzado palabra.

- ¿Ni siquiera los habéis oído llamarse entre ellos? -dijo el médico.

- Ni respirar los hemos oído -respondió el mozo -, tan solo escuchamos de tanto en tanto los suspiros de la dama. Apuesto a que va forzada con ellos, por eso tanto suspiro. Aunque no lo sé con certeza, por los hábitos que trae puestos parece una monja; y esos continuos suspiros es porque seguro que no era su voluntad entrar en el convento.

- Pensáis bien -dijo el médico, que se fue adonde estaba Dorotea sentada.

Los suspiros de la dama habían conmovido a esta, así que se acercó a ella:

- Señora, escuchadme -le dijo-, me afligen vuestros suspiros; si lo deseáis, mostradme cuál es vuestra pena, que pondré todo mi empeño en acabar con ella. Y dejadme deciros que no es en absoluto la curiosidad la que me mueve.

Mas la dama nada respondía cuando, de pronto, el que encabezaba a los jinetes entró y, cortando las preguntas de Dorotea, le dijo:

- No os empeñéis en preguntarle a esta mujer sin sentimientos. Es una desagradecida que no entiende de afectos humanos, ni atiende a razones. No confiéis en lo que vaya a decir, pues lo que su lengua dice en nada se parece a lo que hay en su corazón, jamás se corresponden.

- No digáis tal, señor -dijo de pronto la mujer-. Preservar mi virtud es lo que me trae de esta manera, y es mi virtud la que basta para mostraros a vos como mentiroso y deshonesto.

Así como oyó Cardenio la voz de la mujer, dando una gran voz, dijo:

- ¡Cielos! Yo conozco esa voz.

Cuando, a su vez, la dama lo oyó exclamar, se levantó al punto para acercarse a él, pero el jinete la sujetó con fuerza y la volvió a sentar. La mujer intentaba resistirse y se le cayó el velo. Su rostro era el de un ser celestial y, aunque en él se mostraban diez mil tristezas, su mirada era todavía capaz de atravesar a los hombres. Buscaba la mujer todo alrededor, tanto que parecía fuera de juicio. No entendía Dorotea cuales eran las intenciones de la mujer, y sintió asombro y sospechas, mientras que esta seguía intentando levantarse a pesar de que el caballero la sujetaba con fuerza. También se le cayó el antifaz a él y cuando lo miró Dorotea, vio que era su esposo, Fernando. Dorotea dio un grito y se desmayó y a punto estuvo de dar por tierra si no hubiera estado cerca el barbero, que la sostuvo en sus brazos y evitó que se abriera la frente.

Viéndola así, el médico se acercó para quitarle el velo a Dorotea y salpicarla con agua fresca. Vio entonces Fernando que era ella y a punto estuvo de desplomarse en el suelo de la sorpresa. Aun así, seguía sin soltar a la otra mujer, que era Luscinda, que luchaba por querer acercarse a Cardenio. Cardenio, alarmado por el desmayo de Dorotea, salió despavorido y se encontró cara a cara con Fernando que sujetaba con fuerza a Luscinda. Vio Luscinda a Cardenio y quedaron los dos mudos y suspensos. Volvió en sí Dorotea que miró a Fernando que miraba a Luscinda, mientras los ojos de esta se volvían a Cardenio. Quedaron los cuatro pasmados, cuando Luscinda le habló a Fernando:

- Si tenéis corazón -dijo-, no me sujetéis más. Soy para vos yedra vieja, no tierna yerba. Habéis utilizado conmigo la fuerza, el dinero y hasta poemas dolientes y nada de ello os ha servido, no habéis podido quebrar el amor que desde el principio siento. Pero podéis ver que el cielo tiene ojos y, por azar, he encontrado a mi esposo, ¿con qué otras artes querréis retenerme? Conocéis bien que soy casta y que, si no he de obtener a mi esposo, no me queda sino la muerte. Os lo digo con la claridad del día: ¿Por qué no acabar en este punto con esa carga sin sentido? Sé bien que despierto vuestro enojo. Matadme ahora con vuestra espada, nada temo, pues será prueba ante mi esposo de que le guardé la honra hasta mi muerte y que no tengo nada de qué arrepentirme.

Escuchando sus palabras, Dorotea supo que se trataba de Luscinda, y viendo que Fernando seguía sujetándola sin dejarla partir, se arrodilló ante él y, con lastimeras lágrimas, le dijo:

- Escúchame, mi señor, sé que la hermosura de esa dama basta para ofuscar tu mirada y cegarte; pero si miras a tus pies, hay todavía alguien cubierta de lágrimas que tuvo la inmensa dicha de encontrarte un día. Soy aquella humilde labradora, de condición baja en extremo a la que aceptaste tomar bajo tu protección y llamaste "amada esposa". Aun siendo labradora, y pensando con afecto en mis padres, a quienes deseaba que estuvieran en paz y que no sufrieran ningún mal, desde que recibí de ti tu solicitud de matrimonio, me dejé ir, y esta ha sido la recompensa recibida, arrojada en este estado, en este lugar. No escapé tras un hombre, mas, después de tu abandono, no pude permanecer en mi casa, y partí en busca de la muerte. Tu intención primera, señor, fue hacer de mí tu amada y, siendo yo hija de labrador, solo supe obedecerte. ¿Cómo pudiste tan pronto abandonarme y partir? Ay, mi señor, me digo que mi amor sin límites debiera bastar para compensar la belleza de la dama Luscinda, su dignidad. Pero, además, Luscinda no alberga amor ninguno por ti, pues pertenece a Cardenio, que no está dispuesto a compartirla contigo. No te empeñes de forma absurda en conseguir a esa hermosa dama, mejor tómame a mí que te venero como a mi dios. ¿Es que acaso no recuerdas aquel día en que me pediste en matrimonio, en que decidiste rebajar tu nobleza a mi villanía? Y aun reconociéndome inferior, mi resistencia a tu solicitud se quebró y no pude dejar de ceder ante la atención y el amor que me expresaste. Recuerda lo que yo aquel día te dije, pues todo sentía. Eres un buen cristiano, respeta entonces la verdad y la justicia. ¿Por qué en los principios me ofreciste alegría y al final me recompensas con tristeza? Si no me admites como esposa, seré con gusto tu esclava; ser tu esclava no me apena, pues es tuyo mi cuerpo. Yo no olvido mis palabras ni doy la espalda a mis promesas, ¿cómo habría de apenarme ser tu esclava? No dejes señor que me vean como flor marchita al borde del camino, solo te suplico que cumplas tu promesa. Piensa también en mi padre y en mi madre, que siempre te sirvieron con lealtad, que han sido los más sinceros y honestos servidores. Hoy, por causa mía, su desolación no se puede describir, ni un corazón bondadoso la podría soportar. Quizá no desees mezclar la noble sangre que corre por tus venas con las de una mujer de humilde condición, pero ni antaño ni hogaño ha faltado quien lo hiciera, pues no es el haber nacido de madre de baja cuna lo que nos hace de baja condición, y vale más desposar a una mujer casta que a una noble licenciosa. La castidad es la nobleza divina, y ser noble y ser licencioso es tan distinto como lo es el cielo de la tierra. Si desposándome pensáis que sería una mancha en vuestro linaje, es que no sabéis que mayor mancha es para una buena casa comenzar buscándome para abandonarme después, pues la fama y virtud que acumules, será tu vergüenza por los siglos de los siglos. En fin, señor, de ningún modo puedes abandonarme, fueron tus votos claros como la luz del día, tus lágrimas corrían a raudales, al cielo azul sobre nosotros pusiste por testigo. ¿Cómo puedes faltar a tu palabra? Si persistes en ello, tu propia conciencia te perseguirá por siempre, en la quietud de la noche, para avergonzarte.

Fue tan delicado y doliente el discurso de Dorotea que hasta los tres hombres que acompañaban a Fernando, se sintieron acongojados por sus palabras, y Luscinda, conmovida por sus sentimientos y hermosas palabras, se quedó muda y comenzó a llorar. Deseaba abrazarla y besarla, pero Fernando seguía sujetando firmemente sus manos impidiéndole levantarse. En ese momento, Fernando dirigió sus ojos a Dorotea y, al cabo de un buen rato, soltó las manos de Luscinda, y le dijo a Dorotea:

- Amable Dorotea, he sido derrotado a tus manos; tu lenguaje lleno de emoción ha vencido. ¿Cómo podría resistirme a ti?

Al dejar libres Fernando las manos de Luscinda, estuvo ella a punto de caer al suelo si no hubiera sido porque Cardenio se lanzó hacia ella y la abrazó con fuerza contra su pecho. Comenzó a besarla diciéndole:

- Gracias sean dadas a Dios que ha socorrido a mi leal esposa. Todas tus tristezas desaparecen hoy, pues te sostendré yo con mis brazos; no habrá lugar más seguro para ti en el mundo que mis brazos, estos que una vez te abrazaron y que vuelven a hacerlo hoy.

La mujer reconoció a Cardenio y, a su vez, se abrazó con fuerza a su cuello y comenzó a besarle las mejillas:

- Hoy veo a mi cielo -dijo-, volvemos hoy a estar juntos. Aunque diez mil peligros nos amenacen, nada he de temer.

Viéndolos así, a Fernando se le alteró el corazón y nacieron de nuevo en él los celos, mas Dorotea, advirtiendo que Fernando se disponía a tomar la espada, se arrodilló ante él y se abrazó a sus piernas, sin dejarle moverse, y sin cesar su llanto, le dijo:

- Esposo, aquí estoy, abrazada a tus piernas con un gozo inmenso. Nada va a cambiar por más que hagas. Esposo mío, piensa, a ellos los unió el destino, lo ordenó Dios, ¿crees que podrías ser la causa de su separación? Olvida todos tus propósitos pues no han de triunfar, el corazón de la dama Luscinda es sólido como el hierro, en modo alguno conseguirás por la fuerza que doblegue su virtud. Te ruego, esposo mío, que no te enojes, detén tus intentos de atraerte a quien no es para ti. Muéstrale a la sociedad tu gran generosidad, lo ilustre de tu nombre, el favor que tu nobleza ofrece.

En tanto eso decía, Cardenio se había preparado y prefería morir luchando que llegar de ninguna manera a someterse. Mas acudieron los tres jinetes, el médico, el barbero y hasta Sancho Panza y rodeaban todos a Fernando, urgiéndole a que dejase su enojo y no usase la fuerza, pues dañaría el corazón de Dorotea e iría en contra de sus palabras, tan firmes como el bronce y la piedra. Ir contra ellas sería en alto grado desventurado, pues debía pensar que el encuentro que la fortuna había dispuesto aquel día, sin duda, era el alto designio de Dios. El amor que Cardenio y Luscinda se profesaban no podría romperlo sino con la muerte. Si aun así decidía cortarles a ambos la cabeza, jamás lo lograría con sus corazones, que juntos habían vivido y que juntos morirían. ¿Qué beneficio podría reportarle a él, el hijo de un duque, todo aquello? Todos los hombres debían aprovechar las circunstancias que se les presentaban y actuar según dictaminaba el destino. ¿Es que acaso, por su propio interés podía contravenir la voluntad del cielo? Solo debía hoy mostrar su gran generosidad, y permitir aquel sincero amor pues, aunque quisiese, no podría quebrantarlo y se opondría a los deseos del cielo. Y puestos en razón, el hijo del duque debía volver sus ojos hacia la adorable Dorotea, tan hermosa como enamorada, cuyos sentimientos eran sinceros y honestos; con esas dos virtudes podrían en nobleza enmendar su humilde cuna. Y aunque el hijo del duque podía tomar a la otra por esposa, esta era también bella y virtuosa y, además, cumplía así él su palabra. Siendo hombre cristiano, esta era la solución más honorable, era una forma de actuar en justicia y lograr que los esposos se volvieran a reunir. Además, todos lo verían y nadie dejaría de cantar la gran virtud del hijo del duque. Todos unieron sus voces para decirle aquello, de modo que Fernando no pudo oponerse y se agachó para abrazar a Dorotea y levantarla, diciéndole:

- Señora, habéis expresado vuestros tiernos sentimientos, haciendo que mi alma se sonroje, ¿por qué seguís arrodillada para aumentar mi vergüenza? Demasiado voluble fui antaño sin saber de vuestra honestidad. Sed mi esposa de hoy en adelante, pues no ha de llegar el día en que nos separemos. Si tenéis la bondad de perdonar mis faltas, y no guardáis pesar en el corazón, os llamaré desde hoy mi sabia esposa. El amor que os profesé antes no dejó de ser sincero; recordad ahora solo mis sentimientos y no recordéis mis yerros. Si podéis, yo ahora os juro no volver a molestar a Luscinda. También deseo que vivan felices ellos como esposo y esposa, del mismo modo que deseo hacerlo yo con vos.

Y, diciendo esto, la tornó a abrazar y a cubrirla de besos. En aquel momento, las lágrimas comenzaron a correr y tuvo que hacer un gran esfuerzo para contenerlas, pero ya todos los allí presentes lloraban emocionados. Incluso el tosco Sancho Panza permanecía mudo y quejumbroso, aunque sus lamentos no eran por sus sentimientos conmovidos; en ese momento había comprendido que Dorotea no era la princesa Micomicona, y que la grandiosa empresa de matar al gigante no era más que invención. No solo su maestro no llegaría a ser rey, sino que se habían desvanecido sus esperanzas de convertirse en conde. Los lamentos que no podía contener eran de lástima pensando en los feudos que no habría de disfrutar. Luego Cardenio y Luscinda se arrodillaron ante Fernando dándole las gracias por las mercedes que les había hecho. Fernando los levantó y alabó su modestia, tras lo cual le preguntó a Dorotea cómo había llegado hasta allí. Dorotea fue contándole a Fernando, detalle a detalle todo mientras los demás atendían también para escuchar su extraordinaria historia. Por su parte, Fernando contó cómo, el día de la boda, cuando leyó la carta que llevaba en su pecho Luscinda, supo que su amor pertenecía a Cardenio, y si no hubiese sido porque fueron muchos los que lo impidieron, allí mismo le hubiera dado muerte. Al no poder conseguir lo que tanto deseaba, había salido enfurecido de la ciudad. Pasados unos días, oyó decir que Luscinda había entrado en un convento y que deseaba terminar allí sus días.

- Concerté con tres amigos que iríamos juntos a buscarla al convento; mientras dos vigilaban la puerta, entré yo con uno y, cuando estaba Luscinda hablando a la abadesa, la tomé por la fuerza y la robé del convento. La llevamos una pequeña aldea y allí nos vestimos como soldados y salimos. Nadie nos seguía pues estando el convento apartado en el campo, el camino a la ciudad era largo, y no hubo forma de avisar a la guardia. Desde el momento en que tomé a Luscinda, perdió todos los sentidos, y vuelta en sí, no hacía otra cosa sino llorar y suspirar, sin hablar palabra alguna, hasta que llegamos aquí, donde se completó nuestra extraordinaria aventura y cada cual encontró a su esposa. Todo ha sido por voluntad divina, no por fuerza de los hombres.

Capítulo X

Escuchaban todos aquella historia que les pareció extraordinaria, y Cardenio, Luscinda y Dorotea aún dudaban de si todo era un sueño sin atreverse a creer que fuera realidad. También Fernando se sentía enormemente afortunado pues, arrepentido de su conducta anterior y obtenido el perdón de Dios, tenía ahora una esposa virtuosa, que protegía su honestidad y podría advertirle de sus errores, y además había recuperado su buena reputación.

El médico se maravillaba de que al haber llevado consigo a Dorotea y a Cardenio, y al usarla a ella como cebo para Quisada, inesperadamente había conseguido reunir a aquellas dos parejas a las que el destino había querido unir. Celebraba aquel suceso extraordinario y todos estaban contentos y gozosos. Cardenio y el médico le aseguraron al ventero que pagarían todos los gastos ocasionados por la pérdida de los odres de vino y del precioso néctar que contenían. Solo Sancho estaba afligido, sin lograr consolarse: la ilusión de obtener un condado se deshacía ante su ojos como una nube de humo, y andaba melancólico y mohíno viendo que Dorotea había cambiado ser princesa por esposa, y al gigante convertido en Fernando. Entró en la estancia donde Quisada ya se despertaba, y le dijo:

- Ya puede madrugarse vuestra merced, que aquello de esa gran aventura tan beneficiosa es como si siguiera soñando. Caballero de la Triste Figura, escúcheme que ya no tiene que preocuparse de nada ni tiene, señor caballero, que salvar a la princesa ni matar a ningún gigante, que ya todo se ha desvanecido.

- No he de matar ya a ese gigante -dijo Quisada-, pues he tenido la batalla más encarnizada de toda mi vida y de un tajo le corté la cabeza, y tanta fue la sangre que le salió, que corría como si arroyos fueran.

- Era vino y no sangre -dijo Sancho-, y la cabeza del gigante, un odre que horadó.

- Criado simple, has sufrido un ataque de locura -dijo Quisada.

- No estoy loco -respondió Sancho-, que lo que mi maestro vio como princesa, no es princesa, sino la hija de un labrador llamada Dorotea. Y es un asunto de maravilla que habéis de escuchar y que os admirará.

- De qué me voy a admirar si es todo asunto de las malas artes -dijo Quisada.

- En esta venta no ha mucho que me envolvieron en una manta -dijo Sancho-, y creyendo al principio que era encantamiento, vi al ventero que estaba entre los que me aventaban. ¿Acaso puede ser encantamiento estando el ventero allí? En fin, que lo que me pasó no fue sino un romperme la piel y un molerme los huesos; que de esas malas artes hay muchas en este mundo.

- No te inquietes tanto -dijo Quisada-, que el cielo azul tiene ojos. Ahora vísteme para que salga a ver cómo ha cambiado con tanta presteza esa ilusión.

Se vestía Quisada y, mientras, el médico le había contado a Fernando las locuras de Quisada y que andaba enamorado de Dulcinea, y no sabía si de verdad existía esa persona; cómo, en su fantasía, se había abandonado en las montañas agrestes. Una por una le fue contando todas sus hazañas y escuchándolas todos se echaron a reír a carcajadas.

- Dorotea ya no puede hacer de princesa -dijo el médico-, así que todo el ardid se viene abajo; tendré que pensar en alguna otra añagaza para llevarlo de regreso a casa.

- Mi Luscinda puede representarla -dijo Cardenio.

- Yo quiero que Dorotea siga haciendo de princesa -dijo Fernando- para que ese caballero pueda llegar en paz a su casa.

- Está a solo dos días de aquí -dijo el médico.

- Salvar a un hombre bien merece dos días -dijo Fernando-, e incluso cuatro también me parecerían bien.

Salió en esto Quisada trayendo la armadura, embrazada su adarga y sujeta su lanza; sobre el yelmo llevaba además la bacía de bronce. Cuando lo vieron salir, con el rostro seco y amarillo y de tan solemne apariencia, Fernando y los tres jinetes quedaron tan atónitos como divertidos, pues les admiró su gallardía.

Viendo a Dorotea que se levantaba para recibirlo, le dijo:

- Señora, según mi discípulo dice, la princesa se ha convertido en un instante en doncella del pueblo llano. Pienso que han de ser las malas artes de vuestro honorable padre que, temeroso de que la fuerza de mi brazo no bastara para restituiros vuestra corte, ha provocado esta mudanza. Si eso es así, ciertamente su comportamiento es de quien no comprende y no conoce la utilidad de la justicia de la caballería. Todos los que conocen en profundidad los libros de caballerías saben que aun siendo mucha la fuerza del enemigo, no podrá superar la mía. Habré de matar a ese salvaje y será una hazaña que conmueva al cielo y haga temblar a la tierra. Ayer en la noche me enfrenté al gigante en gran batalla. Si no me creéis no puedo decir sino que tiempo al tiempo, que desvelará con toda naturalidad mis méritos y habrán de ser conocidos en todo el orbe.

- ¿Dice que mató a un gigante? -dijo a la sazón el ventero-. El gigante no eran sino mis odres de vino.

Le mandó Fernando al ventero que callara y Quisada prosiguió:

- Princesa, os ruego que no le deis crédito a la desconfianza de vuestro honorable padre hacia mi bravura, porque no hay ningún peligro en la tierra por donde no se abra camino mi espada. Estoy resuelto a matar a vuestro enemigo de aquí a pocos días, y a retornaros la corona que habré de poner sobre vuestra cabeza.

Dorotea, que había obtenido el consentimiento de Fernando para llevar de regreso a casa a aquel loco, con mucha continencia en el rostro, le dijo:

- Caballero, escuchadme, quienquiera que os haya dicho que no soy princesa, os miente, no lo creáis. Soy con toda certeza princesa, y aunque ayer algunos acontecimientos han hecho en mí alguna mudanza que en verdad me han traído mayor fortuna, aún necesito ser vengada por vuestro valeroso corazón de caballero, como ya mi difunto padre había anunciado; que a través vuestro se haga la voluntad del cielo. Hoy ya cae la noche, esperemos al alba para ponernos en marcha.

Oyendo las palabras de Dorotea, Quisada sintió gran contento mientras le reprochaba a Sancho:

- ¡Perro! ¿Cómo te atreves a decir falsedades y sinsentidos? En verdad, eres el mayor bellaco que hay en España. ¿No dijiste que la princesa había cambiado en villana, que su nombre era Dorotea y que eran, en realidad, odres de vino el gigante que maté? Todo han sido disparates. ¿Recuerdas lo que te dije? -apretó los dientes y miró al cielo-. Según la ley no se puede dejar de castigar al discípulo que se atreve a engañar a su maestro, para que sirva de advertencia a los que han de venir.

- No se enoje vuestra merced -dijo Sancho-, puede que hubiese algún pequeño yerro en lo que dije, pero en lo que toca a la cabeza del gigante, que en realidad eran odres de vino, y lo de que la sangre que corría no era sino un vino delicioso, me atrevo a afirmar que es verdad. Si mi maestro no me cree, entre a ver si no es que sigue oliendo todo a vino y allí están los odres cortados. Y si aún cree que miento, verá si el ventero no le pide que pague por el vino; si no lo hace es que los odres sí que eran la cabeza del gigante.

- Mucha labia tienes para seguir parloteando -dijo Quisada-, pero te perdono por tu falta y déjalo estar.

- Respetemos las órdenes de la princesa -dijo Fernando-, y cuando despierte el día acompañaremos todos al caballero para ver cómo derrota con su celestial bravura al enemigo, pues será una empresa digna de ver.

- En mucho me estimáis, caballeros -dijo muy alegre Quisada-, y no escatimaré ni mi propia vida, aunque la pierda o mis entrañas y mis sesos salpiquen la tierra.

Pasaron entre los dos hombres muchas muestras de comedimientos y cortesías, hasta que detuvo sus palabras un desconocido que acertó a pasar por la puerta. Por sus vestidos parecía cristiano venido de Barbaria, traía puesto un vestido de paño azul, de manga corta y sin cuello; los calzones eran asimismo de paño azul y el bonete era del mismo color; traía unas calzas marrón rojizo y llevaba una espada turca. Tras él venía una mujer sobre un jumento, con vestidos moros, cubierto el rostro con un velo y con un tocado de brocado y una capa larga turquesca. El hombre debía tener algo más de cuarenta años, con el rostro ennegrecido, barba frondosa, y aunque sus vestidos no eran elegantes, su porte y donaire no eran los de alguien de baja cuna. Al entrar buscó al dueño de la venta, que le dijo que no podrían quedarse pues había mucha gente y las estancias estaban llenas. Cuando aquello oyó, se mostró muy apesadumbrado e intranquilo y se fue a ayudar a la mujer a bajar del animal. A Luscinda y Dorotea les asombró lo curioso de sus ropajes, y se acercaron para observarla. Dorotea, cuyo corazón era más compasivo, pensando que debía venir de lejos y que no encontraba lugar donde reposar, le dijo:

- No os dé pena, señora, si os parece compartir espacio con nosotras dos, podréis descansar un poco.

La otra persona a la que se refería era a Luscinda; y añadió:

- Seguro que el camino ha sido penoso; quedaros aquí servirá para aliviaros un poco de vuestras fatigas.

No respondió a esto la mujer, solo puso las manos sobre su corazón, e inclinó la cabeza para mostrar su agradecimiento. Pensó Dorotea que aquella mujer debía ser mora y que no sabría español. Volvió de atar el jumento en el establo el huésped, y les dijo:

- Señoras, no os extrañe, es que a la dama le resulta ajena nuestra lengua.

- Aunque no hay lugar en la venta -dijo Dorotea-, puede quedarse con nosotras y compartir mesa y lecho.

- Gran merced nos hacéis -dijo el hombre-, no podemos expresar nuestro agradecimiento.

- ¿Es cristiana la dama o mora? -preguntó Dorotea-. Deseo de corazón que sea cristiana, pero viendo el traje y que no habla español, es que debe ser mora.

- Es su aspecto el de mora, pero en su corazón es sincera y honesta cristiana -respondió el hombre-. Deseaba ella haber recibido hace tiempo el bautismo, pero vinimos huyendo de Argel y no hemos tenido un instante. Pero en poco tiempo lo recibirá y no habrá problema en que pronto entre en la iglesia. Mi propósito es explicarle antes algo de nuestra doctrina, para que la comprenda, que no será tarde proceder después con el bautismo. Y con la ayuda de Dios vendrá pronto a convertirse a la verdadera religión, y sentiré una inmensa alegría en mi corazón. Deben saber vuestras mercedes que, a pesar de lo deslucido de nuestros vestidos, no somos personas de humilde cuna.

Escuchándole sus palabras, supieron de su elegancia y continencia, y quisieron averiguar más sobre su origen; se apresuraron a darles acomodo, sin atreverse a preguntar más. Después de que hubiesen comido algo, volvieron a preguntarles por sus vidas. Dorotea llevó a la mujer a que se sentase junto a ella y le rogó que se quitase el velo, pero la mujer no entendía. Miró al hombre que, en lengua arábiga, le explicó lo que le pedían. En cuanto se lo quitó, se mostró un rostro tan resplandeciente que, al verla Dorotea, pensó que era aun más hermosa que Luscinda; por su parte, viéndola Luscinda se dijo que era aun más hermosa que Dorotea, y a todos los demás les pareció que realmente era más hermosa que las otras dos mujeres. Y como no hay en el mundo nada que mueva más a la piedad de los hombres que la belleza, en ese instante, viéndola todos tan bella, compitieron por darle la más cordial bienvenida, como si temieran quedarse el último.

Preguntó Fernando al hombre:

- ¿Podría preguntar cuál es el honorable nombre de la dama?

- Se llama Zoraida -respondió él.

Así como lo oyó, y aunque no entendía español, comprendió la mujer lo que habían preguntado y dijo:

- Me llamo María.

Escucharla todos cambiarse el nombre de Zoraida por el cristiano los impresionó profundamente. Luscinda le tomó la mano y dijo:

- El nombre de mi hermana es María.

- María -repitió la mujer.

En aquel momento, los hombres que acompañaban a Fernando le dijeron al ventero que preparara una buena cena. Sentáronse todos los huéspedes a una larga mesa, y dieron la cabecera al caballero, con Dorotea sentada a su izquierda. Era la comida abundante y deliciosa. Quisada no cabía en sí de gozo, pero no probaba bocado, y quiso hacer ante todos un discurso semejante al que había hecho frente a los cabreros. Dijo:

- Nosotros, los caballeros andantes, a menudo nos enfrentamos a aventuras mucho más que extraordinarias. Por ejemplo, ahora que estamos sentados ante este opíparo banquete en este palacio, si un extraño entrara por la puerta ¿sabría acaso que no somos gente corriente? Si supiera que a mi lado está sentada una princesa y que yo soy el famoso en todo el orbe Caballero de la Triste Figura, debería mostrar mucha más de la cortesía habitual. Sabed que la calidad de quienes profesamos la caballería está por encima de la de los demás, y que se suceden las aventuras por las que pasamos una tras otra. Hay quienes dicen que el estilete es mejor que una afilada espada, pero yo no le doy crédito sea quien sea quien esto afirme, y lo acuso de decir un desatino. Dice la gente que quienes trabajan con el entendimiento son más valiosos que quienes lo hacen con la fuerza; que los soldados tan solo poseen fuerza, como si nosotros viviéramos tan solo de vender la nuestra y no poseyéramos conocimiento ninguno, aunque, en verdad, eso no es así. Otros afirman que, para proteger una fortaleza, un gran general no necesita más que usar la fuerza, y yo les digo que poco han visto, pues solo cuando se comprende en profundidad el arte de la guerra, se puede alcanzar la victoria; si solo fuera cuestión de fuerza la derrota estaría servida. El arte de la guerra consiste en comprender los cambios entre alzarse y replegarse, ascender a los nueve cielos u ocultarse entre las nueve capas de la tierra, ¿cómo se puede ni por un segundo no utilizar el entendimiento? Sin el uso de entendimiento y fuerza, nada se lograría. Suelo yo tomar como iguales los asuntos de las letras y las armas, y para bien discernir en cuál de ambos oficios sobra o falta entendimiento, hemos de comprender cuál es su fin último. Los hombres de letras gustan de hablar de justicia, protegen los cargos, respetan las leyes; nada hay de desmedido en sus palabras. Pero al final, su eficacia no llega a ser tan grande como la de los soldados. El objetivo de los soldados es la paz, solo cuando se ha alcanzado la paz es cuando todos los hombres pueden comenzar a hablar de justicia, proteger los cargos, respetar las leyes. Según pienso yo, la fuerza de la paz depende completamente de los soldados y es un tesoro que no tiene precio. Sin lograr una paz duradera, no solo no se protege el interés de todos, sino que puede despertar el temor. La paz es, sin embargo, la gran ventura que se obtiene tras la guerra, pues la guerra es el heraldo de la paz; así los buenos soldados no tendrán que guerrear más, ni habrá guerras en las que usar la fuerza. ¿Cómo han de saber vuestras mercedes si lo que digo es o no cierto?, ¿qué ocurre cuando se compara con las letras? Permitidme avanzar un paso más en mi argumento. ¿Cuál es más grave, la miseria de los hombres de letras o la de los soldados? Debéis conocer la respuesta.

Mientras Quisada hablaba, ninguno de los que le escuchaba lo tenía por loco mas, al contrario, recibían con gran interés sus argumentos. Volvió a tomar la palabra:

- Hablaré antes de la miseria de los hombres de letras. Lo primero, una gran parte son pobres, pero aun siéndolo pueden hallar alguna alegría en ello, pues aunque es cierto que también hay ocasiones en que pasan hambre y frío, siguen estando en mejor posición los hombres de letras que los de armas, pues despiertan simpatía en aquellos que aprecian el talento y que acaban evitándoles el frío. Hay quienes los reciben en sus casas y se encuentran con ellos, las prebendas que de ellos obtienen no son pocas, lo que rápidamente alivia su escasez. Así podemos ver que la miseria de los hombres de letras no alcanza a la de los soldados. Y les diré más:

Capítulo XI

- Ya hemos hablado de la miseria de los letrados. En cuanto a la del soldado, parece que a él nunca le llega el día de hacerse rico pues su paga es escasa; cuando toma una ciudad, algo se lleva a veces del saqueo mas jugándose la vida, y por ello ha de soportar la vergüenza, si no el menosprecio. Su traje no alcanza para cubrirle el cuerpo ni para abrigarlo cuando pasa el invierno al raso y, en los rigores del frío, ni el aliento de su boca le sirve para templarse; por la noche duerme envuelto en una manta que no lo calienta y apenas si alivia un poco las penalidades del día; y cuando el sol amanece, debe de nuevo tomar su lanza y ponerse en marcha. Con dos ejércitos enfrentados, si no le vuelan la cabeza, se la habrán de vendar con un paño blanco, aunque es más probable que pierda una pierna o que le abran el costado, que no es nada extraño que cosas así sucedan. Si tiene la suerte de no morir, tan pobre será como antes. Aun en la victoria, blanqueándose quedarán diez mil huesos, ¿o es que puede haber de cien batallas cien victorias? Vuestras mercedes saben de los fantasmas que quedan tras las batallas. De los pocos que alguna recompensa habrán de recibir, cualquiera con discernimiento verá quiénes se llevan más y quiénes menos entre los soldados y los letrados; es fácil comprenderlo con toda claridad. Si llega el día de un retorno triunfante, parecerá que regresan muchos, mas el campo de batalla habrá quedado sembrado de huesos blancos y nadie preguntará cuántos cayeron. Con toda la mala suerte con la que los letrados puedan topar, jamás hallaréis sus huesos desperdigados por los campos. En modo alguno se pueden comparar las amarguras del soldado con las del letrado. También son las recompensas mucho más fáciles para este que para el soldado, pues la sociedad tiene en alta estima al letrado y a él se destinan grandes cantidades como premios; mientras que al soldado solo le queda confiar en que su comandante en jefe tenga a bien proveerle de paga y ración de comida y, cuando no llegue, tirar con las tripas vacías, y eso es también muy duro. Pero dejemos esto aparte y volvamos a los argumentos que utilizan los hombres de letras y los soldados. Dicen los hombres de letras: "Aunque saben de guerra los soldados, también deben actuar según las leyes, y son los letrados quienes las fijan". Dicen los soldados: "Si no hubiera soldados, ¿quiénes preservarían esas leyes? Gracias a que hay soldados pueden existir los reinos; por ellos ni los asaltantes de caminos ni los piratas se atreven a cometer sus tropelías. De no ser así, no habría reino que reinar. Y para lograr eso que tanto se estima en este mundo, hace falta gastar dinero; sin mucho dinero ¿cómo obtener lo que mucho se estima?" Argumentan además los letrados por su parte que, para alcanzar un gran prestigio, deben sufrir penalidades, soportar el hambre, prepararse con mucho esfuerzo, y pasar todo tipo de tribulaciones antes de alcanzar el éxito. Mas las penalidades que deben tragarse los soldados multiplican por diez mil las de los letrados. El hombre que se ejercita en las armas sale a la vida y entra en la muerte a cada instante y no escapa de los peligros si no es con mucha suerte, pero a veces no puede evitarlos. Por ejemplo, en el asedio a una fortaleza, o a una muralla, o a un bastión, ve cómo los enemigos se acercan en gran número, cual hormigas, y hasta puede que lancen sus truenos de tierra, y no hay lugar al que escapar, ni forma de mantenerse a salvo. Las órdenes estrictas del comandante son mantenerse alerta y nadie se atreve a abandonar su puesto; cuando vuelan las minas, saltan los cadáveres despedidos por el aire y caen hechos pedazos. Hay todavía más peligros: cuando dos ejércitos se enfrentan, las catapultas lanzan sus cargas que arrecian como lluvia y, aun así, todavía son más peligrosas las bombas enormes. Y no se trata solo de eso, puedes encontrarte en mitad de las vastas aguas de la mar, donde, si pierdes pie, encomendarás tu cuerpo al ministro de las olas; comparadas con las terrestres las batallas navales son, si cabe, más desgraciadas. A veces, por ir en busca de la fama, se lucha con bravura en un bosque de cañones, bajo una lluvia de balas, sin albergar en el corazón el menor temor a la muerte. Y lo que es más de admirar: acierta un cañonazo sobre el navío de guerra y mata a un soldado, detrás llega otro a sucederle, y cuando este muere, otro viene, y así, uno tras otro sin fin, nada los desalienta. Antes de que existieran esas máquinas, era mayor la reputación del soldado, que dependía de su coraje, tanto en victorias como en derrotas. Pero desde que aparecieron, la espada y la adarga no sirven de nada. Tengo para mí que el que las inventó debe estar en los infiernos y no habrá forma de redimirlo, pues cuando un infame maneja una de esas máquinas, aun débil y estando al borde de la muerte, con disparar una bala puede acabar con el hombre más valeroso del mundo. Por ejemplo, un soldado que está en el campo de batalla luchando a brazo partido, de pronto puede recibir una bala perdida, y quedar al punto muerto en el suelo. De este modo, alguien llevado del espíritu de la caballería muere por una bala y caerá en el olvido. ¡Qué lástima! Viéndolo así, realmente detesto la artillería desde el fondo de mis huesos. La razón nos muestra que cuando nació la artillería, la caballería murió. No es que yo tema para nada las armas de fuego, es solo que no estoy preparado para que, por culpa de una de ellas, sea inútil toda mi valía como héroe de este mundo. Mi intención es mantener mi espíritu y, espada y lanza en mano, ganarme fama en todo el orbe. Sin la voluntad divina, en este bosque de armas no podré alcanzar mi propósito, y más me hubiera valido vivir mis andanzas en tiempos de los antiguos caballeros, para encontrar cien veces más de aventuras.

Quisada pretendía mostrar con claridad su elocuencia y, al final, nada comió aunque Sancho no había dejado de recomendarle que lo hiciera. Todo el resto de comensales había estado escuchando cómo seguía envuelto por las caballerías, y cómo todo su discurso, prendido del pasado, resultaba ridículo.

- Estoy muy de acuerdo con vuestras palabras -dijo el médico- y, aun siendo yo hombre de letras, vuestro parlamento me parece glorioso.

Acabaron de cenar y levantaron las mesas. También el ventero, su mujer, la hija y la criada habían escuchado la arenga de Quisada.

Fernando miró al huésped recién llegado y le pareció que debía haber sido hecho cautivo por los piratas, así que le preguntó cómo habían llegado hasta allí.

- Con gusto os contaré mi vida -dijo el huésped-, mas temo que no tendrán vuestras mercedes paciencia para escucharla toda, aunque no he de callar la causa de nuestra llegada aquí.

- Os ruego que nos la contéis -dijo el médico.

- Espero que vuestras mercedes no nos tomen por menos, pero os describiré la causa de todas nuestras penalidades, y aunque no se parecen a lo que cuentan las novelas antiguas, lo que os relataré se ajusta a la verdad.

Capítulo XII

Dijo el huésped:

- Mi familia procede de las montañas de León, y siendo de una familia rica mi padre podía haber sido prudente y medroso guardándose, sin tener que preocuparse por las derrotas en batalla; en lugar de ello, de joven se alistó como soldado. Como tal, ha presumido de dadivoso hasta su vejez, pues habéis de saber que los soldados acaban todos licenciándose en la escuela del despilfarro y ni uno solo conserva su fortuna. Mi padre era uno de esos hombres y había entrado en el ejército cuando todavía no se había casado ni había heredado toda su hacienda. Una vez casado, siguió siendo gastador y lo que gastaba era la herencia de sus hijos. Nosotros éramos tres de los cuales yo era el primogénito. Llamándonos un día a los tres a su aposento, nos dijo: "Hijos míos, ya soy anciano y no he pensado mucho en vosotros, y aunque he malgastado algo, todavía he hecho algunos cálculos. Ya sois los tres hombres maduros, debéis elegir oficio según os convenga. He decidido hacer de mi hacienda cuatro partes: tres os daré a vosotros y una me la quedaré yo para mi sustento. Tendréis así lo que os corresponde de herencia y cada cual podrá sacarle el provecho que sea. He pensado que, como ocupación, sería bueno seguir el dicho popular: 'Todos o a la iglesia, o al barco o a la corte.' Debéis elegir uno pues todos varones sois. ¿Cuál escogeréis? Aparte de estos tres, hay otro camino, el de entrar en el ejército; entrar en el ejército es fácil, mientras que llegar a la corte es difícil; es verdad que siendo soldado hay muchos peligros, pero se puede alcanzar fama y destacar entre los demás. Dicho esto, en ocho días dividiré la hacienda, pero decidme ahora qué camino escogeréis." Y dirigiéndose a mí, dijo: "Tú, por ser el mayor, habla primero". Dije yo: "Padre, no tenéis por qué pensar en vuestros hijos; no debéis repartir la herencia, disfrutadla vos, pues nosotros somos ya mozos y cada uno puede buscarse su empresa; no debería ser esto causa alguna de vuestra inquietud. Mi intención es seguir el ejercicio de las armas, ser un buen hombre a la gloria de Dios, y un buen vasallo ofreciendo mi vida por nuestro rey." Habló después el segundo, que deseaba ir a la India a comerciar. El tercero deseaba hacerse religioso e ir a estudiar a la universidad de Salamanca. En cuanto acabamos de decir aquello, mi padre se sintió muy gozoso. Pasados unos días, partió la hacienda como había fijado y cada uno de los hijos obtuvimos tres mil ducados, pues mi tío, poseedor de muchos dineros, fue quien le compró la hacienda pagándola toda. Nos despedimos los tres con una tristeza difícil de soportar. Dejele a mi padre dos mil ducados y partí yo con mil; mis hermanos le dejaron cada uno otros mil. Con aquellos cuatro mil, más la parte que a él le correspondía, pudo mi padre no deshacerse de la suya, pues con aquella suma podía proveerse. Mi hermano menor entró en la universidad; el segundo fue hacia Sevilla y yo me fui para Alicante, pues había oído que allí había un barco que transportaba madera con destino a Génova. Hasta el día de hoy, y desde que nos separamos, han pasado veintidós años, y en estos veintidós años, aunque le he escrito varias cartas a mi padre, jamás he tenido respuesta; tampoco de mis dos hermanos. Llegué a Génova, desde allí fui a Milán, donde me hice con uniforme y armas; y después llegué al Piamonte donde me alisté. Estando ya de camino para Alejandría de Palla, tuve nuevas de que el gran Duque de Alba se dirigía a Flandes a la cabeza de su ejército. Mudé mi propósito, fuime con él; halleme en la muerte de los condes de Eguemón y de Hornos. Por mis servicios con Diego de Urbina me dieron una medalla; y después combatí en Flandes. Poco después tuve noticia de que el papa Pío Quinto había hecho una liga con España para combatir a Turquía que, en aquel tiempo, había tomado la isla de Chipre que estaba bajo el dominio de los venecianos. Siendo los venecianos cristianos, la pérdida era mucha. El comandante en jefe de la liga de países era Juan de Austria, hermano del rey Felipe. Se preparaba una gran batalla y yo tenía intención de seguir al comandante en jefe para combatir al Turco con la esperanza de obtener algún modesto nombramiento; sin embargo, resolví abandonar mis pretensiones y regresé a Italia con cierta amargura. Llegado a Italia, después de un tiempo, supe que el comandante en jefe había desembarcado en Génova desde donde pensaba llegar a Nápoles para unirse a la liga veneciana. Volví a enrolarme con la armada de Juan de Austria; combatimos en la gran batalla de Lepanto donde conseguí mi primera promoción a capitán y supuso una gran derrota para la armada turca. Mi ejército regresó victorioso, solo yo fui el desdichado pues, aquella noche, sin estar yo alerta, los turcos me tomaron preso y, con cadenas en las manos y en los pies, me llevaron a su barco, en el que fuimos a Constantinopla. Muy amarga fue la travesía, pues de los algo más de quince mil hombres de la armada, todos cristianos, yo fui el único hecho cautivo.

Al año siguiente servía yo como galeote en *La Capitana* y se produjo una encarnizada batalla en la que la armada cristiana sufrió una pérdida lamentable, era como si Dios estuviera enojado y no permitiera que persiguiéramos al gran general turco Uchalí, que llevó a su armada hasta Modón. Modón es una gran isla, que no está lejos de Navarino, en la que el general desembarcó a sus hombres en la orilla y fortificó la boca del puerto. Cuando llegó Juan de Austria, no pudo derrotarlos y tuvo que irse de vuelta. En aquella batalla había un navío llamado *La Presa*, de quien era capitán un hijo de Barbarroja, que fue tomado preso por una escuadra de Juan de Austria; y en aquella batalla naval, otro navío de nombre *La Loba*, cuyo capitán era valiente y aguerrido, salió en su persecución. En el barco en el que íbamos los esclavos, el trato era de una crueldad indecible, por ello, cuando *La Loba* se lanzó con toda su fuerza para abordar la mía, los propios esclavos de la nave, tomaron como preso a Barbarroja y se lo lanzaron de unos a otros; como había muchos, fue rodando desde el timón hasta la proa, donde acabó muerto. Aquello fue la venganza que se tomaron los esclavos por la brutalidad con que los había tratado. Seguía yo en aquel entonces cautivo, y volvimos a la capital de Turquía. Era el año mil quinientos setenta y tres. Se decía que el gran general Juan de Austria había ganado Túnez y le había otorgado el poder a Muley Hamet, deshaciendo las esperanzas que tenía de gobernarlo el turco Muley Hamida, el general más cruel y valiente de ese pueblo, a quien habían tomado preso los cristianos. El emperador turco sintió cierto temor e hizo la paz con Venecia. Al año siguiente, en mil setecientos setenta y cuatro, atacó la Goleta, una fortaleza situada junto al mar Mediterráneo. Yo seguía entonces amarrado al navío de los turcos, no contaba con dinero para comprar mi libertad, pero no soportaba inquietar a mi padre con esta calamidad. Perdiose la Goleta, pues los soldados turcos eran setenta y cinco mil; de moros había cuatrocientos mil, entre ellos los había llegados de Arabia y de la costa norte de África. Los turcos querían tomar la Goleta para hacerse con ella y allanar un fuerte que allí había. Los defensores actuaron con el ánimo que se esperaba de ellos, pero sabían los enemigos que en aquel bastión tan solo había siete mil hombres, aun así aquella batalla mortal duró más de lo imaginable, y para cuando cayó el sitio, doscientos cincuenta mil de los suyos habían muerto a sus pies. De los trescientos defensores que quedaron vivos, ni uno quedó sano, de donde se puede imaginar cuán valientes fueron. Una vez tomada del todo la plaza, cogieron preso al general del fuerte, Gabrio Cervellón, pero a mitad de camino le dieron muerte de forma indigna. Murieron en esta batalla un sinnúmero de célebres generales, gran lástima, pues entre ellos estaba Juan Andrea de Oria, a quien los enemigos le dijeron que no lo matarían, pero luego lo hicieron para ofrecerle su cabeza cortada al comandante en jefe que, sin embargo, no recibió con agrado la ofrenda; consideraba él que matar a los caídos iba en contra de la justicia, así que hizo que a aquellos hombres les cortaran también la suya. Particularmente, había un hombre llamado Pedro de Aguilar que había sido alférez, hombre de extremada pericia, capaz de hacer frente a cualquier dificultad. Y lo menciono porque estuvimos juntos cautivos en el navío de guerra. Cuando lo atraparon compuso dos poemas evocando aquella fortaleza, escritos con gran elegancia. Yo solía repetirlos y podría recitárselos a vuestras mercedes si así lo desean.

En el punto en que el huésped nombró a Pedro de Aguilar, Fernando miró a los tres jinetes, y los tres se sonrieron; y uno de ellos dijo:

- Le ruego que, antes de decirnos los versos, nos cuente qué noticias tiene de ese Pedro de Aguilar.

- Estuvimos juntos encerrados en Constantinopla dos años -respondió el huésped-, después huyó con un griego espía y no he sabido más de él. Creo que debió conseguirlo porque, pasado un año, vi al espía griego de nuevo en la capital turca, pero yo estaba rodeado de muchos y no me atreví a preguntarle.

- Dejadme deciros que Pedro de Aguilar es mi hermano -dijo el jinete-, y hace tiempo que regresó. Se desposó con una mujer de familia de fortuna y tiene tres hijos.

- Por la gracia de Dios -dijo el huésped-. Me inquietaba por él y deseaba que hubiese alcanzado su libertad, pues verdaderamente lo apreciaba y de tanto en tanto lo recordaba.

- Señor, no entonéis vos los versos de mi hermano -dijo el jinete-, pues yo los puedo recitar de memoria.

- Siendo carne de la misma carne, será mucho mejor que seáis vos quien los recite -dijo el huésped.

- El primero describe los peligros y dificultades de la Goleta.

[Capítulo XIII]*

Decía el poema:

Guerreros valerosos caídos en contienda,
santas almas que os alzáis hasta los cielos.
Disteis vuestra vida por guardar nuestras fronteras,
el imperio hoy se rinde a vuestro duelo.
Con fiereza derrotasteis al intruso,
sangre hirviente ardía en vuestras venas;
cada gota derramada de los nuestros
acababa con millares de los suyos.
Hoy tu cuerpo reposa en esta tierra,
y tus glorias cantarán miles de años.
¡Harto desconsuelo!
Serán polvo tus huesos, mas tu nombre por siempre recordado.

- Es exactamente como era -dijo el huésped.

- Hay otro que también puedo recitar de memoria -dijo el jinete-; decía así:

---

* En la edición de LS no se refleja que, a partir de los sonetos de Pedro de Aguilar, se inicia el capítulo XIII (XL); une, directamente, el contenido de los capítulos XII y XIII como si fueran uno, saltando del capítulo XII al XIV. Es probable que sea una errata de impresión.

El lecho en el que yacen tantos héroes
pertenece a esta tierra desolada;
no aguardan tres mil de ellos en silencio
una gloria triunfante en su sepelio.
Son los cuerpos enemigos altos muros
y no hay cantos que ensalcen tal hazaña.
Hombro a hombro, murieron todos juntos,
al despliegue de su fuerza arrebatada.
Erigieron con sus manos su sepulcro,
sin bóvedas de adorno, sin arcadas.
Una dádiva ofrecida por el cielo
esperando acoger tan dignas almas.
Ah, fragancia de esos huesos del pasado,
¿seguirán otros héroes sus pisadas?

Todos ensalzaron la belleza de los versos cuando terminó. Viendo el huésped que no había olvidado ni una palabra, no podía dejar de sonreír y, prosiguiendo su cuento, dijo:

- Rendido el bastión, los turcos minaron lo que quedaba con truenos de tierra, aunque no pudieron echarlo abajo, y tras aquello partieron. Mi amo, Uchalí, murió. Solían llamarlo entre los turcos el Renegado, pues ellos tienen costumbre de añadir al nombre un sobrenombre de alguna virtud o falta que tengan, pues no hay entre ellos sino cuatro apellidos de linajes y al resto los llaman por ese sobrenombre. Uchalí empezó siendo esclavo durante catorce años; con los treinta y cuatro cumplidos quiso huir, pero se sintió injuriado cuando un turco lo abofeteó y, por poderse vengar, se convirtió a la religión musulmana. Llegó a ser emir de la Barbaria y almirante de la armada. Era calabrés y amable en extremo, pues trataba a sus cautivos, de los que llegó a tener tres mil, con mucha humanidad. Dejó dicho en su testamento que sus esclavos se repartieran entre el reino, sus hijos y sobrinos, y sus amigos. Yo fui puesto al servicio de uno de sus subalternos, un veneciano, que había sido grumete en una de sus naves; Uchalí se lo quedó pues le gustaba que fuera un muchacho joven y respetuoso. Pero cuando creció se volvió violento y cruel. Se llamaba Azán Agá, se había hecho rico con los saqueos y había llegado a emir de Argel sobornando aquí y allá. Poniéndome a su servicio, tendría que ir hasta donde él estaba, que sabía no era lejos de España. Había probado antes muchas maneras de huir sin lograrlo, y estando allí sería más fácil pues yo jamás dejaría de intentarlo mientras no muriese. El lugar en el que vivíamos los cautivos era como una prisión, con hombres que nos vigilaban día y noche. Nos diferenciaban en cautivos del común y los que eran de particulares, y aunque estábamos encerrados en el mismo lugar, los del común se ocupaban de las obras públicas en la ciudad y no tenían un amo particular. Estos pueden ser enviados a trabajos forzados y, aun teniendo mucho dinero, no siendo de un amo determinado, no es fácil que compren su libertad. Los cautivos del emir éramos de rescate, y si la suma que se había reclamado para liberarnos no llegaba a tiempo, podían ordenarnos ir a cortar leña o a quemarla en los hornos, o cualquier otro tipo de trabajo. Yo era uno de los cautivos de rescate, pues pertenecía a los que tenían un cargo oficial respetable, pero aun así, también tuve que sufrir el hambre y padecer el frío como los demás. Lo más difícil de soportar, sin embargo era ver la crueldad con la que se maltrataba a los esclavos, algo que me sumía en la aflicción: el emir colgaba un día a este, al siguiente azotaba hasta la muerte a ese, y al tercero desorejaba a aquel, y lo hacía solo por divertirse. Ese Azán Agá era realmente un enemigo de la humanidad. Más tarde oí hablar de un soldado español llamado Saavedra que, no solo escapó a todos aquellos castigos, sino que ni siquiera despertaba el enojo del emir, aunque siempre temíamos que alguna desgracia le pudiera acontecer, lástima que no pueda describir todo aquello. Daba al lugar en el que yo vivía la ventana de la casa de un moro rico, aunque más parecía un agujero grande que una ventana. Acaeció que un día, estando con otros tres compañeros de cautiverio, todos en cadenas, nos pusimos a jugar intentando saltar a un terrado; alcé los ojos hacia el agujero y de pronto vi una larga caña, y al remate de ella un lienzo atado. La caña se bandeaba una y otra vez y uno de los que conmigo estaban fue a acercarse a ver qué era. Cuando llegó cerca de la caña, se alzó esta desde la ventana y luego se movió a izquierda y derecha, como un hombre negando con la cabeza. Volviose el hombre y volvió a bandear la caña. Fue el otro de mis compañeros, y lo mismo sucedió. Viendo yo que ninguno la había conseguido, me fui también hacia allí y cayó la caña ante mí. Me acerqué a desatar el lienzo y dentro de él venían diez cianiis. Cada cianii es como dos coronas en la moneda española. Tan contento estaba yo como admirado de los dineros que de aquella manera habían llegado a mis manos, y que venían especialmente dirigidos a mí, pues a los otros dos compañeros no les habían sido entregados, sin saber por qué. Regresé al terrado y volví a mirar al agujero y vi que de él salía una mano como jade que, con delicadeza, cerraba la ventana. Entendí que una mujer con una mano tan blanca como aquella debía pertenecer a una bella dama que me había hecho entrega de aquellas diez monedas de oro. A la manera de las cortesías de los moros para darle gracias a Dios, crucé mis brazos sobre el pecho y me incliné. Al punto vi de nuevo que salía la caña por la ventana y hacía el movimiento de la señal de la cruz, y tal y como había surgido, desapareció. Supe entonces que debía tratarse de una dama cristiana hecha cautiva; aunque viendo su muñeca que llevaba brazaletes de oro con piedras preciosas incrustadas, pensé que no sería así, pues una cautiva no llevaría esas joyas. O quizá era la esposa cristiana de algún emir converso, pues los musulmanes estiman en mucho a las mujeres cristianas, mucho más que a las de su religión. No podíamos dejar de pensar en ello sin llegar a alcanzar conclusión alguna. Desde entonces pasábamos las largas horas del día mirando a aquella ventana como se contempla la Osa Mayor. Así pasaron quince días en que apenas tuvimos noticias. Estábamos ansiosos por averiguar quién vivía en aquella casa, pero solo supimos que aquella ventana pertenecía a la residencia de un moro principal de riqueza incomparable llamado Agimorato, que poseía, además, un alto cargo. Pero un día volvió a aparecer la caña y a su extremo había atado algo muy grande envuelto en un lienzo, y lo bueno es que no había allí nadie más que los mismos tres compañeros. Fueron primero los otros dos a tomarlo, pero a ninguno se lo entregaron, pues me estaba esperando a mí y, en cuanto me acerqué, lo pude coger. En el lienzo había cuarenta coronas y un papel escrito en arábigo con una gran cruz encima. La besé, volví a hacer una reverencia hacia la ventana, y con la mano hice gestos mostrando que leería la carta. Cerraron la ventana entonces a toda prisa. Los tres estábamos felices y deseosos de leer aquella carta, pero ninguno de nosotros conocía las letras arábigas y no nos atrevíamos a dejar que alguien la tradujera. Buscamos a alguien de los que teníamos alrededor, y encontramos a uno llamado Murcia con el que yo tenía una estrecha amistad. Pensé en tantearlo confiando en que aquel hombre sería prudente y no dejaría que nada se supiese pues, si no, todo el asunto se desvelaría. Hombres como él servían de espías a los moros, pero ya había agotado sus fuerzas y solía hablar siempre de volver a su reino y, en secreto, se comunicaba con los cristianos. Sabía hablar y leer el arábigo, pero antes de confiarme del todo a él, le dije que había recogido aquel papel en el camino. Murcia lo leyó del todo y le pregunté yo si entendía su gramática o no. Díjome que la entendía pero que, si quería que tradujese fielmente las palabras de la carta, necesitaba papel y pluma. La tradujo Murcia, y decía así:

Cuando era pequeña, mi padre me ofreció una esclava. Era la esclava cristiana. Me enseñó a reverenciar la religión de Cristo y me habló de las bondades de María, la Sagrada Madre. Después murió y yo sé que fue directa al paraíso, pues después la he visto dos veces, y me apremia para que vaya a la cristiandad a visitar a la Sagrada Madre. Pero no sé cómo hacerlo. Al otro lado de nuestro muro está la prisión en la que todos sois cristianos. He estado observando vuestro aspecto y, de todos, no hay ningún otro de tanta gentileza. Os quiero decir con toda sinceridad, señor, que no soy fea y que poseo una enorme fortuna; podría partir con vos. Si podéis pensarlo bien, podríamos huir los dos y convertirnos en esposo y esposa; volver junto a vos a un reino cristiano sería muy hermoso. Si os parece bien. Si no estáis de acuerdo conmigo, será entonces Dios quien busque para mí un buen marido. He escrito con mis propias manos esta carta. Si no la entendéis y se la confiáis a alguien para que os la traduzca, escoged bien y, en ningún caso, la pongáis en manos de un moro, pues son los moros gentes violentas y traidoras, sería muy peligroso; al final ningún beneficio obtendríais de ello. Deseo de todo corazón que la leáis vos mismo, sin mostrársela a nadie, pues si algo se llegara a saber, mi severo padre se enfurecería y me echaría a un pozo que taparía con piedras. Sería mi trágica muerte. Si me respondéis a esta carta, dejaré caer una cuerda por la ventana; podéis atar vuestra respuesta al extremo y yo misma la recogeré. Si no podéis escribir en arábigo, hacedme señas con la mano, que yo miraré por la ventana y podré entender lo que decís. Confío en que Dios os ayude a tener éxito; beso la cruz cada día, rogando al cielo. Con esta carta os muestro toda mi fe.

La carta llegaba hasta ahí. Podréis saber, señores, la satisfacción que sentí. Haciendo la traducción, Murcia entendió que aquella carta no la había recogido yo por el camino, y me pidió que le hablara con franqueza, que juraba por el cielo que no dejaría que nada se supiese, y que podía ayudarme a escapar. Entonces se sacó del pecho un crucifijo de cobre y sobre él prestó un juramento, diciendo que, aunque había cometido tantos crímenes como vasto es el cielo, se había confiado a Dios. Que si teníamos algún asunto, le informáramos pues guardaría nuestro secreto con toda firmeza. Creía también que aquella carta la había enviado una hermosa dama, y que debía tener algún arte para evitarnos los peligros; que debíamos saber que aunque él, en un tiempo, había abandonado la verdadera religión y se había entregado al mal, cargando con muchos pecados, quizá, salvándonos del peligro conseguiría alcanzar el perdón del cielo, y que para él sería una gran ventura. Me pareció que aquel hombre tenía buena fe y era sincero, así que terminé por contarle toda la verdad. Le mostré cómo había llegado la carta desde la ventana y él dijo que preguntaría quién vivía en aquella casa. Dicté entonces unas palabras para que Murcia las escribiera, y decía:

¡Ah, adorable dama! Sin duda han sido Dios y la Sagrada Madre quienes han movido vuestro bondadoso corazón para haceros partir a tierras cristianas; y son vuestras piadosas oraciones a la Sagrada Madre las que os guiarán de regreso al camino correcto. Tanto mis dos compañeros como yo, humildes servidores vuestros, haremos todo lo que nos permitan nuestras fuerzas para ayudaros, incluso a costa de nuestra propia vida. Respondednos a esta carta con vuestras intenciones, pues Dios felizmente nos ha otorgado un hombre cristiano, honesto y sincero que escribe de su mano esta respuesta. Nada temáis, continuad diciéndonos vuestros propósitos a través del papel. A lo que decís de contraer el

matrimonio una vez que hayáis entrado por el camino de la iglesia, yo os juro que habré de cumplirlo, sin trampa alguna como las que suelen hacer los moros. Ante la atenta mirada de la Sagrada Madre, se celebrarán nuestros esponsales.

Escrita y cerrada la carta, la atesoré en mi pecho a la espera de ver aparecer desde la ventana la caña con el hilo, y no tardé mucho en verla como si fuese una caña de pescar. Fui a atar la carta a su extremo que de nuevo traía un pequeño envoltorio. Lo abrí. Contenía cincuenta coronas. Volví a guardar el dinero pensando en que nos serviría en la huida. Aquella noche regresó Murcia y nos contó que en aquella casa vivía un moro llamado Agimorato, rico y cultivado como no había otro. Tan solo tenía una hija que era su mayor tesoro, y que era de una belleza que podría arrasar reinos. Todos los más importantes cargos de la iglesia musulmana la habían pedido por mujer, pero a todos había rechazado. Había oído también que siendo ella pequeña, había tenido una esclava que la había guiado por el sagrado camino del cristianismo, y que por lo que había oído, todo era como se decía en la carta. Le preguntamos a Murcia cuál sería la estrategia a seguir, y él dijo que esperásemos a ver qué respondía en la siguiente carta para decidir; si podía, él escaparía con nosotros ya que, aunque por sus pecados merecía cien muertes, nos prepararía una forma de huir. Pasaron cuatro días en los que los cautivos no tuvieron que ir a trabajar. Estábamos apretados como hormigas, el terrado a rebosar, y la ventana no se abría. Llegado el quinto día, tuvieron todos que salir a ocuparse de sus tareas y me quedé yo solo. Entonces vi que de la ventana volvía a salir la caña, y otra vez traía un hatillo atado a su extremo, pero en esta ocasión era enorme. Lo abrí y había una carta con la escolta de cien coronas. Había llegado también Murcia y le tendí la carta para que la leyera. Decía así:

Yo no sé qué es lo importante para que podamos regresar a España juntos, aunque en los largos días y las eternas noches le he rezado a la Sagrada Madre; mas ella no ha realizado portento alguno para mostrármelo. Lo que podré hacer es proveeros a través de esta ventana de muchísimos dineros. Rescataos vos con ellos y también a vuestros amigos.

Vaya uno primero a España para comprar una barca, para que me llevéis con vos. Si queréis encontrarme, estaré en la villa de mi padre, que está junto al mar, en Babazón, no lejos de aquí, donde voy cada año a pasar el verano y evitar los rigores del calor. De allí, de noche, me podréis sacar y llevarme a la barca para huir por mar. Ya me habéis prometido ser mi esposo y la Sagrada Madre habrá de velar por ello desde el cielo. En cuanto a lo de comprar la barca, si no confiáis en vuestros amigos, podréis partir vos primero, que yo sé que como sois sincero y honesto, y buen cristiano, no traicionaréis la confianza que tengo puesta en vos. Informaos de dónde está la villa de mi padre. Aprovecharé cuando esté todo más tranquilo para haceros llegar más dineros.

Oyendo sus palabras, me sentí gozoso y mis dos compañeros se ofrecieron a ser el primero rescatado y volver a España para comprar la barca. Dijo Murcia que de ninguna manera podíamos ir uno de nosotros tres, sino que debíamos partir juntos en la barca, porque ya había conocido muchas historias de uno que partía solo y rompía sus promesas abandonando a los que había dejado. Había pasado ya: de un grupo de hombres, se fue uno primero a Valencia, o a Mallorca, para comprar un barco y volver a buscar al resto, pero se guardó los dineros y huyó, sin volver jamás a buscar a los demás. Nos contó la historia para confirmar que claramente no podíamos hacerlo así. Lo primero debía ser pagar el precio por uno, para que, ya libre, comprara una barca para comerciar en Argel o Tetuán. Él sería el dueño de la barca y podría comprar uno por uno a los demás; porque una vez pagados los rescates, podríamos ir y venir sin cortapisas, y hasta embarcar en pleno día. La única dificultad que había era que a los liberados no les estaba permitido comprar barcas pequeñas, sí si eran grandes, pues con grandes bajeles podían llevar hombres y dedicarse a la piratería; con las barcas pequeñas temían que pudieran usarlas para volver solapadamente a España. Para evitarlo, él buscaría un moro que lo ayudara para no despertar sospechas en las autoridades y eludir así la dificultad. Después de escuchar a Murcia, no osamos contradecirle porque no se enojara y que fracasara todo el asunto y, especialmente, porque la vida de María estaba en sus manos. En aquel mismo punto respondimos a María, apremiándola para que nos consiguiera el dinero para los rescates y jurándole de nuevo que yo habría de ser su esposo. A los dos días llegó su carta con dos mil coronas, en la que decía que el siguiente viernes se iba a la villa pero que, antes de eso, nos daría más dinero y que si aquello no bastase, que se lo avisásemos por carta pues su dinero era mucho, llenaba los baúles y se acumulaba en las arcas, y ella tenía las llaves de todo. Después de tomar el dinero, le di quinientas coronas a Murcia para comprar la barca, y con ochocientos me rescaté yo. El jueves nos dio otras mil coronas y una carta en la que decía que me vería en la villa. Respondíle que así lo haría y, con el dinero, rescaté a mis dos amigos. Aún quedaba una buena cantidad de dinero y lo guardé todo en casa de un mercader que también era español, pues había sido a través de él cómo había obtenido la libertad.

Capítulo XIV

En dos semanas Murcia había conseguido ya una barca en la que cabían más de treinta personas y, con su compañero moro, ya había hecho alguna travesía a Sargel, que estaba a treinta leguas de Argel. Desde allí había ido hasta Orán, donde la producción de higos era muy abundante. Hicieron Murcia y su compañero varios viajes de ida y vuelta, y cada vez que venía fondeaba en una caleta que no estaba lejos de la villa de la mujer; y cada vez que paraban, se ponía a hacer los ritos de los musulmanes y a veces se acercaba a la villa para pedir algo de fruta fresca para comer. El padre de ella, aun sin saber quién era, se la daba siempre que la pedía. El propósito de Murcia era poder ver a la dama para hablarle en mi nombre y acordar con ella el viaje que habíamos de hacer juntos; pero no le fue posible, pues los moros y los turcos no dejan que sus mujeres vean a extraños; en cuanto a los esclavos, los amos sí dejan que los vean, pues no despiertan sospechas por no considerar que están a la altura de las casas nobles. Temía yo un poco que se pudiese enfadar la dama porque fuese un renegado quien sirviera para comunicarnos con ella. Afortunadamente, no pudo verla y mi corazón se sintió algo aliviado. Se movía ya Murcia con mucha facilidad, entrando y saliendo a su antojo; si quería salir lo hacía, y si quería detenerse lo hacía igualmente, y el moro que lo acompañaba se limitaba a seguir sus órdenes. Yo estaba ya felizmente en libertad y había acordado con mis amigos que partiríamos en la barca de Murcia el siguiente viernes: primero dejaríamos todo dispuesto, y después pensaría en cómo entrar con discreción en la villa para ver a la mujer. Decidí entonces fingir que estaba buscando algunas yerbas silvestres y precisamente su padre me vio. En la lengua común me preguntó quién era y le contesté que era un esclavo de Arnaute Mamí. Mamí era un amigo del padre de la muchacha. Preguntome que si era hombre de rescate y cuánto pedían por mí. Estando en estas cuestiones, salió de la estancia con mucha elegancia la muchacha, pues no hay prohibición alguna de que las muchachas vean a los esclavos ni a su padre le extrañaba. Vi aquella belleza sin par en el mundo, ataviada con el esplendor de una diosa celestial. Su cabello, cuello y muñecas estaban adornados con las más brillantes perlas y piedras preciosas, de un deslumbrar cegador. Es costumbre entre los moros que sus mujeres dejen ver la mitad de los brazos y los tobillos, y que lleven estos adornados con ajorcas de oro con diamantes engastados, de un valor incalculable; los brazaletes de sus muñecas llevaban también las más valiosas perlas de los moros, de las que la familia de la muchacha poseía muchas. Solo uno de aquellos brazaletes podía estimarse en doscientas mil monedas de oro españolas. La severidad de los viajes merma en algo la belleza de todas las mujeres del mundo y vuestras mercedes no pueden imaginar la hermosura que desplegaba la María de hoy aquel día. Cuando la vi me pareció estar ante una deidad del cielo, como si ya estuviese muerto. Así como llegó, su padre le dijo:

- Es un esclavo de Arnaute Mamí que ha venido a coger algunas yerbas del jardín.

- Siendo uno de esos cristianos de alta cuna -dijo ella usando la lengua común-, ¿cómo es que todavía no te has rescatado?

- Ya me han rescatado -respondí yo-, y baste saber para que conozcáis mi nobleza, que mi amo pagó por mí en ese momento mil quinientas monedas de oro.

- Si hubieses sido esclavo de mi padre, no te hubiesen podido comprar a menos que hubiesen pagado tres mil -dijo ella-. A los cristianos os gusta fingir pobreza, no decís la verdad.

- Puede que algunos sean así -respondí-, pero yo jamás engaño.

- Habiendo comprado tu libertad, seguro que piensas regresar -dijo la muchacha-. ¿Cuándo partes?

- Mañana -respondí-. Mañana hay un bajel de Francia que zarpa y aprovecharé para irme en él, no quiero permanecer aquí más tiempo.

- ¿Por qué no esperas que vengan bajeles de España -preguntó ella- en lugar de partir en el francés? Los franceses no son vuestros amigos.

- Si fuese a venir un bajel de España -dije- lo aguardaría; pero no se sabe cuándo será, y me urge el deseo de ver a las personas que quiero bien. No puedo esperar.

- Debes ser casado en España -dijo la muchacha-, sin duda esa es la causa de tu urgencia por regresar.

- Aún no estoy casado -respondí-, mas estoy comprometido con una dama, y juré celebrar los esponsales cuando regresara.

- ¿Es hermosa la dama? -dijo ella.

- No hay otra igual en el mundo -respondí-. Podría decirse que se parece mucho a mi señora.

De esto se rio a carcajadas su padre, y dijo:

- ¿Es que entre vuestras mujeres cristianas hay alguna que pueda compararse en belleza con mi hija, de la que también se pueda decir que destruye reinos?

Yo no comprendía lo que decía la muchacha, pero su padre me traducía; y lo mismo hacía con ella cuando era yo el que hablaba. Aunque, en realidad, la muchacha también entendía bien la *lingua franca*, pero no deseaba hablarla, y utilizaba solo la lengua de los moros para preguntar y responder, y para no despertar sospechas.

Estando en esta charla con el padre, de pronto llegó un moro corriendo y dijo que habían entrado unos cuantos soldados turcos saltando las bardas para coger fruta, aunque no estaba madura, y que se iban a escapar. Sobresaltose el anciano escuchándolo, pues los moros aunque están con los turcos, temen mucho a sus soldados, que son aun peor que lobos y tigres y además son estúpidos como bestias y no se puede atender con ellos a razones. Le ordenó el padre a su hija que se retirara al punto y, antes de irse a hablar con los soldados, me dijo:

- Cristiano, recoge las yerbas y que tu Dios te ayude en el regreso a tu tierra.

Después de despedirme, el anciano partió a toda prisa. La muchacha fingió marcharse pero, ocultándose bajo los árboles, regresó al ver que su padre se había ido. Con lágrimas en los ojos me dijo:

- ¿Te vas?

- Prefiero morir en este lugar antes que irme sin ti a mi lado -le respondí-. Hemos fijado el próximo viernes para zarpar, espera que venga a buscarte, acompáñame a esta travesía sin temor alguno.

Yo había estudiado algo de la lengua mora, así que ella me comprendió claramente y, echándome los brazos al cuello, nos dirigimos hacia su estancia. El padre volvió enseguida y ella, fingiendo desmayo como si fuera a caer al suelo, continuó con sus brazos en mi cuello y su cabeza recostada sobre mi pecho. Aproveché yo la ocasión e hice como si la estuviera sosteniendo. Su padre se llegó a toda prisa para preguntar qué había sucedido, pero ella no respondió.

- Seguro que es el sobresalto por esos soldados turcos el que la ha puesto en este estado -dijo.

Abrazó a su hija y pareció ella recuperarse un poco. Lanzó un profundo suspiro y, llorando, me hizo un gesto con la mano diciendo:

- Cristiano, vete, vete. No te quedes aquí.

- Quédate tranquila -le dijo el padre-, se vaya o no, no te hará mal. Les he dado buenas razones a los soldados turcos y se han ido todos. No te inquietes más.

- Esos soldados han provocado que la dama se sobresaltase -dije-. Si mañana no me he ido, quizá podría venir de nuevo a recoger yerbas. Dice mi amo que en vuestro honorable jardín crecen las mejores.

- Puedes venir cuando quieras a coger las que desees -dijo el anciano-. No es que a mi hija le molesten los cristianos, es solo que se ha asustado mucho con los soldados turcos. Toma las yerbas que necesites.

Con esto me dispuse a salir y, mientras ella me despedía con sus ojos, no soportaba yo verla marcharse. Con el fingimiento de recoger varias yerbas, busqué por todas partes las entradas y salidas para preparar la huida. Cuando regresé a la barca de Murcia le di buena cuenta, detalle a detalle, de lo que había visto y fijamos que el siguiente viernes partiríamos. Con todo listo, esperó a la noche para atracar la barca lo más cerca que pudo de la villa. Para entonces ya habíamos concertado con algo más de diez cristianos que nos encontráramos en los alrededores de la villa. Ellos pensaban que, cuando llegara la barca, ataríamos a los remeros moros y los arrojaríamos al agua para callar sus bocas, pero Murcia dijo que no sería así. Cuando ya había anochecido, me puse a discutir con los demás si íbamos primero a por María o apresábamos antes a los moros.

- Es más fácil solucionar primero lo de la barca -dijo Murcia-, y después ir a buscar a María, los remeros moros están ahora todos bien dormidos.

Parecía mejor ir a rendir a los moros y volver luego a por María. Así que todos de acuerdo, cada cual tomó una espada y nos llegamos a ellos.

- Si alguno osa hacer el menor movimiento -les dijo Murcia- le costará al punto la vida.

Subieron todos los demás cristianos al barco y amarramos a los moros. Ellos, que eran de poco ánimo, se quedaron temblorosos y callados tras oír las órdenes. Murcia dejó a algunos hombres en el barco y el resto nos dirigimos hacia el jardín. La puerta no estaba cerrada y pudimos entrar. Los guié hasta la estancia de María, que estaba aguardándonos junto a la ventana. Preguntó en voz baja:

- ¿Sois los cristianos?

Le pedí que saliera con premura y, sin responderme palabra, salió en un instante, tan hermosa y bellamente vestida que parecía un ser celestial. Me incliné para besarle la mano, y lo mismo hicieron Murcia y mis dos amigos para mostrarle sus respetos y darle las gracias por haber puesto el dinero para pagar nuestros rescates. Preguntó Murcia si su padre estaba en la casa, y respondió ella que estaba durmiendo.

- Pues habrá que despertarle y llevárnoslo, a él y todo lo que aquí haya de valor.

- No -dijo ella-, no hay nada más de valor que lo que yo traigo conmigo, que bastará para que todos quedéis ricos.

Y volvió a entrar para coger algo. Como no entendí lo que en moro hablaban, le pregunté a Murcia lo que había pasado, y él me lo contó.

- No se hará otra cosa que lo que diga María -dije.

Venía María ya con un pequeño cofre pero tan cargado que apenas podía sostenerlo. Cuando estábamos a punto de salir, el anciano se despertó y, abriendo la ventana para mirar, vio que allí había muchos hombres y comenzó a gritar: "¡Ladrones!". Fuimos presa de una gran alarma, pero Murcia, con algo más de redaños, tomó unos cuantos hombres con grandísima presteza, para entrar en su estancia y apresar al anciano. La muchacha, del susto, se había desmayado. Los hombres tomaron al anciano, le taparon la boca y lo ataron de pies y manos. Cuando ella se despertó, viendo a los hombres sujetar a su padre, se cubrió la cara para no mirarlo. El anciano no sabía todavía que su hija se había puesto de acuerdo con esos extranjeros. Cargaron a su padre y volvimos todos a la barca. Los que allí habían quedado estaban intranquilos temiendo que nos hubiese acontecido alguna cosa. Cuando subimos a la barca desataron al anciano y, amenazándolo con un cuchillo, le dijeron que se quedase callado. Sin atreverse a hablar, el hombre miraba a su hija al lado y no dejaba de suspirar asombrado de ver cómo yo la tenía abrazada y ella se abrazaba a mí, dándole la espalda. Ordenó Murcia que soltaran amarras, desplegaron las velas y partimos. Ella le dijo a Murcia que liberase a su padre y a los otros moros para que pudiesen ganar la orilla e irse. Murcia me lo explicó y dije yo que sí al punto, pero él dijo que no podía ser, pues en cuanto el anciano alcanzara la orilla, podría dar aviso y la guardia o algunas patrullas o fragatas ligeras podrían alcanzarnos; añadió que cuando llegáramos a tierra cristiana acercaríamos la barca a la orilla para liberarlos, que así nada malo habría de pasarles. A todos nos parecieron buenas sus razones, y yo le di cuenta de ellas a María, diciéndole que no queríamos dañar a su padre, pero tampoco que él nos hiciera daño. Pusimos rumbo a Mallorca y le rogamos a Dios por su protección secreta, mas queriendo ir al sur, sopló viento del norte, y tuvimos que ir costeando el mar hasta Orán. De Orán a Argel había unas treinta leguas, por lo que resultaba fácil llegar, pero temíamos encontrarnos con alguna patrulla. Íbamos bien alerta por si veíamos algún navío español al que pudiéramos subir para abandonar nuestra pequeña barca, pues nos facilitaría las cosas. En este tiempo María seguía cubriéndose la cara con las manos por no ver a su padre, e invocando a la Santa Madre María. Habríamos navegado unas treinta millas, cuando nos amaneció. Hasta la costa quedaba algo más de una milla, y se veía toda tranquila y desierta, pero no quisimos acercarnos, sino seguir viaje. Habiendo navegado casi dos leguas, diose orden de que se bogase por turnos para que pudiesen comer los remeros, pero dijeron que podían comer al tiempo que bogaban, pues no debíamos parar. En ese momento giró la fuerza del viento que hinchó nuestras velas, dirigiéndonos a Orán, navegando a ocho millas por hora. Dimos de comer a los moros apresados y les dijo Murcia:

- No os vamos a tomar como esclavos. En cuanto tangamos ocasión os dejaremos libres.

Y así se lo dijo María a su padre, a quien le corrían las lágrimas por el rostro; también lloraba amargamente ella que se fue a abrazarlo, sin decir nada. Los que allí estábamos también comenzamos a llorar entristecidos. Viendo tan primorosamente vestida a su hija, el anciano se extrañó y dijo:

- Ayer noche te vi con tus vestidos ordinarios, ¿por qué ahora que nos han tomado por la fuerza traes esos ropajes tan hermosos? No entiendo qué te ha pasado.

Murcia me explicó lo que había dicho el anciano, mientras ella permanecía callada. Vio él entonces el pequeño cofre que pensaba que había quedado en casa y, con mucho asombro, dijo:

- ¿Cómo ha llegado eso a sus manos?

- Anciano, no le preguntes a la dama -intervino Murcia-, te lo resumiré en una palabra. Tu hija se ha convertido en cristiana. Es ella la que ha pagado por nuestra libertad y viene con nosotros y, sinceramente, te digo que en modo alguno hemos forzado su voluntad, pues sale de las tinieblas a la luz.

- ¿Es verdad lo que dice? -preguntó el anciano a su hija.

- Así es -respondió ella con los ojos arrasados de lágrimas.

- ¿Cómo has llegado a esto? -dijo el anciano- ¿Querías dejar a tu anciano padre en manos de sus enemigos?

- Mi propósito no era hacerte mal, padre -dijo María-, no imaginaba que esto pudiera llegar a pasar. Solo busco mi salvación, por ello he tenido que hacerlo.

- ¿Y dónde está tu salvación? -preguntó el padre.

- Le pregunté a la Sagrada Madre María cuál era el camino a la salvación -dijo ella-, pues tu hija no lo conocía.

Apenas hubo escuchado sus palabras, el anciano, enfurecido y con gran presteza, dio un salto y se arrojó al mar. Felizmente, al ser muy anchos sus vestidos se desplegaron y le hicieron flotar sobre el agua. Gritó María que salváramos a su padre y algunos de los remeros, que conocían bien el mar, tiraron de sus ropajes y lo subieron de nuevo a la barca desmayado y como a punto de morir. Se abrazó la hija a su padre llorando desconsoladamente mientras le volvíamos boca abajo, vomitó mucha agua y recuperó el sentido al cabo de dos horas. En ese tiempo se había levantado viento empujando la barca hacia la costa, y con los remos lo ayudamos hasta llegar a una pequeña cala en la que se elevaba un alto promontorio. Junto a él detuvimos la barca, dejando a algunos hombres que vigilaran para que, si acaso había algún cambio, pudiéramos levar el ancla y partir. Comimos algo mientras rogábamos a Dios en silencio no encontrar enemigos que nos apresaran. Me dijo María que debíamos permitir que su padre alcanzara la orilla:

- Si no, aquí mismo moriré -añadió.

- Los liberaremos cuando zarpemos -dijo Murcia-, pues no deseamos provocarle más amarguras al anciano.

El viento se calmó y el agua estaba tranquila como un espejo, así que liberamos en la orilla a todos los moros y al anciano, que dijo:

- ¿Sabéis por qué desea esa mala hija, de perverso corazón, que me liberéis? No creáis que está mostrando los sentimientos de una hija amorosa, sino porque si yo estuviera ante ella, no podría hacer lo que desea; ni creáis tampoco que muda su corazón a vuestra religión, solo le hace feliz saber que la vuestra le da una libertad diferente a la contención que la religión musulmana le impone.

Y volviéndose hacia su hija, le dijo:

- Hija ciega, no tienes corazón, ¿cómo puedes irte detrás de esos perros?

¿No has pensado que son nuestros enemigos naturales? ¿Cómo te has podido torcer así? ¡Me arrepiento de haberte amado como a mi propia vida desde que eras pequeña! ¡Cómo has podido llegar a esto!

(Es exactamente lo mismo que ocurrió con quien partió siguiendo al marido con las tres mil ballestas de hierro).

Viendo yo que el discurso del anciano no tenía visos de terminar, ordené que lo dejaran al punto en la orilla. El anciano comenzó a rezar al dios de su religión musulmana, y a maldecirnos para que nuestra barca volcara en el mar. Cuando me volví a mirar, lo vi mesarse el cabello y tirarse por el suelo, revolcándose sin cesar. Todavía se podían oír sus gritos diciendo:

- Hija mía, vuelve enseguida. Te perdono todos tus yerros. No quiero más tesoro que el que tú regreses. Si no, aquí mismo moriré hoy, no quiero envejecer solo y abandonado.

Escuchando sus lamentos, la hija no podía soportarlo y permanecía callada, pidiéndole a la Sagrada Madre que consolara a su padre y que no permitiera que, en un arranque de furia, se quitara la vida. Mirando al cielo dijo:

- Es voluntad de Dios. No puedo contravenir su voluntad por mis propios deseos, tiene que ser así. Mi corazón alcanza ahora la paz, aun sabiendo que a los ojos de mi padre soy culpable. Soy una ferviente creyente, no puedo actuar de otro modo.

La barca se fue alejando y ya ni veíamos sus muestras de dolor, ni se escuchaba el sonido de sus lamentos. Con palabras dulces intenté consolar a María, y estando ya todos en la barca, nos confiamos al viento. Nos era propicio y contábamos con llegar al otro día a España. Nos felicitábamos todos por la fortuna, aunque nadie imagina que cuando la alegría es máxima, llega siempre la amargura. Fue quizá por nuestra mala suerte en aquel momento o por las maldiciones del anciano que, cuando navegábamos en medio de la noche y con viento favorable, con las velas hinchadas aprovechando la luna, de pronto avistamos, delante de nuestra barca, un navío corsario. Íbamos casi a la par, cuando vimos que el navío arriaba velas, como dejándonos pasar. Nos gritaron desde allí:

- ¿De dónde venís? ¿A dónde os dirigís?

Aquel hombre hablaba francés, y Murcia dijo que no respondiéramos pues era un barco corsario francés y si, viéndonos, decidían abordarnos, no podríamos resistirnos. Todos hicimos como dijo y desplegamos las velas para partir, pero nos lanzaron un proyectil que pasó de largo sin darnos. Le siguió otro que acertó en el timón, rompiéndolo y haciendo que se hundiera. Comenzamos todos a grandes voces a pedir socorro, así que los franceses echaron un esquife al agua y se subieron todos; armados de arcabuces y espadas, con antorchas en las manos, nos abordaron. Cuando vieron que éramos pocos, nos prendieron y nos llevaron al esquife, donde nos dijeron:

- Os preguntamos y no quisisteis responder; si lo hubieseis hecho, no os habríamos disparado.

En ese momento, Murcia aprovechó para arrojar al mar el pequeño cofre de María sin que los ladrones lo descubriesen. Subimos todos al bajel y nos preguntaron a dónde íbamos; nos registraron a todos y nos quitaron el oro y los dineros que teníamos, y a ella le quitaron todos los brazaletes y las joyas que llevaba al cuello. Felizmente, solo buscaban objetos valiosos y riquezas, y no tenían intenciones deshonestas, lo que alivió algo mi corazón, pues la virtud de una mujer es diez mil veces más valiosa que cualquier piedra preciosa. Llegaron a despojarnos incluso de nuestros vestidos. Discutieron luego sobre cómo disponer de nosotros. Uno de ellos dijo que bastaba con envolvernos en una vela y arrojarnos al mar, mas su capitán se negó, diciendo que nos habían quitado todo lo que de valor teníamos y que no había necesidad de dañar nuestras vidas. Quedó así fijado y nos dieron el esquife con vela y remos, echaron en él comida y agua y nos dejaron partir. El día ya oscurecía y se divisaba la costa española, por lo que nos sentíamos tan felices que todos lo celebramos como si hubiéramos vuelto a la vida. Además, el capitán de los corsarios había sentido lástima de María y le había entregado cuarenta coronas, dejándole sus vestidos, sin permitir que nadie la tocara. Partimos y bogamos con todas nuestras fuerzas para alcanzar la costa que estaba ya muy cerca. En la playa había altos peñascos de rocas afiladas y frente a nosotros se alzaba una gran montaña. Abandonamos la barca y cogiendo la comida y otras cosas, nos dispusimos a buscar un paso. No se veía alma alguna, así que decidimos buscar algún sendero para avanzar y, si encontrásemos a alguien, preguntarle el camino. María, débil y delicada, no podía caminar, así que la cargué sobre mis hombros y emprendimos la marcha lentamente por los riscos. Habíamos caminado una milla cuando oímos el sonido de una flauta que supe era de un cabrero. Miramos a lo lejos y vimos bajo un árbol un mozo cortando una rama con un cuchillo. Dimos voces y el mozo al vernos, con gran asombro, se ocultó. Después supimos que creyó que éramos salteadores al ver a Murcia y a María vestidos como moros. El mozo salió corriendo, dando grandes gritos:

- ¡Llegan muchos moros!

Desde siempre la gente de mi tierra está preparada para hacer frente a los saqueos. Sabía que aquellas voces del mozo, al ser oídas por la patrulla costera, habrían de atraerla para apresarnos; era impredecible si podía sucedernos alguna desgracia. Le dije a Murcia que abandonara sus vestidos y uno de los nuestros le dejó su casaca, quedándose solo en camisa, aunque al menos eran ropas españolas y no teníamos ya nada que temer. Una vez evitado el peligro, avanzábamos por el camino cuando vimos, al poco, que cincuenta jinetes de la guardia se acercaban al galope. Nos estuvimos quietos aguardándolos. Vieron ellos un grupo de cristianos cautivos y nos miraron confusos. Uno de los jinetes nos dijo:

- El mozo ha dicho que erais moros.

- Sí -dije, e iba a contarle cómo habíamos escapado los que allí estábamos, cuando uno de los nuestros, reconociendo a uno de los jinetes, dijo en alto:

- ¡Gracias sean dadas a Dios, que tan presto nos ha traído de regreso! ¿No es esta Málaga? He estado muchos años fuera en cautiverio, pero hoy felizmente he regresado. ¿No sois vos mi tío, Pedro de Bustamante?

El jinete se arrojó del caballo y fue a abrazar al mozo diciendo:

- ¡Sobrino de mi vida! Desde que fuiste apresado por los moros, no hemos dejado de llorarte todos los días. Tu madre aún vive y había perdido la esperanza de recuperarte. Gracias a Dios podrá volver a verte. Habíamos oído que te habían atrapado en Argel y no sabíamos si seguías vivo o muerto, y ahora has regresado y te tengo ante mí. Han sido todas las almas santas las que te han protegido.

- Así es -respondió el mozo-, pero no puedo contároslo ahora todo, tiempo nos queda para hacerlo.

Los jinetes, que entendieron que éramos cristianos, se apearon de sus caballos para saludarnos. Nos iban a llevar a la ciudad que distaba todavía una legua, así que se distribuyeron y algunos fueron a recoger la barca para llevarla a puerto, y le cedieron un caballo a María. Para entonces, toda la ciudad salió a recibirnos, pues no habían visto a unos cautivos que hubiesen escapado y regresado. Contemplaban la belleza arrebatadora de María que, feliz de que hubiese pasado el peligro y de poder entregarse a la nueva religión, se mostraba más hermosa que cualquier otra que hubiese en la ciudad dejando a todos rendidos ante ella. Cuando llegamos, lo primero que hicimos fue ir a la iglesia a postrarnos ante Dios. Había en la iglesia colgadas muchas imágenes de santos, y dijo María:

- Algunas de las imágenes se parecen a mi Sagrada Madre.

- Así es -le dije.

Murcia se las iba señalando y le explicaba que aquellas pinturas representaban las apariciones de las verdaderas divinidades y, aunque no podía hablar con ellas, María se postraba ante cada una. El sobrino de Pedro de Bustamante, que se llamaba Vélez, nos llevó a María, a Murcia y a mí a la casa de su tío. Cuando madre e hijo se vieron, tristeza y alegría se mezclaron. La casa era la de una familia acomodada y nos atendieron con gran afabilidad. Seis días estuvimos allí, al cabo de los cuales Murcia partió hacia Granada y el resto de los nuestros se fue cada uno por su lado. Quedamos solos María y yo, sin nada con lo que poder contar excepto las cuarenta coronas. Compré una mula y nos dirigimos ahora a casa de mi padre con la intención de saber si él y mis hermanos siguen vivos. Hago el camino junto a María, que llena mi corazón de alegría, pues acepta con buen gusto todas las dificultades, pensando en convertirse a la verdadera religión. El respeto y el amor que siento hacia ella no pueden describirse y aunque no tuviese casa a la que regresar, ninguna tristeza podría sentir teniendo a tan virtuosa mujer junto a mí. No sé si mi padre estará vivo o muerto, o si mis dos hermanos pequeños habrán partido quién sabe a dónde. Mas aunque me encontrara solo, sin apoyo, no me arredraría el futuro y no lo temo, me basta con seguir lo que el cielo disponga. Espero no haber molestado a vuestras mercedes con lo que han escuchado.

Capítulo XV

Habiendo relatado el huésped la historia con detalle, dijo Fernando:

- Señor capitán, vuestra historia es tan extraña, tan afortunados e inigualables los sucesos que, además, habéis relatado de una forma tan atractiva y emocionante, que nos habéis conmovido a todos los que os hemos escuchado y, aunque siguierais contándola todo un día, no nos fatigaría oíros.

Dijo Cardenio:

- Mi familia no es pobre, y nuestras fuerzas son suficientes para ayudaros.

Fueron sus palabras muy sinceras y el huésped, conmovido, les dio las gracias.

- Mi hermano mayor es duque -dijo Fernando-. Si venís a mi casa os ayudaremos en todo aquello de lo que tengáis necesidad.

El capitán volvió a levantarse para darles las gracias.

Se acercaba la noche cuando llegó a la puerta de la venta un coche con su escolta a caballo. Pidieron posada y el ventero se disculpó diciendo que no podía acogerlos.

- De la forma que sea -dijo uno de los jinetes- tendréis que buscarle alojamiento al gobernador provincial.

La ventera, al escuchar que era tan digno huésped, respondió al escolta:

- De verdad no nos quedan cama ni lugar, pero si su merced trae su propia cama, estaremos encantados de cederle nuestra propia estancia. Nosotros nos saldremos para acomodar a tan distinguido oficial.

- Sea -dijo el escolta.

En este tiempo ya había salido del coche el oficial, que vestía una larga saya de mangas anchas, con un porte muy elegante. Traía de la mano a una joven, de unos diez y seis años, extremadamente bonita. De no haber estado en la posada las otras tres resplandecientes bellezas, se hubiese dicho que no existía una hermosura semejante a la suya. Así como Quisada vio al oficial le dijo:

- Respetable oficial que hasta aquí habéis llegado, este palacio os puede dar acomodo, pues en él de todo hay; y más trayendo a dama tan hermosa. ¿Cómo no van a atenderos con cortesía añadida? Con solo ver su belleza, incluso las más escarpadas y elevadas montañas abrirían en sí una brecha para hacerle camino. Os ruego que entréis. Hay aquí tres beldades semejantes a las estrellas del cielo, a la que se añadirá una nueva estrella, pues las alcanza en donaire.

Muy admirado quedó el oficial escuchando las palabras de Quisada y viendo la vestimenta que traía, sin saber quién podía ser aquel hombre tan extraño. Después llegaron las tres bellezas, a cuál más hermosa, sin poder decidir cuál superaba al resto. Las tres damas habían oído que acababa de llegar una muchacha preciosa y quisieron comprobar si efectivamente lo era.

En ese momento Fernando, Cardenio y el médico salieron para saludar al alto oficial que, al ver su forma de hablar elegante supo que se trataba de tres personas principales, muy diferentes al loco vestido de armadura y yelmo. Se intercambiaron las cortesías de rigor, y decidieron que cederían la estancia de Quisada para que las cuatro damas la compartieran; los hombres podían quedarse todos en otra. Cuando el oficial contempló aquellas tres mujeres de belleza radiante, consintió en que su hija durmiera con ellas. Para pasar la noche, sacó su propia cama y la llevó a la estancia de los venteros.

Mientras tanto, habiendo visto el capitán al gobernador provincial, le pareció que podría ser su hermano aunque, al estar distante, no distinguía con claridad los rasgos de su rostro. Acompañaban al oficial muchos criados, así que el capitán, con disimulo, le preguntó a uno dónde vivía y cuál era su nombre. El criado le dijo que se llamaba Juan Pérez de Viedma, y que había nacido en las montañas de León. Con lo que escuchó, el capitán confirmó al punto que aquél era su hermano segundo. Llamó con discreción a Fernando, Cardenio y al médico para decirles en privado:

- El que ha llegado es mi hermano. Es gobernador provincial y va camino de México; parte en misión oficial hacia las Indias Occidentales. La doncella es su hija, cuya madre murió, y posee una enorme fortuna. Quisiera pediros consejo sobre si debo acercarme a él y decirle directamente quién soy o tratar de averiguar primero si me aceptaría o me rechazaría.

- Creo que sería mejor contarle todo -dijo el médico-, no tengáis duda.

- Pero mi hermano ahora es rico y yo soy pobre -dijo el capitán-. No podría soportar que me volviera la cara y me rechazara. No quisiera tener que sufrir esa humillación.

- Vuestro hermano parece modesto y sin pretensiones -dijo el médico-, seguro que no le daría la espalda a alguien de su carne y de su sangre. Mas dejadme a mí hacer esa prueba.

En ese momento estaba aderezada la cena y preparadas dos mesas apartadas, una para los hombres y otra para las damas, con las que se sentó el capitán. En mitad de la cena, dijo el médico:

- Señor gobernador provincial, escuchad, hace unos años conocí a un hombre que compartía con vos el apellido. Era cautivo en Constantinopla. Había entrado en el ejército y tenía el rango de capitán. Era un valiente soldado que había matado a muchos enemigos y tenía innumerables méritos pero, desafortunadamente, había sido hecho cautivo.

- ¿Cómo se llamaba ese hombre? -preguntó el gobernador.

- Se llamaba Ruy Pérez de Viedma -respondió el médico, y era natural de las montañas de León; lo recuerdo todavía. Me contó que en su casa vivía su padre y dos hermanos más jóvenes. Y lo que aquel hombre me dijo, hubiera tomado yo por exageración de no haber sido él quien lo hiciera. Me contó que su padre era muy gastador y que había dividido su hacienda en cuatro partes, les había entregado tres a los hijos, y él se quedó con una para mantenerse en la vejez. Les dijo a los hijos que cada cuál escogiera su modo de vida. Ruy escogió las armas y combatió muchos años hasta llegar a ser capitán, y ya tenía todos los méritos para alcanzar el grado de coronel, pero fue hecho cautivo en la batalla de Lepanto. A mí me prendieron en la Goleta, de donde me llevaron a Constantinopla. Nos conocimos estando los dos cautivos, y después nos llevaron a la batalla de Argel, donde nos ocurrieron los sucesos más extraordinarios.

De aquí prosiguió relatando brevemente la historia de María. Mientras el médico hablaba, todo lo observaba el capitán a través de una rendija de la puerta, atento al rostro del gobernador. Este, mientras escuchaba el relato, no dejaba de soltar largos suspiros, y se le llenaron los ojos de lágrimas.

- Lo que vuestra merced cuenta -dijo- me llena de tristeza. No me despreciéis por este comportamiento infantil, pero es que el capitán del que acabáis de hablar es mi hermano mayor; un hombre fuerte y sabio, que se alistó en el ejército, obedeciendo las órdenes de nuestro padre. Él escogió el ejercicio de las armas, yo tomé el camino de comerciar en el exterior, y mi hermano menor se hizo pastor y está ahora en Perú, donde ha acumulado una enorme fortuna proveyendo de medios de vida a mi padre en su vejez, y permitiéndome también a mí la posibilidad de encontrarme entre las filas de los oficiales y llegar al puesto que he alcanzado. Mi padre vive aún y goza de buena salud, mas no pasa un solo día en que no recuerde a su hijo mayor, del que no sabe dónde se puede hallar. Le ruega a Dios poder verlo cara a cara antes de que le llegue la muerte. Siendo mi hermano tan juicioso y discreto, no puedo entender cómo partiendo tan lejos no envió ni una carta a nuestro padre para informarle, así que no sabíamos si estaba vivo o muerto. Solo ahora, oyendo a vuestra merced, he sabido de sus circunstancias, y debo escribir a mi padre para avisarle. No hubiese habido necesidad del oro de esa dama mora, pues hubiésemos podido reunir el dinero para su rescate. Sobre lo que me habéis relatado de los corsarios, me pregunto si no habrán acabado con su vida en el mar. Imaginaba yo emprender un viaje placentero por hermosos paisajes, pero ahora que sé de estas malas noticias ¿cómo voy a poder hallar la calma? ¡Ay, hermano! ¡Daría mi vida y todas mis riquezas por poder encontrarte, por la alegría de ver de nuevo tu rostro! Siendo mi padre mayor, si hubiéramos sabido de tus cadenas, hubiésemos reunido la hacienda de las tres casas para arrancarte de allí. Y a ti, mora María, que le has vuelto la vida a mi hermano, ¿cómo voy a poder agradecértelo? Si estuviesen los dos vivos, podríamos celebrar triunfalmente sus esponsales, que nos harían a todos inmensamente felices.

Eran tan enternecedoras las palabras del gobernador que todos los que las escucharon se sintieron igualmente conmovidos por sus sentimientos. Viendo su estado, el médico supo cuánto pensaba el gobernador en su hermano, así que fue a la estancia de las mujeres y, llevando de una mano al capitán y de la otra a María, vinieron juntos a presentarse ante él.

- Señor -le dijo-, cesen vuestras lágrimas de tristeza que aquí tenéis una gran alegría. Las dos personas a las que vuestra merced quería ver las tiene aquí. Este es Ruy y esta es la dama mora María. Los franceses que los asaltaron los dejaron en esta situación de penosa miseria.

Ruy se acercó para abrazar a su hermano, que lo miró con detenimiento un buen rato y después se abrazaron derramando mares de lágrimas, con una congoja difícil de soportar. Tras tanta tristeza, enjugaron todos sus lágrimas y el desconsuelo trocó en felicidad, tanta que sería imposible describirla. Se dieron cuenta el uno al otro de lo sucedido desde que se separaron, y el gobernador tomó las manos de María para darle las gracias. Después ordenó a su hija que se presentara ante su tío y su tía. María y la hija del gobernador se abrazaron y se besaron, dos rostros resplandecientes que refulgían dejando a todos los que las contemplaban incapaces de contener sus expresiones de admiración.

Quisada lo observaba todo con asombro y recordó que historias como aquellas se sucedían siempre en sus novelas de caballerías. Acordaron los dos hermanos que regresarían a Sevilla para ver a su padre, y que allí se celebraría el desposorio y el bautismo de María, pues el gobernador aún debía partir en misión en un navío de guerra hacia México. Convinieron después recogerse todos para descansar. Solo permaneció Quisada despierto, pues habiendo cuatro hermosas damas en el castillo, temía que pudiesen aparecer ladrones en el palacio para llevárselas. Portando su armadura, se dispuso a hacer la guardia. El gobernador lo escuchaba asombrado, y el médico le dio cuenta de su locura, a lo que el gobernador, con tono burlón dijo:

- Esforzado caballero.

Como Sancho Panza no había dormido la noche anterior y no tenía ahora lecho en el que echarse, se fue al establo, dispuso las sillas de montar de los criados, de buena calidad, sobre el suelo y se echó a dormir. Pero sobre esto añadiremos algo después.

Las cuatro damas dormían juntas en la misma cama, mientras Quisada permanecía fuera de su puerta vigilante por si aparecían salteadores.

De pronto se oyó una voz que cantaba y todos aguzaron sus oídos. Dorotea, que dormía junto a la hija del gobernador, Clara, escuchó con toda su atención. Se oía la voz sola, sin instrumento alguno que la acompañase, y sonaba solemne como el bronce y la piedra. A veces parecía proceder del establo y, de pronto, parecía proceder del exterior. Cardenio se levantó y llamó a la puerta de las mujeres.

- ¿Escucháis también esa hermosa melodía? -les preguntó.

- La escucho muy bien -respondió Dorotea.

Capítulo XVI

Decía la canción:

Rompen olas de pasión día a día.
En su enojo, mi dama olvida su palabra.
Del cielo tomo como lumbre las estrellas.
¡Tanto celo en mostrarse recatada!
Velan la luna las nubes, la desvelan;
y ordeno al arrebol de la mañana
que persiga el rastro de mi amada.
Gloria celestial, tan distante, tan cercana,
tan difícil de alcanzar.
Y mi pecho como olas que aguardan la alborada.

Quiso despertar Dorotea a Clara moviéndola para que también escuchara la canción.

- No me lo tomes por disparate, mi dama, solo deseo que escuches esta deliciosa canción.

Somnolienta, Clara dijo:

- ¿Qué dices, señora? Me acabo de despertar y no entiendo qué dices.

Dorotea escuchaba para entender la canción, que aún no había llegado a la mitad. De pronto, Clara comenzó a temblar, se abrazó a Dorotea y dijo:

- ¿Por qué me has despertado, señora? Seguiría mi corazón tranquilo si no escuchara, debes saber que mi alma apenas soporta escuchar la canción que ese desdichado canta.

- El que canta es un mozo de mulas -dijo Dorotea-, no es alguien de alta cuna, ¿cómo puede su canción ser tan delicada?

- No es un mozo de mulas el que canta -dijo Clara-, es un hombre con título y riqueza. Ese hombre me ama, y yo también lo amo a él y quisiera ser suya.

Admirada quedó Dorotea, que le dijo:

- Lo que dices, mi dama, me confunde. ¿Cómo en tan tierna edad tienes sentimientos tan intensos?

- Vuelve a cantar -dijo Clara-, escúchalo con atención.

- Sea -dijo Dorotea.

Por no oírlo, Clara se tapó con las dos manos los oídos.

Decía la canción:

De los hombres la esperanza
es ave rapaz lanzada al firmamento.
¿Acaso un viento celestial
podría llevarse mis anhelos?
Persevero contumaz,
quizá mañana alcance cuanto quiero.
Sigo a esa beldad
cuan largos sean los senderos.
¡Apiádate, mi dama!
Yo habré de cumplir mi juramento.

Aquí dio fin la canción, y reanudó Clara sus suspiros.

- ¿Por qué, mi dama, tantos suspiros escuchando la canción? -preguntó de nuevo Dorotea.

Clara, temerosa de que Luscinda la oyese, acercó sus labios al oído de Dorotea y, en voz baja, le dijo:

- El que canta es hijo de una familia poderosa e influyente, procedente de Aragón. Su padre ganó su título por sus méritos. Éramos vecinos en la capital de España. Teníamos en mi casa una ventana con celosía y siendo yo muy joven, no sé desde dónde, llegó a verme. En cuanto lo hizo, quedó cautivado por mí. Solía venir a requerirme junto a la ventana y yo, en alguna ocasión, apartaba la celosía para mirarlo. Veía entonces su rostro bañado en lágrimas y me llenaba de tristeza. Un día me hizo unas señas dándome a entender que se casaría conmigo. Sin madre y sin una buena casamentera ¿a quién podía confiárselo? Como tampoco podía responder a sus intenciones, lo único que me quedaba era dejar de asomarme a la ventana para que no me viera, pues cada vez que corría la cortina y empujaba la celosía para dejarme ver, él parecía enloquecer. Fue entonces cuando mi padre debía emprender su viaje hacia México, y parece que el joven también oyó la noticia, aunque no fue a través de mí; pero por esa causa cayó enfermo. Cuando estábamos a punto de partir quise, al menos, decirle algo desde la ventana con mi mirada, como despedida, pero no lo vi aparecer. Al cabo de dos días de ruta, nos alojamos en una posada y, de pronto, lo vi allí. Estaba en la parte de atrás, vestido como lo hacen los mozos de mulas. Si no lo conociera yo tan bien, casi no hubiese podido reconocerlo con aquella ropa que traía. ¡Ay, mi señora! Aunque cuando lo vi me alegré, al mismo tiempo sentí una verdadera punzada de dolor en mi corazón, que intenté evitar que mi padre descubriera. A lo largo del camino lo veo de tanto en tanto, albergándose en las posadas, a hurtadillas, para que mi padre no lo vea. Mi corazón sabe que es él, y no puedo soportar pensar que el noble hijo de un conde marcha a pie tras el polvo de nuestros caballos. A veces veo la sombra del joven siguiéndonos, y no sé qué intenciones trae, ni cómo ha podido escaparse, pues su padre lo ama como a un precioso disco de jade. Es el joven hermoso y con gran talento, por eso le muestra su padre tanto afecto. A buen seguro, acaba de componer él esa canción, pues es muy bueno haciendo versos, que le nacen elegantes y refinados; la tristeza que se desprende de sus palabras es, sin duda, porque las ha escrito él. Cada vez que escucho su voz, me echo a temblar como si me hubiesen atacado unas fiebres, y no puedo dejar que mi padre sepa lo que sentimos. En verdad, nunca hemos hablado del afecto que sienten nuestros corazones, pues jamás he cruzado con él palabra; pero lo amo ya como a mi propia vida y sé que si no puedo tenerlo, no podré seguir viviendo. Mi señora, con solo escuchar la belleza de sus palabras, debes saber que no se trata en modo alguno de un sirviente, sino de alguien adinerado y noble, el hombre por el que mi corazón tanto se conmueve, y su talento supera en cien veces al de cualquier otro.

- No te apenes, mi dama -dijo Dorotea-, que cuando llegue el día ten por cierto que habré de resolver vuestro caso con la ayuda de Dios. Ten confianza, no temas.

- ¿Cómo podría yo esperar tenerlo? -dijo Clara-. Su padre es de muy alta cuna y posee una enorme fortuna, querrá buscarle a su hijo una compañera digna. La casa de mi padre es modesta, ¿cómo podría aspirar a ser su esposa? Por otra parte, de ningún modo haría yo nada en contra del consentimiento de mi padre. No querría mi corazón ahora sino que ese mozo se volviese. Partimos hacia las Indias Occidentales así que dejaré de tener noticias suyas y mi amor por él se apagará; aunque tengo por cierto que cuando me aleje de él, mi corazón no tendrá a quien amar. Pero también es cierto que no hay arte que logre que nuestro amor pueda tener buen final. Somos los dos jóvenes, apenas alcanzo los diez y seis años.

Cuando así terminó de hablar Clara, viendo Dorotea lo sincero y honesto de sus palabras, le dijo:

- Descansa ahora un poco, mi señora, cuando amanezca el día veré yo la forma de borrar tu melancolía, de disipar tu tristeza.

Dicho aquello, las dos se durmieron. En ese tiempo solo la hija de los venteros y Maritornes no dormían. Sabían que Quisada estaba sobre su caballo, lanza en ristre, vigilando en la puerta para proteger a las damas por la noche, así que determinaron las dos hacerle alguna burla. Había en la venta una gran ventana desde la que se podía mirar hacia afuera y que más parecía un agujero. Se pusieron las dos a mirar desde allí a Quisada, vestido de yelmo y armadura, blandiendo su lanza y protegiéndose con la adarga, apostado ante la puerta. No dejaba de suspirar y, de vez en cuando, se decía:

- ¡Mi bella Dulcinea, mi más preciado tesoro! Cuánto quisiera que de mí conocieras los propósitos, que solo por tu causa estoy dispuesto a arrostrar mil peligros, a enfrentarme a diez mil penalidades. ¡Ay, luna, luna! Dime si en esta noche alumbras a mi bella dama. ¿Estará ella sentada solitaria en su palacio contemplando la luna pensando en mí? Brillante luna, tú que puedes comprender mi condición, ¿sabes ya qué merced me ha de ofrecer mi hermosa dama? Te pido, diosa de la luna, que prepares tu carro y lo envíes sobre tu plateada luz a visitarla para llevarle mis solícitos pensamientos. Cuando la veas, no vayas a besarla, pues si besaras aquellos labios, despertarías en mí un corazón celoso.

La hija del ventero dijo en ese momento:

- Caballero, hacednos la merced de acercaros para que charlemos.

Estaba Quisada bajo el brillo de la luna, y volvió la cabeza al escuchar la voz de una muchacha. Le habían vuelto entonces sus ensoñaciones y aquella venta se había transformado en palacio de un duque, y el sonido de aquella muchacha era el de la princesa del palacio que le pretendía como esposo, pues apreciaba en grado sumo su prestancia de caballero. Tiró del caballo y lo acercó a la ventana, de donde venían las voces de dos damas.

- Señoras mías, erráis malgastando vuestros amores, pues de ninguna manera podríais forzarme a amaros y dejar de amar a la que amo. No me acuséis de no tener sentimientos, pero si no es a ella, a nadie más podría yo entregarle mi amor. Os ruego a las dos que regreséis a vuestros aposentos, no pretendáis sembrar en mí la semilla del amor, pues no puedo traicionar a mi amada. Actuar de ese modo sería hacerlo como un salvaje y merecería cien reproches. Tengo solo este amor, e incapaz soy de tomármelo a la ligera.

- No osa la princesa de esta casa requeriros amores -dijo Maritornes.

- Pues ¿cuál es su demanda? -preguntó Quisada.

- Solo desea que extendáis la mano para mostraros su homenaje, solo con eso le basta, no tiene más peticiones -dijo Maritornes-. Si mi amo supiera de este asunto, le cortaría la oreja sin pensar, por ello no se atreve a tratar de sentimientos.

- No se atreverá a eso el amo a no ser que desee un bonito final -dijo Quisada-; y si acaso osara tal hacer, al punto le cortara yo el cuello.

Sabía Maritornes que aceptaría la solicitud, y había preparado con antelación las cuerdas del asno de Sancho Panza y las había atado a una viga. Desde fuera de la ventana, Quisada extendió la mano para mostrarle su cortesía, y dijo:

- Esta mano es la espada que mata a quienes entre los hombres son injustos, una mano que no ha tocado mujer, pues mi cuerpo todo a mi amada Dulcinea pertenece, y ni tan siquiera una vez ha acariciado su tierna mano. No os la doy para que la beséis, sino solo para que contempléis el dorso sobre el que se muestran sus nervios violáceos que os informan de la fuerza de mi brazo, de que soy un hombre que vale por dos.

En respuesta, Maritornes le ató a la muñeca la cuerda que ya estaba amarrada a la viga. Pensó Quisada que la dama le estaba poniendo un brazalete de oro, aunque no parecía ni de oro ni de plata, así que dijo:

- No siento amor por vos, ¿por qué con tanta crueldad sujetáis mi mano y de esa forma impropia me ponéis un brazalete de oro?

Estaba Quisada enojado y gritando, pues ya la muñeca estaba atada y no podía apartarse a lomos del caballo. Alarmado, temió que el animal se espantara y se quedara él colgando de la ventana con el riesgo de arrancarse el brazo.

Las dos mujeres ya se habían escapado y volvió Quisada a imaginar que de nuevo había sido presa de algún mal encantamiento y se arrepintió de su imprudencia, pues unos días antes en aquella venta ya había sido vapuleado por culpa de una agraciada dama. Esa noche de nuevo sufría un hechizo y, siendo caballero, no debería haber sido tan descuidado como para acabar de aquella manera. Tiró con fuerza del brazo, pero seguía sin poder liberarse y no quería que algún movimiento sobresaltara a su caballo pues podría rompérselo. No había esperanza de salir de allí, y deseó tener la espada de Amadís, capaz de acabar con todos los malos espíritus, pues de un tajo hubiese acabado con el encantamiento. Recordó también que en su vida, los caballeros andantes solían ser derrotados por esos espíritus perversos, que ningún bien le hacían a la sociedad. De pronto, se le vino al pensamiento su bella Dulcinea y, mirando al cielo, la invocó para que acudiera en su auxilio, pero no hubo respuesta. No le quedó más remedio que llamar a voces a Sancho Panza, pero Sancho roncaba sobre las sillas de los asnos que se había preparado como lecho y nada escuchó. Pronto amanecería y se sentía cada vez más confuso. Bramaba como un toro teniéndose por encantado, y pensó que hasta que no amaneciera no se liberaría y tendrían que permanecer así, hombre y caballo, sin poder liberase, y rígidos ambos.

De pronto aparecieron cuatro jinetes, espléndidamente ataviados y con carabinas en las manos, muy ordenados, que a grandes golpes, llamaban a la puerta de la venta. Quijote les reclamó en voz alta:

- Seáis caballeros o discípulos de caballeros, esto es un palacio, no podéis llamar tan a la ligera a su puerta. Todos los habitantes de palacio están en su más dulce sueño, no debéis molestarlos. Retiraos y esperad que salga el sol, pues entonces habrá quien consienta en abriros la puerta.

Uno de los jinetes dijo:

- Esto es una venta, ¿de qué palacio habláis? Si sois el ventero, decidle a vuestros servidores que nos abran y nos traigan pronto forraje para los caballos.

- ¿Me tomáis por el ventero? -dijo Quisada

- No sé quiénes sois -respondió el jinete-, pero por vuestro adorno y vuestra forma de hablar parecéis un loco. Esto es una venta, ¿por qué la llamáis palacio?

- Es el palacio principal de la ciudad -dijo Quisada-, y en él se encuentran unas hermosas damas que portan cetros [1] y se tocan con coronas.

- Lo que decís vos es justamente lo contrario de lo que pienso -dijo riendo el jinete-, así que serán mujeres feas, llevarán el cetro por cola y la corona en los hombros. Quizá es que hay una compañía de teatro y lo del cetro y la corona es solo comedia. ¿Es que acaso unas bellas damas que portasen cetros y se tocasen de coronas se alojarían en una casucha como esta, en un lugar tan apartado?

---

[1] Para traducir la palabra "cetro" LS ha utilizado *gui*. El *gui* era una tablilla de jade o de marfil, redondeada en un extremo y cuadrangular en el otro, que los emperadores entregaban a los príncipes jóvenes como signo de poder, o a sus emisarios como forma de acreditarlos.

- No comprendéis este mundo -replicó Quisada-. Yo soy caballero y he visto mucho más que vos.

Los otros tres jinetes tiraron del primero para que no gastara más conversación con el loco, y continuaron llamando a la puerta de la venta. El ventero despertó sobresaltado y, desde el otro lado de la puerta, les preguntó.

El caballo de Quisada había permanecido plantado y sin moverse, pero en esto, los jinetes desmontaron y uno de sus caballos se acercó al de Quisada para olfatearlo. Se pusieron los dos a olisquearse y el de Quisada se movió desplazándolo de la silla, con lo que quedó colgando por el brazo en la ventana. Le dolía como si fuesen a arrancárselo y, aunque con la punta de los pies rozaba el suelo, su brazo seguía estirado hacia la ventana, y así parecía un condenado a morir por ahorcamiento.

Capítulo XVII

Estaba Quisada colgado del brazo dando gritos como si fuera a morir, así que el ventero, espantado, abrió con urgencia las puertas para mirar. Los cuatro jinetes también fueron a verlo riendo divertidos. Maritornes, que oyó el escándalo, se apresuró a ir a la ventana y cortar con un cuchillo la cuerda, lo que provocó que Quisada se desplomara en el suelo. Cuando llegaron los cuatro jinetes a toda prisa, Quisada se había liberado ya de la cuerda y no dijo nada. Se montó al punto sobre su caballo, enristró la lanza y se protegió con la adarga, espoleando al caballo para hacer un giro a la redonda.

- A cualquiera que dijere que he sido encantado -dijo dirigiéndose a los cuatro jinetes- acusaré yo de mentir y me enfrentaré a él en duelo.

Resuelto el misterio, los cuatro hombres no salían de su asombro, pero el ventero susurrándoles al oído les advirtió de la locura de aquel hombre. Comprendiéronlo los cuatro, que le preguntaron al ventero:

- ¿Hay en vuestra posada un joven de unos quince años, vestido como un mozo de mulas?

Después le describieron el aspecto del joven. El ventero les respondió que la noche pasada había sido muy agitada y no había reparado en ello. De pronto, uno de ellos vio el carruaje del gobernador provincial y les dijo a los otros:

- Ese es el coche que nuestro joven señor va siguiendo. Lo tenemos. Quédese uno de nosotros guardando la puerta, que otro rodee la venta a caballo para vigilar que no vaya a escaparse por la puerta de atrás, los otros dos entraremos a buscar al joven señor.

- Sea -respondió el resto.

Se puso cada cual a su tarea sabiendo el ventero que aquellos hombres buscaban a alguien, pero no quién era ese joven señor, ni por qué había mudado en mozo de mulas para confundir a todos.

Ya en ese momento aclaraba el día. Clara y Dorotea fueron las primeras en despertar; Clara, siendo una muchacha enamorada, no había dormido, y Dorotea, llevada por la curiosidad, deseaba conocer cuanto antes a quien tanto talento poseía siendo tan joven, y quería ver cuál era su aspecto. Fuera, Quisada, viendo que ninguno de los cuatro jinetes le respondía, se enfureció, y de no haber sido porque le había prometido a la princesa Micomicona tomar venganza por ella, se hubiese batido en duelo al punto con los cuatro. A lomos del caballo los observaba hacer sus diligencias. En ese momento, uno de los jinetes entró y vio a un joven que estaba durmiendo en el suelo junto a un criado. Se acercó y lo agarró diciendo:

- Joven señor Luis, ¿por qué traéis esas ropas tan andrajosas y dormís en el suelo? La señora espera saber cómo estáis, no soportaría saber que dormís en semejante lecho.

Despertose alarmado el mozo, limpiose los somnolientos ojos y conoció que era un servidor de su casa. El sobresalto fue tal que quedó callado sin responder nada.

- Joven señor, debemos regresar al punto -dijo el jinete-, el amo se muere de no teneros.

- ¿Cómo supo mi padre que había mudado de traje? -preguntó Luis.

- Uno de vuestros compañeros de estudios -dijo el jinete-, a quien disteis cuenta de vuestro secreto, informó al amo viéndolo al borde de la muerte de tanta pena. Nos despachó a cuatro de nosotros a buscaros a caballo. Ahora que os hemos encontrado, le devolveremos al amo su tesoro y nos ganaremos nosotros la gloria.

- Tengo derecho a decidir si regreso o no -dijo Luis.

- Joven señor, debéis regresar -dijo el jinete-, de otro modo no nos podremos presentar ante el amo.

Alertados por los ruidos, llegaron en ese momento Fernando y Cardenio con el médico. Preguntaron por qué al mozo de mulas llamaban tan respetuosamente "joven señor". El jinete les relató, detalle a detalle, el propósito que hasta allí los había traído. Escuchándolo, supieron quién era el que había compuesto las canciones de la pasada noche llevado por sus sentimientos. Sintieron compasión por el enamoramiento de Luis y decidieron ayudarlo viendo cómo tiraban los cuatro hombres del joven para llevárselo. Clara, presa de la ansiedad, no se atrevía a salir, y Dorotea llamó a Cardenio para relatarle el sentimiento oculto de Clara. Cardenio le dijo:

- Los hombres de la casa del joven señor están ya aquí, lo apremian para llevarlo de regreso.

Oyéndolo Clara, al momento se desvaneció y hubiera dado en el suelo de no ser porque Dorotea la sostuvo. Cardenio prometió que haría todo lo posible por ayudarlos y le dijo a Clara que se retirara a descansar y abandonara su inquietud.

Urgían los cuatro hombres a Luis, apremiándolo para ponerse en marcha, pero él se resistía diciendo que del asunto que allí lo tenía dependía su felicidad futura y que, de ninguna manera, podía partir a toda prisa y abandonarlo. Insistieron ellos con firmeza en que debían partir, y lo agarraron para montarlo sobre el caballo, a lo que Luis dijo:

- Podréis matarme si así lo deseáis, pero de ningún modo he de regresar.

En el fragor de la disputa entre amo y criados, salieron todos los huéspedes de la venta. También se llegó Quisada que se decía que habiendo ya amanecido, no había necesidad de una estrecha vigilancia del palacio y que podía dejar la guardia, así que se fue con el resto a ver qué pasaba. También salió el gobernador general. Cardenio les preguntó a los jinetes:

- ¿Cuáles son vuestras credenciales para poder apremiar así a un joven a emprender el camino?

- Tenemos una buena razón -dijo uno de ellos-. La vida de nuestro amo depende del joven señor, y si no regresa, la perderá.

- No los escuchéis, señores -dijo Luis-. Este es un asunto de mi familia, también yo soy de alto linaje, puedo actuar a mi antojo, no me pueden someter unos criados.

- El joven señor debe hacer según los designios de su padre -dijo el jinete-. Hemos venido siguiendo sus órdenes, no nuestra voluntad. ¿Cómo vamos a atender a la conveniencia del joven señor?

- Escuchemos lo que tenga que decir -dijo el gobernador- sobre el porqué no regresar.

Otro de los jinetes que lo reconoció dijo:

- Señor, ¿no reconocéis a vuestro vecino? El joven señor es el vecino de vuestra merced, que se ha escapado de casa y ha cambiado sus trajes por los de un criado. ¿No es eso una humillación para los suyos?

Le pareció al gobernador reconocerlo y dijo:

- ¿Cuál es la raíz de todo este teatro en alguien de un viejo linaje como el vuestro? ¿Un noble que cambia sus vestidos por los de un mozo de mulas?

Luis no respondía y le corrían las lágrimas por el rostro. Viendo que el mozo no respondía, el gobernador les aconsejó a los cuatro hombres que se sosegasen y añadió:

- Dejad que yo me ocupe de este asunto.

Tomó a Luis de la mano y entraron en la posada, donde le preguntó cuál era la causa de su huida.

De pronto, desde fuera se oyó el sonido de un escándalo: Dos de los huéspedes de la posada habían aprovechado que todos estaban fuera interesándose por el asunto de Luis para largarse, mas el ventero se había dado cuenta y los había detenido cuando salían por la puerta, reclamándoles el pago por su estancia. Los dos huéspedes habían respondido golpeando al ventero, que comenzó a dar grandes voces. Quisada no se movía y la hija del ventero le dijo:

- Es tarea habitual del caballero aliviar dificultades y resolver disputas. Unos locos están golpeando a mi padre, ¿por qué os quedáis ahí sentado mirando y no vais a salvarlo?

- Hermosa doncella -dijo Quisada-. No puedo responder por ahora a vuestra petición, pues no puedo entrometerme en otro asunto ya que prometí tomar venganza por otra persona. Me pedís que salve a vuestro padre, mas solo si me lo ordena la princesa Micomicona, podré ayudarle.

Cuando aquello oyó Maritornes, dijo lamentándose:

- ¡Para cuando tengáis las órdenes de la princesa mi amo ya estará acabado!

- Concededme que solicite la autorización de la princesa -dijo Quisada-. Si para entonces el infortunio le ha acaecido a vuestro amo, tomaré por él venganza.

Dicho lo cual se fue a poner de hinojos ante Dorotea, como hacían los caballeros de las novelas, solicitando su autorización para vengar al ventero. En cuanto lo autorizó Dorotea, Quisada tomó su espada, embrazó su adarga, y salió a la puerta de la venta. Vio a los dos huéspedes moliendo al amo, pero así como llegó, se quedó quieto. Maritornes le urgía a que fuera a socorrer al hombre, pero Quisada dijo:

- Según las leyes de la caballería, solo puedo enfrentarme a caballeros, y esos dos hombres son de baja condición, no son caballeros. No puedo mancillar mi espada con ellos. Ese es un asunto que corresponde a mi discípulo.

En ese momento los dos pegaban a un tiempo al ventero, pero el resto de los huéspedes y los cuatro jinetes estaban en el asunto de Luis escuchando lo que el gobernador provincial tuviese que decir, sin preguntarse dónde andaba el ventero. Mientras tanto la esposa, la hija y Maritornes estaban enfurecidas. Pero dejémoslo por ahora y relatemos el otro asunto.

Había llevado el gobernador de la mano a Luis para preguntarle con detalle la causa de que hubiese llegado hasta allí. Conteniendo las lágrimas, dijo Luis:

- Me preguntáis, señor mío, con toda honestidad y no osaré yo responderos con menos franqueza. Fue el cielo quien ordenó este asunto, pues no hubiese debido llevaros a convertiros en nuestro vecino. En cuanto yo vi a Clara, de la apariencia y elegancia de una diosa, todo el amor y hasta el último aliento de mi existencia fueron para ella. Tomadme, señor, por vuestro propio hijo y así me salvaréis la vida, y permitid que la tome por esposa. Fue por vuestra hija por quien dejé mi casa y huí, por quien cambié mi traje por el de un sirviente. Bastará todo ello como prueba de mis sinceros sentimientos. Si hubiese de caminar la tierra entera, no temiera yo penalidades ni amarguras, pues es vuestra hija mi estrella del norte. No hemos hablado jamás, y nada hemos hecho que pudiese ofender a mi señor, tan solo alguna vez nos hemos mirado y ha de saber ella de mi sinceridad absoluta. Señor, vos sabéis de mi linaje, que no será menoscabo para el vuestro. Si acaso mi padre no consintiese, tomadme vos como hijo, que llegará el momento en que mi anciano padre llegue a comprender y mudar su pensamiento.

Quedó admirado el gobernador escuchándolo y le pareció maravilla, viéndose en el punto de no saber qué responder. Le dijo entonces a Luis:

- Dejad que lo piense un poco, hoy mismo os daré respuesta.

Tomó las manos Luis del gobernador y se las besó, mientras sus ojos eran un manantial de lágrimas. En aquel momento, incluso los seres mas salvajes y sin corazón se hubiesen enternecido. Era el gobernador hombre sensato y agudo, y en su corazón no le disgustaban las intenciones de Luis, pero pensaba que su padre, por su alto linaje, habría de oponerse a los esponsales. Él, por su parte, estaba convencido de la franqueza del mozo, carente de todo engaño.

Para entonces, fuera, Quisada había cambiado su estrategia y logrado convencer a los tres hombres de que dejasen de pelear y, al final, los huéspedes habían pagado su cuenta y partido. En cuanto a los cuatro jinetes, tras escuchar las palabras del gobernador habían contenido, por el momento, su propósito. Estaba todo en calma cuando, inopinadamente, llegó a la venta el barbero al que aquel día Quisada había golpeado. Era a quien le había quitado la bacía de bronce que el caballero tomaba por yelmo de oro, y se la había colocado sobe la cabeza. Entró en el establo y vio a Sancho Panza cosiendo su silla. El barbero comenzó a decir a voces:

- ¡Al ladrón! Aún tienes en tus manos la silla de mi asno.

Enfurecido, Sancho le propinó una puñada al barbero en la boca, que empezó a manar sangre. A los gritos del barbero, salieron los huéspedes de nuevo asombrados preguntando qué había sucedido.

- Señores -dijo el barbero-, auxílienme. Me robaron en el camino real, se llevaron la silla de mi asno y a punto estuvieron de matarme.

- No es así, no es así -gritó Sancho-. Este hombre se enfrentó en duelo con mi maestro y salió derrotado, por ello la tomamos, no se la robamos.

Quisada llegó en ese momento, sintiéndose muy orgulloso del valor de su discípulo y se dijo que, de seguir así, podría hacerle el honor de nombrarlo caballero. El barbero presentaba sus argumentos uno a uno, y pidió que pusieran la silla sobre su mula para que viesen que encajaba perfectamente.

- Además, también se me llevaron una bacía de bronce que acababa de comprar -añadió el barbero-. Me había costado una corona.

Montó en cólera Quisada, que se interpuso entre los dos hombres, ordenó que dejaran la silla en el suelo y, dirigiéndose a todos, dijo:

- Todas vuestras mercedes son hombres de sabiduría que comprenden las razones del mundo. Lo que dice de bacía de bronce no es en realidad tal, sino yelmo de oro. Lo tomé yo de las manos de mi enemigo derrotado en batalla. En cuanto al tema de la silla, fue él quien la abandonó, habiendo sido derrotado. Mi discípulo me preguntó si podía apropiarse de silla y arreos y, según dicen las leyes de la caballería, podía hacerlo si era para usarlos. Si no me creen, aún tenemos el yelmo. Sancho, muéstrale el yelmo a los señores, para que digan si es bacía de bronce o yelmo de oro.

- Si traemos ese yelmo, maestro -dijo Sancho-, perderemos el pleito.

- Puedo afirmar -dijo Quisada-, que en este palacio no hay encantamientos, y no se cambiará el yelmo en bacía, no te preocupes.

Sacó Sancho la bacía de bronce y la alzó Quisada para mostrársela a todos los presente diciendo:

- A todas luces es un yelmo de oro. ¿Con qué cara puede mentir y decirle bacía? Me atrevo a jurar que, en verdad, fue en batalla cómo me hice con él.

- Yo también me atrevo a jurar -dijo Sancho- que, después de que mi maestro cogiera el yelmo, no se lo ha puesto más que una vez, cuando liberó a aquellos condenados. Si no hubiese sido por él, le habrían abierto la cabeza a pedradas.

Capítulo XVIII

El barbero dijo:

- Aquí está la bacía de bronce. Juzguen vuestras mercedes. Esto claramente es una bacía de bronce. ¿Cómo se puede mentir diciendo que es un yelmo de oro?

- Diré yo que miente -dijo Quisada- quien diga que el yelmo de oro es bacía de bronce.

Nicolás, que también era barbero, dijo:

- Señor barbero, escuchad-, yo también soy de vuestro oficio pero, además, de joven serví de soldado, al menos en algo puedo distinguir un yelmo de oro de una bacía de bronce, y esto no es una bacía. Definitivamente, es un yelmo de oro, solo que no es un yelmo completo, algo le falta.

- Decís bien -dijo Quisada-, seguro que no es el yelmo completo, pues ha perdido la visera.

Riendo, el médico y Cardenio dijeron también:

- Así es, así es.

Por su parte, en aquel momento, el gobernador hubiera colaborado en la burla si no hubiese estado tan pensativo con el asunto de Luis.

El barbero que había perdido su bacía estaba desolado:

- Vuestras mercedes han estudiado todos en la universidad, ¿cómo pueden igualar yelmo a bacía? Si no lo distinguen es que yelmo ha de ser y acataré su resolución, mas en cuanto a la silla del asno, no se puede usar en batalla. ¿Quién ha visto nunca un soldado lanzarse a la batalla cabalgando sobre un asno? Existen caballos de batalla, no asnos de batalla.

- La silla no tiene que ver conmigo, no os responderé yo.

- Si don Quijote no responde -dijo el médico-, ¿cómo vamos a hacerlo nosotros que no tenemos su autoridad? ¿Qué vamos a saber nosotros de asuntos de caballeros?

- En este palacio -dijo Quisada-, se han visto las situaciones más extrañas, que se alejan de la razón y que no se hubiesen producido de no ser encantamientos. La primera vez que entré por la puerta ya padecí uno, y ayer por la noche quedé colgado de un brazo en la ventana, sin saber por qué. Por ello no me atrevo a hacer un juicio temerario sobre algo tan confuso como los encantamientos. En lo que toca al yelmo de oro, yo ya he respondido y vuestras mercedes han dicho lo mismo. Pero en lo de si es silla de caballo, y sin pensar que aquí hay un encantamiento, no osaré decir algo definitivo. Vuestras mercedes no son caballeros, así que no les afectan esos encantamientos, tendrán más claros los sesos y podrán decir qué es recto y qué curvo, o discernir si es silla de caballo o de asno.

- Si hay que decidirlo -dijo Fernando- deberemos hacerlo teniendo en cuenta evidencias reales, y el mejor medio de hacerlo es someterlo a votación. Cada una de vuestras mercedes me dirá al oído si la consideran de asno o de caballo, y en cuanto tenga todas sus opiniones, las haré públicas y quedará decidido.

A todos les pareció divertida la propuesta, excepto a Luis y a los jinetes de su casa, pues no sabían de la locura de Quisada. Tomábanlo por divertida chanza, y aunque Luis no sabía, también se reía de verlos en el error. Habían llegado para entonces otros tres guardias de cuadrilla que, tras almorzar en la posada, escuchaban con asombro. Mientras, el barbero, que no dejaba de extrañarse de cómo habían señalado la bacía diciéndole yelmo, veía ahora como a la silla de asno la tomaban por silla de caballo de batalla, sin poder comprender el sentido de todo aquello. Con el semblante serio, Fernando había ido recogiendo los pareceres de los presentes. Cuando terminó de preguntar, dijo:

- Todos han respondido con la verdad, ninguno ha dicho ningún disparate. Según la opinión de los nobles caballeros que aquí están, esa es una silla de caballo de batalla, y consideran que llamarla silla de asno es faltar a la verdad. Siendo así que todos opinan lo mismo, no puedo decir nada en contra.

Dirigiéndose al barbero, añadió:

- Amigo, estáis en un gran error, y la vuestra es una opinión única, no podéis tapar los ojos y los oídos de todos los demás.

- ¡Cielos! -dijo el barbero- ¿Qué razones son esas? Si no es porque vuestras mercedes están locos, ¿cómo van a señalar a un asno y creerlo caballo? Y no estoy borracho, pues por la mañana aún no me he desayunado, y seguro que no me acercaré al vino.

Miraban todos estallar el enfado del babero, y Quisada, muy satisfecho, dijo:

- Ha quedado ya resuelto el misterio por decisión común y por la gracia de Dios; déjese ya de debatir.

De pronto, uno de los cuatro jinetes estalló en carcajadas y dijo:

- Esto es realmente raro. ¿Cómo pueden decir que esa bacía es un yelmo y forzar a un asno a parecer un caballo si los aquí reunidos no son cortos de entendimiento? ¿Qué razones hay para ello? Saben que esto es una silla de un asno.

- ¿Y cómo sabéis vos que el asno no es hembra? -preguntó el médico.

- Macho o hembra no hay diferencia -dijo el jinete-, pero es seguro que es un asno no un caballo.

El que iba al mando de los cuadrilleros que habían entrado, oyéndolo todo, dijo enojado:

- ¿Por qué señalan vuestras mercedes como silla de caballo la que es de asno? Quién diga que es de caballo y no de asno es que está loco o borracho.

- ¡Cómo podéis decir semejante disparate! -dijo Quisada.

Y tomando la lanza fue a clavársela en la cabeza al cuadrillero que, de no haberla evitado con agilidad, habría acabado muerto ante su embestida. La lanza dio en el suelo y al punto se quebró su asta. Al ver los otros dos que su jefe había estado a punto de ser alanceado, comenzaron a gritar pidiendo socorro. Salió a toda prisa el ventero que, con un bastón, ayudó a los cuadrilleros a golpear a Quisada. Los cuatro jinetes, al ver la riña y para evitar que Luis pudiera sufrir alguna herida, lo rodearon para protegerlo. Mientras, a su lado el barbero intentaba agarrar la silla, pero ya Sancho lo había previsto y la tenía sujeta, y comenzó a pelear con él. Se armó un alboroto en la posada: Quisada combatía todavía con fuerza y Luis ordenó a los jinetes ir a ayudarlo; Cardenio y Fernando se mezclaron en la reyerta para ayudar al loco, el médico daba gritos para que todos pararan; la esposa del ventero y su hija lloraban temiendo que el loco fuera a matar a su padre; Dorotea, asustada, estuvo a punto de desmayarse, mientras que Luscinda se alarmó y perdió la compostura de su rostro de jade; Clara no podía dejar de temblar, y Sancho seguía peleando con el barbero sin que se supiera quién podría ganar y quién ser derrotado. Los jinetes de Luis fueron a ayudar a Sancho, a quien el barbero mordió en la muñeca derecha sin querer soltarlo. Cuando el gobernador vio aquello, agarró al babero para que dejara de pelear. Fernando tiró al suelo a uno de los cuadrilleros, y el ventero llamaba a grandes voces a quien pudiera ayudarle en la lucha. Estaba envuelta la posada en llantos, gritos, jadeos, una mezcla de ruidos y movimientos cuando, en el mayor fragor de la batalla, Quisada de pronto pensó que era como en las novelas, similar a la batalla en la que el gran ejército del rey Agramante había derrotado a sus enemigos. Así, alzando la voz, dijo:

- Caballeros, envainen todos sus espadas; a quien ose seguir luchando le aplicaré la ley del ejército.

Cuando todos oyeron su voz, alta y extraña, detuvieron la contienda.

- ¿No me oísteis decir, señores, que este palacio seguro que tenía un sinfín de demonios y malos espíritus? Aquí mismo deben tener su guarida. Si no me creéis, podéis comprobarlo. ¿No veis cómo ha llegado la batalla de Agramante? Mirad cómo aquí se pelea por la espada, allí se combate por el caballo, más allá por el estandarte y aún más allá por el bastión. Todo eso lo provocan los encantamientos, por eso hemos llegado a este punto. Podemos escoger o al gobernador provincial o al médico para que uno de ellos represente a Agramante y seguir su ejemplo de cómo detuvo la contienda, porque de seguir batalla tan encanallada, las pérdidas entre los caballeros serían demasiadas.

No entendieron los cuadrilleros las palabras de Quisada, a lo que se sumaba que habían sido golpeados por Cardenio y Fernando, por lo que no estaban dispuestos a obedecer. El barbero, por su parte, viendo la silla destrozada, no quería pelear por ella; Sancho, dócil, obedeció las órdenes de su amo, y también los cuatro jinetes de Luis. El único que quería seguir peleando era el ventero, que dijo:

- Hay que castigar a ese loco que anda por aquí. Cada vez que aparece no hay un momento de calma.

Al final se fijaron las condiciones, y mantuvieron todos que la silla era de caballo; la bacía, yelmo; y la venta, palacio; y así se establecieron las condiciones de paz. Pero quedaba aún pendiente el tema del desposorio de Luis. Llamó el gobernador provincial al médico, a Fernando y a Cardenio para discutirlo, y fijaron que Fernando se ocuparía de cuidar de Luis, así que le comunicaron a los cuatro jinetes:

- Llevaré a vuestro joven señor a la casa de mi hermano, el señor conde, y será tratado con la dignidad que se merece, pues él, de ningún modo desea regresar a casa de su padre y no soy capaz de obligarlo a cambiar su propósito. Os ruego que tres de vosotros volváis a informar a su padre, y el cuarto venga con nosotros para atender al joven señor.

De aquel modo quedó la pendencia resuelta de momento; pero a los cuadrilleros, que habían recibido en la contienda las patadas de Fernando dejándoles los lomos molidos, de pronto les vino a la memoria su mandamiento, que era prender a don Quijote. Viendo su aspecto, pensaron que debía ser aquel hombre; desplegaron el mandamiento en el que venía su retrato, lo comprobaron y vieron que, efectivamente, era el rostro de Quisada. Se fueron a prenderlo al punto y dijo el jefe de la cuadrilla:

- Sois convicto de ejecución por vuestros delitos, lo certifica este mandamiento. Debéis venir con nosotros inmediatamente.

De cólera, Quisada se echó a temblar y, con una mano, agarró al hombre por la garganta, y aunque los otros dos compañeros intentaban liberarlo, tan fuerte lo apretaba que le faltaba el aliento y estaba a punto de morir. El ventero se acercó también a golpear a Quisada; su mujer y su hija volvieron a echarse a llorar, y Maritornes no dejaba de maldecir con todas sus fuerzas. Sancho dijo:

- Es verdad que aquí hay demonios, ¿por qué si no vuelve a montarse otra gresca?

Fernando se acercó para resolver la contienda, pero los cuadrilleros querían arrestar a Quisada e irse, pues decían que era un criminal peligroso y, de ninguna manera, podían dejarlo en libertad. Dijo entonces Quisada:

- Vosotros, gente mezquina y despreciable, que no tenéis vergüenza, decís que soy un salteador porque liberé a unos pobres desgraciados que estaban sufriendo. ¿Qué razones son esas? Pensáis vosotros muy a la antigua, no sabéis de la justicia de la caballería, pues si no, no cometeríais tal desatino; sois oficiales y, sin embargo, os comportáis como viles salteadores de caminos y estáis corrompidos en grado sumo. ¿Os atrevéis a prenderme por un mandamiento? ¿Prenderme a mí, un caballero? No sabéis lo que es un caballero andante; a nosotros no nos afectan vuestras órdenes, pues nuestra palabra es ley y nuestras espadas la medida de la justicia. Vuestro capitán no puede dar ninguna razón, puesto que no hay en el mundo nadie más noble y digno que un caballero andante, cuya nobleza es difícilmente igualable. Preguntadle si es que ha escuchado que a los caballeros del pasado les hayan reclamado alguna vez alguna alcabala; a ningún caballero ningún sastre osó hacerle cuentas por los trajes que le tallara; los reyes desean tenerlos por amigos y las hermosas damas suspiran por ellos. Si supieseis de la justicia de la caballería, si hubieseis leído libros de caballerías, en modo alguno se os ocurriría llegar a tratarme de semejante modo; tratáis de acusarme con grandilocuentes palabras, pero ni diez mil muertes os librarán de mi castigo.

Capítulo XIX

Antes de que Quisada hiciera su enloquecido discurso, el médico ya le había advertido al jefe de los cuadrilleros:

- ¿Acaso no ve vuestra merced que todo lo que dice ese hombre es desatino? Aunque lo llevéis ante vuestra autoridad a que lo juzguen, lo dejarán en libertad, pues es un loco. ¿De qué lo vais a acusar?

- Esté loco o no -dijo el jefe con el mandamiento en la mano- no es asunto mío. Yo lo único que hago es actuar según la ley; y si la autoridad lo suelta o no, será por su liberalidad, nada tiene que ver con nosotros.

Seguía el médico porfiando porque no lo arrestara, pues si lo hacía, cuando lo llevaran a ser juzgado solo servirían de burla. Mientras, el barbero le entregó el médico ocho reales, y además recuperó su silla de asno. Y por fin el jefe de los cuadrilleros reconoció que, ciertamente, Quisada estaba loco y, temiendo que a lo largo del camino hiciera de las suyas, lo dejó en libertad sin preguntar más.

La conversa María, veía el alboroto de la venta, y sin comprender español y solo adivinando lo que ocurría por la expresión de todos, se sentía alarmada y angustiada, mientras que el ventero, al darse cuenta de que el médico le había dado ocho reales al barbero, fue al punto a pedirle el dinero del forraje. Fernando le pagó, con lo que el ventero se quedó tranquilo y sin decir palabra. Quiso urgir entonces Quisada a la princesa a que se pusieran en ruta. Se puso de hinojos ante Dorotea como preludio a su discurso, pero ella lo alzó.

- Dice un antiguo proverbio -dijo Quisada- que la diligencia es la madre de la buena ventura. Cada vez que yo me apresto a la batalla, tengo por bondad celestial la presteza; no dejando que el enemigo se prepare, sin duda nuestro ejército obtendrá la victoria. Con todo, las ventajas de las que este palacio nos proveía han dejado de ser en nuestro provecho. Princesa, si no partimos con prontitud, y si el enemigo nos ha puesto espías, aunque mi propósito es destruirlo y la fuerza de mi brazo celestial, quizá no alcance a obtener una rápida victoria. Os ruego por ello, princesa, que nos pongamos cuanto antes en marcha, para beneficiarnos de la estrategia de atacar cuando no esté preparado.

Dorotea, que estaba bien avisada del tema y sabía hablar a la manera del loco, le respondió:

- Caballero, con vuestro valor celestial dispuesto estáis a socorrer a una débil y frágil dama. Sabed que, para quienes en el mundo sois valientes y justos no dejará de haber una hermosa recompensa; creedme si os digo cuán agradecida os estoy, y ruego a Dios que os quiera dar la victoria. En cuanto a lo de la partida, podemos salir al punto.

- ¿Cómo voy a oponerme siendo voluntad de Dios? -dijo Quisada-. Pongámonos en este instante en camino, no nos quedemos parados. Ardo en deseos de llegar a vuestro honorable reino, aunque me cueste la vida. Sancho, ensilla el caballo y apareja tu jumento y el de la princesa, y despidámonos de los habitantes de palacio.

- Maestro, que nada de esto es verdad -dijo Sancho.

- ¿Qué es eso de que no es verdad? -dijo enojado Quisada.

- Si vuestra merced se enfurece -dijo Sancho-, yo callaré los consejos sinceros que tengo, que no me atrevo a decir lo que llevo en las entrañas.

- Di lo que tengas que decir -dijo Quisada-, no andes acobardado como un chiquillo, que lo que más detesto es un villano sin redaños.

- No es por eso -replicó Sancho-, lo que yo sé es tan fácil de saber y está tan claro como que la gente tiene la nariz en la cara. Esta dama, que mi maestro toma por la princesa Micomicona, en realidad no lo es, no es más que una mujer corriente. Pero mi maestro la toma por princesa que será luego reina. ¿Por qué si no andaría dándose besos a cada rato con ese hombre con el que vino? ¿Qué razón habría?

Ruborizose Dorotea, porque era verdad que Fernando, cuando creía que no los veían, la había besado alguna vez; no imaginaban que Sancho hubiese podido verlos; y aun siendo tosco, algo entendía de los asuntos del mundo, y sabía que una respetada princesa de ninguna manera se besaría alegremente con nadie. Fingió Dorotea no haber escuchado las palabras de Sancho, que continuó diciendo:

- ¿Para que vamos a prepararnos para pasar penalidades maestro y discípulo? Esta dama se da aires llamándose princesa y nos trata como si sus esclavos fuéramos, pero cuando cierra la puerta, se pone a besarse con un caballero, todo diversiones y buena fortuna; mientras que nosotros hacemos grandísimos esfuerzos para no lograr ningún éxito. Según yo lo veo, no hace falta ensillar el caballo ni aparejar los mulos. Ya está bien de esforzarse, ¿para qué cansar a los animales? Vale más que disfrutemos un poco aquí, ¿qué necesidad tenemos de partir a toda prisa?

Fue tan grande el enojo de Quisada que se echó a temblar y se quedó mudo incapaz de decir una palabra. Después de un rato, soltó:

- ¡Condenado, mereces que te dé muerte, estúpido, mentiroso! ¿Cómo te atreves a decir semejantes vilezas, sin un ápice de vergüenza, ultrajando así a la princesa? También me ofendes a mí, tú, que no eres más que un engendro, que buscas la ocasión para difamarla. ¡Vete ahora mismo, no vuelvas a aparecer ante mi presencia!

El rostro de Quisada había mudado de color, estaba como muerto, le brillaban los ojos y apretaba los dientes. Quedó Sancho tan medroso que quiso morir, y salió con toda urgencia. Sabiendo Dorotea que el loco de Quisada no se templaría, pensó mitigarlo diciendo:

- Caballero de la Triste Figura, dejad vuestra furia atronadora, sois demasiado digno para dejaros ofender por las palabras torpes pero bien intencionadas de vuestro leal discípulo; sin duda, por extrañas que parezcan, pueden deberse a un malentendido. ¿No decís siempre, caballero, que este palacio está encantado? Es probable que las malas artes hayan estado perturbando a Sancho, queriendo vilipendiar mi virtud.

- Será como decís, princesa -dijo Quisada-, también sospecho que esa deplorable conducta de Sancho se debe a esa causa. En realidad, no es hombre con mala intención, no sabe levantar falso testimonio. Sin duda ha sido encantado.

- Son las malas artes de los encantadores -dijo Fernando-, nada tiene que ver con él, podéis perdonarlo.

Consintió Quisada y, en un momento, el médico fue a buscar a Sancho, que volvió temblando y demudado. Se arrodilló y dijo:

- No me culpéis, maestro, y permitidme vuestra mano que os la bese.

Quisada se lo concedió y quiso consolarlo con algunas palabras:

- En adelante creerás lo que te digo -le dijo-, que en este palacio intervienen los encantamientos en todo y te han confundido, debes saberlo.

- ¿Cómo no voy a creerlo? -dijo Sancho – Excepto lo que pasó la otra vez que nos quedamos, cuando me aventaron arriba y abajo en la manta, aquello no parece que fuera encantamiento.

- No es así -dijo Quisada- que eso también lo organizaron los encantadores pues, de no haber sido el encantamiento el que me impidió moverme, ya te hubiese vengado yo.

Los que allí estaban no entendían de qué hablaban y preguntaron; el ventero les relató lo sucedido y se rieron todos a carcajadas, mientras Sancho se enojaba. Porfiaba Quisada en que habían sido los encantamientos los que le habían impedido pelear, por lo que Sancho acabó por creerlo así.

Hacía ya dos días que todo ese grupo vivía en la posada, y pensaron que era tiempo de partir. El médico y el barbero trazaron una estrategia secreta para llevar pronto de regreso a su casa a Quisada, sin tener que molestar a Dorotea con el riesgo de hacerse pasar por la princesa. Concertaron con un carretero de bueyes regresar con él. Fabricaron una jaula de madera en la que se pudiese sentar y tumbar Quisada para ponerla en el carro como si de una carreta de prisioneros se tratase, de la que no pudiera salir, y la fijarían en la parte de atrás para que no se moviera. En secreto pidieron a un carpintero que construyera la jaula de madera y que se asegurara de que era muy sólida. Al día siguiente, todos se pusieron una máscara de gasa negra sobre la cara, se aplicaron polvos negros y amarillos sobre el rostro para parecer demonios de la noche y, aprovechando que Quisada dormía profundamente, llegáronse a él y le ataron muy bien las manos y los pies. Quisada despertó con sobresalto y, con los ojos muy abiertos, los miró sabiendo que los demonios estaban allí. Todos hacían gestos como de demonios, y conociendo Quisada que en el palacio sucedían cosas extraordinarias sabía que no podía oponerse a ellas por la fuerza. Sancho todo lo comprendía, pero no dijo nada, y se quedó sentado escuchado viendo cómo lo encerraban. Quisada no decía nada mientras entre todos lo cargaban y lo metían en la jaula, cerrándola con barras de hierro y con enormes clavos. Entre todos subieron la jaula al carro de bueyes y el barbero, poniendo una voz como de espíritu, dijo:

- Caballero de la Triste Figura, no sientas ningún temor pues se acerca la buena fortuna. Ya has hecho lo suficiente para tomarte venganza por la princesa, mas el cielo no consiente en que hayas matado a tantos, por eso he ordenado a mis demonios que te sometan a algunas penalidades; pero pronto te sacaré del infierno y aún seguirás poseyendo tu valor y podrás seguir siendo caballero; y con la protección del cielo, emprenderás tus viajes por todo el mundo. Tengo el honor de hacerte saber el edicto celestial, y es que debes partir ahora con estos caballeros encantados y soportar el camino con ellos; no debes gritar. Concluye aquí este asunto oficial. He de regresar al cielo para alabar a Dios.

El barbero había cambiado su tono normal de voz completamente, y sonaba sombrío como el de los demonios. Toda la compañía se partía de risa, pero Quisada, escuchando las palabras de aquel espíritu, supo que Dios lo protegía y que lo auxiliaría, que lograría desposar a Dulcinea y tendrían hijos llegando a formar una familia, y que su nombre sería conocido en todo el orbe. Con un gran suspiro respondió:

- Acepto el gran edicto celestial, pues claramente he escuchado que recibiré los honores de la música del bronce y el jade; solo te ruego, caballero encantado que has servido de mensajero, que no me inflijas grandes torturas para que pueda lograr la satisfacción de convertirme en el digno compañero de mi dama, con eso me basta y será para mí toda la recompensa que deseo. Tomaré este carro por morada celestial, con el más tibio y blando lecho. En cuanto a mi discípulo, Sancho, es hombre leal y honesto en extremo, no me abandona ni en la adversidad ni en la tribulación; y aunque hoy estoy aquí encerrado y no puedo otorgarle la ínsula o los títulos que le prometí, cuando muera recibirá mi hacienda, pues a él todo dejo.

Desde fuera de la jaula, Sancho se postró en señal de agradecimiento y una y otra vez besó sus manos.

Capítulo XX

Cuando Quisada escuchó la voz del espíritu, creyó que todo era real, y viéndose en el carro de bueyes, estuvo repasando todas las historias de caballerías, pero en ninguna sucedía algo semejante, lo que lo dejó confuso.

- Sí aparecen en los libros caballeros que son tomados cautivos, a veces los abrasan, otras los tienen custodiados por fieras, un sinfín de actos aterradores, no lo recuerdo todo; pero nunca había visto que transportaran a un caballero en una carreta de bueyes, quizá nuestros tiempos no son los antiguos y por ello se siguen caminos diversos; o puede ser que estos seres encantados, sabiendo que soy quien ha resucitado el ejercicio de la caballería, me tratan con especial crueldad.

Y, llamando a Sancho, le dijo:

- ¿Qué te parece a ti?

- No he leído libros -dijo Sancho-, así que no sé; pero lo que sí sé es que este no es el camino correcto.

- ¿Una caterva de demonios buscan la ocasión de prenderme y aún esperas que sigan el camino correcto? - dijo Quisada-. Intenta palparlos, verás como no tienen carne ni hueso, tan solo un aliento maligno.

- Ya he palpado a ese -dijo Sancho- y es corpulento y rollizo; y cuando lo olí esta mañana, en lugar de la peste de aliento de los demonios, yo solo sentí una aromática fragancia, no parecía algo extraordinario.

- ¡Cómo va a ser fragante el aliento de los demonios, Sancho! -dijo Quisada-. Salen de los infiernos para meterse entre los hombres, y su aliento hediondo y sucio es como un golpe para las narices, ¿de qué aroma hablas? Creo que este encantador debe tener muchas más habilidades que el resto.

Temieron Fernando y Cardenio que Sancho fuera a decir algo, pero el pastor le dijo que montara sobre su asno y que tirara del caballo de su maestro; a cada lado del caballo colgaron la adarga y la bacía de bronce rota, y se pusieron todos en marcha. Cuando partían, el ventero salió a la puerta para despedir la carreta del cautivo y, para consolarlo, le dijo:

- Caballero, no habéis tenido buena fortuna y por eso os halláis en esta difícil situación.

- No es frecuente que los caballeros andantes tropiecen con estas calamidades -dijo Quisada-, mas debido a que me he hecho con un nombre tratan de doblegarme así, pues otros envidian mi bravura celestial y, no encontrando el modo correcto de derrotarme, pergeñan estos ardides tortuosos. Pero al final el mal no derrotará al bien, acabará siendo vencido, igual que un cielo cubierto de negras nubes termina por despejarse y vuelve a brillar la luz del sol.

Dirigiéndose a la ventera y a su hija, dijo:

- Señoras, perdonadme el descuido de la cortesía, pues he sido hecho cautivo. Rogadle a Dios por mí, para que pronto me libere de estas prisiones. Os estaré eternamente agradecido.

En ese momento, el médico y el barbero se despedían también de Fernando y de Cardenio; se estrecharon las manos y convinieron que se volverían a encontrar. Fernando le pidió al médico que le escribiera una carta para informarle de cómo había sido el regreso de Quisada, también que le diera noticia detallada del reencuentro de Luscinda con sus padres, además del bautismo de María y los esponsales de Luis. El médico se ofreció a hacer todo cuanto se le pedía.

Cuando ya salían, el ventero sacó un montón de escritos y se los entregó al médico, diciendo:

- Estos escritos los dejaron también aquí. Permitidme ofrecéroslos.

Con gran alborozo los recibió el médico que, al mirar el título, vio que decía: *Historias de Rinconete y Cortadillo*. Coligió el médico que aquella obra sería del mismo que había compuesto la historia de Anselmo, y la guardó en su bolsa. Se subió con premura a su mula, se puso un antifaz para parecer un demonio maligno, y emprendió la marcha al lado de la carreta. También los acompañaban los tres cuadrilleros seguidos de Sancho Panza sobre su asno. Quisada, sentado en la jaula de la carreta, parecía un hombre de piedra.

Caminaron unas dos leguas y llegaron a un valle, donde quiso el boyero descansar un poco y que pacieran y bebieran las bestias, pero el barbero dijo que mejor lo hicieran un poco más allá, pues había un campo de frondosa yerba, donde podrían alimentarse bueyes y caballos y, así, tornaron a proseguir el camino.

De pronto vieron que por la izquierda se aproximaban siete u ocho hombres a caballo, aunque cuando se acercaban, advirtieron que eran mulas y no caballos. Llevaban un paso muy ligero y en poco tiempo los alcanzaron. Uno de ellos era magistrado de Toledo y el resto servidores suyos. Viendo el carro con la jaula de madera y a los cuadrilleros, le pareció extraño, así que detuvo su montura y preguntó, pues supo que se trataba de un delincuente; siendo él magistrado, por fuerza no podía dejar de hacerlo. Interrogó a los cuadrilleros, que declinaron con amabilidad responderle diciendo:

- Preguntadle vos mismo al que va en la jaula.

Dijo Quisada:

- Si vuestra merced lee libros de caballerías, con gusto le contaré mi vida; si no, mi boca permanecerá cerrada y no os daré cuenta de ella.

- Yo he leído muchos libros de caballerías -dijo el magistrado-, muchos más que libros de leyes. Os ruego que nos contéis brevemente lo más importante.

- Soy caballero andante -dijo Quisada-, las envidias de algunos han hecho que me prendan ayudándose de unos encantamientos. Soy un verdadero caballero, voy por doquier tomando venganzas, y deseo convertirme en ejemplo para generaciones venideras.

El médico informó al magistrado:

- Su nombre es don Quijote, y lo que dice es cierto. Si va preso no es porque haya cometido ningún delito, sino por esos encantamientos de los que habla. Es conocido también como el Caballero de la Triste Figura y sus hazañas serán inscritas en estelas de piedra, para que las conozcan diez mil generaciones.

Cuando el magistrado oyó hablar al preso y a su portavoz de aquella manera, quedó confundido y sin comprender nada, e igual de asombrados quedaron todos los que con él venían. En esto Sancho Panza había espoleado al asno para acercarse, y dijo:

- Este es un asunto muy extraño, aunque en realidad yo lo tengo muy claro, y depende de vuestra merced creerme o no. En el carro va mi maestro, que de ninguna manera está encantado. Tiene sus sentidos como todos los demás hombres, y estos que nos llevan nos tomaron por fuerza a los dos, y quieren hacer creer que sí que está encantado. Pero si vuestra merced deja que salga de la jaula, le contará todo lo que quiera, no se sentirá defraudado.

Y volviéndose al médico, dijo:

- Señor pastor, ¿creéis que no sé qué es eso de los encantamientos, que no es más que una farsa? Sé bien todo lo que habéis hecho y que habéis tramado esta patraña; lo comprendo muy bien, pero aunque no pueda venceros por la fuerza, no lograréis hundir a mi maestro. Hace tiempo debería haberse casado con la princesa Micomicona y yo ya sería conde. Pero después de lo visto, los vivos tenemos que acomodarnos a nuestra suerte, que sea buena o mala, no la puede determinar cada cual. Señor pastor, comportaos como un hombre de bien, y haced las bondades que hacen los hombres justos. Tengo mujer e hijos y lo que anhelo cada día es convertirme con presteza en alguien rico y noble, pero vos habéis echado al traste este asunto, solo espero que no recibáis un día el castigo del cielo.

El barbero dijo:

- También estáis vos confundido y vais a compartir jaula con vuestro maestro; a ver si es que os ha contagiado su mal, porque si no, ¿de dónde viene esa locura de que deseáis convertiros en conde? ¿No estáis disparatando?

- Puede que yo sea pobre y simple -dijo Sancho-, pero al menos no ofendo a nadie; decís que ansío fortuna y nobleza, y eso es algo a lo que cualquier ser nacido debiera aspirar, pues hasta los emperadores son hombres, ¿por qué no puede alguien como este humilde servidor querer llegar a conde?

Debe poner atención, señor barbero, en no hablar a la ligera, que no debe usar su navaja de barbero con ligereza, pues ambos sabemos quiénes somos y dónde estamos; y no se debe ofender a la gente con palabras hermoseadas. Puede que yo no pueda explicar con claridad si mi maestro está o no encantado, está solo en Dios el discernirlo, pero sepa vuestra merced con quién está peleando, que podría tener yo mucho que decir.

El médico se llevó entonces al magistrado a un lado para decirle:

- Vuestra merced desea saber sobre ese hombre que está enjaulado, y es un asunto que os divertirá.

Quiso enterarse el magistrado de lo que iba a decirle, y lo siguió algo más de diez metros. El médico le dio cuenta de la locura de Quisada, y que lo habían encerrado en la jaula para llevarlo de regreso a su casa a ver si podían detener su enfermedad. Admirose el magistrado, que dijo:

- Señor, según yo veo, desde que salieron los libros de caballerías, no hubo nadie en la sociedad que no gustara de ellos; incluso yo, siendo joven, disfrutaba de esos libros, aunque solía leerme solo la mitad; solo después fui nombrado para mi cargo, pero para entonces ya sabía que ese tipo de libros, y puedo certificar que hay varios cientos, son todos una misma cosa, no hay nada nuevo en ellos, ni nada especial cuentan. En suma, esos escritos se asemejan a las fábulas milesias, de discursos vacuos, que solo sirven para entretener antes del té o después del vino, que no contienen ningún suceso que sea cierto y pudiese servir como advertencia al mundo; no como las fábulas apólogas, que describen con precisión las relaciones entre los hombres con razones muy ciertas, logran que la gente se sienta alegre y, además, son muy beneficiosas para mejorar el entendimiento. En cuanto a los libros de caballerías, pretenden todos entretener, pero quién sabe de dónde toman esas tramas tan desaforadas que sería un gran error dar por ciertas; su lenguaje está falto de un significado correcto, carecen de estructura, las palabras surgen atropelladas provocando grandes risas. Es todo lo que esos libros proporcionan. Como cuando describen a un joven valiente y atrevido que, apenas con diez y seis años, es capaz de cortar por mitad a un gigante de un estadal solo con su larga espada como si fuera un muñeco de papel,

¿es acaso razonable? ¿Y cuando hablan de dos ejércitos que se unen para combatir a un solo caballero que, con su fuerza, acaba derrotando a ese millón de hombres, lanzado sobre él como un enjambre de abejas, como un hervidero de hormigas, no es tan absurdo que lleva al desprecio? O cuando habla de esa hermosísima emperatriz, o princesa, que con solo ver a un caballero se arroja a su pecho; decid, ¿es qué puede suceder eso tan fácilmente en el mundo? O como cuando cuentan que una torre de más de doscientas varas de alto, llena de caballeros, va por la mar adelante y, con próspero viento, llega hasta Italia o cualquier otro reino al que ni siquiera llegó Marco Polo completando su periplo. Marco Polo fue un viajero veneciano del siglo XIII, que llegó hasta las tierras de Siria, India y Persia. De todo ello se infiere que los libros de caballerías son historias absurdas que es absurdo escuchar. ¿Cómo se puede decir que son registros de la realidad? Pero aun siendo algunas de esas novelas inventadas, pueden contener algo de verdad, y de ellas puede derivarse alguna enseñanza; su lenguaje puede bastar para conmover y el argumento poseer un final aceptable; esas historias ficticias, se han de observar con atención pues pueden llevar en sí algunas consideraciones que, aquí o allá, son razonables, y hace que ello baste para embelesar; se podría decir que, de un golpe, felicidad, cólera, tristeza o alegría se mezclan en esos libros, y es algo difícil de controlar. Los libros de caballerías se envuelven en una palabrería desaforada, con principios que no se corresponden con sus finales, que parecen buscar el tronco perdiendo las ramas, ese es su gran defecto. Por ejemplo, en un cuerpo compuesto de cabeza, cuello, brazos y piernas, las medidas deben ser las correctas, pero por culpa de ese defecto, lo largo y lo corto no se ajustan: o la cabeza es más larga que el cuello, o las piernas son más cortas que los brazos; todo es grotesco, no hay armonía, pues con un pincel que se deja llevar por lo disparatado, la historia se vuelve estrambótica; todo es un hablar de amores extraños a los hombres, de unas batallas violentas que nada tienen que ver con las de verdad; el lenguaje es tan extravagante que dan ganas de reír; los viajes, sean por tierra o por mar, no se adecúan a ninguna razón; esos libros no sirven para nada y bastan para confundir la mente de los hombres. Tenemos los cristianos razones bastantes en las que apoyarnos, y ese tipo de libros falaces no deberían leerse.

Le pareció al médico que las palabras del magistrado estaban muy puestas en razón, así que le dijo:

- Todo cuando dice vuestra merced es de admirar, y en todo está de acuerdo este humilde servidor, pues también yo detesto esas historias disparatadas; por ello, con la familia del hombre de la carreta maquiné una trama para quemar todos los libros que almacenaba.

Y le contó en detalle cómo habían hecho la hoguera de libros. El magistrado se echó a reír a carcajadas y dijo:

- Aun así, y siendo esos libros provocativos sin razón, presentan en ocasiones pequeñas virtudes de las que merece la pena tomar nota. Leyendo el libro se puede vislumbrar el talento de quien lo escribió: como cuando describen situaciones de peligro en alta mar y nos hacen temblar de terror; cuando escriben sobre algún caballero de gran astucia y calidad, que destaca sobre cualquier otro que haya existido en el pasado o en nuestros tiempos, que, en todas las situaciones, excede nuestras expectativas, estimulando, en cierta manera, algunas de nuestras enseñanzas. Describen virtudes como la bondad o la justicia representándolas bien, mostrándolas de forma práctica; ya sea en un ataque o en una defensa, detallan todas una sorprendente preparación; a veces realizan un trabajo sobresaliente cuando describen el dolor o cuando hablan de la tristeza; en otras hay una hermosísima dama recatada y honesta que, ni aún sometida por la fuerza, cede ante quien pretende mancillarla; aquí, el caballero íntegro y de grandes ideales se aferra a la justicia y no se doblega ni ante fieros guerreros; allá aparecen esos seguidores zalameros y violentos cuyas pérfidas acciones nos horrorizan; o ese pariente del rey, modesto y bien mirado. De tanto en tanto, entremezclados, pueden mostrar las enseñanzas de astrólogos para prevenir grandes venturas o desgracias, o pueden hablar de músicos, junto con asuntos más triviales; también hablan de formas de gobernar con errores y hasta de sortilegios. Puede mostrar la agilidad y pericia en el combate de Ulises, asombrando; la extraordinaria piedad filial de Eneas, que arranca lágrimas conmovidas; la valentía de Aquiles, las desgracias de Héctor, que pudieron llegar a doblegarlo; las traiciones de

Sinón, que nadie puede comprender; la lealtad hacia sus amigos de Eurialio o los grandes logros de Alejandro, que bastan para despertar en todos un corazón bondadoso; las ocultas virtudes de Trajano, la fidelidad de Zópiro, la prudencia de Catón. Todas estas virtudes son conmovedoras y, aunque pueden también mostrarse de uno en uno, de unirse todas en un solo hombre, lo convertirían en el modelo perfecto de virtud. Aunque a veces construidas en el aire, esas historias alcanzan buenas razones y logran que los hombres las crean. Quienes esos libros escriben consideran que bastarán para ganarle fama los siglos venideros, y sus palabras logran conmover a quienes las leen. Su estilo se aproxima al de los historiadores y llevan implícitos juicios sobre la recompensa o el castigo. No son del todo perniciosos.

Capítulo XXI

Estuvo muy de acuerdo el médico, que dijo:

- Merecen reprehensión los que escriben esos libros de caballerías, pero quien también la merecen son los editores, que se apresuran a publicarlos y hacerlos circular sin considerar su contenido. ¿Es que pueden quedar impunes?

- Yo también escribí uno de esos libros -dijo el magistrado- que relatan asuntos de caballerías, sin salirme de sus normas; llegué a completar cien páginas. Probé a enseñárselas a hombres de conocimientos para escuchar sus críticas y después también se las mostré a otros más toscos e ignorantes, para comprobar cuál era su opinión. A todos les pareció que estaban bien, sin embargo, a mí al final no me lo pareció, y no siendo cosa de mi profesión, me parecieron grandisimos esfuerzos para no lograr ningún éxito. Pues sabed que hay en el mundo pocos hombres de conocimientos y muchos con falta de ellos; y aunque podía alcanzar el elogio de los primeros, hubiesen sido mucho mayores las críticas de los ignorantes, y no deseaba yo nada de eso. Me puse a meditar sobre ello viendo una obra de teatro, y me dije entonces que más valía no escribir mi libro. Cada vez que contemplo una representación, sé que las han compuesto hombres de letras o poetas, y lo hacen basándose en hechos históricos; sin embargo, el inicio y el final están desordenados, enredados como una maraña de hilos, de modo que, por mucho que se medite sobre ellas, es imposible desentrañar qué quieren decir; sin embargo, muchos en esta sociedad las considera buenas, pues sus gustos difieren mucho de los míos. Dicen los que las componen o interpretan que solo haciéndolas así conmueven a quienes las ven; por eso los autores siguen ese modelo y los actores lo respetan, aunque les disgusta en el fondo que los espectadores se vayan sin haber entendido qué significaban. Es así como andan los gustos de la sociedad en estos tiempos, y los hombres de teatro no pueden dejar de doblegarse ante esas preferencias de la gente y componer esas piezas extrañas y erradas. Si lo hicieran de otro modo, adecuando la actuación al gusto de quienes tienen conocimiento, sus ganancias serían muy pocas. Solo esta razón basta para que no siga con mi libro, pues los hombres de entendimiento son escasísimos, sería malgastar mis intenciones y mis ideas; ¿para qué hacer una obra elevada que pocos van a apreciar? He discutido en ocasiones con gente del teatro reprochándoles que se dejen llevar por los deseos de la gente para componer sus obras y que siguieran haciendo esas obras tan absurdas, cada vez más disparatadas, pero que no son de ninguna ayuda para la moral; pero después dejé de hacerlo. Aunque incluso le recordé a uno un día las tres obras formidables que se habían representado en los últimos años en España, compuestas por un famoso poeta, donde se expresaban sentimientos extraordinarios, y que fueron apreciadas por gente digna y por el vulgo. Después de esas tres obras, no ha habido otras semejantes, ni se ha ganado tanto dinero como con ellas. "Cierto -dijo aquel hombre-, se llamaban *La Isabela*, *La Filis* y *La Alejandra*." Le dije yo entonces que, tal y como estaban compuestas esas obras, se acomodaban a las emociones humanas y eran sentimientos de verdad. ¿Acaso habiendo sido compuestas de ese modo no se habían ganado el aprecio y la admiración de todos? De ahí podemos saber que cuando se escriben obras, violentas o trágicas, en contra de los verdaderos sentimientos, el error no está en quienes van a verlas, sino en los que las escriben. Existen además aquellas tragedias que olvidan la bondad y dan la espalda a la justicia, o como las de los mercaderes amantes que carecen de toda moral; pero incluso con estas, los actores logran grandes beneficios. Por mucho que intente advertirles, al final no consigo convencerlos.

- Tiene mucha razón vuestra merced -dijo el médico-, y basta para recordarme que siento yo el mismo desprecio hacia las comedias que hacia las novelas de caballerías. Según Cicerón, las obras son el verdadero espejo de la sociedad, el camino que conduce a los hombres a la virtud, y el modelo de la búsqueda de la verdad. Pero hoy no es así, vuelan a lomos de la trivialidad en alas de la superchería, difundiendo la simpleza, estimulando la falsedad y con unas palabras introductorias indecentes y lascivas ¿Es que puede haber en el mundo algo más falaz? Por ejemplo, cuando en la primera escena aparece un niño en mantillas, y en la siguiente se abre el telón y ya se ha convertido en un hombre robusto. ¿Es que acaso en la vida real crecen a esa velocidad las personas? O en esa otra en la que aparece un viejo achacoso e incapaz que, de pronto, es el más bravo en la batalla, mientras que el joven soldado se muere de miedo. O esa otra en la que aparece el viejo esclavo que sabe de letras o la joven concubina que discute del gobierno, mientras el rey se muestra grosero y vulgar y la princesa es simple, justo al revés de como es el mundo en realidad; y así lo glorifican sin entenderlo. Tampoco saben de mapas, que yo asistí a una obra en la que en el primer acto había un paisaje europeo; en el segundo, los personajes estaban en Asia; en el tercero en África, y si le hubiesen añadido un cuarto, seguro que sería en América, una vuelta a la tierra en menos de una hora. ¡Como si fuera así de fácil! Y todavía hay un asunto más: ponen en tiempos del emperador Carlomagno a quienes se encuentran con personajes de la época de Heraclio, que fue quien llegó con la Cruz a Jerusalén. Esos tiempos no eran los mismos y los mezclaron revolviéndolo todo; hay muchas así. Si algún espectador no lo acepta y señala los errores, hay quienes lo acusan de pretencioso. En lo que toca a las obras religiosas, cuando hablan de los santos de antaño, suelen confundir a este con aquel, sin informarse en absoluto. Y más cosas que se pueden decir de las obras que se ven en este reino; si los extranjeros las vieran nos acusarían de ignorantes. A nuestros hombres de teatro lo único que les interesa es divertir al pueblo, pero, teniendo en cuenta las leyes, no deberían excederse de modo que perjudicaran el buen comportamiento de la gente. Sin embargo, los escritores de hoy en día envilecen el corazón de los hombres y corrompen las costumbres. Las buenas comedias representan sentimientos hermosos, y llevan a lo que es correcto, no conducen a la lascivia; seguir estos principios uno a uno supondría atarlos corto, ¿por qué se les permite que acaben con la circunspección, que vayan más allá de los límites del decoro? Los escritores de comedias saben de sus errores y aciertos, pero es costumbre ya muy arraigada y piensan que si abandonan esa senda, no habrá forma de que las obras sean bienvenidas; aunque en realidad, no es lo que consideran los espectadores. Su intención es sacar beneficios, y si dejan de seguir esas costumbres, la gente no las aceptará; por eso quienes las escriben, no pueden dejar de enfangarse con esa corriente, para tener qué comer. Los antiguos textos eran escritos por sabios letrados, sentimientos y prosodia eran excelsos, expresados con elegancia; pero como no son del gusto de hoy, los han abandonado y ya no se componen de ese tipo. Lo que ha venido después son comportamientos absurdos en manos vulgares. En cuanto se levanta el telón, no hay quien las repruebe, aunque recorran el camino más irrespetuoso, tanto que los cuadrilleros deberían intervenir al punto y perseguirlas. Me parece a mí que el gobierno debería ordenar que se revisaran esas obras; solo después de tal revisión, podrían ponerse en escena; se evitaría así su vileza y se ganarían más elogios por parte de la sociedad, rechazando aquello que fuera pernicioso; con un sistema de vigilancia y revisión que fuera no solo para la corte, sino para todos los teatros del reino, se evitaría que siguieran esas corrientes nefastas. Todos aquellos textos que no hubiesen pasado por tal revisión, con la supervisión tanto en distritos como en prefecturas, no podrían ser representados y estarían sometidos a una severa prohibición por parte de la corte. De esa forma tras esa revisión, la gente del teatro, liberados ya de todo temor, podría cantar sus textos. Si fuese posible hacerlo así no quedaría en todo el reino ni una sola de esas obras lascivas, mejoraría toda esa tendencia perniciosa, y tomando prestada la fuerza de esa grandeza, seguro que los textos se enriquecerían. Los espectadores conocerían esa vigilancia y los extranjeros también elogiarían la belleza que pueden desplegar los literatos españoles, ahorrándole también al gobierno tener que imponer castigos, pues ya no habría comedia ninguna que hiciera alarde de vileza. En cuanto a las novelas, también deberían estar sometidas a esa inspección. (Lo que aquí se describe es lo mismo que el actual Reglamento sobre Asociaciones para la Educación Popular, que en

España ya se había consolidado). Con estos libros de calidad, se acabaría frenando todos los que antes se escribían, llenos de disparates, y ya no se difundirían por el mundo; pues las comedias y las novelas no son algo que la sociedad pueda desperdiciar; y si no son más que una herramienta de diversión, acabarán embotando el juicio de la gente.

Seguían el magistrado y el médico a lomo de sus caballos, cuando el barbero espoleó al suyo para alcanzarlos y les pidió que descansaran un rato en aquel lugar, para que los animales pudieran beber y pastar. Viendo el magistrado el hermoso paisaje, y habiéndole tomado gusto al médico, con quien se entendía bien, deseó preguntarle más sobre la locura de Quisada y decidió seguir camino con ellos. Envió a sus criados a que fueran por delante a la posada, para preguntar si había llegado ya su mula con las provisiones. Efectivamente, ya había llegado, así que prepararon un hato con comida y los llevaron de regreso para que el magistrado la compartiera con los demás disfrutando de la fresca brisa en aquel agradable valle.

Aprovechó Sancho ese momento para acercarse a la carreta en la que iba Quisada, y le dijo:

- Maestro, hay algo de lo que quiero informarle. ¿Ha pensado vuestra merced en quiénes son los que escoltan la carreta con la cara cubierta para no ser reconocidos? No son extraños; no son sino el médico y el barbero. No desean que su gran fama sea conocida en este tiempo, están celosos y por eso han elaborado este ardid a hurtadillas; es odioso. No es ningún encantamiento que haya caído sobre vos, es solo el engaño de unos conocidos.

- Los hombres que dices son viejos amigos -respondió Quisada-, no son quienes me han puesto en este estado, no receles tanto. Ya sabes que los maestros en encantamientos, si son buenos, pueden volver del revés lo que es y lo que no es para turbar nuestro entendimiento. ¿Cómo sabes que esos dos hombres no son una ilusión creada con malas artes para distanciarme de mis amigos? O puede que los malos espíritus hayan confundido tu juicio y emborronado tu vista. Aunque es cierto que estos encantamientos no son iguales a los que he leído en los libros, aun pensando en lo que dices, seguro que lo son. No te preocupes en añadir lo que sea, que yo disiparé tus dudas.

- Esto es locura sobre locura -dijo Sancho-. Ahora que vuestra merced está en esta situación penosa, ¿no preferiría acaso poder dejar cuanto antes este encierro y desposarse con Dulcinea?

- Déjate de charlas ociosas -dijo Quisada.

- ¿Podría preguntaros -dijo Sancho- si, desde que estáis en esa jaula, que vos creéis por encantamiento, hay algo que os emocione o no?

- No entiendo eso que dices -dijo Quisada.

- Solo quiero preguntaros si esperáis o no que alguien os socorra -dijo Sancho.

- Si tú pudieses socorrerme -dijo Quisada-, maestro y discípulo podríamos de nuevo volver a ejercer esta profesión con un solo corazón y uniendo nuestras fuerzas.

Capítulo XXII

- Maestro, tengo algo más que decir -dijo Sancho-, que no podréis rebatir. Cuando alguien está endemoniado, no puede estarse tranquilo; ni bebiendo, ni comiendo, ni sentado, ni echado, no encuentra la paz de ninguna manera. Es así como la gente sabe que ha sido poseído por los demonios. Pero vuestra merced hace todo eso completamente calmado. Si no estoy equivocado, ¿cómo se puede decir que está encantado?

- De lo que tú estás hablando -dijo Quisada- es de un tipo de encantamiento, no se puede generalizar. En el que yo estoy ahora es de otro, el modo en el que estoy detenido no es el normal, y ya que estoy de esta manera, lo asumo con tranquilidad, sin ansiedad ni terror. Aunque lo peor de estar encerrado es que no puedo salir para ejercer mi oficio de caballero andante. ¿Quién sabe cuánta gente habrá ahora en este mundo en dificultades esperando que vaya en su ayuda y no tiene a quién acudir?

- ¿Y por qué no rompéis vuestra jaula y escapáis? – dijo Sancho-. Vuestro caballo de batalla va detrás de la carreta, aunque tan desanimado que parece que también estuviese encantado. Si acaso al final no podéis escapar, bastará con volver de nuevo a la jaula y ya está, no tiene que preocuparse por poner en riesgo la vida. ¿Por qué no intentar lo que propongo?

- Bien -dijo Quisada- confío mi libertad a tu auxilio.

Decidiéronlo así maestro y discípulo y, una vez llegados al valle, todos desmontaron de caballos y asnos, y bajaron la jaula al suelo. Dijo Sancho:

- ¿Podrían vuestras mercedes autorizar que saliese mi maestro? Si no, va a ensuciar la jaula aliviándose.

- Bien -dijo el médico-, pero si sale, querrá escapar, ¿qué pasaría entonces?

- Si él se escapa, yo tomaré su lugar en la jaula -dijo Sancho.

- No se lo impida si él se compromete -dijo el magistrado.

- Estando encantado -dijo Quisada- no puedo huir en modo alguno. Es como si hubiese una ley que me lo impidiera; ello basta para contenerme. Mas si no me lo autorizan, no me culpen por fatigarles el olfato con olores pestilentes. Pero seguro que regresaré.

Cuando lo oyeron decir que volvería, abrieron la jaula para liberarlo. Salió Quisada, estiró brazos y piernas, y se fue a su caballo para acariciarle el lomo y decirle:

- No ha de faltar mucho para que vuelva a ir sobre ti para recorrer los caminos en nombre del cielo, y salvar a todos aquellos que en este mundo estén padeciendo tormentos.

Dicho lo cual se alejó con Sancho unos cuantos pasos. Al regresar, el magistrado miró atentamente a Quisada, y no le pareció que estuviese loco, pues cuando hablaba parecía entender todo con claridad; pero en cuanto se mencionaba el tema de las caballerías, sí parecía estar encantado y disparataba sin que fuera posible comprenderlo. Se compadeció el magistrado de su mal así que, cuando estuvieron todos sentados en círculo en la fragante yerba, esperando que llegaran la comida y el vino, le preguntó directamente a Quisada:

- Vuestra merced ha leído muchos libros de caballerías, ¿cómo se ha dejado perder así el sentido? Lo que dicen, lo que cuentan, son todo asuntos revueltos, llenos de yerros. ¿Cómo que han existido en este mundo esos Amadíses, esas damas hermosas como seres celestiales, esos gigantes de muchas varas de altura; ni esas sierpes venenosas o esas fieras feroces? ¿Acaso todo lo que se entremezcla en esos libros pertenece a la realidad? Cuando yo leo alguno, con solo echar un vistazo sé que son falsedades, un pasatiempo para después del té o del vino. ¿Cómo se puede creer que son verdad? Cuando los leo y me doy cuenta de su ligereza y frivolidad, me dan ganas de arrojarlos al fuego, pues no son más que burlas ridículas y solo sirven para alterar la mente de la gente, historias heréticas contrarias a toda moral, que no tienen nada de refinado ni de sublime. Solo sirven para engañar a los tontos, e incluso turban a los hombres de ingenio, que deberían despreciarlos. Véase vuestra merced, discreto, ingenioso, avezado, arrastrado ahora en una jaula tirada por dos bueyes. ¿No sería mejor que vos mismo os liberarais de ese mal, en lugar de ir como va, paseado como un tigre o un mono enjaulado, por las ciudades para diversión de la gente? Señor, recapacite, pregúntese a sí mismo sobre ello, y al punto comprenderá. Con la discreción que el cielo le otorgó, ¿por qué no regresa al camino correcto en lugar de ir persiguiendo sin sentido esos ecos y esas sombras? Os vanagloriáis de ser caballero y, aun más, de ejercer el oficio de los héroes de este mundo. Existen los verdaderos héroes de la historia, no esos héroes inventados de las novelas y vos, en vez de reverenciar la verdad, os dejáis llevar por la falacia, con ideas erróneas. Habla la historia de ese héroe que produjo Lusitania, llamado Viriato; Roma tuvo a César; Cartago a Aníbal; Grecia a Alejandro; Toledo a Garcilaso y muchos otros que fueron. Sus historias bastan como entretenimiento, y como modelos a seguir, además de que educan, y os aproximarían al hombre de calidad que sois; si alguien como vos, con libros siempre en las manos, os volvéis hacia los estudios de Historia, los encontraréis incluso más aleccionadores; esos libros despiertan la virtud; muestran el valor sin el desconcierto; la prudencia sin la temeridad; os aproximarán a Dios, y os proporcionarán un nombre insigne, además de ganarle fama a la Mancha, ¿no será una ventura aun mayor?

Con mucha tranquilidad escuchó Quisada sus palabras, y después de mirarle durante un buen rato, dijo:

- Paréceme que argumenta vuestra merced que no han existido los caballeros, que los libros de caballerías pertenecen al mundo de la ilusión y que, además, bastan para dañar a la sociedad; y me queréis advertir de que todos los libros que he leído están equivocados y los sucesos que cuentan son desatinados; afirmáis también que no existieron ni Amadís ni todas las hazañas que logró.

- Así es -dijo el magistrado.

- ¿Acaso no creéis vos -continuo Quisada- que mi entendimiento ha sido turbado por esos libros, que son ellos la causa de que me vea encerrado en una jaula, y que deseáis indicarme el mejor camino para hacerme volver a la verdadera historia y abandone esos derroteros de confusión, esos senderos equivocados?

- Así es -repitió el magistrado.

- Entonces, señor, es que tomáis la confusión de mi encantamiento por una turbación de mi juicio, y os atrevéis a vilipendiar los libros de caballerías. Nadie con entendimiento en este mundo debería osar acusar a los libros de caballerías; decís vos que no valen ni una moneda. ¡Qué gran falta de discernimiento! Decir que no ha existido Amadís es como acusar al sol de no brillar o al dios de la tierra de no dar sus frutos. En la corte del gran emperador Carlomagno hubo un hombre llamado Fierabrás que se mantuvo firme en el puente de Mantible, pero os pregunto ahora sobre estos hechos. ¿Eran ciertos o falsos? ¿Se atreverá alguien en este mundo a afirmar que eran falsos? La justicia de la caballería es tan habitual para los hombres como levantarse, dormir, beber y comer, es algo que está presente todos los días. Decir que esos libros son falsos es como afirmar que tampoco existieron ni Héctor ni Aquiles o que la guerra de Troya pertenece al mundo de la ficción. También los Doce Pares de Francia son invención, o las historias de Guarino Mezquino y del Santo Grial no son más que falsedades que no hay que creer. Y está, además, la historia de Pierres, tan atractiva como divertida, que seguro que vos consideráis falsa; en ella se habla de cómo fabricaron un caballo de madera en el que dispusieron un mecanismo que necesitaba de una clavija para funcionar. Pues la clavija aún se conserva en una armería, puede ir a cogerla para asegurarse, y es tan grande como el eje de un carro; el caballo de madera se llamaba Babieca, y su silla está guardada en la misma armería pues tiene tanto valor como la propia clavija. También se atesora, pero en Roncesvalles, el cuerno de Roldán, tan grande como una viga. En cuanto a los Doce Pares de Francia, fueron todos valientes caballeros de antaño, y cualquiera puede hablar de sus vidas. En el pasado, en Portugal hubo un conocido soldado llamado Juan de Merlo, famosísimo en su tiempo, que quizá vos consideráis que es, igualmente, una invención; y sin embargo, Juan de Merlo fue a Borgoña, y en Ras comandó la defensa de la ciudad con mosén Pierres, y consiguió la victoria frente a diez mil enemigos. Después, en la ciudad de Basilea combatió con mosén Enrique de Remestán, a quien le infligió una severa derrota, ¿o no fue así? España tuvo también sus héroes en el pasado: mi antecesor, Gutierre Quisada que también llegó a Borgoña, y el conde San Polo, que tenía muchos hijos, todos avezados guerreros, pero que fueron derrotados por Juan de Merlo. Me diréis también que todo esto no sucedió. Y Fernando de Guevara diréis que no llegó a Alemania, aunque allí combatió con micer Jorge y lo derrotó; este micer Jorge era un gran general de la casa de los condes de Austria. Además de ellos están Suero de Quiñones, mosén Luis de Falces, todos hombres reales. Aunque vuestra merced supongo que contiene la risa considerándolos falsos. ¿Cómo podría decíroslo? Debéis saber que en mi pecho atesoro esos libros, tantos como un vasto mar, y cuando cualquiera ose decir que la caballería andante es irreal, le diré yo que eso es una prueba de que es él quien ha perdido el juicio.

Miraba el magistrado al hombre que, aun estando tan profundamente sumido en su locura, mucho había leído y todo lo recordaba. Y le parecía excepcional. Le dijo:

- Escuchando vuestro discurso, no me atreveré yo a rebatir uno por uno sus argumentos; en lo que decís hay hechos ciertos que merecen ser conocidos, como los referentes a los soldados españoles. En lo que respecta a los Doce Pares de Francia, algo le concedo, aunque no creo en todas esas gestas fantásticas que les atribuye el arzobispo Turpín. Recuerdo que aquellos doce hombres sí que eran valerosos guerreros, y por eso los distinguió el rey de Francia como personajes ilustres, y porque eran todos iguales en sus cualidades como soldados, sin que uno fuese mejor que otro, fueron conocidos con el nombre de los Doce Pares. Pero en lo que toca a la clavija de Pierres, tan larga como un eje, aunque he ido en muchas ocasiones a la armería, jamás he visto ese objeto.

- Pues esa clavija existe -dijo Quisada-, y para evitar que se cubra de orín, está guardada en una funda de cuero.

- Quizá exista -dijo el magistrado- pero no me basta como prueba de que verdaderamente existieron los Amadises y esos otros guerreros. Y siendo vos alguien de tantos conocimientos y tanta agudeza, no deberíais creer en esas palabras falaces.

Capítulo XXIII

- Decís que las historias de los caballeros andantes son falsas, y sin embargo todos en la corte y en el campo, nobles y villanos, las toman por ciertas. ¿Deberíamos discutir aún más sobre ellas? Pues además, los linajes que aparecen y su reputación, las dinastías, las fechas, todo se puede comprobar punto por punto. ¿Cómo podéis decir que no existen? Os ruego, señor, que no menospreciéis las historias de caballerías, no las tengáis en poco. Me parecéis un hombre de juicio, que comprende de razones, ¿cómo podéis soltar esa charla sin pensar sobre ello? En adelante, debierais leer más libros de caballerías para ampliar vuestros conocimientos; eso bastaría para que les encontrarais el gusto. Os voy a relatar yo un cuento para que podáis sentirlo como si de un retrato de la realidad se tratara, y en el que no hay nada de falsedad. "Había en la tierra un lago grandísimo, en cuyas aguas enormes zigzagueaban sierpes, y en las que nadaban lagartos y otros animales feroces. Un día, un caballero pasaba junto al lago cuando, de pronto, oyó una extraña voz que desde él llegaba, llamándolo: 'Caballero, si deseas alcanzar fortuna, lánzate a este lago sin tardanza; sabrás entonces que bajo él hay siete palacios divinos en los que habitan un sinfín de hermosas damas celestiales.' Cuando el caballero escuchó aquella voz, sin dudarlo ni un instante, sin temor ni a sierpes ni a lagartos, y sin despojarse de armadura ni de yelmo, se arrojó al lago. Abrió los ojos para mirar todo alrededor; el follaje era exuberante, con delicadas yerbas que se extendían tupidas como una alfombra; estaba todo cubierto por el cielo azul desde el que el sol lanzaba sus resplandecientes rayos. Ante sí había un bosque frondoso cuya verde sombra parecía un tapiz; se oía el cantar de los pájaros aquí y acullá, con sus plumas verde esmeralda y sus picos bermellón; era en todo igual a una pintura; bajo los árboles corría un arroyo que atravesaba el bosque, a cuyas orillas las flores desplegaban su aromática fragancia, y eran sus aguas tan cristalinas que se podían contar las más diminutas piedras que en su fondo se hallaban. A un lado una fuente toda de jade blanco, y más allá otra, hecha esta de conchas, las dos relucientes, cegadoras; sus peldaños mezclan jade y conchas con piedras preciosas, imitando a la naturaleza. Más adelante se desplegaba un majestuoso palacio, de muros de oro adornados de diamantes, con las puertas engastadas con gemas, de una admirable factura. Estaba el caballero asombrado, cuando de pronto ve salir por sus puertas un buen número de doncellas, una tras otra, tan hermosas como no se han visto jamás en el mundo, y quizá ni en el cielo. Una de ellas se adelanta, es la principal, le da la bienvenida y le tiende la mano como cortesía. Lo lleva al interior del palacio. Se disputan el despojarlo del yelmo, de su armadura de guerrero, y lo invitan a tomarse un cálido baño de aguas tibias, perfumadas. Tras el baño se viste de nuevo con una camisa aromada con exóticas esencias, y acude otra doncella que lo cubre de espléndidos ropajes, tan valiosos como varias ciudades. Lo lleva hasta otra sala donde halla las mesas puestas por esos seres divinos con gran armonía. Tanto refulgen que ciegan los ojos, a punto está de perder la visión. Las damas celestiales le ofrecen agua destilada de olorosas flores para lavarse las manos. Se sienta sobre una silla de marfil, y todas las doncellas lo atienden en silencio, sin decir palabra. Las delicias del mar y los manjares de la tierra que jamás ha visto lo dejan tan suspenso y admirado que apenas puede comer. De pronto, sin saber de dónde, parece que oye música. Da fin el banquete, se retiran las bandejas, y queda el caballero mondándose los dientes con un palillo de marfil. Entra otra dama celestial, más bella aun que las demás; se sienta junto al caballero, y le dice que ha sido encantada para permanecer en el palacio. Queda en suspenso el caballero." No seguiré describiendo el resto del cuento. Los libros de caballerías, no importa lo largos que sean, causan gusto y maravilla a todos cuantos los leen. Por eso quisiera que vuestra merced leyera más de esos libros, pues bastarían para mejorar su condición natural. Y en cuanto a mí, desde que soy caballero, además de valor y modestia, he aprendido a soportar las penalidades, a afrontar los peligros, y aunque ahora me lleven en una jaula sobre una carreta, dependo aún de la fuerza de mis brazos; y no han de pasar muchos días en que pueda alzarme a un trono, y convertirme en soberano de algún reino, de modo que podré demostrar el agradecimiento y la liberalidad que siento; pues no pueden los hombres modestos y pobres mostrar su generosidad, ¿cómo podrían hacerlo? Por ello es necesario llegar a soberano de algún reino, para poder después extender su benevolencia a los demás; es algo que guardo en mi pecho, y a mi fiel discípulo Sancho Panza he de otorgarle un condado y ofrecerle las más altas distinciones, pues yo jamás incumplo mi palabra, aunque quizá, siendo algo corto en talentos, no logre ejercer su cargo como debe.

- Maestro, no piense tanto en mí -dijo Sancho-, ocúpese solo de entregarme esa ínsula, que ya pondré yo de mi parte. Muchos de los que se han convertido en conde salieron del pueblo llano; y si me fallan las fuerzas, buscaré a alguien de mi confianza a quien le daré poderes, mientras yo me quedo sin hacer nada. Y siendo conde o gobernador general, me limitaré a vestirme con los mejores trajes, a comer deliciosos manjares, que con eso me basta. Y los asuntos civiles, se los dejaré a quien me represente, sin tener que preocuparme de nada.

- Para gobernar hace falta tener talento -dijo el magistrado-; si acabáis como gobernador general, deberíais saber cómo organizar, no es solo un asunto de vestirse con los mejores trajes y comer deliciosos manjares. Y si sois señor de una ínsula, son muchos los asuntos que ocuparán vuestro juicio, ¿cómo os vais a ocupar de los asuntos públicos?

- Lo único que quiero es tener un condado o una ínsula -dijo Sancho-. En cuanto a lo de tener talento para ordenar, si otros pueden, también puedo yo, no hay que pensar tanto. Lo más importante es que yo sería el que tomase las decisiones; nadie me gobernaría. Solo cuando uno mismo es quien decide se es libre, y siendo libre seré feliz, sin dar cuentas a nadie; no aspiro a nada más. Sabed que lo que más deseo es hacerme con esa ínsula.

- Bien decís -dijo el magistrado riendo-, porque los asuntos de un condado son muchos más. No solo los que habéis dicho.

- En mi forma de actuar -dijo Quisada-, sigo en todo a Amadís. Él tuvo un discípulo a quien le concedió una ínsula. Sancho, mi discípulo, me ha prestado los mejores servicios en medio de las tribulaciones; si no lo premiara con una ínsula avergonzaría al propio Amadís.

Observaba el magistrado a Quisada, que firme creyente de lo que contaban las novelas en medio de su desatino, expresaba sus argumentos de una forma muy ordenada. Y en cuanto a Sancho, su simplicidad hacía que, con frecuencia, fuera imposible contener las risas escuchándolo.

En esto llegaron los criados del magistrado y dispusieron la comida bajo los árboles. Se sentaron todos a comer cuando, de pronto, oyeron removerse la hierba y les llegó el sonido de un cencerro; vieron aparecer acompañada del sonido la cabeza de una cabra, con la piel manchada en negro y blanco. Detrás venía el cabrero que la perseguía y que no dejaba de llamarla a grandes voces. La cabra, balando, se acercó a ellos como si quisiera buscar su protección. También se llegó el cabrero, que tiró de sus cuernos reprendiéndola como si el animal entendiese sus palabras.

Dijo el cabrero:

- Estúpido animal, ¿dónde vas? ¿Es que hay lobos que quieran comerte? Siendo hembra, eres de natural inquieta, te mereces un azote; eres como las de tu género, todas intranquilas, pero tú eres la que gobierna el rebaño y deberías ser un poco más reposada; si tú te comportas así, será malo para el resto, ¿cómo vamos a pastorear?

Escuchábanlo todos con atención, y dijo el magistrado:

- Amigo cabrero, no vayáis con tanta prisa y dejad que la cabra repose un momento. ¿No decís que es una hembra? No son lo mismo las cabras que las vacas. Sed condescendiente y sentaos un rato; compartid algo de nuestra comida y templad la cólera.

Cuando el cabrero se iba a sentar, el magistrado le ofreció un trozo de conejo asado, además de vino. El cabrero los cogió, se sentó y, tras dar buena cuenta de todo, dijo:

- No piensen vuestras mercedes que porque le hablo a la cabra estoy loco, que no es esa la causa de que le hable. Aunque me tomen por cabrero, en realidad no lo soy.

- Se bien -dijo el médico- que en las montañas y en los campos no faltan hombres ilustres. ¿Cómo es que un distinguido letrado está pastoreando cabras?

- Se juzga a los hombres por su aspecto -dijo el cabrero-. Pero tengo yo un cuento que os puedo relatar, y sabed que no hay nada en él de inventado.

- Por mi parte -dijo Quisada-, estaría encantado de oír vuestra historia, pues parece que os han hecho una injusticia. Creo que todos estaremos felices de escucharos. Contad, os lo ruego, sin tardanza.

- Decidlo por vos -dijo Sancho-, que a mí lo que me importa es comer y beber, que siendo discípulo de caballero, no sé si mañana tendré o no qué llevarme a la boca. Así que como cuanto puedo hasta hartarme, disculpadme por no escucharos, pero si no se llenan hoy las tripas, puede que mis carnes llenen mañana el buche de los cuervos.

- Dices bien -dijo Quisada-. Por mi parte estoy satisfecho, y tengo mucho interés en escuchar la historia del cabrero.

Se dispusieron entonces todos a escuchar. El cabrero, atrajo a la cabra hacia sí, la acarició unas cuantas veces e hizo que se echara junto a él; y la cabra así lo hizo, levantando la cabeza para mirar a su amo, como si quisiera prohibirle que hablara. El cabrero comenzó su historia, que contaremos en el siguiente capítulo.

Capítulo XXIV

Dijo el cabrero:

- A unas tres leguas de aquí hay una aldea; aun siendo pequeña, la gente de allí es rica. Había un labrador rico muy respetado por la gente de la aldea por su moral y constancia, aunque lo que la gente suele respetar son los muchos dineros, las apariencias, sin saber del corazón. A lo que el corazón de aquel hombre daba más importancia era a la gentileza y a la virtud de su hija, que estaban muy por encima de las de las demás. Todos aquellos que la veían se admiraban y sorprendían de que la naturaleza hubiese creado a semejante beldad. En su más tierna infancia, ya su gracia y hermosura conmovían a todos, pero cuando llegó a los diez y seis, su belleza era incomparable. Su fama se extendió por los cuatro confines, no hubo un lugar al que no llegara, hasta a los palacios entró, y todos sabían que en la aldea vivía ese ser de tan extraordinaria donosura; y llegaban muchos al pueblo para saciarse la vista con solo contemplar a este raro tesoro. Guardaba su padre con todo decoro a su hija bien amada, y guardábase ella, siendo discreta en el hablar y el reír; era circunspecta en todo; y más recato tenía que si hubiese estado encerrada entre los más altos muros.

"En aquel tiempo, la belleza de la hija y la riqueza del padre movieron a muchos, tanto de la aldea como de fuera, que venían a pedirla en matrimonio; eran tantos que a su anciano padre se le enturbiaba la vista, sin saber a quién elegir. Entre aquellos que la pretendían estaba este servidor. También mi padre era de la aldea, así que el suyo conocía bien a mi familia; nuestra hacienda no era inferior a la suya, y estaba yo en la flor de mis años; cuando fuimos a tratar el tema de la boda, no dio una negativa rotunda. En la misma aldea había otro joven, un rival con mis mismas armas, y siendo ambos bien gallardos, su padre no sabía por cuál decidirse, así que pensó dejar la elección a su hija. Ella se llamaba Leandra y conocía bien la distinción entre lo bueno y lo malo. No sabía yo cuál sería su inclinación, solo que, tras muchas deliberaciones, los dos estábamos a la par; terminó por despedirnos con mucha delicadeza sin que pueda reprocharle su falta de sentimientos. Quien como yo la pretendía se llamaba Anselmo, y mi nombre es Eugenio.

"Habiendo sido los dos rechazados, apareció a deshora en la aldea un joven, que era en realidad italiano, llamado Vicente de la Roca, hijo de un hombre pobre. Había estado en el ejército unos cuantos años, aunque a los doce vivía en mi aldea. Fue en ese tiempo cuando pasó por allí un oficial, a quien le gustaron sus virtudes y lo llevó consigo. Regresó después de doce años con el temple y la gallardía de un soldado, y trayendo siempre muchos adornos en sus vestidos. Había regresado como un gran señor. Cada día se cambiaba los vestidos, adornándolos con brocados y sedas, y hasta traía anillos de diamantes, que eran falsos. Siendo la gente de la aldea muy cortos de vista, más lo admiraban cuanto más hacía él alarde de su riqueza. En realidad, aquel hombre solo tenía tres trajes, mas como los adornaba un día con un pañuelo al cuello, el otro con muchos ornamentos en el pecho, parecía cambiar de vestiduras cada día sin que nadie se diera cuenta de ello. No merecería la pena siquiera mentar este asunto tan trivial si no fuera porque, sin sentir, acabaría formando parte de mi historia. Sentábase cada día el hombre bajo un gran árbol, donde iba contando sus grandes hazañas en la guerra, rodeado siempre por una multitud. Quizá por la gracia con la que lo hacía, o por la elocuencia que desplegaba, parecía que aquel hombre había dado la vuelta al mundo, y no había reino por el que no hubiese pasado. No se podían contar los moros que habían caído bajo su espada, casi la mitad de los que había en los reinos de Marruecos y Túnez; también se había batido en duelo en incontables ocasiones, más que los cuatro españoles Gante, Luna, Diego y García de Paredes juntos, y en todos había vencido, pero sin perder ni una sola gota de sangre. Mostraba a veces señales de heridas diciendo que eran arcabuzazos, aunque yo las miré y no lograba distinguirlas, como si no hubiese herida alguna. Era además de una arrogancia sin medida, y a los ancianos que lo conocían desde que había nacido, no les dirigía la palabra por considerarlo humillación, y sin embargo no le avergonzaba hablar a grandes y sonoras voces. Desde que había vuelto del ejército, parecía que había amasado grandes tesoros, de los que se ocupaba también de presumir. Sabía además música, y se lanzaba a cantar de una forma tosca. En ocasiones, copiaba los escritos de otros a escondidas, haciéndolos pasar por suyos, engañando a la gente de la aldea. Y Leandra llegó a ver a este hombre, pues una ventana de su casa daba a la plaza. Viendo sus extraordinarias y exóticas vestimentas, su recitar cantarín, lo tomó por el más bello, y oyéndole relatar sus hazañas militares, quedó prendado su corazón, pues han de saber vuestras mercedes que los amores de este mundo, nacen siempre primero en las mujeres. Así que le resultó fácil solicitarla en matrimonio y ella, poco a poco, fue acercándose a él, y con él pasaba los largos días del verano charlando. Antes de que nadie se diera cuenta, ya se habían escapado juntos, tomándola para hacer su esposa a esta hermosa dama sin par. Asombrados y confusos quedaron todos en el pueblo por su huida; hablé yo con Anselmo que estaba también sumido en la tristeza. Cuando el padre supo que su hija se había escapado, no podía dejar de llorar, y todos sus parientes se enfurecieron y denunciaron su partida a las autoridades, que salieron en su busca por todos los alrededores. Al final la encontraron al tercer día. Estaba en una cueva de un monte, vestida solo con una camisa; le había robado todas las gemas, las perlas y los jades que había llevado consigo. La devolvieron a casa de su padre que, desconsolado, le preguntó por lo sucedido. La muchacha dijo que Vicente de la Roca la había engañado; que le había prometido desposarse con ella y que por eso había huido con él. Le dijo que la llevaría a Nápoles, la ciudad más floreciente y extravagante de todo el orbe. 'Yo creí en sus palabras, por ello cogí muchas joyas y me fui con él. Me trajo a esta cueva en la montaña y, sin que pudiese advertirlo, lo tomó todo y se marchó. Afortunadamente, no he perdido mi virtud, pues me empeñé en conservarla hasta que se celebraran los esponsales.' Aquello no se lo creyó nadie en la aldea, pero la muchacha lo juró, consolando así a su padre. De regreso, la envió este a un convento, para que se arrepintiera del daño que le había hecho a su nombre. Los que la quieren disculpar, lamentan que su falta de juicio por ser tan joven la hiciera caer en la trampa. Algunos la acusan de dejarse seducir por exóticos oropeles, lo que provocó la pérdida del amor y de su honra. Su padre no quiere saber nada. Anselmo y yo pasamos muchos días sumidos en la tristeza, sin alegría ninguna, maldiciendo a Vicente de la Roca y lamentándonos por la separación que nos imponía su padre. Ahora ninguno de los dos vivimos en el pueblo; nos hemos venido a estos montes, él a pastorear ovejas, yo a pastorear cabras. Pasamos así los días y las noches sin sentido, solitarios y sin tener a quien acudir, maldiciendo a Leandra por su falta de juicio. Miramos al cielo lanzando grandes suspiros. Por ahora, el asunto del matrimonio está parado, y muchos de los pretendientes de Leandra han hecho como nosotros, y se han venido a estas montañas a pastorear viviendo en majadas. Nos vemos por aquí de vez en cuando; uno maldice su lascivia, el otro se burla de su bajeza; el tercero disculpa su insensatez, el cuarto fija su condena y el quinto desea besarla. Aún adoramos su belleza y, aunque despierte el enojo, muchos todavía enloquecen por ella. En pocas palabras, todavía todos los corazones están prendidos de Leandra; los hay que la odian, quienes sienten celos, pero ni unos ni otros saben qué hacer; no hay un hombre en estos montes que no lance grandes suspiros al viento, y el eco responde por doquier el nombre de Leandra; como si ella los hubiese encantado a todos; con esperanzas aún y desesperanzados, queriendo tenerla mas sin encontrarla; confusos todos los días, aturdidos. De todos ellos, solo hay uno que aún mantiene el juicio, y es Anselmo; no se lamenta, tan solo se duele por no poder verla. A veces le surgen en el pecho algunos versos, versos que no son malos en absoluto. Por mi parte, yo me quejo mucho, no consigo tener el sosiego de Anselmo. Por eso, cada vez que veo una cabra, desato mi resentimiento. Y esta es la penosa historia de mi vida. Si me permiten vuestras mercedes, en estas montañas tengo mi majada en el camino del este; cualquier cosa que necesiten, no dejaré de ofrecérsela. No está lejos de aquí, es una pequeña cabaña en la hay leche fresca, tortas de queso y deliciosas frutas que, si tienen a bien, pueden disfrutar."

Capítulo XXV

Cuando Eugenio terminó su relato, que habían escuchado todos bien atentos, se puso a considerar el magistrado que Eugenio más que un hombre de baja condición parecía alguien de calidad, y recordó las palabras del médico cuando decía que se pueden encontrar hombres de gran entendimiento en cualquier lugar. Confiaban todos en que Eugenio lograra al final conquistar a la hermosa dama; pero especialmente Quisada que, con sus entrañas hirviendo de ardor guerrero, le dijo:

- Cuánto me pesa no poder salir de inmediato para ayudaros a conquistar a esa bella dama, devolveros al punto a Leandra. Y hasta al mismísimo abad se la arrancaría de las manos, pues es lo que hacemos los caballeros, ya que no podemos soportar que haya una dama en una reclusión impuesta. Y ruego a Dios que me auxilie, que me evite las tribulaciones de los encantamientos, para que, sin temor alguno, de cien maneras, os ofrezca toda la fuerza que poseo.

Mientras Eugenio iba contando su historia, no había prestado atención a Quisada, pero al oírlo hablar así, lo miró con extrañeza, vio sus ropajes raídos y no creyó en nada de lo que decía. Le preguntó con discreción al barbero:

- ¿Quién es ese caballero? Su manera de hablar parece la de un loco. No había visto nunca a nadie semejante.

- ¿No sabéis -dijo el barbero- que es don Quijote de la Mancha? Ha dedicado su vida a la caballería, para doblegar a los fuertes, auxiliar a los débiles y proteger a las bellas damas; hasta los gigantes lo temen, y jamás ha sido derrotado en combate; es un héroe famoso en todo el orbe.

- Eso se me asemeja -dijo Eugenio- a las novelas. Creo que el caballero ha perdido el juicio.

Encolerizado, dijo Quisada:

- Bellaco desvergonzado, son vuestros sesos los que parecen de un fantoche de papel; siendo así, será la madre que os parió quien ande con la sesera perdida, y de ahí el desatino de vuestros ladridos.

Y diciendo aquello, agarró un trozo de pan y lo arrojó contra Eugenio, golpeándolo en la nariz. Se enfureció a su vez Eugenio, que agarró por el cuello a Quisada y comenzó a golpearlo. Sancho se levantó para sujetarlo por la espalda, y así los vasos, las botellas de vino y los platos se hicieron pedazos. Quedó Eugenio tendido de espaldas en el suelo mientras Sancho lo golpeaba con fuerza en los ojos, que se hincharon al punto. Tanteaba Eugenio por todos lados para agarrar un cuchillo o un tenedor que pudiera servirle de arma, pero el médico y el magistrado los retiraron con presteza para apartarlos de su alcance. En un momento, Eugenio logró echar por tierra a Quisada, y le golpeó en la cara; se le hincharon también los ojos y comenzó a manar sangre. Les gritaban los demás con todas sus fuerzas que se detuviesen, aunque Sancho los veía sentados mirándolos, y a él lo tenían sujeto los criados del magistrado para que no interviniera en la lucha mientras no dejaba de gritar como un perro rabioso. En lo más encarnizado de la pelea, de pronto se oyó el sonido de un cuerno, y levantaron todos la cabeza para mirar de dónde venía aquel sonido. Escuchándolo, Quisada pensó que se trataba de un campo de batalla al que debía acudir, pero estaba en el suelo debajo de Eugenio sin poder levantarse, así que le dijo:

- Amigo, podemos parar la pelea. Me habéis vencido. El sonido del cuerno me duele más que los golpes que me propináis, pues cuando un caballero escucha un cuerno, sabe que es tiempo de enfrentarse a los peligros con todo su empeño, no deseo luchar hasta la muerte con vos.

Eugenio, que ya estaba cansado de pelear, se levantó, mientras Quisada quiso apresurarse para llegar al lugar del que venía el sonido del cuerno. Al poco vieron bajar de la montaña un grupo de hombres vestidos de blanco; lo hacían con parsimonia, y con vestidos blancos porque estaban rogando para que lloviese. (Esto es lo mismo que ocurre en China en tiempos de paz). Había en mitad de la montaña un santuario al que se dirigían los lugareños para rogar por la lluvia.

A Quisada le parecieron lo más aterrador que hubiera visto jamás y, por ello, según las leyes de la caballería, debía enfrentarse a ellos. Los hombres de blanco habían modelado una figura de la Sagrada Madre, que habían cubierto con una gasa negra, y a Quisada se le figuró una hermosa dama que había sido raptada por unos salteadores. En nombre de la justicia no podía dejar de acudir a salvarla. Saltó sobre su caballo, tomó su adarga al tiempo que Sancho le entregaba su espada, y salió directo hacia aquellos hombres. A grandes voces, decía:

- Amigos, sabed que hay un caballero reporta infinitos beneficios a esta sociedad, pues nosotros veneramos la justicia y condenamos los abusos. Liberad al punto a esa dama, o si no me dejaré de cortesías con vosotros.

Azuzaba Quisada a su caballo que, cansado, avanzaba con mucha tranquilidad. Todos le gritaban que se detuviese, mientras Sancho salía detrás de él diciéndole a voces:

- Maestro, ¿a dónde va? Que lo han vuelto a encantar, que esos son solo unos que piden por la lluvia y lo que portan es una imagen de la Sagrada Madre, no es una dama; no se vaya contra ellos con ese ímpetu.

Quisada era como si no oyese nada, lanzado a socorrer a aquella dama; y no ya Sancho, sino ni si el mismísimo rey se lo ordenara, se iba a dar la vuelta. Cuando ya estaba cerca de ellos, espoleó al caballo que, exhausto, apenas podía respirar. Sordo a todo, dijo Quisada:

- ¿De dónde venís? ¿Por qué os cubrís así el rostro? ¿Acaso habéis cometido algún crimen contra el cielo y por ello no osáis dejaros ver? Prestad bien atención a lo que os voy a decir.

En ese momento, cuatro hombres portaban la imagen; uno de los que la seguían era un pastor y oyó lo que Quisada decía. Contempló su extraña apariencia y, riendo, le dijo:

- Si tenéis algo que decir, decidlo presto, pues el camino ha sido agotador, y no podemos detenernos por vos.

- Liberad al punto a la dama que lleváis en el carruaje, no dejaré que sigáis sometiéndola a estas penalidades. Si no lo hacéis, tendré que usar mis armas. Nací para ser caballero y no permitiré esa fechoría a plena luz del día.

Cuando lo oyeron, lo miraron todos con asombro y, sabiendo que se trataba de un loco, echáronse a reír de muy buena gana. La risa aumentó la cólera de Quisada que, sin mediar palabra, sacó la espada y arremetió contra los hombres que portaban las andas. Uno de los cuatro, cogió uno de los bastones de madera con los que las sujetaban para evitar la embestida, pero fue tal la cuchillada de Quisada que partió el bastón. El hombre, con lo que quedó del bastón y pillando desprevenido a Quisada, lo golpeó en el hombro izquierdo, haciendo que cayese al punto del caballo.

Sancho Panza, se acercaba a toda prisa jadeando y diciendo:

- Este hombre es un caballero que ha sido encantado, en toda su vida no ha hecho sino el bien a todos, sin dañar a nadie. No le hagan más daño.

Estaba Quisada tirado en el suelo, sin mover manos ni pies, quedo, como muerto. El hombre, temiendo que lo fueran a acusar, no volvió a pegarle; levantó la cabeza mirando todo alrededor. Para entonces, el médico, el magistrado y todos los demás llegaban para ver qué había pasado. Los que rogaban por la lluvia creyeron que se venían a ellos para atacarles, y se prepararon haciendo un círculo; pero Sancho, convencido de que su maestro estaba muerto, se tiró al suelo llorando lastimosamente. Cuando el médico se acercó a mirar, vio que entre el grupo de los que pedían la lluvia justo había un pastor, como él mismo, a quien conocía. Así supieron que no traían malas intenciones. El médico les explicó brevemente la locura de Quisada, y todos quedaron aliviados, aunque Sancho seguía lamentándose y diciendo:

- ¡Ay! Mi maestro, el más grande de todos los caballeros, abatido y muerto por el estacazo de un villano. No es solo nuestra ciudad la que pierde a un buen hombre, es todo el orbe el que queda lúgubre y sombrío. Con mi maestro muerto, los malhechores, los violentos, camparán por sus respetos sin nadie que los contenga. ¡Ay, maestro! Paladín de la justicia toda su vida, que lo primero que hizo fue prometerme una ínsula de la que ser gobernador general. Pero hoy ha muerto, y muere con él mi gobierno. ¿Y ahora qué?

Maestro, de noble voluntad, que socorría a los débiles y doblegaba a los fuertes, capaz de arrostrar peligros y tribulaciones, tan apasionado, modelo de los hombres buenos, azote de las vilezas. No ha habido antes ni ahora nadie como vos.

Los lamentos de Sancho iban subiendo de tono cuando, de pronto, Quisada dejó escapar un gran suspiro que acompañó al sonido de los llantos. En ese momento, Quisada pensó en Dulcinea y dijo:

- Mi amada Dulcinea, lástima que no puedas verme en este doloroso trance. Sancho, ayúdame a llegar a la carreta, que echarme en ella será lo mejor pues me han cortado el brazo izquierdo.

- Vamos a llevarle a nuestro pueblo -dijo Sancho-. Todos estos que están aquí son los buenos amigos de mi maestro. Cuando lleguemos a casa ya pensaremos en la próxima salida para ejercer la profesión de caballero, que será algo mejor que esta.

- Volvamos tranquilamente a casa -dijo Quisada-, para evitar los encantamientos.

Al médico, al barbero y al magistrado les pareció bien, aunque escuchando los lamentos de Sancho, no pudieron dejar de reír. Él, por su parte, ayudaba a Quisada a subir a la carreta; abandonaron la jaula a un lado del camino. Los que rogaban por la lluvia se volvieron a reunir para irse; Eugenio también se despidió. El médico despachó a los tres cuadrilleros, y el magistrado le rogó que, sobre todas las cosas, lo tuviera informado por carta de la locura de Quisada; llamó a sus criados y se fueron. Solo quedaron el médico, el barbero y Sancho Panza; y parecía que el caballo había recibido también alguna herida, porque apenas si podía caminar de cansado que estaba. Entre todos prepararon algo de hierba seca para hacerle a Quisada una cama sobre la carreta y, tranquilamente, retomaron su ruta.

Marcharon unos seis días hasta llegar a casa. Cuando entraron a la ciudad, era justo mediodía, a la hora de la misa. Había muchos paseantes reunidos por el amplio camino por el que iban, y cuando atravesaron por el medio del mercado, toda la gente se arremolinó para observarlos. Vieron que se trataba de Quisada, y rodearon el carro. El hijo pequeño de un vecino fue corriendo a avisar a su sobrina para decirle que Quisada venía tan flaco que parecía enfermo, y que lo traían sobre un carro de regreso a casa. Cuando la sobrina y el ama de la casa oyeron la noticia, se echaron a llorar maldiciendo a los que escribían esos libros, que lo había llevado a este desgraciado estado. Mientras lloraban y maldecían, llegó el carro.

La mujer de Sancho también había oído que regresaba su marido, así que salió a la puerta, y por lo primero por lo que preguntó fue por el asno. Le contestó Sancho que asno y hombre estaban a salvo, lo que la dejó muy feliz.

- ¿Qué me has traído? -le preguntó-. ¿No serán algunos vestidos y algunos zapatos para nuestros hijos?

- No -dijo Sancho-, solo he traído una cosa, que bastará para consolarte.

- Desde que te fuiste -dijo la mujer-, he estado muy triste. Te ruego que me muestres lo que has traído.

- No preguntes ahora -dijo Sancho-, cuando volvamos ya te lo mostraré. Aunque este viaje no ha sido demasiado provechoso, cuando volvamos a salir, seré conde y regiré una ínsula.

- Eso espero -dijo ella- pero ¿qué quieres decir con lo de regir una ínsula?

- Cuando llegue el momento te lo contaré -dijo Sancho-, pero en adelante tendrás servidores que se alinearán para atenderte cuando salgas del serrallo. No puedes quedarte en medio del camino para ponerte a charlar.

- ¿Qué es eso de los servidores? -preguntó la esposa-. ¿A qué le llamas serrallo? No entiendo nada de eso.

- Todo el asunto es extremadamente complicado -le dijo Sancho-, espera tranquila, no hables tanto. Aunque he de decirte todavía algo. No hay nada mejor en este mundo que seguir a un caballero y luchar contra las injusticias. En esta salida con mi maestro, de diez batallas, nos han derrotado en nueve, y si no nos golpeaban, nos pateaban. Pero aun así, deseo ir por los cuatro confines para alcanzar la fama ejerciendo el oficio de caballero.

Para entonces Quisada estaba casi desvanecido, y no lograba distinguir dónde se hallaba. Cuando el médico se despidió, le dijo a la sobrina que cuidara bien de su tío, y que no dejase que volviera a escaparse; les contó todos los esfuerzos que entre él y el amigo habían hecho y la estrategia que habían pensado para lograr traerlo de vuelta; que no había sido nada fácil. Cuando las mujeres lo oyeron, de nuevo recordaron los libros de caballerías y volvieron a maldecirlos; decidieron estar atentas con todos sus sentidos para evitar que Quisada volviera a escapar.